suhrkamp taschenbuch 1320

P9-DUV-010

Karl Kraus, geboren am 28. April 1874 in Gitschin, ist am 12. Juni 1936 in Wien gestorben.

Das einem Marstheater zugedachte Drama, mit dem Karl Kraus Wesen und Wirklichkeit des Ersten Weltkriegs einzufangen suchte, bildet ungeachtet seines Umfangs, der jedes Theatermaß sprengt, die bündigste Darstellung dieser ersten Katastrophe der europäischen Kultur im 20. Jahrhundert. Im Rückblick sind aber auch die Bedingungen der Möglichkeit des Zweiten Weltkriegs zu erkennen.

In der Geschichte des neueren Dramas haben *Die letzten Tage der Menschheit* Epoche gemacht wie in der Geschichte des neueren Romans allenfalls der *Ulysses* von James Joyce. Ohne dieses Beispiel wäre weder Piscators »politisches« noch Brechts »episches« Theater zu denken, auch nicht das »dokumentarische« Theater von Peter Weiss.

Kraus verknüpft in diesem Drama die Technik der Montage mit der des Kommentars, er verbindet Elemente der Operette mit solchen des Welttheaters – es ist ein Werk, das in der Literatur des Jahrhunderts nicht seinesgleichen hat und dessen Modernität und Aktualität sich noch achtzig Jahre nach seinem ersten Erscheinen eindrucksvoll behaupten kann.

Karl Kraus
Schriften

Herausgegeben von
Christian Wagenknecht

Band 10

Karl Kraus

Die letzten Tage der Menschheit

Tragödie in fünf Akten mit
Vorspiel und Epilog

Suhrkamp

Der Text folgt der Ausgabe:
Karl Kraus, Die letzten Tage der Menschheit.
Tragödie in fünf Akten mit Vorspiel und Epilog.
Wien/Leipzig: Verlag ›Die Fackel‹ [1926]

suhrkamp taschenbuch 1320
Erste Auflage 1986
© Suhrkamp Verlag Frankfurt am Main 1986
Alle Rechte vorbehalten
Satz: Hümmer, Waldbüttelbrunn
Druck: Ebner Ulm · Printed in Germany
Umschlag nach Entwürfen von Willy Fleckhaus
und Rolf Staudt
unter Verwendung einer Fotografie von Charlotte Joël
aus dem Jahre 1921

8 9 10 11 12 – 00 99 98

Der erste Entwurf der meisten Szenen ist in den Sommern 1915 bis 1917, das Vorspiel Ende Juli 1915, der Epilog im Juli 1917 verfaßt worden. Viele Zusätze und Änderungen sind im Jahre 1919 entstanden, in das auch der Druck der Akt-Ausgabe fällt. (Der Epilog erschien im November 1918.) Die durchgehende Umarbeitung und Bereicherung jener vorläufigen Ausgabe und der Druck des Gesamtwerkes sind in den Jahren 1920 und 1921 vorgenommen worden.

Die Aufführung des Dramas, dessen Umfang nach irdischem Zeitmaß etwa zehn Abende umfassen würde, ist einem Marstheater zugedacht. Theatergänger dieser Welt vermöchten ihm nicht standzuhalten. Denn es ist Blut von ihrem Blute und der Inhalt ist von dem Inhalt der unwirklichen, undenkbaren, keinem wachen Sinn erreichbaren, keiner Erinnerung zugänglichen und nur in blutigem Traum verwahrten Jahre, da Operettenfiguren die Tragödie der Menschheit spielten. Die Handlung, in hundert Szenen und Höllen führend, ist unmöglich, zerklüftet, heldenlos wie jene. Der Humor ist nur der Selbstvorwurf eines, der nicht wahnsinnig wurde bei dem Gedanken, mit heilem Hirn die Zeugenschaft dieser Zeitdinge bestanden zu haben. Außer ihm, der die Schmach solchen Anteils einer Nachwelt preisgibt, hat kein anderer ein Recht auf diesen Humor. Die Mitwelt, die geduldet hat, daß die Dinge geschehen, die hier aufgeschrieben sind, stelle das Recht, zu lachen, hinter die Pflicht, zu weinen. Die unwahrscheinlichsten Taten, die hier gemeldet werden, sind wirklich geschehen; ich habe gemalt, was sie nur taten. Die unwahrscheinlichsten Gespräche, die hier geführt werden, sind wörtlich gesprochen worden; die grellsten Erfindungen sind Zitate. Sätze, deren Wahnwitz unverlierbar dem Ohr eingeschrieben ist, wachsen zur Lebensmusik. Das Dokument ist Figur; Berichte erstehen als Gestalten, Gestalten verenden als Leitartikel; das Feuilleton bekam einen Mund, der es monologisch von sich gibt; Phrasen stehen auf zwei Beinen — Menschen behielten nur eines. Tonfälle rasen und rasseln durch die Zeit und schwellen zum Choral der unheiligen Handlung. Leute, die unter der Menschheit gelebt und sie überlebt haben, sind als Täter und Sprecher einer Gegenwart, die nicht Fleisch, doch Blut, nicht Blut, doch Tinte hat, zu Schatten und Marionetten abgezogen und auf die Formel ihrer tätigen Wesenlosigkeit gebracht. Larven und Lemuren, Masken des tragischen Karnevals, haben lebende Namen, weil dies so sein muß und weil eben in dieser vom Zufall bedingten Zeitlichkeit nichts zufällig ist. Das gibt keinem das Recht, es für eine lokale Angelegenheit zu halten. Auch Vorgänge an der Sirk-Ecke sind von einem kosmischen Punkt regiert. Wer schwache Nerven hat, wenn auch genug starke, die Zeit zu ertragen, entferne sich von dem Spiel. Es ist nicht zu erwarten, daß eine Gegenwart, in der es sein konnte, das wortgewordene Grauen für etwas anderes nehme als für einen Spaß, zumal dort, wo es ihr aus der anheimelnden Niederung der grausigsten Dialekte wiedertönt, und das eben Erlebte, Überlebte für etwas anderes als Erfindung. Für eine, deren Stoff sie verpönt. Denn über alle Schmach des Krieges geht die der Menschen, von ihm nichts mehr wissen zu wollen, indem sie zwar ertragen, daß er ist, aber nicht, daß er war. Die ihn überlebt haben, ihnen hat er sich überlebt, und gehen zwar die Masken durch den Aschermittwoch, so wollen sie doch nicht aneinander erinnert sein. Wie tief begreiflich die Ernüchterung einer Epoche, die, niemals eines Erlebnisses und keiner Vorstellung des Erlebten fähig, selbst von ihrem Zusammenbruch nicht zu erschüttern ist, von der Sühne so wenig spürt wie von der Tat, aber doch Selbstbewahrung genug hat, sich vor dem Phonographen ihrer heroischen Melodien die Ohren zuzuhalten, und genug Selbstaufopferung, um sie gegebenenfalls wieder anzustimmen. Denn daß Krieg sein wird, erscheint denen am wenigsten unfaßbar, welchen die Parole »Jetzt ist Krieg« jede Ehrlosigkeit ermöglicht und gedeckt hat, aber die Mahnung »Jetzt war Krieg!« die wohlverdiente Ruhe der Überlebenden stört. Sie haben den Weltmarkt — das Ziel, zu dem sie geboren wurden — in der Ritterrüstung zu erobern gewähnt; sie müssen mit dem schlechteren Geschäft vorlieb nehmen, sie auf dem Trödelmarkt zu verkaufen. In solcher Stimmung rede ihnen einer vom Krieg! Und es mag zu befürchten sein, daß noch eine Zukunft, die den Lenden einer so wüsten Gegenwart entsprossen ist, trotz größerer Distanz der größeren Kraft des Begreifens entbehre. Dennoch muß ein so restloses Schuldbekenntnis, dieser Menschheit anzugehören, irgendwo willkommen und irgendeinmal von Nutzen sein. Und »weil noch die Gemüter der Menschen wild sind«, sei, zum Hochgericht auf Trümmern, Horatios Botschaft an den Erneuerer bestellt:

Und laßt der Welt, die noch nicht weiß, mich sagen,
Wie alles dies geschah; so sollt ihr hören
Von Taten, fleischlich, blutig, unnatürlich,
Zufälligen Gerichten, blindem Mord;
Von Toden, durch Gewalt und List bewirkt,
Und Planen, die verfehlt, zurückgefallen
Auf der Erfinder Haupt: dies alles kann ich
Mit Wahrheit melden.

VORSPIEL

13

10. Szene (S. 60)

(Südbahnhof.)

Nepalleck	
Angelo Eisner v. Eisenhof	
Spielvogel und Zawadil	
Hofrat und Hofrätin Schwarz-Gelber	
Dobner v. Dobenau	Marionetten
Conte Lippay	
Cafetier Riedl	
Dr. Charas	
Der Chef des Sicherheitsbureaus Hofrat Stukart	
Sektionschef Wilhelm Exner	

Gouverneur Sieghart von der Bodenkreditanstalt	
Präsident Landesberger von der Anglobank	
Herzberg-Fränkel	
Die freisinnigen Gemeinderäte Stein und Hein	
Zwei Konsuln	Marionetten
Stiaßny	
Drei kaiserliche Räte	
Sukfüll	
Birinski und Glücksmann	
Der Buchhändler Hugo Heller	
Flora Dub	
Der Nörgler	
Der Redakteur	

Spaziergänger, Passanten, Kaffeehauspersonal, Publikum, Polizeibeamte, Würdenträger, Hofgesellschaft, Damen des Hochadels, Geistlichkeit, Gemeinderäte, Honoratioren, Lakaien, Journalisten.

I. AKT

Baron Eduard Alois Josef Ottokar Ignazius Eusebius Maria
Die Stimme Berchtolds

6. Szene (S. 91)
*(Vor einem Friseurladen in der
Habsburgergasse.)*

Die Menge
Ein Geigenhändler
Ein Friseur
Friedjung } Historiker
Brockhausen }

7. Szene (S. 94)
*(Kohlmarkt. Vor der Drehtür
am Eingang zum Café Pucher.)*

Der alte Biach
Der kaiserliche Rat
Der Kompagnon
Der Doktor
Der Nörgler
Der Kurzwarenhändler

8. Szene (S. 97)
(Eine Straße in der Vorstadt.)

Vier junge Burschen
Der Besitzer des Café Westminster

9. Szene (S. 101)
(In einer Volksschule.)

Der Lehrer Zehetbauer
Die Klasse
Die Knaben Anderle,
  Braunshör, Czeczowiczka,
  Fleischanderl, Gasselseder,
  Habetswallner, Kotzlik,

Merores, Praxmarer, Sukfüll,
Süßmandl, Wottawa,
Wunderer Karl und
Wunderer Rudolf, Zitterer

10. Szene (S. 106)
(Im Café Pucher.)

Der Zahlkellner Eduard
Der alte Biach
Der kaiserliche Rat
Der Doktor
Der Kompagnon
Der Kurzwarenhändler
Der Ministerpräsident

11. Szene (S. 112)

Zwei, die sichs gerichtet haben
Der Abonnent
Der Patriot
Ein Zeitungsausrufer

12. Szene (S. 130)

Ein Riese in Zivil und ein
  Zwerg in Uniform
Ein Zeitungsausrufer

13. Szene (S. 130)
*(Elektrische Bahn
Baden—Wien.)*

Ein Schwerbetrunkener
Ein Paar
Ein Kondukteur
Ein galizisches Flüchtlingspaar
Ein Verzehrungssteuerbeamter
Ein Wiener

Spaziergänger, Passanten, Bettler, Schieber, Prostituierte, Offiziere,
Soldaten, Demonstranten, Gäste, Kaffeehauspersonal, Minister,
Passagiere, deutschnationale Studenten, galizische Flüchtlinge,
Gefolge Wilhelms II.

II. AKT

Ein Vertreter der Korrespondenz Wilhelm
Sein Kollege
Die Stimme des Erzherzogs Karl Franz Josef
Das Publikum
Hofrätin Schwarz-Gelber
Der ungenannt sein wollende Herr Oberleutnant, der in Schaumanns Apotheke, Stockerau, zu Gunsten des Roten Kreuzes den Betrag von 1 K erlegt hat
Doktor Kunze
Der Patriot
Der Abonnent

9. Szene (S. 247)
(Semmering. Terrasse des Südbahnhotels.)

Jung und Alt
Groß und Klein
Eine Dame, die soeben mit tiefer Empfindung Heine rezitiert hat
Dangl
Alle
Stimmengewirr
Ein Getreuer des Semmering
Ein Generaldirektor

10. Szene (S. 248)

Der Optimist und der Nörgler
Ein Zug von Rekruten, die graue Bärte haben
Singende Burschen

11. Szene (S. 263)
(Gasse in der Vorstadt.)

Zwei Wachmänner
Frauen und Männer aus der angestellten Menge
Ein Greisler
Eine besser gekleidete Frau

12. Szene (S. 264)
(Kärntnerstraße.)

Ein starker Esser
Ein normaler Esser
Ein Hungernder

13. Szene (S. 266)
(Florianigasse.)

Hofrat i. P. Dlauhobetzky von Dlauhobetz
Hofrat i. P. Tibetanzl

14. Szene (S. 267)
(Eine Jagdgesellschaft.)

v. Dreckwitz
Die Jagdgesellschaft

15. Szene (S. 271)
(Bureauzimmer bei einem Kommando.)

Hirsch
Roda Roda

16. Szene (S. 274)
(Ein anderes Bureauzimmer.)

Ein Generalstäbler am Telephon

Galizische Flüchtlinge, Schieber, Spaziergänger. Passanten, Bettler, Bettlerinnen, Bettelkinder, Berufsoffiziere auf Urlaub, Spi-
talskommandanten, Leichterer Dienst, Zivilisten die sichs gerichtet
haben, Verwundete aller Grade, Soldaten, Provinzschauspieler,
Publikum, Semmeringgäste, Angestellte vor einem Greislerladen,
Heereslieferanten, Offiziere, Prostituierte, Journalisten, Gäste,
Heurigenmusik.

III. AKT

1. Szene (S. 323)
*(Wien. Ringstraßenkorso.
Sirk-Ecke.)*

Die Zeitungsausrufer
Zwei Armeelieferanten
Vier Offiziere
Ein Mäderl
Ein Mädchen
Ein Weib
Zwei Verehrer der Reichspost
Ein alter Abonnent der Neuen
  Freien Presse
Der älteste Abonnent
Ein Krüppel
Poldi Fesch
Sein Begleiter
Zwei Invalide
Gesang Einrückender
Die Fiakerstimme

2. Szene (S. 325)
*(Vor unseren
Artilleriestellungen.)*

Die Schalek
Der Kanonier

3. Szene (S. 326)
*(Isonzo-Front.
Bei einem Kommando.)*

Oberleutnant Fallota
Oberleutnant Beinsteller

4. Szene (S. 331)
(In Jena.)

Zwei Studenten der Philosophie

5. Szene (S. 333)
*(Hermannstadt. Vor einem ver-
sperrten deutschen Buchladen.)*

Ein preußischer Musketier
Ein deutscher Buchhändler

6. Szene (S. 333)
*(In der Viktualienhandlung
des Vinzenz Chramosta.)*

Vinzenz Chramosta
Kunden
Der Marktamtskommissär

7. Szene (S. 336)
*(Zwei Kommerzialräte aus dem
Hotel Imperial tretend.)*

Zwei Kommerzialräte
Ein Invalide
Ein Fiaker
Eine Bettlerin mit einem Holz-
  bein und einem Armstumpf

8. Szene (S. 337)

Der alte Biach

9. Szene (S. 337)
(Kriegsarchiv.)

Ein Hauptmann
Dörmann
Hans Müller
Andere Literaten
Zwei Ordonnanzen

Ein Pionier
Ein Kriegsfreiwilliger
Ein Generalmajor

Kernstock
Zwei Kernstock-Verehrer

Die Schalek

Ein Austauschprofessor
Ein nationalliberaler
  Abgeordneter

Der Dichter
Die Zuhörer

Der Nörgler
Ein Zuhörer und seine Gattin

Der Abonnent und der Patriot

Zwei Geschäftsreisende

Der Optimist und der Nörgler

Kommerzienrat Ottomar
  Wilhelm Wahnschaffe
Frau Kommerzienrat Auguste
  Wahnschaffe
Willichen } deren Kinder
Mariechen
Ein unsichtbarer Chor, der das
  Gelächter des Auslands
  vorstellt
Zwei Invalide
Zwei Bonnen
Hänschen u. Trudchen ⌉
Hans Adalbert und
  Annemariechen
August und Guste
Mieze
Klaus und Dolly ⟩ Kinder
Walter und Marga
Paulchen und
  Paulinchen
Jochen und Suse
Elsbeth ⌋
Eine Mutter
Ein Herr
Zwei Väter
Zwei Söhnchen

Larven und Lemuren, Spaziergänger, Passanten, Kriegskrüppel,
Blinde, Bettler, Bettlerinnen, Bettelkinder, Kunden, Literaten,
Cherusker in Krems, Tänzer in Hasenpoth, Gerichtspersonen,
Gerichtssaalbesucher, Kirchenbesucher, Offiziere, Restaurantgäste,
Bevölkerung, Soldaten, Auditorium, Buffetdamen, Animierdamen,
Lebemänner, Herren vom Roten Kreuz, polnische Legionäre, Per-
sonal eines Nachtlokals, Mitwirkende, die Salonkapelle Nechwa-
tal, die Zigeunerkapelle Miskolczy Jancsi.

IV. AKT

33. Szene (S. 526)
(Ischler Esplanade.)

Der alte Korngold
Vier Kurgäste
Fräulein Löwenstamm
Fräulein Körmendy
Bob Schlesinger
Baby Fanto
Ein alter Abonnent
Der älteste Abonnent

34. Szene (S. 528)
(Wachstube.)

Der Polizeiinspektor
Ein Wachmann
Die Siebzehnjährige

35. Szene (S. 528)
(Ein Berliner Nachtlokal.)

Eine gröhlende Stimme
Frieda Gutzke
Katzenellenbogen
Krotoschiner II

36. Szene (S. 530)

Der Optimist und der Nörgler

37. Szene (S. 532)
(Deutsches Hauptquartier.)

Wilhelm II.
Die Generale
v. Seckendorff, Adjutant
Drei Offiziere
v. Hahnke

v. Duncker
v. Krickwitz
v. Flottwitz
v. Martius

38. Szene (S. 536)
(Winter in den Karpathen.)

Kompagnieführer Hiller
Füsilier Helmhake
Zwei Soldaten

39. Szene (S. 537)
*(Ebenda
im Unterstand Hillers.)*

Unterarzt Müller
Kompagnieführer Hiller

40. Szene (S. 538)

Der Optimist und der Nörgler

41. Szene (S. 539)
(Ein Militärspital.)

Ein Generalstabsarzt
Oberstleutnant Vinzenz
  Demmer v. Drahtverhau
Ein Regimentsarzt
Ein Feldwebel
Ein Feldkurat

42. Szene (S. 543)

Der Optimist und der Nörgler

43. Szene (S. 546)
(Kriegspressequartier.)

Ein Hauptmann
Ein Journalist

44. Szene (S. 549)	45. Szene (S. 550)
(Armee-Ausbildungsgruppe Wladimir-Wolinsky.)	*(Bei Graf Dohna-Schlodien.)*
	Graf Dohna-Schlodien
Ein Hauptmann	Zwölf Vertreter der Presse
Eine Schreibkraft	Eine Stimme aus der Gruppe

Larven und Lemuren, Spaziergänger, Invaliden, Krüppel, Blinde, Bettler, Bettlerinnen, Bettelkinder, Publikum vor einem Bahnschalter, Ärzte, Offiziere, Mannschaft, Spitalsinsassen, Posten, Neugierige, Kinobesucher, Kurgäste, Nachtlokalgäste, Kokotten, Rekonvaleszente, Verwundete aller Grade, Sterbende, Mitglieder des Kriegspressequartiers, Regimentsmusik, Nachtlokalmusik.

Zwei andere Offiziere
Zwei Wachleute
Ein Inspektionsoffizier

Zwei Verehrer der Reichspost,
schlafend

Der Oberstleutnant des
Generalstabs Maderer von
Mullatschak

Ein Fähnrich
Die Schalek

Der Optimist und der Nörgler

Gog & Magog
Elschen

Sibirische Gefangene
Ein österreichischer Hauptmann

Verschiedene Stimmen
Spielvogel und
   Zawadil
Angelo Eisner
   v. Eisenhof
Hofrat
   und Hofrätin
   Schwarz-Gelber
Sektionschef
   Wilhelm Exner
Dobner
   v. Dobenau
Riedl
Stukart
Sieghart
Präsident Lan-
   desberger von
   der Anglobank   Marionetten
Eine Mutter
Die Tochter
Dr. Charas
Flora Dub
Zwei Konsuln
   Stiaßny
Drei kaiserliche
   Räte
Sukfüll
Birinski und
   Glücksmann
Hans Müller
Putzker
Der Buchhändler
   Hugo Heller
Der Redakteur
Ein Austauschinvalide, sterbend

53. Szene (S. 669)
(Eine menschenleere Gasse.)

Korybanten und Mänaden

54. Szene (S. 670)

Der Nörgler am Schreibtisch

55. Szene (S. 682)
(Liebesmahl bei einem Korps-
kommando.)

Der General
Der preußische Oberst
Ein Bursche
Generalmajor ⎫
Oberst ⎪
Oberstleutnant ⎪
Major ⎪
Rittmeister ⎪
Diensthabender ⎬ beim Stab
  Generalstabs- ⎪
  offizier ⎪
Telephonoffizier ⎪
Hauptmänner ⎪
Oberleutnants ⎪
Leutnants ⎭
Oberintendant
Oberstabsarzt
Regimentsarzt

Oberauditor
Feldkurat und
  Feldrabbiner
Artilleriereferent
Ein K-Offizier
Géza von Lakkati ⎫
  de Némesfalva et ⎪
  Kutjafelegfaluszég ⎪
Romuald Kurzbauer ⎬ beim Stab
Stanislaus von ⎪
  Zakrychiewicz ⎪
Petričič ⎪
Iwaschko ⎪
Koudjela ⎪
Trainreferent Felix ⎪
  Bellak ⎪
Wowes ⎭
Ein deutscher Generalstabs-
  offizier
Ein deutscher Hauptmann
Zwei preußische Haupt-
  männer
Zwei preußische Ober-
  leutnants
Ein preußischer Leutnant
Zwei Kriegsberichterstatter
Schwester Paula und Schwester
  Ludmilla
Ein Bursche
Die Kapelle
Rufe

Spalier der Verwundeten und Toten, Lebewelt, Bettler, Bettlerinnen, Bettelkinder, Herrenhausmitglieder, Pferch von Tornistern,
Rucksäcken und Leibern in einer Elektrischen, Mannschaft, Teilnehmer einer Monstreversammlung, Passanten der Berliner Passage, Wahlvereinsmitglieder, deutsche und französische Soldaten
und Offiziere, deutsche Gefangene, Verwundete, die Burgmusik,
Kaffeehausgäste in Zivil und Uniform, Göttergatten, Gürteltiere,

Mädchen in insektenhafter Tracht, Kellner und Kellnerinnen, Rennprogrammverkäufer, Ein geordneter Zug von Rowdies, Maklern, Operettensängern, Bohemiengs, Gesundbetern, Luden, Pupen, Nutten, Neppern, Schleppern, Schiebern und Schneppen, Generalstäbler, Kriegsgewinner, Animierdamen, Nachtlokalmusik, Vorlesungsbesucher, Spaziergänger, Spitalsinsassen, Überreste eines Regiments, Reisende zwischen Koffern, Passagiere einer Schweizer Hochbahn, Neugierige, Mitglieder des Vereins »Lorbeer für unsere Helden«, Funktionäre, Labedienst, Austauschinvalide, Regimentsmusik, Journalisten, Männer und Frauen die eine Anregung gegeben haben, österreichische und deutsche Offiziere, Menagepersonal, Erscheinungen.

Sprechende Erscheinungen:

Der Knabe Slobodan Ljubinkovits † 1915; Ein Kriegsberichterstatter; Der 19jährige und der 21jährige; Zwei Auditoren; Ein Oberauditor; Der Hauptmann Prasch; Ein Ulanenoberleutnant; Die Gasmasken; Die erfrorenen Soldaten; Der alte serbische Bauer; Die Flammen; Die zwölfhundert Pferde; Lionardo da Vinci; Die Lusitania-Kinder; Die Kriegshunde; Der tote Wald; Die Mutter; Das österreichische Antlitz; Die Raben; Die weiblichen Hilfskräfte; Der ungeborne Sohn.

EPILOG

Die letzte Nacht

(S. 729)

Sterbender Soldat
Männliche Gasmaske
Weibliche Gasmaske
General
Erster Kriegsberichterstatter
Zweiter Kriegsberichterstatter
Der Sterbende
Ein Feldwebel
Ein Erblindeter
Die Kriegsberichterstatterin
Ein Verwundeter
Der Totenkopfhusar
Nowotny von Eichensieg
Doktor-Ing. Abendrot
Fressack ⎫
Naschkatz ⎭ Hyänen
Chor der Hyänen
Der Herr der Hyänen
Drei gelegentliche Mitarbeiter
Stimmen von oben
Stimmen von unten
Zwei Ordonnanzen
Die Kino-Operateure
Eine Stimme von oben
Die Stimme Gottes

VORSPIEL

I. SZENE

Wien. Ringstraßenkorso. Sirk-Ecke. Ein Sommerfeiertagabend.
Leben und Treiben. Es bilden sich Gruppen.

EIN ZEITUNGSAUSRUFER: Extraausgabee —! Ermordung des
Thronfolgers! Da Täta vahaftet!

EIN KORSOBESUCHER *(zu seiner Frau)*: Gottlob kein Jud.

SEINE FRAU: Komm nach Haus. *(Sie zieht ihn weg.)*

ZWEITER ZEITUNGSAUSRUFER: Extraausgabee —! Neue
Freie Presse! Die Pluttat von Serajevo! Da Täta ein Serbee!

EIN OFFIZIER: Grüß dich Powolny! Also was sagst? Gehst
in die Gartenbau?

ZWEITER OFFIZIER *(mit Spazierstock)*: Woher denn? G'schlossen!

DER ERSTE *(betroffen)*: G'schlossen?

EIN DRITTER: Ausg'schlossen!

DER ZWEITE: Wenn ich dir sag!

DER ERSTE: Also was sagst?

DER ZWEITE: Na gehn mr halt zum Hopfner.

DER ERSTE: Selbstverständlich — aber ich mein, was sagst
politisch, du bist doch gscheit —

DER ZWEITE: Weißt, no wer' mr halt *(fuchtelt mit dem Spazierstock)* — a bisserl a Aufmischung — gar nicht schlecht —
kann gar nicht schaden — höxte Zeit —

DER ERSTE: Bist halt a Feschak. Weißt, einer wird ganz
aus'n Häusl sein, der Fallota, der was —

EIN VIERTER *(tritt lachend hinzu)*: Grüß dich Nowotny, grüß
dich Pokorny, grüß dich Powolny, also du — du bist ja politisch gebildet, also was sagst?

DER ZWEITE: Weißt, diese Bagasch hat Umtriebe gemacht
ganz einfach.

DER DRITTE: Weißt — also natürlich.

DER VIERTE: Ganz meine Ansicht — gestern hab ich mullattiert —! habts das Bild vom Schönpflug gsehn, Klassikaner!

DER ZWEITE: Weißt, der Fallota das ist dir ein Patriot, der
sagt immer, es genügt nicht, daß man seine Pflicht erfüllt,
man muß ein Patriot sein unter Umständ. Wenn der sich

was in den Kopf setzt, da gibts keine Würschtel. Weißt was ich glaub? Wern mer halt schwitzen müssen die Täg. No von mir aus!

DER DRITTE: Was is mit'n Hopfner?

DER VIERTE: Du, hast die zwei Menscher gekannt da?

DER ZWEITE: Weißt, der Schlepitschka von Schlachtentreu, der is furchtbar gebildet, der liest dir die Presse also auswendig von A bis Z, er sagt wir sollen auch lesen, dort steht sagt er, wir sind für den Frieden, wenn auch nicht für den Frieden um jeden Preis, du is das wahr? *(Eine Büfettdame geht vorüber.)* Du schau, das ist das Mensch wo ich dir erzählt hab was ich umsonst gehabt hab neulich. *(Der Schauspieler Fritz Werner geht vorüber.)* Djehre!

DER DRITTE: Du mir scheint den kenn ich nicht.

DER VIERTE: Den kennst nicht? Geh mach keine Gspaß den kennst nicht! Das is doch der Werner!

DER DRITTE: Klassisch, weißt was ich mir eingebildet hab, ich hab mir eingebildet, das is der Treumann!

DER ERSTE: Geh hör auf! Wie kann man denn den Treumann mit dem Werner verwechseln!

DER ZWEITE: Siehst du, weil du nicht Logik studiert hast — er hat doch konträr den Werner mit dem Treumann verwechselt.

DER DRITTE: Weißt, nein — wart *(denkt nach)*. Weißt überhaupt was meine Ansicht is? »Husarenblut« is besser wie »Herbstmanöver«!

DER ZWEITE: Hör auf.

DER ERSTE: Du, du bist ja furchtbar gebildet, also —

DER VIERTE: Also natürlich war das der Werner!

DER ERSTE: Du bist ja furchtbar gebildet —

DER ZWEITE: Warum?

DER ERSTE: Warst schon beim »Lachenden Ehemann«? Kennst auch den Marischka?

DER ZWEITE: Leider nicht.

DER ERSTE: Kennst auch den Storm?

DER ZWEITE: Aber selbstverständlich.

DER VIERTE: Gehts, stehts nicht herum bei der Potenz-Ecken.

Gehn wir zum Hopfner, wenn also die Gartenbau —

DER DRITTE: Kennst auch den Glawatsch? *(Im Gespräch ab.)*

EIN ZEITUNGSAUSRUFER *(kommt im Laufschritt):* Tagblaad — da Thronfolga und Gemalin ermordet bittä —!

EIN AGENT: Was fangt man mit dem angebrochenen Abend an?

EIN ZWEITER: Venedig soll offen sein.

DER ERSTE: Also schön, steig ma in eine Bk und fahr ma nach Venedig.

DER ZWEITE: Ich weiß nicht, ich bin doch etwas nerves, bevor man nicht gehert hat —

DER ERSTE: Hert ma doch unten! Im Imperial haben sie auf Melpomene getippt, den ganzen Tag gestern sind sie einem in die Ohren gelegen mit Melpomene. Aber mise Vögel, Sie wissen doch — chab genug Lehrgeld gezahlt — dort geht Fischl *(er ruft zur Allee hinüber)* Fischl, Melpomene?

FISCHL: Nu na nicht!

DER ERSTE: Der Schlag soll Sie treffen.

FISCHL: Nach Ihnen. Glaukopis — Zweiter!

EIN WIENER *(zu seiner Frau):* Aber laß dir doch sagen, er war nicht beliebt —

SEINE FRAU: Marandjosef, warum denn?

DER WIENER: Weil er nicht papolär war. Der Riedl selber hat mir erzählt — *(ab.)*

EIN ALTER ABONNENT DER NEUEN FREIEN PRESSE *(im Gespräch mit dem ältesten Abonnenten):* Schöne Bescherung!

DER ÄLTESTE ABONNENT: Was heißt Bescherung? *(Sieht sich um.)* Besser wird alles! Es wird eine Zeit wie unter Maria Theresia kommen, sag ich Ihnen!

DER ALTE: Sagen Sie!

DER ÄLTESTE: Wenn ich Ihnen sag!

DER ALTE: Ihnen gesagt! Aber — um Gotteswillen — Serbien! Mein Jüngster!

DER ÄLTESTE: Erstens ist ein Krieg heutzutag ausgeschlossen und dann — grad ihn wern sie nehmen! Warum, ma hat nicht genug andere? *(murmelt)* Gott, du bist gerecht! Ich — freu mich morgen am Leitartikel. Eine Sprache wird er finden, wie noch nie. Wie Lueger gestorben is, wird nix dagegen sein. Jetzt wird er endlich reden können frei von der Leber, wenn auch selbstredend vorsichtig. Aber allen wird er aus dem Herzen reden, sogar den Gojims sag ich Ihnen, und sogar den höheren Gojims und sogar den höchsten und denen ganz besonders. Er hat gewußt, was am Spiel steht, er jo!

DER ALTE: Man soll's nicht berufen. Vielleicht is es nicht wahr.

DER ÄLTESTE: Pessimist Sie! *(Beide ab.)*

EINIGE BETRUNKENE *(drängen sich durch die Passanten):* Grüß enk Good allamitanandaa! Nieda! Nieda mit Serbien! Hauts es zsamm! Hoch!

VIER BURSCHEN UND VIER MÄDCHEN ARM IN ARM: Er ließ schlageen eene Bruckn daaß man kont hiniebaruckn Stadtunfestung Belgerad —

DIE MENGE: Hoch! *(Fritz Werner kommt zurück und dankt grüßend)* Hoch Werner!

FRÄULEIN LÖWENSTAMM: Geh jetzt zu ihm und bitt ihm.

FRÄULEIN KÖRMENDY *(nähert sich):* Ich bin nämlich eine große Verehrerin und möcht um ein Autogramm —

(Werner zieht einen Notizblock, beschreibt ein Blatt und überreicht es ihr. Ab.)

So lieb war er.

FRÄULEIN LÖWENSTAMM: Hat er dich angeschaut? Komm weg aus dem Gedränge, alles wegen dem Mord. Ich schwärm nur für den Storm! *(Ab.)*

EIN ZEITUNGSAUSRUFER: Extraausgabee —! Eazheazog Franz Ferdinand —

EIN GEBILDETER: Kolossaler Verlust wird das sein für die Theater, das Volkstheater war total ausverkauft —

SEINE FRAU: Schön verpatzter Abend, wärn wir zuhausegeblieben, aber du, du bist ja nicht zu halten —

DER GEBILDETE: Ich staune über deinen Egoismus, einen solchen totalen Mangel an sozialem Empfinden hätte ich bei dir nicht vorausgesetzt.

DIE FRAU: Du glaubst vielleicht ich intressier mich nicht,

selbstredend intressier ich mich, im Volksgarten essen hat gar keinen Sinn, wenn sowieso keine Musik is geht man gleich zu Hartmann —

DER GEBILDETE: Immer mit deinem Essen, wer hat jetzt Gedanken — Du wirst sehn was sich da tun wird, Kleinigkeit —

DIE FRAU: Wenn man nur wird sehn können!

DER GEBILDETE: Ein Begräbnis wird das doch sein, wie es noch nicht da war! Ich erinner mich noch wie der Kronprinz — *(ab.)*

POLDI FESCH *(zu seinem Begleiter):* Heut wird gedraht — gestern hab ich mit dem Sascha Kolowrat gedraht, morgen drah ich mit dem — *(ab.)*

EIN WACHMANN: Bitte links, bitte links!

EIN ZEITUNGSAUSRUFER: Reichspost! Zweate Oflagee! Die Ermordung des Thronfolgapaares!

EIN KLEINBÜRGER: Leben und leben lassen! Also natürlich für den Wiener, für den kleinen Mann, war das nicht das richtige. Wofern, das kann ich dir also aufklären verstehst du. Denn warum? Der Wiener is gewohnt, daß man ihm seine Gewohnheiten loßt. Er herentgegen — der Hadrawa hat ihm einmal erkannt, wie er einmal, also natürlich im Kognito war, da is er sogar nach der Tax gfahren und hat Trinkgeld geben wie ein Prifater, aber nicht um a Sexerl mehr sag ich dir.

ZWEITER KLEINBÜRGER: Hör auf!

DER ERSTE: Und in die bessern Gschäfte hat er auch nicht mehr zahln wolln. Das war einer! Glaubst, der hätt sich von unseran überhalten lassen? Der hätt sich hergstellt mit unseran! Wo unseraner doch auch leben will! Nix hat er auslassn. Nicht um die Burg! Also das is Gefühlssache. I sag, leben und leben lassen und dafür stirb i. Denn warum? Der kleine Mann —

EIN ZEITUNGSAUSRUFER: Extraausgabee —!

DER KLEINBÜRGER: Her mitn Bladl! kost —?

DER ZEITUNGSAUSRUFER: Zehn Heller!

DER KLEINBÜRGER: An Schmarrn! Wurzerei. Steht eh nix

drin. Du — pst — schau dir dös Madl an, sauber, wos? Die Gspaßlaberln! Da kann sich meine Alte also natürlich vastecken.

ZWEITER: Hör mr auf, das is eine Protestierte!

ERSTER: Da schau her, vorm Bristol stehn Leut, gehma hin, da muß eine Persönlichkeit sein. *(Ab.)*

EIN WACHMANN: Bitte links, bitte links!

EIN REPORTER *(zu seinem Begleiter):* Hier nimmt man am besten die Stimmung auf. Wie ein Lauffeuer, sehn Sie, hatte sich am Korso die Nachricht verbreitet, wo sich die Wogen brechen. Das fröhliche Leben und Treiben, das sich sonst um diese Stunde zu entfalten pflegte, verstummte mit einem Male, Niedergeschlagenheit, das Gefühl tiefer Erschütterung, zumeist aber stille Trauer, konnte man von allen Gesichtern ablesen. Unbekannte Leute sprachen einander an, man riß sich die Extrablätter aus der Hand, es bildeten sich Gruppen —

ZWEITER REPORTER: Da möcht ich so vorschlagen: In den Alleen der Ringstraße sah man Gruppenbildungen von Leuten, die das Ereignis besprachen. Wachleute zerstreuten die Gruppen und erklärten, daß sie weitere Gruppenbildungen nicht dulden würden. Hierauf bildeten sich Gruppen und das Publikum begann sich zu massieren — sehn Sie, dort!

(Zwischen einem Fahrgast und einem Fiaker, vor dem Hotel Bristol, hat sich ein Wortwechsel entsponnen, die Passanten nehmen Partei, man hört Pfui-Rufe.)

EIN ZEITUNGSAUSRUFER: Extraausgabee —! Der Thronfolger und seine Gemahlin von Verschwörern ermordet!

DER FIAKER: Aber Euer Gnaden! An so an Tag —!

(Verwandlung.)

2. SZENE

Café Pucher. An demselben Abend vor Mitternacht. Das Kaffeehaus ist beinahe leer; nur zwei Tische sind besetzt. An dem einen hat ein Prokurist des Bankvereins soeben Platz genommen. An dem andern sitzen zwei glatzköpfige Herren, die, jeder eine Zi-

garre mit Papierspitz im Mund, in die Lektüre von Witzblättern
vertieft sind. Die Kassierin schläft. Ein Kellner fuchtelt zum
Scherz mit dem »Hangerl« vor ihrem Gesicht. Ein anderer wird
vom Kaffeekoch mit einem Fetzen aus der Küche gejagt, wor-
über der Zahlkellner und der Koch in Gelächter ausbrechen.

DER ZAHLKELLNER EDUARD: Seids in ein Tschecherl? Schamts
euch! Die Minister lesen, schamts euch, und die Fräuln Paula
schlaft!

DER PROKURIST: Sie!

EDUARD: Herr von Geiringer?

DER PROKURIST: Eine Trabukko und eine Extraausgabe!

EDUARD *(zieht die Zigarrentasche und die Zeitung aus der inneren Rocktasche hervor und sagt):* Ein Trabukkerl und etwas
fürs Gemüt!

DER PROKURIST: War niemand da? Wieso is heut so stier?
Nicht einmal der Dokter Gomperz?

EDUARD: Niemand Herr von Geiringer.

DER PROKURIST: Hat wer telephoniert?

EDUARD: Bisher nicht. Jedenfalls das schöne Wetter — vielleicht über die Feiertäg die Herrn einen Ausflug —

DER PROKURIST: Was für ein Feiertag is denn heut?

EDUARD: Peter und Paul, Herr von Geiringer.

(Während die beiden ihr Gespräch fortsetzen, ist ein Fremder
eingetreten. Er hat an einem Tisch vis-à-vis den beiden älteren
Herren Platz genommen. Ein Kellner bringt Kaffee.)

DER FREMDE: Sie Markör, wer sind denn die beiden älteren
Herren, die kommen mir so bekannt vor —

FRANZ *(sich über den Gast beugend):* Das is der Ministertisch.
Der Herr mit dem Zwicker, der was das Kleine Witzblatt
liest, is seine Exlenz der Minister des Innern, und der Herr
mit dem Zwicker, der was den Pschütt studiert, das is seine
Exlenz der Herr Ministerpräsident.

DER FREMDE: So! Sind die nur heute da, wegen des Ereignisses, oder immer?

FRANZ: Jeden Abend bereits, na ja, die Exlenzen sind
hauptsächlich Junggesellen.

Der Fremde: So! Und wer ist der Herr, der grad dazu-kommt?

Franz: Ah is scho da — das is Seine Exlenz der Direktor der Kabinettskanzlei.

Der Fremde: So!

(Franz stürzt davon und bringt dem Direktor der Kabinetts-kanzlei eine Limonade und das Interessante Blatt. Nach einer Weile sagt)

Der Ministerpräsident *(indem er die Pschütt-Karikaturen beiseite legt):* Nix besonderes heut.

Der Minister des Innern *(gähnt und sagt):* Fad!

Der Ministerpräsident: Überhaupt, bis so ein Tag vor-über is!

Der Direktor der Kabinettskanzlei: Man spürt scho die Hundstäg.

Der Ministerpräsident *(nach einer Pause des Nachdenkens):* Ein Communiqué denk ich wird halt doch nötig sein denk ich. Wegen der Maßnahmen, die die Regierung zu der durch die Ereignisse geschaffenen Situation ins Auge ge-faßt hat, zu deren Besprechung die Mitglieder des Kabinetts in längerer Konferenz beisammen verblieben und so.

Der Minister des Innern: Tunlichst.

Der Ministerpräsident: Eduard!

Der Minister des Innern: Welche Maßnahmen werden wir denn treffen?

Der Ministerpräsident: Das wird vom Communiqué ab-hängen. Sie Eduard!

Eduard: Befehlen Exlenz?

Der Ministerpräsident: Gibts denn heut gar nix Neues? Bringen S' die — wie heißt's denn?

Eduard *(unter den Witzblättern am Tisch suchend):* Fehlt denn noch was Exlenz? Richtig!

(Er geht zum Zeitungsschrank. Währenddessen nähert sich der Prokurist dem Ministertisch und zieht den Minister des Innern, der sich erhoben hat, ins Gespräch. Eduard winkt den Kellner Franz herbei, der eben mit einem Fetzen aus der Küche gejagt

wurde und sich anschickt, der schlafenden Kassierin mit dem
Hangerl vor dem Gesicht zu fuchteln.)

EDUARD: Hörts denn no net auf? Seids in ein Tschecherl? Schamts euch! *(Er sucht weiter im Zeitungsschrank.)* Wo habts denn wieder die Illustrierten hinmanipuliert? Für den Ministertisch die Bombe!

(Verwandlung.)

3. SZENE

Kanzleizimmer im Obersthofmeisteramt. Nepalleck, ein Hofrat, am Schreibtisch. Er telephoniert, sich dabei fortwährend vor dem Apparat verbeugend, fast in ihn hineinkriechend.

NEPALLECK: Begräbnis dritter Klasse — Versteht sich Exlenz — Exlenz können unbesorgt sein — Durchlaucht hat sofort die Initiative ergriffen — — wie? Pardon Exlenz wie? Man versteht heut wieder so schlecht — Kruzitürken, Fräulein, Hofgespräch, das is ein Skandal! — Pardon Exlenz, es war unterbrochen — ja — ja — ja — zu dienen — wird besorgt — aber natürlich — abgewunken — allen — selbstverständlich — Durchlaucht hat sofort die Initiative ergriffen — natürlich — Durchlaucht wird hocherfreut sein — Alles im Sinne von Seiner Durchlaucht — Exlenz können sich verlassen — nein, nein, keiner von die Monarchen — auch keine Mitglieder — nein, auch keine Verwandten — natürlich — Wie? — nein, alle wollten — keiner kommt — A Großfürst war schon reisefertig, aber wir haben es zum Glück noch rechtzeitig verhindern können — ginget uns ab, die möchten uns da mit Aufklärungen — daß' am End nur ja zu kan Krieg kommt — Wie? schon wieder unterbrochen, Kruzitürken, is das ein Pallawatsch! — ja, auch von England — nein, niemand — keine Katz von an Hof — nur die Botschafter und so Leut — selbstverständlich auch das mit Auswahl, wo man schon nicht nein sagen kann — wer mr scho machen — tüchtig gesiebt, tüchtig — nach Tunlichkeit — Raumrücksichten — mein Gott, die kleine Kapelle, ham mr an Gspaß ghabt — Der Wortlaut? Gleich bitte. (*Zieht einen Zettel aus der Tasche.*) »Beschränkungen der Delegierungen auswärtiger Fürstenvertreter und militärischer Delegierter, die mit Rücksicht auf den verfügbaren Raum —« Wie? Natürlich, selbstverständlich, das wird die bitterste Enttäuschung sein, keine offizielle und keine allgemeine Beteiligung des Militärs — Wie, Exlenz? In Belgrad? No ja, die werns kurios finden — sehr richtig, solln s' draufhin nur noch mehr frech wern gegen uns — wir haben gar nichts dagegen, nicht wahr, Exlenz? — So ist es! — Sehr gut, Exlenz, famos, Begräbnis dritter Klasse Nichtraucher — famos, muß ich Durchlaucht erzählen, Durchlaucht wird sich kugeln — wir haben eh die größten Scherereien mit der Einsegnung — ja der böhmische Adel, bißl zudringlich von die Herrn — die Spezi und die Verwandtschaft — was wir geantwortet haben? Durchlaucht hat sofort die Initiative ergriffen. Ganz einfach, außer dem Allerhöchsten Hof und den Offiziellen hat höchstens noch der Vormund Zutritt — Wie? die Kinder? nein, Durchlaucht is dagegen wegen der Plaazerei — Wie? ja die Herrschaften wollen zu Fuß mitspazieren — natürlich sehr unangenehm für Durchlaucht, fast eine Demonstration — Sehr gut, die Arbeitslosen! Muß ich Durchlaucht erzählen, Durchlaucht wird sich kugeln — Wie meinen Exlenz? Wurscht? Und wie! Savaladi! — Aber natürlich, kein Mensch kann was sagen — allen Formalitäten genügt — a l l e r h ö c h s t e s   R u h e b e d ü r f n i s   g a n z   e i n f a c h — justament, solln s' sich giften — selbstverständlich — Thronfolgerbegräbnis ist eben dritter Klasse, da gibts keine Würschtel — zu Fleißaufgaben haben wir gar keine Ursache — ja apropos Exlenz haben von der unverschämten Zumutung seiner Kanzlei noch nicht gehört? — Nach dem spanischen Zeremoniell solln mr ihnen auch noch das Begräbnis in Artstetten, nicht bloß die Zufuhr zur Westbahn — nicht wahr, unerhört — In unsere Kompetenz gehört nur die Kapuzinergruft, punktum! — Aber natürlich, Durchlaucht hat sofort die Initiative ergriffen und denen geantwortet, sie solln froh sein, daß wir die Leich bis zur Westbahn bringen. Das weitere geht die städtische Leichenbestattungsanstalt an — oder den Verein zum ewigen Leben, sehr richtig — natürlich, jedenfalls aus Schmutzerei — in seinem Sinne — Pietät, sehr gut! Muß ich Durchlaucht erzählen, Durchlaucht wird sich — nein, nur zwanglos, kleines Festessen in gemütlichem Kreis — Ob mr wen anstellen wern? Nicht einen, wird alles hinausgschmissen — Oja, Viechsarbeit — natürlich, wenn's auf mich ankommt, ich persönlich war vom ersten Moment dagegen, daß die Leich von der Chotek im selben Zug mitkommt — ich sag in solchen Fällen, wärst net aufigstiegn, wärst net abigfalln — aber das war leider — aber ja, das gute Herz von Seiner Durchlaucht — und dann, Exlenz wissen ja, Seine kaiserliche Hoheit hat interveniert, kann man halt nix machen — na, wenigstens hätt mr die Gschicht so weit in Ordnung bracht, daß ihr Sarg um eine Stufen tiefer aufgstellt wird wie der seinige — Gewiß, wird nicht angenehm sein morgen auf der Südbahn — aber wenigstens kein Gedränge — Wie? Sehr gut, nicht wie am Sonntag nach Atzgersdorf, sehr gut, muß ich Durchlaucht, Durchlaucht wird sich — Wie? pardon, ach so, die Zeitungen? Instruiert, alles instruiert, wern nicht viel hermachen. Schlagwort: Kein Prunk, sondern stille Trauer oder was beißt mich da — Wie Exlenz? So still, daß man — famos, muß ich Durchlaucht, Durchlaucht wird sich — Wie? Ja, hocherfreut, daß die Kabinettskanzlei ebenso tief erschüttert ist wie das Obersthofmeisteramt — Durchlaucht wird sich kugeln — paar Vergnügungsetablissements haben bei uns angefragt, ob s' ihnere Vorstellungen abhalten sollen. Antwort: daß irgendeine Hoftrauer noch nicht angeordnet und daß es dem Ermessen jeder einzelnen Direktion anheimgestellt bleibt — gut, was? — no und was die ermessen, kann man sich ja denken, na ja der Wolf aus Gersthof braucht a net mehr z'wanen wie mir selber. Aber Venedig in Wien, das wird Exlenz intressiern, die warn so vernünftig und habn gar net gfragt und habn ruhig am selben Tag gspült. Mein Gott, das bißl Gaudee und das bißl Gschäft soll man den Leuteln bei die schlechten Zeiten vergunnen —

leben und leben lassen, natürlich — Gewiß, gewiß, nicht wir allein, das ganze Reich — das ganze Reich — sehr gut, alle die gleichen Gefühle, sehr richtig, man will eben nicht ersticken — Wie? Kruzitürken, was is denn schon wieder — es war eine Störung! — sehr richtig, man will gemütlich sein — so ist es, einmal geht auch der Schinder drauf — leben und leben lassen — die Leut wolln ein joviales Gsicht sehn, sonst wern s' selber grantig — jawohl, wer nicht grüßen kann, ghört nicht an die Spitze! — no in der Beziehung können wir ja für die Zukunft Gottseidank unbesorgt sein — Wie? Was die andere Durchlaucht macht, die neuche? Oder vielmehr, der gewesene künftige Obersthofmeister? Der verblichene Günstling, selig in dem Herrn entschlafen, Gott hab ihn selig, hol ihn der Teufel, noja, ein ganz spezieller Trauerfall, der einzige, der tiefgebeugt, jedenfalls — nein, wird uns wohl nicht mehr mit seinem Besuche beehren — Wie? Die was in Serajevo mit waren? Der Harrach? Vielleicht auch. Hat ihn ja doch »mit seinem Leibe gedeckt« — ja, die habn sich wichtig gmacht unten — Der Morsey fahrt einen Polizeibeamten an, warum er einen von die Attentäter nicht verhaftet, no der hat ihm aber tüchtig geantwortet, Herr Leutnant kümmern Sie sich um Ihre Angelegenheiten! — Die Polizei in Serajevo hat einfach ihre Pflicht erfüllt, nicht mehr und nicht weniger — Die Gendarmerie — wie viel da waren? Durchlaucht hat damals die Initiative ergriffen beim Tisza, der hat aber selbst schon alles vorgekehrt ghabt. Sechs zu seinem persönlichen Schutz, das war doch mehr wie genug! — Sehr gut, ein vernünftiger Ausgleich, zweihundert hat man ihm für Konopischt bewilligt, damit das p. t. Publikum nicht in die Anlagen trete — ja, das hat ihm gschmeckt, da hat man geuraßt — Wie? im Auswärtigen sans schon fuchtig? Natürlich, die beste Handhabe, selbstverständlich — Endlich, endlich! — bin neugierig, ob s' lang untersuchen wern im Schlangennest — wieder ein vernünftiger Ausgleich, sechs Gendarmen für Serajevo, brauchn mr halt desto mehr für Belgrad! — Bagasch übereinand — Aber natürlich, mir san ja eh die reinen

Lamperln — Ja das is wahr mit die Ahnungen, was er ghabt hat, aber da ham'r ihm schon Mut gemacht, ein Offizier fürcht sich nicht! — sehr richtig, er war in Gottes Hand, sein Lebtag, bis zum Schluß — nicht zu verhindern gewesen, versteh, versteh, aber strafen, wanns einmal gschehn is! — gewiß, nachher nimmt man sich eben zsamm, ja, ja, wird auch in dem Punkt sein Gutes haben, nach innen und außen — abrechnen — Ja, der Conrad, na der wird jetzt — aber natürlich, das fressen s'! Da muß doch eine Genugtuung sein, das sieht doch jedes Kind, wär net schlecht — ein Prestischpunkt, der sich gewaschen hat — wer' mr scho machen — aber ja — Wie? Aber natürlich, da reißen uns schon die Deutschen heraus — so is, wir sind für den Frieden, wenn auch nicht für den Frieden um jeden Preis — nein Exlenz, von Urlaub leider keine Rede, woher denn — is schon einmal so, noja, mir bleibt doch nichts erspart — nochmals, selbstverständlich, bitte unbesorgt — wer's bestelln — tänigsten Dank, korschamster Diener Exlenz!

4. SZENE

Ebenda.

DIENER: Bitt schön Herr Hofrat — einer is da.

NEPALLECK: Was für einer?

DIENER *(verlegen):* No, von die andern.

NEPALLECK *(herrisch):* Es gibt keine andern! Die Zeiten sind vorbei! Hab ich Ihnen nicht gesagt, daß jeder, der kommt —

DIENER: Bitt schön — er sagt, daß es nur wegen einer Erkundigung is.

NEPALLECK: Möcht wissen, was es da noch zu erkundigen gibt, alstern herein mit ihm. *(Diener ab.)*

5. SZENE

(Ein alter Kammerdiener des verstorbenen Erzherzogs tritt auf.)

NEPALLECK *(zischt hervor):* Was wollen S'?

DER ALTE KAMMERDIENER: Zu dienen, gnädiger Herr Hofrat — also — ich weiß mir in dieser Beziehung — also diesfalls — also anderweitig —

NEPALLECK: Was Sie wollen, möcht ich gern hören!

KAMMERDIENER: Nämlich das Unglück, das große Unglück, also nicht wahr, gnädiger Herr Hofrat — also wo ich schon unter kaiserlichen Hoheit — hochseligen Weiland — Herrn Erzherzog Ludwig, Gott hab ihn selig —

NEPALLECK: Aha, also mit einem Wort, Sie sind ein vazierender Kammerdiener — Sie, mein Lieber, das schlagen S' Ihnen aus dem Kopf, Anstellungen werden hier nicht vergeben!

KAMMERDIENER *(weinend)*: Aber nein, Herr Hofrat — aber nein, Herr Hofrat —

NEPALLECK: Was, zudringlich wern S'?

KAMMERDIENER: Aber nein Herr Hofrat — nicht will ich — nicht will ich —

NEPALLECK: Also was denn sonst?

KAMMERDIENER: Aber nein — wahr is, ein strenge Herr — aber — strenge — und — gute Hoheit — aber — so —

NEPALLECK: Sie Verehrtester erzählen S' uns hier keine Raubersgschichten — sagen S' was Sie von uns wollen!

KAMMERDIENER: Aber nix wollen, Herr Hofrat, nix, nix, gar nix wollen — nur sprechen — nur sprechen — nur sprechen — vor der Leich noch amal —

NEPALLECK *(seine Stimme erhebend)*: Sprechstunde hab ich für Sie keine, verstanden?

(Von rechts, durch den Lärm gerufen, stürzt Fürst Montenuovo mit wutverzerrtem Gesicht herein.)

6. SZENE

MONTENUOVO: Was ist? Ah is schon einer da! Sie, schaun Sie, daß Sie weiter kommen! Hier findet keiner von euch einen Posten, verduften, gschwind!

KAMMERDIENER *(mit großem Staunen)*: Ich — hab — Jesus — zu dienen, gnädigste Durchlaucht — *(Ab.)*

MONTENUOVO: Sie Hofrat, Sie wissen, daß hier kein Asyl für Obdachlose ist — ich habe nun einmal die Initiative ergriffen, also — Ruh will ich haben!

NEPALLECK: Durchlaucht können sich verlassen, es wird nicht mehr vorkommen, der Mensch wollte nur —

MONTENUOVO: Alleseins. Daß mir keine von den Belvedere-Visagen hier unterkommt! — Wie viel Einladungen?

NEPALLECK: Achtundvierzig.

MONTENUOVO: Was reden S' denn?

NEPALLECK: Ach so, bitte tausendmal um Vergebung, ich hab an morgen abends gedacht. Sechsundzwanzig.

MONTENUOVO: Die sechs noch streichen! *(Ab.)*

NEPALLECK: Zu Befehl! *(Setzt sich wieder an den Schreibtisch.)*

8. SZENE

Fürst Weikersheim, dicht hinter ihm der Diener.

DIENER: Bitte Durchlaucht, ich habe den strengsten Auftrag —

FÜRST WEIKERSHEIM: Was hat der? Auftrag? Was? Man muß hier angemeldet werden? *(Diener ab. Nepalleck bleibt am Schreibtisch sitzen, ohne aufzublicken. Der Fürst nach einer Pause des Wartens.)* Sie! *(Nach einer weitern Pause lauter)* Sie! Was — geht hier vor? *(schreiend)* Sie, stehn Sie auf!

NEPALLECK *(wendet den Kopf, obenhin)*: Guten Tag, guten Tag.

FÜRST WEIKERSHEIM *(nach einer Pause sprachlosen Staunens)*: Was — ist — das? So — rasch — *(Mit Betonung)* Sie, wissen Sie, wer ich bin?

NEPALLECK: Was ist denn, was ist denn, natürlich weiß ich das, Sie sind der gefürstete Baron Bronn von Weikersheim.

FÜRST WEIKERSHEIM: Und Sie sind ein — Und der dort ist Ihr Vorgesetzter! *(Ab, indem er die Tür ins Schloß wirft.)*

9. SZENE

NEPALLECK *(lacht krampfhaft. Das Telephon klingelt):* Korschamster Diener Exlenz, in dem Moment hat sich — *(Montenuovo steckt den Kopf zur Tür herein, blitzschnell dreht sich Nepalleck um)* Zu Befehl Durchlaucht —

(Verwandlung.)

10. SZENE

Südbahnhof. Im fahlen Morgenlicht ein Raum, von dem aus man durch eine große Türöffnung den Hofwartesalon überblickt. Dieser selbst ist ganz mit schwarzen Tüchern drapiert. In der Mitte des Saals, für die draußen Stehenden anfangs noch sichtbar, zwei Sarkophage, deren einer um eine Stufe tiefer steht; rings um die Särge hohe Leuchter mit brennenden Kerzen. Kränze. Gebetstühle. Schwarz livrierte Lakaien sind eben damit beschäftigt, die letzten Kerzen anzuzünden und die zum Empfang der Trauergesellschaft notwendigen Vorbereitungen zu treffen. Im Vorraum und auf dem noch sichtbaren Teil der Treppe drängt sich Publikum, das von Polizeibeamten geordnet wird. Würdenträger, Funktionäre in verschiedenartigen Uniformen erscheinen, bleiben im Vorraum oder verschwinden im Saal, wechseln stumm oder flüsternd Grüße. Ein unablässiges Kommen und Gehen. Eine Abordnung von Gemeinderäten in Frack erscheint. Hofrat Nepalleck tritt mit allen Anzeichen tiefster Niedergeschlagenheit auf und nimmt von zahlreichen Anwesenden Kondolenzen entgegen. Dieser und die folgenden Vorgänge spielen sich im Zwielicht ab. Die Gespräche sind die von Schatten.

NEPALLECK: Es ist das Furchtbarste, Durchlaucht ist ganz trübsinnig und durch Unwohlsein verhindert, der höchsten Trauerfeier persönlich beizuwohnen. Auch der Graf Orsini-Rosenberg muß das Bett hüten. Es ist über uns hereingebrochen. Rechts der schönste, der mit Chrysanthemen auf dem Sarg Ihrer seligen Hoheit der durchlauchtigsten Frau Herzogin, ist von Seiner Durchlaucht.

(Ein hochgewachsener Herr, Kleid und Haltung in tiefster

Trauer, erscheint, geht auf Nepalleck zu und drückt ihm warm
die Hand.)

ANGELO EISNER V. EISENHOF: Er war mein Freund. Ich bin
ihm nahegestanden. Zum Beispiel bei der Eröffnung der
Adriaausstellung. Aber was ist mein Schmerz, verglichen
mit dem Ihren, lieber Hofrat! Was muß ein Mann wie Sie
in diesen Tagen durchgemacht haben!

NEPALLECK: Mir bleibt doch nichts erspart.

*(Inzwischen ist das gegenüberliegende Tor geöffnet worden, und
man sieht, wie sich der Saal mit der Hofgesellschaft, den höchsten Hof- und Staatsbeamten und der Geistlichkeit füllt, wobei
ein Zeremonialbeamter ordnend eingreift und jedem den ihm
vorbehaltenen Platz anweist. Bis zum Beginn der heiligen Handlung strömen in den Vorraum immer neue Teilnehmer und Zuschauer, die einzutreten versuchen, Einladungen vorzeigen, zu-
gelassen oder abgewiesen werden. Einige Damen des Hochadels
werden von einem diensthabenden Organ aus dem Saal gewiesen. Es erscheinen zehn Herren in Gehröcken, die, ohne sich zu
legitimieren, mit Zuvorkommenheit, an dem Spalier der War-
tenden vorbei, bis über die Tür des Trauergemachs geleitet werden, die sie während des Folgenden besetzt halten, so daß sie
zwar selbst die Vorgänge beobachten können, aber diese den Blik-
ken der Außenstehenden fast ganz entziehen. Die Sarkophage
sind seit dem Moment ihres Auftretens nicht mehr sichtbar.
Während jeder der zehn ein Notizblatt hervorzieht, treten zwei
Funktionäre an die Gruppe heran und stellen sich gegenseitig
wie folgt vor.)*

ZAWADIL: Spielvogel.

SPIELVOGEL: Zawadil.

BEIDE *(zugleich sprechend):* Ein trüber Morgen. Schon um
6 Uhr waren wir zur Stelle, um die Anordnungen zu treffen.

ANGELO EISNER V. EISENHOF *(tritt hinzu und spricht angelegentlich mit einem der zehn, die zu schreiben beginnen. Er deutet auf verschiedene Gestalten, die alle die Hälse recken und den
Versuch machen, aus dem Spalier zu treten. Er beruhigt durch
Winken jeden einzelnen, indem er, gleichzeitig auf die zehn*

Männer weisend, die Pantomime des Schreibens macht, so als ob er ihm bedeuten wollte, daß bereits von ihm Notiz genommen sei. Inzwischen ist es dem Hofrat Schwarz-Gelber und dessen Gemahlin gelungen, in unmittelbaren Kontakt mit den Schreibenden zu kommen und einem von diesen auf die Schulter zu tippen.)

HOFRAT SCHWARZ-GELBER UND HOFRÄTIN SCHWARZ-GELBER: Wir haben es uns nicht nehmen lassen wollen, persönlich zu erscheinen.

ANGELO EISNER V. EISENHOF *(der sich mit einem indignierten Blick abwendet, zu seinem Nachbar Dobner v. Dobenau):* Und so etwas will einer heiligen Handlung beiwohnen! Wahrscheinlich das erstemal. Ich muß mich vor meinem Freunde Lobkowitz schämen, der grad herüberschaut. *(Er grüßt öfter und winkt.)* Aha, er hat mich bemerkt, aber nicht erkannt.

DOBNER V. DOBENAU *(mit starrer Miene und langsam):* Als Truchseß hätte ich eigentlich das Recht, hineinzugehen, wo die Spitzen sind.

CONTE LIPPAY: Dadurch, daß es mir als Künstler gelungen ist, den Papst zu malen, hatte ich als Palatinalgraf des Öfteren Gelegenheit, Seine Heiligkeit als deren Kämmerer auf die durch solche Vorfälle nicht zu erschütternde Frömmigkeit des verewigten hohen Herrn aufmerksam zu machen, was Seine Heiligkeit beifällig zur Kenntnis zu nehmen geruhte.

EISNER V. EISENHOF: Ja, Lipschitz, wie kommen denn S i e hieher? Unsere Väter in Pilsen hätten sich auch nicht träumen lassen —

CONTE LIPPAY: Nichts davon, Baron, nichts davon, tempi passati. Sie wissen ja selbst, nemo propheta in sua patria und alle Wege führen nach Rom. Aber haben Sie nicht meine Söhne die Grafen Franz und Erwein gesehn?

DOBNER V. DOBENAU: Als Truchseß hätte ich eigentlich das Recht —

CAFETIER RIEDL: In der Adriaausstellung habe ich mit Seiner kaiserlichen Hoheit verkehrt, ihm selbst als Padriot und schlichter Gewerbsmann speziell den Kaffee kredenzt, warum nicht, wenn ich auch anerkannt bin, unsereins ist nicht so hopatatschig, indem auch seine hochherzigen Bestrebungen um den Ausbau unserer Flotte an mir im Geiste Tegetthoffs als Obmann jederzeit einen warmherzigen Förderer um damit auf dem einmal betretenen Wege unerschrocken fortzufahren.

DR. CHARAS: Mit mir an der Spitze ist auch die Rettungsgesellschaft erschienen, hat aber noch keinen Anlaß gefunden, in zahlreichen Fällen zu intervenieren.

DER CHEF DES SICHERHEITSBUREAUS HOFRAT STUKART: Meine Anwesenheit versteht sich von selbst. Ganz abgesehen von meinem gesellschaftlichen Prestige, mußte schon das rein kriminalistische Interesse meine Aufmerksamkeit auf diesen Fall lenken, dem ich vollkommen unbefangen gegenüberstehe, weil es sich um einen Mordfall handelt, aus dem es niemandem gelingen wird den Vorwurf der Reklamesucht gegen mich abzuleiten. In Wien wäre so etwas unmöglich gewesen. Ich will ja nicht leugnen, daß der geehrte Kollege in Sarajevo bis zu dem Attentat selbst eine ähnliche Taktik eingeschlagen hat, wie sie sich bei uns wiederholt bewährt hat, indem man von den Vorbereitungen zu einem Verbrechen entweder nichts weiß oder es ausreifen läßt, um es späterhin mit umso größerem Erfolge entdecken zu können. Aber der geehrte Kollege in Sarajevo hat eben diesen eigentlichen kriminalistischen Zweck, wenn er ihn selbst angestrebt hätte, bedauerlicherweise verfehlt. Wie anders hätte ich nach vollzogener Tat, weit über meine Dienstpflicht hinaus, mir den Fall angelegen sein lassen, indem unser Sicherheitsbureau fieberhaft gearbeitet und ich persönlich so lange die Fäden in meiner Hand gehalten hätte, bis es mir gelungen wäre, den Täter nach erfolgtem Geständnis unter der Last der Beweise zusammenbrechen zu lassen, was dem geehrten Kollegen in Sarajevo dadurch, daß der Täter auf frischer Tat ergriffen wurde, bedauerlicher Weise nicht geglückt ist. Ich kann mir diese fatale Wendung nur aus Ungeschicklichkeit, vielleicht aus dem Übereifer des Attentäters, der sich der Verhaftung nicht widersetzte, oder aus einem unglücklichen Zufall erklären, der eben in diesem besonders beklagenswerten Falle die Tätigkeit der Polizei vollständig lahmgelegt hat. Da aber das Opfer des Täters an diesem katastrophalen Ausgang unschuldig ist, so wird man es begreiflich finden, daß meine Anwesenheit hier, wenn auch unter andern, bemerkt wird.

Sektionschef Wilhelm Exner: Ich stehe hier als Vertreter technologischer Interessen.

Gouverneur Sieghart von der Bodenkreditanstalt: Ich bin heute Gouverneur. In der sichern Erwartung, daß nunmehr die Staatsgewalt sich in den meiner Weltanschauung angepaßten Bahnen ohne Aufenthalt weiterbewegen wird, kann ich hier meinen Platz behaupten.

Präsident Landesberger von der Anglobank: Sie sagen von mir, ich sei ein Bankmagnat. Trotzdem glaube ich nicht, daß es unter meiner Würde ist, hinter dem Sarge eines wenn auch anderen Idealen zugewandten Mächtigen ein bescheidenes, aber stolzes Plätzchen anzustreben.

Herzberg-Fränkel: Mein Name ist Herzberg-Fränkel. Ich weiß, er hat bei Lebzeiten keine besonderen Sympathien für meinen Typus gehabt, aber der Tod hat etwas Versöhnendes.

Die freisinnigen Gemeinderäte Stein und Hein: Ich weiß zwar nicht, was ich hier zu suchen habe, aber da auch ich da bin, bin ich auch da.

Zwei Konsuln (stellen sich gleichzeitig vor): Stiaßny. Wir haben zwar keine nennenswerte Beziehung zu dem Verewigten gehabt, sind aber dessenungeachtet herbeigeeilt, um unsere Pflicht zu erfüllen.

Drei kaiserliche Räte (treten in einer Reihe auf): Wir sind als Abordnung erschienen, weil wir es den Manen schuldig zu sein glauben, uns in der Hoffnung auf bessere Zeiten nicht von der Überzeugung abbringen zu lassen, daß er das Gute gewollt hat, aber schlecht informiert war.

Sukfüll: Vom Gremium entsendet und berufen, die schmerzlichen Gefühle der Sektion auszusprechen, sehen wir einer ungewissen Zukunft entgegen und sind noch nicht einmal in der Lage, zu ermessen, ob das Ereignis für die geplante Hebung des Fremdenverkehrs hemmend oder fördernd aufzufassen ist. Wie dem immer sei, entbiete ich meinen letzten Gruß.

BIRINSKI UND GLÜCKSMANN: Als Vertreter der Kunst hat uns die Kunst entsendet, um an der Bahre des großen Toten das Gelöbnis idealen Strebens zu erneuern, während als Vertreter der Industrie jedenfalls andere gekommen sind.

DER BUCHHÄNDLER HUGO HELLER: Durch meine weitverzweigten kulturellen Verbindungen wäre es mir offenbar ein Leichtes gewesen, den erlauchten Verstorbenen dauernd an mich zu fesseln, wenn nicht wie gesagt der Tod dazwischen gekommen wär.

(Während dieser Rede ist eine Dame in tiefster Trauer eingetreten. Alles weicht zurück.)

HOFRÄTIN SCHWARZ-GELBER *(wie vom Blitz getroffen, gibt ihrem Gatten einen Stoß und spricht):* Was hab ich dir gesagt! Die is überall, wo sie nicht hineingehört. Ob man einmal unter sich sein könnte!

FLORA DUB: Wie ruhig sie daliegen! Wenn sie leben möchte, möchte sie sich erinnern, wie ich einmal Blumen geworfen hab auf ihr. Er war zwar kein besonderer Freund von Blumenkorsos. Aber ich bin gekommen, damit sie sehen sollen, ich trag ihnen nichts nach.

DER NÖRGLER *(im Vordergrund):*

> Du großer Gott der Großen und der Kleinen!
> Du prüfst die Großen, weil es Kleine gibt.
> Du prüftest einmal Kleine durch den Großen.
> Und riefst ihn weg. So hat er diese Prüfung
> als Prüfer und Geprüfter schlecht bestanden.
> War dies die Absicht, als Du Tod und Leben
> zu seligem Unterschied erfunden hast?
> Stürzt in die Bresche der Unendlichkeit
> der irdische Feind, ein tollgewordener Haufe?
> Und ist das Leid nicht göttlicher Besitz,
> daß die es tragen, die gemordet haben?

Ist selbstvergossnes Blut nur ein Rubin,
ein falscher Diamant die echte Thräne,
ein Putz, den sich die Judasfratze borgt?
Dann ist die Zeit zu Ende und nichts bleibt
als Deine Prüfung. Laß es sie entgelten,
in Stadt und Staat die Mißgebornen fühlen,
daß es vollbracht ist! Nimm ihr eigenes Blut
und traure über sie mit Gottes Thräne!

(Während dieser Worte hat die heilige Handlung in höchster Feierlichkeit ihren Anfang genommen. Man sieht, wie der gesamte im Trauersaal versammelte Hofstaat zum Gebete kniet, vorne schluchzend die drei Kinder der Ermordeten. Zeitweise wird die Stimme des Priesters hörbar. Nun spielt die Orgel. Einer der zehn, die allmählich ganz in das Trauergemach gelangt sind, wendet sich plötzlich mit lauter Stimme an seinen Nachbarn.)

Der Redakteur: Wo is Szomory? Wir brauchen die Stimmung!

(Die Orgel setzt ab. Es tritt eine Pause stummen Gebetes ein, nur vom Schluchzen der drei Kinder unterbrochen.)

Der Redakteur *(zu seinem Nachbarn):* Schreiben Sie, wie sie beten!

I. AKT

Wien. Ringstraßen-Korso. Sirk-Ecke. Etliche Wochen später.
Fahnen an den Häusern. Vorbeimarschierende Soldaten werden
bejubelt. Allgemeine Erregung. Es bilden sich Gruppen.

EIN ZEITUNGSAUSRUFER: Extraausgabee —!

ZWEITER ZEITUNGSAUSRUFER: Extraausgabee! Beidee Berichtee!

EIN DEMONSTRANT (*der sich von einer Gruppe den Prinz Eugen-Marsch singender Leute loslöst, ruft mit hochrotem Gesicht und schon ganz heiser unaufhörlich*): Nieda mit Serbieen! Nieda! Hoch Habsburg! Hoch! Hoch Serbieen!

EIN GEBILDETER (*den Irrtum bemerkend, versetzt ihm einen Rippenstoß*): Was fällt Ihnen denn ein —

DER DEMONSTRANT (*anfangs verdutzt, besinnt sich*): Nieda mit Serbieen! Nieda! Hoch! Nieda mit Habsburg! Serbieen!

(*Im Gedränge einer zweiten Gruppe, in die auch eine Prostituierte geraten ist, versucht ein »Pülcher«, der dicht hinter ihr geht, ihr die Handtasche zu entreißen.*)

DER PÜLCHER (*ruft dabei unaufhörlich*): Hoch! Hoch!

DIE PROSTITUIERTE: Loslassen! Sie unverschämter Mensch! Loslassen oder —

DER PÜLCHER (*von seinem Vorhaben ablassend*): Wos rufn S' denn net hoch? Sie wolln a Padriodin sein? A Hur san S', mirken S' Ihna das!

DIE PROSTITUIERTE: A Taschelzieher san S'!

DER PÜLCHER: A so a Schlampen — jetzt is Krieg, mirken S' Ihna das! A Hur san S'!

EIN PASSANT: Burgfrieden, wenn ich bitten darf! Halten S' an Burgfrieden!

DIE MENGE (*aufmerksam werdend*): A Hur is! Was hats gsagt?

EIN ZWEITER PASSANT: Wenn mr recht vurkummt, so hat s' was gegen das angestaamte Herrscherhaus gsagt!

DIE MENGE: Nieda! Hauts es! (*Dem Mädchen ist es gelungen,*

in einem Durchhaus zu verschwinden.) Laßts es gehn! Mir san net aso! Hoch Habsburg!

EIN REPORTER *(zu seinem Begleiter):* Hier scheinen Stimmungen zu sein. Was tut sich?

DER ZWEITE REPORTER: Ma werd doch da sehn.

EIN ARMEELIEFERANT *(hat mit einem zweiten eine Ringstraßenbank bestiegen):* Da sehn wir sie besser. Wie schön sie vorbeimarschieren, unsere braven Soldaten!

DER ZWEITE: Wie sagt doch Bismarck, steht heut in der Presse, unsere Leut sind zum Küssen.

DER ERSTE: Wissen Sie, daß sogar Eislers Ältester genommen is?

DER ZWEITE: Was Sie nicht sagen! Das hat die Welt nicht gesehn! So reiche Leute auch. Daß sich da nichts machen hat lassen?

DER ERSTE: Es heißt, sie versuchen jetzt. Wahrscheinlich wird er hinaufgehn und sichs richten.

DER ZWEITE: Und im äußersten Fall — Sie wern sehn, jetzt wird er ihm doch das Automobil kaufen, was er sich hat in den Kopf gesetzt.

DER ERSTE: Kann man a u c h verunglücken.

EIN PASSANT: Habe die Ehre, Herr Generaldirektor!

EIN ANDERER PASSANT *(zu seinem Begleiter):* Hast ghört? Weißt, wer das is? Ein Generaldirektor in Zivil. Da muß man vorsichtig mit'n Reden sein. Das is nämlich der Vorgesetzte von die Generäle.

EIN OFFIZIER *(zu drei anderen):* Grüß dich Nowotny, grüß dich Pokorny, grüß dich Powolny, also du — du bist ja politisch gebildet, also was sagst?

ZWEITER OFFIZIER *(mit Spazierstock):* Weißt, ich sag, es is alles wegen der Einkreisung.

DER DRITTE: Weißt — also natürlich.

DER VIERTE: Ganz meine Ansicht — gestern hab ich mullattiert —! habts das Bild vom Schönpflug gsehn, Klassikaner!

DER DRITTE: Weißt, in der Zeitung steht, es war unanwendbar.

DER ZWEITE: Unabwendbar steht.

DER DRITTE: Natürlich, unabwendbar, weißt ich hab mich nur verlesen. Also was is mit dir?

DER VIERTE: No weißt ich hab halt also Aussicht ins KM.

DER ERSTE: No bist a Feschak, kommst halt zu uns. Du gestern war ich dir im Apollo bei der Mela Mars — hat mir der Nowak von Neunundfünfziger gsagt er hat ghört ich bin eingegeben für die Silberne.

EIN ZEITUNGSAUSRUFER: Tagblaad! Kroßer Sick bei Schaabaaz!

DER VIERTE: Gratuliere dir — hast die gsehn? Ein Gustomenscherl was sich gwaschen hat, sag ich euch — warts, ich — (ab.)

DIE ANDERN (ihm nachrufend): Kommst also nachher zum Hopfner!

EIN WIENER (hält von einer Bank eine Ansprache): — — denn wir mußten die Manen des ermordeten Thronfolgers befolgen, da hats keine Spompanadeln geben — darum, Mitbürger, sage ich auch — wie ein Mann wollen wir uns mit fliehenden Fahnen an das Vaterland anschließen in dera großen Zeit! Sind wir doch umgerungen von lauter Feinden! Mir führn einen heiliger Verteilungskrieg führn mir! Also bitte — schaun Sie auf unsere Braven, die was dem Feind jetzt ihnere Stirne bieten, ungeachtet, schaun S' wie s' da draußn stehn vor dem Feind, weil sie das Vaterland rufen tut, und dementsprechend trotzen s' der Unbildung jeglicher Witterung — draußen stehn s', da schaun S' Ihner s' an! Und darum sage ich auch — es ist die Pflicht eines jedermann, der ein Mitbürger sein will, stantape Schulter an Schulter sein Scherflein beizutrageen. Dementsprechend! Da heißt es, sich ein Beispiel nehmen, jawoohl! Und darum sage ich auch — ein jeder von euch soll zusammenstehn wie ein Mann! Daß sie's nur hören die Feind, es ist ein heiliger Verteilungskrieg, was mir führn! Wiar ein Phönix stehma da, den s' nicht durchbrechen wern, dementsprechend — mir san mir und Österreich wird auferstehn wie ein Phallanx ausm Weltbrand sag ich! Die Sache für die wir ausgezogen wurden, ist eine gerechte, da gibts keine Würschteln, und darum sage ich auch, Serbien — muß sterbien!

STIMMEN AUS DER MENGE: Bravo! So ist es! — Serbien muß sterbien! — Ob's da wüll oder net! — Hoch! — A jeder muß sterbien!

EINER AUS DER MENGE: Und a jeder Ruß —

EIN ANDERER *(brüllend):* — ein Genuß!

EIN DRITTER: An Stuß! *(Gelächter.)*

EIN VIERTER: An Schuß!

ALLE: So is! An Schuß! Bravo!

DER ZWEITE: Und a jeder Franzos?

DER DRITTE: A Roß! *(Gelächter.)*

DER VIERTE: An Stoß!

ALLE: Bravo! An Stoß! So is!

DER DRITTE: Und a jeder Tritt — na, jeder Britt!?

DER VIERTE: An Tritt!

ALLE: Sehr guat! An Britt für jeden Tritt! Bravo!

EIN BETTELBUB: Gott strafe England!

STIMMEN: Er strafe es! Nieda mit England!

EIN MÄDCHEN: Der Poldl hat mir das Beuschl von an Serben versprochen! Ich hab das hineingeben in die Reichspost!

EINE STIMME: Hoch Reichspost! Unser christliches Tagblaad!

EIN ANDERES MÄDCHEN: Bitte, ich habs auch hineingeben, mir will der Ferdl die Nierndln von an Russn mitbringen!

DIE MENGE: Her darmit!

EIN WACHMANN: Bitte links, bitte links.

EIN INTELLEKTUELLER *(zu seiner Freundin):* Hier könnte man, wenn noch Zeit wär, sich in die Volksseele vertiefen, wieviel Uhr is? Heut steht im Leitartikel, daß eine Lust is zu leben. Glänzend wie er sagt, der Glanz antiker Größe durchleuchtet unsere Zeit.

DIE FREUNDIN: Jetzt is halber. Die Mama hat gesagt, wenn ich später wie halber zuhaus komm, krieg ichs.

DER INTELLEKTUELLE: Aber geh bleib. Schau dir bittich das Volk an, wie es gärt. Paß auf auf den Aufschwung!

DIE FREUNDIN: Wo?

DER INTELLEKTUELLE: Ich mein' seelisch, wie sie sich geläutert haben die Leut, im Leitartikel steht doch, lauter Helden sind. Wer hätte das für möglich gehalten, wie sich die Zeiten geändert haben und wir mit ihnen.

(Ein Fiaker hält vor einem Hause.)

DER FAHRGAST: Was bekommen Sie?

DER FIAKER: Euer Gnaden wissen eh.

DER FAHRGAST: Ich weiß es nicht. Was bekommen Sie?

DER FIAKER: No was halt die Tax is.

DER FAHRGAST: Was ist die Tax?

DER FIAKER: No was S' halt den andern gebn.

DER FAHRGAST: Können Sie wechseln? *(Reicht ihm ein Zehnkronenstück in Gold.)*

DER FIAKER: Wechseln, wos? Dös nimm i net als a ganzer, dös könnt franzeisches Göld sein!

EIN HAUSMEISTER *(nähert sich):* Wos? A Franzos? Ahdaschaurija. Am End gar ein Spion, dem wer mrs zagn! Von woher kummt er denn?

DER FIAKER: Von der Ostbahn!

DER HAUSMEISTER: Aha, aus Petersburg!

DIE MENGE *(die sich um den Wagen gesammelt hat):* A Spion! A Spion! *(Der Fahrgast ist im Durchhaus verschwunden.)*

DER FIAKER *(nachrufend):* A so a notiger Beitel vardächtiga!

DIE MENGE: Loßts'n gehn! Mochts kane Reprassalien, dös ghört si net! Mir san net aso!

EIN AMERIKANER VOM ROTEN KREUZ *(zu einem andern):* Look at the people how enthusiastic they are!

DIE MENGE: Zwa Engländer! Reden S' deutsch! Gott strafe England! Hauts es! Mir san in Wean! *(Die Amerikaner flüchten in ein Durchhaus.)* Loßts es gehn! Mir san net aso!

EIN TÜRKE *(zu einem andern):* Regardez l'enthousiasme de tout le monde!

DIE MENGE: Zwa Franzosen! Reden S' deutsch! Hauts es!

Mir san in Wean! *(Die Türken flüchten in das Durchhaus.)*
Loßts es gehn! Mir san net aso! Dös war ja türkisch! Sechts
denn net, die ham ja an Fez! Dös san Bundesgenossen!
Holts es ein und singts den Prinz Eugen!

(Zwei Chinesen treten schweigend auf.)

DIE MENGE: Japaner san do! Japaner san a no in Wean!
Aufhängen sollt ma die Bagasch bei ihnare Zöpf!

EINER: Loßts es gehn! Dös san ja Kineser!

ZWEITER: Bist selber a Kineser!

DER ERSTE: 'leicht du!

DRITTER: Alle Kineser san Japaner!

VIERTER: San Sö vielleicht a Japaner?

DRITTER: Na.

VIERTER: Na olstern, aber a Kineser san S' do! *(Gelächter.)*

FÜNFTER: Oba oba oba wos treibts denn, habts denn net in der
Zeitung g'lesen, schauts her, da stehts *(er zieht ein Zeitungs-
blatt hervor):* »Derartige Ausschreitungen des Patriatismus
können in keener Weisee gedudldeet werden und sind
überdies geeigneet, den Fremdenverkehr zu schädigeen«.
Wo soll sich denn da nacher ein Fremdenverkehr entwickeln, wo denn, no olstern!

SECHSTER: Bravo! Recht hot er! Der Fremdenverkehr, wann
mr eahm hebn wolln, das is schwer, das is net aso —

SIEBENTER: Halts Mäul! Krieg is Krieg und wann einer
amerikanisch daherredt oder türkisch oder so —

ACHTER: So is. Jetzt is Krieg und da gibts keine Würschtel! *(Eine Dame mit leichtem Anflug von Schnurrbart ist auf-
getreten.)*

DIE MENGE: Ah do schauts her! Das kennt ma schon, ein
verkleideter Spion! Varhaften! Einspirn stantape!

EIN BESONNENER: Aber meine Herren — bedenken Sie —
sie hätte sich doch rasieren lassen!

EINER AUS DER MENGE: Wer?

DER BESONNENE: Wenn sie ein Spion wäre.

EIN ZWEITER AUS DER MENGE: Drauf hat er vergessen! So
hat er sich gfangt!

RUFE: Wer? — Er! — No sie!

Ein dritter: Das is eben die List von denen Spionen!

Ein vierter: Damit mrs net mirkt, daß Spionen san, lassen s' ihnern Bart stehn!

Ein fünfter: Redts net so dalkert daher, das is ein weiblicher Spion und damit mrs net mirkt, hat s' an Bart aufpappt!

Ein sechster: Das is ein weiblicher Spion, was sich für ein Mannsbild ausgeben tut!

Ein siebenter: Nein, das is ein Mannsbild, was sich für ein weiblichen Spion ausgeben tut!

Die Menge: Jedenfalls ein Vardächtiger, der auf die Wachstubn ghört! Packts eahm!

(Die Dame wird von einem Wachmann abgeführt. Man hört die »Wacht am Rhein« singen.)

Der erste Reporter *(hält ein Notizblatt in der Hand)*: Das war kein Strohfeuer trunkener Augenblicksbegeisterung, kein lärmender Ausbruch ungesunder Massenhysterie. Mit echter Männlichkeit nimmt Wien die schicksalsschwere Entscheidung auf. Wissen Sie, wie ich die Stimmung zusammenfassen wer'? Die Stimmung läßt sich in die Worte zusammenfassen: Weit entfernt von Hochmut und von Schwäche. Weit entfernt von Hochmut und von Schwäche, dieses Wort, das wir für die Grundstimmung Wiens geprägt haben, kann man nicht oft genug wiederholen. Weit entfernt von Hochmut und von Schwäche! Also was sagen Sie zu mir?

Der zweite Reporter: Was soll ich sagen? Glänzend!

Der erste: Weit entfernt von Hochmut und von Schwäche. Tausende und Abertausende sind heute durch die Straßen gewallt, Arm in Arm, Arm und Reich, Alt und Jung, Hoch und Nieder. Die Haltung jedes Einzelnen zeigte, daß er sich des Ernstes der Situation vollauf bewußt ist, aber auch stolz darauf, den Pulsschlag der großen Zeit, die jetzt hereinbricht, an seinem eigenen Leib zu fühlen.

Eine Stimme aus der Menge: Lekmimoasch!

Der Reporter: Hören Sie, wie immer aufs neue der Prinz

Eugen-Marsch erklingt und die Volkshymne und ihnen gesellt sich wie selbstverständlich die Wacht am Rhein im Zeichen der Bundestreue. Früher als sonst hat heute Wien Feierabend gemacht. Daß ich nicht vergeß, wir müssen besonders schildern, wie sich das Publikum vor dem Kriegsministerium massiert hat. Aber vor allem, nicht vergessen erwähnt zu werden darf — raten Sie.

DER ZWEITE: Ob ich weiß! Nicht vergessen erwähnt zu werden darf, wie sie zu Hunderten und Aberhunderten sich in der Fichtegasse vor dem Redaktionsgebäude der Neuen Freien Presse massiert haben.

DER ERSTE: Kopp was Sie sind. Ja, das hat er gern der Chef. Aber was heißt Hunderte und Aberhunderte? Ausgerechnet! Sagen Sie gleich Tausende und Abertausende, was liegt Ihnen dran, wenn sie sich schon massieren.

DER ZWEITE: Gut, aber wenn man es nur nicht als feindliche Demonstration auffassen wird, weil das Blatt letzten Sonntag, wo doch schon die große Zeit war, noch so viel Annoncen von Masseusen gebracht hat?

DER ERSTE: In einer so großen Zeit ist eine so kleinliche Auffassung ausgeschlossen. Überlassen Sie das der Fackel. Alle haben sie dem Blatt zugejubelt. Es erschollen stürmische Rufe: Vorlesen! Vorlesen! und das hat sich selbstredend auf Belgrad bezogen. Dann haben sie tosende Hochrufe ausgebracht —

DER ZWEITE: Tosende und abertosende Hochrufe —

DER ERSTE: — und zwar auf Österreich, auf Deutschland und auf der Neuen Freien Presse. Die Reihenfolge war für uns nicht gerade schmeichelhaft, aber es war doch sehr schön von der begeisterten Menge. Den ganzen Abend is sie, wenn sie nicht gerade vor dem Kriegsministerium zu tun gehabt hat oder auf dem Ballplatz, is sie in der Fichtegasse Kopf an Kopf gedrängt gestanden und hat sach massiert.

DER ZWEITE: Wo nur die Leut die Zeit hernehmen, staune ich immer.

DER ERSTE: Bittsie, die Zeit is so groß, daß dazu genug Zeit bleibt! Also die Nachrichten des Abendblatts wurden immer und immer wieder erörtert und durchgesprochen. Von Mund zu Mund ging der Name Auffenberg.

DER ZWEITE: Wieso kommt das?

DER ERSTE: Das kann ich Ihnen erklären, es is ein Redaktionsgeheimnis, sagen Sie's erst, bis Friede is. Also Roda Roda hat doch gestern dem Blatt telegraphiert über die Schlacht bei Lemberg und am Schluß vom Telegramm stehn die Worte: Lärm machen für Auffenberg! Das war schon gesetzt. Im letzten Moment hat man's noch bemerkt und herausgenommen, dann aber hat man ja Lärm gemacht für Auffenberg!

DER ZWEITE: Die Hauptsache sind jetzt die Straßenbilder. Von jedem Eckstein, wo ein Hund demonstriert, will er ein Straßenbild haben. Gestern hat er mich rufen lassen und hat gesagt, ich soll Genreszenen beobachten. Aber grad das is mir unangenehm, ich laß mich nicht gern in ein Gedränge ein, gestern hab ich die Wacht am Rhein mitsingen müssen — kommen Sie weg, hier geht's auch schon zu, sehn Sie sich nur die Leut an, ich kenne diese Stimmung, man is auf einmal mitten drin und singt Gott erhalte.

DER ERSTE: Gott beschütze! Sie haben recht — wozu man selbst dabei sein muß, seh ich auch nicht ein, man verliert nur Zeit, man soll drüber schreiben, stattdem steht man herum. Was ich sagen wollte, sehr wichtig is zu schildern, wie sie alle entschlossen sind und da und dort reißt sich einer los, er will ein Scherflein beitragen um jeden Preis. Das kann man sehr plastisch herausbringen. Gestern hat er mich rufen lassen und hat gesagt, man muß dem Publikum Appetit machen auf den Krieg und auf das Blatt, das geht in einem. Sehr wichtig sind dabei die Einzelheiten und die Details, mit einem Wort die Nuancen und speziell die Wiener Note. Zum Beispiel muß man erwähnen, daß selbstredend jeder Standesunterschied aufgehoben war und zwar sofort — aus Automobile haben sie gewinkt, sogar aus Equipagen. Ich hab beobachtet, wie die Dame in der Spitzentoilette aus dem Auto gestiegen is und der Frau mit dem verwaschenen Kopftuch is sie um den Hals gefallen.

Das geht schon so seit dem Ultimatum, alles is ein Herz und eine Seele.

STIMME EINES KUTSCHERS: Fahr füra Rabasbua vadächtiga —!

DER ZWEITE REPORTER: Wissen Sie, was ich beobachtet hab? Ich hab beobachtet, wie sich Gruppen gebildet haben.

DER ERSTE: No und —?

DER ZWEITE: Und ein Student hielt eine Ansprache, daß jedermann seine Pflicht erfüllen muß, dann hat sich einer aus einer Gruppe gelöst und hat gesagt: »Besser so!«

DER ERSTE: Nicht übel. Ich kann nur konstatieren, ein großer Ernst breitet sich über der Stadt aus, und dieser Ernst, gemildert von Gehobenheit und dem Weltgeschichtsbewußtsein drückt sich in allen Mienen aus, in denen der Männer, die schon mitmüssen, in denen derer, die noch dableiben —

EINE STIMME: Lekmimoasch!

DER ERSTE: — und in den Mienen jener, denen eine so hohe Aufgabe zuteil wird. Vorbei die bequeme Lässigkeit, die genußfrohe Gedankenlosigkeit; die Signatur ist schicksalsfroher Ernst und stolze Würde. Die Physiognomie unserer Stadt hat sich mit einem Schlage verändert.

EIN PASSANT *(zu seiner Frau):* Du kannst von mir aus in die Josefstadt gehn, ich geh an die Wien!

EIN ZEITUNGSAUSRUFER: Vormarsch der Österreicher! Alle Stellungen genohmen!

DIE FRAU: Mir is schon mies vor »Husarenblut«.

DER ERSTE REPORTER: Nirgends eine Spur von Beklommenheit und Gedrücktheit, nirgends fahrige Nervosität und von des Gedankens Blässe angekränkelte Sorge. Aber ebensowenig leichtherzige Unterschätzung des Ereignisses oder törichte, gedankenlose Hurrastimmung.

DIE MENGE: Hurra, a Deitscher! Nieda mit Serbieen!

DER ERSTE REPORTER: Schaun Sie her, südliche Begeisterungsfähigkeit, gelenkt und geregelt von deutschem Ernst. Das beobacht ich für die City. Sie können für die Leopoldstadt eine aufgeregtere Note wählen.

DER ZWEITE: Fallt mir nicht ein, ich bin auch mehr für ab-
geklärtere Stimmungen. Da und dort sieht man, wer ich
sagen, einen weißköpfigen Greis, der sinnend entfernter Ju-
gendtage gedenkt, oder ein gebeugtes Mütterchen, das mit
zitternder Hand Abschiedsgruß und Segenswunsch winkt.
Einer merkt man an, daß sie um einen Sohn oder Gatten
bange. Drehn Sie sich um, da können Sie sehn wie sie winken, sie winken effektiv.

*(Ein Trupp Knaben mit Tschako und Holzsäbel zieht vorbei
und singt: Wer will unter die Soldaten — der ließ schlagen
eine Brucken —)*

DER ERSTE: Notieren Sie: Eine hübsche Genreszene. Überhaupt müssen wir trachten, möglichst viel vom Volk zu
sagen, der Chef hat erst heute geschrieben, es is die Quelle,
in der wir das Gemüt erfrischen.

EINE GRUPPE *(singend):* Die Russen und die Serben
                         die hauen wir in Scherben!

Hoch! Nieda! Schauts die zwa Juden an!

DER ZWEITE REPORTER: Sie, ich hab keine Lust mehr, Genreszenen zu beobachten. Soll e r sein Gemüt an der Quelle erfrischen gehn, wenn er sich traut. Ich bin lieber weit entfernt —

DER ERSTE: Weit entfernt von Hochmut und von Schwäche,
dieses Wort, das wir für die Grundstimmung Wiens geprägt haben — *(beide schnell ab.)*

*Es entsteht eine Bewegung. Ein junger Mann hat einer alten
Frau die Handtasche gestohlen. Die Menge nimmt Stellung
gegen die Frau.*

EINE WEIBLICHE STIMME: Ja meine Liebe, jetzt is Krieg, das
is net wie im Frieden, da muß schon jeder was hergeben,
mir san in Wien!

POLDI FESCH *(zu seinem Begleiter):* Gestern hab ich mit dem
Sascha Kolowrat gedraht, heut — *(ab.)*

(Es treten auf zwei Verehrer der Reichspost.)

DER ERSTE VEREHRER DER REICHSPOST: Kriege sind Prozesse
der Läuterung und Reinigung, sind Saatfelder der Tugend

und Erwecker der Helden. Jetzt sprechen die Waffen!

DER ZWEITE VEREHRER DER REICHSPOST: Endlich! Endlich!

DER ERSTE: Kriege sind ein Segen nicht nur um der Ideale willen, die sie verfechten, sondern auch um der Läuterung willen, die sie dem Volke bringen, das sie im Namen der höchsten Güter führt. Friedenszeiten sind gefährliche Zeiten. Sie bringen allzuleicht Erschlaffung und Veräußerlichung.

DER ZWEITE: Der einzelne Mensch braucht doch halt auch a wengerl Kampf und Sturm.

DER ERSTE: Besitz, Ruhe, Genuß darf für nichts erachtet werden, wo die Ehre des Vaterlandes alles bedeuten muß. So sei der Krieg, in den unser Vaterland verwickelt wurde —

DER ZWEITE: — so sei der Krieg, der Sühne für Frevel und Garantien für Ruhe und Ordnung will, mit ganzem Herzen erfaßt und gesegnet.

DER ERSTE: Auskehrn mit eiserner Faust!

DER ZWEITE: In Prag, Brünn und Budweis — überall jubeln s' den kaiserlichen Entschließungen zu.

DER ERSTE: In Serajevo haben s' Gott erhalte gsungen.

DER ZWEITE: In Treue steht Italien Österreich zur Seite.

DER ERSTE: Fürst Alfred Windischgrätz hat sich freiwillig zum Kriegsdienst gemeldet.

DER ZWEITE: Seine Majestät hat während des ganzen Tages in angestrengtester Weise gearbeitet.

DER ERSTE: Am 27. zwischen 12 und 1 Uhr wurde im Postsparkassenamt die finanzielle Vorsorge für den Krieg getroffen.

DER ZWEITE: Die Approvisionierung Wiens für die Kriegsdauer wurde vom Bürgermeister gemeinsam mit dem Ministerpräsidenten und dem Ackerbauminister gesichert.

DER ERSTE: Hast glesen? Keine Teuerung durch den Krieg.

DER ZWEITE: Das is gscheit!

DER ERSTE: In unentwegter Treue —

DER ZWEITE: — huldigen wir unserem geliebten alten Kaiser.

DER ERSTE: Der Weiskirchner hat gsagt, meine lieben Wiener, ihr lebt eine große Zeit mit.

DER ZWEITE: Noja, es is keine Kleinigkeit!

DER ERSTE: Wir gedenken auch des Bundesgenossen in schimmernder Wehr, hat er gsagt.

DER ZWEITE: Die Huldigung der kaisertreuen Bevölkerung habens bereits an den Stufen des allerhöchsten Thrones niedergelegt.

DER ERSTE: Am allerhöchsten Hoflager in Ischl.

DER ZWEITE: Wirst sehn, der Krieg wird eine Renaissance österreichischen Denkens und Handelns herauführen, wirst sehn. Ramatama!

DER ERSTE: Höchste Zeit, daß amal a Seelenaufschwung kommt! Rrtsch — obidraht!

DER ZWEITE: Ein Stahlbad brauch' mr! Ein Stahlbad!

DER ERSTE: Bist schon einrückend gmacht?

DER ZWEITE: Woher denn, enthoben! Und du?

DER ERSTE: Untauglich.

DER ZWEITE: Ein erleichtertes Aufatmen geht durch unsere Bevölkerung! Dieser Krieg — (ab.)

Man hört den Gesang vorbeiziehender Soldaten: In der Heimat, in der Heimat da gibts ein Wiedersehen —

EIN ALTER ABONNENT DER NEUEN FREIEN PRESSE (*im Gespräch mit dem ältesten*): Intressant steht heute im Leitartikel, wie der serbische Hof und wie sie alle aus Belgrad fort müssen. (*Er liest vor.*) »Wien ist heute Abend nicht die Stadt gewesen, die vereinsamt dem Hofe, der Regierung und den Truppen keine sichere Stätte geboten hat. Belgrad war es.«

DER ÄLTESTE ABONNENT: Goldene Worte. So etwas tut einem wohl zu hören und man spürt doch bißl eine Genugtuung.

DER ALTE ABONNENT: Allerdings könnte man einwenden, daß Wien momentan von den Serben weiter weg is wie Belgrad von den Österreichern, weil ja Belgrad direkt visavis liegt von Semlin, während Wien nicht direkt visavis liegt von Belgrad, und weil sie schon zu schießen anfangen von Semlin auf Belgrad, während sie von Belgrad nicht herüberschießen können gottlob auf Wien.

DER ÄLTESTE ABONNENT: Ich kann Ihrem Gedankengang folgen, aber wohin führt das? Wie immer man die Situation ansieht, muß man zu dem Resultat kommen, daß das was er im Leitartikel sagt wahr ist. Daß nämlich in Wien der Hof und überhaupt alles bleiben kann wie es ist und in Belgrad nicht. Oder ist es vielleicht nicht wahr? Mir scheint Sie sind etwas ein Skeptiker?

DER ALTE ABONNENT: Was heißt wahr? Es ist geradezu unbestreitbar und noch nie hab ich die Empfindung gehabt, daß er so recht hat wie er dasmal recht hat. Denn wo er recht hat, hat er recht. *(Sie gehen ab.)*

EIN ZEITUNGSAUSRUFER: — Lemberg noch in unserem Besitzee!

VIER BURSCHEN UND VIER MÄDCHEN ARM IN ARM: Er ließ schlageen eene Bruckn daaß man kont hiniebaruckn Stadtunfestung Belgerad —

DIE MENGE: Hoch! *(Fritz Werner tritt auf und dankt grüßend.)*

FRÄULEIN KÖRMENDY: Weißt du was, geh du jetzt zu ihm und bitt ihm.

FRÄULEIN LÖWENSTAMM *(nähert sich):* Ich bin nämlich eine große Verehrerin und möcht um ein Autogramm —

(Werner zieht einen Notizblock, beschreibt ein Blatt und überreicht es ihr. Ab.)

So lieb war er.

FRÄULEIN KÖRMENDY: Hat er dich angeschaut? Komm weg aus dem Gedränge, alles wegen dem Krieg. Ich schwärm nur für den Storm! *(Ab.)*

EIN PÜLCHER: Serwas Franz, wo gehst denn hin?

EIN ZWEITER PÜLCHER: Auxtrois Franzois.

DER ERSTE: Wohin?

DER ZWEITE: Auxtrois Franzois. Dem Hutterer die Auslagen einschlagen, wann er die Tafel net weggibt. I hab ein Viechszurn in mir!

DER ERSTE: Hast schon recht, das is ein Schtandal is das.

DER ZWEITE: Wo ich ein »Modes« seh, tippel i's eini! *(Geht in Raserei ab.)*

DER ERSTE: Serwas Pepi, wo gehst denn hin?

EIN DRITTER: I geh ein Scherflein beitragen.

DER ERSTE: A hörst, was du für an Gemeinsinn betätingern tust —

DER DRITTE: Wos? An Gemeinsinn? Du, dös sagst mr net no amol, mir net — *(haut ihm eine Ohrfeige herunter.)*

RUFE AUS DER MENGE: Do schaut's her! Schamen S' Ihna! Wer is denn der? San Sö vielleicht der Nikolajewitsch?

EINER AUS DER MENGE: Wos die Leut für an Gemeinsinn betätingern mitten im Krieg, das sollt man wirkli net für möglich haltn!

(Zwei Agenten treten auf.)

DER ERSTE AGENT: Also heut zum erstenmal, Sie, Gold gab ach für Eisen.

DER ZWEITE: Sie? Das können Sie wem andern einreden. Sie haben gegeben! Aufgewachsen —

DER ERSTE: Wer sagt, ich hab gegeben? Verstehn Sie nicht deutsch? Ich seh da drüben den Zettel von der Premier' heut: Gold gab ich für Eisen, ich möcht gehn.

DER ZWEITE: Gut, geh ich auch! Jetzt is überhaupt am intressantesten. Gestern hat bei der Csardasfürstin die Gerda Walde die Extraausgab vorgelesen von die vierzigtausend Russen am Drohtverhau — hätten Sie hören solln den Jubel, zehnmal is wenig, daß sie is gerufen worn.

DER ERSTE: Warn schon Verwundete??

DER ZWEITE: Auch! Jetzt is überhaupt am intressantesten. Kürzlich is einer neben mir gesessen. Was war da nur? Ja — Ich hatt einen Kameraden.

DER ERSTE: Sie??

DER ZWEITE: Wer sagt, ich? Das is von Viktor Leon!

DER ERSTE: Guut??

DER ZWEITE: Bombenerfolg!

EIN ZEITUNGSAUSRUFER: Belgraad bombadiert —!

(Verwandlung.)

2. SZENE

Südtirol. Vor einer Brücke. Ein Automobil wird angehalten.
Der Chauffeur weist den Fahrtausweis vor.

DER LANDSTURMMANN: Grüaß Good die Herrschaften! Derf ich bitten —

DER NÖRGLER: Endlich einmal ein freundlicher Mann. Die andern sind alle so rabiat und legen gleich an —

DER LANDSTURMMANN: Jo 's is zwegn an ruassischen Automobüll mit Gold, no und da —

DER NÖRGLER: Aber ein Automobil, das halten will, kann doch nicht auf die Sekunde halten, sondern rollt noch ein paar Meter — da kann ja das größte Unglück passieren.

DER LANDSTURMMANN *(in Rage):* Jo — wonn eins net holten tuat — da schiaß ma alls zsamm — schiaß ma alls zsamm — schiaß ma alls — *(Das Automobil fährt weiter.)*

(Verwandlung.)

3. SZENE

Hinter der Brücke. Ein Heerhaufen um das Automobil. Der Chauffeur weist den Fahrtausweis vor.

EIN SOLDAT *(mit angelegtem Gewehr):* Halt!

DER NÖRGLER: Der Wagen steht doch schon. Warum ist denn der Mann so rabiat?

DER HAUPTMANN *(in Raserei):* Er erfüllt seine Pflicht. Wenn er nur im Feld rabiat is mit'n Feind, so is scho recht!

DER NÖRGLER: Ja, aber wir sind ja doch nicht —

DER HAUPTMANN: Krieg is Krieg! Basta! *(Das Automobil fährt weiter.)*

(Verwandlung.)

4. SZENE

Der Optimist und der Nörgler im Gespräch.

DER OPTIMIST: Da können Sie von Glück sagen. In Steiermark ist eine Rote Kreuz-Schwester, deren Automobil noch ein paar Meter gerollt ist, erschossen worden.

DER NÖRGLER: Dem Knecht ist Gewalt gegeben. Das wird seine Natur nicht vertragen.

DER OPTIMIST: Übergriffe untergeordneter Organe werden im Kriege leider nicht zu vermeiden sein. In solcher Zeit muß aber jede Rücksicht dem einen Gedanken untergeordnet werden: zu siegen.

DER NÖRGLER: Die Gewalt, die dem Knecht gegeben ward, wird nicht ausreichen, um mit dem Feind, wohl aber um mit dem Staat fertig zu werden.

DER OPTIMIST: Militarismus bedeutet Vermehrung der Staatsordnung durch Gewalt, um —

DER NÖRGLER: — durch das Mittel zur schließlichen Auflösung zu führen. Im Krieg wird jeder zum Vorgesetzten seines Nebenmenschen. Das Militär ist Vorgesetzter des Staates, dem kein anderer Ausweg aus dem widernatürlichen Zwang bleibt als die Korruption. Wenn der Staatsmann den Militärmann über sich schalten läßt, so ist er der Faszination durch ein Idol der Fibel erlegen, das seine Zeit überlebt hat und von der unsern nicht mehr ungestraft in Leben und Tod übersetzt wird. Militärische Verwaltung ist die Verwendung des Bocks als Obergärtner und die Verwandlung des Gärtners zum Bock.

DER OPTIMIST: Ich weiß nicht, was Sie zu dieser düsteren Prognose berechtigt. Sie schließen offenbar, wie schon immer im Frieden, von unvermeidlichen Begleiterscheinungen auf das Ganze, Sie gehen von zufälligen Ärgernissen aus, die Sie für Symptome nehmen. Die Zeit ist viel zu groß, als daß wir uns mit Kleinigkeiten abgeben könnten.

DER NÖRGLER: Aber sie werden mit ihr wachsen!

DER OPTIMIST: Das Bewußtsein, in einer Epoche zu leben, in der so gewaltige Dinge geschehen, wird auch den Geringsten über sich selbst erheben.

DER NÖRGLER: Die kleinen Diebe, die noch nicht gehängt wurden, werden große werden, und man wird sie laufen lassen.

DER OPTIMIST: Was auch der Geringste durch den Krieg gewinnen wird, ist —

DER NÖRGLER: — Provision. Wer die Hand aufhält, wird auf Narben zeigen, die er nicht hat.

DER OPTIMIST: Wie der Staat, der für sein Prestige den unvermeidlichen Verteidigungskampf auf sich nimmt, Ehre gewinnt, so auch jeder einzelne, und was durch das jetzt vergossene Blut in die Welt kommen wird, ist —

DER NÖRGLER: Schmutz.

DER OPTIMIST: Ja, Sie, der Sie ihn überall gesehen haben, fühlen, daß Ihre Zeit um ist! Verharren Sie nur nörgelnd wie eh und je in Ihrem Winkel — wir anderen gehen einer Ära des Seelenaufschwunges entgegen! Merken Sie denn nicht, daß eine neue, eine große Zeit angebrochen ist?

DER NÖRGLER: Ich habe sie noch gekannt, wie sie so klein war, und sie wird es wieder werden.

DER OPTIMIST: Können Sie jetzt noch negieren? Hören Sie nicht den Jubel? Sehen Sie nicht die Begeisterung? Kann ein fühlendes Herz sich ihr entziehen? Sie sind das einzige. Glauben Sie, daß die große Gemütsbewegung der Massen nicht ihre Früchte tragen, daß diese herrliche Ouvertüre ohne Fortsetzung bleiben wird? Die heute jauchzen —

DER NÖRGLER: — werden morgen klagen.

DER OPTIMIST: Was gilt das einzelne Leid! So wenig wie das einzelne Leben. Der Blick des Menschen ist endlich wieder emporgerichtet. Man lebt nicht nur für materiellen Gewinn, sondern auch —

DER NÖRGLER: — für Orden.

DER OPTIMIST: Der Mensch lebt nicht vom Brote allein.

DER NÖRGLER: Sondern er muß auch Krieg führen, um es nicht zu haben.

DER OPTIMIST: Brot wirds immer geben! Wir leben aber von der Hoffnung auf den Endsieg, an dem nicht zu zweifeln ist und vor dem wir —

DER NÖRGLER: Hungers sterben werden.

DER OPTIMIST: Welch ein Kleinmut! Wie beschämt werden Sie einst dastehn! Verschließen Sie sich nicht, wo Feste gefeiert werden! Die Pforten der Seele sind aufgetan. Das Gedächtnis der Tage, in denen das Hinterland wenn auch nur durch Empfang des täglichen Berichtes Anteil an den Taten und Leiden einer glorreichen Front nahm, wird der Seele —

DER NÖRGLER: — keine Narbe zurücklassen.

DER OPTIMIST: Die Völker werden aus dem Kriege nur lernen —

DER NÖRGLER: — daß sie ihn künftig nicht unterlassen sollen.

DER OPTIMIST: Die Kugel ist aus dem Lauf und wird der Menschheit —

DER NÖRGLER: — bei einem Ohr hinein und beim andern hinausgegangen sein!

(Verwandlung.)

5. SZENE

Am Ballhausplatz.

GRAF LEOPOLD FRANZ RUDOLF ERNEST VINZENZ INNOCENZ MARIA: Das Ultimatum war prima! Endlich, endlich!

BARON EDUARD ALOIS JOSEF OTTOKAR IGNAZIUS EUSEBIUS MARIA: Foudroyant! No aber auf ein Haar hätten sie's angenommen.

DER GRAF: Das hätt mich rasend agassiert. Zum Glück hab'n wir die zwei Punkterln drin ghabt, unsere Untersuchung auf serbischem Boden und so — na dadrauf sinds halt doch nicht geflogen. Haben 's sich selber zuzuschreiben jetzt, die Serben.

DER BARON: Wann mans recht bedenkt — wegen zwei Punkterln — und also wegen so einer Bagatell is der Weltkrieg ausgebrochen! Rasend komisch eigentlich.

DER GRAF: Dadrauf hab'n wir doch nicht verzichten können, daß wir die zwei Punkterln verlangt hab'n. Warum hab'n sie sich kapriziert, die Serben, daß sie die zwei Punkterln nicht angnommen haben?

DER BARON: No das war ja von vornherein klar, daß sie das nicht annehmen wern.

DER GRAF: Das hab'n wir eben vorher gewußt. Der Poldi

Berchtold is schon wer, da gibts nix. Da is auch nur eine Stimme in der Gesellschaft. Enorm! Ich sag dir — ein Hochgefühl! Endlich, endlich! Das war ja nicht mehr zum Aushalten. Auf Schritt und Tritt war man gehandicapt. No das wird jetzt ein anderes Leben wern! Diesen Winter, stantepeh nach Friedensschluß, fetz ich mir die Riviera heraus.

DER BARON: Ich wer schon froh sein, wenn wir uns die Adria herausfetzen.

DER GRAF: Mach keine Witz. Die Adria ist unser. Italien wird sich nicht rühren. Ich sag dir, also nach Friedensschluß —

DER BARON: No wann glaubst wird Frieden sein?

DER GRAF: In zwei, allerspätestens drei Wochen schätz ich.

DER BARON: Daß ich nicht lach.

DER GRAF: No was denn, mit Serbien wern wir doch spielend fertig, aber spielend, mein Lieber — wirst sehen, wie gut sich unsere Leute schlagen. Schon allein die Schneid von unsere Sechser-Dragoner! Ein paar von der Gesellschaft soll'n schon direkt an der Front sein, du! No und unsere Artillerie — also prima. Rasend präzis arbeitend!

DER BARON: No und Rußland?

DER GRAF: Der Ruß wird froh sein, wenn er a Ruh hat. Verlaß dich auf'n Conrad, der weiß schon, warum er sie in Lemberg hineinlaßt. Wenn wir erst in Belgrad sind, wendet sich das Blatt. Der Potiorek is prima! Ich sag dir, die Serben gehn rasend ein. Alles andere macht sich automatisch.

DER BARON: No wann glaubst also im Ernst —

DER GRAF: In drei, vier Wochen is Frieden.

DER BARON: Du warst immer ein rasender Optimist.

DER GRAF: No also bitte, wann?

DER BARON: Vor zwei, drei Monat nicht zu machen! Wirst sehn. Wenns gut geht, in zwei. Da muß 's aber schon sehr gut gehn, mein Lieber!

DER GRAF: No da möcht ich doch bitten — das wär aber schon grauslich fad. Das wär aber charmant, du! Ginget ja schon wegen der Ernährung nicht. Neulich hat mir die Sacher gsagt — Also du glaubst doch nicht, daß sich das mit die Ernährungsvorschriften halten wird? Sogar beim Demel fangen s' schon an mit'n Durchhalten — das sind ja charmante Zustände — man schränkt sich ohnedem ein, wo man kann, aber auf die Dauer — Lächerlich, gibts nicht! Oder meinst?

DER BARON: Du kennst ja meine Ansicht. Ich halt nicht viel vom Hinterland. Wir sind schließlich keine Piffkes, wenn wir auch gezwungen sind, mit ihnen — erst gestern sprich ich mit dem Putzo Wurmbrand, weißt der was die Maritschl Palffy hat, er is doch die rechte Hand vom Krobatin, also ein Patriot prima — sagt er, wann man einen Verteidigungskrieg anfangt — verstehst, der hat sich das nämlich speziell enteitert, das mit'n Verteidigungskrieg —

DER GRAF: No — bitte — is es vielleicht kein Verteidigungskrieg? Du bist ein Hauptdefaitist, hör auf! In welcher Zwangslage wir waren, hast du schon vergessen, daß wir soit disant gezwungen waren zum Losschlagen wegen dem Prestige und so — also das kommt mir vor — erlaub du mir — hast die Einkreisung vergessen? — erst gestern sprich ich mit dem Fipsi Schaffgotsch, der, wo sie eine Bellgard' is, weißt er is bißl gschupft, aber ausgesprochen sympathisch — also was hab ich sagen woll'n — ja — also waren wir vielleicht nicht gezwungen, uns von die Serben bei Temes-Kubin angreifen zu lassen, um —

DER BARON: Wieso?

DER GRAF: Wieso? Geh, stell dich nicht — also du weißt doch selber am besten, daß ein serbischer Angriff bei Temes-Kubin notwendig war — ich mein', wir hab'n doch losschlagen müssen —

DER BARON: No das selbstredend!

DER GRAF: No also, hätt man das sonst nötig? Grad so wie die Deutschen mit die Bomben auf Nürnberg! Also — erlaub du mir — also wenn d a s kein Verteidigungskrieg is, du!

DER BARON: Aber bitte, hab ich was gsagt? Du weißt, ich speziell war von allem Anfang für die Kraftprobe, notabene wann s' eh die letzte is. Der Ausdruck dafür is mir putten.

Verteidigungskrieg — das klingt rein so, als ob man sich so gwiß entschuldigen müßt. Krieg is Krieg, sag ich.

DER GRAF: No ja, da hast recht. Was, der Poldi Berchtold! Er is und bleibt ein rasend fescher Bursch. Da kann man sagen, was man will. Oho, auch zu unserm Gschäft ghört Schneid, und die muß man ihm lassen! Wie er den Herrschaften nach Ischl ausgrutscht is — die hätten womöglich noch das Ultimatum verhindern wolln! Er aber — also das war enorm! Ein Treffer nach'm andern!

DER BARON: Epatant! Hätt nicht geglaubt, daß 's ihm so gelingen wird. Er haltet sich die Leut vom Leib. Dem Poldi Berchtold seine Politik war schon bei der Reduzierung vom Begräbnis zu spüren, wie er den russischen Großfürsten ausgeschaltet hat.

DER GRAF: Natürlich. Daß sich dann Rußland doch hineingemischt hat, war nicht seine Schuld. Wann 's nach ihm gegangen wär', wär' der Weltkrieg auf Serbien lokalisiert geblieben. Weißt, was der Poldi Berchtold hat? Der Poldi Berchtold hat das, was ein Diplomat in einem Weltkrieg vor allem haben muß: savoir vivre! Das hat mir rasend imponiert, wie er den Vorschlag von die englischen Pimpfe einfach zwischen die Rennprogramm' steckt — also daß wir Belgrad mit ihrer gütigen Erlaubnis besetzen soll'n — heuchlerische Söldnerbande das — und wie er drauf in den Klub hinaufkommt, weißt noch, schaut uns so gwiß an und sagt: Jetzt hat die Armee ihren Willen! Damals war er dir montiert, du! Das wirst du mir zugeben — eine Kleinigkeit war das nicht, nämlich in so einer schicksalsschweren Stunde —

Man hört aus dem Nebenzimmer ein Klingeln und hierauf

DIE STIMME BERCHTOLDS: Aähskaffee! *(Man hört eine Tür schließen.)*

DER BARON: Also bitte — um halb zwölf! Also bitte — um halb zwölf verlangt er schon seinen Eiskaffee! Nein, das tentiert mich, daß ich einmal — also bitte, da muß ich schon sagen — Eiskaffee is wirklich seine starke Seite!

DER GRAF: Das is vielleicht die einzige Schwäche, die er hat!

Er adoriert Eiskaffee! Aber das muß man auch zugeben, der Eiskaffee vom Demel — also ideal!

DER BARON: Du, eine Sonne is heut draußen — also prima!

DER GRAF (*öffnet ein Kuvert des Korrespondenzbureaus und liest*): — — Noch ist Lemberg in unserem Besitze.

DER BARON: No also!

DER GRAF: Der Poldi Berchtold — verstehst du (*indem er den weiteren Text der Nachricht murmelt*) — zurückgenommen — ach was, immer dasselbe — agassant — wachst einem schon zum Hals heraus — (*zerknüllt das Papier*) — was ich sagen wollte — je länger ich die Situation überlege — alles in allem — heut könnt man mit der Steffi draußen soupieren.

(*Verwandlung.*)

6. SZENE

Vor einem Friseurladen in der Habsburgergasse. Eine Menschenmenge in größter Erregung.

DIE MENGE: Nieda! Hauts alles zsamm!

EINER (*der zu beschwichtigen sucht*): Aber Leutln, der Mann hat ja nix tan! Der Geigenhändler von nebenan, der is sein Feind —

DER GEIGENHÄNDLER (*haranguiert die Menge*): Er is ein Serb! Er hat sich eine Äußerung zuschulden kommen lassen. Gegen eine hochstehende Persönlichkeit! Ich habs eigenhändig ghört!

DER FRISEUR (*die Hände ringend*): Ich bin unschuldig — ich bin Hoffriseur — wo wird mir denn einfallen —

ZWEITER AUS DER MENGE: Das siacht ma ja schon am Namen, daß er ein Serb is, hauts eahm die Seifenschüsseln übern Schädel —

DRITTER: Seifts'n ein! Nieda! Nieda mit dem serbischen Gurgelabschneider!

DIE MENGE: Niedaa —! (*Das Lokal wird zertrümmert.*)

(*An der Ecke tauchen die Historiker Friedjung und Brockhausen im Gespräch auf.*)

BROCKHAUSEN: Just heute habe ich in der Presse eine treffende Anmerkung zu diesem Thema beigesteuert, die mit zwingender Logik einen Vergleich unseres Volkes mit dem französischen oder englischen Gesindel von vornherein ablehnt. Vielleicht können Sie den Passus für Ihre Arbeit brauchen, Herr Kollega, ich stelle ihn zu Ihrer Verfügung, hören Sie: »Was den historisch Gebildeten als aller geschichtlichen Weisheit letzter Schluß tröstend und aufrichtend beseelte, daß nämlich niemals der Barbarei ein endgültiger Sieg beschieden sein kann, das teilte sich instinktiv der großen Menge mit. In den Wiener Straßen hat sich allerdings nie das schrille Johlen eines billigen Hurrapatriotismus vernehmbar gemacht. Hier flammte nicht das vergängliche Strohfeuer der Eintagsbegeisterung auf. Dieser alte deutsche Staat hat seit Kriegsbeginn sich die schönsten deutschen Volkstugenden zu eigen gemacht: das zähe Selbstvertrauen und die tiefinnere Gläubigkeit an den Sieg der guten und gerechten Sache.« *(Er überreicht ihm den Ausschnitt.)*

FRIEDJUNG: Fürwahr, eine treffliche Ansicht, Herr Kollega, die geradezu den Nagel abschießt und den Vogel auf den Kopf trifft. Ich werde es ad notam nehmen. Ei sieh — da hätten wir ja gleich ein Beispiel! Eine patriotisch durchglühte Menge, die in maßvoller Weise ihren Gefühlen Ausdruck gibt, suaviter in re, fortiter in modo, wie's der Wiener Tradition geziemt. Der unmittelbare Anlaß dürfte wohl darin zu suchen sein, daß es die Habsburgergasse ist. Das treuherzige Völkchen wollte offenbar dem Namen eine geziemende Huldigung darbringen, wie sie eben im Zeitalter Leopolds füglich in der Babenbergerstraße demonstriert hätten.

BROCKHAUSEN *(stutzend):* Es will mich aber denn doch bedünken —

FRIEDJUNG *(stutzend):* Es ist doch merkwürdig —

BROCKHAUSEN: Die guten Leutchen sind ja recht laut —

FRIEDJUNG: Jedenfalls lauter, als es der Tradition geziemt —

BROCKHAUSEN: Man darf den gerechten Anlaß ihrer Erregung nicht übersehen. Wie sagt doch —

FRIEDJUNG: Seit dem Tage, da unser erhabener Monarch Tausende und Abertausende unserer Söhne und Brüder zu den Waffen rief, scheint es in der Tat mächtig unter dem Völkchen am Nibelungenstrome zu gären. Allein, wenn sich der Most auch noch so absurd gebärdet —

BROCKHAUSEN: Vorbei die Zeiten, wo sie sich Phäaken nannten. Der sausende Webstuhl der Zeit —

FRIEDJUNG: Ei sieh, vermutlich wollen sie alle in jenen Barbierladen, es ist ein Hoffriseur und das naive Volksgemüt denkt wahrscheinlich —

RUFE AUS DER MENGE: »Den hammer trischackt!« »Rrrtsch — obidraht!« »Serbischer Hund vardächtiga!« »Jetzt'n kann er die Serben mit die Scherben rasiern!« »Den Schwamm bring i meiner Alten!« »Alle Parfüms hab i g'rettet!« »Gib her a paar!« »Jessas, der scheene weiße Mantel!« »Geh, leich mr a Spritzflaschl!« »Gott strafe England!« »Der Kerl is uns ausgrutscht!«

DER GEIGENHÄNDLER: Hab ichs euch nicht g'sagt! Das ist ein Hochverräter ist das!

BROCKHAUSEN: Die Menge ist erregt und wähnt mit Recht, wieder einmal den Umtrieben serbischer Hochverräter auf der Spur zu sein.

FRIEDJUNG: Es ist doch merkwürdig, welch feine Witterung das Volk gegenüber einem Anschlag auf den unversehrten Besitzstand der im Reichsrat vertretenen Königreiche und Länder hat. Ich müßte mich sehr täuschen, wenn sich bei diesem Friseur nicht die Dokumente über jene großserbische Verschwörung des Slovensky Jug vorfinden sollten, der ich schon im Jahre 1908 auf die Spur gekommen bin.

BROCKHAUSEN: Etwas bedenklich bedünkt mich nur die Form.

DIE MENGE: Suchts eahm! Hauts eahm! Nieda mit Serbieen!

FRIEDJUNG: Es wäre vielleicht doch angezeigt, Herr Kollega, diesem offenbaren Widerspruch zu der historisch beglaubigten Tatsache, daß die Wiener Bevölkerung dem schrillen Johlen eines billigen Hurrapatriotismus abgeneigt ist, angesichts dieses mit Recht erregten Geigenhändlers in weiterem Bogen auszuweichen.

RUFE AUS DER MENGE: »Was wolln denn die zwa Juden do?« »Die schaun aa so aus wie zwa vom Balkan!« »Fehlt ihnen nur der Kaftan!« »Serben sans!« »Zwa Serben!« »Hochverräter!« »Hauts es!«

(Die beiden Historiker verschwinden in einem Durchhause.)

(Verwandlung.)

7. SZENE

Kohlmarkt. Vor der Drehtür am Eingang zum Café Pucher.

DER ALTE BIACH *(sehr erregt):* Das einfachste wär, man würde werfen fünf Armeekorps gegen Rußland, wäre die Sache s c h o n erledigt.

DER KAISERLICHE RAT: Selbstredend. Der Hieb ist die beste Parade. Man muß sich nur die Deitschen anschaun, wie sie geleistet haben. Ein Elaan! So etwas wie der Durchbruch durch Belgien war n o c h nicht da! So etwas brauchten wir.

DER KOMPAGNON: Sagen Sie was is also mit Ihrem Sohn?

DER KAISERLICHE RAT: Enthoben, eine Sorg weniger. Aber die Situation — die Situation — glauben Sie mir, es steht nicht gut oben. So etwas wie der Durchbruch durch Belgien — ich sag Ihnen, einen frischen Offensivgeist —

DER KOMPAGNON: Verschaffen Sie uns Belgien her — wern mr auch durchbrechen.

DER DOKTOR: Einen Bismarck brauchten wir —

DER ALTE BIACH: Was hilft jetzt die Kunst der Diplomaten, jetzt sprechen die Waffen! Können wir uns einem Escheck aussetzen? Wenn wir nicht jetzt durchbrechen —

DER NÖRGLER *(will in das Lokal):* Pardon —

DER DOKTOR: Das leuchtet mir ein. Aber das strategische Moment, das im Bewegungskrieg den Flankenangriff —

DER KURZWARENHÄNDLER: Also verlassen Sie sich darauf, sie sind umzingelt, die Soffi Pollak hat es selber gesagt.

DER ALTE BIACH: Lassen Sie mich aus, s i e weiß! Woher, möcht ich wissen!

DER KURZWARENHÄNDLER: Woher? Wo ihr Mann eingerückt is in die Gartenbau im Reservespital?

DER KAISERLICHE RAT: Es hat doch geheißen, er is enthoben? Umzingelt, das wär großartig, das is nämlich müßts ihr wissen dasselbe wie umklammert.

DER ALTE BIACH *(mit Begierde):* Umklammern solln sie sie, daß ihnen der Atem ausgeht! Wenn ich nur einmal bei so einer Umklammerung dabei sein könnt!

DER KURZWARENHÄNDLER: Klein kann das, der is im Kriegspressequartier. Gestern hat er geschrieben, daß sie bis zum Weißbluten kommen wern. Früher laßt er nicht locker.

DER KOMPAGNON: Glück muß man haben, dabei zu sein. Sie Doktor wie is das eigentlich mit diesem Kriegspressequartier? Kommt da nur herein, wer untauglich is oder auch wer tauglich is?

DER NÖRGLER: Pardon — *(Sie machen Platz.)*

DER KURZWARENHÄNDLER: Was heißt tauglich? Hereinkommt, wenn einer schreiben kann, aber wenn er nicht schießen will, aber wenn er will, daß die andern schießen.

DER KAISERLICHE RAT: Wie verstehe ich das? Wieso will er nicht schießen, aus Mitleid?

DER KURZWARENHÄNDLER: Nein, aus Vorsicht. Mitleid darf man beim Militär nicht haben und wenn er im Kriegspressequartier is, is er doch so gut wie beim Militär.

DER ALTE BIACH: Dieses Kriegspressequartier muß eine großartige Einrichtung sein! Man kann alles sehn. Es ist ganz nah bei der Front und die Front is bei der Schlacht, also wird Klein beinah in der Schlacht sein, er kann alles sehn, ohne daß es gefährlich is.

DER KOMPAGNON: Da heißt es immer, bei einem modernen Schlachtfeld sieht man gar nix. Also sieht man im Kriegspressequartier sogar noch mehr wie wenn man direkt in der Schlacht is.

DER DOKTOR: Gewissermaßen ja, und man kann sogar über mehrere Fronten auf einmal berichten.

DER KAISERLICHE RAT: Von Klein war ja die packende Schilderung in der Presse, daß die meisten Verwundungen der Unsern an den Außenflächen der Hände und Füße vorkommen, woraus hervorgeht, daß die Russen den Flankenangriff bevorzugen —

DER KURZWARENHÄNDLER: No, ein Roda Roda is er nicht! Da wird noch viel Wasser in den Dnjepr fließen, bis er so schreiben wird wie Roda Roda!

DER KAISERLICHE RAT: Was mir an Roda Roda gefällt is vor allem, daß er fesch is. Er sagt, er will sich morgen an der Drina die Schlacht ansehn und er sieht sie sich an. Fesch!

DER ALTE BIACH: Nutzt nix, man spürt eben den ehemaligen Offizier — den Korsgeist! Mein Sohn is zwar enthoben, intressiert sich aber doch sehr, er will sogar den Streffleer abonnieren.

DER KAISERLICHE RAT: Ich kann mir nicht helfen — ich bin sehr pessimistisch.

DER ALTE BIACH: Was heißt pessimistisch? Was wolln Sie haben, noch is Lemberg in unserem Besitz!

DER KOMPAGNON: No also!

DER DOKTOR: Zu Pessimistisch ist gar kein Grund. Schlimmstenfalls, wenn jetzt die Entscheidung fällt, ist es eine Partie remis.

DER KURZWARENHÄNDLER: Und ich sag Ihnen, ich weiß sogar von einen Herrn vom Ministerium, die Sache is so gut wie gemacht. Wir kommen von rechts, die Deitschen von links und wir zwicken sie, daß ihnen der Atem ausgeht.

DER KAISERLICHE RAT: Schön — aber Serbien?

DER ALTE BIACH (rabiat): Serbien? Was heißt Serbien? Serbien wern wir wegfegen!

DER KAISERLICHE RAT: Ich weiß nicht — ich kann mir nicht helfen — der heutige Bericht — man muß zwischen den Zeilen lesen können und wenn man sich die Karte hernimmt — ein Blick auf die Karte zeigt — sogar der einfache Laie — ich kann Ihnen beweisen, Serbien —

DER ALTE BIACH (gereizt): Lassen Sie mich aus mit Serbien, Serbien is ein Nebenkriegsschauplatz. Ich ärger mich. Gehn

mr hinein, neugierig bin ich, was heut die Minister sprechen wern — ich schlage vor, meine Herrn, daß wir uns
direkt am Nebentisch setzen. *(Sie treten ein.)*

(Verwandlung.)

8. SZENE

Eine Straße in der Vorstadt. Man sieht den Laden einer Modi-
stin, eine Pathéphonfirma, das Café Westminster und eine Filiale
der Putzerei Söldner & Chini. Es treten auf vier junge Burschen,
deren einer eine Leiter, Papierstreifen und Klebestoff trägt.

ERSTER: Hammr schon wieder einen erwischt! Was steht
da? Salon Stern, Modes et Robes. Das überklebn mr als a
ganzer!

ZWEITER: No aber der Name könnt doch bleiben und daß
mr weiß, was es für a Gschäft is. Gib her, das mach mr
a so *(er klebt und liest vor)* Salo Stern Mode. So ghört sichs.
Das is deutsch. Gehmr weiter.

ERSTER: Patephon, da schauts her, was is denn dös? Ist dös
franzesisch?

ZWEITER: Nein, das is lateinisch, das darf bleiben, aber
da — da les ich: »Musikstücke deutsch, französisch, englisch, italienisch, russisch und hebräisch«.

DRITTER: Wos tan mr do?

ERSTER: Das muß weg als a ganzer!

ZWEITER: Das mach mr a so *(er klebt und liest vor)* »Musikstücke deutsch — hebräisch«. So ghört sichs.

DRITTER: Ja, aber was is denn dös? Ah, da schaurija! Da
steht ja Café Westminster, mir scheint das is gar eine englische Bezeichnung!

ERSTER: Du, das laßt sich aber nur im Einverständnis machen, das is ein Kaffeehaus, der Kaffeesieder könnt eine
Persönlichkeit sein, wir hätten am End Unannehmlichkeiten. Rufmrn außa, warts. *(Er geht hinein und kehrt augen-*
blicklich mit dem Cafetier zurück, der sichtlich sehr bestürzt
ist.) Sie werden das gewiß einsehn — es ist ein padriotisches
Opfer —

DER CAFETIER: Das is fatal, aber wenn die Herrn von der freiwilligen Kommission sind —

VIERTER: Ja schaun S', warum haben Sie Ihr Lokal überhaupt so tituliert, das war unvorsichtig von Ihnen.

DER CAFETIER: Aber meine Herrn, wer hat denn das ahnen können, jetzt is mirs selber peinlich. Wissen S' ich hab das Lokal so tituliert, weil wir doch hier gleich bei der Westbahn sind, wo die englischen Lords in der Saison anzukommen pflegen, also damit sie sich gleich wie zuhaus fühln —

ERSTER: Ja hörn S', war denn schon einmal ein englischer Lord in Ihnern Lokal?

DER CAFETIER: Und ob! Das warn Zeiten! Jessas!

ERSTER: Da gratulier ich. Aber schaun S' jetztn kann eh kaner kummen!

DER CAFETIER: Gottseidank — Gott strafe England — aber schaun S', der Name hat sich bereits so eingebürgert, und nach dem Krieg, wenn so Gott will wieder die englische Kundschaft kommt — schaun S', da sollten S' halt doch ein Einsehn haben.

ERSTER: Auf so etwas kann die Volkesstimme nicht Rücksicht nehmen, lieber Herr, und Volkesstimme, das wird Ihnen doch bekannt sein —

DER CAFETIER: Ja natürlich, wo wird denn unsereins das nicht wissen, wir sind doch mehr oder weniger ein Volkscafé — aber — ja wie soll ich denn nacher das Lokal heißen?

ZWEITER: Aber machen S' Ihna keine Sorgen, wir tun Ihnen net weh — das wer' mr gleich haben — und zwar schmerzlos. (*Er kratzt das i weg.*)

DER CAFETIER: Ja — was — war denn — nacher das?

ZWEITER: So! Und jetzt lassn S' vom Maler ein ü hineinmal'n —

DER CAFETIER: Ein ü? Café Westmünster —?

ZWEITER: Ein ü! Das is ganz dasselbe und is deutsch. Taarloos! Kein Mensch merkt den Unterschied und ein jeden muß doch auffallen, daß das ganz was anderes is, na was sagen S'?

DER CAFETIER: Ah, großartig! ah, großartig! Sofort laß i 'n Maler kommen. Ich danke Ihnen meine Herrn für die Nachsicht. Das bleibt so, solang der Krieg dauert. Für'n Krieg tuts es ja. Hernach möcht ich freilich doch — denn was hernach die Lords sagn möchten, wann s' wiederkommen, die möchten schaun!

(Zwei Gäste verlassen soeben das Lokal und verabschieden sich voneinander, der eine sagt: Adieu! Der andere: Adio!)

ERSTER: Was hab i g'hört? Franzosen und Italiener verkehren bei Ihnen? Der eine sagt Adieu und der andere sagt gar Adio? Sie scheinen überhaupt eine internationale Kundschaft zu haben, da is manches verdächtig —

DER CAFETIER: No hörn S', jetzt wann einer Adieu sagt —

ZWEITER: Aber habn S' denn net ghört, wie der erste Adio gsagt hat? Das ist die Sprache des Erbfeinds!

DRITTER: Des heimtürkischen Verräters!

VIERTER: Des Treubrüchigen am Po!

ERSTER: Jawohl, der Verräter war unser Erbfeind!

ZWEITER: Unser Erbfeind, der was uns die Treue gebrochen hat!

DRITTER: Am Po!

VIERTER: Am Po! Mirken S' Ihna das!

(Der Cafetier ist schrittweise in das Lokal zurückgewichen.)

ERSTER *(ihm nachrufend)*: Sie englischer Katzelmacher am Po!

ZWEITER: Da hätt mr einmal ein Exempel schtatuiert mit die Fremdwörter! Gehmr weiter.

DRITTER: Da schauts her, heut hammr Glück: Söldner & Chini! Das is schon wieder dieselbe Melange wie bei dem Kaffeesieder. Söldner, also das is doch bekanntlich ein Engländer — und Chini, das is ein Italiener!

ERSTER: Gott strafe England und vernichte Italien — das überkleb'n mr als a ganzer! Chemische Putzerei? Putz'n weg! Ich hab einen Viechszurn in mir — morgen muß der Bezirk von alle Fremdwörter gereinigt sein, wo ich noch eins drwisch, dem reiß ich 's Beuschl heraus! *(Der zweite überklebt die Tafel.)*

DRITTER: Es is am besten, wir separiern uns jetzt, ihr zwei bleibts auf dem Trottoir, wir gehn fisafis.

ERSTER: Das is fatal, aber ich kann heut nicht mitgehn, ich bin sehr pressiert, ich hab nämlich ein Rendezvous —

ZWEITER: Das is ein Malheur. Ohne dich riskiern wir am End einen Konflikt. Mich geniert das zwar nicht, aber die Leut wern impatinent und —

VIERTER: Mich tuschiert so was auch nicht weiter — aber wir könnten halt doch in eine Soß hineinkommen. Mir is zwar bisher nichts passiert —

ZWEITER: Ich versteh, das is odios, und ich bin immer sehr dischkret darin, daß ich mit die Leut harmonisch auseinanderkomm! Aber ihr dürfts euch eben nicht imponieren lassn. Jetzt heißt's resolut sein und die patriotische Aktion, die wir einmal entriert haben, atupri konsequent durchführn.

DRITTER: Ja natürlich, wenn einer aber, wie die Leut schon sind, mit dem Argument daherkommt, daß man ihm seine Existenz ruiniert — er fangt zu lamentieren an oder wird gar rabiat, dann —

ERSTER: Aber ich bitt dich — gar net ignorieren! Oder stantape replizieren: Jetzt sind höhere Interessen! Da wird er schon eine Raison annehmen. Die Leut sind ja intelligent. Man dischkuriert net lang — wo kommt man denn hin, wenn man sich mit jedem erst auf paar Purlees einlassen wollt —

ZWEITER: Wenn er sich aber zu echauffieren anfangt — die Leut wern gleich ordinär —

ERSTER: Da heißt's ihr ihn ein subversives Element, basta! Also — Kurasch! Morgen referiers mir, da assistier ich euch wieder — Herrgott dreiviertel auf fünf is, jetzt muß ich momentan ein Tempo annehmen — sonst komm ich akkurat zu spät — also amüsierts euch gut — Kompliment — Adieu —!

DRITTER: Serwas!

VIERTER: Servitore!

ZWEITER: Orewar!

ERSTER *(zurückkehrend):* Apropos, im Fall einer protestiert, legitimierts euch einfach als interimistische Volontäre der provisorischen Zentralkommission des Exekutivkomitees der Liga zum Generalboykott für Fremdwörter. Adio!

(Verwandlung.)

9. SZENE

In einer Volksschule.

DER LEHRER ZEHETBAUER: — — Jetzt aber sind höhere Ideale über uns hereingebrochen, so daß der Fremdenverkehr ein wenig zurückgedrängt ist und erst in zweiter Linie in Betracht kommt. Trotzdem dürfen wir nicht verzagen, sondern es ist unsere Pflicht, nachdem wir jeglicher ein Scherflein zum Vaterlande beigetragen haben, auf dem einmal betretenen Wege unentwegt und unerschrocken fortzufahren. Die zarten Keime des Fremdenverkehres, die wir allenthalben gepflanzt und die dank der Fürsorge des hochlöblichen Landesschulrates und des löblichen Bezirksschulrates auch in eure jungen Herzen Eingang gefunden haben, sollen vom ehernen Tritt der Bataillone, so unentbehrlich derselbe auch in dieser großen Zeit ist, nicht zertreten werden, sondern im Gegenteil gehegt und gepflegt werden für und für. Sicherlich ist es notwendig, daß jeglicher heute seinen Mann stelle, so auch ihr und so müsset auch ihr euch betätigen, indem ihr an eure Herren Eltern oder Vormünder herantretet, sie mögen euch das schöne Jugendspiel »Wir spielen Weltkrieg« als Geburtstagsüberraschung bescheren oder da Weihnachten vor der Tür steht, den »Russentod«. Auch sollet ihr wissen, daß ihr zur Belohnung für Fleiß und gute Sitten, natürlich mit Zustimmung der p. t. Herren Eltern oder Vormünder, am Sonntag jeglicher einen Nagel in den Wehrmann in Eisen einschlagen dürfet und so durch Benagelung dieses Wahrzeichens —

DIE KLASSE: Das is gscheit!

(Ein Knabe zeigt auf.)

DER LEHRER: Was willst du, Gasselseder?

DER KNABE: Bitt Herr Lehrer, ich hab schon mit dem Vatter einen Nagel einigschlagen, derf ich da noch einen Nagel einischlagn?

DER LEHRER: Wenn deine Herren Eltern oder Vormünder es gestatten, so steht deinem patriotischen Wunsche nach einer abermaligen Benagelung dieses Wahrzeichens von der Schulleitung aus nichts im Wege.

(Ein Knabe zeigt auf.)

Was willst du, Czeczowiczka?

ZWEITER KNABE: Bitt, ich muß hinaus.

DER LEHRER: Hinaus? Du bist zu jung, warte, bis du in ein reiferes Alter kommst.

DER KNABE: Bitt, ich muß.

DER LEHRER: Diesen Wunsch kann ich jetzt nicht erfüllen. Schäme dich. Warum verlangt es dich hinaus?

DER KNABE: Bitt, ich hab Not.

DER LEHRER: Warte, bis bessere Zeiten kommen. Du würdest deinen Kameraden mit schlechtem Beispiel vorangehen. Das Vaterland ist in Not, nimm dir ein Beispiel, jetzt heißt es durchhalten.

(Zwei Knaben zeigen auf.)

DER LEHRER: Was wollet ihr, Wunderer Karl und Wunderer Rudolf?

BEIDE: Bitt, wir möchten lieber im Stock im Eisen einischlagn.

DER LEHRER: Setzen! Schämet euch. Der Stock im Eisen ist ein Wahrzeichen, auf dem kein Nagel mehr Platz hat. Aber der Wehrmann im Eisen soll mit eurer tatkräftigen Hilfe erst ein Wahrzeichen werden, eine Sehenswürdigkeit, von der noch eure Kinder und Kindeskinder erzählen werden.

DER KNABE KOTZLIK: Bitt, der Merores stößt immer!

MERORES: Das is nicht wahr, er hat Jud zu mir gesagt, ich sags dem Papa, der wirds ihm schon geben, er gibt es hinein ins Tagblatt.

DER LEHRER: Haltet Burgfrieden, Kotzlik und Merores! Wir kommen jetzt zu dem Lesestück: Haßgesang gegen England. Merores, du kannst gleich stehen bleiben, beantworte mir die Frage, wie der Dichter heißt, der dies Gedicht gedichtet hat.

MERORES: Ob ich weiß, Frischauer.

DER LEHRER: Falsch, setz dich.

EIN KNABE *(einsagend):* Lissauer.

DER LEHRER: Praxmarer, wenn du noch einmal einsagst, laß ich dich den Prinz Eugen von Hofmannsthal abschreiben. Ich habe den Faden verloren.

Einige Knaben eilen zum Katheder und bücken sich.

DER LEHRER: Was suchet ihr?

DIE KNABEN: Den Faden, Herr Lehrer, der Herr Lehrer hat gesagt, der Herr Lehrer haben den Faden verloren.

DER LEHRER: Ihr seid töricht, ich meine ja das nicht bildlich, sondern wörtlich.

EIN KNABE: Derf ich vielleicht meinen Leitfaden —

DER LEHRER: Wottawa, auch du hast mich nicht verstanden. Ich sehe schon, daß ihr nicht reif seid. Ich wollte den Haßgesang prüfen, aber ich will euch das heute noch erlassen. Die Ideale, welche die große Zeit euch auferlegt, werdet ihr bis morgen präpariert haben, weil ich dann keine Nachsicht mehr üben kann. Was soll sich der Herr Bezirksschulinspektor denken, wenn er in die Klasse kommt und wenn das so weiter geht. Jetzt, wo ihr für die zweite Kriegsanleihe werben sollt, ist es umsomehr eure Pflicht, die Erwartungen nicht zu enttäuschen. Also, daß ihr mir morgen den Haßgesang auswendig wisset! Ich kann euch immer wieder nur einprägen: Haltet durch, traget ein Scherflein bei, werbet für die Kriegsanleihe, sammelt Metalle, suchet euer Gold hervor, das ungenützt in der Truhe liegt! Für heute aber will ich noch Nachsicht üben und den Fremdenverkehr mit euch durchnehmen. Hebet denselben! Ich habe euch früher erklärt, warum der Fremdenverkehr gerade jetzt nicht vernachlässiget werden darf. Wiewohl der rauhe Kriegessturm über unsere Lande hinwegfegt, indem unser erhabener Monarch Tausende und Abertausende unserer Söhne und Brüder zu den Waffen rief, so zeigen sich schon jetzt die ersten Ansätze zu einer Hebung des Fremdenverkehrs. Darum lasset uns dieses Ideal nie aus dem Auge verlieren. Wir haben da ein schönes Lesestück »Ein Goldstrom«. Nicht doch. Lasset uns vielmehr heute das alte Lied anstimmen, das ihr einst in Friedenszeit gelernt habt, kennet ihr es noch?

(Ein Knabe zeigt auf.)

DER LEHRER: Nun, Habetswallner?

DER KNABE: Bitt Herr Lehrer, ich weiß schon, bei einem Wirte wundermild.

DER LEHRER: Falsch!

(Ein Knabe zeigt auf.)

DER LEHRER: Nun, Braunshör?

DER KNABE: Üb immer Treu und Redlichkeit.

DER LEHRER: Nicht doch! Schäme dich!

(Ein Knabe zeigt auf.)

DER LEHRER: Nun, Fleischanderl?

DER KNABE: Das Wandern ist des Müllers Lust.

DER LEHRER: Setz dich!

(Ein Knabe zeigt auf.)

DER LEHRER: Nun, Zitterer?

DER KNABE: Hinaus in die Ferne!

DER LEHRER: Setz dich! Nicht wir können jetzt in die Ferne, die draußen sollen zu uns kommen!

(Ein Knabe zeigt auf.)

DER LEHRER: Süßmandl, weißt du es?

DER KNABE: Bitt, hinaus!

DER LEHRER: Was fällt dir bei, ich sagte doch, das gibt es jetzt nicht, weder in der Klasse noch wenn ihr ins Leben hinaustretet. Nun also, keiner von euch will das Lied kennen?

(Ein Knabe zeigt auf.)

DER LEHRER: Anderle, du?

DER KNABE: Was frag ich viel nach Geld und Gut.

DER LEHRER: Setz dich in die letzte Bank. Wo hast du denn das gelernt? Schäme dich, Anderle! Ich sehe schon, ihr habt es in eiserner Zeit vergessen. Und doch ist es das liebe alte Lied, nach welchem ihr alle einst die Vokale gelernt habt. Schämet euch doch. Nun so will ich denn die Fiedel nehmen und dann werdet ihr gleich von selbst einstimmen.

(Ein Knabe zeigt auf.)

DER LEHRER: Nun Sukfüll, willst du die Klasse beschämen?
DER KNABE SUKFÜLL: Pfleget den Fremdenverkehr!
DER LEHRER: Brav, Sukfüll, du beschämst die ganze Klasse. Ich werde das deinem Vater mitteilen, auf daß auch er dich belobe.

(Er nimmt die Geige, die Klasse fällt ein und singt.)

> A a a, der Fremde der ist da.
> Die stieren Zeiten sind vergangen,
> Der Fremdenverkehr hat angefangen,
> A a a, der Fremde der ist da.
>
> E e e, Euer Gnaden wissen eh.
> Fesch das Zeugl, fesch die Madeln,
> Gstellt vom Kopf bis zu die Wadeln,
> E e e, Euer Gnaden wissen eh.
>
> I i i, wir wurzen wie noch nie.
> Seids net fad, ruckts aus mit die Maxen,
> Reiß'n ma aus der Welt a Haxen,
> I i i, wir wurzen wie noch nie.
>
> O o o, wie sind die Wiener froh.
> Mir werns euch schon einigeigen,
> Laßts euch das Wiener Blut nur zeigen,
> O o o, wie sind die Wiener froh.
>
> U u u, nun hat die Seel' a Ruh.
> Wien ist und bleibt die Stadt der Lieder,
> Bitte beehren uns bald wieder,
> U u u, nun hat die Seel' a Ruh.

(Verwandlung.)

Im Café Pucher. Die Minister sind versammelt.

EDUARD *(zu Franz):* Es fehlt noch die Muskete, der Floh und das Intressante —

(Fünf Eintretende nehmen am Nebentisch Platz. Der Minister-
präsident wendet sich an den Minister des Innern.)

DER ALTE BIACH: So wahr ich da leb, er hat etwas von einer Bombe gesagt —

EDUARD *(bringt illustrierte Blätter):* Bitt schön Exlenz is die Bombe schon frei?

DER ALTE BIACH: Ah so —

DIE ANDERN *(durcheinander):* Was hat er gesagt?

DER ALTE BIACH: Nix — ich hab mich geirrt.

DER KAISERLICHE RAT *(zu seinem Nachbar):* Intressant steht heut im Tagblatt —

(Der Kellner Franz ist an den Tisch getreten. Nacheinander die
Rufe: »Mir einen Doppelschlag!« »Mir mit Haut und mehr
licht!« »Obersgspritzt und das 6 Uhr-Blatt!« »Einen Capo pas-
siert!«)

DER KAISERLICHE RAT: Und mir eine Melange, oder nein, wissen Sie was, bringen Sie mir zur Abwechslung eine Nuß Gold und die Presse!

DER ALTE BIACH *(die Neue Freie Presse zur Hand nehmend):* Großartig!

ALLE: Was denn?

DER ALTE BIACH: Sehn Sie, das imponiert mir, jetzt feiert er schon seit vierzehn Tagen das fufzigjährige Jubiläum, immer an erster Stelle, dann kommt die Schlacht bei Lemberg mit den Eindrücken. Da sieht man doch wenigstens, es gibt auch noch freudige Ereignisse in Österreich! Und schließlich is es ja ein Ereignis wie es n o c h nicht da war. Das Bollwerk deutsch-freiheitlicher Gesinnung, Gesittung und Bildung, Kleinigkeit, was da für Namen gratulieren — schauts euch bitt euch nur an — sss — warts — drei, vier, nein, fünf volle Seiten. Alles wetteifert ihr zu gratulieren, die höchsten Spitzen genieren sach nicht.

Der kaiserliche Rat: Heut habe i c h geschrieben — passen Sie auf, morgen wird es stehn!

Der alte Biach *(erregt):* Wenn Sie geschrieben haben, wer' ich auch schreiben. Keine kleine Ehre, in solcher Umgebung —

Der Doktor: Komisch ist nur, fällt mir auf — überall, bei den Tausenden und Abertausenden von Gratulationen, überall druckt er die Adresse mit: Sr. Hochwohlgeboren Herrn Moriz Benedikt, Herausgeber der Neuen Freien Presse, Wien, I. Fichtegasse 11. Ich kann mir nicht helfen — das is etwas eitel! Das Hochwohlgeboren könnt er sich schenken, und die Adresse genügt schließlich auch zwanzigmal.

Der Kompagnon: Sagen Sie das nicht. Das kann man nicht oft genug hören.

Der kaiserliche Rat *(fast gleichzeitig):* Das seh ich nicht ein, er will gar nichts ändern, s o haben sie geschrieben, s o soll es stehn, recht hat er!

Der alte Biach: Was hat er gesagt? Was hat er gesagt?

Der Kompagnon *(begütigend):* Aber — nix — Noch is Lemberg in unserem Besitz.

Der Kurzwarenhändler: Vor allem sieht man doch, daß alle Zuschriften echt sind, schaun Sie her, Kleinigkeit, Montecuccoli und lauter Exellenzen — sss —

Der kaiserliche Rat: Was heißt Montecuccoli und Exellenzen? Und Berchtold is e Hund? Gestern eigenhändig gratuliert!

Der alte Biach: Was heißt Berchtold? Weiskirchner! Da haben Sie's vor Ihren Augen, was sagt man! Würde man das für meglich halten? Weiskirchner, der greßte Antisemit! Er gratuliert ihm »aufrichtigen Sinnes«. Was steht da? Wirklich schön, wer schreibt das, »die Neue Freie Presse ist das Gebetbuch aller Gebildeten«.

Der Kompagnon: Das is aber j a wahr. Was steht da? Intressant, die Firma Dukes freut sich mit ihr in angenehmster Verbindung zu stehn. Die größte Annoncenfirma von Wien, bitte!

DER DOKTOR: Schaun Sie her! Sogar Harden, bekanntlich der glänzendste Stilist — was schreibt er, er nennt ihn, glänzend, hören Sie, wie er ihn nennt, »Generalstabschef des Geistes«!

DER KURZWARENHÄNDLER: Betamt, aber nicht originell. Das is schon in ein paar Dutzend Zuschriften gestanden, es liegt auch wirklich nah, das zu sagen.

DER ALTE BIACH: Selbstredend, gerade jetzt, wo dahinter gleich von Lemberg die Rede is! Großartig waren auch die Ansprachen beim Bankett —

DER KOMPAGNON: Das war doch nicht beim Bankett, das Bankett war doch abgesagt wegen dem Weltkrieg.

DER KAISERLICHE RAT: Aus Bescheidenheit.

DER KURZWARENHÄNDLER: Übertriebene Rücksicht.

DER ALTE BIACH: Nuna! Also es war kein Essen, aber doch kolossal feierlich. Wenn kein Krieg wär, hätten Sie sehn sollen, was sich getan hätt. Aber sie haben sich's nicht nehmen lassen. Sehr schön war, wie sie ihn alle gefeiert haben, der Vorstand der Buchhaltung und sogar die erste Austrägerin. Das hat so etwas Familiäres, so ein Fest der Presse. Die Reden hab ich mir sagen lassen wern gleich mitstenographiert.

DER KAISERLICHE RAT: Aber der Stenograph gratuliert doch auch?

DER ALTE BIACH: Ja, aber währenddem stenographiert er.

DER KOMPAGNON: Sehn Sie sich nur bittsie die Liste an, endlos —

DER DOKTOR: Ja, das ist traurig.

DER KOMPAGNON: Wieso traurig?

DER DOKTOR: Ach so, ich hab auf die Verlustliste geschaut unten, ein Zufall, daß das gleich nach den Gratulanten kommt.

DER ALTE BIACH: Nebbich — was soll man machen, ja, ja, das ist und bleibt ein Ereignis, von dem noch die Kindeskinder reden wern.

DER KAISERLICHE RAT: Das is wahr, alle Tag wird ein Blatt nicht fufzig Jahr.

DER ALTE BIACH: Das geben Sie gut, ich hab gemeint — Lemberg.

DER KAISERLICHE RAT: Wer redt von Lemberg?

DER DOKTOR *(sich vorsichtig umblickend):* Leider kann man nicht leugnen, daß es gerade keine Ehre für uns ist.

DER ALTE BIACH: Erlauben Sie — keine Ehre? Traun Sie sich nur, so etwas laut zu sagen!

DER DOKTOR *(leise):* No, ich mein', mit Lemberg —

DER ALTE BIACH: Wer redt von Lemberg? Und wenn man schon wegen dem kleinmütig wird und verzagt, so richtet man sich auf an dem, was vorn steht — am Jubiläum!

DER KAISERLICHE RAT: Wissen Sie was mir am meisten imponiert? Mir imponiert nicht was vorn steht, mir imponiert nicht was in der Mitte steht, mir imponiert was hinten steht! Erinnern Sie sich, am Jubiläumstag die hundert Seiten Bankannoncen, ganzseitig? Alle ham sie blechen müssen, mitten im Moratorium, bis sie schwarz geworn sind! Ja, die Presse ist eine Macht, an der sich nicht rütteln läßt — wenn aber sie rüttelt, dann fallen die Zwetschken von den Bäumen.

DER ALTE BIACH: Was wollen Sie haben, der Mann hat eine Gewure wie heut kein zweiter in Österreich. Er hat Phantasie und Gemüt und Geist und Gesinnung u n d is ein großer Nemmer vor dem Herrn.

DER KAISERLICHE RAT: Wissen Sie, Herr Biach, an wem mich erinnert in der Sprache, was Sie da jetzt gesagt haben?

DER ALTE BIACH: An wem es erinnert? An wem soll es erinnern?

DER KAISERLICHE RAT: An ihm selbst mit die vielen »und«!

DER ALTE BIACH: No und? Ist das ein Wunder? Man steht unwillkürlich unter dem Bann! Ham Sie neilich gelesen im Abendblatt Laienfragen und Laienantworten? Gediegen, was? Besonders im Abendblatt is er ganz er selbst. Da wiederholt er alles von neuem. Wie es geheißen hat, noch is Lemberg in unserem Besitze, hat er gesagt, hier fällt uns vor allem das Wörtchen n o c h auf und das Auge bohrt sich herein und man kann sich vorstellen. Da gibt er immer alles und mit noch! »Gestern wurde gemeldet — heute wird gemeldet«, das bringt man nicht mehr aus dem Kopf. Er redet wie unsereins, nur noch deutlicher. Man weiß nicht, redt er wie wir oder reden wir wie er.

DER KAISERLICHE RAT: No und der Leitartikel is e Hund? Schon der erste Satz — wer macht ihm das nach? Die Familie Brodsky ist eine der reichsten in Kiew. Fertig. Mitten drin is man. Dann springt er herum, redt von Talleyrand, was er gesagt hat beim Essen, und schon is man mitten drin im ungrischen Ausgleich.

DER ALTE BIACH: Mir imponiert am meisten, wenn er sagt, man kann sich vorstellen. Oder wenn er mit der Einbildungskraft kommt, das bringt er packend, und da stellt man sich gleich alles vor, wie wenn er wär mitten drin im Pulverdampf gottbehüt und wir alle mit ihm. Den größten Wert legt er aber scheint es auf die Stimmungen und auf die Eindrücke von die Details und packend is wenn er erzählt, wie sie die Leidenschaften aufgewiegelt haben. Ich für meinen Geschmack muß aber sagen, ich les am liebsten, wenn er sich vorstellt, wie sie sich schon unruhig wälzen bei Nacht, speziell Poincaré und Grey und sogar der Czar, wenn sie von der Sorge benagt sind, weil es schon rieselt im Gemäuer. Und vielleicht ist in diesem Augenblick schon, und vielleicht haben sie schon und vielleicht und vielleicht, das is hochdramatisch! Ich hab mir sagen lassen, er diktiert, wenn er schreibt. Man kann sich vorstellen, wenn er so einen Leitartikel diktiert. Ich sag Ihnen, die Einbildungskraft schwelgt in der Vorstellung, daß wenn er diktiert, die Kandelaber in der Redaktion zittern!

DER DOKTOR: Zufällig weiß ich aber, weil ich einmal persönlich eine Beschwerde hinaufgetragen habe, über den Mistbauer und die Fliege —

DER ALTE BIACH: Was wissen Sie?

DER DOKTOR: Daß sie dort gar keine Kandelaber haben!

DER ALTE BIACH (erregt): Was denn ham sie? Lassen Sie mich aus, Dokter, Sie sind ein bekannter Miesmacher — so ham sie Stehlampen! Tut nix — die Kandelaber zittern doch! Unsereins hat eben noch Illusionen. Marqueur, bringen Sie die Blochische Wochenschrift und Danzers Armeezeitung!

DER KOMPAGNON: Moment! Jetzt — wenn man jetzt so hören könnte, was die Minister reden! — *(Alle lauschen. Der alte Biach rückt dicht an den Ministertisch vor.)*

DER MINISTERPRÄSIDENT: Der Pschütt is heut wieder in einem Z u s t a n d, r e c h t ärgerlich is das — anstatt daß die Marquör die Illustrierten e i n s p e r r n, tun sie's a u f h ä n g e n — die möchten sich wirklich schon a l l e F r e i h e i t e n n e h m e n. Nachher k r i e g ich so ein Blatt in einer V e r - f a s s u n g — a u f h e b e n wer' ich mir's nächstens lassen, das is das einfachste.

DER ALTE BIACH *(in größter Erregung):* Wißts ihr, was ich jetzt gehört hab? Gotteswillen, ich hab ganz deutlich die Worte gehört: Standrecht, einsperrn, aufhängen —

DER KOMPAGNON: Sss...!

DER ALTE BIACH: Alle Freiheiten nehmen, Verfassung aufheben!

DER KAISERLICHE RAT: Also, da ham mas!

DER DOKTOR: Wissen Sie, daß das eine politische Sensation katexochen ist und man kann wirklich sagen, aus erster Quelle!

DER ALTE BIACH *(stolz):* Also was sagen Sie zu mir!

DER KURZWARENHÄNDLER: Es ist Ihre Pflicht, es noch heute der Presse zu stecken!

DER ALTE BIACH: Ja, die Zeiten sind ernst —

DER KAISERLICHE RAT: — und wer kann wissen was der kommende Tag bringt —

DER KURZWARENHÄNDLER: — und der Staat hat die Verpflichtung, die Leidenschaften, wenn sie einmal aufgewiegelt sind, wieder einzudämmen —

DER KOMPAGNON: — und die Stimmungen sind wichtig —

DER DOKTOR: — und die Sorge wächst —

DER ALTE BIACH: — und es is schon zehn Uhr und meine Rosa sitzt zuhaus und sie hat nicht gern wenn ich spät komm und ich bin deshalb dafür wir zahlen und gehn.

(Der Zahlkellner kommt, sie gehn ab, indem sie sich alle noch einmal mit scheuer Neugierde nach dem Ministertisch umblicken.)

DER ALTE BIACH *(im Abgehen):* Wir haben einen historischen Moment erlebt. Den ernsten Gesichtsausdruck vom Gesicht vom Grafen Stürgkh werde ich mein Lebtag nicht vergessen!

(Verwandlung.)

11. SZENE

(Es treffen sich zwei, die sichs gerichtet haben.)

DER ERSTE: Servus, du noch in Wien? Du bist doch behalten worn?

DER ZWEITE: Ich bin hinaufgegangen und hab mirs gerichtet. Ja, aber was machst denn du noch in Wien? Du bist doch behalten worn?

DER ERSTE: Ich bin hinaufgegangen und hab mirs gerichtet.

DER ZWEITE: Natürlich.

DER ERSTE: Natürlich.

DER ZWEITE: Weißt nicht, was aus dem Edi Wagner gworn is, hat der sichs vielleicht gerichtet? Er is im Oktober zur Konschtatierung, dann hats gheißen, sein Alter kauft ihm einen Daimler, weil sein Major, der Tschibulka von Welschwehr versprochen hat, er kommt zum Autlkorps, dann hats gheißen, entweder er kommt nach Klosterneuburg zum Kaader oder in eine Munitionsfabrik, natürlich in die Kanzlei, dann hams wieder gsagt, er soll für unentbehrlich erklärt wern im Gschäft und der Onkel von ihm, weißt der fürs Reservespital in der Fillgradergassen die Wurzen is, den hab ich damals troffen, der hat gsagt, wenn alle Stricke reißen, bringt er ihn beim Roten Kreuz unter, kein Mensch hat sich auskennt, kurzum, möcht mich wirklich intressiern, wo's den armen Teufel am End hingschupft ham.

DER ERSTE: Das kann ich dir sagen. Der Alte hat sich also, ein Schmutzian wie er is, das überlegt mit dem Daimler, er hat ihn lieber bei die dänischen Papierdecken untergebracht, das hat ihm aber gstiert, da hat er gsagt, lieber macht er Dienst und is nach Blumau kommen, dort war's ihm aber z'fad, und jetzt sitzt er Nacht für Nacht im Chapeau, abwechselnd in Uniform und in Zivil, wie der Bursch das macht is mir ein Schleier, ich kann mir nur rein denken, wie alle Protektion nix gnutzt hat, is er hinaufgegangen und hat sichs gerichtet. Es könnt aber auch sein, daß er wirklich enthoben is oder hat er gar am End doch einen C-Befund kriegt. Du servus ich hab ein Rendezvous mit einer Persönlichkeit, ich krieg vielleicht eine Lieferung, und das was für eine, da muß man schon tulli sagen —

DER ZWEITE: Du hast immer die Sau. Hast ghört, der Seifert Pepi is gfallen, weißt bei Rawaruska, servus ich muß zu einer Sitzung ins Kriegsfürsorgeamt, morgen hams den Tee und ich hab versprochen, daß ich die Fritzi-Spritzi hinbring, der Sascha Kolowrat kommt hin, geh sei fesch und komm auch hin, bring dein Schlamperl mit, servus!

DER ERSTE: Lieber Freund, ich hab jetzt andere Dinge, wenn mir das gelingt, ruf ich dich an, servus — du apropos — was ich dir erzählen wollte —

(Ein Abonnent und ein Patriot treten auf.)

DER PATRIOT: Gesunde junge Leut, ham Sie gesehn? Ein Korps könnt ich zusammenstellen auf der Ringstraße!

DER ABONNENT: Da kann man wirklich empört sein. Pfui, Drückeberger in Frankreich!

DER ERSTE *(dreht sich um):* Meinen Sie vielleicht mich?

DER ABONNENT: Sie? Ich kenn Sie gar nicht, lassen Sie mich in Ruh —

DER ZWEITE: Das möchten wir uns auch ausgebeten haben — Sie können gar nicht wissen —

DER PATRIOT: Aber bitte, bitte meine Herrn, der Herr hat von Drückeberger in Frankreich gesprochen, also brauchen Sie gar nicht so aufgeregt sein, Sie sind ja nicht aus Frankreich.

DER ERSTE: A so, also pardon, also wenn sich das nicht auf Österreich bezieht, so hab ich mich geirrt, djehre! *(Beide ab.)*

DER ABONNENT: Sehn Sie, frech wern auch noch! Der hat das mit Drückeberger in Frankreich faktisch auf sich bezogen.

DER PATRIOT: Wahrscheinlich ein Franzos, der sich gedrückt hat und hier sein Unwesen treibt, kann man wissen, Sie, ich laß mich hängen, wenn das nicht ein Deserteur is oder gar ein Spion!

DER ABONNENT: Ich hab auch stark den Eindruck.

DER PATRIOT: Überhaupt, wie es in den feindlichen Staaten zugeht!

DER ABONNENT: Wem sagen Sie das! Sind nicht zum Beispiel, um gleich bei Frankreich zu bleiben, dort jetzt Nachmusterungen ausgeschrieben, man soll sich nur vorstellen, Nachmusterungen!

DER PATRIOT: Aber nicht genug, daß dort Nachmusterungen stattfinden — die sie nehmen, müssen auch an die Front! Ich hab gelesen von »Einstellung der Nachgemusterten in Frankreich«!

DER ABONNENT: Und was sagen Sie zu den Mißständen in der französischen Heeresintendantur?

DER PATRIOT: Verträge für Kriegslieferungen sind zu haarsträubenden Preisen abgeschlossen worden.

DER ABONNENT: Bei den Konserven- und Munitionslieferungen sollen bedenkliche Preisunterschiede festgestellt worden sein.

DER PATRIOT: Wucherpreise sind gezahlt worden für Tuch, Leinwand und für Mehl.

DER ABONNENT: Von gewissen Zwischenhändlern sind bei den Abschlüssen der Verkäufe große Verdienste erzielt worden! Mit Zwischenhändlern arbeiten sie!

DER PATRIOT: Wo?

DER ABONNENT: No in Frankreich!

DER PATRIOT: Schkandal!

DER ABONNENT: Und in offener Parlamentssitzung wird so etwas vorgebracht!

DER PATRIOT: Also ob das bei uns möglich wäre! Zum Glück haben wir —

DER ABONNENT: Kein Parlament, meinen Sie —

DER PATRIOT: Ein reines Gewissen, wollte ich sagen.

DER ABONNENT: Millerand hat selbst alles eingestanden, es sei unmöglich, hat er gesagt, Fehler zu vermeiden, aber es werde unnachsichtlich vorgegangen.

DER PATRIOT: Ich merk nix davon!

DER ABONNENT: No und Rußland? Sehr bezeichnend ist, daß sie dort schon die Duma einberufen müssen und die Regierung muß sich eine offene Sprache gefallen lassen.

DER PATRIOT: Bei uns wär so etwas ausgeschlossen, wir haben zum Glück —

DER ABONNENT: Ein reines Gewissen, weiß schon.

DER PATRIOT: Kein Parlament, wollte ich sagen.

DER ABONNENT: No und was sagen Sie zur Ernte?

DER PATRIOT: Ich sag nur: Schlechte Ernte in Italien. Mißernte in England. Ungünstige Ernteaussichten in Rußland. Besorgnisse wegen der Ernte in Frankreich. Und was sagen Sie zum Kurs, he?

DER ABONNENT: Was soll ich sagen? Der Preisfall des Rubels spricht eine deutliche Sprache.

DER PATRIOT: Gott wenn man damit zum Beispiel unsere Krone vergleicht —

DER ABONNENT: Miserabel stehn auch Lire, um 30 Perzent gesunken!

DER PATRIOT: Die Krone zum Glück nur um das Doppelte.

DER ABONNENT: Apropos Italien, haben Sie heut drüber gelesen, wie es schon drunten drunter und drüber geht? Der Messagero beklagt sich über die ungenügende Kehrichtabfuhr in Rom, was ein sehr charakteristisches Licht auf die dortigen Zustände wirft.

DER PATRIOT: Wenn man damit unsere Wiener Straßen vergleicht! Als ob die im Krieg schmutziger wären wie im Frieden! Hat man je in einer von unsere Zeitungen ein Wort lesen können, daß in diesem Punkt vielleicht etwas nicht in Ordnung wäre? No ja, höchstens hin und wieder steht in der Presse — also etwas vom »Mistbauer und die Fliege« — das is aber auch intressant!

DER ABONNENT: Und das sind Übelstände, die schon zum Teil beseitigt sind. Haben Sie nicht gelesen: »Teilweise Auflassung des Mistbauers«? No also!

DER PATRIOT: Was sagen Sie zu England?

DER ABONNENT: Ich sag, in England sind die Kartoffelpreise kolossal in die Höhe gegangen.

DER PATRIOT: Ja und es stellt sich sogar heraus, daß sie dort jetzt noch niedriger sind wie bei uns im Frieden. Also da kann man sich vorstellen!

DER ABONNENT: No und die Behandlung unserer Zivilinternierten? Haben Sie gelesen, wie die schmachten müssen? Sie wissen doch, wie gut es bei uns den russischen Kriegsgefangenen geht.

DER PATRIOT: Dafür nehmen sie sich natürlich die größten Frechheiten heraus. Da hab ich mir erzählen lassen, in Tirol auf dem Brenner läßt man sie Schützengräben bauen, damit sie eine Beschäftigung haben. Was glauben Sie tun sie? Weigern tun sie sich! No, macht man selbstredend kurzen Prozeß. Aus Innsbruck wird ein Detachement geholt, noch einmal wern sie gefragt, ob sie die Schützengräben bauen wollen. Nein! heißt es. Legt man an. Nu na nicht, genieren wird man sich, was heißt Völkerrecht, Krieg is Krieg. Aber gute Potsch wie sie schon sind bei uns, hat man noch Geduld gehabt und fragt sie noch einmal, die Rebellen. Nein heißt es! Zielt man. Da natürlich — hätten Sie sehn sollen, melden sich auf einmal alle, ja, sie wolln Schützengräben baun. Ein Geriß war auf amol um die Schützengräben, sag ich Ihnen. Das heißt, alle bis auf vier. No die wern natürlich erschossen, selbstredend. Unter ihnen war ein Fähnrich — hörn Sie nur zu —

DER ABONNENT: Ich hör.

DER PATRIOT: Wahrscheinlich der erste Rädelsführer von ihnen. Hat die Frechheit und hält noch eine Ansprache gegen Österreich, oben am Berg. Wahrscheinlich ein Antisemit. Hörn Sie zu —

DER ABONNENT: Ich hör.

DER PATRIOT: Unsere Leut, ich mein, die Eigenen, gutherzig

wie sie sind, waren aber zu aufgeregt beim Schießen, sie haben um keinen Preis treffen können, hat also der Hauptmann persönlich nachhelfen müssen und hat die Kerle mit dem Dienstrevolver abgeschossen. Also was sagen Sie, was sich die Russen bei uns herausnehmen!

DER ABONNENT: Bei uns? Was sie sich bei ihnen herausnehmen gegen die österreichischen Gefangenen, sagen Sie lieber! Falls Sie noch nicht gelesen haben sollten, was heute steht, hier, ich hab's bei mir, hörn Sie: Mißbrauch Kriegsgefangener durch die russischen Truppen zur Teilnahme an den Feindseligkeiten. Aus dem Kriegspressequartier wird geschrieben: Seit der Vertreibung der Russen aus Galizien vergeht selten ein Tag, an dem nicht irgend eine bisher noch nicht bekanntgewordene Verletzung des Völkerrechtes durch die russischen Truppen aufgedeckt werden würde, so daß es heute kaum noch eine Bestimmung des Kriegsrechtes gibt, von der nicht feststünde, daß sie von russischer Seite mit Füßen getreten wird.

DER PATRIOT: Sehr gut.

DER ABONNENT: Hörn Sie nur zu —

DER PATRIOT: Ich hör.

DER ABONNENT: So wird durch die in den besetzt gewesenen Teilen Galiziens jetzt durchgeführten Gendarmerieerhebungen bekannt, daß, auf Grund eines Befehles der russischen Armeekommandanten, während der ganzen Okkupationsdauer alle irgendwie arbeitsfähigen Männer und Weiber außer zu anderen Arbeiten im Bedarfsfall speziell zur Erbauung von Schützengräben —

DER PATRIOT: Was sagt man!

DER ABONNENT: — zwangsweise herangezogen und hiezu bis in die Karpathen getrieben wurden. Daß es dem Feinde nach den Haager Konventionen ausdrücklich untersagt ist, der friedlichen Bevölkerung des besetzten Gebietes Dienstleistungen aufzuerlegen, welche auf die Bekämpfung ihres Vaterlandes hinauslaufen, focht die russischen Machthaber natürlich nicht an.

DER PATRIOT: Focht sie nicht an! Packasch!

DER ABONNENT: Hörn Sie nur zu —

DER PATRIOT: Ich hör.

DER ABONNENT: Es ist daher nicht verwunderlich, daß die Russen, wie jetzt gleichfalls festgestellt wurde, auch die in ihre Kriegsgefangenschaft geratenen Angehörigen der k. u. k. Armee zur Erbauung von Werken gegen uns mißbrauchen —

DER PATRIOT: Unerhört! Ganz derselbe Fall!

DER ABONNENT: — obwohl dies gleichfalls den Haager Vertragsbestimmungen zuwiderläuft, nach denen die Kriegsgefangenen nicht zu Arbeiten verwendet werden dürfen, die mit den kriegerischen Unternehmungen in irgend einem Zusammenhang stehen. Ein merkwürdiger Zufall brachte es mit sich, daß das k. u. k. 82. Infanterieregiment jüngst einen russischen Stützpunkt erstürmte, den kriegsgefangene Angehörige desselben Regiments hatten errichten müssen. Auf einer Holztafel fand man dort folgende ungarische Inschrift: »Diesen Stützpunkt erbauten Szekler des 82. Infanterieregiments«. Zu der kürzlich gemeldeten zwangsweisen Vertreibung österreichischer Staatsbürger aus ihrer Heimat tritt diese zwangsweise Anhaltung österreichisch-ungarischer Staatsangehöriger zur Teilnahme an den Feindseligkeiten gegen ihr Vaterland nicht als Gegenstück, sondern als eine, das russische Kampfsystem ergänzende Maßregel hinzu. — No was sagen Sie jetzt?

DER PATRIOT: Echt russisch! Das hat die Welt nicht gesehn! Das is wirklich kein Gegenstück, das is geradezu eine ergänzende Maßregel! Und von den armen österreichischen Soldaten hat wahrscheinlich keiner sich getraut, sich zu weigern.

DER ABONNENT: No hat denn jeder die Chutzpe von so einem russischen Fähnrich?

DER PATRIOT: Eine Ansprache gegen den Staat zu halten oben mitten am Berg!

DER ABONNENT: Oben auf den Karpathen!

DER PATRIOT: Wieso Karpathen? Oben am Brenner!

DER ABONNENT: Oben am Brenner! Da kann man wirklich

sagen, kein Tag vergeht ohne solche himmelschreiende Kontraste!

DER PATRIOT: Ausgezeichnet war der Artikel von Professor Brockhausen, wie er geschrieben hat, niemals sind bei uns wehrlose Gefangene auch nur mit Worten gehöhnt worden.

DER ABONNENT: Recht hat er gehabt: Das war doch dieselbe Nummer der Presse, wo der Stadthauptmann von Lemberg verlautbart hat, russische Gefangene sind während ihres Transportes durch die Straßen von einem Teil des Publikums beschimpft und mit Stöcken geschlagen worden. Er hat ausdrücklich konstatiert, daß das ein Verhalten sei, einer Kulturnation unwürdig.

DER PATRIOT: Er hat zugegeben, wir sind eine Kulturnation, nicht bloß die Juden.

DER ABONNENT: Selbstredend. Aber es gibt auch wirklich keinen Punkt, wo wir uns nicht unterscheiden würden von den Feinden, die ja doch ein Abschaum der Menschheit sind.

DER PATRIOT: Zum Beispiel im feinen Ton, den wir selbst gegenüber den Feinden anschlagen, die doch die größte Packasch sind auf Gottes Erdboden.

DER ABONNENT: Und vor allem sind wir im Gegensatz zu ihnen immer human! Die Presse zum Beispiel hat im Leitartikel sogar an die Fische und Seetiere in der Adria gedacht, daß sie jetzt gute Zeiten haben wern, weil sie so viel italienische Leichen zu fressen bekommen. Das ist doch schon wirklich die Humanität auf die Spitze getrieben, in diesen verhärteten Zeiten noch an die Fische und an die Seetiere in der Adria zu denken, wo doch sogar Menschen Hunger leiden müssen!

DER PATRIOT: Ja, übertrieben, wie er überhaupt manchmal is. Aber — er gibts ihnen ordentlich! Und nicht nur die Humanität im Krieg haben wir vor ihnen voraus, sondern etwas, was noch weit wertvoller ist — die Ausdauer! Bei die andern herrscht doch schon überall Entmutigung. Froh wären sie, wenn es zu End wär. Bei uns —?

DER ABONNENT: Das is mir auch schon aufgefallen. Da is zum Beispiel Entmutigung in Frankreich!

DER PATRIOT: Verdrossenheit in England!

DER ABONNENT: Verzweiflung in Rußland!

DER PATRIOT: Zerknirschung in Italien!

DER ABONNENT: Überhaupt, die Stimmungen in der Entente!

DER PATRIOT: Es rieselt im Gemäuer.

Der ABONNENT: An Poincaré nagt die Sorge.

DER PATRIOT: Grey ist mißmutig.

DER ABONNENT: Der Czar wälzt sich im Bett.

DER PATRIOT: Beklemmung in Belgien.

DER ABONNENT: Das erleichtert! Demoralisation in Serbien.

DER PATRIOT: Da fühlt man sich! Verzweiflung in Montenegro.

DER ABONNENT: Da kann man noch hoffen! Bestürzung im Viererverband.

DER PATRIOT: Da derfangt man sich! Zweifel in London, Paris und Rom. Man brauch wirklich nur die Titeln anschaun, man brauch gar nicht weiter lesen, weiß man doch schon woran man is. Man sieht, wie mies es jenen geht und wie gut uns. Stimmungen haben wir auch, aber gottlob etwas andere!

DER ABONNENT: Bei uns herrscht Freude, Zuversicht, Jubel, Hoffnung, Genugtuung, wir sind immer gut aufgelegt, warum nicht, recht hammer.

DER PATRIOT: Das Durchhalten zum Beispiel, das is unsere Passion.

DER ABONNENT: So gut wie wir treffen sie das nirgends.

DER PATRIOT: Der Wiener speziell is ein Prima-Durchhalter. Alle Entbehrungen tragen sie bei uns, als ob es ein Vergnügen wär.

DER ABONNENT: Entbehrungen? Was für Entbehrungen?

DER PATRIOT: Ich mein, wenn es Entbehrungen geben möcht —

DER ABONNENT: Es gibt aber zum Glück keine!

DER PATRIOT: Ganz richtig. Es gibt keine. Aber sagen Sie — wenn man nicht entbehrt — wozu muß man dann eigentlich durchhalten?

DER ABONNENT: Das kann ich Ihnen erklären. Es gibt allerdings keine Entbehrungen, aber man erträgt sie spielend — das ist die Kunst. Das haben wir seit jeher getroffen.

DER PATRIOT: Eben. Das Anstellen zum Beispiel is eine Hetz — sie stellen sich förmlich dazu an.

DER ABONNENT: Der einzige Unterschied gegen früher is, daß jetzt Krieg is. Wenn nicht Krieg wär, möcht man rein glauben, es is Friede. Aber Krieg is Krieg, und da muß man so manches, was man früher nur gewollt hätt.

DER PATRIOT: Eben. Bei uns hat sich gar nix verändert. Und wenn es ja alle heilige Zeiten einmal bei uns zu Nachmusterungen kommt, soll man sich anschaun, nicht erwarten können sie's an die Front zu kommen, unsere jungen Leut bis zu fufzig Jahr.

DER ABONNENT: Die ältern Jahrgänge sind noch gar nicht gemustert.

DER PATRIOT: Haben Sie gelesen, »Aushebung der Neunzehnjährigen in Italien«? Der Titel allein sagt schon die ganze furchtbare Wahrheit.

DER ABONNENT: Nein, das muß mir entgangen sein. Was Sie sagen, so junge Leut! Bei uns, da muß einer doch schon reifer sein, jetzt sind, wenn ich nicht irre, noch die Fünfzigjährigen bei uns an der Tour, aber natürlich nur für den Etappenraum, es sind noch genug 49jährige draußen.

DER PATRIOT: In Frankreich halten sie schon bei der Ausmusterung der 48jährigen!

DER ABONNENT: Also Leute mit grauen Haaren! Die jüngern scheinen alle schon verbraucht zu sein. Wir rücken im März mit den 17jährigen heraus, das wird eine Freud sein.

DER PATRIOT: Natürlich, das sind die schönsten Jahre! Wissen Sie, worin auch der Unterschied liegt? In der Ausrüstung. Die is nämlich das Wichtigste. Aber bei uns versteht sich das einfach von selbst, da wird gar kein Aufhebens gemacht. Haben Sie gelesen heute: Italienische Sorgen wegen warmer Gebirgskleidung für die Soldaten?

DER ABONNENT: Sorgen was sie haben!

DER PATRIOT: Bei uns kümmert man sich um so was gar

nicht. Bagatell! Man vergibt die Lieferungen und fertig. Sie kennen doch die Geschichte mit den Wolldecken? Oder nicht?

DER ABONNENT: Nein.

DER PATRIOT: Da haben Sie ein großartiges Beispiel, wie das alles bei uns von selbst geht. Feiner & Co. machen einen Schluß auf anderhalb Millionen Wolldecken aus Deutschland, unser Kriegsministerium war der Ansicht, so viel beiläufig wird nötig sein für die Karpathen im Winter. Man hat aber die Sache nicht tragisch genommen, weil man ja schon vorher mit dem Endsieg gerechnet hat. Also wie es dann doch ernst wird, heißt es plötzlich, schön, aber zuerst müssen die Zollformalitäten erledigt wern. Der Finanzminister is um keinen Preis zu bewegen, die Ware früher herauszugeben, und der Kriegsminister hat wieder gesagt, man braucht sie. Was soll ich Ihnen sagen, das is so sechs Monate gegangen, hin und her zwischen Kriegsministerium und Finanzministerium. Durch der ganzen Karpathenschlacht hindurch. Da entschließt sich die Firma, und Katzenellenbogen aus Berlin, Sie wissen doch, der bei uns die rechte Hand is speziell im Kriegsministerium, interveniert persönlich. Er is hinaufgegangen zum Finanzminister und sagt ihm direkt ins Gesicht, das geht nicht! Der Finanzminister sagt, er kann das nicht kurzerhand erledigen. Sagt ihm Katzenellenbogen, energisch wie er is Sie wissen doch, seine Gewure, sagt ihm also Katzenellenbogen, erstens geht die Firma in Konkurs, zweitens gehn die Wolldecken zugrund, sie liegen im Freien bei der Nässe und Kälte, sie sind schon fast alle hin —

DER ABONNENT: Wer?

DER PATRIOT: No, die Wolldecken! Sie sind nämlich im Freien gelagert.

DER ABONNENT: Wer?

DER PATRIOT: No, die Wolldecken! Was fragen Sie? Also, sagt er kategorisch, erstens geht die Firma in Konkurs, zweitens gehn die Wolldecken zugrund und drittens, brauchen sie schließlich auch die Soldaten. Zuckt der Finanzminister mit die Achseln und antwortet ihm, er kann nicht, der Akt muß erledigt wern. Erst der Zoll, dann die Decken —

DER ABONNENT: No warum hat aber das Kriegsministerium nicht gezahlt?

DER PATRIOT: Frag! Der Kriegsminister hat sich auf den Standpunkt gestellt, er kann nicht, erst muß der Akt erledigt wern.

DER ABONNENT: Der Akt für den Zoll? Das erklärt doch der Finanzminister?

DER PATRIOT: Konträr, der Akt über die Flüssigmachung für den Zoll!

DER ABONNENT: Ah so, no und was is da geschehn? ich bin schon gespannt —

DER PATRIOT: Was geschehen is? Katzenellenbogen geht wieder hinauf und sagt ihm ins Gesicht: Exzellenz, sagt er, das Kriegsministerium gibt nicht nach. Sagt er, ich will Ihnen was sagen. Im kaufmännischen Verkehr is es üblich, wenn eine Kunde momentan nicht zahlen kann, man erkundigt sich aber und hört, die Kunde is gut, so is es üblich, man s t u n d e t ihr. Exzellenz, ich wer Ihnen was sagen, erkundigen Sie sich über das Kriegsministerium, Sie wern hörn, es is gut — was ham Sie davon, s t u n d e n Sie ihm! No, das hat ihm eingeleuchtet. Man hat gestundet und die Wolldecken sind ausgeliefert worn.

DER ABONNENT: No also, war doch alles in schönster Ordnung?

DER PATRIOT: So weit ja. Da war aber schon März. Was soll ich Ihnen sagen, wie man die Decken herauszieht, sind sie total verdorben. Jetzt hat man Flüchtlinge genommen, immer zwei zammstoppen lassen, und wie schließlich April wird und alles war so weit in Ordnung, leider doppelt so teuer wie bei der Bestellung, no so eine Arbeit will doch bezahlt sein, Kleinigkeit anderhalb Millionen Wolldecken zammstoppen — also wie alles fertig war, was glauben Sie daß sich da herausstellt?

DER ABONNENT: Noo —?

DER PATRIOT: Stellt sich heraus, die Soldaten haben die

Wolldecken gar nicht mehr gebraucht. Denn erstens war schon nicht mehr so kalt in den Karpathen, und dann waren den meisten sowieso schon die Füß abgefroren. — No, jetzt frag ich einen Menschen: machen wir uns Sorgen wegen Wolldecken?

DER ABONNENT: Die Italiener ja! Das ham sie jetzt davon! Was sagen Sie zu Lebensmittelteuerung in Italien?

DER PATRIOT: Davon hab ich nichts gelesen, ich hab nur gelesen von schlechter Ernte in Italien.

DER ABONNENT: Verwechseln Sie das nicht mit Mißernte in England?

DER PATRIOT: Das is wieder ein anderes Kapitel, genau so wie man wieder Lebensmittelknappheit in Rußland unterscheiden muß.

DER ABONNENT: Ich bitt Sie, es is überall dasselbe. Und Verlustlisten zum Beispiel haben sie auch schon überall eingeführt.

DER PATRIOT: Ja, genau wie bei uns, alles machen sie nach —

DER ABONNENT: Entschuldigen Sie, wie meinen Sie das? Haben wir denn —

DER PATRIOT: Im Gegenteil, bei uns is jetzt die Tägliche englische Verlustliste eingeführt.

DER ABONNENT: Das is mir auch schon aufgefallen, während die unsere nur alle heiligen Zeiten einmal erscheint.

DER PATRIOT: No soll man vielleicht fälschen und Namen erfinden? Wenn's hoch kommt, ham wir in dem Jahr vielleicht achthundert Verwundete gehabt!

DER ABONNENT: In Italien erscheint überhaupt keine. Das is wohl mehr als verdächtig. Sie können eben ihre Hekatomben nicht zugeben, was sie schon erlitten haben.

DER PATRIOT: Apropos Italien, haben Sie gelesen, Verabschiedung eines italienischen Generals? Wegen an der Front bewiesener Unfähigkeit! Weitere Verabschiedungen sollen bevorstehen!

DER ABONNENT: Ssss...! Sollte man nicht für möglich halten. Hat man bei uns je etwas davon gehört, daß ein General —

DER PATRIOT: No, no, das schon.

DER ABONNENT: Wegen Unfähigkeit?

DER PATRIOT: Auch!

DER ABONNENT: Aber er hat doch wenigstens nicht Gelegenheit gehabt, sie an der Front zu beweisen!

DER PATRIOT: Das nicht, da haben Sie recht. Wissen Sie übrigens, daß es auch schon Drückeberger in Italien gibt?

DER ABONNENT: Wo denn sonst? Und kaum daß sie den Krieg angefangen haben! Aber wissen Sie, was sie auch schon eingeführt haben? Eine Zensur! Mit der Freiheit der Meinungsäußerung soll es übrigens bei allen miserabel stehn. Kein freies Wörtl darf man dort reden, hab ich mir sagen lassen.

DER PATRIOT: Höchstens is den Zeitungen dorten erlaubt zu schreiben, daß unsere militärische Lage viel besser is wie ihre eigene. No ja, die Wahrheit läßt sich eben nicht unterdrücken. Die englischen Militärkritiker bezeichnen die Lage der Ententemächte als hoffnungslos.

DER ABONNENT: Schöne Wirtschaft, daß sie das erlauben! Wenn bei uns einer so etwas sagen möcht, was möcht ihm passieren!

DER PATRIOT: Wenn er sagen möcht, daß die Lage der Ententemächte hoffnungslos ist?

DER ABONNENT: Nein, wenn er sagen möcht, daß die Lage der Zentralmächte hoffnungslos ist. Mit Recht möcht er aufgehängt wern. So eine Frechheit nimmt sich hier keiner heraus.

DER PATRIOT: Warum sollte er auch? Er müßte lügen! Sehn Sie, sogar in England sagen sie die Wahrheit, wenn sie nämlich zugeben müssen, daß es ihnen schlecht geht.

DER ABONNENT: Schöne Patrioten müssen das dorten sein. Neulich hat einer dorten geschrieben, England verdient, daß es von Deutschland vernichtet wird. No, dem is das aber übel bekommen. Wissen Sie, was sie dem aufgepelzt haben? 14 Tage!

DER PATRIOT (*sich an den Kopf greifend*): Gefängnisstrafe für Kritik in England. Schöne Zustände das! 14 Tage!

Der Abonnent: Ja, so etwas hören die Herrn freilich nicht gern, die Wahrheit können sie nicht vertragen. Bei uns würde sich aber auch kein Journalist zu so etwas hinreißen lassen.

Der Patriot: No und is es denn in Frankreich besser? Nicht um einen Gran. Ham Sie nicht grad heut in der Presse gelesen: Gefängnisstrafen für Verbreitung der Wahrheit in Frankreich? Also bitte, weil einer die Wahrheit gesagt hat! Nämlich eine Dame — sie hat gesagt, Deutschland war auf den Krieg vorbereitet, Frankreich aber nicht. Also wenn man ihnen ja einmal die Wahrheit ins Gesicht sagt —

Der Abonnent: Nein, das vertragen sie nicht, die Herrn Machthaber in Frankreich! Krieg führen, ja das passet ihnen, Deutschland, einen friedliebenden Nachbarn, aus blauem Himmel überfallen, das passet ihnen —

Der Patriot: Goldene Worte, Deutschland führt einen Verteidigungskrieg, keine Seele in Deutschland war auf den Krieg vorbereitet, die schwerindustriellen Kreise waren förmlich wie vor den Kopf geschlagen.

Der Abonnent: Selbstredend, und wenn die arme Person in Frankreich eine so einfache Wahrheit, die auch der Laie begreift, in schlichten Worten —

Der Patriot: Sie, da ham Sie sich jetzt geirrt, die Frau is doch verurteilt worn, weil sie —

Der Abonnent: No weil sie die Wahrheit gesagt hat!

Der Patriot: No sie hat aber doch gesagt, Deutschland war auf den Krieg vorbereitet —

Der Abonnent: No die Wahrheit is aber doch, Deutschland war auf den Krieg n i c h t vorbereitet —

Der Patriot: No sie hat aber doch gesagt, Deutschland war auf den Krieg j a vorbereitet!

Der Abonnent: No das is aber doch eine Lüge!

Der Patriot: No sie is aber doch verurteilt worn, weil sie die Wahrheit gesagt hat —

Der Abonnent: No warum is sie dann aber verurteilt worn?

DER PATRIOT: No weil sie doch gesagt hat, Deutschland war auf den Krieg vorbereitet!

DER ABONNENT: No wie kann sie dadafür in Frankreich verurteilt wern, dadafür sollte sie doch in Deutschland verurteilt wern!

DER PATRIOT: Wieso? — Moment — nein — oder doch — passen Sie auf, ich erklär mir die Sache einfach so: sie hat natürlich die Wahrheit gesagt, aber in Frankreich wie sie dorten schon sind is sie verurteilt worn, weil sie gelogen hat!

DER ABONNENT: Moment, Sie ham sich da verhaspelt. Ich glaub eher, es is so: sie hat gelogen, und verurteilt ham sie sie, weil sie in Frankreich die Wahrheit nicht vertragen können.

DER PATRIOT: Sehn Sie, das wird es sein! Ich bitt Sie, das liegt im Blut. Die Leut lassen sich dorten zu Äußerungen hinreißen.

DER ABONNENT: Natürlich, man liest ja, wie sie dorten in den Zeitungen der Regierung die Wahrheit sagen und was sie zusammenlügen über uns. Das ist Verderbtheit. Wenn man das glauben würde, was in den Londoner Zeitungen über uns steht, würde man glauben, England is fertig.

DER PATRIOT: Ich bitt Sie, wer glaubt das! Bei uns fühlen sie eben anders. Die Mentalität hab ich mir sagen lassen is eine ganz andere. Gottseidank. Unsere Redakteure sind, man kann sagen, noch mehr begeistert wie unsere Soldaten. Speziell im Feuilleton.

DER ABONNENT: Weil Sie Feuilleton sagen — ich wollt Ihnen erzählen, wissen Sie, wer heut zu uns kommt? Raten Sie, der greßte lebende Schriftsteller, Hans Müller!

DER PATRIOT: Sie, dem können Sie sagen, daß er mir alles aus dem Herzen schreibt! Wie ist der persönlich? Das intressiert mich. Auf seinem Stil paßt kein anderes Wort wie sonnig und goldig. Das war doch mehr wie goldig, wie er in Berlin einem Feldgrauen auf offener Straße ein Pussl gegeben hat, und dann das Gebet für die verbündeten Waffen in der Kirche am Schluß vom Feuilleton! Der is mein spezieller Liebling! Keiner von ihnen allen, wie sie da schreiben, sogar Roda Roda, Salten, hat so das Schulter an Schulter erfaßt wie er, man kann wirklich sagen, er schreibt förmlich Schulter an Schulter — zum Beispiel mit Ganghofer. An den reicht er sogar heran! Im Anfang, wie er das Feuilleton aus dem Feld geschrieben hat, Cassian im Feld, so echt, so begeistert, hat man direkt geglaubt, er is im Feld. Später erst hab ich durch puren Zufall erfahren, daß er in Wien is. Er hat es sogar in Wien selbst geschrieben! Wie er das trefft! Begabt! Intressiern möcht mich nur, wie is er persönlich?

DER ABONNENT: Persönlich — das is schwer zu sagen. Momentan sehr in Ängsten, übermorgen kommt er nebbich zur Musterung.

DER PATRIOT: So, und wieso kommt das, daß er da in Ängsten is?

DER ABONNENT: No wegen der Musterung!

DER PATRIOT: In Ängsten? weil er fürchtet, sie wern ihn nicht nehmen?

DER ABONNENT: Ich versteh Sie nicht, in Ängsten is er selbstredend weil er fürchtet, sie wern ihn j a nehmen!

DER PATRIOT: Machen Sie keinen Witz. Hans Müller? D e r Hans Müller, was sich zerreißt fürs Vaterland? Was Sie nicht sagen! Ich hab doch noch nie von einem Menschen gehört, von dem man so geglaubt hätte wie von ihm, er lebt und stirbt für der Nibelungentreue? Ich war konträr der Meinung, er is damals eigens zurück aus Deutschland, wo er die Balmachomes umarmt hat, unsere Feldgrauen, weil er es nicht erwarten kann, weil er sich freiwillig melden will! Der wird doch froh und glücklich sein hab ich mir gedacht, wenn sie ihn nehmen—? und er tut sich was an, wenn sie ihn nicht nehmen!

DER ABONNENT: Wieso, Sie ham doch selbst gehört, das Feuilleton aus dem Feld war aus Wien, und grad das hat Ihnen imponiert, wie er getroffen hat aus dem Feld zu schreiben in Wien?

DER PATRIOT: Das Feuilleton aus dem Feld, hab ich mir gedacht, hat er geschrieben aus Kränkung, weil sie ihn vielleicht schon nicht genommen haben — um zu zeigen! Er wollt ihnen beweisen, was er erst möcht treffen aus dem Feld zu schreiben wenn er wär im Feld! Ich kann nicht glauben, was Sie mir da erzählen. Sie wern ihn verwechseln.

DER ABONNENT: Er wär froh, wenn sie ihn übermorgen bei der Musterung verwechseln möchten.

DER PATRIOT: Hören Sie, das verdrießt mich! Ich kann mir nur denken, daß Sie da nicht genau informiert sind. Wenn einer so geschrieben hat, wie Hans Müller geschrieben hat, so echt, so begeistert, is er sicher froh, daß sie ihn nehmen —

DER ABONNENT (erregt): Also — also jeden müssen sie nehmen? Jeder muß froh sein? Gar keine andere Sorg darf einer mehr haben? Es genügt nicht, daß er begeistert is? Nein, dienen muß er? Ausgerechnet er? Gemütsmensch was Sie sind! Als ob Sie es nicht erwarten könnten, zu sehn, wie er exerziert. Aber Sie machen sich unnütze Sorgen, und er hoffentlich auch. Und wenn sie ihn nehmen — man weiß zum Glück heute schon, wer Hans Müller is! Man wird ihn verwenden seinem Talent entsprechend!

DER PATRIOT: Sie haben gesehn, ich stimme in allem mit Ihnen überein — aber da gehn unsere Ansichten auseinander! Ich hab an Hans Müller geglaubt und das was ich da hören muß enttäuscht mich. Sie stehn natürlich auf dem Standpunkt des Abonnenten, für Sie ist eine solche Kraft unentbehrlich —

DER ABONNENT: Und Sie betrachten alles als Patriot — da möcht man weit kommen! Adieu, ich such eine Extraausgabe. Und was tun Sie?

DER PATRIOT: Ich geh ein Scherflein beitragen. (In verschiedenen Richtungen ab.)

EIN ZEITUNGSAUSRUFER: Extraausgabee —! Beide Berichtee —!

(Verwandlung.)

Es treten auf ein Riese in Zivil und ein Zwerg in Uniform.

DER RIESE: Sie haben es gut, Sie können sich der Allgemeinheit nützlich machen. Mich hat der Regimentsarzt sofort weggeschickt.

DER ZWERG: Was war der Grund?

DER RIESE: Zu schwach. Nämlich nach dem alten Befund, vor fünfzehn Jahren. Damals hab ich so ausgesehn wie Sie.

DER ZWERG: Darnach muß ich mich wundern, daß man Sie nicht behalten hat. Mich hat der Regimentsarzt kaum angeschaut und ich war schon genommen. Die Mama war sehr unglücklich.

DER RIESE: Sie Muttersöhnchen.

DER ZWERG: Ich aber bin zufrieden. Es wächst der Mensch mit seinen höhern Zwecken. Zuerst hab ich ja gezweifelt, ob ich in die große Zeit passen werde und imstande sein, Schulter an Schulter zu kämpfen. Aber im Zivil wird man nur verspottet und vom Militär komm ich als Held zurück, über den so manche Kugel hinweggeflogen sein wird. Wenn die andern sich zu Boden werfen — ich bleibe stehn!

DER RIESE: Sie Glücklicher!

DER ZWERG: Trösten Sie sich. Sie können ja nichts dafür. Es kommt auf die Kommission an.

DER RIESE: Ich bin durchgerutscht.

DER ZWERG: Ich bin dem Arzt aufgefallen.

DER RIESE: Gehn wir essen, ich habe einen Riesenhunger.

DER ZWERG: Ich werde eine Kleinigkeit zu mir nehmen.

EIN ZEITUNGSAUSRUFER: Extraausgabee —! Beide Berichtee —!

(Verwandlung.)

13. SZENE

Elektrische Bahn Baden—Wien.

Ein Schwerbetrunkener, der im zivilen Leben ein Möbelpacker sein dürfte, Riesenfigur, buschiger Schnurrbart, Pepitahosen, welche die Spuren von übermäßigem Weingenuß und einer eben

überstandenen gewaltsamen Entfernung vom Tatort zeigen. Er
hat einen Sack neben sich, aus dem er hin und wieder eine
Flasche hervorzieht. Er gerät mit einem Paar in Streit, weil er
an das Mädchen angestoßen ist, bedroht den Begleiter, und
brüllt die ganze Fahrt hindurch.

DER SCHWERBETRUNKENE: A so a Binkel — wüll sich da aufbrausnen — wos hom denn Sö fürs Votterland geleisteet?
Legimitiern S' Ihna! Vur mir! — Schaun S' mi an — solchene Söhne wia Sö hob i im Föld — die wos mehr Boart
ham als wia Sö — die leisten wos — fürs Votterland —
Wissen S' von wo i kumm — von Boden kumm i — Sö Binkel — legimitiern solln S' Ihna — Was glauben denn Sö —
so aner — wüll sich da aufbrausnen — 'leicht weil S' Ihner
Muckerl bei Ihna ham — was ham denn Sö fürs Votterland
geleisteet? — schaun S' mi an — i leist was — fürs Votterland — A jeder soll aufbrausnen als wia der — Wos wolln
denn Sö? Hab i Ihna vielleicht beleidigt? — Sö Binkel —
i leist wos — legimitiern S' Ihna — do schaun S' her — wissen S' wos dös is — a Földpostkarten von mein Neffen — fürs
Votterland — Sö Binkel — legimitiern soll er sich — der
Binkel — vur mir soll er sich legimitiern — hot nix geleisteet — für's Votterland — *(Nachdem er sich über Zureden*
des schwächlich aussehenden Kondukteurs ein wenig beruhigt
hat, bietet er den Umsitzenden, auf die er abwechselnd fällt, die
Flasche.) G'fällig Herr Nachbar — weil mr Österreicher san!
EIN GALIZISCHES FLÜCHTLINGSPAAR: Gott behüte! *(Flieht auf*
andere Plätze, läßt aber an der alten Stelle den Schirm zurück.)
DER SCHWERBETRUNKENE *(nur noch lallend):* Der Binkel —
fürs Votterland — legimitiern —
DER VERZEHRUNGSSTEUERBEAMTE *(erscheint):* Was haben Sie
da im Binkel?
DER SCHWERBETRUNKENE *(dumpf):* Binkel — fürs Votterland — legimitiern — *(Er wird nach längerem Zureden dazu-*
gebracht, zu öffnen und eine Steuer von 20 Heller zu erlegen.
Währenddessen hält der Zug.)
EIN WIENER *(der inzwischen den Platz eingenommen hat, wo*
das Flüchtlingspaar gesessen war): Da müssen wir halt alle

warten, wegen so einer Lappalie! Immer gibts auf dera
Strecken solche Unannehmlichkeiten! Das is mir schon z'fad!
(*Er verläßt mit dem Schirm den Zug. Es regnet. Der Schwer-
betrunkene verläßt nun gleichfalls den Zug, der sich wieder in
Bewegung setzt.*)

DER SCHWERBETRUNKENE (*schon draußen, wieder lebhafter*):
Fürs Votterland — soll er — legitimiern soll er si — der
Binkel — hot nix geleisteet — für's Votterland —

DAS FLÜCHTLINGSPAAR (*atmet auf und bezieht wieder die alten
Plätze. Nach einer Pause aufspringend*): Wo is der Schirm?
Gott wo is der Schirm? Herr Kondukteur wo is der Schirm?

(*Verwandlung.*)

14. SZENE

*In der Wohnung der Schauspielerin Elfriede Ritter, die soeben
aus Rußland zurückgekehrt ist. Halb ausgepackte Koffer. Die
Reporter Füchsl, Feigl und Halberstam halten ihre Arme und
dringen auf sie ein.*

ALLE DREI (*durcheinander*): Haben Sie Spuren von Nagai-
kas? Zeigen Sie her! Wir brauchen Einzelheiten, Details.
Wie war das Moskowitertum? Haben Sie Eindrücke? Sie
müssen furchtbar zu leiden gehabt haben, hören Sie, Sie
müssen!

FÜCHSL: Schildern Sie, wie Sie behandelt wurden wie eine
Gefangene!

FEIGL: Geben Sie Eindrücke von Ihrem Aufenthalt fürs
Abendblatt!

HALBERSTAM: Geben Sie die Stimmung von der Rückfahrt
fürs Morgenblatt!

ELFRIEDE RITTER (*spricht norddeutsch, lächelnd*): Meine Herren, ich danke für Ihr teilnahmsvolles Interesse, es ist wirklich rührend, daß mir meine lieben Wiener ihre Sympathien
bewahrten. Ich danke Ihnen von Herzen, daß Sie sich sogar
persönlich bemüht haben. Ich wollte ja auch gern mit Kof-
ferauspacken warten, aber ich kann Ihnen beim besten Willen, meine Herren, nichts anderes sagen, als daß es sehr,

sehr interessant war, daß mir gar nichts geschehen ist, na was denn noch, daß die Rückfahrt zwar langwierig, aber nicht im mindsten beschwerlich war und *(schalkhaft)* daß ich mich freue, wieder in meinem lieben Wien zu sein.

HALBERSTAM: Intressant — also eine langwierige Fahrt, also sie gibt zu —

FEIGL: Beschwerlich hat sie gesagt —

FÜCHSL: Warten Sie, die Einleitung hab ich in der Redaktion geschrieben — Moment — *(schreibend)* Aus den Qualen der russischen Gefangenschaft erlöst, am Ziele der langwierigen und beschwerlichen Fahrt endlich angelangt, weinte die Künstlerin Freudentränen bei dem Bewußtsein, wieder in ihrer geliebten Wienerstadt zu sein —

ELFRIEDE RITTER *(mit dem Finger drohend)*: Doktorchen, Doktorchen, das habe ich nicht gesagt, im Gegenteil, ich habe doch gesagt, daß ich mich über nichts, über gar nichts beschweren konnte —

FÜCHSL: Aha! *(schreibend)* Die Künstlerin blickt heute mit einem gewissen ironischen Gleichmut auf das Überstandene zurück.

ELFRIEDE RITTER: Ja, aber was denn — da muß ich doch sagen — nee, Doktor, ich bin empört —

FÜCHSL *(schreibend)*: Dann aber, wenn der Besucher ihrer Erinnerung nachhilft, packt sie doch wieder Empörung. In bewegten Worten schildert die Ritter, wie ihr jede Möglichkeit, sich über die ihr zuteilgewordene Behandlung zu beschweren, genommen war.

ELFRIEDE RITTER: Aber Doktor, was treiben Sie denn — ich kann doch nicht sagen —

FÜCHSL: Sie kann gar nicht sagen —

ELFRIEDE RITTER: Aber wirklich — ich kann doch nicht sagen —

HALBERSTAM: Aber gehn Sie, Sie wissen gar nicht, was man alles sagen kann! Liebe Freundin, schaun Sie her, das Publikum, verstehn Sie, will lesen. Ich sag Ihnen, Sie kö n - n e n sagen. Bei uns ja, in Rußland vielleicht nicht, hier herrscht Gottseidank Redefreiheit, nicht so wie in Rußland, hier kann man Gottlob alles sagen, über die Zustände in Rußland! Hat sich in Rußland eine Zeitung um Sie gekümmert wie hier? No also!

FEIGL: Ritter, sind Sie vernünftig; glauben Sie, daß Ihnen ein bißl Reklam schaden wird, jetzt wo Sie wieder auftreten wern, no also!

ELFRIEDE RITTER: Aber meine Herren — ich kann doch nicht — das ist doch bei den Haaren herbeigezogen — wenn Sie es gesehn hätten — auf der Straße oder in den Ämtern — wenn ich nur Anlaß zur geringsten Klage gehabt hätte, über Drangsalierungen und so, glauben Sie denn, ich würde es verschweigen?

FÜCHSL (schreibend): Noch vor Erregung zitternd, schildert die Ritter, wie der Straßenmob sie bei den Haaren gezogen hat, wie sie auf die geringste Klage hin von den Ämtern drangsaliert wurde und wie sie über alle diese Erlebnisse Schweigen bewahren mußte.

ELFRIEDE RITTER: Aber Doktor, Sie treiben wohl Ulk? Ich sage Ihnen doch sogar, daß die Polizeibeamten sehr entgegenkommend waren, man hat mir, wo man nur konnte, unter die Arme gegriffen, ich durfte ausgehn, wohin ich wollte, nachhause kommen, wann ich wollte, ich versichere Ihnen, wenn ich mich auch nur ein Augenblickchen als Gefangene gefühlt hätte —

FÜCHSL (schreibend): Die Künstlerin erzählt, daß ihr, als sie einmal den Versuch machte, auszugehen, augenblicklich Polizeibeamte entgegenkamen, sie unter den Armen ergriffen und nachhause schleppten, so daß sie buchstäblich das Leben einer Gefangenen geführt hat —

ELFRIEDE RITTER: Jetzt bin ich aber ernstlich böse — es ist nicht wahr, meine Herren, ich protestiere —

FÜCHSL (schreibend): Sie wird ganz böse, wenn man ihre Erinnerung an diese Erlebnisse, an ihre aussichtslosen Proteste —

ELFRIEDE RITTER: Es ist nicht wahr, meine Herren!

FÜCHSL (aufblickend): Nicht — wahr? Was heißt nicht wahr, wo ich jedes Wort von Ihnen mitschreib?

FEIGL: Wenn wir bringen wollen, is es nicht wahr?

HALBERSTAM: Wissen Sie, das is mir n o c h nicht vorgekommen. Das is intressant!

FEIGL: Sie is imstand und schickt noch eine Berichtigung!

FÜCHSL: Sie machen Sie keine Geschichten, das kann Ihnen schaden!

FEIGL: Machen Sie sich nicht unglücklich!

HALBERSTAM: Wann hat sie denn wieder eine Rolle?

FÜCHSL: Wenn ich das Samstag beim Repertoire dem Direktor erzähl, kriegt die Berger das Gretchen, das garantier ich Ihnen!

FEIGL. Das is also der Dank, wo der Fuchs Sie immer so gut behandelt hat? Sie, Sie kennen den Fuchs nicht! Wenn er hören wird, passen Sie auf, bei der nächsten Premier!

HALBERSTAM: Wolf hat sowieso einen Pick auf Sie, seit Sie damals in seinem Stück gespielt haben, das kann ich Ihnen verraten, Wolf is ohnedem sehr gegen Rußland, wenn er jetzt noch hören wird, daß Sie sich über Rußland nicht zu beklagen haben — er verreißt Sie auf der Stelle!

FÜCHSL: Kunststück, und Löw? Fangen Sie sich nichts mit Löw an, eine Schauspielerin hat sich anzupassen, da gibts nix!

FEIGL: Dagegen kann ich Ihnen verraten, möchte es Ihnen kolossal nützen, nicht nur beim Publikum, sondern sogar bei der Presse selbst, wenn Sie in Rußland mißhandelt wurden.

HALBERSTAM: Überlegen Sie sich das. Sie kommen aus Berlin und haben sich rasch in die hiesigen Verhältnisse eingelebt. Hier is es Ihnen immer gut gegangen, mit offenen Armen hat man —

FÜCHSL: Ich kann Ihnen nur sagen, mit solchen Dingen is nicht zu spassen. Eine Person soll in Rußland gewesen sein und nichts zu erzählen haben von ausgestandene Leiden, lächerlich, eine erstklassige Künstlerin! Ich sag Ihnen, es handelt sich um Ihre Existenz!

ELFRIEDE RITTER (händeringend): Aber — aber — aber — Herr Redakteur — ich hab ja — geglaubt — lieber Doktor — bitte bitte lieber Doktor — ich hab ja nur — die

Wahrheit sagen wollen — entschuldigen Sie — bitte bitte sehr —

FEIGL *(wütend):* Die Wahrheit nennen Sie das? Und wir lügen also?

ELFRIEDE RITTER: Das heißt — pardon — ich hab nämlich — geglaubt, es sei die Wahrheit — wenn Sie aber — meine Herren — glauben — daß es — nicht die Wahrheit ist — Sie sind ja Redakteure — Sie — müssen ja — das — besser verstehn. Wissen Sie — ich als Frau hab ja auch gar nicht mal so den rechten — Überblick, nich wahr? Mein Gott — Sie verstehn — es ist doch Krieg — unsereins ist so verschüchtert — man ist so froh, wenn man nur mit heiler Haut aus Feindesland —

HALBERSTAM: No sehn Sie, wenn Sie sich erinnern nach und nach —

ELFRIEDE RITTER: Ach Doktorchen natürlich. Wissen Sie, die erste freudige Aufwallung, wieder in eurem geliebten Wien zu sein — man sieht dann alles rosiger, was man überstanden hat, für'n Momentchen nur, versteht sich — dann aber — faßt einen wieder Wut und Erbitterung —

HALBERSTAM: No also, sehn Sie, wir haben vom ersten Moment gewußt, Sie wern —

FÜCHSL *(schreibt):* Wut und Erbitterung faßt noch heute die Künstlerin, wenn sie der ausgestandenen Martern gedenkt und sobald die erste freudige Aufwallung, wieder in der Metropole zu sein, den bösen Erinnerungen Platz gemacht hat — *(sich zu ihr wendend)* No, is das jetzt wahr?

ELFRIEDE RITTER: Ja, meine Herren, das ist die Wahrheit — wissen Sie, ich war noch so unter dem Eindruck — man ist so eingeschüchtert, so —

FÜCHSL: Warten Sie — *(schreibend)* Noch ganz verschüchtert, wagt sie es nicht davon zu sprechen. Im Lande der Freiheit erliegt sie noch immer zeitweise der Suggestion, in Rußland zu sein, dort, wo sie den Verzicht auf die Rechte der Persönlichkeit, freie Meinung und freie Rede, so schimpflich fühlen mußte. *(Sich zu ihr wendend)* No, ist das jetzt wahr?

ELFRIEDE RITTER: Nee, Doktor, wie Sie die geheimsten Empfindungen —

FÜCHSL: No sehn Sie!

HALBERSTAM: No also, sie gibt zu, sie hat gelitten —

FEIGL: Sie hat ausgestanden!

FÜCHSL: Was heißt ausgestanden? Wahre Martern hat sie durchgemacht!

HALBERSTAM: Also was brauchen wir da weiter, gehn wir, wir sind doch nicht zu unserm Vergnügen da —

FÜCHSL: Selbstredend, den Schluß mach ich in der Redaktion. Also — eine Berichtigung haben wir nicht zu befürchten? Das hätte noch gefehlt!

ELFRIEDE RITTER: Aber Doktor! — Na, charmant war's, daß Sie mich besucht haben. Kommt doch bald wieder — Adieu, adieu. *(Hinausrufend)* Grete! Gre — te!

FEIGL: Sie is wirklich eine vernünftige Person. Grüß Ihnen Gott, Freilein. *(Im Abgehn zu den andern)* Sie hat das Ärgste überstanden und sie hat nicht den Mut es jemandem zu sagen — nebbich!

(Elfriede Ritter sinkt auf einen Stuhl und erhebt sich dann, um den Koffer auszupacken.)

(Verwandlung.)

15. SZENE

Der Optimist und der Nörgler im Gespräch.

DER OPTIMIST: Es ist erhebend und rührend zugleich, wie sich der Patriotismus jetzt selbst auf Firmentafeln zur Geltung bringt, ein Umstand, der mit der Erhöhung der Preise aussöhnen könnte.

DER NÖRGLER: Da müßten Sie dem Hotel Bristol gegenüber unversöhnlich bleiben, das noch immer so heißt, wiewohl es in London selbst im Frieden kein Hotel St. Pölten gegeben hat.

DER OPTIMIST: Immerhin hat das Hotel Bristol durch Verwandlung seines Grillroom in einen Rostraum bewiesen, daß es den Mut und die Kraft aufbringt, sich auf sich selbst zu besinnen. Und sehen Sie, hier — »Zur Flotte«. Wie schlicht! Es ist ein Wäschegeschäft, das bekanntlich noch vor kurzem »Zur Englischen Flotte« hieß. *(Der Geschäftsinhaber erscheint in der Tür.)*

DER NÖRGLER: Ja, aber da weiß man nicht — warten Sie, ich will ihn fragen, welche Flotte er jetzt eigentlich im Schilde führt. Vielleicht läßt er in der Verwirrung etwas vom Hemdenpreis nach. *(Der Geschäftsinhaber zieht sich zurück.)* Es ist die österreichische!

(Verwandlung.)

16. SZENE

Standort des Hauptquartiers. Vier Heerführer treten auf.

AUFFENBERG: Also meine Herren, das gibts nicht! Ich habe nicht die Absicht, ein zweiter Benedek zu werden, das laß ich mir einfach nicht gefallen —

BRUDERMANN: Aber geh, sei net zwider, was soll denn unsereins sagen. Ich hab nur achtzigtausend verloren und gegen mich fangen s' auch schon an zu stierln.

DANKL: Mir rechnens s' die siebzigtausend nach.

PFLANZER-BALTIN: Gar net ignorieren! Bei mir wird g'stürmt, da gibts keine Würschtel. Morgen moch' mr an Sturm, sonst sitz' mr in der Scheißgassen. I bin für Sturm, möcht wissen, wozu die Leut sonst auf der Welt sind als fürn Heldentod! Sturm moch mr, Sturm moch mr — *(er bekommt einen Anfall.)*

AUFFENBERG: Aber geh, aber geh — ganz deiner Ansicht. Ich war immer dafür, daß die Eigenen frisch draufgehn. Bin auch schon mitten drin in der Vorarbeit. I sag, nutzt's nix, so schadt's nix. Aber richtig, daß ich nicht vergiß — der Adjutant hat mich wieder nicht erinnert, an alles muß man rein selber denken —

BRUDERMANN: Was hast denn?

AUFFENBERG: Nix — zu blöd — nämlich, also ich muß ihm doch eine Karten schreiben. Seit Lublin nimm ich mirs vor, aber in dem Durcheinander beim Rückzug hab ich richtig total drauf vergessen. Einen Augenblick! *(Er setzt sich an einen Tisch und schreibt.)* Na, das wird ihn doch gfreun!

DANKL: Was schreibst denn da?

AUFFENBERG: Hörts zu: »In dieser Stunde« —

PFLANZER-BALTIN: Ah, der pulvert die Leut auf — dös tur i net. Mir ham Maschinengwehre und Feldkuraten! Morgen moch mr an Sturm und da —

AUFFENBERG: »In dieser Stunde —«

BRUDERMANN: Schreibst an' Armeebefehl?

AUFFENBERG: Nein, eine Korrischpodenzkarten.

DANKL: An wen schreibst denn nacher so welthistorisch?

AUFFENBERG: Hörts zu: »In dieser Stunde, in der ich sonst in Ihren mir so trauten Räumen saß, denke ich an Sie und Ihr Personal und sende Ihnen herzliche Grüße aus fernem Feldlager. Auffenberg.«

BRUDERMANN: Wem schreibst denn? Dem Krobatin?

AUFFENBERG: Aber was fallt denn dir ein? Dem Riedl!

ALLE: Ah dem Riedl!

BRUDERMANN: Der Auffenberg is doch ein Gemütsmensch. Sixt es, das gfreut mich von dir. Da wern s' dich nicht mehr mit die neunzigtausend Tiroler und Salzburger heanzen können, die du geopfert hast. Geopfert heißen s' das!

PFLANZER-BALTIN: Gar net ignorieren! I halt beim Hunderter.

DANKL: Wißts, was? Schreiben wir alle dem Riedl!

BRUDERMANN: No ja, ich verkehr eigentlich mehr im Opera — da wer' ich lieber — *(er setzt sich und schreibt.)*

PFLANZER-BALTIN: Ich bin im Heinrichshof wie zuhaus, da wer' ich — *(er setzt sich und schreibt.)*

DANKL: No ja, das is ja wahr — wo ich seidera 29 Jahr im Café Stadtpark ein- und ausgehn tu — jeden Tag les ich dort mit'n Höfer zusammen den Generalstabsbericht — *(er setzt sich und schreibt.)*

AUFFENBERG *(beiseite)*: Alles machen s' mir nach. Zuerst das Strategische und jetztn den Verkehr mit'n Hinterland. Schad, daß der Potiorek net da is, aber der hat mir gestern eine Feldpostkartn ausn Café Kremser gschrieben und der Liborius Frank sitzt mit'n Puhallo v. Brlog beim Scheidl. Der Conrad geht auf Freiersfüßen, da is nix mehr mitn Kaffeehausleben. Alles machen s' mir nach. Ich war der erste, der in' »Humoristen« mein Bild hineingeben hat, da war ich bahnbrechend. Das war doch amal eine Abwechslung — nicht immer nur lauter Theatermenscher. Jetzt marschiern s' alle auf, nix wie Generäle, is scho fad, höxte Zeit, daß wieder a Mensch erscheint. Ich war der erste, der die Presse mehr herangezogen hat — jetzt hat scho jeder sein Schlieferl, alles nur wegen der Reglam. Ich bin gespannt, ob der Riedl so viel Geistesgegenwart haben wird, die Karten ins Extrablatt hineinzugeben. Aber richtig, daß ich nicht vergiß, auf d' Wochen hammer Sturm und da muß ich doch — du Pflanzer was glaubst, soll ich gleich an Sturm machn oder erst auf d'Wochen?

PFLANZER-BALTIN: Ich will dir in diesem Punkt nichts dreinreden, aber wenn ich an deiner Stell war, ich machet dir an Sturm, daß —

BRUDERMANN: Jetzt wo deine Leut eh kaputt sind, wär ich auch der Meinung. Zum Retablieren is immer noch Zeit. Laß s' stürmen!

DANKL: Lächerlich. Er soll sich das lieber fürn 18. August aufheben, wenn er schon nicht bis zum 2. Dezember warten will. Das gibt dann immer eine schöne Überraschung.

PFLANZER-BALTIN: Auf solche Liebedienerein laß ich mich net ein. Bei mir wird morgen g'stürmt, da gibts keine Würschtel!

(Ein Adjutant Pflanzer-Baltins tritt ein.)

ADJUTANT: Exlenz melde gehorsamst, die Professoren san scho do und wolln das Ehrendoktorat überreichen.

PFLANZER-BALTIN: Aha, solln warten — wann's schwer is, sollns es niederstelln und a wengerl verschnaufen. *(Der Adjutant ab.)*

AUFFENBERG: Also kann man gratuliern? Von welcher Fakultät is 's denn?

PFLANZER-BALTIN: Czernowitz.

BRUDERMANN: Aber geh, das is doch keine Fakultät, sondern nur ein Lehrstuhl. Von welchem Fach?

PFLANZER-BALTIN: Philosophie natürlich.

DANKL: Wo rehabilitierst dich?

PFLANZER-BALTIN: Czernowitz. 's haßt net viel, aber schließlich —

BRUDERMANN: Ich hab Aussichten für Graz, weil die dortige Studentenschaft in meinen Reihen gekämpft hat. Aber leider spießt sichs, weil s' aus 'n nämlichen Grund zuspirrn wolln.

DANKL: Mir könnts bald zum Ehrendoktorat von Innschbruck gratulieren.

AUFFENBERG: Ihr seids Provinzschauspieler. Ich würde so etwas gar nicht annehmen! Ich sag: Wien oder nix. Apropos Wien, der Riedl wird eine Mordsfreud haben! Ich darf nicht vergessen, daß ich den Adjutanten erinner, daß er nicht vergißt, er soll den Kurier erinnern, sonst vergißt der am End und laßt mr die Kartn fürn Riedl liegen!

DANKL, BRUDERMANN, PFLANZER-BALTIN: Das is eine Idee, das mach mr auch, durch'n Kurier is alleweil am sichersten.

AUFFENBERG (beiseite): Alles machen s' mir nach. Zuerst das Strategische und jetztn den Verkehr mit'n Hinterland!

(Verwandlung.)

17. SZENE

Wien. In der Kaffeesiedergenossenschaft. Vier Cafetiers, darunter Riedl, treten auf. Alle reden heftig auf ihn ein.

DER ERSTE: Das geht nicht, Riedl, du bist ein Padriot und schlichter Gewerbsmann, du därfst das nicht — schau, es is ja nur solang der Krieg dauert, später kriegst es ja eh wieder zruck.

DER ZWEITE: Riedl, mach mich nicht schiach, du komprimierst den ganzen Stand, dessen Zierde du heute bist — du mußt, ob du wüllst oder nicht, du mußt!

DER DRITTE: Loßts 'n gehn, mir folgt er. Riedl, sei net fad.

Bist du ein Wiener? No alstern! Bist du ein Deutscher? No alstern!

RIEDL: Aber schauts, wie schaut denn das nacher aus im nächsten Lehmann — immer war ich der, der was am meisten Orden im Weichbild Wiens g'habt hat, so viel wie über mich steht über keinen drin —

DER ERSTE: Riedl, ich kann dir's nachfühlen, daß dir das schwer fällt, aber du mußt ein Opfer bringen. Riedl, das wär eine Blamage, das wär geradezu Hochverrat, wo bei dir so viele Schlachtenlenker verkehren und einer gar Stammgast is!

DER ZWEITE: Schau, wir alle bringen Opfer in dera großen Zeit, ich hab sogar den Schwarzen statt auf vier fufzig bloß auf vier vieravierzig hinaufgsetzt, a jeder muß heuntigentags sein Scherflein beitragen —

DER DRITTE: Lächerlich, das kann ich gar nicht glauben, daß der berühmte Padriot Riedl, der Obmann, der Kommandant von die Marine-Veteraner — hörts mr auf, der Tegethoff drehert sich im Grab um, wann er das erfahret. Dös glaub i net! Riedl, du, der einzige von uns, der schon bei Lebzeiten ein Denkmal hat —

RIEDL: Bitte und eins, was ich mir selber gsetzt hab! Ich bin nämlich ein Senfmadlmann durch und durch — an meinem eigenen Haus, meiner Seel und Gott, jedesmal wann ich z'haus komm, hab ich eine Freud mit dem schönen Relif!

DER ERSTE: Na alstern, hast du da die Pletschen von unsere Feind nötig? Alle mußt ablegen Riedl, alle, selbst von Montenegro, und sogar den Orden von der Befreiung von der Republik Liberia!

RIEDL: Hörts auf, den auch? Speziell der war immer mein Stolz. Schauts, wo ich aufs Jahr ohnedem mich mit dem Gedanken trage, zurückzutreten — nein, es ist unmöglich!

DER ZWEITE: Riedl, du mußt.

DER DRITTE: Riedl, es bleibt dir nix übrig.

RIEDL: Am End den Franzjosefsorden auch?

DER ERSTE: Aber im Gegenteil, den kannst jetzt im Lehmann fett drucken lassn!

RIEDL *(kämpft mit sich, dann mit großem Entschluß)*: Alstern gut — ich will es tun! Ich weiß, was ich dem Vaterlande schuldig bin. Ich verzichte auf die Ehrungen, die mir die feindlichen Regierungen erwiesen haben, die Saubeuteln! Ich würde nicht einmal das Geld für den Klumpert zrucknehmen!

ALLE *(durcheinander)*: Hoch Riedl! — Das is halt doch unser Riedl! — Es lebe die Wienerstadt und unser Riedl! — Der Stephansturm soll leben und unser Riedl daneben! — Gott strafe England! — Er strafe es! — Nieder mit Montenegro! — Schmeiß'n weg! — Der Riedl is der größte Padriot!

RIEDL *(sich die Stirn wischend)*: Ich danke euch — ich danke euch — gleich telephonier ich zhaus, daß sie's zum Roten Kreuz hintragen. Morgen werds ihr schon lesen können — *(er wird nachdenklich)* Hier steh ich, ein entleibter Stamm.

DER ZWEITE: Schauts, wie gebildet der Riedl is, jetzt redt er sogar schon klassisch.

RIEDL: Das is nicht klassisch, das sagt immer der Doktor vom Extrablatt, wenn er im Angehn verliert. Jetzt — *(gebrochen)* verlier — ich!

DER DRITTE: Nicht traurig sein, Riedl! Nicht traurig sein! Was d' jetzt hergibst, später kriegst es doppelt und dreifach wieder herein. Und vielleicht früher, als wie du glaubst.

(Ein Kellner stürzt in das Zimmer.)

DER KELLNER: Herr von Riedl, Herr von Riedl, eine Karten is kommen, d' Fräuln Anna hat g'sagt, ich soll laufen — das is großartig — das ganze Lokal is in Aufregung —

RIEDL: Gib her, was is denn — *(liest, vor freudigem Schreck zitternd)* Meine Herrn — in dieser Stunde — es is ein historischer Augenblick — ich hab als Padriot und schlichter Gewerbsmann, wo ich von meinen Mitbürgern zahllose ehrende Beweise ihrer Anhänglichkeit — indem ich als Obmann — aber so etwas — nein — schauts her —

ALLE: Ja, was is denn?

RIEDL: Mein glorreichster Stammgast — unser erstklassigster Schlachtenlenker — hat — während der Schlacht — an mich — gedacht! Halts mich! Das muß ich — dem — Extrablatt —

(Alle halten ihn und lesen.)

DER ERSTE: No geh, ich hab weiß Gott was glaubt. Was der für G'schichten macht! Ich hab gestern eine Karten vom Brudermann kriegt — *(zieht sie aus der Tasche.)*

RIEDL: Hör auf, das is mir peinlich —

DER ZWEITE: No hörts, was is denn da dabei, ihr seids ja narrisch — mich touchiert so etwas nicht. Ich hab nämlich vorgestern vom Pflanzer-Baltin — *(zieht sie aus der Tasche.)*

DER DRITTE: Ihr bildts euch alle an Patzen ein. Ich hab zufällig schon vorige Wochen vom Dankl — *(zieht sie aus der Tasche.)*

ALLE DREI *(lesen gleichzeitig vor):* In dieser Stunde, in der ich sonst in Ihren mir so trauten Räumen saß, denke ich an Sie und Ihr Personal und sende Ihnen herzliche Grüße aus fernem Feldlager. Dankl—Pflanzer—Brudermann.

RIEDL *(ausbrechend):* Das gibts nicht! Das is ein Plagat! Ein Plagat is das! A Schwindel! Ihr seids Flohbeutln gegen mich. Ich laß mir das net gfallen! Vorläufig hab ich noch kan Orden zruckg'legt, fallt mr gar net ein, und wenn mir der Auffenberg das nicht sofort aufklärt — behalt ich sie alle!

(Verwandlung.)

18. SZENE

In der Wiener Deutschmeisterkaserne.
(Ein elegant gekleideter Herr, etwa 40 Jahre, wartet in einem schmutzigen Raum, in dem kein Sessel ist. Feldwebel Weiguny tritt ein.)

DER HERR: Entschuldigen Sie — Herr Feldwebel — könnten Sie mir — vielleicht sagen — ich steh nämlich jetzt drei Stunden hier — und kein Mensch kommt — ich habe nämlich einen C-Befund — ich habe mich freiwillig vor dem Einrückungstermin gemeldet, damit ich eine Kanzleiarbeit zugewiesen bekomm — und da hat man mir gesagt, ich soll gleich — dableiben — aber ich muß doch —

DER FELDWEBEL: Mäul halten!

DER HERR: Ja — bitte — aber also ich möchte — ich muß — also bitte wenigstens — meine Familie verständigen — und ich kann doch nicht so wie ich bin — ich brauche also doch — also meine Sachen zum Waschen — eine Zahnbürste, eine Decke und so —

DER FELDWEBEL: Mäul halten!

DER HERR: Aber — bitte — entschuldigen Sie — ich habe mich doch gemeldet — ich hab doch nicht gewußt — ich muß doch —

DER FELDWEBEL: Blader Hund, wannst jetzt no a Wort redtst, nacher schmier i dr a Fotzen eini, daß d' —

(Der Herr zieht eine Zehnkronennote aus der Westentasche und hält sie dem Feldwebel hin.)

DER FELDWEBEL: Alstern — schaun S' gnä Herr — zhaus derf i Sie wirkli net lassen, dös geht net, aber wann S' a Decken haben wollen — die verschaff i Ihna. *(Er verläßt den Raum.)*

(Ein Kadett tritt aus dem Nebenraum.)

DER KADETT: Was? Du bist der, der den Disput mit'n Feldwebel g'habt hat? Servus, kennst mich nicht mehr? Wögerer, Athletikklub —

DER HERR: Ja richtig!

DER KADETT: Hast an C-Befund, gelt? — Du hör amal, wie kannst du dich als intelligenter Mensch mit'n Feldwebel einlassen?

DER HERR: Ja was soll ich denn machen? Ich steh jetzt drei Stunden da. Ich muß doch nachhaus — meine Leute haben keine Ahnung — ich hab mich freiwillig gemeldet —

DER KADETT: Na da bist schön hineinpumpst. Wer hat dir denn d e n Rat geben? Aber wenn du nachhaus willst, kannst natürlich gehn.

DER HERR: Ja aber wie macht man denn das?

DER KADETT: Lächerlich, du bist doch ein besserer Mensch — ich hilf dir — du machst das so — also du gehst zum Hauptmann —

DER HERR: Was, der läßt mich nachhaus?

DER KADETT: Sonst also natürlich nicht, der is sehr streng, aber du mußt ihm ganz einfach sagen, weißt aber ganz direkt, ohne Genierer, schneidig *(er salutiert)* Herr Hauptmann, melde gehorsamst, i muaß zu an Madl! — Paß auf, drauf sagt der Hauptmann, wett'n, daß er das sagt: Was, zu an Madl müssen S'? Fahrn S' ab, Sie Schweinkerl! — No und nacher kannst gehn!

(Verwandlung.)

19. SZENE

Kriegsfürsorgeamt.

HUGO V. HOFMANNSTHAL *(blickt in eine Zeitung):* Ah, ein offener Brief an mich? — Das is lieb vom Bahr, daß er in dieser grauslichen Zeit nicht auf mich vergessen hat! *(Er liest vor.)* »Gruß an Hofmannsthal. Ich weiß nur, daß Sie in Waffen sind, lieber Hugo, doch niemand kann mir sagen, wo. So will ich Ihnen durch die Zeitung schreiben. Vielleicht weht's der liebe Wind an Ihr Wachtfeuer und grüßt Sie schön von mir —« *(Er bricht die Vorlesung ab.)*

EIN ZYNIKER: No — lies nur weiter! Schön schreibt er der Bahr!

HOFMANNSTHAL *(zerknüllt die Zeitung):* Der Bahr is doch grauslich —

DER ZYNIKER: Was hast denn? *(Nimmt die Zeitung und liest bruchstückweise vor)* »Jeder Deutsche, daheim oder im Feld, trägt jetzt die Uniform. Das ist das ungeheure Glück dieses Augenblicks. Mög es uns Gott erhalten! — — Es ist der alte Weg, den schon das Nibelungenlied ging, und Minnesang und Meistersang, unsere Mystik und unser deutsches Barock, Klopstock und Herder, Goethe und Schiller, Kant und Fichte, Bach, Beethoven, Wagner. — — Glückauf, lieber Leutnant —«

HOFMANNSTHAL: Hör auf!

DER ZYNIKER *(liest):* »Ich weiß, Sie sind froh. Sie fühlen das Glück, dabei zu sein. Es gibt kein größeres.«

HOFMANNSTHAL: Du, wenn du jetzt nicht aufhörst —

Der Zyniker *(liest):* »Und das wollen wir uns jetzt merken für alle Zeit: es gilt, dabei zu sein. Und wollen dafür sorgen, daß wir hinfort immer etwas haben sollen, wobei man sein kann. Dann wären wir am Ziel des deutschen Wegs, und Minnesang und Meistersang, Herr Walter von der Vogelweide und Hans Sachs, Eckhart und Tauler, Mystik und Barock, Klopstock und Herder, Goethe und Schiller, Kant und Fichte, Beethoven und Wagner wären dann erfüllt. —« Wie hängen denn die mit dir zusammen? Ah, er meint vielleicht, daß sie enthoben sind. »Und das hat unserem armen Geschlecht der große Gott beschert!« Gott sei Dank! — *(liest)* »Nun müßt ihr aber doch bald in Warschau sein!«

Hofmannsthal: Aufhören!!

Der Zyniker: »Da gehen Sie nur gleich auf unser Konsulat und fragen nach, ob der österreichisch-ungarische Generalkonsul noch dort ist: Leopold Andrian.« *(Er bekommt einen Lachkrampf.)*

Hofmannsthal: Was lachst denn?

Der Zyniker: Der is wahrscheinlich nach Kriegsausbruch in Warschau geblieben, um den einziehenden Truppen das Paßvisum auszustellen — das is ja im Krieg unerläßlich — sonst können s' nicht nach Rußland! *(liest)* »Und wenn ihr so vergnügt beisammen seid, und während draußen die Trommeln schlagen, der Poldi durchs Zimmer stapft und mit seiner heißen dunklen Stimme Baudelaire deklamiert, vergeßt mich nicht, ich denk an euch! Es geht euch ja so gut —«

Hofmannsthal: Hör auf!

Der Zyniker: »— und es muß einem ja da doch auch schrecklich viel einfallen, nicht?—« Was dem alles einfallt!

Hofmannsthal: Laß mich in Ruh!

Der Zyniker: Du kommst doch sowieso bald nach Warschau? Auf Propaganda, mein' ich oder so. Wirst wieder deinen Hindenburg-Vortrag halten?

Hofmannsthal: Ich sag dir, laß mich in Ruh —

Der Zyniker: Du, eine Kälten hats heut wieder — ich muß doch läuten, daß er das Wachtfeuer nachlegen kommt.

HOFMANNSTHAL: Also das is eine Gemeinheit — du — pflanz wen andern, laß mich arbeiten!

(Der Poldi tritt ein.)

DER POLDI *(heiße, dunkle Stimme):* Gu'n Tog, du Hugerl weißt nix vom Bohr?

(Hofmannsthal hält sich die Ohren zu.)

DER ZYNIKER: Habe die Ehre, Herr Baron, Sie kommen wie gerufen.

DER POLDI: Du Hugerl is wohr daß der Bohr in dem Johr noch nicht do wor oder is er gor eingrückt?

DER ZYNIKER: Was, der auch?

HOFMANNSTHAL: Du der Mensch is zu grauslich — komm, gehn wir da hinein —

DER POLDI: Du Hugerl, der Baudelaire is ganz gscheidt, ich trog dir ein poor Sochen vor.

HOFMANNSTHAL: Und ich zeig dir meinen Prinz Eugen!

DER POLDI: Wunderbor!

(Verwandlung.)

20. SZENE

Bukowinaer Front. Bei einem Kommando.
Die Oberleutnants Fallota und Beinsteller treten auf.

FALLOTA: Weißt also, gestern hab ich mir eine fesche Polin aufgzwickt — also tulli! Schad, daß man sie nicht in das Gruppenbild hereinnehmen kann, was wir der Muskete schicken.

BEINSTELLER: Aha, ein Mägdulein! — Du, der Feldkurat soll fürs Intressante photographiert wern, zu Pferd, wie er einem Sterbenden das Sakrament gibt. Das wird sich ja leicht machen lassen, kann zur Not auch gstellt wern, weißt soll sich ein Kerl hinlegen und dann hat die Redaktion noch ersucht, sie brauchen ein Gebet am Soldatengrab, na das geht ja immer.

FALLOTA: Du, ich hab dir gestern eine Aufnahme gemacht, die aber schon sehr intressant is. Ein sterbender Russ, ein Schanerbild, mit an Kopfschuß, ganz nach der Natur. Weißt, er hat noch auf den Apparat starren können. Du, der hat dir einen Blick gehabt, weißt, das war wie gstellt, prima, glaubst daß das was fürs Intressante is, daß sie's nehmen?

BEINSTELLER: No und ob, zahlen auch noch.

FALLOTA: Glaubst? Du, richtig, also hast was versäumt, der Korpral is dir gestern ohnmächtig worn, wie er den Spion, weißt den ruthenischen Pfarrer, bei der Hinrichtung für den Sascha-Film ghalten hat, schad daß du nicht dabei warst.

BEINSTELLER: No was hast mit dem Kerl gmacht?

FALLOTA: No anbinden naturgemäß. Wer' ihn doch nicht einspirrn, wir leben ja nicht im Frieden — einspirrn, das möcht so den Kerlen schmecken.

BEINSTELLER: Weißt, ich versteh die Russen nicht. Die Gefangenen erzählen dir nämlich, daß es bei denen überhaupt keine solchene Strafen gibt!

FALLOTA: Hör mr auf mit der Schklavennation! Hast schon das Gedicht vom Kappus glesen? In Fers und sogar gereimt!

BEINSTELLER: No überhaupt, die Muskete is jetzt zum Kugeln — der Schönpflug —

FALLOTA: Was, das is ganz was Andreas! Du ich schick ihr einen Witz — Du, weißt was, ich fang jetzt an ein Tagebuch, da wird alles drin stehn, was ich erlebt hab. Vorgestern vom Mullatschak angefangen. Eine fesche Polin, sag ich dir, aber schon sehr fesch — (macht eine Geste, die auf Fülle weist.)

BEINSTELLER: Aha, einen Busam — no ja du erlebst was, weißt ich interessier mich mehr für die Bildung. Ich lies viel. Jetzt bin ich bald mit'n Engelhorn fertig. Früher wie ich unten war — da is auch viel mullattiert worn. Bißl Musik, ja. Mir ham jetzt ein Grammophon aus'n Schloß. Da könntest du mir deine Polin leihn, daß sie dazu tanzt.

FALLOTA: Weißt wer auch schon viel erlebt haben muß heraußt? Der Nowak von die Vierzehner, das war dir immer ein Hauptkerl. Wenn der nicht seine sechzig Schuß täglich am Gwehr angschrieben hat, wird er schiech auf die

Eigenen. Der Pühringer hat mir neulich eine Karten gschrieben, also der Nowak sieht dir einen alten serbischen Bauern drüben von der Drina Wasser holen. No weißt, Gefechtspause war grad, sagt er zum Pühringer, du, sagt er, schau dir den dort drüben an, legt dir an, bumsti, hat ihm schon. Ein Mordskerl der Nowak. Schießt alle ab. Er is auch schon eingegeben fürn Kronenorden.

BEINSTELLER: Klassikaner! Die Friedenspimpfe verstehn so was natürlich nicht. Weißt, neugierig bin ich wie sich der Scharinger herauswuzeln wird aus der blöden Gschicht, hast nix ghört?

FALLOTA: Weil er sich beim Sturm druckt hat?

BEINSTELLER: Aber erlaub du mir, da wird man doch nicht einen Berufs —

FALLOTA: Ah ja so, da war eine Gschicht, er hat den Koch, weil was anbrennt war, in die Schwarmlini —

BEINSTELLER: Aber nein, wegen an Mantel — weißt denn nicht, er is doch damals einzogen wo vorher der Oberst, der Kratochwila von Schlachtentreu gwohnt hat, no und da hat er halt an Mantel von ihm mitgehn lassen, der dort noch glegen is, nacher wie er wieder weg is. Weißt denn nicht? Also laß dr erzählen. Der Oberst trifft ihm und sieht den Mantel, eingepackt. Der Scharinger redet sich aus, er sagt, er hat geglaubt, es is ein Mantel vom Feind, der ihn aus'n Schloß genommen hat, und er will ihn grad zurückgeben. Ergo dessen — no du kannst dir die Sauerei vorstellen. No wird sich schon herauswuzeln.

FALLOTA: Ich versteh das nicht — alleweil mit so was. Ich hab bisher noch keine Schererein ghabt mit so was. Wenns Beutestück sind — also dann natürlich! No überhaupt damals! Der Josef Ferdinand selber hat sich a schönes Gspann gnommen und Paramenten, weißt er is halt bekanntlich kunstsinnig du und Schmuckgegenständ und so. Weißt ich hab auch paar feine Sacherln kriegt damals — da hab ich dir gleich einen Spurius gehabt — no und richtig — also du ein Klavier, da muß man schon tulli sagn.

BEINSTELLER: No da legst di nieder.

FALLOTA: No was willst haben, die Generalin hat Wäsche und Kleider aus der Einquartierung genommen, no nur zu eigenem Gebrauch natürlich, weißt die Tochter kriegt eh die Ausstattung durchs KM. Das waren halt Zeiten. Da hams Getreide und Viecher mitgehn lassen und halt sonst so Sachen, was man braucht. Und a Hetz hats immer geben, Bastonnaden und so. Alles mit Schampus. Aber jetzt is stier. Ich kann nicht sagen, daß es mich grad freut hier heraußt, abgsehn von die Menscher.

BEINSTELLER: Mir scheint, jetzt hams wieder ein Gusto auf ein Sturm, das is wenigstens a Abwechslung.

FALLOTA: Beim letzten wars zu blöd. 2000 Verwundete, 600 Tote — weißt ich bin nicht sentimental und bin immer dafür, daß gearbeitet wird —

BEINSTELLER: War mir auch ein Schleier.

FALLOTA: Nicht ein Grabenstückl, nur fürn Bericht. Vier Wochen sind die Leut glegen —

BEINSTELLER: Eben darum. Da hams wieder austarokiert oben. Lass mas amal stürmen, heißt's da. Wenn die Mannschaft anfangt, mit'n Dörrgemüse unzufrieden z'werden, laßt mas stürmen. Schon damit s' nicht aus der Übung kommen. Der Blade sagt nachher: Schauts, is das a Resultat? Ah was, hat's gheißen, die Leut haben sonst eh nix anderes zu tun. Aber die höhere Strategie is das nicht, das muß ich schon sagen, wiewohl ich doch gewiß nicht zu die Zimperlichen gehör! Aber ich sag, wenns nicht sein muß — sparen mit'n Menschenmaterial. So — erst verpulvern s' die ausgebildeten Leut, nacher schicken sie s' frisch von der Musterung. So Krepirln, was eine Handgranaten nicht von an Dreckhäufl unterscheiden können. Is das ein Ghörtsich?

FALLOTA: Na ja, damit tegeln s' sich beim Pflanzer ein.

BEINSTELLER: Na servus, der Oberst is fuchtig, wenn bei an Rückzug zu viel am Leben bleiben. Was? hat er eine Kompagnie angeschrieen, warum wollts ihr nicht krepiern? System Pflanzer Baldhin, sagen s' beim Böhm-Ermolli.

FALLOTA: Neulich war a Hetz mit die Verwundeten. No

ja, wer hat denken können, daß das solche Dimensionen annehmen wird, waren halt nicht genug Sanitätswagen. Weißt, die Autos waren halt alle in der Stadt mit die Generäle, ins Theater und so. Da hams hineintelephoniert, aber herauskommen is keins. No da war dir ein Durcheinander!

BEINSTELLER: Mit die Verwundeten is immer eine Schererei.

FALLOTA: Auf die Eigenen sollten s' halt doch mehr schaun bei uns. Eher versteh ich noch, daß man die Bevölkerung zwickt, aber Truppen braucht man doch schließlich. In dem Monat hamr zweihundertvierzig Todesurteil gegen Zivilisten ghabt, stantape vollzogen, das geht jetzt wie gschmiert.

BEINSTELLER: Warens p. v.?

FALLOTA: Halbscheit p. u.

BEINSTELLER: Was war?

FALLOTA: No Umtriebe hams halt gmacht und so.

BEINSTELLER: Geh.

FALLOTA: Weißt, ich bin nicht fürs Standrecht, das is so a verbohrte juristische Spitzfindigkeit — immer mit die blöden Schreibereien: Zu vollziehen! Vollzogen! Hast du schon amal an Akt glesen, ich nicht. Wenn ich mir meinen Sabul umgürte, brauch ich so was nicht.

BEINSTELLER: Bei die Exekutionen soll man auch noch dabei sein!

FALLOTA: No im Anfang hat mich das sogar interessiert. Aber jetzt, wenn ich grad bei einer Partie bin, schick ich 'n Fähnrich. Man hört's eh ins Zimmer herein. Jetzt hamr a paar gute Juristen aus Wien. Aber es is doch eine Viechsarbeit. Ich bin eingegeben fürs Verdienstkreuz.

BEINSTELLER: Gratuliere. Du, wie gehts denn dem Floderer? Schießt der noch immer auf die Eigenen?

FALLOTA: Aber! Vor einem Jahr hams bei ihm Paralyse konschtatiert — nutzt nix. Immer schicken s' ihn weg, immer kommt er zrück. Wie er das macht, is mir ein Schleier. Neulich hat er ein' Feldwebel, den was der Leutnant um Munition schickt, abgeschossen, weil er sich eingebildet hat, der Kerl geht zrück. Hat ihn gar nicht gfragt, bumsti, hin war er.

BEINSTELLER: Einer mehr oder weniger. Du überhaupt, wenn man jetzt ein Jahr bei dem Gschäft is — ich sag dir, tot, das is gar nix. Aber mit die Verwundeten, das is eine rechte Schererei. Aufs Jahr, wenn der Frieden kommt, wirds nur Werkelmänner geben, ich halt mr jetzt schon die Ohren zu. Was wird man mit die Leut anfangen? Verwundet — das is so eine halbete Gschicht. Ich sag: Heldentod oder nix, sonst hat man sich's selber zuzuschreiben.

FALLOTA: Mit die Blinden is gar z'wider. Die tappen sich so komisch herum. Neulich wie ich vom Urlaub fahr, komm ich in eine Station und komm grad dazu, wie Mannschaft einen herumstößt und lacht und macht Hetzen.

BEINSTELLER: No was willst — hättst sehn solln wie der Divisionär neulich einen Zitterer pflanzt hat.

FALLOTA: No ja, einen feinfühligen Menschen stiert so was, aber weißt, was ich in solchen Fällen denk? Krieg is Krieg, denk ich halt in solchen Fällen.

BEINSTELLER: Du, was macht dein Bursch? Wie alt is der jetzt?

FALLOTA: Grad 48. Gestern hat er zum Geburtstag a Watschen kriegt.

BEINSTELLER: Was is der eigentlich?

FALLOTA: No Komponist oder so Philosoph.

BEINSTELLER: Du, der Mayerhofer war vorige Wochen in Teschen. Der Gottsöberste geht jetzt dort auf der Straßen, weißt wie? Mit'n Marschallsstab spaziert er herum.

FALLOTA: Wenn er aufs Häusl geht, nimmt er'n auch mit?

BEINSTELLER: Jetzt hat er vom Willi noch einen kriegt, vielleicht geht er jetzt mit beide.

FALLOTA: Jögerl, das schaut dann aus wie Krücken!

BEINSTELLER: Weißt, die dicke Jüdin aus Wien stiefelt dort wieder herum, die einflußreiche Egeria — wenn sich da was machen ließe, wär nicht schlecht —

FALLOTA: Dir graust vor gar nix. No weißt — ich wär auch schon froh, wenn ich wieder in der Gartenbau abends sein könnt und vorher an der Potenzecken.

BEINSTELLER: Was? Die Gartenbau? Damit wird sich's spießen!

FALLOTA: Wieso?

BEINSTELLER: No warst also jetzt in Wien und weißt nicht, daß jetzt ein Spital dort is?

FALLOTA: Ja richtig! *(versunken)* ja natürlich — no du aber hier bin ich auch nicht schlecht eingerichtet. Du jetz hab ich dir wieder a Klavier und a Tischlampen —

BEINSTELLER: Tischlampen, der Schlampen, das Schlampen.

FALLOTA: Du mir scheint, ein Regen kommt.

BEINSTELLER *(sieht hinauf)*: Ah, sie regnet! Gehmr.

FALLOTA: Hast nix vom Doderer ghört? Der hat dir ein Mordsglück.

BEINSTELLER: Ja, der war dir immer ein Feschak.

FALLOTA: Ein Feschak is er, das is wahr. Aber ein Tachinierer, ujeh!

(Verwandlung.)

21. SZENE

Ein Schlachtfeld. Man sieht nichts. Im fernen Hintergrund hin und wieder Rauchentwicklung. Zwei Kriegsberichterstatter mit Breeches, Feldstecher, Kodak.

DER ERSTE: Schämen Sie sich, Sie sind kein Mann der Tat, schaun Sie mich an, ich hab den Balkankrieg mitgemacht und mir is gar nichts geschehn! *(Duckt sich.)*

DER ZWEITE: Was is geschehn, ich geh um keinen Preis weiter.

DER ERSTE: Nichts. Das sind Einschläge. *(Duckt sich.)*

DER ZWEITE: Gotteswillen, was war das jetzt? *(Duckt sich.)*

DER ERSTE: Ein Blindgänger, nicht der Rede wert.

DER ZWEITE: Jö, ein Blindgänger, Gott! Nein, so hab ich mir das nicht vorgestellt.

DER ERSTE: Nehmen Sie Deckung.

DER ZWEITE: Was soll ich nehmen?

DER ERSTE: Deckung! Geben Sie den Feldstecher her.

DER ZWEITE: Was bemerken Sie?

DER ERSTE: Herbstzeitlosen. Das erinnert mich an den Balkankrieg. Die Stimmung hätt ich. *(Er lauscht.)*

DER ZWEITE: Was hören Sie?

DER ERSTE: Raben. Sie krächzen als ob sie witterten die Beute. Ganz wie im Balkankrieg. Und es lockt die Gefahr.

DER ZWEITE: Gehmr.

DER ERSTE: Sie Feigling! Und es lockt die Gefahr. *(Ein Schuß.)* Um Gotteswillen! Sind dort nicht unsere Leute?

DER ZWEITE: Vom Preßquartier?

DER ERSTE: Nein, die Eigenen.

DER ZWEITE: Mir scheint ja.

DER ERSTE: Sind brave Bursche. Dachte keiner an seine Lieben, dachte jeder nur an den Feind. Was liegt dort?

DER ZWEITE: Nichts, italienische Leichen, die vor unseren Stellungen liegen.

DER ERSTE: Moment! *(Er photographiert.)* Nichts erinnert daran, daß man im Krieg ist. Nichts sieht man, was an Elend, Not, Mühsal und Greuel gemahnt.

DER ZWEITE: Moment! Ich spüre jetzt den Atem des Krieges. *(Ein Schuß.)* Gehmr.

DER ERSTE: Das war nichts. Die Affäre stellt sich als ein Vorpostengefecht dar.

DER ZWEITE: Wärn wir in Villach geblieben — Gott, gestern hab ich mit dem Sascha Kolowrat gedraht — ich hab Ihnen gesagt, ich hab keinen Ehrgeiz. Sie wern sehn, der Punkt is eingesehn.

DER ERSTE: Wenn Sie nicht einmal Plänkeleien vertragen können, tun Sie mir leid.

DER ZWEITE: Bin ich ein Held? Bin ich ein Alexander Roda Roda?

DER ERSTE: Ich bin auch kein Ganghofer, aber ich kann Ihnen nur sagen, schämen Sie sich vor der Schalek! Dorten kommt sie! Da können Sie sich verstecken —

DER ZWEITE: Gut. *(Er versteckt sich. Ein Schuß.)*

DER ERSTE: Ich will übrigens auch nicht, daß sie mich sieht. *(Er legt sich nieder.)*

DIE SCHALEK *(erscheint in voller Ausrüstung und spricht die*

Worte): Ich will hinausgehen, dorthin, wo der einfache Mann ist, der namenlos ist! *(Sie geht ab.)*

DER ERSTE: Sehn Sie, da können Sie sich ein Beispiel nehmen. *(Sie erheben sich.)* Die geht bis vorn. Und wie sie sich für das Ausputzen der feindlichen Gräben intressiert —!

DER ZWEITE: No ja, das is was für Frauen, aber unsereins?

DER ERSTE: So, und wie sie beschreibt, wie sie im Kugelregen war — da fühlen Sie sich als Mann nicht beschämt?

DER ZWEITE: Ich weiß ja, sie is tapfer. Aber mein Ressort is Theater.

DER ERSTE: Wie sie die Leichen beschreibt, Kleinigkeit der Verwesungsgeruch!

DER ZWEITE: Das liegt mir nicht.

DER ERSTE: Wer hat sich darum gerissen, einen Flankenangriff mitzumachen? Sie! Und jetzt möchten Sie davonlaufen, wenn Sie Patrouillen sehn. Früher haben Sie das Maul voll genommen —

DER ZWEITE: Jeder von uns war im Anfang mitgerissen. Aber jetzt, nach einem Jahr Krieg —

DER ERSTE: Sie haben geschrieben, Sie wollen sich den Krieg an der Südwestfront ansehn. No also, sehn Sie sich ihn an, da haben Sie ihn. *(Duckt sich.)*

DER ZWEITE: *(duckt sich):* Gegen Rußland war das ganz anders, da is man nicht aus dem Hotel herausgekommen, ich hab darin keine Erfahrung gehabt, meinetwegen halten Sie mich für einen Feigling, ich sag Ihnen ich geh nicht weiter!

DER ERSTE: Aber der Hauptmann kommt doch gleich, er hat garantiert, daß nichts passiert.

DER ZWEITE: Ich will aber nicht. Ich schick das Feuilleton so ab, die paar technischen Ausdrücke geben Sie mir.

DER ERSTE: Sie haben nicht die Schule des Balkankriegs durchgemacht, ich versteh nicht, wie einem nicht die Gefahr locken kann. *(Duckt sich.)*

DER ZWEITE: Aber ich bitt Sie, ich kenne das. Ich habe diesen Rausch, dieses selige Vergessen vor dem Tode beschrieben, Sie wissen, wie zufrieden der Chef war, massenhaft

Zuschriften sind gekommen, wissen Sie nicht mehr? Ich bin doch eingegeben fürs Verdienstkreuz! *(Duckt sich.)*

DER ERSTE: Ich versteh aber nicht, wie man nicht gerade darin Befriedigung findet, daß man sich selbst überzeugt — *(Schuß.)* Um Gotteswillen, was war das jetzt?

DER ZWEITE: Sehn Sie — wären wir nur schon zurück im Preßquartier. Dort is man wenigstens nicht vom Feind eingesehn.

DER ERSTE: Mir scheint stark, das ist der Gegenstoß! Na und wennschon. Jetzt heißt es ausharren, wohin den Soldaten unsere Pflicht gestellt hat. Der Hauptmann hat eigens für uns die zerstörte Brücke herrichten lassen — jetzt sind wir einmal da, jetzt heißt es sich zusammnehmen. C'est la guerre! *(Duckt sich.)* Ich bin auch für Stimmungen, aber im Ernstfall — nur Stimmungsmensch sein, das geht nicht! Sie sind eben im Frieden nie aus den Premieren herausgekommen, das rächt sich jetzt. Warum haben Sie sich überhaupt für Kriegsberichterstattung gemeldet?

DER ZWEITE: Was heißt das, soll ich dienen?

DER ERSTE: No ja, aber ein bisserl Haltung sind Sie dem Blatt schuldig. Krieg ist Krieg.

DER ZWEITE: Als Held hab ich mich nicht aufgespielt.

DER ERSTE: Aus Ihrem letzten Feuilleton hat man stark den Eindruck gewinnen müssen, daß Sie einer sind.

DER ZWEITE: Feuilleton is Feuilleton. Bitt Sie, tun Sie nicht, als ob Sie das nicht wüßten — Gott, was war das wieder?

DER ERSTE: Nichts, ein kleinkalibriger Mörser älteren Systems von der Munitionskolonne IV b Flak.

DER ZWEITE: Wie Sie die technischen Ausdrücke beherrschen! Ist das nicht der, der immer tsi-tsi macht?

DER ERSTE: Sie haben wirklich keine Ahnung. Das is doch der, der immer tiu-tiu macht!

DER ZWEITE: Da muß ich etwas im Manuskript ändern — wissen Sie was, ich geh zurück, damit es früher abgeht. Es muß doch noch genehmigt wern.

DER ERSTE: Ich sag Ihnen, bleiben Sie da. Allein bleib ich nicht.

DER ZWEITE: Also hat das einen Sinn?

DER ERSTE: Sie, wir können uns nicht blamieren. Die Offiziere lachen sowieso schon. Ins Gesicht sind sie natürlich freundlich, weil sie genannt wern wollen bei der Offensive, aber ich hab oft das Gefühl, daß sie sich beim Rückzug über uns lustig machen. Grad will ich ihnen einmal zeigen, daß ich meinen Mann stelle. Schaun Sie, im Preßquartier is es doch so fad —

DER ZWEITE: Lieber fad wie gefährlich.

DER ERSTE: Schaun Sie, kann Ihnen das auf die Dauer konvenieren? Ein Jahr dauert das jetzt schon. Wir fressen aus der Hand. Man reicht uns den Schmus, wir haben nichts zu tun wie den Namen druntersetzen. Er lügt und wir müssen unterschreiben. No is das ein Leben?

DER ZWEITE: Kommt mir ohnedem lächerlich genug vor. Was geht das alles mich an? Einmal im Monat das Feuilleton — das is noch die Erholung, da kann man schildern, wie sie erleben. Aber was hab ich zu unterschreiben, wenn der Feind is zurückgeworfen, wenn er nicht is zurückgeworfen? Bin ich Höfer? Bin ich der verantwortliche Redakteur vom Weltkrieg?

DER ERSTE: Bittsie, Höfer — da war ich mehr draußen wie Höfer!

DER ZWEITE: Mir paßt das alles nicht. Ich wer' mit dem Divisionär sprechen, was mit dem Fronttheater is.

DER ERSTE: Fronttheater? Wie meinen Sie das? — Ah so.

DER ZWEITE: Die Idee hat ihm imponiert und da bin ich in meinem Feld. Heut bei Tisch will ich ihn erinnern. Ich sag ihm ins Gesicht, daß mir der Dienst nicht paßt.

DER ERSTE: No ja, Erfolge wie Ganghofer blühn für unsereins nicht. Für unsereins wird nicht eigens ein Gefecht arrangiert.

DER ZWEITE: Wieso, davon weiß ich gar nicht.

DER ERSTE: Davon wissen Sie nicht? Bei seinem letzten Besuch an der Tiroler Front! Siebzehn Eigene sind sogar durch zurückfliegende Geschoßböden getötet oder wenigstens verwundet worn, das war die größte Anerkennung der Presse, die ihr bis jetzt im Weltkrieg widerfahren is!

DER ZWEITE: Wieso, das is doch ein Witz aus'm Simplicissimus, daß sie mit der Schlacht warten, bis Ganghofer kommt.

DER ERSTE: Ja, zuerst war es ein Witz aus'm Simplicissimus und dann is es wahr geworn. Der Graf Walterskirchen, der Major, is auf und davongegangen, wütend. Er war kein Freund der Presse, er is nie genannt worn, vorgestern, hab ich gehört, is er gefallen.

DER ZWEITE: Sehn Sie, zu solchen Ehren kommt unsereins doch nicht. Ich sprech mit ihm heut wegen dem Fronttheater! Wenn man noch dazu kein Hüne is wie Ganghofer. Was wollen Sie von mir haben? Schaun Sie sich den Maler Haubitzer an — dort steht er und malt. Ein Riese is das gegen mich. Der hat in der Kaiserbar den Prinz Eugen gesungen, daß man geglaubt hat, der allein muß schon siegen. Jetzt? Was glauben Sie, wie der zittert beim Malen! Der fürcht sich mehr wie wir alle!

DER ERSTE: Vielleicht wie Sie! Wie ich nicht! Überhaupt lassen Sie Haubitzer in Ruh. Er hat genug Mut, er malt die Schlacht im Freien, wiewohl er erkältet is. Haben Sie sein Bild gesehn? Ich mein' die Photographie von ihm im Interessanten Blatt, Maler Haubitzer im Felde.

DER ZWEITE: Von mir aus — ich geh um keinen Preis weiter.

DER ERSTE: Nehmen Sie sich ein Beispiel an Ludwig Bauer im Balkankrieg!

DER ZWEITE: Bauer is im Weltkrieg in der Schweiz, wär ich auch in der Schweiz!

DER ERSTE: Nehmen Sie sich ein Beispiel an Szomory, oder zum Beispiel an den Soldaten. Die beißen die Zähne zsamm, die lassen sich nicht unterkriegen — *(duckt sich.)* Sie wollen also, daß wir zurückgehn?

DER ZWEITE: Ja, bis Wien! Ich hab Stimmungen einzufangen. Da geb ich meinen Namen! Wenn er im Blatt steht neben ihr, neben Irma von Höfer, gut. Aber neben ihm — hab ich das nötig? Da schäm ich mich offengestanden.

DER ERSTE: Ich nicht! Ich stehe hier in Ausübung einer einmal übernommenen Pflicht. *(Er wirft sich auf die Erde.)*

DER ZWEITE: Sie haben von jeher für das strategische Moment eine starke Schwäche gehabt. *(Man hört einen Krach.)* Gotteswillen!

DER ERSTE: Was sind Sie so erschrocken?

DER ZWEITE: Jetzt — hab ich geglaubt — das is ja fast — wie die Stimme — vom Chef!

DER ERSTE: Sie Held Sie — das war doch nur der große Brummer! *(Beide laufen weg, hinter ihnen, gleichfalls im Laufschritt, der Maler Haubitzer mit Zeichenmappe, ein weißes Taschentuch schwingend.)*

(Verwandlung.)

22. SZENE

Vor dem Kriegsministerium.
(Der Optimist und der Nörgler im Gespräch.)

DER OPTIMIST: Sie legen Scheuklappen an, um die Fülle von Edelsinn und Opfermut, die der Krieg an den Tag gefördert hat, nicht zu bemerken.

DER NÖRGLER: Nein, ich übersehe nur nicht, welche Fülle von Entmenschtheit und Infamie nötig war, um dieses Resultat zu erzielen. Wenn's einer Brandstiftung bedurft hat, um zu erproben, ob zwei anständige Hausbewohner zehn unschuldige Hausbewohner aus den Flammen tragen wollen, während achtundachtzig unanständige Hausbewohner die Gelegenheit zu Schuftereien benützen, so wäre es verfehlt, die Tätigkeit von Feuerwehr und Polizei durch Lobsprüche auf die guten Seiten der Menschennatur aufzuhalten. Es war ja gar nicht nötig, die Güte der Guten zu beweisen, und unpraktisch, dazu eine Gelegenheit herbeizuführen, durch die die Bösen böser werden. Der Krieg ist bestenfalls ein Anschauungsunterricht durch stärkere Kontrastierung. Er kann den Wert haben, daß er künftig unterlassen werde. Ein einziger Kontrast, der zwischen gesund und krank, wird durch den Krieg nicht verstärkt.

DER OPTIMIST: Indem die Gesunden gesund und die Kranken krank bleiben?

DER NÖRGLER: Nein, indem die Gesunden krank werden.

DER OPTIMIST: Aber auch die Kranken gesund.

DER NÖRGLER: Sie denken da an das bekannte Stahlbad? Oder an die bewiesene Tatsache, daß die Granaten dieses Krieges Millionen Krüppel gesund geschossen haben? Hunderttausende Schwindsüchtiger gerettet und ebensoviele Luetiker der Gesellschaft zurückgegeben?

DER OPTIMIST: Nein, dank den Errungenschaften der modernen Hygiene ist es gelungen, so viele im Krieg Erkrankte oder Beschädigte zu heilen —

DER NÖRGLER: — um sie zur Nachkur an die Front zu schicken. Aber diese Kranken werden ja nicht durch den Krieg gesund, sondern trotz dem Krieg und zu dem Zweck, um wieder dem Krieg ausgesetzt zu werden.

DER OPTIMIST: Ja, es ist nun einmal Krieg. Vor allem aber ist es unserer fortgeschrittenen Medizin gelungen, die Verbreitung von Flecktyphus, Cholera und Pest zu verhindern.

DER NÖRGLER: Was wiederum nicht so sehr ein Verdienst des Krieges ist als einer Macht, die sich ihm in den Weg stellt. Aber sie hätte es noch leichter, wenn's keinen Krieg gäbe. Oder soll es für den Krieg sprechen, daß er die Gelegenheit geboten hat, ein wenig seinen Begleiterscheinungen beizukommen? Wer für den Krieg ist, hätte diese mit größerem Respekt zu behandeln. Schmach einem wissenschaftlichen Ingenium, das sich auf Prothesen etwas zugute tut anstatt die Macht zu haben, Knochenzersplitterungen vorweg und grundsätzlich zu verhüten. In ihrem moralischen Stand ist die Wissenschaft, die heute Wunden verbindet, keine bessere als jene, die die Granaten erfunden hat. Der Krieg ist eine sittliche Macht neben ihr, die sich nicht nur damit begnügt, seine Schäden zusammenzuflicken, sondern es zu dem Zweck tut, das Opfer wieder kriegstauglich zu machen. Ja, so antiquierte Gottesgeißeln wie Cholera und Pest, Schrecknisse aus Kriegen von annodazumal, lassen sich von ihr imponieren und werden fahnenflüchtig. Aber Syphilis und Tuberkulose sind treue Bundesgenossen dieses Kriegs, mit denen es einer lügenverseuchten Humanität nicht gelingen wird einen Separatfrieden abzuschließen.

Sie halten Schritt mit der allgemeinen Wehrpflicht und mit einer Technik, die in Tanks und Gaswolken daherkommt. Wir werden schon sehen, daß jede Epoche die Epidemie hat, die sie verdient. Der Zeit ihre Pest!

DER OPTIMIST: Da wären wir ja vor dem Kriegsministerium angelangt. Das ist heute ein erwartungsvoller Tag —

(*Man sieht einen Trupp Schieber aus dem Haupttor kommen.*)

EIN ZEITUNGSAUSRUFER: Extraausgabee — Weltblaad!

EIN FLÜCHTLING (*der mit einem andern geht*): Geben Sie her! (*reißt dem Kolporteur das Blatt aus der Hand, liest vor*) »Alles steht gut! Kriegspressequartier 30. August 10 Uhr 30 Minuten vorm. Die Riesenschlacht geht heute Sonntag weiter. Die Stimmung im Hauptquartier ist gut, weil alles gut steht. Das Wetter ist prachtvoll. Kohlfürst.«

DER ZWEITE FLÜCHTLING: Das muß etwas ein Heerführer sein! (*Ab.*)

DER NÖRGLER: Die Masken an der Fassade dieser Sündenburg, die rechts schaut und links schaut machen, sind heute besonders stramm orientiert. Wenn ich länger auf einen dieser entsetzlichen Köpfe schaue, bekomme ich Fieber.

DER OPTIMIST: Was haben Ihnen diese alten martialischen Typen getan?

DER NÖRGLER: Nichts, nur daß sie martialisch sind und dennoch den Sendboten Merkurs den Eintritt nicht wehren konnten. Zu aller Blutschlamperei noch dieser mythologische Wirrwar! Seit wann ist denn Mars der Gott des Handels und Merkur der Gott des Krieges?

DER OPTIMIST: Der Zeit ihren Krieg!

DER NÖRGLER: So ist es. Aber die Zeit hat nicht den Mut, die Embleme ihrer Niedrigkeit zu erfinden. Wissen Sie, wie der Ares dieses Krieges aussieht? Dort geht er. Ein dicker Jud vom Automobilkorps. Sein Bauch ist der Moloch. Seine Nase ist eine Sichel, von der Blut tropft. Seine Augen glänzen wie Karfunkelsteine. Er kommt zum Demel gefahren auf zwei Mercedes, komplett eingerichtet mit Drahtschere. Er wandelt dahin wie ein Schlafsack. Er sieht aus wie das liebe Leben, aber Verderben bezeichnet seine Spur.

DER OPTIMIST: Sagen Sie mir, ich bitt Sie, was haben Sie gegen den Oppenheimer?

(Vor dem Kriegsministerium ist inzwischen die Menschenmenge angewachsen, sie besteht zumeist aus deutschnationalen Studenten und galizischen Flüchtlingen. Man sieht vielfach beide Typen Arm in Arm und plötzlich ertönt der Gesang: Es broost ein Ruf wie Donnerhall —)

Nepalleck und Angelo Eisner v. Eisenhof treten auf einander zu.

v. EISNER: Verehrter Hofrat, servitore, wie steht das Befinden, was macht Seine Durchlaucht? Wir haben uns ja seit damals —

NEPALLECK: Djehre. Danke. Kann nicht klagen. Durchlaucht gehts famos.

v. EISNER: Das Allerhöchste Anerkennungsschreiben damals, ja das war Seiner Durchlaucht zu gönnen, das muß seinen Nerven rasend wohl getan haben, die Gesellschaft ist jetzt auch nur einer Ansicht —

NEPALLECK: No ja natürlich — und Sie Baron, machen Sie viel mit? Von der Wohltätigkeit sehr in Anspruch genommen, kann mir denken —

v. EISNER: Nein, da überschätzen Sie mich, lieber Hofrat. Ich ziehe mich jetzt zurück. Da ist eine Reihe neuerer Streber, denen man gern das Feld überläßt. Es ist nicht jedermanns Geschmack, mit so einer Klasse — nein, das tentiert mich gar nicht — da —

NEPALLECK: No aber die gute Sache, die gute Sache Baron, wie ich Sie kenne, werden Sie die vielen Arrangements doch nicht ganz vernachlässigen, wenn Sie auch, wie ich ganz begreiflich finde, nicht mehr selbst in die Komitees —

v. EISNER: Nein, ich walte jetzt nur im Herrnhaus — ah was red ich, im Hausherrnverein, da gibts Hals über Kopf zu tun, der Riedl, Sie wissen ja, ist nicht mehr der Alte — er muß eine Enttäuschung erlebt haben oder, ich weiß nicht, er scheint sich durch den Krieg halt ein bißl vernachlässigt zu fühlen — ja, ja, die populärsten Persönlichkeiten sind jetzt ein wenig aus dem Geleise gekommen, andere drängen sich vor —

NEPALLECK: Na ja, wird sich schon wieder ausgleichen —
auch bei uns ist —

v. EISNER: Ja, wir müssen alle Geduld haben. Ich für meine
Person habe sehr bittere Erfahrungen gemacht. Wissen Sie,
die Wohltätigkeit, das ist auch so ein Kapitel. Uje, da könnt
ich der Fackel Stoff geben — wenn man sich mit dem Menschen einlassen könnte heißt das. Wissen Sie, Hofrat, nur
opfern und nichts wie opfern und gar keinen Dank? Mein
Gott ja, ich entziehe mich natürlich nicht — meine Freunde
Harrach, Schönborn und die andern geben ihre Feste, sie
schicken mir ihre Karten — erst gestern hat mich der Pipsi
Starhemberg, Sie wissen doch, der was sich mit der Maritschl
Wurmbrand —

NEPALLECK: Gehn S', ich war der Meinung, daß er sich mit
der Mädi Kinsky —

v. EISNER: Aber im Gegenteil, wo denken Sie hin, da kommt
doch nur der Bubi Windischgrätz in Betracht, wissen S' der
Major, der jetzt bei der Gard is — also ich sag Ihnen, be-
stürmt wird man von allen Seiten, erst gestern sagt mir der
Mappl Hohenlohe bei der Meß, wissen S', der wo sie eine
Schaffgotsch is, du, sagt er, warum machst du dich jetzt so
rar, sag ich ihm lieber Mappl tempora mutatur, was jetzt
für Leut obenauf sind, ich begreif euch alle nicht, daß ihr
da noch mittuts. Ich für meine Person bin rasend gern dort,
wo's still is. Mit einem Wort, wo man nicht bemerkt wird.
Wissen Sie lieber Hofrat was er drauf gesagt hat? Recht
hast du, hat er gesagt! Ich denk nämlich darin ganz wie der
Montschi. Selbstverständlich leiste ich pünktlich mein Scherflein — aber hingehn? Nein, da kennen Sie mich schlecht.
Ich war nie ein Freund von der Öffentlichkeit. Wissen Sie,
da kann es einem noch passieren — man ist da harmlos bei
einem Tedeum, und am nächsten Tag steht man unter den
Anwesenden in der Zeitung!

NEPALLECK: No das is zwider, das kenn ich. Jetzt hab ich
wenigstens drauf gedrungen, wenn's mich schon nennen
müssen, so wenigstens mit dem vollen Namen. Nicht mehr
wie bisher Hofrat Nepalleck, oder Hofrat Wilhelm Nepal-

leck, sondern weil ich also eigentlich Wilhelm Friedrich heiß — Hofrat Friedrich Wilhelm Nepalleck. Was, das macht sich jetzt ganz gut, da könnt ich gleich nach Potsdam übersiedeln —

v. EISNER: Das macht sich famos! Aber — nach Potsdam übersiedeln? Hätten S' denn dazu Lust?

NEPALLECK: Woher denn, es is nur wegen der Nibelungentreue. Ich — meine Durchlaucht verlassen! Noch heut is mir die Durchlaucht für das Arrangement des höchsten Begräbnisses dankbar.

v. EISNER: Das war aber auch schön!

NEPALLECK: Mit strikter Einhaltung — wie eben ein Begräbnis dritter Klasse —

v. EISNER: Das ist Ihnen wieder einmal gelungen, erstklassig. Wirklich furchtbar nett war das damals auf der Südbahn. *(Er grüßt einen Vorübergehenden.)* War das nicht ein Lobkowitz? Dann beklagt er sich wieder, daß ich ihn nie erkenn — Also in Artstetten natürlich, da — da hat man leider schon ein bißl gemerkt, daß Sie Ihre Hand nicht im Spiel ghabt haben, da is ziemlich ordinär zugegangen.

NEPALLECK: Selbstverständlich — weil es uns unmöglich gemacht wurde! Das Belvedere hat sichs nicht nehmen lassen. Oh, wir haben drauf bestanden, ich hab gsagt: nach dem spanischen Zeremoniell, da gibts keine Würschtel! No, und da hats dann leider, weil die Herrschaften so entetiert warn, also in Artstetten halt doch Würschtel gegeben.

v. EISNER: Wie?

NEPALLECK: No ja, die Feuerwehrleut habens neben die Särge Ihrer Hoheiten gfressen, wie's Gewitter war, die Särge sind nämlich im Kassenraum vom Frachtenbahnhof gstanden, Zigarren hams graucht, das war ein Skandal, na Sie wissen ja, w i r sind unschuldig, am Südbahnhof wars so schön feierlich.

v. EISNER: Ich denk's wie heut, ich bin damals zwischen dem Cary Auersperg und dem Poldi Kolowrat gestanden. Wir haben uns ja seit dem historischen Augenblick nicht gesehn.

Nepalleck: Ja, wir haben unser Möglichstes getan. Das Allerhöchste Anerkennungsschreiben hat aber auch den gewissen Herrschaften die p. t. Münder gestopft: »Stets in Übereinstimmung mit meinen Intentionen.« Und vor allem, daß anerkannt worn is, wie sich Durchlaucht, das heißt also wir sich mit dem Begräbnis geplagt haben. Ich kanns auswendig: »In den jüngsten Tagen hat das Hinscheiden Meines geliebten Neffen, des Erzherzogs Franz Ferdinand, mit welchem Sie andauernd vertrauensvolle Beziehungen verbanden —«

v. Eisner: Das waren zwei Fliegen auf einen Schlag.

Nepalleck: Sehr richtig. »— ganz außerordentliche Anforderungen an Sie, lieber Fürst, herantreten lassen und Ihnen neuerlich Gelegenheit geboten —«

v. Eisner: Gewiß, Seine Durchlaucht muß glücklich gewesen sein, daß ihm das Hinscheiden Gelegenheit geboten hat. Das kann man ihm nachfühlen.

Nepalleck: So ist es. »— Ihre aufopfernde Hingebung an Meine Person und an Mein Haus in hohem Maße zu bewähren.« Also bitte! Und wärmsten Dank und volle Erkenntlichkeit für ausgezeichnete treue Dienste, was will man mehr, da dürften wohl manche Herrschaften zersprungen sein.

v. Eisner: Das Allerhöchste Anerkennungsschreiben kann wohl nicht überraschend für Seine Durchlaucht gekommen sein?

Nepalleck: Gar keine Spur, Durchlaucht hat gleich nach der Leich die Initiative ergriffen — das heißt, ich meine —

v. Eisner: Ach ja, Sie wollen sagen, die Ereignisse haben sich überstürzt. Sehn Sie, lieber Hofrat, und jetzt haben wir gar den Weltkrieg.

Nepalleck: Ja, eine gerechte, eine erhebende Sühne! Ja, ja. Wenn Durchlaucht nicht die Initiative ergriffen hätte —

v. Eisner: Wie? Zum Weltkrieg?

Nepalleck: Ah was red ich. Ich wollte sagen, Allerhöchstes Ruhebedürfnis ganz einfach.

v. Eisner: Wie? Für'n Weltkrieg?

NEPALLECK: Nein — verzeihen S' — ich hab an was anderes gedacht. Ich wollte sagen, so hat das nicht weitergehn können, so nicht. Wissen Sie, seit der Annexion —

v. EISNER: Ich hab's dem Ährenthal vorausgesagt. Ich denk's wie heut, das war doch in dem Jahr, wo die Alin' Palffy in die Welt gegangen is. Ich hab ihn noch bis am Ballplatz begleitet —

NEPALLEK: Wenns auch für den einzelnen eine schwere Last ist —

v. EISNER: Ja, freilich, wer hat nicht zu klagen, ich habe Verluste —

NEPALLECK: Was? Auch Sie Baron?

v. EISNER: Ja, ja, kaum daß man sich mit ein paar Lieferungen herausreißt. Ich bin eben grad auf dem Weg da hinüber — dann treff ich vielleicht noch den Tutu Trauttmansdorff — ja jetzt heißt es durchhalten, durchhalten — die Hauptsache ist und bleibt, daß sich unsre Leut gut schlagen, das Weitere findet sich — Kompliment, Handkuß an Seine Durchlaucht —

NEPALLECK: Danke, danke. Wer's bestellen, Kompliment, Wiedersehn —

    (Man hört den Gesang: Es broost ein Ruf —)

    (Verwandlung.)

23. SZENE

Am Janower Teich. Ganghofer tritt jodelnd auf. Er trägt Lodenjoppe, Smokinggilet, Kniehose, Rucksack und Bergstock, eisernes Kreuz erster Klasse; unter dem Hut mit Gamsbart ist ein blonder, ein wenig angegrauter Haarschopf sichtbar. Auf der etwas gebogenen Nase sitzt ein goldener Zwicker.

> Hollodriohdrioh,
> Jetzt bin ich an der Front,
> Hollodriohdrioh,
> Dös bin i schon gewohnt.

Bin ein Naturbursch, wie
Man selten einen findt,
Leider schon zu alt
Zum Soldatenkind.

Z'wegn dem stell ich noch immer
Allweil meinen Mann.
Hab in Wean beim Szeps gedient,
Sehn S' mich nur an.
I hab ein Jagagmüat
Holldrioh, dös is wie echt
Und bekanntlich schreib ich
Gar net schlecht.

Als Schmock in Wean, da war
Zu groß die Konkurrenz,
Da bin ich schon verkracht
Im Lebenslenz.
Ins Lodengwandl bin
Ich gschwind hineingeschlieft
Und hab sogleich mich in
Den Wald vertieft.

Erst war ich Schmock im Blatt,
Jetzt bin ich Schmock im Wald,
Jetzt find ich glänzend meinen
Unterhalt.
In Bayern merken s' nicht,
Wie sehr ich bin verschmockt,
Da merken s' nur, daß ich
Bin blondgelockt.

Und in Berlin, da fliagen s'
Auf meinen Dialekt.
Den Erdgeruch der Preuß'
Am liebsten schmeckt.

Wo er an Lodenjanker
Und an Gamsbart sieht,
Wird dem Berliner wohlig
Ums Jemiet.

Durch Biederkeit hab ich
Die höchsten Herrn entzückt
Und Willem selber ist
Von mir berückt.
Daß ich ein alter Schmock,
Das fallt jetzt ins Gewicht,
Für die Freie Press' mach ich
Den Frontbericht.

Der Roda Roda kriecht
Nicht überall hinein,
Das höxte Interview
Gehört schon mein.
Als Jaga spricht mit mir
Der Kaiser Wilhelm gern,
Das ist doch schön von einem
Solchen Herrn.

Dann liest er mich als Schmock,
Das macht ihm wieder Freud,
Und so wart ich auf ihn
Am Anstand heut.
Hollodriohdrioh *(man hört ganz fern ein Auto)*
Tatü — tata — tatü —
Die ganze Welt spitzt auf
Die Entrevü.

EIN FLÜGELADJUTANT *(erscheint im Laufschritt):* Ach da sind
Sie ja Ganghofer. Majestät wird gleich hier sein, Sie hörn
schon die Tute. Nehmen Sie nur recht 'ne burschikose Haltung an, Sie wissen, Majestät hat das gern, machen Se keene
Faxen, bleiben Sie ganz unbefangen, wie Sie sind, wie wenn

Se 'nem alten Jagdkameraden gegenüberständen. Sie wissen, Majestät hat in der Kunst nur drei Ideale: in der Malerei Knackfuß, in der Musik den Trompeter von Säckingen und etwa noch Puppchen du mein Augenstern, in der Literatur Sie lieber Ganghofer, und etwa noch Lauff, Höcker und die Anny Wothe. Otto Ernst hat auch manches Gute. Also — kein Lampenfieber Ganghofer, das haben Sie weiß Gott nich nötig — stramm wie's dem Jäger und Naturburschen geziemt, Majestät wird Ihnen sicherlich unter herzlichem Lachen die Hand entgegenstrecken. *(Man hört das Signal: tatü-tata —)* Nu kommt Majestät. Der Photograph der Woche ist mit ihm. Es soll ja mit eine der packendsten Szenen werden, wie Kaiser und Dichter zusammengehn, denn beide wohnen auf der Menschheit Höhn. Ich denke da aber beileibe nicht an Ihre Berge lieber Ganghofer, sondern an die geistigen Höhen. Also Mut lieber Ganghofer — *(man hört ganz nah das Signal: tatü-tata —)* immer feste druff!

(S. M. mit Gefolge. Im Hintergrund der Photograph der Woche. S. M. geht auf den Dichter zu und streckt ihm unter herzlichem Lachen die Hand entgegen.)

Der Kaiser: Ja Ganghofer, sind Sie denn überall? Hören Sie mal Ganghofer, Sie sind gut!

Ganghofer: Majestät, mei Gmüat hat sich bemüat den Siegeslauf der deutschen Heere einzuholen. Fix Laudon, dös is aber gach ganga! *(Er hüpft.)*

Der Kaiser *(lachend):* 's ist gut Ganghofer, 's ist gut. Ha — haben Sie schon Mittagbrot gegessen?

Ganghofer: Nein, Majestät, wer würde denn in so großer Zeit an so etwas denken?

Der Kaiser: Um Gottes willen, da müssen Sie doch gleich etwas essen! *(Der Kaiser winkt, es wird ein Topf mit Tee gebracht nebst zwei festen Schnitten Gebäck. Der Kaiser greift selbst mit der Hand in eine Blechdose, stopft Ganghofer die Taschen mit Zwieback voll und sagt dabei immer wieder:)* Essen Sie Ganghofer, essen Sie doch! *(Der Photograph knipst.)*

Der Kaiser: Waren Sie schon in Przemísel, Ganghofer?

Essen Sie doch, um Gotteswillen, essen Sie doch! *(Ganghofer ißt.)*

GANGHOFER: Untertänigsten Dank, Majestät. Sell woll, in Pschemisl.

DER KAISER: Na, sind Sie befriedigt? Ich meine von Przemísel. Aber essen Sie doch, essen Sie doch Ganghofer!

GANGHOFER *(essend):* Sell woll. Fein war's in dem Pschemisl.

DER KAISER: Haben Sie Sven Hedin gesehen? Essen Sie doch Ganghofer —

GANGHOFER *(essend):* Sell woll, den hab i gsehn.

DER KAISER *(dessen Auge glänzt):* Das freut mich, daß Sie diesen Mann kennen gelernt haben. Dieser Schwede ist ein Prachtmensch. Wenn Sie ihn wiedersehen — aber so essen Sie doch Ganghofer — grüßen Sie ihn herzlichst von mir.

(Ein russischer Flieger kommt von Osten her, er leuchtet in der goldenen Abendsonne wie ein goldener Käfer. Hinter ihm puffen Schrapnells empor. Der Kaiser steht ruhig, schaut hinauf und sagt:)

Zu kurz!

(Die weiteren Schüsse bleiben weit hinter dem Flieger zurück. Der Kaiser nickt sinnend.)

Ja, Flügel haben, das heißt für die andern immer zu spät kommen. Essen Sie doch Ganghofer.

(Es tritt eine Pause ein, während deren Ganghofer ißt. Plötzlich wendet sich der Kaiser zum Dichter und sagt ihm mit gedämpfter Stimme, streng und langsam, jedes Wort betonend:)

Ganghofer — was — sagen Sie — zu — Italien?

(Erst nach einer Weile, während deren Ganghofer gegessen hat, vermag er zu antworten.)

GANGHOFER: Majestät, wie es kam, so ist es besser für Österreich und für uns. Der reine Tisch ist immer das beste Möbelstück in einem redlichen Haus.

(Der Kaiser nickt. Ein Aufatmen strafft die Gestalt.)

DER FLÜGELADJUTANT *(leise zu Ganghofer):* Dialekt! Dialekt!

DER KAISER: Nu Ganghofer haben Se 'n schönes Feijetong fertig? Lassen Se hören — ha.

GANGHOFER: Zu dienen, Majestät, aber leider ist es teilweise hochdeutsch —

DER FLÜGELADJUTANT *(leise):* Dialekt!

DER KAISER: Na wenn schon, ha lesen Se unbesorgt vor.

GANGHOFER: Der Anfang, Majestät, ist in schwäbischer Mundart.

DER KAISER: Na, umso besser, köstlich, lesen Se.

GANGHOFER *(zieht ein Manuskript aus der Tasche und liest)* »Auf halbem Wege erfahren wir, daß der erste feindliche Graben vor dem Rozaner Festungsgürtel schon genommen ist. Da hat's einen feinen Schwabenstreich gegeben. Ein Stuttgarter, der uns auf der Straße entgegenkommt, mit dem linken Arm in der weißen Binde, sagt lachend zu mir: »Den erschte Grawe hawe mer. 's isch e bissele hart gange. D' Russe hawe saumäßig mit Granate herg'schosse. Aber mei, dees macht net viel aus. Weil mer nur de Grawe hawe! Dees isch d' Hauptsach'!«

DER KAISER: Famos, Ganghofer.

GANGHOFER *(weiter lesend):* »Ich nütze die erste Frühe, um ein gut ausgewachsenes Cousinchen unserer fleißigen Berta zu besuchen. *(Der Kaiser lacht.)* Ein noch junges Mädchen! Und doch schon von erstaunlicher Kraftfülle! Ihr Mündchen liegt etwa vier Meter oberhalb meines Haardaches. *(Der Kaiser lacht aus vollem Halse.)* Und eine Stimme hat sie, daß man sich Watte in die Ohren stopfen muß, wenn man unzerrissene Trommelfelle behalten will. Beginnt sie ihr donnerndes Lied zu singen — ein Lied vom deutschen Erfindergeist und deutscher Kraft —, so fährt ihr ein Feuerstrahl von Mastbaumlänge aus der Kehle, und wer hinter dem musizierenden Cousinchen steht *(Der Kaiser lacht dröhnend,* sieht eine schwarze, kleiner und kleiner werdende Scheibe steil durch die Luft emporfliegen bis zu einer Höhe, die man mit einem vollen Hundert übereinandergeschichteter Kirchtürme noch nicht erreichen würde. Und viele Sekunden später ist in der russischen Festung Rozan eine rauch- und feuerspeiende Hölle los. Ein leistungsfähiges deutsches Kind, diese eiserne Jungfrau! *(Der Kaiser schlägt lachend mit der linken Hand auf seinen Schenkel.)* Ich verlasse sie mit dem Gefühl verstärkter Zuversicht und höchster Befriedigung, nehme nach vierhundert Schritten die Wattepfropfen aus den Ohren und finde nun, daß die Stimme des trefflichen Mädchens überaus lieblich klingt. *(Der Kaiser lacht wie ein Wolf.)* Ich gebe zu, daß dieses Urteil einen stark subjektiven Charakter hat. Man darf vermuten, daß ich als Kommandant der Festung Rozan zu einer wesentlich anderen Meinung gelangen würde.«

DER KAISER *(der zuletzt mit leuchtendem Auge und strahlendem Gesicht zugehört hat, schlägt nun mit der linken Hand unaufhörlich auf seinen Schenkel und ruft):* Ach, 's ist ja zum Schießen! Bravo, Ganghofer, das haben Se gut getroffen. Lauff hat die dicke Berta besungen und Sie hofieren das Cousinchen, ik lach mich dot, ik lach mich dot! Aber essen Sie doch Ganghofer, Sie essen ja nicht —

(Ganghofer ißt. Der Kaiser, mit raschem Entschluß auf ihn zutretend, sagt ihm etwas ins Ohr. Ganghofer fährt zusammen, ein Stück Zwieback fällt ihm aus dem Mund, sein Gesicht ist wie von einer frohen Begeisterung überglänzt und drückt Zuversicht aus. Er legt den Finger an den Mund, als ob er Schweigen zusichern wollte. Der Kaiser gleichfalls.)

GANGHOFER: Ein neues Stahlband des Zusammenhaltens!
DER KAISER: Erst am Tage der Erfüllung bekannt geben!
GANGHOFER: Und dieser Tag wird kommen!
DER KAISER: Essen Sie Ganghofer!

(Ganghofer ißt. Eine Ordonnanz bringt eine Nachricht für ihn.)

GANGHOFER: Von Mackensen! *(Er liest in freudiger Erregung.)* »Fahren sie so früh als möglich los. Die russischen Stellungen bei Tarnoo wurden von uns genommen —
DER FLÜGELADJUTANT *(leise):* Dialekt!
GANGHOFER: — Morgen fällt Lemberg.« Juchhe! *(Er beginnt zu schnadahüpfeln. Dann, sich sammelnd, ernst, mit einem Blick gen Himmel.)* Majestät!

DER KAISER: Nu was haben Se denn Ganghofer, tanzen Se doch noch 'n bisken.

GANGHOFER: Soll ich es denn länger verschweigen?

DER KAISER: Nu was is denn los?

GANGHOFER: Was Majestät mir soeben anvertraut haben — mei Gmüat kann es nicht länger zruckhalten — daß Majestät *(herausplatzend)* drei Waggon Bayrisches für unsere braven österreichischen Truppen bestimmt haben!

DER KAISER: Na rufen Sie's meinswegen in die Welt hinaus! Sie sollen wissen, daß sie was Gutes aus Ihrem schönen Bayernland zu trinken bekommen! Aber Sie selbst — essen Sie Ganghofer, essen Sie doch!

GANGHOFER *(ißt und schnadahüpfelt zugleich, der Kaiser schlägt den Flügeladjutanten auf den Hintern, der Photograph knipst. Das Gefolge ordnet sich zum Aufbruch. Indem der Kaiser das Auto besteigt und noch einmal Ganghofern zuwinkt, ertönt das Signal: tatü-tata — —. Während man dieses noch aus der Ferne hört, schnadahüpfelt Ganghofer weiter. Dann bleibt er stehen und sagt, mit völlig verändertem Ton):* Das kommt als Leitartikel!

(Verwandlung.)

24. SZENE

Zimmer des Generalstabschefs.
(Conrad v. Hötzendorf allein. Haltung: die Arme gekreuzt, Standfuß und Spielfuß, sinnend.)

CONRAD *(mit einem Blick gen Himmel):* Wann nur jetzt der Skolik da wär!

EIN MAJOR *(kommt):* Exlenz melde gehorsamst, der Skolik is da.

CONRAD: Was denn für ein Skolik?

MAJOR: Na der Hofphotograph Skolik aus Wien, der was seinerzeit, während des Balkankrieges, die schöne Aufnahme gemacht hat, wie Exlenz in das Studium der Balkankarte vertieft sind.

CONRAD: Ach ja, ich erinnere mich dunkel.

MAJOR: Nein, ganz hell, Exlenz, volle Beleuchtung.

CONRAD: Ja, ja, ich erinnere mich, das war glorios.

MAJOR: Er beruft sich darauf, daß ihn Exlenz wieder bestellt haben.

CONRAD: No bestellt kann man grad nicht sagen, aber eine Anregung hab ich ihm zukommen lassen, weil der Mann wirklich hübsche Aufnahmen macht. Er schreibt, er weiß sich vor die illustrierten Blätter nicht zu helfen, die Aufnahme damals hat seltenen Sükses ghabt, kurzum —

MAJOR: Er hat auch die Bitte, ob er jetzt in Einem die Herrn Generäle aufnehmen könnt.

CONRAD: Wär mir nicht lieb! Die solln sich nur ihre eigenen Photographen kommen lassen.

MAJOR: Er sagt, die ham kan Kopf, da macht er eh nur a Brustbild.

CONRAD: Ah, das is was andres. Also herein mit dem Skolik! Warten Sie — solln wir wieder beim Studium der Balkankarte — das war ja außerordentlich — aber ich denk, zur Abwechslung vielleicht die italienische —

MAJOR: Das paßt jetzt entschieden besser.

(Conrad v. Hötzendorf breitet die Karte aus und versucht verschiedene Stellungen. Er ist, wie der Photograph mit dem Major eintritt, bereits in das Studium der Karte vom italienischen Kriegsschauplatz vertieft. Der Photograph verbeugt sich tief. Der Major stellt sich neben den Tisch. Er und Conrad blicken starr auf die Karte.)

CONRAD: Was gibt's denn schon wieder? Kann man denn keinen Augenblick — ich bin doch gerade —

(Der Major zwinkert dem Photographen zu.)

SKOLIK: Nur eine kleine Spezialaufnahme, Exzellenz, wenn ich bitten dürfte.

CONRAD: Ich arbeite gerade für die Weltgeschichte und da —

SKOLIK: Ich soll nämlich für das Interessante Blatt und da —

CONRAD: Aha, zur Erinnerung an die Epoche —

SKOLIK: Ja, auch für die Woche.

CONRAD: Aber da kommt man am End zwischen unsere Generäle, das kenn ich schon, da möcht ich lieber —

SKOLIK: Nein, Exzellenz, darüber können Exzellenz vollkommen beruhigt sein. Bei dem unsterblichen Namen, den Exzellenz haben, versteht sich das von selbst, daß Exzellenz ganz separat erscheinen. Die andern, die kommen alle zsamm, so unter der Rubrik »Unsere glorreichen Heerführer« oder so, einzelweis kommeten s' höchstens für Ansichtskarten.

CONRAD: So? Wen ham S' denn da, vergessen S' mr den Höfer nicht, das is ein gar ein tüchtiger Mann, der kriegt 20.000 Kronen Feldzulage dafür, daß er täglich seinen Namen lesen muß, wenn er am Ring die Extraausgab kauft.

SKOLIK: Is scho vorgemerkt, Exzellenz, selbstverständlich, in erster Linie.

CONRAD: Was, erste Linie, hammer an Gspaß ghabt! No wo tun S' mich dann selber hinmanipulirn? Nur nicht auffallend, nur nicht auffallend mein Lieber wissen S', nicht mit die andern, diskret! immer diskret!

SKOLIK: Der Raum ist bereits eigens reserviert. Es wird das Titelbild sein, von der Woche nämlich. Eine sehr eine intressante Nummer, aus Wien hab ich noch die Probiermamselln von der Wiener Werkstätten und den Treumann zu liefern, es kommt aber auch noch, wie ich sicher weiß, Seine Majestät der deutsche Kaiser auf der Sauhatz, eine bisher unbekannte Aufnahme und gleich daneben sehr sensationell, Allerhöchstderselbe im Gespräch mit dem Dichter Ganghofer. Also ich glaube Exzellenz —

CONRAD: No ja, nicht übel, nicht übel — aber, lieber Freund, im Augenblick bin ich leider — können S' nicht bißl später kommen, ich bin nämlich — ich sag's Ihnen im Vertrauen, Sie dürfen's nicht weiter sagen, ich bin nämlich grad beim Studium der Karte vom Balkan — ah was sag ich, von Italien —

(Der Major zwinkert dem Photographen, der zurücktreten will, zu.)

SKOLIK: Das trifft sich gut — das ist ein Augenblick der höchsten Geistesgegenwart, den muß man beim Zipfel erwischen. Ich siech schon die Aufschrift: Generaloberst Conrad v. Hötzendorf studiert mit seinem Flügeladjutanten Major Rudolf Kundmann die Karte des Balkan-, ah was sag ich, des italienischen Kriegsschauplatzes. Derf's so heißen, Exzellenz?

CONRAD: Na also meinetwegen — weil's der Kundmann will, der kann's ja gar net erwarten —

(*Er starrt unablässig auf die Karte, der Major, der sich nicht vom Fleck gerührt hat, gleichfalls. Beide richten ihren Schnurrbart.*)

Wird's lang dauern?

SKOLIK: Nur einen historischen Moment, wenn ich bitten darf —

CONRAD: Soll ich also das Studium der Karte vom — also von Italien — fortsetzen?

SKOLIK: Ungeniert, Exzellenz, setzen nur das Studium der Karten fort — so — ganz leger — ganz ungezwungen — so — nein, das wär bißl unnatürlich, da könnt man am End glauben, es is gstellt — der Herr Major wenn ich bitten darf, e t w a s weiter zrück — der Kopf — gut is — nein, Exzellenz, mehr ungeniert — und k ü h n, bitte mehr k ü h n! — Feldherrnblick, wenn ich bitten darf! — es soll ja doch — so — es soll ja doch eine bleibende histri — historische Erinnerung an die große Zeit — s o ist's gut! — nur noch — bisserl — soo — machen Exzellenz ein feindliches Gesicht! — bitte! jetzt — ich danke!

(*Verwandlung.*)

2 5. SZENE

Korso.

EIN SPEKULANT: Wissen Sie, wer vollständig verschwunden is?

EIN REALITÄTENBESITZER: Ich weiß, der Fackelkraus.

DER SPEKULANT: Wie Sie das erraten — oft denk ich, kein

rotes Büchl, kein Vortrag — ihn selbst hat man auch schon eine Ewigkeit nicht zu Gesicht bekommen.

DER REALITÄTENBESITZER: Lassen Sie mich aus mit Kraus, ein Mensch, der bekanntlich keine Ideale hat. Ich kenn doch seinen Schwager.

DER SPEKULANT: Ich kenn ihn persönlich.

DER REALITÄTENBESITZER: Sie kennen ihn persönlich?

DER SPEKULANT: Ob ich ihn kenn, Tag für Tag is er an mir vorbei.

DER REALITÄTENBESITZER: Auf den Umgang müssen Sie nicht stolz sein. Alles in den Kot zerren — alles niederreißen — nix aufbauen — Weltverbesserer, tut sich was! Bittsie ich weiß doch, wie das is. Wie ich jünger war, hab ich auch alles kritisiert, nix war mir recht. Bis ich mir hab die Hörner abgestoßen. Er wird sich auch die Hörner abstoßen.

DER SPEKULANT: Er is doch schon sehr gedeftet.

DER REALITÄTENBESITZER: No sehn Sie? Ich hab mir sagen lassen, er wird sich bald zur Ruh setzen.

DER SPEKULANT: Warum nicht, er hat gewiß schon hübsch verdient.

DER REALITÄTENBESITZER: Verdient —! So klein is der geworn! Ich sag Ihnen, er is fertig. Verlassen Sie sich auf mich. Da zeigt sichs. Harden hat nicht aufgehört im Krieg. Der hat eben die greßeren Themas — (bleibt stehen.) Fesch sind diese deutschen Offiziere, fescher wie unsere.

DER SPEKULANT: Natürlich, jetzt, wo ja zu schreiben wär, schreibt er n i c h t!

DER REALITÄTENBESITZER: No kann er denn?

DER SPEKULANT: Wegen der Zensur? Erlauben Sie mir, da könnte doch eine geschickte Feder, und die muß man ihm lassen —

DER REALITÄTENBESITZER: Nicht wegen der Zensur — er kann von selbst nicht. Er hat sich ausgeschrieben. Verlassen Sie sich auf mich. Und dann — er fühlt jedenfalls, daß jetzt andere Sorgen sind. Das war ja ganz amüsant im Frieden — jetzt is man zu solche Hecheleien nicht aufgelegt.

Passen Sie auf, er wirds bald billiger geben. Wissen Sie, was ich ihm gönnen möcht — nehmen solln sie ihn! An der Front! Da soll er zeigen! Was er trefft, is nörgeln. *(Der Nörgler geht vorbei. Die beiden grüßen.)*

DER SPEKULANT: So was von einem Zufall! Also Sie kennen ihn auch persönlich? Wieso?

DER REALITÄTENBESITZER: Flüchtig, von einer Vorlesung, ich bin froh wenn ich ihn nicht seh. Mit so einem Menschen verkehrt man nicht. *(Fanto geht vorbei. Die beiden grüßen.)*

BEIDE *(gleichzeitig, geheimnisvoll)*: Fanto.

DER REALITÄTENBESITZER *(versunken)*: Großer Mann!

DER SPEKULANT: Warum er nicht Vorlesungen hält? Das trägt doch.

DER REALITÄTENBESITZER *(wie erwachend)*: Wer? — Ja so — natürlich — Marcell Salzer reist sogar in Belgien herum, heut erst hab ich gelesen, er begibt sich von dort zur Armee nach Frankreich und sodann in das Hauptquartier und zu den Truppen Hindenburgs.

DER SPEKULANT: Hindenburg hat ihm doch sogar geschrieben. Der wird erzählen können. Haben Sie heut von die Brandgranaten gelesen, selbstentzündlich an der Luft, was sie seit zehn Monaten in Reims hereinwerfen? Die lassen nicht locker! Die arbeiten! Sehn Sie, ich kann mir ganz gut denken, daß sie dann am Abend Salzer hören wollen.

DER REALITÄTENBESITZER: Schad um dieses Reims — die Kathedrale nebbich!

DER SPEKULANT: Sie, damit kommen Sie mir nicht, das hab ich gern! Entschuldigen Sie, wenn es sich nachgewiesenermaßen um einen militärischen Stützpunkt handelt, so ist das pure Heuchelei von den Franzosen. Sich hinter einer Kathedrale verschanzen, das hab ach gern, lassen Sie mich aus mit dem Gesindel.

DER REALITÄTENBESITZER: No no fressen Sie mich nicht bittsie. Hab ich was gesagt? Das geben Sie gut, als ob ich nicht genau ebenso wüßte, wo die Barbaren sind. Deswegen kann einem doch leid tun um die Kathedrale? Als Realitätenbesitzer —

DER SPEKULANT: No ja das is etwas anderes, ich kann nur nicht leiden, wenn man im Krieg sentimental is und besonders dort, wo es sich um eine effektive List handelt! Krieg is eben Krieg.

DER REALITÄTENBESITZER: Da ham Sie aber ja recht!

DER SPEKULANT: Was heißt das? Kann man sich einem Escheck aussetzen? Der Hieb ist die beste Parade! Sehn Sie sich an da — da kriegt man Respekt.

DER REALITÄTENBESITZER: Warten Sie, ich wer rufen — Hoch unsere braven Feldgrauen!

(Ein deutscher und ein österreichischer Soldat, Schulter an Schulter, treten auf.)

WACHTMEISTER WAGENKNECHT: Da sind wir denn alle angetreten und unser Oberbombenwerfer sagte: Jungens, wenn ihr jetzt mal Lust habt, immer feste druff.

FELDWEBEL SEDLATSCHEK *(sich ganz nah an ihn haltend und erschreckt zu ihm emporblickend):* Geh —!

WAGENKNECHT: Erlaube mal, du lehnst ja an meiner Schulter.

SEDLATSCHEK: Ah paton — *(tritt zurück.)*

WAGENKNECHT: Na so gehts wieder. Also denk mal an, der Oberbombenwerfer überließ es uns —

SEDLATSCHEK: Da schau her, das is eine unserer größten Niederlagen — *(zeigt auf ein Schaufenster)*

WAGENKNECHT: Wie? — ach so — ich glaubte — also hör mal — *(er steht jetzt ganz dicht an Sedlatschek, der zurücktaumelt.)*

SEDLATSCHEK: Au weh, du druckst ja auf meine Schulter!

WAGENKNECHT: Pardonk. Also hör mal, der Oberbombenwerfer —

SEDLATSCHEK: Tschuldige, daß ich unterbreche. Mir ist das nämlich unklar.

WAGENKNECHT: Nanu?

SEDLATSCHEK: Nämlich, tschuldige — der Oberbombenwerfer, sagst du, hat's g'schafft. Aber ihr seids doch alle Bombenoberwerfer, wer hat's also g'schafft?

WAGENKNECHT: Ich verstehe deinen Zweifel nicht, ich sagte doch, paß mal besser auf — der Oberbombenwerfer.

SEDLATSCHEK: Noja, aber tschuldige — wirfst du denn nicht auch Bomben ober? Also bist du doch auch ein Oberbombenwerfer.

WAGENKNECHT: Wieso denn, na hör mal —

SEDLATSCHEK: Alstern — der Oberbombenwerfer, das is doch einer — der was die Bomben — oberwirft, oder nicht?

WAGENKNECHT: Oberwirft? Was is denn das?

SEDLATSCHEK *(macht die Pantomime des Werfens):* No — verstehst net — ober — von do — schau her — ober — auf die Leut.

WAGENKNECHT: Ach so, jetzt versteh ich — nee Junge, det is aber z u witzich — ik lach mich dot — 's ist ja zum Schießen komisch — nee, so hatt' ich's nich jemeint. Dafür haben wir doch den Ausdruck: herab!

SEDLATSCHEK *(ihn verständnislos anblickend):* Was — alstern — der Herabbombenwerfer?

WAGENKNECHT: Ach nee — d e t jibts nich. Menschenskind, paß mal auf. Ik meine, der Bombenwerfer wirft die Bombe h e r a b. Aber der Oberbombenwerfer —

SEDLATSCHEK *(ihn anstarrend):* Aber der Ober — was?

WAGENKNECHT: Nu, det ist doch der Scheff von die Bombenwerfer, darum heißt er doch Oberbombenwerfer — wie soll ich dir das nur klar machen, zum Beispiel, ach ja, jewiß doch, ihr habt doch auch die Bezeichnung Oberkellner oder Oberleutnant —

SEDLATSCHEK: Hörst, jetzt versteh i di. Alstern wie der Oberleutnant der Vorgesetzte von die Gäst — — oder nein — wie der Oberkellner der Vorgesetzte von die Mannschaft — nein —

WAGENKNECHT: Ach siehste, in dem Fall sagen wir einfach: der Ober — Sie Herr Ober, kommen Sie mal ran.

SEDLATSCHEK *(dreht sich um, salutiert erschrocken):* Du, hast den Oberleutnant grufen?

WAGENKNECHT: Aber Menschenskind, da könnte ich doch nich Ober sagen. Siehste, beim Kellner läßt man eben die

Berufsbezeichnung wech und sagt einfach Ober, aber über —

SEDLATSCHEK: Ober aber über?

WAGENKNECHT: Ach nee, ich wollte nur sagen, über die andern Vorgesetzten darf man sich nich so ankternu ausdrücken, man sagt zum Oberleutnant nicht: Sie Herr Ober — das wäre doch 'ne Beleidigung. Na und ähnlich ist es mit dem Oberbombenwerfer.

SEDLATSCHEK: Ich versteh — man muß also sagen: Herr Oberbombenwerfer, derf ich jetzt eine Bomben — oberwerfen?

WAGENKNECHT: Na meinswegen, wenn's dir Spaß macht — ihr Östreicher seid doch zu ulkje Kunden. Na, gestatte 'n Augenblickchen, ich will da nur austreten. (Er geht zu einem Anstandsort. Da er eben eintreten will, tritt Hans Müller heraus, geht auf den deutschen Wachtmeister zu und küßt ihn.)

WAGENKNECHT: Ja haste Worte, ja hörn Se mal, das ist ja recht liebenswürdig, ihr Wiener seid überhaupt 'n niedliches Völkchen, aber —

HANS MÜLLER: Heißa, jeden Tag fällt mir das Wort Bismarcks ein: Unsre Leute sind zum Küssen, und so tu ichs denn. Potz Wetter! Ich kann nicht anders, wenn ich solch eines braven Jungen ansichtig werde. Ich schritt fürbaß, sinnend, wie jetzt manch wackern Sohnes das treue Mutterherz gedenken mag, da kamet ihr des Weges, ein Bürge des hehrsten Treubunds, der je zwei Völker zusammengeschmiedet, und wenn's euch nit verdrießt, Vetter, will ich gern einen Tropfen mit euch schmecken. Seht, hie, unfern, in dieser Schenke, die der Fremdsinn Bristol nennet, ist ein guter Tisch gedeckt, da winkt wohl auch ein leckeres Mahl und in munteren Gesprächen, doch stets der Weihestunde gedenk, soll uns die Zeit nimmer zu lange werden. Hei, ich hab einen guten Stecken und kann euch rüstig ausschreiten wie einer. Kommt, laßt uns der Geselligkeit pflegen, wollet ihr? Hab nit übel Lust, Kamerad, eins zu trinken, wie wärs, wollten wir selbander den roten Römer an die Sonne heben? Oder mögt einem Schoppen Gerstensaft zusprechen, ein gar bekömmlich Gebräu aus dem Böhmerland! Wird keinen blanken Taler kosten! Soll euch ein feines Kraut schmecken, das mir ein Ohm, ein rechter Knasterbart, übers große Wasser gesandt. Hei, wir paffen selbander und wenn die losen Kringeln steigen, dann mag wohl auch manch treugemuter Wunsch hinüberflattern zu den Braven, so itzt um unsers Herdes willen manch ungutem Feind die Stirn bieten und die uns fern sind, seit wir Händel gekriegt haben mit dem Welschen. Und ihr — waret ihr denn auch im Spittel? Seid bresthaft? Seid wohl gar blessiert? Wohlan! Sollt euch nach Herzenslust letzen. Doch lasset uns auch der Erbauung pflegen und die geruhige, vom leichten Ohngefähr uns geschenkte Stunde sei durch die Nachdenklichkeit gewürzt, wie sie traun dem Inhalt dieser erschröcklichen Historie, wohl aber auch den lenzlichen Tagen sonnigster Glückserwartung geziemen mag. Ei, ihr zögert? Wollet nicht? Seid gar mieselsüchtig? Possen! Hängt den Griesgram an die Wand, stellt ihn in die finsterste Ecke, wo alter Hausrat, zum Feste unnütz, sich versammelt hat! Topp, schlaget ein, ergreift die Bruderhand und lasset alle guten Geister eurer Lebenslust Kirchweih feiern! Wie? Schmollet ihr mit dem blauen Himmel? Pah, Grillen! Ein Brummbär, wer heut abseit weilen wollte, ein Gauch, wer Mißtrauen hegte gegen Freundeswort, ein Schalk, wer hinginge und den Kameraden in der Leute Mund brächte! Hol Dieser und Jener alle Ohrenbläser! Männiglich weiß, daß nun nicht Zeit ist, ein Sauertopf zu sein. Ihr seid kein Töriger. Seid ihr gleich kein Doktor, wir kämen doch selbander eine gute Strecke weit. Hei, werft nur getrost den Bengel hoch! *(Ein Fiaker hält vor dem Hotel Bristol. Man hört eine Stimme: Im Kriag kriag i's Doppelte!)* Ei, ihr verwundert euch drob? Nehmt's nit für krumm, des Landes Brauch ist's, der Wagenknecht ist ein Rauhbein und ein Erzschelm obendrein —

WAGENKNECHT: Nanu?

HANS MÜLLER: — nehmts nit für ungut, er eifert ob des Entgelts, denn er tuts nicht um Gottes Lohn, solch fahrender Gesell kann beileibe nit genung fodern, und aus keinem anderen Titul als dem der Selbstsucht. Ei ein Handel den's alle Tage gibt, kein grimmer Zwist behüte — er vermeint, der andere werde eh schon wissen, was die Schuldigkeit sei, der Fremdling versetzt, er wisse es nicht, wollt's aber gern erfahren, jener mög's dreist künden, der beteuert, er fodere nit mehr als rechtens und was halt die Satzung sei, der Fremdling, ohn Arg, fragt, was sie denn sei jener, fürwitzig, rät, ihm zu zinsen, was er halt den andern zu zinsen pflag, und schilt weidlich auf die schlechten Zeiten, denn fürwahr der Haber jückt ihn mehr als seiner Gaul, sie feilschen munter ein Weil fort, doch jener zagt nicht und meint, daß sie keinen Schultheiß nit brauchen werden. Und siehe da, sie bringen die rauhe Sach friedlich zu Rande, der beut ein Zwiefaches, der, annoch kratzbürstig, verlangt den Zehnten obendrein, der zahlt, der gibt dem flinken Renner die Sporen und nennt jenen einen notigen Beutel. Wohlan! Ein jeglicher mag die Gelegenheit nutzen, wo die gute Stund ihm gnädig ist, und Frau Klugheit führt allerwegen am sichersten. Wir sind nur die Hansnarren unsers Glücks, und ein Tor, wer nicht weiß, was gescheuter Leute Art ist. So auch ihr. Habt ihr nur Witz für einen Fastnachtsgroschen und seid nit auf den Mund gefallen, so wird sich Schritt vor Schritt mählich alles zu euerm Frommen wenden. *(Eine Prostituierte geht vorbei und sagt »Komm mit schwarzer Dokter, wir wollen sich gut amesieren.«* Mit nichten, hab itzt nit Muße. *(Zu Wagenknecht)* Ei, ihr verwundert euch drob? So seht selbst zum Rechten und lasset euch das Fräulen zu willen sein. 's ist 'ne Hübschlerin die euch ergetzen wird, denn ihr freies Gewerb ist's, der Wollust obzuliegen. Der Teufel hole alle Grillenfänger und mögt ihr immerhin nach eurem Ermessen handeln, doch schiene mir solcher Umgang der ernsten Zeitläufte nicht würdig. Fasset Mut zu euch selbst, und seid ihr auch nicht in höfischer Rede gewandt, nicht in den Künsten und Wissenschaften der Gerechtsame studieret, der gelahrten Schriften unkundig, ei, Handwerk hat einen goldenen Boden und vor mir müsset ihr nicht zaghaft die Zunge hüten. Liegt euch Tand im Sinn, den ihr eurer Liebsten mitzubringen verspracht, einem artigen Bäslein oder sonst einem schmukken Ding, das ihr just nit heuern mögtet — sprecht frei von der Leber. Sollt ihn haben, und wär's ein gülden Ringlein an den Finger, wird wohl den Hals nit kosten. Bange machen gilt nicht. Ich weiß euch einen Krämer, der um Gotteslohn schon manch wackern Krieger aus deutschen Gauen mit köstlicher Gabe von dannen ziehen ließ. Lasset euch darob kein Sorg nit anfechten. Gold ist traun ein höllisch Ding, das wohl verwahrt sein will, und Gevatter Traugott Feitel genüber wird euch baß zu Gefallen sein. *(Mendel Singer geht vorbei. Müller grüßt.)* Ei, ihr erkanntet ihn nicht? Potz, Meister Mendel wars, ein Singer lobesam und des Kaisers lustiger Rat! Nun aber wollt' ich schier meinen, daß ihr mit mir stracks zur Schenke müßt. Ist euch ein fürtrefflicher Wirt und Leutgeb, wird euch Speis und Trunk bereiten, die euch wohl munden sollen. Kommt, Freund Zaghaft, lasst alle bösen Zweifel fahren und schlagt dem Teufel Trübsinn ein Schnippchen. Ist euch voller Listen und Nachstellungen und hängt euch wohl gar noch ein Zipperlein an. Steckt in allerlei Mumme und zwackt euch, wo ihr's euch nimmer verseht. Nun, Meister Ratlos, was steht ihr so blöde? Seh' ich aus wie einer, der Nücken im Kopfe hat? Oder wähnet ihr gar, mein Beutel sei leer? Hab' manchen Batzen bei Schaubühnen verdient und mit Kriegssängen mich tapfer durchgeschlagen! Bin kein Spielverderber, mein's euch gut und war auf eure Kurzweil bedacht, nicht, daß ihr bei hellem Tage Grillen fangen mögtet. Verschmähet ihr, weil ihr ein Reisiger seid, den Umgang eines armen Jungen, der daheim geblieben? Bin drum kein Drückeberger nit. Weiß euch manch tapferes Liedlein, das euch den Mut zu neuer Mannestat stählen soll. *(Sieghart geht vorbei. Müller grüßt.)* Ei, ihr erkanntet ihn nicht? Potz Schwerenot, Meister Sieghart wars, der Besten Einer, der von den Gewaffen Tantiemen bezieht — euch gesagt! Wohlan! Ein Schelm, wer mehr gibt als er hat, doch artiger Schnurren hab ich wohl ein Schock im Ränzel. Hum. Denkt ihr, daß ich auf Ränke sinne? Oder ich wär ein Schubbejack, der euch einen Schabernack spielen will, oder sonst ein müßiger Fant, der nur redt und schwatzt, um euch hinterdrein zu trügen? Ei der Daus! Seid nicht hanebüchen! Nicht doch! War mein Lebzeit kein Tuckmäuser und Leisetreter. Bin sonder Harm und obschon just kein Milchbart und Habenichts, so doch einer, der das Herz am rechten Fleck hat, sich der Sonne freut und im Übrigen unsern Herrgott einen guten Mann sein läßt. Denn ich bin wacker, in alle Sättel gerecht und ein quicker Jung. *(Ein Mann bückt sich, um einen Zigarrenstummel aufzuheben.)* Gott grüß euch Alter, schmeckt das Pfeifchen? *(Fortfahrend)* Auch üb ich immer Treu und Redlichkeit bis zum letzten Hauch von Mann und Roß. Ihr widersprecht vergebens. Laßt mich nur erst zu Worte kommen, dann sing ich euch eine eigne Weis, daß ihr schier vermeintet, ich spielt euch eins zur Fiedel auf. Seht, schon sinkt die Sonne über das Gelände, grüßt mit ihren letzten Strahlen die müden Schnitter, die hier ihres Weges ziehn, manch einer auch von fröhlichem Gejaide weidwund heimkehrend, ein jeglicher den Blick nach dem stillen Ziele gewandt, wo Haus und Herd, die treuliebende Gesponsin und die frohe Kinderschar seiner warten. Gar manche näht sich daheim die Finger wund, denkt frumb an Kriegers Ungemach in rauher Winterszeit und, der Pflicht ledig, den eigenen Tisch wohl zu bestellen, sorgt sie liebend für die weitere Sippe der Volksgenossen. Frauen und Mädchen an Vindobonas altem Nibelungenstrom, Gott grüße euch!

WAGENKNECHT *(wie aus einer Betäubung erwachend, zu Sedlatschek)*: Du, hör mal, Sedlátschek —

SEDLATSCHEK *(kommt herbei)*: Ja hörst, so lang brauchst —

WAGENKNECHT: Ach nee, ich wollte da austreten, kommt dir so'n Judenjunge und quatscht mir was vor —

HANS MÜLLER *(plötzlich verändert)*: Also das is vielleicht ein Verbrechen, daß ich Sie aus Sympathie für die Waffenbrüderschaft hab ins Bristol einladen wollen? Wer sind Sie? Glauben Sie, mir imponieren Sie? Spielt sich da auf!

Worauf herauf! Ich wer' Ihnen nicht salutieren, das wern Sie nicht erleben, von mir nicht! Ich wollte mit Ihnen reden, weil ich für Sonntag ein Feuilleton über die Nibelungentreue schreiben soll — itzt können Sie lang warten! *(Ab.)*

WAGENKNECHT *(erstaunt nachblickend):* Nee, was es hier für Typen gibt in eurem lieben Wien! Der Mann sieht aus wie 'n Jude und quasselt 'n Dialekt wie anno Tobak, wo es noch jar keene Juden gegeben hat. Der Mann ist von der Presse und hat mich geküßt! Anstatt daß so 'ne fesche Wienerin es einem besorgt, muß man hier so was mitmachen. Menschenskind, und da frage ich, ob Warschau nicht zu teuer bezahlt ist!

EINE ZEITUNGSFRAU: Extraausgabee —! Teitscha Bericht! Kroßa Sick da Vabündeteen!

SEDLATSCHEK: Sixt es, hörst es, da hast eine fesche Wienerin!

(Verwandlung.)

26. SZENE

Südwestfront. Ein Stützpunkt auf einer Höhe von mehr als dritthalbtausend Meter. Der Tisch ist mit Blumen und Trophäen geschmückt.

DER BEOBACHTER: Sie kommen schon!

DIE SCHALEK *(an der Spitze einer Schar von Kriegsberichterstattern):* Ich sehe, man hat feierliche Vorbereitungen zu unserem Empfange getroffen. Blumen! Die sind wohl den Herren Kollegen zugedacht, die Trophäen mir! Ich danke euch, meine Braven. Wir sind bis zu diesem Stützpunkt vorgestoßen, es ist nicht viel, aber immerhin. Man ist schon zufrieden, daß er wenigstens vom Feind eingesehen ist. Meinen großen Wunsch, einen exponierten Punkt besuchen zu dürfen, konnte der Kommandant leider nicht erfüllen, weil das den Feind aufregen könnte, sagt er.

EIN STANDSCHÜTZE *(spuckt aus und sagt):* Grüaß Gott.

DIE SCHALEK: Gott wie intressant. Wie gemalt sitzt er da,

wenn er kein Lebenszeichen gäbe, so müßte er von Defregger sein, was sag ich, von Egger-Lienz! Mir scheint, er hängt sogar ein schlau verstohlenes Zwinkern ins Auge. Der einfache Mann, wie er leibt und lebt! Laßt euch, ihr Braven, erzählen, was wir erlebt haben, bis wir zu euch vorgedrungen sind. Also die sonst so belebte Talstraße gehört unbestritten dem Kriegspressequartier. Oben auf dem Joch, da hab ich zum erstenmal etwas wie Genugtuung gefühlt beim Anblick der Verwandlung eines Dolomitenhotels in ein Militärquartier. Wo sind jetzt die geschminkten, spitzenumwogten Signoras, wo ist der welsche Hotelier? Spurlos verschwunden. Ah, das tut wohl! Der Offizier, der uns geführt hat, hat eine Weile überlegt, welche Spitze für uns wohl die geeignetste sei. Er schlug eine vor, die am wenigsten beschossen wird, damit waren natürlich die Herren Kollegen einverstanden, ich aber sagte: nein, da tu ich nicht mit; und so sind wir schließlich hier heraufgekommen. Das ist doch das mindeste. Beantworten Sie mir bitte jetzt nur die eine Frage: Wieso habe ich vor dem Kriege alle die prächtigen Gestalten niemals gesehen, denen ich nun täglich begegne? Der einfache Mann ist einfach eine Sehenswürdigkeit! In der Stadt — Gott wie fad! Hier ist jeder eine unvergeßliche Erscheinung. Wo ist der Offizier?

DER OFFIZIER (von innen): Beschäftigt.

DIE SCHALEK: Das macht nichts. (Er erscheint. Sie beginnt ihm die Einzelheiten förmlich aus dem herb verschlossenen Mund zu ziehen. Nachdem es geschehen ist, fragt sie:) Wo ist der Ausguck? Sie müssen doch einen Ausguck haben? Wo ich noch hingekommen bin, war in dem Graben des Beobachters zwischen den Moosdeckungen ein fünf Zentimeter breiter Ausguck für mich frei. Ach, hier ist er! (Sie stellt sich zum Ausguck.)

DER OFFIZIER (schreiend): Ducken! (Die Schalek duckt sich.) Die drüben wissen ja nicht, wo wir Beobachter sitzen, ein Stück Nase kann uns verraten. (Die männlichen Mitglieder des Kriegspressequartiers greifen nach ihren Taschentüchern und halten sie vor.)

Die Schalek (beiseite): Feiglinge! (Die Batterie beginnt zu arbeiten.) Gott sei Dank, wir kommen gerade recht. Jetzt beginnt ein Schauspiel — also jetzt sagen Sie mir Herr Leutnant, ob eines Künstlers Kunst spannender, leidenschaftlicher dieses Schauspiel gestalten könnte. Jene, die daheim bleiben, mögen unentwegt den Krieg die Schmach des Jahrhunderts nennen — hab' ich's doch auch getan, solange ich im Hinterlande saß — jene, die dabei sind, werden aber vom Fieber des Erlebens gepackt. Nicht wahr Herr Leutnant, Sie stehen doch mitten im Krieg, geben Sie zu, manch einer von Ihnen will gar nicht, daß er ende!

Der Offizier: Nein, das will keiner. Darum will jeder, daß er ende.

(Man hört das Sausen von Geschossen: Ssss — — —)

Die Schalek: Sss —! Das war eine Granate.

Der Offizier: Nein, das war ein Schrapnell. Das wissen Sie nicht?

Die Schalek: Es fällt Ihnen offenbar schwer, zu begreifen, daß für mich die Tonfarben noch nicht auseinanderstreben. Aber ich habe in der Zeit, die ich draußen bin, schon viel gelernt, ich werde auch das noch lernen. — Mir scheint, die Vorstellung ist zu Ende. Wie schade! Es war erstklassig.

Der Offizier: Sind Sie zufrieden?

Die Schalek: Wieso zufrieden? zufrieden ist gar kein Wort! Nennt es Vaterlandsliebe, ihr Idealisten; Feindeshaß, ihr Nationalen; nennt es Sport, ihr Modernen; Abenteuer, ihr Romantiker; nennt es Wonne der Kraft, ihr Seelenkenner — i c h nenne es frei gewordenes Menschentum.

Der Offizier: Wie nennen Sie es?

Die Schalek: Frei gewordenes Menschentum.

Der Offizier: Ja wissen Sie, wenn man nur wenigstens alle heiligen Zeiten einmal einen Urlaub bekäme!

Die Schalek: Aber dafür sind Sie doch durch die stündliche Todesgefahr entschädigt, da erlebt man doch was! Wissen Sie, was mich am meisten intressiert? Was denken Sie sich, was für Empfindungen haben Sie? Es ist erstaunlich, wie leicht die Männer auf dritthalbtausend Meter Höhe nicht nur ohne die Hilfe von uns Frauen, sondern auch ohne uns selbst fertig werden.

EINE ORDONNANZ *(kommt):* Melde gehorsamst, Herr Leutnant, Zugsführer Hofer ist tot.

DIE SCHALEK: Wie einfach der einfache Mann das meldet! Er ist blaß wie ein weißes Tuch. Nennt es Vaterlandsliebe, Feindeshaß, Sport, Abenteuer oder Wonne der Kraft — i c h nenne es freigewordenes Menschentum. Ich bin vom Fieber des Erlebens gepackt! Herr Leutnant, also sagen Sie, was denken Sie sich jetzt, was für Empfindungen haben Sie?

(Verwandlung.)

27. SZENE

Im Vatikan.
Man hört die Stimme des betenden Benedikt.

— — Im heiligen Namen Gottes, unseres himmlischen Vaters und Herrn, um des gesegneten Blutes Jesu willen, welches der Preis der menschlichen Erlösung gewesen, beschwören wir Euch, die Ihr von der göttlichen Vorsehung zur Regierung der kriegführenden Nationen bestellt seid, diesem fürchterlichen Morden, das nunmehr seit einem Jahre Europa entehrt, endlich ein Ziel zu setzen. Es ist Bruderblut, das zu Lande und zur See vergossen wird. Die schönsten Gegenden Europas, dieses Gartens der Welt, sind mit Leichen und Ruinen besät. Ihr tragt vor Gott und den Menschen die entsetzliche Verantwortung für Frieden und Krieg. Höret auf unsere Bitte, auf die väterliche Stimme des Vikars des ewigen und höchsten Richters, dem Ihr werdet Rechenschaft ablegen müssen. Die Fülle der Reichtümer, mit denen Gott der Schöpfer die Euch unterstellten Länder ausgestattet hat, erlauben Euch gewiß die Fortsetzung des Kampfes. Aber um was für einen Preis? Darauf mögen die Tausende junger Menschenleben antworten, die alltäglich auf den Schlachtfeldern erlöschen — —

(Verwandlung.)

In der Redaktion.
Man hört die Stimme des diktierenden Benedikt.

— — Und die Fische, Hummern und Seespinnen der Adria haben lange keine so guten Zeiten gehabt wie jetzt. In der südlichen Adria speisten sie fast die ganze Bemannung des »Leon Gambetta«. Die Bewohner der mittleren Adria fanden Lebensunterhalt an jenen Italienern, die wir von dem Fahrzeug »Turbine« nicht mehr retten konnten, und in der nördlichen Adria wird den Meeresbewohnern der Tisch immer reichlicher gedeckt. Dem Unterseeboot »Medusa« und den zwei Torpedobooten hat sich jetzt der Panzerkreuzer »Amalfi« zugesellt. Die Musterkollektion der maritimen Ausbeute, die sich bisher auf das »maritime Kleinzeug« erstreckte, hat einen gewichtigen Zuwachs erhalten, und bitterer denn je muß die Adria sein, deren Grund sich immer mehr und mehr mit den geborstenen Leibern italienischer Schiffe bedeckt und über deren blaue Fluten der Verwesungshauch der gefallenen Befreier vom Karstplateau streicht — —

(Verwandlung.)

29. SZENE

Der Optimist und der Nörgler im Gespräch.

DER OPTIMIST: Sie können nicht leugnen, daß der Krieg, abgesehen von den guten Folgen für die, welche ständig dem Tod ins Auge blicken müssen, auch einen seelischen Aufschwung mit sich gebracht hat.

DER NÖRGLER: Ich beneide den Tod nicht darum, daß er sich jetzt von so vielen armen Teufeln ins Auge blicken lassen muß, die erst durch die allgemeine Galgenpflicht auf ein metaphysisches Niveau emporgezogen werden, abgesehen davon, daß es in den meisten Fällen mißlingt.

DER OPTIMIST: Die Guten werden besser und die Schlechten gut. Der Krieg läutert.

DER NÖRGLER: Er nimmt den Guten den Glauben, wenn er

ihnen nicht das Leben nimmt, und er macht die Schlechten schlechter. Die Kontraste des Friedens waren groß genug.

DER OPTIMIST: Aber merken Sie nicht den seelischen Aufschwung des Hinterlands?

DER NÖRGLER: Was den seelischen Aufschwung des Hinterlands anlangt, so habe ich ihn bisher nicht anders gemerkt als den Straßenstaub, den die Kehrichtwalze aufwirbelt, damit er wieder zu Boden sinke.

DER OPTIMIST: Es verändert sich also nichts?

DER NÖRGLER: Doch, aus Staub wird Dreck, weil auch der Spritzwagen noch hinterher geht.

DER OPTIMIST: Sie glauben also nicht, daß sich seit dem Anfang August, da sie ausgezogen sind, etwas gebessert hat?

DER NÖRGLER: Anfang August, ja das war der Ausziehtermin, als man der Menschheit die Ehre gekündigt hatte. Sie hätte ihn vor dem Weltgericht anfechten sollen.

DER OPTIMIST: Wollen Sie etwa die Begeisterung, mit der unsere braven Soldaten ins Feld ziehen, und den Stolz, mit dem die Daheimbleibenden ihnen nachblicken, in Abrede stellen?

DER NÖRGLER: Gewiß nicht; nur behaupten, daß die braven Soldaten lieber mit den stolz Nachblickenden tauschen würden als die stolz Nachblickenden mit den braven Soldaten.

DER OPTIMIST: Wollen Sie die große Solidarität in Abrede stellen, die der Krieg wie mit einem Zauberschlage hergestellt hat?

DER NÖRGLER: Die Solidarität wäre noch größer, wenn keiner hinausziehen müßte und alle stolz nachblicken dürften.

DER OPTIMIST: Der deutsche Kaiser hat gesagt: Es gibt keine Parteien mehr, es gibt nur noch Deutsche.

DER NÖRGLER: Das mag für Deutschland richtig sein, anderswo haben die Menschen vielleicht doch einen noch höheren Ehrgeiz.

DER OPTIMIST: Wieso?

DER NÖRGLER: Es versteht sich schon nach der Nationalität, daß sie anderswo keine Deutschen sind.

DER OPTIMIST: Wer hat wie Sie die Menschheit im Frieden faulen gesehn?

DER NÖRGLER: Sie trägt ihre Fäulnis in den Krieg, sie steckt den Krieg mit ihr an, sie läßt ihn an ihr verkommen und sie wird sie unversehrt und vermehrt hinüber in den Frieden retten. Ehe der Arzt die Pest heilt, hat sie ihn und den Patienten umgebracht.

DER OPTIMIST: Ja, aber ist denn für eine so geartete Menschheit der Krieg nicht besser als der Friede?

DER NÖRGLER: Ist es so, so kommt der Friede hintennach.

DER OPTIMIST: Ich würde doch glauben, daß der Krieg dem Übel ein Ende macht.

DER NÖRGLER: Er setzt es fort.

DER OPTIMIST: Der Krieg als solcher?

DER NÖRGLER: Der Krieg als dieser. Er wirkt aus den Verfallsbedingungen der Zeit, mit ihren Bazillen sind seine Bomben gefüllt.

DER OPTIMIST: Aber es gibt doch wenigstens wieder ein Ideal. Ist es da mit dem Übel nicht vorbei?

DER NÖRGLER: Das Übel gedeiht hinter dem Ideal am besten.

DER OPTIMIST: Aber die Beispiele von Opfermut müssen doch fortwirken über den Krieg hinaus.

DER NÖRGLER: Das Übel wirkt durch den Krieg und über ihn fort, es mästet sich am Opfer.

DER OPTIMIST: Sie unterschätzen die sittlichen Kräfte, die der Krieg in Bewegung setzt.

DER NÖRGLER: Das sei fern von mir. Viele, die jetzt sterben müssen, dürfen zwar auch morden, sind aber jedenfalls der Möglichkeit, zu wuchern, enthoben. Nur daß sich für diesen Ausfall die andern, die ihnen stolz nachblicken, entschädigen können. Die dort sind die superarbitrierten Sünder; die hier rücken frisch ein.

DER OPTIMIST: Sie verwechseln eine Oberflächenerscheinung, wie sie die korrupte Großstadt bietet, mit dem gesunden Kern.

DER NÖRGLER: Die Bestimmung des gesunden Kerns ist,

Oberflächenerscheinung zu werden. Die Richtung der Kulturtendenz führt zur Welt als Großstadt. Im Handumdrehn können Sie aus einem westphälischen Bauern einen Berliner Schieber machen, umgekehrt gehts nicht und zurück ginge es auch nicht mehr.

DER OPTIMIST: Aber die Idee, für die gekämpft wird, bedeutet doch eben dadurch, daß wieder eine Idee da ist und daß man sogar für sie sterben kann, die Möglichkeit einer Gesundung.

DER NÖRGLER: Man kann sogar für sie sterben und wird trotzdem nicht gesund. Man stirbt eben nicht für sie, sondern an ihr. Und man stirbt an ihr, ob man für sie lebt oder stirbt, in Krieg und Frieden. Denn man lebt von ihr.

DER OPTIMIST: Das ist ein Wortspiel. Welche Idee haben Sie im Auge?

DER NÖRGLER: Die Idee, für die das Volk stirbt, ohne sie zu haben, ohne etwas von ihr zu haben, und an der das Volk stirbt, ohne es zu wissen. Die Idee der kapitalistischen, also jüdisch-christlichen Weltzerstörung, die im Bewußtsein jener liegt, die nicht kämpfen, sondern für die Idee und von ihr leben und wenn sie nicht unsterblich sind, an Fettsucht oder Zuckerkrankheit sterben.

DER OPTIMIST: Wenn also nur für eine solche Idee gekämpft wird, wer würde dann siegen?

DER NÖRGLER: Hoffentlich nicht jene Kultur, die sich am willigsten der Idee überlassen hat, deren Durchsetzung von eben der Macht-Organisation abhängt, zu welcher diese Idee ausschließlich fähig war.

DER OPTIMIST: Ich verstehe. Die andern, die Feinde, würden dann also für eine andere Idee kämpfen?

DER NÖRGLER: Hoffentlich. Nämlich für eine Idee. Nämlich für die, die europäische Kultur von dem Druck jener Idee zu befreien. Sich selbst zu befreien, sich selbst auf dem Weg, auf dem die Gefahr gespürt wird, zur Umkehr zu bringen.

DER OPTIMIST: Und Sie glauben, daß dergleichen den Staatsmännern der feindlichen Mächte bewußt ist, die doch gerade in offenkundiger Weise Handelsinteressen vertreten und als die Partei des händlerischen Neides vor der Weltgeschichte gezeichnet sind?

DER NÖRGLER: Die Weltgeschichte erscheint bei uns täglich zweimal, also zu oft, um sich die nötige Autorität bei der Entente zu verschaffen. Nein, bewußt ist den Staatsmännern nie eine Idee, aber in dem Instinkt der Völker lebt sie so lange, bis sie sich eines Tages in einer staatsmännischen Handlung manifestiert, die dann ein ganz anderes Gesicht, ein ganz anderes Motiv hat. Man sollte sich allmählich gewöhnen, das, was man britischen Neid, französische Revanchesucht und russische Raubgier nennt, als eine Aversion gegen den ehernen Tritt deutscher Schweißfüße aufzufassen.

DER OPTIMIST: Sie glauben also nicht, daß es sich einfach um einen planmäßigen Überfall handelt?

DER NÖRGLER: Doch.

DER OPTIMIST: Also wie —?

DER NÖRGLER: Ein Überfall geschieht in der Regel gegen den, der überfallen wird, seltener gegen den, der überfällt. Oder nennen wir es einen Überfall, der für den Überfallenden etwas überraschend kam, und einen Akt der Notwehr, der den Überfallenden ein wenig überrumpelt hat.

DER OPTIMIST: Sie belieben zu scherzen.

DER NÖRGLER: Im Ernst halte ich diesen europäischen Zusammenschluß gegen Mitteleuropa für die letzte elementare Tatsache, deren die christliche Zivilisation fähig war.

DER OPTIMIST: Sie sind also offenbar der Ansicht, daß nicht Mitteleuropa, sondern die Entente im Zustand der Notwehr gehandelt hat. Wenn sie aber, wie sich zeigt, nicht fähig ist, diese Notwehr eines Überfalls erfolgreich durchzuführen?

DER NÖRGLER: Dann würde dieser Händlerkrieg vorläufig zu Gunsten jener entschieden werden, die weniger Religion hatten, um nach hundert Jahren in einen offenen Religionskrieg überzugehen.

DER OPTIMIST: Wie meinen Sie das?

DER NÖRGLER: Ich meine, daß dann das judaisierte Christentum Europas vor dem Gebot des asiatischen Geistes die Waffen strecken wird.

DER OPTIMIST: Und mit welchen Waffen würde der asiatische Geist das erzwingen?

DER NÖRGLER: Mit Waffen. Mit eben der Idee der Quantität und der entwickelten Technik, mit der allein der Idee, dem infernalischen Geist Mitteleuropas beizukommen ist. Die Quantität hat China schon, die andere Waffe wird es sich noch zulegen. Es wird für rechtzeitige Japanisierung sorgen. Es wird so verfahren wie heute in kleinerem Maße England, das sich den Militarismus anschaffen muß, um mit ihm fertig zu werden.

DER OPTIMIST: Aber es wird ja mit ihm nicht fertig.

DER NÖRGLER: Ich hoffe, doch. Und: daß es nicht selbst fertig würde, wenn es den Militarismus bekäme; und daß es nicht mit geistiger Verarmung einen materiellen Sieg erkaufe. Sonst würde Europa verdeutscht. Der Militarismus ist vielleicht ein Zustand, durch den ein europäisches Volk besiegt wird, nachdem es durch ihn gesiegt hat. Die Deutschen haben sich als erste aufgeben müssen, um das erste Militärvolk der Erde zu sein. Möge es den andern nicht ähnlich ergehen, zumal den Engländern, die ein edlerer Selbsterhaltungstrieb bisher vor der allgemeinen Wehrpflicht bewahrt hat. Die jetzige Notwehr, die den allgemeinen Zwang herbeiruft, ist nicht nur ein verzweifelter, sondern auch ein zweifelhafter Versuch. England könnte zugleich mit Deutschland sich selbst besiegen. Die einzige Rasse, die stark genug ist, das technische Leben zu überdauern, lebt nicht in Europa. So sehe ich es manchmal. Gebe der Christengott, daß es anders kommt!

DER OPTIMIST: Aha, Ihre Chinesen; die kriegsuntüchtigste Rasse!

DER NÖRGLER: Gewiß, sie lassen heute alle Errungenschaften der Neuzeit vermissen, denn sie haben sie vielleicht in einer uns unbekannten Vorzeit schon durchgemacht und ihr Leben daraus gerettet. Sie werden sie spielend wieder erringen, sobald sie sie brauchen werden, um sie den Europäern abzugewöhnen. Sie werden auch Firlefanz treiben: aber zu einem moralischen Zwecke. Das nenne ich einen Religionskrieg, der eine Art hat.

DER OPTIMIST: Welcher Idee verhilft er zum Siege?

DER NÖRGLER: Der Idee, daß Gott den Menschen nicht als Konsumenten oder Produzenten erschaffen hat, sondern als Menschen. Daß das Lebensmittel nicht Lebenszweck sei. Daß der Magen dem Kopf nicht über den Kopf wachse. Daß das Leben nicht in der Ausschließlichkeit der Erwerbsinteressen begründet sei. Daß der Mensch in die Zeit gesetzt sei, um Zeit zu haben und nicht mit den Beinen irgendwo schneller anzulangen als mit dem Herzen.

DER OPTIMIST: Das ist Urchristentum.

DER NÖRGLER: Christentum ist es nicht, denn dieses war nicht widerstandsfähig vor der Rache Jehovahs. Seine Verheißung zu schwach, um den irdischen Heißhunger vertrösten zu können, der sich für die himmlische Entschädigung schon hienieden entschädigt. Denn diese Art Menschheit ißt nicht, um zu leben, sondern lebt um zu essen und stirbt nun gar dafür. Freudenhaus und Schlachthaus und im Hintergrund die Kapelle, in der ein vereinsamter Papst die Hände ringt.

DER OPTIMIST: Also mit einem Wort, die Idee ist der Kampf gegen den Materialismus.

DER NÖRGLER: Also mit einem Wort: die Idee.

DER OPTIMIST: Aber ist denn nicht der deutsche Militarismus gerade jene konservative Einrichtung, die den von Ihnen verachteten Tendenzen der modernen Welt entgegensteht? Ich wundere mich, daß ein konservativer Denker gegen den Militarismus spricht.

DER NÖRGLER: Ich wundere mich gar nicht, daß ein Fortschrittsmann für den Militarismus spricht. Sie haben ganz recht: denn der Militarismus ist nicht das was ich meine, sondern das was Sie meinen. Er ist das Machtmittel, das der jeweils herrschenden Geistesrichtung zu ihrer Durchsetzung dient. Heute dient er, nicht anders als ihr die Presse dient, der Idee jüdisch-kapitalistischer Weltzerstörung.

DER OPTIMIST: Aber in den Äußerungen der feindlichen

Mächte ist von nichts anderm die Rede als daß sie die Freiheit gegen die Autokratie schützen wollen.

DER NÖRGLER: Das ist jetzt das nämliche. Was im Instinkt der Menschheit, auch der unfreiesten, lebt, ist die Sehnsucht, die Freiheit des Geistes gegen die Diktatur des Geldes, die Menschenwürde gegen die Autokratie des Erwerbs zu schützen. Der Militarismus ist das Machtmittel dieser Diktatur, anstatt daß er innerhalb des Staates zum Werkzeug gegen sie verwendet würde, zu dem er von Natur geschaffen ist. Seitdem die todbringende Waffe ein Industrieprodukt ist, kehrt sie sich gegen die Menschheit, und der Berufssoldat weiß nicht mehr, welcher Bestrebungen Werkzeug er ist. Auch Rußland kämpft gegen die Autokratie. Aus einem letzten kulturellen Instinkt heraus wehrt es sich gegen die dem Geist und der Menschenwürde gefährlichste Macht, gegen jene Überredung, der die prinzipielle Unterworfenheit des christlichen Gedankens am leichtesten und zum heillosesten Pakte unterliegt.

DER OPTIMIST: Sollten aber die heterogenen Völker, die zu diesem Krieg zusammengetrommelt wurden, eben diese eine gemeinsame Sehnsucht haben? Die russische Autokratie und die westliche Demokratie?

DER NÖRGLER: Eben diese Antithese beweist die tiefere Gemeinsamkeit, die über das politische Ziel hinausgreift. Und daß selbst die Kontraste zusammengehen, beweist, daß die schlechte Politik Deutschlands, diese Ohnmacht gegen diplomatische Schulregeln, der Ausdruck einer Entwicklungsnotwendigkeit war.

DER OPTIMIST: Aber das Gemenge dieser Verbündeten ist doch allzu bunt.

DER NÖRGLER: Die Mischung beweist die Echtheit des Hasses.

DER OPTIMIST: Aber der Haß gebraucht die falschesten Argumente.

DER NÖRGLER: Das tut der Haß immer, doch seine falschen Argumente sind ein Beweis für die Wahrheit seines Instinkts.

DER OPTIMIST: So hätten also die Deutschen es nötig, aus den Reichen der Lüge sich kulturelle Auffrischung zu holen?

DER NÖRGLER: Nötig wohl, aber ein Sieg würde es ihnen überflüssig erscheinen lassen. Sie würden von ihren bedenklichsten Wahrheiten nicht zu heilen sein. Denn es ist immerhin fraglich, ob nicht die »Lügen des Auslands«, vorausgesetzt, daß nicht auch sie made in Germany sind, mehr Lebenssaft enthalten als eine Wahrheit des Wolff'schen Büros. Bei jenen kann man die Lüge, die einem Naturell entspringt, von der Wahrheit, die einer Einsicht entspringt, unterscheiden; hier sagen sie selbst die Wahrheit wie gedruckt und alles entspringt dem Papier. Ist die Lüge in romanischen Ländern ein Rausch, so ist sie hier eine Wissenschaft und darum dem Organismus gefährlich. Die dort sind Künstler der Lüge, sie glauben selbst nicht daran, sie wollen sie aber hören, weil ihnen die Lüge deutlicher sagt, was sie empfinden: ihre Wahrheit. Die hier lügen um kein Wort mehr als für den zu erreichenden Zweck unbedingt notwendig ist; sie sind Ingenieure der Lüge, sie sichern durch sie ihre Kriegs- und Lebenslüge.

DER OPTIMIST: Die Vorwürfe, daß die deutsche Kriegführung barbarisch sei, sind doch zu albern.

DER NÖRGLER: Nehmen wir mit Gott an, die deutsche Kriegführung sei bis auf etliche nur als Repressalien angewandte Maßnahmen, die zufällig immer die Zivilbevölkerung treffen, und bis auf Fälle wie den der Lusitania, die der Biedersinn »Zwischenfälle« nennt, nicht barbarischer als die Kriegführung der andern. Aber wenn die andern sagen, die deutsche Kriegführung sei barbarisch, so fühlen sie doch mit Recht, daß die deutsche Friedensführung barbarisch ist. Und das muß sie gewesen sein, da sie sonst nicht seit Generationen auf dem Gedanken aufgebaut gewesen wäre, die deutsche Kriegführung vorzubereiten.

DER OPTIMIST: Aber die Deutschen sind schließlich doch auch das Volk der Dichter und Denker. Widerspricht nicht die deutsche Bildung dem von Ihnen behaupteten Materialismus?

DER NÖRGLER: Die deutsche Bildung ist kein Inhalt, sondern ein Schmückedeinheim, mit dem sich das Volk der Richter und Henker seine Leere ornamentiert.

DER OPTIMIST: Das Volk der Richter und Henker? So nennen Sie die Deutschen? Das Volk Goethes und Schopenhauers?

DER NÖRGLER: So kann es sich selbst nennen, weil es gebildet ist, aber es müßte dafür von rechtswegen nach seinem populärsten Strafparagraphen, nämlich wegen groben Unfugs, vom Weltgericht abgeurteilt werden.

DER OPTIMIST: Warum denn?

DER NÖRGLER: Weil Goethe und Schopenhauer gegen den heutigen Zustand des deutschen Volkes mit mehr Berechtigung alles das vorbrächten, was sie gegen ihre deutsche Zeitgenossenschaft auf dem Herzen hatten, und mit mehr Schärfe als der ›Matin‹. Sie müßten heute froh sein, wenn es ihnen glückte, als lästige Inländer über die Grenze zu kommen. Goethe hat schon dem aufgeschwungenen Zustand, in dem sich sein Volk während des Befreiungskrieges befand, nichts als das Gefühl der Leere abgewinnen können, und die deutsche Umgangs- und Zeitungssprache könnte Gott danken, wenn sie heute noch auf dem Niveau wäre, auf dem Schopenhauer sie verächtlich gefunden hat. Kein Volk lebt entfernter von seiner Sprache, also von der Quelle seines Lebens, als die Deutschen. Welcher neapolitanische Bettler stünde seiner Sprache nicht näher, als der deutsche Professor der seinen! Ja, aber gebildet ist dieses Volk wie kein andres und weil seine Doktoren ohne Ausnahme, das heißt, wenn sie nicht in einem Pressequartier unterkommen, mit Gasbomben hantieren, macht es gleich seine Feldherrn zu Doktoren. Was hätte Schopenhauer zu einer philosophischen Fakultät gesagt, die ihre höchste Ehre an einen Organisator des Maschinentods vergibt? Gebildet sind sie, das muß ihnen der britische Neid lassen, und wissen Bescheid von allem. Ihre Sprache dient eben noch dem Zweck, Bescheid zu sagen. Dieses Volk schreibt heute das abgestutzte Volapük des Weltkommis und wenn es die Iphigenie nicht zufällig ins Esperanto rettet, so überläßt es das Wort seiner Klassiker der schonungslosen Barbarei aller Nachdrucker und entschädigt sich in einer Zeit, in der kein Mensch mehr das Schicksal des Wortes ahnt und erlebt, durch Luxusdrucke, Bibliophilie und ähnliche Unzucht eines Ästhetizismus, die ein so echtes Stigma des Barbarentums ist wie das Bombardement einer Kathedrale.

DER OPTIMIST: Aha, aber die Kathedrale von Reims war ein militärischer Beobachtungsposten!

DER NÖRGLER: Interessiert mich nicht. Die Menschheit selbst ist ein militärischer Beobachtungsposten — ich wollte, sie würde von Kathedralen beschossen.

DER OPTIMIST: Aber das mit der deutschen Sprache verstehe ich nicht ganz. Sie sind der, der mit der deutschen Sprache förmlich verlobt tut und ihr in der Schrift gegen den Heineismus den Vorzug vor den romanischen Sprachen zuerkannt hat. Jetzt denken Sie offenbar anders.

DER NÖRGLER: Daß ich jetzt anders denke, kann nur ein Deutscher finden. Eben ich denke so, weil ich mit ihr verlobt bin. Ich bin ihr auch treu. Und ich weiß, wie dieser Krieg es bestätigen wird und wie ein Sieg, vor dem Gott uns bewahren möge, der vollkommenste Verrat am Geiste wäre.

DER OPTIMIST: Sie sehen doch aber die deutsche Sprache als die tiefere?

DER NÖRGLER: Aber tief unter ihr den deutschen Sprecher.

DER OPTIMIST: Und die andern Sprachen stehn doch nach Ihrer Ansicht tief unter der deutschen?

DER NÖRGLER: Aber die andern Sprecher höher.

DER OPTIMIST: Sind Sie denn in der Lage, einen faßbaren Zusammenhang zwischen der Sprache und dem Krieg herzustellen?

DER NÖRGLER: Etwa den: daß jene Sprache, die am meisten zu Phrase und Vorrat erstarrt ist, auch den Hang und die Bereitschaft hat, mit dem Tonfall der Überzeugung alles das an sich selbst untadelig zu finden, was dem andern zum Vorwurf gereicht.

DER OPTIMIST: Und das sollte eine Qualität der deutschen Sprache sein?

DER NÖRGLER: Hauptsächlich. Sie ist heute selbst jene Fertigware, die an den Mann zu bringen den Lebensinhalt ihrer heutigen Sprecher ausmacht, und sie hat nur noch die Seele des Biedermannes, der gar keine Zeit hatte, eine Schlechtigkeit zu begehen, weil sein Leben nur auf sein Geschäft auf- und draufgeht und wenns nicht gereicht hat, ein offenes Konto bleibt.

DER OPTIMIST: Sollten diese Gedanken nicht weit hergeholt sein?

DER NÖRGLER: Von dem Fernsten, von der Sprache.

DER OPTIMIST: Und suchen die andern kein Geschäft?

DER NÖRGLER: Aber ihr Leben geht nicht drauf auf.

DER OPTIMIST: Die Engländer machen mit dem Krieg ein Geschäft und ließen auch stets nur Söldner für sich kämpfen.

DER NÖRGLER: Die Engländer sind eben keine Idealisten, sie wollen für ihr Geschäft nicht ihr Leben einsetzen.

DER OPTIMIST: Söldner kommt unmittelbar von Sold, da haben Sie Ihre Sprache!

DER NÖRGLER: Ein klarer Fall. Aber Soldat noch unmittelbarer. Der Unterschied ist freilich, daß der Soldat weniger Sold und mehr Ehre bekommt, wenn er fürs Vaterland sterben geht.

DER OPTIMIST: Aber unsere Soldaten kämpfen doch eben fürs Vaterland.

DER NÖRGLER: Ja, das tun sie wirklich, und zum Glück aus Begeisterung, weil sie sonst dazu gezwungen wären. Die Engländer sind keine Idealisten. Sie sind vielmehr so sauber, wenn sie ein Geschäft machen wollen, es nicht Vaterland zu nennen, sie sollen gar kein Wort in ihrer Sprache dafür haben, sie lassen die Ideale in Ruhe, wenn der Export in Gefahr ist.

DER OPTIMIST: Sie sind Händler.

DER NÖRGLER: Wir sind Helden.

DER OPTIMIST: Ja, aber Sie sagen doch wieder, daß die

Engländer mit allen andern zusammen für ein Ideal kämpfen?

DER NÖRGLER: Ich sage, daß sie es unter den realsten Vorwänden zu tun imstande sind, während wir unter den idealsten Vorwänden auf ein Geschäft ausgehen.

DER OPTIMIST: Halten Sie es für ein Ideal, die Deutschen an einem Geschäft zu hindern?

DER NÖRGLER: Gewiß, eben das, was wir für Konkurrenzneid halten. In Wahrheit ist es das Wissen, wem eine Ausdehnung des Etablissements kulturell bekömmlich ist und wem nicht. Es gibt Völker, die nicht zu viel essen dürfen, weil sie eine schlechte kulturelle Verdauung haben. Das spürt die Nachbarschaft im Nu und peinlicher als sie selbst. Welthandel würde den deutschen Geist, von dem die deutsche Bildung schon längst nichts mehr weiß, für alle Zeit isolieren. Aber um mit der Welt in geistiger Verbindung zu bleiben, dazu ist Exportvermehrung keineswegs förderlich. Den Engländern steht dergleichen zu, ohne der dürftigen Seele, die wir an ihnen wahrzunehmen glauben, Abbruch zu tun. Sie können sich das Notwendige wie den Luxus des Ornaments ohne Gefahr leisten und vertragen den Betrieb so gut wie die Monarchie. Im deutschen Wesen, an dem die Welt genesen soll, geht alles Heterogene sofort eine heillose Verbindung ein. Jene haben Kultur, weil sie das bißchen Innerlichkeit von den Problemen des Konsums streng zu separieren wissen. Sie wollen von keinem Schmutzkonkurrenten gezwungen sein, länger als sechs Stunden zu arbeiten, um den Rest des Tags jenen Beschäftigungen vorzubehalten, für die Gott den Briten erschaffen hat: Gott oder Sport, wobei die Beschäftigung mit Gott selbst dann eine innere Angelegenheit wäre, wenn sie nur Heuchelei wäre, weil sie immerhin ein Gedanke ist, der von dem Tagwerk weitab führt. Und darauf kommt es an. Während der Deutsche vierundzwanzig Stunden im Tag arbeitet und die seelischen, geistigen, künstlerischen und sonstigen Verpflichtungen, die er durch diese Einteilung vernachlässigen würde, innerhalb der Arbeit absolviert, indem er ihren bezüglichen Inhalt gleich als Ornament, als Warenmarke, als Aufmachung verwendet. Er will nichts versäumen. Und diese Vermischung der inneren Dinge mit den Lebensnotwendigkeiten, diese Einstellung des Lebensmittels als Lebenszweck und gleichzeitige Verwendung des Lebenszwecks im Dienste des Lebensmittels, wie etwa der »Kunst im Dienste des Kaufmanns« — dies ist das unselige Element, in welchem das deutsche Ingenium floriert und verwelkt. Dies und nichts anderes, der fluchwürdige Geist ewiger Verbindung, Umstülpung, Aufmachung ist das Problem des Weltkriegs. Wir sind Händler und Helden in einer Firma.

DER OPTIMIST: Das Problem des Weltkrieges ist bekanntlich, daß Deutschland seinen Platz an der Sonne haben wollte.

DER NÖRGLER: Das ist bekannt, aber man weiß noch nicht, daß wenn dieser Platz erobert wäre, die Sonne untergehn würde. Worauf freilich die Norddeutsche Allgemeine die Antwort hätte, daß wir dann im Schatten kämpfen würden. Und zwar bis zum siegreichen Ende und darüber hinaus.

DER OPTIMIST: Sie sind ein Nörgler.

DER NÖRGLER: Ich bin es, wiewohl ich gern zugebe, daß Sie ein Optimist sind.

DER OPTIMIST: Waren Sie nicht einer, der ehedem der deutschen Organisation ein Loblied gesungen und sie wenigstens im Vergleich zur romanischen Wildnis begünstigt hat?

DER NÖRGLER: Ehedem und noch jetzt. Die deutsche Organisation — nehmen wir selbst an, sie hielte dem fessellosen Krieg stand — ist ein Talent und wie jedes Talent welt- und zeitläufig. Es ist praktisch, subaltern und dient der Persönlichkeit, die sich seiner bedient, besser als die zerfahrene Umgebung, in der auch der subalterne Mensch Persönlichkeit hat. Wie sehr muß aber ein Volk sich seiner Persönlichkeit entäußert haben, um zu der Fähigkeit zu gelangen, so glatt die Bahn des äußeren Lebens zu bestellen! Ein Kompliment war diese Anerkennung nie, und bei der Entscheidung zwischen Menschheitswerten, zu der vor dem Krieg kein Aufruf erfolgt war, hat das nervöse Bedürfnis des

Individualitätsmenschen nicht mehr mitzureden. Er durfte in einem schlechten Leben und zumal in dem Chaos, in das dieses schlechte Leben gar hierzulande verdammt ist, sich nach Ordnung sehnen; er durfte in diesem Notstand die Technik als Pontonbrücke benützen, um zu sich selbst zu gelangen; er war es zufrieden, daß die Menschheit um ihn herum nur noch aus Chauffeuren bestand, denen er getrost auch allerlei Stimmrecht entzogen hätte. Jetzt geht es um die Persönlichkeit der Völker.

DER OPTIMIST: Und welche siegt?

DER NÖRGLER: Als Nörgler bin ich verpflichtet, schwarz zu sehen und zu fürchten, daß jene siegt, die am wenigsten Individualität bewahrt hat, also die deutsche. Innerhalb der geistigen Grenzen des europäischen Christentums sehe ich das, in schwarzen Stunden, so verlaufen. Die seelische Aushungerung kommt hintennach.

DER OPTIMIST: Dies das Resultat des Weltkriegs?

DER NÖRGLER: Des europäischen Kriegs, und bis zu der Entscheidung, die der wahre Weltkrieg gegen das im Geist geeinte Europa bringen würde. Der slavo-romanische, von Hilfsvölkern unterstützte Aufstand bleibt eine Episode, bis ganz Europa genügend deutsche Moral, Stinkbomben und allgemeine Wehrpflicht hat, um von Asien mores gelehrt zu werden. So fürchte ich manchmal. Doch zumeist bin ich ein Optimist und ein ganz anderer als Sie. Dann hoffe ich zuversichtlich, daß es gut ausgehn wird, und sehe, daß diese ganze Siegerei nichts ist als ein frevler Zeit- und Blutverlust zur Fristerstreckung der unabwendbaren Niederlage.

DER OPTIMIST: Seien Sie vorsichtig!

DER NÖRGLER: Ich sage es ja nur Ihnen und öffentlich. Sie sagen es nicht weiter, und meinen Stil versteht der Henker nicht. Ich würde gern deutlicher werden. Aber ich lasse die Preußen aufs Ganze gehn und denke mir meinen Teil.

DER OPTIMIST: Aber Sie widersprechen sich auch in dem, was Sie für sich behalten.

DER NÖRGLER: Das ist doch kein Widerspruch, daß ich unsern Sieg fürchte und auf unsere Niederlage hoffe.

DER OPTIMIST: Und es besteht also auch kein Widerspruch zwischen Ihrem Lob des deutschen Wesens und Ihrem Tadel?

DER NÖRGLER: Nein, es besteht kein Widerspruch zwischen dem Lob einer Zivilisation, die das äußere Leben reibungslos macht, Straßendreck durch Asphalt ersetzt und der ergänzungswilligen Phantasie Schemen statt einer wertlosen Wesenhaftigkeit liefert, und dem Tadel einer Kultur, die sich eben um dieser Reibungslosigkeit, Promptheit und Geschicklichkeit willen verflüchtigt hat. Es ist kein Widerspruch, sondern eine Tautologie. Ich fühlte mich in einer allgemeinen Mißwelt am wohlsten dort, wo sie geordnet ist und die Gesellschaft entleert genug, um mir eine Komparserie zu stellen, in der einer wie der andere aussieht und darum das Gedächtnis nicht mit Physiognomien belastet wird. Aber ich wünsche nicht, daß es der Zustand der Menschheit sei, ich bin weit entfernt davon, meine Bequemlichkeit über das Glücksbedürfnis der Nation zu setzen, und halte es für verfehlt, wenn diese selbst sich wie ein Bataillon Aschingerbrötchen aufreihen läßt.

DER OPTIMIST: So klären Sie mir auch den Widerspruch auf, daß sie den militärischen Typus für den relativ saubersten im Staatsleben gehalten haben.

DER NÖRGLER: Das ist so wenig ein Widerspruch wie der andere einer ist. Der militärische Typus war unter allen vorrätigen Typen der Mittelmäßigkeit im Chaos einer Friedenswelt der brauchbarste. Dienst ist die Schranke der zügellosen Unbedeutung. Zucht, Pflichterfüllung um ihrer selbst willen ist der Anstand der Banalität. Dies als Augenmaß für das Gesichtsfeld eines Geldbürgertums. Sogar der Jobber, der einmal dienen muß, anstatt zu gebieten, kommt mit einem bessern, weniger störenden, fettlosen Habitus zurück.

DER OPTIMIST: Das wäre ja beileibe ein Lob des Kriegs.

DER NÖRGLER: Nein, nur der Strapaz. Bei Leibe! Der Tod hebt den erreichten Gewinn wieder auf.

DER OPTIMIST: Das ist wahr. Aber wenn die Jobber sterben, so muß Ihnen das doch recht sein.

DER NÖRGLER: Die Jobber sterben nicht. Und vor allem macht der angemaßte Todesglanz den Wert der Turnübung wett. Das Heldentum der Unbefugten ist die schaurigste Aussicht dieses Kriegs. Es wird dereinst der Hintergrund sein, auf dem sich die vermehrte oder unveränderte Niedrigkeit malerischer und vorteilhafter abhebt.

DER OPTIMIST: Aber es wird doch wirklich gestorben. Beachten Sie die tägliche Zeitungsrubrik »Heldentod«.

DER NÖRGLER: Gewiß, es ist dieselbe Rubrik, in der früher die Verleihung des Kommerzialratstitels gemeldet wurde. Aber dieser traurige Zufall eines Granatsplitters wird auch den überlebenden Vertretern der kommerziellen Interessen, für die jene gestorben sind, eine Aureole verschaffen.

DER OPTIMIST: Sie meinen die, die daheimgeblieben sind?

DER NÖRGLER: Ja, diese werden sich für den Zwang, dem jene erlegen sind, entschädigen, für den Zwang im Dienst einer fremden Idee sterben zu müssen, der da allgemeine Wehrpflicht heißt.

DER OPTIMIST: Diesem Übermut werden die heimkehrenden Krieger schon zu begegnen wissen.

DER NÖRGLER: Die heimkehrenden Krieger werden in das Hinterland einbrechen und dort den Krieg erst beginnen. Sie werden die Erfolge, die ihnen versagt waren, an sich reißen und der Lebensinhalt des Kriegs, den Mord, Plünderung und Schändung bilden, wird ein Kinderspiel sein gegen den Frieden, der nun ausbrechen wird. Vor der Offensive, die dann bevorsteht, bewahre uns der Schlachtengott! Eine furchtbare Aktivität, aus Schützengräben befreit, durch kein Kommando mehr geleitet, wird in allen Lebenslagen nach der Waffe und nach dem Genuß greifen, und es wird mehr Tod und Krankheit in die Welt kommen, als der Krieg selbst ihr zugemutet hat. Der Himmel schütze die Kinder vor den Säbeln, die ein häusliches Züchtigungsmittel sein werden, wie vor dem Spielzeug einer mitgebrachten Granate!

DER OPTIMIST: Es ist gewiß gefährlich, wenn Kinder mit Granaten spielen.

DER NÖRGLER: Und die Erwachsenen, die desgleichen tun, hüten sich nicht einmal, mit Granaten zu beten! Ich habe ein Kreuz gesehen, das aus einer verfertigt war.

DER OPTIMIST: Das sind Begleiterscheinungen. Sonst hat auch der Krieg an Ihnen nicht immer einen so überzeugten Verächter gefunden.

DER NÖRGLER: Sonst habe ich auch in Ihnen nicht immer einen so überzeugten Mißversteher gefunden. Sonst war der Krieg ein Turnier der Minderzahl und jedes Beispiel hatte Kraft. Jetzt ist er ein Maschinenrisiko der Gesamtheit und Sie sind ein Optimist.

DER OPTIMIST: Die Entwicklung der Waffe kann doch hinter den technischen Errungenschaften der Neuzeit unmöglich zurückbleiben.

DER NÖRGLER: Nein, aber die Phantasie der Neuzeit ist hinter den technischen Errungenschaften der Menschheit zurückgeblieben.

DER OPTIMIST: Ja, führt man denn mit Phantasie Kriege?

DER NÖRGLER: Nein, denn wenn man jene noch hätte, würde man diese nicht mehr führen.

DER OPTIMIST: Warum nicht?

DER NÖRGLER: Weil dann die Suggestion einer von einem abgelebten Ideal zurückgebliebenen Phraseologie nicht Spielraum hätte, die Gehirne zu benebeln; weil man selbst die unvorstellbarsten Greuel sich vorstellen könnte und im Voraus wüßte, wie schnell der Weg von der farbigen Redensart und von allen Fahnen der Begeisterung zu dem feldgrauen Elend zurückgelegt ist; weil die Aussicht, fürs Vaterland an der Ruhr zu sterben oder sich die Füße abfrieren zu lassen, kein Pathos mehr mobil machen würde; weil man mindestens mit der Sicherheit hinauszöge, fürs Vaterland Läuse zu bekommen. Und weil man wüßte, daß der Mensch die Maschine erfunden hat, um von ihr überwältigt zu werden, und weil man die Tollheit, sie erfunden zu haben, nicht durch die ärgere Tollheit, sich von ihr töten zu lassen, übertrumpfen würde; weil der Mensch fühlte, daß er sich gegen einen Feind wehren soll, von dem er nichts sieht als aufsteigenden Rauch, und ahnte, daß die eigene Vertretung einer Waffenfabrik keinen hinreichenden Schutz gegen die Angebote der feindlichen Waffenfabrik gewährt. Hätte man also Phantasie, so wüßte man, daß es Verbrechen ist, das Leben dem Zufall auszusetzen, Sünde, den Tod zum Zufall zu erniedrigen, daß es Torheit ist, Panzerschiffe zu bauen, wenn man Torpedoboote baut, um sie zu überlisten, Mörser zu bauen, wenn man zum Schutz gegen sie Schützengräben baut, in denen nur jener verloren ist, der seinen Kopf früher heraussteckt, und die Menschheit auf der Flucht vor ihren Waffen in Mauselöcher zu jagen und sie einen Frieden fortan nur unter der Erde genießen zu lassen. Hätte man statt der Zeitung Phantasie, so wäre Technik nicht das Mittel zur Erschwerung des Lebens und Wissenschaft ginge nicht auf dessen Vernichtung aus. Ach, der Heldentod schwebt in einer Gaswolke und unser Erlebnis ist im Bericht abgebunden! 40.000 russische Leichen, die am Drahtverhau verzuckt sind, waren nur eine Extraausgabe, die eine Soubrette dem Auswurf der Menschheit im Zwischenakt vorlas, damit der Librettist gerufen werde, der aus der Parole des Opfermuts »Gold gab ich für Eisen« die Schmach einer Operette verfertigt hat. Die sich selbst verschlingende Quantität läßt nur noch Gefühl für das, was einem selbst und etwa dem räumlich nächsten zustößt, was man unmittelbar sehen, begreifen, betasten kann. Ist es denn nicht spürbar, wie aus diesem ganzen Ensemble, in dem mangels eines Helden jeder einer ist, sich jeder mit seinem Einzelschicksal davonschleicht? Nie war bei größerer Entfaltung weniger Gemeinschaft als jetzt. Nie war eine riesenhaftere Winzigkeit das Format der Welt. Die Realität hat nur das Ausmaß des Berichts, der mit keuchender Deutlichkeit sie zu erreichen strebt. Der meldende Bote, der mit der Tat auch gleich die Phantasie bringt, hat sich vor die Tat gestellt und sie unvorstellbar gemacht. Und so unheimlich wirkt seine Stellvertretung, daß ich in jeder dieser Jammergestalten, die uns jetzt mit dem unentrinnbaren, für alle Zeiten dem Menschenohr angetanen Ruf »Extraausgabee —!« zusetzen, den verantwortlichen Anstifter dieser Weltkatastrophe fassen möchte. Und ist denn der Bote nicht der Täter zugleich? Das gedruckte Wort hat ein ausgehöhltes Menschentum vermocht, Greuel zu verüben, die es sich nicht mehr vorstellen kann, und der furchtbare Fluch der Vervielfältigung gibt sie wieder an das Wort ab, das fortzeugend Böses muß gebären. Alles was geschieht, geschieht nur für die, die es beschreiben, und für die, die es nicht erleben. Ein Spion, der zum Galgen geführt wird, muß einen langen Weg gehen, damit die im Kino Abwechslung haben, und muß noch einmal in den photographischen Apparat starren, damit die im Kino mit dem Gesichtsausdruck zufrieden sind. Lassen Sie mich diesen Gedankengang bis zum Galgen der Menschheit nicht weiter gehen — und dennoch muß ich, denn ich bin ihr sterbender Spion, und mein herzbeklemmendes Erlebnis ist der horror vor jenem vacuum, das diese beispiellose Ereignisfülle in den Gemütern, in den Apparaten vorfindet!

DER OPTIMIST: Die schmutzige Begleitung großer Dinge ist eine unvermeidliche Begleiterscheinung. Es ist ja möglich, daß sich die Welt nicht in der Nacht auf den 1. August 1914 geändert hat. Auch scheint mir Phantasie wirklich nicht zu jenen menschlichen Eigenschaften zu gehören, die im Krieg Betätigung finden. Aber wenn ich Sie recht verstehe, wollen Sie überhaupt leugnen, daß ein moderner Krieg den menschlichen Qualitäten Spielraum lasse.

DER NÖRGLER: Sie haben mich recht verstanden; er läßt ihnen schon deshalb keinen Spielraum, weil die Tatsache des modernen Krieges von der Negation menschlicher Qualitäten lebt. Es gibt keine.

DER OPTIMIST: Was gibt es denn?

DER NÖRGLER: Es gibt Quantitäten, die sich gegenseitig gleichmäßig vermindern, indem sie zu beweisen suchen, daß sie es mit den in maschinelle Energien umgesetzten Quantitäten nicht aufnehmen können; daß Mörser auch mit Massen fertig werden. Diesen Beweis erst anzutreten, hat nur jener Mangel an Phantasie ermöglicht und für nötig erachtet, der von der Verwandlung der Menschheit in maschinelle Energien eben übrig blieb.

DER OPTIMIST: Wenn sich die Quantitäten gegenseitig gleichmäßig vermindern, wann wäre dann das Ende?

DER NÖRGLER: Bis von zwei Löwen die Schwänze übrig bleiben. Oder wenn dies nicht ausnahmsweise einmal Wirklichkeit wird: bis der größeren Quantität ein Vorsprung bleibt. Ich schaudere davor, das hoffen zu müssen. Aber ich schaudere noch mehr davor, fürchten zu müssen, daß der prinzipielleren Quantität ein Vorsprung bleibt.

DER OPTIMIST: Welche wäre das?

DER NÖRGLER: Eben die geringere. Die größere könnte sich durch Reste eines Menschentums, das sie bewahrt hat, entkräften. Aber die geringere kämpft mit dem inbrünstigen Glauben an einen Gott, der diese Entwicklung gewünscht hat.

DER OPTIMIST: Einen Bismarck brauchten wir. Der würde schon früher ein Ende machen.

DER NÖRGLER: Es kann keinen geben.

DER OPTIMIST: Warum nicht?

DER NÖRGLER: Wenn die Welt so weit hält, daß sie ihre Bilanzen mit ihren Bomben belegt, so entsteht keiner.

DER OPTIMIST: Wie sollte man sich sonst gegen den infernalischen Plan einer Aushungerung wehren?

DER NÖRGLER: Der infernalische Plan einer Aushungerung ist in einem Krieg, der sich um die höchsten Güter der Nation, nämlich um Verdienen und Fressen dreht, ein ungleich sittlicherer, weil harmonischerer Behelf als die Anwendung von Flammenwerfern, Minen und Gasen. Dort ist das Kriegsmittel vom Stoff des heutigen Kriegs bezogen. Daß Absatzgebiete Schlachtfelder werden und aus diesen wieder jene, will nur der Mischmasch einer Kultur, die aus Stearinkerzen Tempel erbaut und die Kunst in den Dienst des Kaufmanns gestellt hat. Die Industrie hat aber weder Künstler zu beschäftigen noch Krüppel zu liefern. Das falsche Lebensprinzip setzt sich in ein falsches Tötungsprinzip fort, wieder divergiert das Mittel vom Zweck. Wenn sich zwei Konsumvereine in den Haaren liegen, so ist der der sittlichere, der nicht die Esser selbst, sondern eine von ihnen gemietete Polizei Ordnung machen läßt, und wenn er sich mit der Kundenabtreibung oder auch mit der Warenabtreibung begnügt, so handelt er am sittlichsten. Ganz abgesehen davon, daß die Blockade bloß die Mahnung an die Zentralstaaten ist, sie durch Beendigung eines wahnwitzigen Kriegs von ihren Untertanen abzuwenden. Wenn der Buchhalter nicht schon ehedem dem Ritter in den Arm gefallen ist, so sollte er es eben tun, wenn selbst der bereits klar erkennen kann, daß es nicht um ein Turnier, sondern um Baumwolle geht.

DER OPTIMIST: Es handelt sich in diesem Krieg —

DER NÖRGLER: Jawohl, es handelt sich in diesem Krieg! Aber der Unterschied ist der: Die einen meinen Export und sagen Ideal, die andern sagen Export und diese Ehrlichkeit allein, diese Separation allein ermöglicht schon das Ideal, auch wenn es sonst gar nicht vorhanden wäre.

DER OPTIMIST: Sagen Sie doch nicht, daß es jenen um ein Ideal zu tun ist!

DER NÖRGLER: Keinesfalls, sie wollen es uns nur nehmen und es eben dadurch uns zurückerobern, indem sie die deutsche Menschheit von der kulturwidrigen Neigung kurieren, es als Aufmachung für ihre Fertigware zu verwenden. Dem Deutschen sind die idealen Güter eine Draufgabe, wenn sie die andern durch Spediteure verfrachten lassen. Sie glauben, es gehe nicht ohne Gott und die Kunst, wenn sie eine Untergrundbahn anlegen. Das ist der Krebs. Ich habe in einer Berliner Papierhandlung einen Band Klosettpapier gesehen, auf dessen Blättern Sinn und Humor der jeweiligen Situation durch aufgedruckte Shakespeare-Zitate erläutert waren. Shakespeare ist immerhin ein feindlicher Autor. Aber auch Schiller und Goethe mußten heran, der Band umfaßte die ganze klassische Bildung der Deutschen. Nie vorher hatte ich so sehr den Eindruck, daß es das Volk der Dichter und Denker ist.

DER OPTIMIST: Gut, Sie sehen in dem Krieg der andern

einen Kulturinstinkt tätig, im deutschen Krieg ein Interesse wirtschaftlicher Ausbreitung. Aber würde der ökonomische Wohlstand nicht gerade das deutsche Geistesleben —

DER NÖRGLER: Nein, er würde nicht, sondern im Gegenteil. Das totale Nichtvorhandensein dieses Geisteslebens war die Voraussetzung für diese Bestrebungen. Die geistige Selbstaushungerung, die ihr Erfolg verheißt, wäre von keiner Phantasie zu fassen, wenn eine solche noch vorrätig wäre.

DER OPTIMIST: Aber sind Sie nicht selbst von der Notwendigkeit des Krieges als solchen überzeugt, wenn Sie von einem Krieg der Quantitäten sprechen? Denn daß er auch das Problem der Übervölkerung auf eine Zeit in Ordnung bringt, geben Sie ja damit zu.

DER NÖRGLER: Das tut er gründlich. Die Übervölkerungssorgen dürften den Entvölkerungssorgen Platz machen. Die Freigabe der Fruchtabtreibung hätte jenen schmerzloser als ein Weltkrieg abgeholfen, ohne ihn heraufzubeschwören.

DER OPTIMIST: Dazu würde die herrschende Moralauffassung nie ihre Zustimmung geben!

DER NÖRGLER: Das habe ich mir auch nie eingebildet, da die herrschende Moralauffassung nur dazu ihre Zustimmung gibt, daß Väter, die zu töten dem Zufall nicht ganz gelungen ist, als brotlose Krüppel durch die Welt schleichen und daß Mütter Kinder haben, damit diese von Fliegerbomben zerrissen werden.

DER OPTIMIST: Sie werden doch nicht behaupten, daß dergleichen absichtlich geschieht?

DER NÖRGLER: Nein mehr: zufällig! Man kann nicht dafür, daß es geschieht, aber es geschieht wissentlich. Mit Bedauern und dennoch. Eine ziemlich reiche Erfahrung auf diesem Gebiete könnte es jenen, die den Luftmord anschaffen, und jenen, die mit der Durchführung betraut sind, endlich zum Bewußtsein gebracht haben, daß sie in der Absicht ein Arsenal zu treffen, unbedingt statt dessen ein Schlafzimmer treffen müssen, und statt einer Munitionsfabrik eine Mädchenschule. Durch Wiederholung sollten sie wissen, daß dies der Erfolg jener Angriffe ist, deren sie nachträglich in der rühmenden Feststellung gedenken, daß sie einen Punkt erfolgreich mit Bomben belegt haben.

DER OPTIMIST: Eines zum andern, es ist ein erlaubtes Kriegsmittel, und da die Luft einmal erobert ist —

DER NÖRGLER: — so benützt der Schurke Mensch gleich die Gelegenheit, auch die Erde unsicher zu machen. Lesen Sie die Beschreibung von dem Aufstieg einer Montgolfiere in Jean Pauls Kampanertal. Diese fünf Seiten können heute nicht mehr geschrieben werden, weil der Gast der Lüfte nicht mehr die Ehrfurcht vor dem näheren Himmel mitbringt und bewahrt, sondern als Einbrecher der Luft die sichere Entfernung von der Erde zu einem Attentat auf diese selbst benützt. Der Mensch wird keines Fortschritts teilhaft, ohne sich dafür zu rächen. Sie wenden sofort eben das gegen das Leben an, was ihm aufhelfen sollte. Sie machen sichs eben mit dem, was es erleichtern sollte, schwer. Der Aufstieg der Montgolfiere ist eine Andacht, der Aufstieg eines Aeroplans eine Gefahr für jene, die ihn nicht mitmachen.

DER OPTIMIST: Aber doch auch für den bombenabwerfenden Flieger selbst.

DER NÖRGLER: Jawohl, aber nicht die Gefahr, von jenen, die er töten wird, getötet zu werden, und er entgeht den Maschinengewehren, die auf ihn lauern, leichter, als ihm die Wehrlosen. Leichter auch dem ehrlichen Kampf zwischen zwei gleichbewehrten Mördern, ehrlich, soweit die Schändung des Elements, in dem er sich abspielt, diese Wertung zuläßt. Immer aber bedeutet, mag auch der »Kühne« sie handhaben, die Luftbombe die Armierung der Feigheit, ruchlos wie das Unterseeboot, welches das Prinzip der armierten Tücke vorstellt, jener Tücke, die den Zwerg über den bewaffneten Riesen triumphieren läßt. Die Säuglinge aber, die der Flieger tötet, sind nicht bewaffnet, und wären sie es, sie würden den Flieger kaum so sicher erreichen können wie er sie. Es ist von allen Schanden des Krieges die größte, daß jene einzige Erfindung, die die Menschheit den Sternen näher brachte, lediglich dazu gedient hat, ihre irdische Erbärmlichkeit, als hätte sie auf Erden nicht genügend Spielraum, noch in den Lüften zu bewähren.

DER OPTIMIST: Und die Säuglinge, die ausgehungert werden?

DER NÖRGLER: Es ist den Regierungen der Zentralstaaten freigestellt, ihren Säuglingen dieses Schicksal zu ersparen, indem sie ihre Erwachsenen von der Fibel entwöhnen. Aber nehmen wir selbst an, daß an der Blockade die feindlichen Machthaber so schuldig seien wie die eigenen: die Bombardierung der feindlichen Säuglinge als Repressalie — das ist ein Gedankengang, der der deutschen Ideologie alle Ehre macht, ein geistiger Unterstand, in dem ich, beim deutschen Gott, nicht wohnen möchte!

DER OPTIMIST: Sie wollen der deutschen Kriegführung eins am Zeug flicken und bedenken nicht, daß die andern sich desselben Kampfmittels bedienen.

DER NÖRGLER: Das bedenke ich wohl, und es fällt mir nicht ein, die französischen Aeroplane, die ungefähr denselben heldischen Schurkereien dienen, von der Menschheitsschande auszunehmen. Der Unterschied scheint mir aber doch, nebst der Priorität, in einer Gemütsart zu liegen, die auf der einen Seite das Grauenvolle mitmacht, wissend oder vergessend, was es bedeute, und einer solchen, die sich nicht begnügt, Bomben herabzuwerfen, sondern die auch Witze mitschickt und gar einen »Weihnachtsgruß« für die Bewohner von Nancy in solcher Aufmachung darbringt. Auch hier wieder die gräßliche Vermischung des Gebrauchsgegenstandes, nämlich der Bombe, mit dem Gemütsleben, nämlich dem Witz, und des Witzes gar mit der Heiligkeit — die Vermischung, die der Greuel größtes ist, jene äußerste Unzucht, durch die sich ein im Reglement verarmtes Leben auffrischt, die organische Entschädigung für Zucht, Drill und Sittlichkeit. Es ist der Humor des Henkers, es ist die Freiheit einer Moral, die die Liebe auf den Gerichtstisch gelegt hat.

DER OPTIMIST: Entschädigung für Zucht? Aber die war

Ihnen doch als Schranke der Unbotmäßigkeit willkommen?

DER NÖRGLER: Aber nicht als Hebel der Macht! Lieber das Chaos, als Ordnung auf Kosten der Menschheit! Militarismus als Turnstunde und Militarismus als Geisteszustand — das ist doch wohl ein Unterschied. Das Wesen des Militarismus ist, Werkzeug zu sein. Wenn er, ohne es selbst zu ahnen, Werkzeug jener Mächte geworden ist, denen sein Wesen widerstrebt, und wenn er dem durch diese Mächte bedrohten Menschentum gegenüber sich als Selbstzweck aufspielt, dann besteht unversöhnliche Feindschaft zwischen ihm und dem Geiste. Sein Ehreninhalt ist im Bündnis mit einer feigen Technik zur Spielerei geworden, seine selbstgewählte Pflicht im Rahmen des allgemeinen Zwangs ist zur Lüge entartet. Er ist nichts als Ausrede und Entschädigung einer Sklaverei, die sich hinter der Maschine ihre elende Macht beweist. So sehr ist das Mittel Selbstzweck geworden, daß wir im Frieden nur noch militärisch denken und der Kampf nur noch ein Mittel ist, um zu neuen Waffen zu gelangen. Ein Krieg zur höheren Ehre der Rüstungsindustrie. Wir wollen nicht nur mehr Export und darum mehr Kanonen, wir wollen auch mehr Kanonen um ihrer selbst willen: und darum müssen sie losgehen. Unser Leben und Denken ist unter das Interesse des Schwerindustriellen gestellt; das ist eine schwere Last. Wir leben unter der Kanone. Und da sich jener mit Gott verbündet hat, so sind wir verloren. Das ist der Zustand.

DER OPTIMIST: Man könnte den Zustand aber auch aus der Perspektive eines Nietzsche-Ideals ansehn und würde dann zu einem wesentlich andern Ausblick gelangen.

DER NÖRGLER: Ja, das könnte man wohl und würde Nietzsches Überraschung erleben, daß der »Wille zur Macht« nach Sedan sich nicht als Triumph des Geistes, sondern in Form vermehrter Fabriksschlote darbietet. Nietzsche war ein Denker, der es sich »anders vorgestellt« hat. Nämlich den Seelenaufschwung von anno 1870. An den von 1914 hätte er vielleicht von vornherein nicht geglaubt und sich nicht mehr vom Sieg der eigenen Gedanken verblüffen lassen müssen. Und vielleicht doch den Eroberer verleugnet, der mit dem »Willen zur Macht« im Tornister und anderm Rüstzeug der Bildung auf den Kriegspfad geht.

DER OPTIMIST: Wenn der Krieg keinen kulturellen Segen stiftet, so stiftet er ihn für keines der beteiligten Völker. Falls Sie nicht etwa prinzipiell entschlossen sind, kulturelle Möglichkeiten nur dort zuzugeben, wo Franktireure schlafende Soldaten ermorden.

DER NÖRGLER: Gewiß dort nicht, wo eigens ein Wolff'sches Büro existiert, um es zu behaupten. Aber es wäre selbst auf dem heutigen Stand der Menschheit ein Unikum, daß Flieger, die Bomben auf Säuglinge werfen, sich eines völkerrechtlich erlaubten Kriegsmittels bedienen, und Franktireure, die einen Mord begehn, um einen Mord zu rächen, es nur deshalb nicht tun dürfen, weil sie nicht die Lizenz haben, weil sie nicht unter einem Kommando morden, sondern aus einem andern unwiderstehlichen Zwang, nicht aus Pflicht, sondern aus Raserei, also aus jenem einzigen Motiv, das den Mord halbwegs entschuldigt; weil sie unbefugte Mörder sind, die sich weder durch das dazugehörige Kostüm noch durch die Zugehörigkeit zu einem Ergänzungsbezirkskommando, Kader, Ersatzkörper oder wie die Schmach sonst heißt, ausweisen können. Lassen Sie mich über den sittlichen Unterschied zwischen einem Flieger, der ein schlafendes Kind tötet, und einem Zivilisten, der einen schlafenden Soldaten tötet, nicht richten. Ihnen selbst soll, wenn Sie nur die Gefahr bedenken und nicht die Verantwortung, die mutigere Wahl gestellt sein, einen schlafenden Soldaten zu attakieren oder einen wachen Säugling.

DER OPTIMIST: Darin mögen Sie recht haben, aber Sie werden auf der andern Seite die Züge der Menschlichkeit mit der Lupe suchen müssen.

DER NÖRGLER: Wenn ich sie in unsern Zeitungen suche, allerdings.

DER OPTIMIST: Halten Sie sich nur die Rubrik gegenwärtig: »Wie die Russen in Galizien gehaust haben«.

DER NÖRGLER: Daraus habe ich allerdings nicht entnehmen können, ob die galizischen Schlösser von polnischen Bauern oder von Honveds geplündert wurden. Wohl aber hat sich unter diesem Titel öfter, wie wenn es dem Zwang zur Lüge entrutscht wäre, eine Erzählung von einer russischen Edeltat gefunden.

DER OPTIMIST: Sie meinen doch nicht den Bericht über eine Schändung?

DER NÖRGLER: Nun, ob Honveds und Deutschmeister die Frauen des eigenen Landes, von denen des feindlichen nicht zu reden, mit dem Hut in der Hand um ein Glas Wasser gebeten haben werden: sich für diese oder die andere Vermutung zu entscheiden überlasse ich Ihrem Optimismus, dessen unerschütterliche Grundlage die Berichterstattung unseres Kriegspressequartiers zu sein scheint.

DER OPTIMIST: Finden Sie nicht, daß man doch auch bei uns dem Feinde Gerechtigkeit widerfahren läßt?

DER NÖRGLER: Ja, man begnügt sich manchmal mit dem Humor idiotischer Ansichtskarten.

DER OPTIMIST: Nein, man läßt ihm zuweilen Gerechtigkeit widerfahren.

DER NÖRGLER: Wenn sie pikant ist, dann kann sie ihm widerfahren. So konnte als Kuriosum — denn eine Wahrheit über das verleumdetste Volk Europas wird die mitteleuropäische Intelligenz sich nicht entfahren lassen —, als Kuriosum erzählt werden, daß die Russen in den katholischen Weihnachten nicht geschossen, sondern Friedens- und Segenswünsche für den Feind in ihren Schützengräben zurückgelassen haben.

DER OPTIMIST: Und gewiß haben sich die Österreicher revanchiert.

DER NÖRGLER: Gewiß, zum Beispiel der Doktor Fischl, bis zum 1. August Advokaturskonzipient, dann in die große Zeit eingerückt, hat einen Feldpostbrief drucken lassen, worin es heißt: »Morgen feiern die Russen ihre Weihnachten — da wollen wir sie ordentlich kitzeln.«

DER OPTIMIST: Das war ein Spaß.

DER NÖRGLER: Ganz richtig, das war ein Spaß.

DER OPTIMIST: Man darf nicht generalisieren.

DER NÖRGLER: Ich tu's. Sie können auf meine Ungerechtigkeit bauen. Wenn der Militarismus dazu diente, den Unrat daheim zu bekämpfen, so wäre ich Patriot. Wenn er die, die nicht taugen, assentierte, wenn er Krieg führte, um den Menschendreck an die feindliche Macht abzutreten, wäre ich Militarist! Aber er opfert den Wert und verschafft dem Abhub die Glorie, und er macht ihn, wenn's selbst außen schief geht, immer noch zum Sieger über die eigene Macht. Nur diese Aussicht kann die Geduld, mit der der Menschheitshaufe eine Naturinsulte wie die allgemeine Wehrpflicht erträgt, überhaupt erklären. Der Unrat weiß, daß er selbst die Idee ist, für die er kämpft, und in dieser Gewißheit kämpft er sogar für das Vaterland, das ihm ursprünglich und letztlich eine fremde Idee ist, auch wenn alle Fibelideologie am Werk wäre, sie ihm täglich einzubläuen. Müßten sie sonst nicht doch einmal den Zwang, für eine fremde Idee zu sterben, als eine Leibeigenschaft empfinden, die tausendmal drückender ist als der reaktionärste Inbegriff des verfluchten Zarismus? Es ist aber schließlich und endlich doch die eigene Idee. Würden Menschen, die nie die Privilegien des militärischen Berufs genossen haben, sich sonst dazu zwingen lassen, dessen Gefahren zu teilen? Sich vom eigenen Beruf, von Erwerb und Familie losreißen lassen, um erst in Kasernen getreten zu werden und hierauf für die Erhaltung der Bukowina zu sterben? Daß sie, wenn sie sich weigerten, für die Bukowina zu sterben, schon vorher totgeschossen würden, ist ja ein unmittelbarer Beweggrund, der einzelweis vollkommen zur Erklärung hinreicht. Aber die Einrichtung hätte nicht entstehen können, wenn die Quantität nicht wüßte, daß sie, scheinbares Opfer autokratischer Gelüste, schließlich doch den Sieg über den Sieger davonträgt. Sie sehen, auch ich bin ein Optimist. Ich kann mich nicht entschließen, die Menschheit für eine so ganz hoffnungslose Kanaille zu halten, daß sie einem fremden Willen zuliebe sich in Not und Tod und so viel Kot begibt.

DER OPTIMIST: Der erhöhte Zustand, den der Ruf des Vaterlandes herbeiführt, ist aber denn doch eine bessere Erklärung als Zwang oder Vorteil.

DER NÖRGLER: Das Vaterland? Wohl, dieser Rufer hat unter allen Regisseuren noch immer die stärkste Suggestion für sich. Aber der Rausch, der die allgemeine Wehrlosigkeit einlullt, würde seine Wirkung auf die wachere Intelligenz verfehlen, wenn nicht hier das Gefühl mitwirkte, daß ein Sieg gerade sie zum Herrn des Lebens erhebt.

DER OPTIMIST: Aber noch nicht der Krieg.

DER NÖRGLER: Da erspart sie sich bloß Denkarbeit, da kann sie einmal ausspannen. Sie braucht sich den Kopf nicht zu zerbrechen, ehe der Feind es ihr besorgt, was sich vorzustellen sie nicht mehr genug Phantasie hat. Denn der Krieg verwandelt das Leben in eine Kinderstube, in der immer der andere angefangen hat, immer der eine sich der Verbrechen rühmt, die er dem andern vorwirft, und in der die Rauferei die Formen des Soldatenspiels annimmt. Wenn Krieg ist, lernt man das Soldatenspiel der Kinder gering schätzen. Es ist eine viel zu frühe Vorbereitung auf die Kinderei der Erwachsenen.

DER OPTIMIST: Das Soldatenspiel der Kinder empfängt jetzt im Gegenteil neue Anregungen. Kennen Sie das Spiel »Wir spielen Weltkrieg«?

DER NÖRGLER: Es ist die ebenso gemeine Kehrseite des Ernstes: Wir spielen Kinderstube. Dieser Menschheit wäre zu wünschen, daß ihre Säuglinge mit Erfolg anfangen, einander auszuhungern oder mit Bomben zu belegen, jedenfalls den Ammen die Kundschaft abzutreiben.

DER OPTIMIST: Wenns nach Ihnen ginge, wäre die Menschheit schon vor einem Weltkrieg auf den Aussterbeetat gesetzt. Aber Gott sei Dank ist sie rüstig —

DER NÖRGLER: Sie meinen: gerüstet.

DER OPTIMIST: Sie entwickelt sich von Generation zu Generation. Sie haben von fünf Seiten bei Jean Paul gesprochen, die heute nicht mehr geschrieben werden können. Ich denke aber, daß die Erfindung des Grafen Zeppelin Deutschland keineswegs um die Möglichkeit gebracht hat, Dichter hervorzubringen. Es gibt auch heute noch Dichter, die nicht zu verachten sind.

DER NÖRGLER: Ich tue es dennoch.

DER OPTIMIST: Und gerade jetzt, im Krieg, hat die deutsche Dichtung einen belebenden Impuls empfangen.

DER NÖRGLER: Sie hätte lieber Ohrfeigen empfangen sollen.

DER OPTIMIST: Sie sagen Derbheiten, aber nicht Wahrheiten. Wie immer Sie über den Krieg denken mögen, die Schöpfungen unserer Dichter haben etwas von dem Feueratem übernommen, mit dem diese große Zeit nun einmal über den Alltag hinweggefegt ist.

DER NÖRGLER: Zwischen dem Feueratem und dem Alltag hat sich sofort eine Gemeinschaft ergeben: die Phrase, die unsere Dichter, anschmiegsam wie sie sind, sofort übernommen haben. Sie sind pünktlicher eingeschnappt, als es die verblüffte Kundschaft verlangt hätte. Die deutschen Dichter! Sie sind ein geübter Optimist, aber Ihr Optimismus würde schon in Frozzelei ausarten, wenn Sie mir diese Schöpfungen als einen Beweis für die Größe der Zeit rekommandieren wollten. Ich mache immerhin noch den Unterschied einiger sittlichen Grade zwischen armen Philistern, die der Zwang aus dem Bureau in den Schützengraben ruft, und elenden Schmierern, die daheim mit Entsetzen Ärgeres treiben als Spott, nämlich Leitartikel oder Reime, indem sie eine Gebärde aus zehnter Hand, die schon in der ersten falsch war, und einen Feueratem aus dem Mund der Allgemeinheit zu einer schnöden Wirksamkeit verarbeiten. Ich habe in diesen Schöpfungen keine Zeile gefunden, von der ich mich nicht schon in Friedenszeiten mit einem Gesichtsausdruck abgewandt hätte, der mehr auf Brechreiz als auf das Gefühl schließen ließe, an einer Offenbarung teilzuhaben. Die einzige würdige Zeile, die ich zu Gesicht bekommen habe, steht im Manifest des Kaisers, die ein feinfühliger Stilist zustandegebracht haben muß, der sich in ein angenommenes Alterserlebnis versenkt hat.

»Ich habe alles reiflich erwogen«. Die Zeit, die erst kommen wird, wird ja noch besser als die bereits mitgemachte zeigen, daß einer noch reiflicheren Erwägung die Abwendung dieses unaussprechlichen Grauens geglückt wäre. Aber so wie die Zeile dasteht, isoliert, wirkt sie wie ein Gedicht, und vielleicht erst recht, wenn man einen Gedankengang als ihren Hintergrund setzt. Schauen Sie, hier — von dieser Säule können Sie's noch auf sich wirken lassen.

DER OPTIMIST: Wo?

DER NÖRGLER: — Ach schade, gerade der Teil des Manifestes, wo die Zeile steht, ist vom Gesicht des Wolf in Gersthof verdeckt. Sehn Sie, das ist der wahre Tyrtäus dieses Kriegs! Und nun erst ist's ein Gedicht.

DER OPTIMIST: Ich kenne Ihre übertreibende Perspektive. Für Sie gibt es keinen Zufall. Und doch ist der Wolf in Gersthof, der mir ja selbst nicht ans Herz gewachsen ist —

DER NÖRGLER: Wirklich nicht?

DER OPTIMIST: — und doch ist es nur ein Reklameplakat wie ein anderes, ein altes noch dazu, das eben vor dem Krieg angefertigt wurde. Der Raum ist nun einmal gemietet, kann sein, das Lokal ist auch noch im Betrieb, ich weiß das nicht, über Nacht kann sich das nicht ändern, das alles ist Oberfläche, aber ich bin überzeugt —

DER NÖRGLER: Natürlich sind Sie überzeugt.

DER OPTIMIST: — jawohl, daß die Wiener, die ja doch wirklich über Nacht ein ernstes Volk geworden sind und wie die Presse so richtig gesagt hat, »weit entfernt von Hochmut und von Schwäche« den Ernst der Situation erfaßt haben, ich bin überzeugt, daß sie über ein Jahr nicht mehr Lust haben werden, solche Dinge mitzumachen, ob nun der Krieg bis dahin zu Ende sein wird oder nicht. Davon bin ich, jawohl, überzeugt!

DER NÖRGLER: Sehen Sie, ich habe gar keine Überzeugungen und ich halte es für ganz egal, ob es so sein wird oder nicht und ob man es billigt oder, wie Sie, tadelt, wenn eine Hetz fortginge. Eher würde ich es im Gegensatz zu Ihnen billigen.

DER OPTIMIST: Dann verstehe ich Sie nicht.

DER NÖRGLER: Davon, sehen Sie, bin ich überzeugt, nur davon, daß es darauf nicht ankommt. Aber ich sage: Über ein Jahr wird der Wolf in Gersthof, der keine Singspielhalle, sondern ein Symbol ist, den Anforderungen der großen Zeit entsprechend noch größer geworden sein und wird an allen Straßenecken alles verdecken, die Zeile: »Ich habe alles reiflich erwogen« und alles andere, was sonst neben und unter ihm noch Platz hatte, und er wird die wahre Perspektive eines falschen Lebens herstellen. Und aber über ein Jahr werden, wenn draußen eine Million Menschen begraben ist, die Hinterbliebenen dem Wolf in Gersthof ins Auge schauen, und in diesem Antlitz wird ein blutiger Blick sein wie ein Riß der Welt, darin man lesen wird, daß die Zeit schwer ist und heute großes Doppelkonzert!

DER OPTIMIST: Es schneidet einem ins Herz, Sie so sprechen zu hören — das heißt doch wirklich, eine Zeit, die selbst dem Kurzsichtigsten groß erscheinen muß, mit Absicht klein zu sehn. Wenn uns diese Zeit eines gebracht hat, so ist es die Erledigung Ihrer Perspektive.

DER NÖRGLER: Das walte Gott!

DER OPTIMIST: Gebe er Ihnen größere Gedanken. Vielleicht wachsen sie Ihnen morgen, in Mozarts Requiem, gehn Sie mit mir hinein, der Reinertrag fließt der Kriegsfürsorge zu —

DER NÖRGLER: Nein, mir genügt das Plakat — da gleich neben dem Wolf in Gersthof! Aber was ist das für eine sonderbare Zeichnung? Ein Kirchenfenster? Wenn mich meine Kurzsichtigkeit nicht betrügt — ein Mörser! Ist es möglich? Ja, wem ist es denn gelungen, die beiden Welten unter einen Hut zu bringen? Mozart und Mörser! Welch ein Konzertarrangement! Wer verbindet so glücklich?! Nein, man muß darüber nicht weinen. Sagen Sie nur, ob in der Kultur der Senegalneger, die der Feind gegen uns zu Hilfe gerufen hat, solch ein Gottbetrug möglich wäre! Sehen Sie, das ist der Weltkrieg gegen uns.

DER OPTIMIST (nach einer Pause): Ich denke, Sie haben recht.

Aber weiß Gott, das sehen nur Sie. Unsereinem entgeht es und man sieht darum die Zukunft in rosigem Licht. Sie sehen es, und darum ist es da. Ihr Auge ruft es herbei und sieht's dann.

DER NÖRGLER: Weil es kurzsichtig ist. Es gewahrt die Konturen, und Phantasie tut das übrige. Und mein Ohr hört Geräusche, die andere nicht hören, und sie stören mir die Musik der Sphären, die andere auch nicht hören. Denken Sie darüber nach, und wenn Sie dann noch nicht von selbst zu einem Schluß kommen, so rufen Sie mich. Ich unterhalte mich gern mit Ihnen, Sie sind ein Stichwortbringer für meine Monologe. Ich möchte mit Ihnen vor das Publikum. Jetzt kann ich diesem nur sagen, daß ich schweige, und wenn möglich, was ich schweige.

DER OPTIMIST: Was etwa?

DER NÖRGLER: Etwa: Daß dieser Krieg, wenn er die Guten nicht tötet, wohl eine moralische Insel für die Guten herstellen mag, die auch ohne ihn gut waren. Daß er aber die ganze umgebende Welt in ein großes Hinterland des Betrugs, der Hinfälligkeit und des unmenschlichsten Gottverrats verwandeln wird, indem das Schlechte über ihn hinaus und durch ihn fortwirkt, hinter vorgeschobenen Idealen fett wird und am Opfer wächst! Daß sich in diesem Krieg, dem Krieg von heute, die Kultur nicht erneuert, sondern sich durch Selbstmord vor dem Henker rettet. Daß er mehr war als Sünde: daß er Lüge war, tägliche Lüge, aus der Druckerschwärze floß wie Blut, eins das andere nährend, auseinanderströmend, ein Delta zum großen Wasser des Wahnsinns. Daß dieser Krieg von heute nichts ist als ein Ausbruch des Friedens, und daß er nicht durch Frieden zu beenden wäre, sondern durch den Krieg des Kosmos gegen diesen hundstollen Planeten! Daß Menschenopfer unerhört fallen mußten, nicht beklagenswert weil sie ein fremder Wille zur Schlachtbank trieb, sondern tragisch, weil sie eine unbekannte Schuld zu büßen hatten. Daß für einen, der das beispiellose Unrecht, welches sich noch die schlechteste Welt zufügt, als Tortur an ihm selbst empfindet —

daß für ihn nur die eine letzte sittliche Aufgabe bleibt: mitleidslos diese bange Wartezeit zu verschlafen, bis ihn das Wort erlöst oder die Ungeduld Gottes.

DER OPTIMIST: Sie sind ein Optimist. Sie glauben und hoffen, daß die Welt untergeht.

DER NÖRGLER: Nein, sie verläuft nur wie mein Angsttraum, und wenn ich sterbe, ist alles vorbei. Schlafen Sie wohl! *(Ab.)*

(Verwandlung.)

30. SZENE

Nachts am Graben.

ZWEI KETTENHÄNDLER *(mit ihren Damen, alle Arm in Arm in angeheiterter Stimmung, trällernd):* Sterngucker — Sterngucker — nimm dich in Acht —

EIN ZEITUNGSAUSRUFER: Extraausgabee — 40.000 tote Russen vor Przemysl —!

DER EINE KETTENHÄNDLER: — Sterngucker — Sterngucker —

DER ANDERE: — nimm dich in Acht — *(ab.)*

II. AKT

Wien. Ringstraßenkorso. Sirk-Ecke. Das Publikum besteht in
der überwiegenden Mehrzahl aus galizischen Flüchtlingen,
Schiebern, Berufsoffizieren auf Urlaub, solchen, die ein Spitals-
kommando innehaben oder sonst zu leichterem Dienst im Hin-
terland verwendet werden, und aus wehrfähigen Zivilisten, die
sichs gerichtet haben.

EIN POLNISCHER JUDE: Extrosgabee — kofen Sie mir ab,
meine Damen und Herrn —

EIN SESSHAFTER WUCHERER: Das hat uns noch gefehlt, daß
wir d e n Pofel herbekommen — wo man hinschaut, nix
wie Juden! Was wern sie anfangen? Bleiben und u n s e r e
Geschäfte machen!

EIN AGENT: Vorläufig kann ich nicht klagen. Wenn ich auch
beiweitem nicht sagen könnte, daß es mir so gut geht wie
Ornstein.

DER WUCHERER: Welcher Ornstein? Ornstein der Ent-
hobene?

DER AGENT: Selbstredend. Er hat letzten Samstag an Tornister achthalb Tausender verdient auf e i n e n Telephon-
gespräch, Gewure!

DER WUCHERER: Habachaachgehert. Was war er vor dem
Krieg?

DER AGENT: Vor dem Krieg, das wissen Sie nicht? Zind-
helzl! Die Vertretung von Lauser & Löw. Jetzt macht er.
Er hat gesagt, er wird mir auch verschaffen. Er is intim mit
etwas einem Major.

(Ein Schwerverwundeter auf Krücken, mit Gliederzuckungen,
schleppt sich vorbei.)

DER WUCHERER: Ja, jetzt heißt es durchhalten.

EIN ZEITUNGSAUSRUFER: Extraausgabee —! Neue Freie
Presse! Kroßa Sick der Deitschen in Galizieen! Blutige Abweisung im Naahkaamf!

DER WUCHERER: Knöpflmacher muß auch schon hübsch verdienen. Haben Sie gehört, Eisig Rubel geht sich täglich herauf in die Spirituszentrale, was sagen Sie, weit gebracht!

Was ich sagen wollte, gediegen war gestern der Artikel über den seelischen Aufschwung.

DER AGENT: Sie heut hab ich gehört, um fufzig Perzent gehn sie mit Leder in die Höh.

DER WUCHERER: Was Sie nicht sagen, da wird doch Katz in die Breite gehn, der wird nicht mehr wissen, wo ein und aus, der is imstand, Sie wern sehn und wird noch adelig. Unsereins gibts billiger. Wissen Sie, was ich einmal mecht? Ich mecht einmal einen Nagel hereinschlagen in dem Wehrmann neben dem Imperial, aus Hetz, geh mr hin, was liegt Ihnen dran, ma is in guter Gesellschaft, was liegt Ihnen dran, eine Krone und man kriegt ein Blatt, wo der Name eingetragen is für kommende Geschlechter für die Annalen!

DER AGENT: Lassen Sie mich aus mit solche Narrischkaten.

DER WUCHERER: Da kommt Bermann! Enthoben!

BERMANN: Servus!

DER WUCHERER: Gehn Sie mit nageln in den Wehrmann, Bermann?

BERMANN: Hab scho genagelt. *(Ab.)*

DER WUCHERER: Gut, geh ich selbst!

DER AGENT: Ich bin kein Freund von solche Schmonzes.

DER WUCHERER: Was heißt Schmonzes? Schaun Sie sich an, was für Leute — das war einmal eine Idee! Auf die Art kommt viel herein für unsere braven Soldaten und man hat ein Andenken an die große Zeit. Sie, schaun Sie — *(Eine auffallend gekleidete Dame geht vorbei, die beiden bleiben stehn.)*

BEIDE: Unter mir gesagt.

DER AGENT: Haben Sie gehört, wie sich Raubitschek und Barber patzig machen mit der Medaille vom Roten Kreuz?

DER WUCHERER: Tut sich was. No was haben sie geben müssen?

DER AGENT: E Pappenstiel. Aber sie hätten auch für die große gegeben, wenn sie sie kriegen möchten. Die is nur für Verdienste. Die kostet Unsummen!

DER WUCHERER: Bittsie wer kann sich das leisten, und die es sich ja leisten können, wollen lieber Titeln. Eduard Feigl, der Konservenfeigl, der Große, wird heißt es Baron. Sofort nach dem Frieden.

DER AGENT: Wer denkt jetzt an Frieden, jetzt sind andere Sorgen.

DER WUCHERER: Was sind Sie auf einmal so kriegerisch? Mir scheint, Sie haben eine große Sache in Aussicht? No habach erraten??

DER AGENT: Große Sache, Schmock was Sie sind, große Sache. Ma bringt sach durch.

DER WUCHERER: Recht ham Sie. Ich steh auf den Standpunkt, Krieg is Krieg. Bittsie, ob die jungen Leut sich beim Automobilfahren den Hals brechen oder gleich fürs Vaterland — ich kann solche Sentimentalitäten nicht mitmachen.

DER AGENT: Das is aber ja wahr. Das fortwährende Geschimpfe am Krieg wachst mir schon zum Hals heraus. Manches is ja teurer geworn — aber das gehört dazu! Ich versicher Sie, da wern noch viele sein, die heut so tun, da wird ihnen noch sehr mies wern, wenn sie hörn wern, es kommt Frieden.

DER WUCHERER: Gewiß, wir sind doch heute mit Leib und Seele dabei —

DER AGENT: Und mitten drin, grad wo sie sich Verdienste geschafft haben, soll es auf einmal zu End sein?

DER WUCHERER: Nebbich, unsere braven Soldaten.

DER AGENT (in ein schallendes Gelächter ausbrechend): Das is gediegen — Was ham Sie verstanden? Ich red vom Geschäft und Sie — (er lacht und hustet) Ein Staub ist heut wieder, Schkandaal — das geb ich in die Presse unter die Rubrik »Der Mistbauer im Eisen« — was red ich, »der Wehrmann und die Fliege« — oder nein —

DER WUCHERER: Hab auch schon mein Scherflein beigetragen, vor unserem Haus is nämlich seit geschlagenen drei Monaten —

DER AGENT: Schaun Sie da her wer sich daherkommt,

Weiß in Uniform! Das hat die Welt nicht — *(Weiß bleibt mißmutig stehn.)* Also — eingerückt?

WEISS: Scho lang, scho gor net mehr wohr. *(Ab.)*

DER WUCHERER: Was aus die Leut wird! Wer hätt das noch vor einem Jahr gedacht — wenn man mir gesagt hätte — Weiß wern sie nehmen! Einen Menschen, den ich hab verdienen lassen!

DER AGENT: Er is sehr mißmutig nebbich.

DER WUCHERER: Nicht Brot auf Hosen hat er gehabt. Jetzt hat er des Kaisers Rock. Ja, es is eine große Zeit.

DER AGENT: Sie was man nicht für möglich halten sollte, hörn Sie mich an, seit acht Tag telephonier ich zu Kehlendorfer für Husarenblut. Auf vier Wochen ausverkauft. Ich sag Ihnen, der Krieg wird vorüber sein und wir wern Husarenblut nicht gesehn haben! Meine Frau quält mich doch —

EIN ZEITUNGSAUSRUFER: — — Der Ansturm abgewieseen — Alle Stellungen genohmen!

DER WUCHERER: Und ich sag Ihnen, nicht zu vergleichen mit Herbstmanöver. No und was sagen Sie zur Csardasfürstin — was die Leut hermachen! Warn Sie schon bei Fürstenkind?

DER AGENT: Fürstenkind, selbstredend war mr! Da kommt doch — warten Sie — da kommt doch der großartige Witz vor, wo sich das Haus wälzt, »das warn die ramasurischen Sümpfe«. Das Haus dröhnt, wie er das herausbringt Marischka — *(ab.)*

EIN OFFIZIER *(zu drei anderen):* Grüß dich Nowotny, grüß dich Pokorny, grüß dich Powolny, also du — du bist ja politisch gebildet, also was sagst zu Italien?

ZWEITER OFFIZIER *(mit Spazierstock):* Weißt, ich sag halt, es ist ein Treubruch, ganz einfach.

DER DRITTE: No was willst von die Katzelmacher anderes verlangen — also natürlich.

DER VIERTE: Ganz meine Ansicht — gestern hab ich mullattiert —! habts das Bild vom Schönpflug gsehn, Klassikaner!

DER ERSTE: Weißt was ich möcht nach langer Zeit, möcht wieder amal in die Gartenbau.

DER ZWEITE: Geh, bist denn verwundet?

DER DRITTE: Wieso verwundet?

DER VIERTE: Er ist doch nicht verwundet.

DER ERSTE: Ich bin doch nicht verwundet.

DER ZWEITE: No weißt denn nicht, die Gartenbau is doch jetzt a Spital! *(Alle lachen.)*

DER ERSTE: Richtig, a Spital — *(nach einigem Nachdenken)* Weißt, das hab ich dir auf den Tod vergessen — jetzt dauert der Krieg schon so lang — *(Ein Soldat auf Krücken kommt vorbei.)*

DER ZWEITE: Soll ich den stelln, der salutiert blöd —

DER ERSTE: Mach kein Aufsehn, apropos was is mitn Militärverdienstkreuz?

EIN ZEITUNGSAUSRUFER: Blutige Abweisung im Naahkaamf bittee —!

DER ZWEITE: Ich bin eingegeben — zu blöd, wie lang das dauert.

DER DRITTE: Eine Wirtschaft!

DER VIERTE: Was wollts ihr haben, Krieg is Krieg. Heut sind keine Menscher.

DER ERSTE: Wißts ihr, was? Gehmr zum Hopfner! *(Ab.)*

EIN INTELLEKTUELLER *(zu seinem Begleiter)*: Ich versicher Sie, solange die Mentalität unserer Feinde — *(Beide ab.)*

POLDI FESCH *(zu seinem Begleiter)*: Heut soll ich mit dem Sascha Kolowrat drahn — *(ab.)*

Man hört den Gesang vorbeiziehender Soldaten: In der Heimat, in der Heimat da gibts ein Wiedersehn —

(Drei Schieber mit Zahnstocher im Maule treten aus dem Rostraum des Hotel Bristol.)

ERSTER SCHIEBER: Sie, gestern war ich bei Marcel Salzer. Ich sag Ihnen meine Herrn, das sollten Sie nicht versäumen.

ZWEITER SCHIEBER: Soo guut?

DER ERSTE: Ja! Sie, da trägt er Ihnen ein Gedicht vor, von etwas einem berühmten Dichter, weiß ich wie er heißt — warten Sie — ja — Ginzkey!

DRITTER SCHIEBER: Teppiche.

DER ERSTE: Er soll sogar verwandt sein. Also, da kommt vor von Tannenberg, wie sie Hindenburg hereintreibt in die Sümpfe — Sie ham doch in der Presse gelesen damals die packende Schilderung —

DER ZWEITE: Ich weiß noch den Titel: Umfassung der russischen Truppen durch die deutsche Armee und Hereinwerfen in die masurischen Sümpfe.

DER ERSTE: Ja, also das kommt genau vor, aber mehr komisch, und da macht er gluck-gluck und gluck-gluck, wie sie ersticken. Ich sag Ihnen und dabei das betamte Gesicht, was er macht Salzer, die Äuglein — es is sein Geld wert.

DER DRITTE: Ps — Sie — da kommen Feldgraue! *(Sie bleiben stehn.)*

DER ZWEITE *(andächtig):* In schimmernder Wehr.

DER ERSTE: Ja, die Deitschen!

(Es treten hintereinander drei deutsche Grenadiere auf, jeder begleitet von einem Wiener Gemeindeorgan, das Frack und Zylinder trägt.)

ERSTES GEMEINDEORGAN: Durt is die Oper, jetzt kommen wir in die Kirntnerstraße, woselbst ich Ihnen den Stock im Eisen zeigen werde, das größte Wahrzeichen von Wien, was mir ham, errichtet zum Andenken, daß vorüberziehende Handwerksburschen jeder einen Nagel einigschlagen haben, gradaso wie Sie's beim Wehrmann in Eisen gsehn haben. Dann kommt die sogenannte Pestsäule, weil damals in der Wienerstadt die Pest gewietet hat und da hat er ein Gelübde getan, an dera Stelle eine große Sehenswürdigkeit zu errichten.

ERSTER GRENADIER: Ach was, Donnerwetter!

ZWEITES GEMEINDEORGAN: Durt is die Oper, jetzt gehn wir durch die Kirntnerstraße, zum sogenannten Stock im Eisen, das ist ein Wahrzeichen, weil dort vorüberziehende Handwerksburschen jeder einen Nagel einigschlagen haben. Dann zeige ich Ihnen die Pestsäulen, da hat er nämlich ein Gelübde getan, weil damals die Pest gewietet hat, gradaso wie beim Wehrmann in Eisen, und darum is dort eine Sehenswürdigkeit errichtet.

ZWEITER GRENADIER: Famos, Donnerwetter!

DRITTES GEMEINDEORGAN: Da ham S' die Oper. Jetzt kommt aber gleich die Kirntnerstraße, da gehn mir zum Stock im Eisen, in den haben nämlich die vorüberziehenden Handwerksburschen einen Nagel einigschlagen, gradaso wie sie's jetzt beim Wehrmann tun. Dann führ ich Ihnen am Graben zu einer Sehenswürdigkeit, zum größten Wahrzeichen was mir ham, indem nämlich durt die Pest gewietet hat an dera Stelln, und da hat er ein Gelübde getan und so is bekanntlich der Stock im Eisen entstanden.

DRITTER GRENADIER: Donnerwetter, schneidich!

EIN REPORTER (zu einem zweiten): Sehn Sie, da kann man einmal sehn, was das heißt Schulter an Schulter.

DER ZWEITE: Sie scheinen sich gut zu verstehn, aber man hört nicht was sie zusammen sprechen.

DER ERSTE: Er erklärt ihm.

EIN BERLINER SCHIEBER (sehr schnell zu einem Dienstmann): Kommen Se mal ran und laufen Se rüber ins Restaurang, kucken Se, ob dort'n Herr wachtet oder gehn Se zum Potje oder zum Ober und fragen Se nach dem Sektionscheff Swobóda, der von Zadikower aus Berlin Mitte bestellt ist, mit der einflußreichste Mann, den ihr in Wien jetzt habt, er möge noch wachten und 'n Tisch anjeben, das Treffbuch liegt vamutlich an der Auskunftei aus, falls ich vahindat wäre, will ich mit ihm Amdbrot essen, habe aber noch'n Jeschäft, für den Fall hörn Se daß a vahindat wäre, möge er nachts nach dem Muläng rusche komm'n oder wie det Etablissemang jetzt heißt, Se wissen doch, wo die Mizzal tanzt, mit das schikste Mädchen, das ihr in Wien jetzt habt, ich komme funfzehn Minuten vor zwölfe, nu man fix habn Se vaschtanden? (Der Dienstmann betrachtet den Fremden erstaunt und schweigend.) Ja Menschenskind vaschtehn Se nich deutsch?

DER DIENSTMANN: Ahwoswoswaßiwossöwulln —

DER SCHIEBER (sich empört an die Vorübergehenden wendend,

die eine Gruppe bilden): Nu haste Worte, hörn Se mal, erlauben Se mal, das is'n ausjewachsener Skandal, was in
eurem lieben Wien allens vorkomm' kann, ich habe hier
als Reichsdeutscher ja schon manche Überraschung erlebt,
so'ne richtje Wiener Schlamperei ist man bei euch ja je-
wöhnt, ihr seid ja überhaupt 'n niedliches Völkchen, aber
so etwas sollte man denn doch nich für möglich halten, das
is doch wieder mal nur in Wien möglich, nee überhaupt
daß sich eine Bevölkerung, mit der wir doch Schulter an
Schulter kämpfen, so'ne Sottise jefallen läßt, das ist doch
kolomassiv, ihr Wiener habt ja nu eben keene Ahnung,
daß ihr im Kriege seid, darum seid ihr auch schon nach
einem Jahre untendurch, bei uns hingegen, da kann man
sagen, ist die Stimmung ernst, aber zuversichtlich, bei euch
hingegen — na, das sollte mal Hindenburch wissen, da will
ich ihn nu mal gründlich orientieren —

Rufe aus der Menge: Ja was is denn gschehn?

Der Schieber: Was jeschehn is? Da fragen Se noch? Ulkjes
Völkchen! Der Mann da, hat dajestanden wie'n richtich
gehender Wiener Dienstmann, ich wollt ihn rüberschicken
ins Restaurang mit 'ner wichtjen Nachricht für 'nen Sektionscheff, den ich bestellt habe, und er — ich bitte Sie, jetzt
im Krieg —

Die Menge: Na was denn, was hat er denn tan?

Der Schieber: — und er antwortet mir englisch!

*(Er entfernt sich in größter Erregung. Die Menge sieht den
Dienstmann fragend an, der seinerseits die ganze Zeit wie erstarrt dagestanden ist und sich nun stolz entfernt.)*

Die Menge: Gott strafe England!

Ein Zeitungsausrufer: Extraausgabee —! Kroßa Sick da
Vabündeteen! *(Verwandlung.)*

2. SZENE

Der Optimist und der Nörgler im Gespräch.

Der Nörgler: Halten Sie es im Bereich organischer Möglichkeiten für denkbar, daß ein Eskimo und ein Kongo-

neger auf die Dauer sich verständigen oder gar miteinander Schulter an Schulter kämpfen können? Ich denke, höchstens wenn es ein Bündnis gegen Preußen gilt. Die Verbindung zwischen einem Schöneberger und einem Grinzinger scheint mir unpraktikabel.

DER OPTIMIST: Warum denn?

DER NÖRGLER: Es ist in alten Mären, auf welche die Nibelungentreue zurückzuführen ist, der Wunder viel geseit. Aber was sind diese gegen die wunderbaren, märchenhaften Verbindungen der blutlebendigen Gegenwart? Denn sehen Sie: noch nicht einmal telephonieren können und nichts als telephonieren können — das mag wohl zwei Welten ergeben; aber läßt es eigentlich ihre seelische Verbindung zu, da kaum eine telephonische zustandekommen könnte? Lassen sich zwei Wesen Schulter an Schulter denken, deren eines die Unordnung zum Lebensinhalt hat und nur aus Schlamperei noch nicht zu bestehen aufgehört hat, und deren anderes in nichts und durch nichts besteht als durch Ordnung?

DER OPTIMIST: Das Vorbild des Bundesbruders, dessen im Frieden bewährte Organisation —

DER NÖRGLER: Sie würde sich an dem Vorbild der Schlamperei lockern, wenn sie nicht ohnedies in diesem Krieg kaputt gehen müßte. Die äußere und innere Ordnung der deutschen Welt ist eine Hülle, die bald geborsten sein wird. Dann mag es Schulter an Schulter mit uns mißglücken.

DER OPTIMIST: Meinen Sie, daß etwa die deutsche Beamtenschaft in ihrem erprobten Pflichtgefühl je nachlassen oder gar korrumpiert werden könnte?

DER NÖRGLER: Als ein Symbol der deutschen Entwicklung ist mir jüngst an der deutsch-schweizerischen Grenze ein uniformierter Bahnfunktionär entgegengetreten, der mir neben der Kassa die Umwechslung der Valuta zu einem besseren Kurs als dem, den die Bahn zahlt, flüsternd anbot.

DER OPTIMIST: Wo Sie sittlichen Verfall sehen, sehe ich —

DER NÖRGLER: Seelenaufschwung. Diese Vision wird jene Wirklichkeit noch fördernd beeinflussen. Unter der Ägide der sich selbst belügenden Kriegslüge wird das Chaos unendlich werden. Die ins Rollen gebrachte Quantität wird entgleisen.

DER OPTIMIST: Und wir in Österreich?

DER NÖRGLER: Werden kaum nötig haben, herunterzukommen. Bei uns war schon im Frieden Krieg und jeder Konzertschluß ein ungeordneter Rückzug. Wir werden eher durchhalten.

DER OPTIMIST: Im Treubund gibt es keine Rivalität. Er hat sich bisher bewährt und wir werden auch zusammen kämpfen bis zum Ende.

DER NÖRGLER: Das glaube ich auch. Nur werden in der gemeinsamen Verwirrung die Sprachen verschieden sein.

DER OPTIMIST: Gemeinsam ist die des Schwertes. Wir sind mit den Deutschen verbunden auf Gedeih und —

DER NÖRGLER: — Verderb!

(Verwandlung.)

3. SZENE

Der Abonnent und der Patriot im Gespräch.

DER ABONNENT: Haben Sie gelesen, der Bürgermeister Dr. Weiskirchner hat anläßlich der glänzenden Waffentat des U 5-Boots dem Admiral Haus ein Glückwunschtelegramm geschickt, und er hat schon geantwortet?

DER PATRIOT: Was hat er geantwortet?

DER ABONNENT: »Bitte, meinen verbindlichsten Dank für die überaus freundlichen Glückwünsche entgegenzunehmen.«

DER PATRIOT: Aber wissen Sie schon, daß der Leiter der israelitischen Militärseelsorge Feldrabbiner Dr. Frankfurter beim Osterfeste eine patriotische Ansprache gehalten hat?

DER ABONNENT: Was Sie nicht sagen! Das is mir entgangen! Und dann?

DER PATRIOT: Der Text wurde vom Militärkommando Wien dem Erzherzog Friedrich und dem Erzherzog Karl Franz Josef vorgelegt.

DER ABONNENT: Und dann?

DER PATRIOT: Beide Erzherzoge ließen dem Feldrabbiner danken.

DER ABONNENT: Sehn Sie, das freut mich. Aber ich kann Ihnen dafür erzählen, König Ludwig von Bayern hat dem sich zurzeit in Franzensbad aufhaltenden Bezirksrabbiner Benzion Katz von Borszczow auf dessen anläßlich der Einnahme von Warschau gesandtes Huldigungstelegramm telegraphisch seinen Dank ausdrücken lassen.

DER PATRIOT: Das weiß ich und ich weiß noch mehr.

DER ABONNENT: Da bin ich gespannt.

DER PATRIOT: Benzion Katz, Bezirksrabbiner zu Borszczow, derzeit in Franzensbad, hat anläßlich der Einnahme von Warschau und Iwangorod —

DER ABONNENT: Also auch wegen Iwangorod?

DER PATRIOT: Ja, auch wegen Iwangorod, an den Armeeoberkommandanten Feldmarschall Erzherzog Friedrich eine Huldigungsdepesche gerichtet —

DER ABONNENT: Und dann?

DER PATRIOT: — auf welche folgende Antwort eingetroffen ist: Se. k. u. k. Hoheit der durchlauchtigste Herr Armeeoberkommandant Feldmarschall Erzherzog Friedrich —

DER ABONNENT: Aha weiß schon: dankt bestens für die patriotische Kundgebung. Im höchsten Auftrage Flügeladjutant Oberst v. Lorz.

DER PATRIOT: Woher wissen Sie das?

DER ABONNENT: No ich kann Ihnen noch mehr sagen. Nämlich den Text von der Antwort von König Ludwig von Bayern, nämlich das hab ich erst später gelesen, nämlich König Ludwig von Bayern hat an den sich in Franzensbad aufhaltenden Bezirksrabbiner Benzion Katz von Borszczow auf dessen anläßlich der Einnahme von Warschau gesendetes Glückwunschtelegramm folgende Antwort gerichtet: »Ihnen und Ihren in Franzensbad weilenden Landsleuten danke ich bestens für die Glückwünsche zur Befreiung Warschaus. Ludwig.«

DER PATRIOT: Schad, daß man immer nur von den Antworten hört, und nie, was Benzion Katz telegraphiert hat.

DER ABONNENT: Gott, es gibt ja so viel jetzt, man weiß gar nicht, wofür man sich zuerst intressieren soll, richtig, wissen Sie schon, wer im Reservespital Nr. 9 (früher k. k. Statthaltereispital) unter der Leitung des Regisseurs Franz Brunner mitgewirkt hat?

DER PATRIOT: Frau Sektionschef Jarzebecka, Rosa Kunze, Helene Gad, Marta Seeböck, Elsa v. Konrad, Marta Land, Frau Professor Felsen, Gusti Schlesak, Henriette Weiß, Mizzi Ohmann, Christine Werner und die Herren Ernst Salzberger und Viktor Springer.

DER ABONNENT: Fürwahr, eine stattliche Liste. Im Vereinsreservespital Nr. 8 (Rothschild-Spital) haben meines Wissens nur mitgewirkt: Frau Anna Kastinger, Fräulein Finni Kaufmann (am Klavier Hela Lang), Fräulein Ila Tessa, Adolf Raab, Fräulein Karla Porjes, das Schrammel-Quartett Uhl und das Edelweiß-Quartett unter Leitung des Chormeisters E. Bochdansky mit den Herren I. Michl, G. Steinweiß und I. Zohner.

DER PATRIOT: So ist es. Wissen Sie aber, daß im Spital in der Apostelgasse auf Anregung des Bezirksschulinspektors Homolatsch das »Deutsche Lied in Wort und Bild und Sang und Klang« zum Besten gegeben wurde?

DER ABONNENT: Nein, es setzt mich in Erstaunen, aber das eine weiß ich, daß sich E. Koritschoner, Prag und Minna Husserl, Mährisch-Trübau am 15. d. verlobt haben.

DER PATRIOT: So ist es. Ja, ja, es gehn große Dinge vor. Haben Sie gelesen, »Verzweiflung des Viererverbandes am Sieg«?

DER ABONNENT: Ja, ja, es scheint sich zu bewahrheiten, ich glaub es wird eine Verzweiflung am Sieg des Viererverbandes ausbrechen, wie sie die Welt noch nicht gesehn hat.

DER PATRIOT: Ma werd doch da sehn. *(Ab.)*

(Verwandlung.)

4. SZENE

Standort des Hauptquartiers. Eine Straße.
Ein Journalist und ein alter General treten auf.

DER JOURNALIST: Sind Exellenz vielleicht in der Lage, mir einige Andeutungen über die momentane Situation zu machen?

DER GENERAL *(nach einigem Nachdenken)*: Wir gedenken — in Liebe — unserer Lieben — in der Heimat — die uns — mit Liebesgaben — bedenken — und unserer — in Treue — gedenken.

DER JOURNALIST: Aufrichtigen Dank, Exellenz, ich werde nicht verfehlen, diese bedeutsame Äußerung eines unserer glorreichen Heerführer sofort — *(Beide ab.)*

(Ein anderer Journalist und ein anderer alter General treten auf.)

DER JOURNALIST: Sind Exellenz vielleicht in der Lage, mir über den Verlauf der jetzigen Begebenheit Authentisches, soweit es im Rahmen der gebotenen Rücksichten möglich ist, für das Blatt zur Verfügung zu stellen?

DER GENERAL: I waß nix — i hob nur g'hört — daß jetzt — die Preißen kummen — die Preißen — nacher — alstern nacher — gehts uns wieder — schlecht — diese — diese — verflixten Preißen —

DER JOURNALIST: Intressant. Wissen Exellenz vielleicht etwas über das uns besonders am Herzen liegende Schicksal der dritten reitenden Artilleriebrigade?

DER GENERAL: Die — ritte — dreitende — rati — tatita — ti — titeriti —

DER JOURNALIST: Vielen Dank, Exellenz, ich werde nicht verfehlen, diese hochbedeutsame Kundgebung eines unserer siegreichen Feldherrn — *(Beide ab.)*

(Verwandlung.)

5. SZENE

Südwestfront.

EINE STIMME AUS DEM HINTERGRUND: Net z'weit vurgehn, Exlenz, net z'weit vur!

Eine zweite Stimme aus dem Hintergrund: Net vurgehn Exlenz, der Ort is vom Feind eingsehn, da muß doch ein Einsehn sein, net vurgehn!

Ein alter General tritt auf. Er ist in Gedanken versunken. Ein sizilianischer Soldat nähert sich ihm und fängt ihn mit dem Lasso. Der Soldat führt den General ab.

Ein Mitglied des Kriegspressequartiers *(bemerkt es und ruft)*: Das ist nicht wahr! — Ich hab es selbst gesehn! — Das wird ein Fressen für sie sein! — Märchen italienischer Berichterstattung! — Kommentar überflüssig.

(Verwandlung.)

6. SZENE

Ein Infanterieregiment dreihundert Schritt vom Feind. Heftiger Feuerkampf.

Ein Infanterieoffizier: Da schauts nach rückwärts, unser guter Feldkurat kommt zu uns. Das is schön von ihm.

Der Feldkurat Anton Allmer: Gott grüße euch, ihr Braven! Gott segne eure Waffen! Feuerts tüchtig eini in die Feind?

Der Offizier: Habe die Ehre Hochwürden — wir sind stolz, einen so unerschrockenen Feldkuraten zu haben, der trotz feindlicher Feuerwirkung, der drohenden Gefahr nicht achtend, sich unserer Feuerstellung nähert.

Der Feldkurat: Gehts, laßts mich auch a wengerl schießen.

Der Offizier: Wir freuen uns alle, einen so tapfern Feldkuraten zu haben! *(Er reicht ihm ein Gewehr. Der Feldkurat feuert einige Schüsse ab.)*

Der Feldkurat: Bumsti!

Rufe: Bravo! Ist das aber ein edler Priester! Hoch unser lieber Feldkurat!

(Verwandlung.)

7. SZENE

Bei der Batterie.

EIN ARTILLERIEOFFIZIER: Da schauts, unser guter Feldkurat kommt zu uns aus der Infanteriestellung. Das is schön von ihm!

DER FELDKURAT ANTON ALLMER: Gott grüße euch, ihr Braven! Gott segne eure Waffen! Feuerts tüchtig eini in die Feind?

DER OFFIZIER: Sauber laufts, Hochwürden.

DER FELDKURAT: Mit Gott möcht ich auch einmal ein Geschütz probieren.

DER OFFIZIER: Gern, Hochwürden, hoffentlich treffen Sie einige Russen.

(Der Feldkurat feuert ein Geschütz ab.)

DER FELDKURAT: Bumsti!

RUFE: Bravo!

DER OFFIZIER *(zur Mannschaft)*: Das ist ein guter, edler Priester! Und ein Sohn unserer schönen Steiermark. Das muß ich ins Grazer Volksblatt geben! *(Zum Feldkuraten)* Das heimische Regiment freut sich und ist stolz auf seinen Feldkuraten und tapferen Mitkämpfer, der mit gutem Beispiel vorangeht.

RUFE: Hoch!

DER OFFIZIER: Jetzt erst, da Hochwürden geschossen hat, sind unsere Waffen gesegnet!

Die Schalek nähert sich.

DIE SCHALEK: Was is das für eine Stellung? Das soll eine Stellung sein? Ich hab schon bessere Stellungen gesehn!

DER OFFIZIER: Bitte Nachsicht zu haben — in der kurzen Zeit —

DIE SCHALEK: Sie, Herr Oberleutnant, wissen Sie was, ich möcht bißl schießen.

DER OFFIZIER: Von Herzen gern Fräulein, aber das is momentan leider unmöglich, weil es den Feind aufregen könnte. Jetzt is grad eine Gefechtspause und wir sind froh —

DIE SCHALEK: Aber bitt Sie machen Sie keine Geschichten — also der Kurat darf und ich darf nicht? — wenn ich schon eigens herausgekommen bin — wie Sie wissen, schildere ich nur aus dem persönlichen Erleben — bedenken Sie, daß ich die Schilderung unbedingt vervollständigen muß — es is doch für Sonntag!

DER OFFIZIER: Ja — also — eine Verantwortung kann ich nicht übernehmen —

DIE SCHALEK: Aber ich! Geben Sie her. Also wie schießt man?

DER OFFIZIER: So —

(*Die Schalek schießt. Der Feind erwidert.*)

DER OFFIZIER: Also da ham mrs!

DIE SCHALEK: Was wollen Sie haben? Das is doch intressant!

(*Verwandlung.*)

8. SZENE

Der Wurstelprater. Die Szene stellt einen Schützengraben dar, in welchem Provinzschauspieler Schießübungen vornehmen, telephonieren, schlafen, essen und Zeitung lesen. Der Schützengraben trägt Flaggenschmuck. Das tausendköpfige Publikum steht in dichten Reihen davor, zahlreiche Funktionäre, Würdenträger und Reporter im Vordergrund.

DER ENTREPRENEUR: — und hiermit empfehle ich den Schützengraben, welcher dem p. t. Publikum das Leben im echten Schützengraben täuschend vor Augen führen soll, dem edlen Zwecke der patriotischen Kriegsfürsorge und richte an Seine kaiserliche Hoheit das alleruntertänigste Ersuchen, den Schützengraben für eröffnet zu erklären.

EIN VERTRETER DER KORRESPONDENZ WILHELM (*zu seinem Kollegen*): Unter den militärischen und zivilen Notabilitäten bemerkte man u. a. —

DER KOLLEGE (*schreibend*): Angelo Eisner v. Eisenhof, Flora Dub, Hofrat und Hofrätin Schwarz-Gelber —

DER VERTRETER: Aber ich seh die nicht —

DER KOLLEGE: No ich weiß aber.

DER VERTRETER: Pst. Die Eröffnung erfolgt. Schreiben Sie: Schlag 6 Uhr erfolgte.

DIE STIMME DES ERZHERZOGS KARL FRANZ JOSEF: Ich bin gerne gekommen, den Schützengraben anzuschauen. Ich bin ja selbst Soldat.

DAS PUBLIKUM: Hoch! Hoch! Hoch!

HOFRÄTIN SCHWARZ-GELBER (zu ihrem Gemahl): Hier sieht man nichts, komm, dorten wird man gesehn.

(Es erfolgen Vorstellungen. Das Publikum massiert sich und zerstreut sich hierauf. Es bilden sich Gruppen.)

DER UNGENANNT SEIN WOLLENDE HERR OBERLEUTNANT, DER IN SCHAUMANNS APOTHEKE, STOCKERAU, ZU GUNSTEN DES ROTEN KREUZES DEN BETRAG VON I K ERLEGT HAT (zu einem Herrn): Es ist zu hoffen, daß auch diese Veranstaltung, die sicherlich einem Gedanken oder einer Anregung ihre Entstehung verdankt, dem wohltätigen Zwecke manch namhaftes Sümmchen einbringen wird. Ich interessiere mich für alle auf die Kriegsfürsorge abzielenden Bestrebungen, ich bin nämlich wie Sie mich da sehn niemand anderer als der Spender des in Schaumanns Apotheke, Stockerau, von einem ungenannt sein wollenden Herrn Oberleutnant zu Gunsten des Roten Kreuzes erlegten Betrages von I K, Summe 1091 K bar und 2000 K Nominale Rente, hiezu der frühere Ausweis von 679.253 K bar, macht 680.344 K bar und —

DOKTOR KUNZE: Was, so viel?

DER UNGENANNT SEIN WOLLENDE HERR OBERLEUTNANT, DER IN SCHAUMANNS APOTHEKE, STOCKERAU, ZU GUNSTEN DES ROTEN KREUZES DEN BETRAG VON I K ERLEGT HAT: Ja, ja, das summiert sich. Ich hatte lange geschwankt, ob ich mit meinem Namen hervortreten solle, aber da ich, wo es sich um Wohltun handelt, ein abgesagter Feind jeglicher Publizität bin, so entschloß ich mich verborgen zu bleiben. Und die halbe Anonymität — das ist wieder die halbe Wohltätigkeit. Da sehen Sie, Otto Ni. aus Leitmeritz und Robert Bi. aus Theresienstadt gratulieren Rusi Ni. in Wien zum freudigen Familienereignis: »Gut is 'gangen, nix is g'scheh'n!« — 2 K 7 h, rechnet man aber hiezu den früheren Ausweis, so kommt bloß 576.209 K 52 h heraus. Da stehe ich ganz anders da, ganz abgesehen davon, daß ich ja allein war und keineswegs erst den Anlaß einer glücklichen Entbindung gebraucht habe, um —

DOKTOR KUNZE: Ich beneide Sie. Ich habe mehr getan, aber im Ganzen wars doch nichts. Wie Sie mich da sehn, bin ich nämlich niemand anderer als der Mann, der in seiner Jagdgesellschaft die Anregung gegeben hat, daß jeder Teilnehmer für den Kriegsfürsorgezweck das Scherflein von 2 K beitragen möge. Ich selbst habe natürlich den Anfang gemacht und meinem Beispiele haben sich denn auch alsobald die andern angeschlossen, so daß ich in der Lage war, es zu veröffentlichen. Ich hatte lange geschwankt, ob ich mit meinem Namen verborgen bleiben solle, aber da ich, wo es sich darum handelt, beispielgebend zu wirken, ein abgesagter Feind jeglicher Anonymität bin, so entschloß ich mich, hervorzutreten. Ich huldige denn da doch wesentlich anderen Anschauungen als Sie. Im Ganzen waren es also 26 K, denn wir waren unser dreizehn. Das ist immerhin ein stattliches Sümmchen, aber freilich verglichen mit dem Resultat — (sie gehen im Gespräch ab.)

DER PATRIOT: In London haben sie etwas eine Spielerei, einen Schützengraben. Sehr gut hab ich da neulich in der Presse gelesen »Der Prinz von Wales im Schützengraben«. Natürlich dort treibt er sich herum, draußen war er noch nicht!

DER ABONNENT: Sie tändeln mit dem Krieg.

(Verwandlung.)

*Semmering. Terrasse des Südbahnhotels. Alpenglühen. Jung
und Alt, Groß und Klein ist versammelt. Man bemerkt Scha-
kale und Hyänen. Eine Dame hat soeben mit tiefer Empfindung Heine rezitiert und erntet reichen Beifall. Die Getreuen
des Semmering sind in stiller Betrachtung versunken.*

JUNG: Weiß ist der größte Tourist. Er geht im Schritt, er
geht im Trab oder, wenn keine Zeit is, geht er auch im Galopp. Er hat den Tarockzug noch nie versäumt.

ALT: Ein erstklassiges Alpenglühn. Schauts euch den Generaldirektor an am Fenster, sein Gesicht glänzt.

DANGL *(kommt atemlos):* Meine verehrten Gäste, soeben is
aus Wien telephoniert worn, Durazzo is gfalln — große
Erfolge bei Verdun!

ALLE: Hoch Dangl!

GROSS: Ich hab stark den Eindruck, der Himmel is illumi-
niert wegen Durazzo.

KLEIN: Heute kann man es genießen! Heut sind sie alle
versammelt die unbedingten Verehrer des Semmering und
die Getreuen.

STIMMENGEWIRR: Wo is Weiß? — Bittich schrei nicht, Stukart hört — Habts ihr gehört von Durazzo, Kleinigkeit —
Das Panorama war fabelhaft — Begierig bin ich, ob er
heut zurecht kommt — Nutzt nix, Heine is und bleibt der
gresste deutsche Dichter und wenn sie zerspringen — Ich
hab den Sektionschef gegrüßt, er hat auch gegrüßt — Sie
wern sehn, er wird in den Annalen fortleben — Am Sonn-
wendstein will er herauf hat er gesagt — Nicht wern sie
Verdun bekommen! — Sind Sie eigentlich ein starker Esser? Ich bin nämlich ein starker Esser — Das Panorama
war fabelhaft — Ich sag dir, im Schritt, er hat Zeit — Die
Verluste müssen gesalzen sein! — Der muß auch hübsch
verdienen — Wie sie das deklamiert hat, war ich effektiv
begeistert — Wetten, er kommt heut im Trab — Der Doktor hat gesagt, unten steht es glänzend — Ich hätt noch
drei Waggon — Wie er sich getauft hat, hat sie sich geschie-

den — Heut versäumt er aber ja, sag ich euch — Wenn ihr euch kugeln wollts, müßts ihr in die Josefstadt — Was heißt Truppentransporte? Der Tarockzug geht immer! — Das Panorama war fabelhaft — Dorten kommt er gelaufen, was hab ich gesagt, Weiß im Galopp! (*Die Gesellschaft verzieht sich.*)

Ein Getreuer des Semmering (*im Abgehn*): Laßts ihn schlafen, er macht sich Sorgen wegen der Metallablieferung.

Der Generaldirektor (*schlafend, mit der Geste einer jähen Eingebung*): Vergroben! (*Er erwacht.*)

(*Verwandlung.*)

10. SZENE

Der Optimist und der Nörgler im Gespräch.

Der Optimist: Das kann ich wirklich mit ruhigem Gewissen behaupten, ich habe seit der Kriegserklärung noch keinen jungen Menschen in Wien getroffen, der noch da war und wenn er noch da war, der nicht vor Ungeduld gefiebert hätte, nicht mehr da zu sein.

Der Nörgler: Ich komme so wenig unter Leute. Aber ich habe ein Gesellschaftstelephon. Da habe ich schon im Frieden mühelos und ohne erst auf die schwarze Scheibe hauen zu müssen, sämtliche Gespräche des Bezirks, über eine geplante Poker-Partie, über ein vorgehabtes Geschäft und über einen angestrebten Koitus hören können. Meine einzigen Verbindungen mit der Außenwelt sind die falschen. Seitdem der Weltkrieg ausgebrochen ist und das vaterländische Telephon dadurch keineswegs verbessert wurde, drehen sich die Gespräche um ein weiteres Problem und ich kann tagtäglich, so oft ich ans Telephon gerufen werde, um andere Leute miteinander sprechen zu hören, also mindestens zehnmal täglich Gespräche hören wie die: »Der Gustl is hinaufgegangen und hat sichs gerichtet.« »Wie gehts denn dem Rudi?« »Der Rudi is auch hinaufgegangen und hat sichs auch gerichtet.« »Und der Pepi? Is der am End schon im Feld?« »Der Pepi hat einen Hexenschuß.

Aber sobald er aufstehn kann, wird er hinaufgehn und sichs richten.«

DER OPTIMIST: Seien Sie vorsichtig.

DER NÖRGLER: Warum? Ich würde es beweisen können. Es gibt noch Richter in Österreich.

DER OPTIMIST: Von Ihrem Standpunkt müßten Sie ja die Befreiung jedes einzelnen begrüßen.

DER NÖRGLER: Jawohl, jedes einzelnen. Ich stehe auf meinem Standpunkt. Aber das Vaterland steht nicht auf meinem Standpunkt, und jene, die ausgenommen sein wollen, bekennen sich zum Standpunkt des Vaterlands und nicht zu dem meinigen. Wenn ich den Zwang zum Tode für eine Schmach halte, so halte ich die Protektion vor dem Tode für einen Zustand, der die Schmach bis zu dem Gefühl verschärft, daß man hierzulande nur als Selbstmörder weiterleben kann. Es ist das letzte Freiwilligenrecht gegenüber der allgemeinen Wehrpflicht.

DER OPTIMIST: Aber Ausnahmen muß es schließlich geben. Zum Beispiel die Literatur. Das Vaterland braucht nicht nur Soldaten —

DER NÖRGLER: — sondern auch Lyriker, die ihnen den Mut machen, den sie selbst nicht haben.

DER OPTIMIST: Die Dichter sind aber mit dem höheren Zweck entschieden gewachsen. Sie können unmöglich leugnen, daß der Krieg auch sie gestählt hat.

DER NÖRGLER: Den meisten hat er die Gewinnsucht mobilisiert, den paar charaktervollen nur die Dummheit.

DER OPTIMIST: Ein Mann wie Richard Dehmel, der selbst eingerückt ist, hat ein Beispiel gegeben —

DER NÖRGLER: — das er durch seine Kriegslyrik entwertet hat. Er nannte das Geräusch der Maschinengewehre Sphärenmusik und stellte jene Kreatur, die der allgemeinen Wehrpflicht noch wehrloser gegenübersteht als der Mensch, unter den Begriff des Vaterlandes, für dessen unheilige Sache er die »deutschen Pferde« reklamiert hat.

DER OPTIMIST: Ja, in solchen Zeiten sind eben alle Dichter fortgerissen —

DER NÖRGLER: — der Tat jener, die die Schöpfung schänden, das Wort zu leihen.

DER OPTIMIST: Blicken Sie auf Kernstock —

DER NÖRGLER: Nicht gern.

DER OPTIMIST: Ein Dichter christlicher Milde, in seinem Beruf sogar ein Geistlicher.

DER NÖRGLER: Ja, das gebe ich zu, der ist außerordentlich gestählt worden. Ich denke vor allem an die Verse, in denen er seine Steirerbuam auffordert, aus Welschlandfrüchtchen blutroten Wein zu pressen.

DER OPTIMIST: Oder denken Sie an den Bruder Willram —

DER NÖRGLER: Leider läßt mich mein Gedächtnis nicht im Stich. Das ist doch der christliche Dichter, dem Blut ein rotes Blühn ist und der von einem Blutfrühling träumt. Sie spielen vielleicht auf die Weisung dieses Seelsorgers an, die da lautet: Im Kampf mit Drachen und Molchen die stinkende Brut erdolchen? Oder: Die Feinde dreschen nach Herzenslust und jedem das schrille Blei in die Brust?

DER OPTIMIST: Nein, ich meine seinen Ausruf: Zum Freiwild ist geworden der feige welsche Wicht. Oder die Verse, in denen sein Schlachtroß laut wiehert und schnaubt voll edlen Muts und trägt ihn in der Feinde Troß durch Bäche roten Bluts.

DER NÖRGLER: Aber die Kavallerie ist doch schon abgesessen und selbst der Einspänner von der Innsbrucker Weinstube nachhaus ist heute unerschwinglich.

DER OPTIMIST: Unterschätzen Sie nicht die Kraft dichterischer Illusion, zumal in dem Gedicht, worin er den Herrgott bittet, die Feinde so zu segnen, daß selbst dem Teufel graust, wenn wir uns baden im Blute.

DER NÖRGLER: Und was tut der Teufel? Ihm grausts umsomehr, je weniger es dem Priester graust.

DER OPTIMIST: Oder blicken wir auf Dörmann.

DER NÖRGLER: Der ist doch kein Priester.

DER OPTIMIST: Aber ein Dichter! Wie standen wir seinerzeit im Bann seiner Worte: »Ich liebe die hektischen schlanken —«! Jetzt, um fünfundzwanzig Jahre älter geworden, hat er sich aus einer anämischen Geschmacksrichtung, die wir gottseidank alle überwunden haben, zu einer blutlebendigeren Auffassung —

DER NÖRGLER: Sie vergessen, daß schon die hektischen schlanken Narzissen einen blutroten Mund hatten.

DER OPTIMIST: Trotzdem. Was ist das im Vergleich zu den Versen, mit denen er jetzt alle fortreißt: »Die Russen und die Serben, die hauen wir zu Scherben!« Wie hat der sich aufgerafft, zu welcher Entschlossenheit und Kraftfülle ist dieser einst dekadente Lyriker emporgediehen. Wie groß muß die Wirkung dieser Gegenwart sein, daß sie einen amourösen Liebling der Grazien so verwandeln, zu solcher Unerbittlichkeit des Fühlens, zu solcher Tatkraft des Vollbringens befähigen konnte.

DER NÖRGLER: Es ist über ihn gekommen.

DER OPTIMIST: Und Sie werden auch den Vorteil, den die Einstellung der literarischen Produktion auf die Bedürfnisse des Vaterlands sowohl für dieses wie last not least für den Betreffenden selbst hat, nicht leugnen können. Dazu kommt, daß in einer Zeit, in der jeder seine Pflicht gegen das Vaterland erfüllt, auch das Vaterland Gelegenheit hat, sich der Pflicht gegen seine besten Söhne zu erinnern. Ich denke da vor allem an einen Mann wie Lehar. Es hat sich einfach von selbst verstanden, daß der Schöpfer des Nechledil-Marsches von jeder Kriegsdienstleistung befreit blieb.

DER NÖRGLER: Beethoven hätte wegen Schwerhörigkeit einen C-Befund gekriegt und infolgedessen bloß bei Mullatschaks in Offiziersmessen Klavier spielen müssen. Welche Vertreter der Malerei und der Literatur würden Ihnen ähnlich berücksichtigenswert erscheinen?

DER OPTIMIST: Ich denke an Schönpflug, den Zeichner so vieler lustiger Militärtypen, und an Hans Müller, dessen sonnige Feuilletons eine wahre Herzstärkung sind und so viel zum Durchhalten beigetragen haben.

DER NÖRGLER: Auch mich sollte es baß verwundern, wenn

ein Dichter, den Wilhelm II. in der Wiener Hofburg empfangen hat, die daraufhin noch nicht geschlossen wurde,
nicht eines Tages von dem aufreibenden Dienst im k. u. k.
Kriegsarchiv befreit würde.

DER OPTIMIST: Da haben Sie ganz recht. Solche Männer er-
bringen ja durch ihr eigenes Schaffen die erfreulichsten Beweise für ihre Unentbehrlichkeit. Aber daneben muß es
auch Kriegsschilderer und Kriegsberichterstatter geben; sie
sind vom Frontdienst befreit, um —

DER NÖRGLER: — den andern darauf Gusto zu machen.

DER OPTIMIST: Sie bewähren sich in ihrer Art so gut wie
die Militärärzte, die —

DER NÖRGLER: — umso untauglicher sind, je mehr Leute
sie für tauglich erklären, und umso sicherer ihr Leben behalten —

DER OPTIMIST: — je mehr Verwundeten sie es wieder-
geben —

DER NÖRGLER: — damit diese es verlieren können. Während wieder die Auditoren es umso sicherer behalten, je
mehr Gesunden sie es nehmen.

DER OPTIMIST: Man darf nicht generalisieren.

DER NÖRGLER: Man darf alles, nur nicht das.

DER OPTIMIST: Das Vaterland braucht Soldaten, aber auch
Kriegsberichterstatter. Es ist doch Krieg, und so müssen sie
es uns sagen.

DER NÖRGLER:

> Wie? Es ist Krieg? Wir wissen es von solchen,
> die noch ihr dreckiges Ich haben, das erzählt,
> in welcher Stimmung sie den Krieg besichtigt?
> Ein Schlachtroß fänd' es unter seiner Würde
> mit seinem linken Hinterhuf die Krummnas'
> von sich zu stoßen und die oben sitzen,
> empfangen sie, und stehn ihr Red' und Antwort,
> verköstigen an ihrem eigenen Tisch
> den Auswurf? Wie, war das Ereignis denn
> nicht stark genug, den innern Feind zu schlagen?
> Er dringt zur Front, macht sich ums Blatt verdient?

Stellt uns den Krieg vor, stellt sich vor den Krieg?
Er wird nicht untergehn? Er lebt? Er dient nicht?
Nicht exerzieren müssen die Gemeinen?
Ist es ein Krieg? Ich denk', es ist der Friede.
Die Bessern gehen und die Schlechtern bleiben.
Nicht sterben müssen sie. Sie können schreiben.

(Ein Zug von Rekruten, die graue Bärte haben, geht vorbei.)

DER OPTIMIST: Sehn Sie, die rücken ein.

DER NÖRGLER: Und dennoch sind sie nicht Einrückende.

DER OPTIMIST: Sondern?

DER NÖRGLER: Einrückend gemachte, wie sie mit Recht heißen. Das Partizipium der Gegenwart allein würde noch eine Willenstätigkeit bekunden und darum muß schon ein Partizip der Vergangenheit dabei sein. Es sind also einrückend Gemachte. Bald werden sie einrückend gemacht sein.

DER OPTIMIST: Nun ja, sie müssen in den Krieg ziehen.

DER NÖRGLER: Ganz richtig, sie müssen, die allgemeine Wehrpflicht hat aus der Menschheit ein Passivum gemacht. Einst zog man in den Krieg, jetzt wird man in den Krieg gezogen. Nur in Deutschland ist man schon darüber hinaus.

DER OPTIMIST: Wie das?

DER NÖRGLER: In Karlsruhe habe ich ein großes Plakat gelesen: Macht Soldaten frei! Und sogar am Tor des Oberkommandos.

DER OPTIMIST: Wie ist das möglich, das ist doch Revolution, wie kann das Oberkommando in Karlsruhe —

DER NÖRGLER: Ja, es werden nämlich Schreiber für die Kanzlei gesucht und es wird gewünscht, daß sich Zivilisten melden, damit Soldaten, die noch in der Kanzlei arbeiten, für die Front frei werden. Also: »Macht Soldaten frei!« Bei uns würde man auch da sagen: »Macht Soldaten einrückend«, worin ja hinreichend Willensfreiheit wäre. Ich glaube aber, daß das deutsche Plakat seine Wirkung unter allen Umständen erreicht. Denn wenn es seine Wirkung auch nicht erreicht, so weiß die deutsche Militärverwaltung doch dafür zu sorgen, daß die vakanten Schreiberposten besetzt werden. Ein Mangel an Bewerbern könnte nur eintreten, wenn bereits alle Soldaten, die dafür in Betracht kommen, freie Soldaten geworden sind.

DER OPTIMIST: Ihre Nörgelei macht nicht einmal vor einer Verlautbarung des Oberkommandos in Karlsruhe Halt.

DER NÖRGLER: Ich habe übrigens noch eine andere draußen gesehn. In einem Polizeiamt hängt ein Plakat, dessen Text mir ins Ohr gegangen ist. Er lautet:

> Haut die Schufte, haut die Bande,
> Werft sie bis zu Aetnas Rande,
> Füllt sie in Vesuvens Rachen!
> Haut sie, daß die Schwarten krachen!
> Haut sie, daß sie nur so glotzen,
> Haut sie, bis sie Lumpen kotzen!
> Streicht Pardon aus eueren Herzen,
> Um das Trugvolk auszumerzen!
> Füllt mit Dynamit die Täler,
> Rottet aus die Heuchler, Hehler,
> Jedem schlagt den Schädel ein
> Und seid stolz, »Barbar« zu sein!

DER OPTIMIST: So etwas wäre auch bei den anderen Nationen möglich.

DER NÖRGLER: Man darf nicht generalisieren. Aber Sie könnten recht haben. Es wäre sogar bei den Engländern möglich, wenn sie noch ein paar Jahre allgemeine Wehrpflicht haben. Daß die Täler dazu da sind, um mit Dynamit gefüllt zu werden, wird allmählich allen Völkern einleuchten. Nur die eine Zeile: Haut sie, bis sie Lumpen kotzen — die, sehn Sie, hat Landesfarbe.

DER OPTIMIST: Eine Roheit, was weiter. Man darf nicht generalisieren.

DER NÖRGLER: Gewiß nicht, es wäre bei den weißen wie bei den farbigen Engländern unmöglich.

DER OPTIMIST: Es ist auch in Deutschland ein Einzelfall.

DER NÖRGLER: Der aber nur in Deutschland möglich ist.

Und der Kerl, der es verfaßt hat, sitzt in einem Bureau und erschrickt, wenn ein Papiersack explodiert.

DER OPTIMIST: Nun, eben —

DER NÖRGLER: Und derselbe Kerl ist, wenn er hinauskommt, ein passionierter Mörder, dreht einem Sterbenden das Messer im Leib um, würde es stolz erzählen, wenn er daheim ist, und wieder erschrecken, wenn ein Papiersack explodiert.

DER OPTIMIST: Ich verstehe Sie nicht. Es gibt gute und böse Menschen im Krieg. Sie sagen doch selbst, daß er nur die Kontraste vergrößert hat.

DER NÖRGLER: Gewiß, auch den zwischen mir und Ihnen. Sie waren schon im Frieden ein Optimist und jetzt —

DER OPTIMIST: Sie waren schon im Frieden ein Nörgler und jetzt —

DER NÖRGLER: Jetzt geb' ich sogar der Phrase die Blutschuld.

DER OPTIMIST: Ja, warum sollte der Krieg Sie von Ihrer fixen Idee befreit haben?

DER NÖRGLER: Ganz richtig, er hat mich sogar darin bestärkt. Ich bin mit dem höheren Zweck kleinlicher geworden. Ich sehe einrückend Gemachte und spüre, daß es gegen die Sprache geht. An Drahtverhauen hängen die blutigen Reste der Natur.

DER OPTIMIST: Wirklich also, mit Grammatik wollen Sie den Krieg führen?

DER NÖRGLER: Das ist ein Irrtum, mich interessiert kein Reglement, nur der lebendige Sinn des Ganzen. Im Krieg gehts um Leben und Tod der Sprache. Wissen Sie, was geschehen ist? Schilder und Schilde sind nicht mehr zu unterscheiden und alle, die nur ein Schild und einen Verdienst gehabt haben, werden dereinst ein Verdienst und einen Schild haben. So mischen sich die Sphären und die neue Welt ist blutiger als die alte, weil sie den furchtbaren neuen Sinn furchtbarer macht durch die alten Formen, denen sie geistig nicht entwachsen konnte. Fibel und Flammenwerfer! Panier und Papier! Weil wir zum Schwert greifen, mußten wir zur Gasbombe greifen. Und wir führen diesen Kampf bis aufs Messer.

DER OPTIMIST: Das ist mir zu hoch. Bleiben wir hübsch in der Wirklichkeit. Es handelt sich in diesem —

DER NÖRGLER: Jawohl, es handelt sich in diesem —!

DER OPTIMIST: Wenn die Kämpfer nicht ein Ideal vor sich hätten, würden sie nicht in den Krieg ziehen. Auf Worte kommt es nicht an. Weil die Völker Ideale vor Augen haben, tragen sie ihre Haut —

DER NÖRGLER: Zu Markte!

DER OPTIMIST: Nun gerade in der Sprache unserer Armeekommanden müßten Sie einen Zug erkennen, der sich von der trivialen Prosa der von Ihnen verachteten Geschäftswelt kräftig abhebt.

DER NÖRGLER: Gewiß, insoferne diese Sprache bloß eine Beziehung zum Varietégeschäft verrät. So habe ich in einem Divisionskommandobefehl gelesen: ... die, was Heldenmut, todesverachtende Tapferkeit und Selbstaufopferung anbetrifft, das höchste geleistet haben, was erstklassige Truppen überhaupt zu leisten imstande sind ... Sicherlich hat dem Divisionär eine jener erstklassigen Truppen vorgeschwebt, an denen er sich im Frieden oft zu ergötzen pflegte. Das reine Geschäft kommt mehr in der fortwährenden Verwechslung von Schilden und Schildern zur Geltung.

DER OPTIMIST: Meinen Sie das wörtlich?

DER NÖRGLER: Sachlich und wörtlich, also wörtlich.

DER OPTIMIST: Ja es ist ein Kreuz mit der Sprache.

DER NÖRGLER: Das man auf der Brust trägt. Ich trag's auf dem Rücken.

DER OPTIMIST: Ob Sie das nicht überschätzen?

DER NÖRGLER: Zum Beispiel so: Ein Volk, sage ich, ist dann fertig, wenn es seine Phrasen noch in einem Lebensstand mitschleppt, wo es deren Inhalt wieder erlebt. Das ist dann der Beweis dafür, daß es diesen Inhalt nicht mehr erlebt.

DER OPTIMIST: Wie das?

DER NÖRGLER: Ein U-Boot-Kommandant hält die Fahne hoch, ein Fliegerangriff ist zu Wasser geworden. Leerer wird's noch, wenn die Metapher stofflich zuständig ist. Wenn statt einer Truppenoperation zu Lande einmal eine maritime Unternehmung Schiffbruch leidet. Wenn der Erfolg in unsern jetzigen Stellungen bombensicher war und die Beschießung eines Platzes ein Bombenerfolg.

DER OPTIMIST: Ja, diese Redensarten entstammen samt und sonders der kriegerischen Sphäre und jetzt leben wir eben in ihr.

DER NÖRGLER: Wir tun es nicht. Sonst wäre der Schorf der Sprache von selbst abgefallen. Neulich las ich, daß sich die Nachricht von einem Brand in Hietzing wie ein Lauffeuer verbreitet habe. So auch die Nachricht vom Weltbrand.

DER OPTIMIST: Brennts darum nicht?

DER NÖRGLER: Doch. Papier brennt und hat die Welt entzündet. Zeitungsblätter haben zum Unterzünden des Weltbrands gedient. Erlebt ist nur, daß die letzte Stunde geschlagen hat. Denn Kirchenglocken werden in Kanonen verwandelt.

DER OPTIMIST: Die Kirchen selbst scheinen das nicht so tragisch zu nehmen, denn sie stellen die Glocken vielfach auch freiwillig zur Verfügung.

DER NÖRGLER: Krieg sei ihr letzt Geläute. Die Verwandtschaft von Requiem und Mörser stellt sich allmählich doch heraus.

DER OPTIMIST: In jedem Staat fleht die Kirche Gottes Segen für ihre eigenen Waffen herab —

DER NÖRGLER: — und trachtet diese noch zu vermehren. Wohl, es kann von ihr nicht verlangt werden, daß sie Gottes Segen für die feindlichen Waffen herabfleht, aber zu einem Fluch für die eigenen hätte sie sich immerhin aufraffen können. Da hätten sich dann die Kirchen der kämpfenden Staaten besser verstanden. Jetzt ist es möglich, daß der Papst den Krieg zwar verwünscht, aber von »berechtigten nationalen Aspirationen« spricht und daß an demselben Tag der Fürsterzbischof von Wien den Krieg segnet, der zur Abwehr »ruchloser nationaler Aspirationen« geführt wird. Ja, wären die Inspirationen stärker gewesen als die Aspirationen, so gäb's diese nicht und keinen Krieg.

DER OPTIMIST: Die schwarze Internationale hat eben noch mehr versagt als die rote.

DER NÖRGLER: Bewährt hat sich nur jene, die es schwarz auf rot gegeben hat, die Presse —.

DER OPTIMIST: — Es ist erfreulich, daß Sie deren Macht anerkennen —

DER NÖRGLER: — wiewohl ich ihren Einfluß überschätze. Was ist Benedikt gegen —

DER OPTIMIST: Was haben Sie gegen —

DER NÖRGLER: Ich meine doch den Papst. Was vermag eine Predigt für den Frieden gegen einen Leitartikel für den Krieg. Und da es nur Predigten für den Krieg gibt —

DER OPTIMIST: Das will ich zugeben, in Bethlehem war das Heil der Welt anders beschlossen.

DER NÖRGLER: Bethlehem in Amerika korrigiert den Mißgriff, der vor neunzehn Jahrhunderten begangen wurde.

DER OPTIMIST: In Amerika? Wie meinen Sie das?

DER NÖRGLER: Bethlehem heißt die größte Kanonengießerei der Vereinigten Staaten. Bei uns stellt jede Kirche ihr Bethlehem bei, ihr Bethlehem-Scherflein.

DER OPTIMIST: Ein Namenszufall.

DER NÖRGLER: Sie sind ungläubig. Da wissen Sie wohl auch nicht, was ein Paternoster ist?

DER OPTIMIST: Ein Gebet!

DER NÖRGLER: Ein Lift! Sie Optimist!

DER OPTIMIST: Ach so, natürlich. Aber das mit Bethlehem —? So heißt also der Ort, von wo Deutschlands Feinde mit Waffen versorgt werden!

DER NÖRGLER: Von Deutschen.

DER OPTIMIST: Sie scherzen. An der Spitze des Stahltrusts steht Carnegie.

DER NÖRGLER: Steht Schwab.

DER OPTIMIST: So, also Deutschamerikaner versorgen jetzt die Feinde —?

DER NÖRGLER: Reichsdeutsche!

DER OPTIMIST: Wer sagt das!

DER NÖRGLER: Wers weiß. Das Wall Street Journal, das in finanziellen Dingen mindestens so maßgebend sein soll wie unsere Börsenpresse, hat festgestellt, daß zwanzig Prozent der Aktien des Stahltrusts sich in deutschen Händen befinden, aber nicht in deutschamerikanischen, sondern in reichsdeutschen. Mehr als das. Da lesen Sie, was in einem deutschen Sozialistenblatt steht. »Während man von mehreren waschecht anglo-amerikanischen Fabrikanten erfahren hat, die Bestellungen der französischen und englischen Regierung abgewiesen haben, hat der in Milwaukee erscheinende sozialistische ›Leader‹ die Namen mehrerer Deutschamerikaner genannt, die öffentlich laut und eifrig für die Sache Deutschlands eintreten —

(Eine Gruppe junger Burschen mit Lampions zieht vorbei, die das Lied singen: Lieb Vaterland, magst ruhig sein.)

— während die von ihnen geleiteten Fabriken Patronen, Flinten und anderes Kriegsmaterial für England und Frankreich herstellen. Ja es kommt noch schlimmer; es gibt in den Vereinigten Staaten Filialen reichsdeutscher Firmen, die sich an diesem Geschäft beteiligen! Hat man da noch das Recht, gegen die merkwürdige Neutralität Amerikas zu protestieren, das schließlich keine Veranlassung hat, um unserer schönen Augen willen auf diese gewaltigen Profite zu verzichten?«

DER OPTIMIST: Unglaublich — aber schöne Augen, das müssen Sie zugeben, haben die Deutschen.

DER NÖRGLER: Schön und treu und das Herz, wo immer es sein mag, stets ist es auf dem rechten Fleck. Wissen Sie, daß die italienischen Karten von Österreich, in denen die irredentistischen Verheißungen erfüllt sind und die jetzt hier in den Buchhandlungen zum Beweis der feindlichen Unverschämtheit ausgehängt werden, in Deutschland hergestellt worden sind? Und daß die französischen Postkarten, auf denen die Entstehung der Marseillaise illustriert ist, in Dresden gedruckt sind? Ich habe eine Filmanzeige gesehen, mit dem packenden Titel: Deutsche Treue — welsche Tücke!

DER OPTIMIST: Nun, das ist doch in Ordnung?

DER NÖRGLER: Das würden Sie nicht finden, wenn Sie es gesehen hätten. Ein Dämon hatte im dritten Wort einen Buchstaben weggelassen —

DER OPTIMIST: Welche Tücke!

DER NÖRGLER: Ganz richtig: welche Tücke. Zum Glück wurde aber der Buchstabe von einem gewissenhaften Korrektor wenigstens handschriftlich nachgetragen. Er gab der Wahrheit die Ehre und dem Worte das s.

DER OPTIMIST: Sie bleiben Ihrer Gewohnheit treu, Druckfehler —

DER NÖRGLER: — für den authentischen Text zu halten.

DER OPTIMIST: Diese Treue —

DER NÖRGLER: — welche Tücke!

DER OPTIMIST: Nun, was die italienischen Landkarten und die französischen Postkarten anlangt, so könnte man sagen, es spricht für die Tüchtigkeit der Deutschen —

DER NÖRGLER: — daß die Feinde ihren Haß aus Deutschland beziehen müssen, und wenn sie vor Wut zerspringen! Was nicht sosehr für die Deutschen als für die Feinde eine Demütigung bedeutet, nicht wahr?

DER OPTIMIST: Nein, ich sage das nicht, aber ich sage, daß Sie sich an Auswüchse klammern.

DER NÖRGLER: Ein gesunder Stamm hat keine.

DER OPTIMIST: Denken Sie lieber daran, daß die Deutschen in Amerika Bollwerke heimischer Volksart errichtet haben.

DER NÖRGLER: Ich denke daran, daß sie in diesen Bollwerken Munition gegen ihre Stammesgenossen fabrizieren.

DER OPTIMIST: Ja, business is business.

DER NÖRGLER: Nein, Geschäft ist Geschäft.

DER OPTIMIST: In der Politik sage ich: Erfolg ist Erfolg. Darum dürfte die Versenkung der Lusitania nicht ohne großen Eindruck bleiben.

DER NÖRGLER: Den hat sie allerdings schon erzielt. In der ganzen Welt, soweit sie noch eines Abscheus fähig ist. Aber auch in Berlin.

DER OPTIMIST: Sogar in Berlin?

DER NÖRGLER: Das läßt sich wieder nur durch Beweise beweisen. *(Er liest vor.)* »In dem Moment, als der Dampfer unterging, sprangen Hunderte von Personen ins Meer. Die meisten wurden vom Strudel weggerissen. Viele Personen hielten sich an Holzstücken, die durch die Explosion losgerissen waren, fest ... in Queenstown konnte man tragische Szenen beobachten, Frauen suchten ihre Männer, Mütter riefen nach ihren Kindern, bejahrte Frauen irrten mit offenen, wassertriefenden Haaren herum, junge Frauen gingen ziellos umher, ihre Kinder an die Brust gepreßt. 126 Leichen lagen bereits in einem Haufen da; es waren darunter Frauen, Männer und Kinder aller Altersstufen. Zwei arme kleine Kinder hielten sich eng umschlungen im Tode. Es war ein jammervoller unvergeßlicher Anblick.« So.

DER OPTIMIST: Nun, aber in Berlin?

DER NÖRGLER: In Berlin? In einem dortigen Varieté wurde schon am Tag nach der Katastrophe ein Film, der dies alles darstellt, vorgeführt, und auf dem Zettel hieß es: »Die Versenkung der Lusitania. Naturgetreu. Bei diesem Programmpunkt Rauchen gestattet.«

DER OPTIMIST: Das ist gewiß geschmacklos.

DER NÖRGLER: Nein, es ist stilvoll.

DER OPTIMIST: Nun, ich kann den Lusitania-Fall nicht sentimental nehmen.

DER NÖRGLER: Ich auch nicht, nur kriminell.

DER OPTIMIST: Die Leute waren gewarnt worden.

DER NÖRGLER: Die Warnung vor der Gefahr war die Drohung mit einem Verbrechen, also ging dem Mord eine Erpressung voraus. Der Erpresser kann nie zu seiner Entlastung geltend machen, daß er den Schaden, den er verübt hat, vorher angedroht habe. Wenn ich Ihnen für den Fall, daß Sie eine Leistung oder Unterlassung, auf die ich keinen Anspruch habe, verweigern, den Tod androhe, bin ich ein Erpresser und kein Warner, und hinterher ein Mörder und kein Exekutor. Rauchen gestattet. Aber mag lieb Vaterland, wenn es an die Kinderleichen denkt, noch versuchen ruhig zu sein!

DER OPTIMIST: Das Unterseeboot konnte nicht anders als —

DER NÖRGLER: — den Eisberg ersetzen, der ein paar Jahre zuvor in die Titanic fuhr wie Gottes Zorn in den Wahnwitz des technischen Übermaßes, daß er die Menschheit das Schaudern lehre statt der Ehrfurcht. Jetzt besorgt die Technik selbst das Strafgericht und alles ist in Ordnung. Aber damals wurde noch Gott, der es getan, mit Namen gerufen. Den Helden dieses Unterseeboots verschweigt die Weltgeschichte. Der amtliche Bericht nennt ihn nicht. Die Behauptung der Feinde, der Mensch hätte eine Auszeichnung erhalten, wird vom Wolffbüro als Lüge bezeichnet. Und mit einer Entrüstung, die hinter allem selbstbekömmlichen Tonfall der biedern Phrase endlich einmal die eigene Tat bloßstellt.

DER OPTIMIST: Gewiß, er hat nicht den Anspruch, unter Helden wie Weddigen —

DER NÖRGLER: Ja, warum denn nicht? Die Tat wird ja verherrlicht. Warum wird sie nicht verschwiegen wie der Täter?

DER OPTIMIST: Die Tat war nicht erhaben, aber nützlich. Die Lusitania hat Waffen an Bord geführt, die den Leibern deutscher Soldaten zugedacht waren.

DER NÖRGLER: Deutsche Waffen!

(Verwandlung.)

11. SZENE

Gasse in der Vorstadt. Vor einem Greislerladen eine Menge von Proletariern angestellt. Wachleute halten Ordnung. Eine große Tafel »Brot ausverkauft« wird angebracht. Die Menge bleibt stehen.

EIN WACHMANN: Sechts denn net, daß ausverkauft is?

EINE AUS DER MENGE: Jetzt steh i seit zwa Uhr in der Nacht!

ZWEITER WACHMANN: Gehn Sie auseinander!

EINE ZWEITE FRAU: Ist das eine Gerechtigkeit? Acht Stunden steht unsereins da und jetzt haßts ausverkauft!!

EIN MANN: Hauts eahms G'wölb ein!

EIN ZWEITER: Jo! Trau di! Wannst ihn jetzt fragst, ob er a Brot hat, haut er dir schon a Watschen herunter, daß d' den Stephansturm für a Salzstangl anschaust.

DRITTE FRAU: Mir zahln so gut Steuern wie die Juden, mir wolln auch essen!

VIERTE FRAU: Die Juden san schuld!

RUFE: Heraus mit'n Brot!

ZWEITER WACHMANN: Wenn Sie nicht auseinandergehn, werden Sie sich die Folgen selber zuzuschreiben haben.

ERSTER: Sie riskieren, wegen Widergesetzlichkeit verhaftet zu werden!

RUFE: Pfui! Brot!

ZWEITER WACHMANN: Einspirrn tan mr euch!

RUFE: Aufspirrn soll er!

ZWEITER WACHMANN: Auf d' Wochen kriegts eh die Marken.

VIERTE FRAU: Ujegerl, bis auf d' Wochen san mr eh hin!

ERSTER WACHMANN: Jetzt heißt's durchhalten!

EINE ALTE FRAU *(entfernt sich kopfschüttelnd)*: Jessas, is das ein Elend! Die Mannsleut derschießen s' und die Weibsleut lassen s' derhungern!

ERSTER WACHMANN: Da gibt's nur ein Mittel — zerstreun Sie sich!

DRITTER MANN: Alstern, wart'n mr auf die Marken. Wo kriegt man denn hernach ein Brot?

VIERTER MANN: No, beim Bäcken!

FÜNFTER MANN: Jo, beim Bäcken! *(Gelächter. Die Menge zieht unter allerlei Rufen ab.)*

DER GREISLER *(öffnet einer besser gekleideten Frau, die zurückgeblieben ist, die Tür):* Kumman S' gschwind eini —

(Verwandlung.)

12. SZENE

Kärntnerstraße. Ein starker Esser und ein normaler Esser treffen sich.

DER NORMALE ESSER: Na wie gehts, wie überstehn Sie den Weltkrieg?

DER STARKE ESSER: Ich bitt Sie, fragen Sie nicht, geben Sie mir lieber ein paar Brotkarten von sich, ich sammel wo ich kann.

DER NORMALE ESSER: Was fällt Ihnen ein, ich komm selber nicht aus. Und dabei bin ich doch nur ein normaler Esser! Aber ich kann mir denken, wie wütend Sie sein müssen. Erst gestern hab ich zu meiner Frau gesagt, das is nichts für Tugendhat, Tugendhat is bekanntlich ein starker Esser. Wir haben nämlich grad in der Presse gelesen, wie sie interessant auseinandergesetzt hat, wie die starken Esser mehr brauchen wern wie die normalen Esser, wo doch schon die normalen Esser mehr brauchen wie die schwachen Esser.

DER STARKE ESSER: Sind Sie ein schwacher Esser?

DER NORMALE ESSER: Das kann ich gerade nicht sagen, mittel, ich bin ein normaler Esser. Aber ich komm auch nicht aus. Wenn das so weiter geht, kann mir der ganze Krieg gestohlen wern.

DER STARKE ESSER: Das kann sich auch unmöglich halten. Ich bin bekanntlich ein starker Esser, ich hätt der Statthalterei Auskunft geben können, was man so im Tag braucht.

DER NORMALE ESSER: Aber das muß man zugeben, eine Sensation war dieser erste Tag der Brotkarte. Selbst kann man ja nur von sich selbst schließen, aber nach der Presse hat man einen Begriff, was sich da getan hat.

DER STARKE ESSER: Ja, sie is ins Detail gegangen. Hundert Berichterstatter hat sie in alle Lokale geschickt. In jedem war's aber auch anders. Während sich zum Beispiel beim »Leber« die Stammgäste mit der neuen Einrichtung befreundeten —

DER NORMALE ESSER: — hatten die Kellner im »Weingartl« alle Hände voll zu tun —

DER STARKE ESSER: — die Fragen der Neugierigen zu beantworten. In sämtlichen Lokalen soll aber eines gleich gewesen sein, nämlich, daß sich um den Zahlkellner, so oft er die Schere aus der Tasche zog —

DER NORMALE ESSER: — Gruppen gebildet haben. Kein Wunder, kann es denn eine größere Umwälzung geben?

DER STARKE ESSER: Ja, es ist entsetzlich, was wir hier durchzumachen haben.

DER NORMALE ESSER: Na, wenigstens haben uns die im Schützengraben nicht zu beneiden.

DER STARKE ESSER: Ich muß faktisch zugeben, am ersten Tag der Brotkarte — da hatte ich das Gefühl wie bei der Feuertaufe. Nur mit dem Unterschied, bei der Feuertaufe, da kann man sich's richten. Aber bei der Brotkarte? Sind Sie eigentlich ein starker Esser —?

DER NORMALE ESSER: Mittel. Ich bin ein normaler Esser.

DER STARKE ESSER: Ja aber ich, der ich bekanntlich ein starker Esser bin, da muß ich denn doch sagen — wissen Sie — jeder Mensch in Wien fragt mich, alle sind neugierig, was ich tun wer' —

DER NORMALE ESSER: Das kann ich Ihnen nachfühlen, ein starker Esser wie Sie, wo doch selbst ich als normaler Esser —

EIN HUNGERNDER *(nähert sich ihnen, streckt die Hand aus):* Bitt schön, hab nichts zu essen —

DER STARKE ESSER: — und da ich bekanntlich ein starker Esser bin — *(sie gehen im Gespräch ab.)*

(Verwandlung.)

265

Florianigasse. Hofrat i. P. Dlauhobetzky v. Dlauhobetz und
Hofrat i. P. Tibetanzl treten auf.

DLAUHOBETZKY V. DLAUHOBETZ: Bin neugierig, ob morgen
in der Mittagszeitung — du, das is mein Lieblingsblatt — ob
morgen also mein Gedicht erscheint, gestern hab ich ihr's ein-
gschickt. Willst es hören? Wart — (*Zieht ein Papier hervor.*)
TIBETANZL: Hast wieder ein Gedicht gemacht? Worauf
denn?
DLAUHOBETZKY V. DLAUHOBETZ: Wirst gleich merken, worauf. Wanderers Schlachtlied. Das is nämlich statt Wanderers Nachtlied, verstehst —

> Über allen Gipfeln ist Ruh,
> Über allen Wipfeln spürest du
> Kaum einen Hauch —

TIBETANZL: Aber du — das is klassisch — das is ja von
mir!
DLAUHOBETZKY V. DLAUHOBETZ: Was? Von dir? Das ist
klassisch, das is von Goethe! Aber paß auf, wirst gleich den
Unterschied merken. Jetzt muß ich noch einmal anfangen.

> Also über allen Gipfeln ist Ruh.
> Über allen Wipfeln spürest du
> Kaum einen Hauch.
> Der Hindenburg schlafet im Walde,
> Warte nur balde
> Fällt Warschau auch.

Ist das nicht klassisch, alles paßt ganz genau, ich hab nur
statt Vöglein Hindenburg gesetzt und dann also natürlich
den Schluß auf Warschau. Wenn's erscheint, laß ich mir
das nicht nehmen, ich schick's dem Hindenburg, ich bin ein
spezieller Verehrer von ihm.
TIBETANZL: Du, das is klassisch. Gestern hab ich nämlich
ganz dasselbe Gedicht gemacht. Ich habs der Muskete ein-
schicken wollen, aber —
DLAUHOBETZKY V. DLAUHOBETZ: Du hast dasselbe Gedicht
gemacht? Gehst denn nicht —

TIBETANZL: Ich hab aber viel mehr wie du verändert. Es heißt: Beim Bäcken.

> Über allen Kipfeln ist Ruh,
> Beim Weißbäcken spürest du
> Kaum einen Rauch.

DLAUHOBETZKY V. DLAUHOBETZ: Das is ja ganz anders, das is mehr gspassig!

TIBETANZL:

> Die Bäcker schlafen im Walde
> Warte nur balde
> Hast nix im Bauch.

DLAUHOBETZKY V. DLAUHOBETZ: Du, das is förmlich Gedankenübertragung!

TIBETANZL: Ja, aber jetzt hab ich mich umsonst geplagt. Jetzt muß ich warten, ob deins erscheint. Wenn deins erscheint, kann ich meins nicht der Muskete schicken. Sonst glaubt man am End, ich hab dich paradiert! *(Beide ab.)*

(Verwandlung.)

14. SZENE

Eine Jagdgesellschaft.

V. DRECKWITZ: Ach hört mal auf mit euerm Jägerlatein. Mein Jahr in Rußland zählt dreifach gegen alle eure lummrigen Friedensjahre! Gut Gejaid allezeit gab's in Feindesland. Herrliche Tage waren's, wenn man als Sieger dem geschlagenen Feind auf den Fersen saß, ihn zustande hetzte, bis er, zu Tode erschöpft, sich dem Sieger ergab. Krieg ist doch wohl die natürlichste Beschäftigung des Mannes. Aber es gab damals auch einen Wundbalsam, der alles wieder gut machte, den ich mir kaum zu erträumen gewagt — das Kreuz von Eisen ohne Band! Ab und zu mußte man schon die alte Feldpulle zwischen die Zähne nehmen, um sich wenigstens innerlich etwas anzuwärmen. Man wird besinnlich in solchen Momenten. Ich dachte an den schönen lustigen Franzosenkrieg, wie wir die feindliche Kavallerie in den Dreck ritten, wo sie nur ein Pferdebein zeigte, um schließlich in der sonnigen Champagne unsre Rosse zu tummeln. Man bekam ein verdächtiges Schlucken in den Hals, wenn man an all den guten Schampus dachte, der einem damals durch die Kehle gerieselt war! Weiter führten einen die Gedanken mit einem kleinen Hupf in ein neues Feindesland: Belgien! Fruchtbare Felder, reiche Städte dicht gedrängt erwarteten uns da. Einen himmelblauen Gurkha und zwei belgische Radler konnte ich damals in mein Schußbuch eintragen. Und dann — die Grenzpfähle nach Polenland wegzufegen! Und, beim großen Zeus, unsere Flinten und Lanzen sollten auch hier nicht rosten!

Vorläufig gab's aber noch nichts zu schießen. Feind fehlte noch wegen Mangel an Beteiligung. Zu Pferde kriegt man die Lümmels schlecht, vorm Schießen haben sie aber einen Höllendampf. Nach endlosem Marsch, als es schon völlig dunkel war, kamen wir ins Quartier. Au je, das war doch überwältigend! Wer eine solche Panjebude nicht kennt, der ahnt überhaupt nicht, was es alles gibt. Beschreiben läßt es sich nicht, das muß man sehen und fühlen. Die Kosakis hatten sich nun doch ermannt und uns den Weg über eine Brücke verlegt. Es war allerdings auch dicke Infanterie dabei. Eine Schwadron von uns war schon beim Angreifen, erhielt aber ein wahnsinniges Feuer, das ziemlich schaurig durch die dustre Nacht gellte. Bei Tagesanbruch griff dann das ganze Regiment an und trieb die Brüder zu Paaren. Einer von uns hatte einen Streifschuß am Kopf, daß die Knochensplitter man so flogen. Auf leisen Sohlen heranbirschend, hatten wir bereits die Vorposten getötet. Peng, fällt ein Schuß, peng, peng, zweiter, dritter! Und dann ging eine maßlose Knallerei los! Rumbums! spricht unsere Kanone; kladderadoms! die Handgranaten, die die albernen Russen aus den Fenstern zu schmeißen für gut befanden. Über die Straße laufen alle möglichen Leute, kein Schwein kann aber im Dunkel erkennen, von welcher Partei sie sind. Na, wir drückten uns an ein großes Haus, um mal erst abzuwarten, wem die Siegesgöttin heute wohlgesinnt wäre. Der Skandal dauerte aber immer weiter und die

Kriegslage schien sich gar nicht klären zu wollen. Wenn einer nicht Platz machte, kriegte er einfach einen Tritt. Ich müßte schamlos lügen, wenn ich dieses Situatiönchen besonders angenehm und lieblich nennen würde, aber wir kamen durch, und es sollte sich nachher bezahlt machen. 150 Schritt hinter der Stadt buddelten wir uns schnell bis an den Kragenknopf ein. Wir warteten freudig erregt der Dinge und Russen, die da kommen sollten. Wir acht Männerchen waren augenblicklich wohl die einzigen hier, die die Wacht am Rhein singen konnten. Also, wir lagen mucksmäuschenstill, den Finger am Abzug. Meiner Kriegsknechte war ich mir ziemlich sicher. Ohne Befehl würde keiner knallen. Neben mir schnatterte ein junger Kriegsfreiwilliger laut und ungeniert mit den Zähnen. Ich boxte ihm schnell noch eins in die Rippen. »Lebhaft weiterfeuern«, kommandierte ich dann mit gellender Stimme, um den Brüdern da drüben mal den Wohlklang einer Preußischen Kommandostimme zu Gehör zu bringen. Und ich mußte auch laut schreien, denn auf die erste Salve ertönte drüben ein Geheul, so entsetzlich, markerschütternd, daß mir die Haare zu Berge standen, und als unsere Büchsen lustig in den dichten Knäuel knallten, da stürzten sie zurück, fielen über die Toten und Verwundeten — und immerzu die Schreie der Todesnot! Und schon waren wir mit brüllendem Hurra hinterher!

Wie die Tiere drängte sich ein ganzer Haufen in die vorderste Haustür. Wir hätten sie in aller Ruhe abschießen können. Sie waren noch total halali und konnten vor Angst keinen Ton sagen. Die ganze Sache schien einzuschlafen. Das einzige was uns fehlte, war ein Alkohölchen.

Ich hatte aber doch so das Gefühl, daß sie noch irgend eine Biesterei vorhatten. Den Feind hinten wollte ich mir mal selbst etwas näher besehen. Hier konnten nur noch einige sichere Kugeln helfen. Da zog ich die Büchse an den Kopf, ein Tupf auf den Stecher: plautz, da lag der erste Kerl! Schnell repetiert und wieder gestochen. Nr. 2 und 3 fielen um wie die Säcke, bevor sie sich von ihrem ersten Schreck erholt hatten. Da kam Leben in die Gesellschaft, sie schienen

nur noch nicht zu wissen, wohin sie sollten. Der nächste Russe, Nummer 4, erhielt die Kugel etwas zu kurz. Es war vielleicht für mich von Vorteil, denn der Kerl schrie ganz entsetzlich. Ich hatte schnell den Karabiner meines Begleiters genommen und ließ die nächsten fünf Kugeln in den dichten Klumpen am Gartenzaun. Einige Schreie zeigten, daß auch diese Kugeln nicht umsonst abgefahren waren. Diese letzten Schüsse waren mir ja etwas eklig, besonders weil ich gar nicht das Gefühl der Gefahr hatte, denn die Russen dachten gar nicht ans Schießen. Aber was hilfts; jeder ist sich selbst der nächste, und i c h habe ja den Krieg nicht angefangen! Die Flanke war gesäubert; ich ging befriedigt zu meinen Knaben zurück. Die russischen Offiziere machten ein recht dummes Gesicht, als sie uns sechs Männerchen da stehen sahen. Mein liebenswürdiges Benehmen beschwichtigte aber ihre Bedenken. Wir schüttelten uns herzlich die Hände, ich mit einem gönnerhaften Siegerlächeln. Es war immerhin ein netter Augenblick, und der militärische Erfolg doch außerordentlich schön. Selbander zogen wir auf den Markt, wo alles voll von Russen stand. Bei dem Artilleriekapitän bedankte ich mich für die gutsitzenden Schrapnells, dann mußte ich zur Division und berichten. Allgemeine Zufriedenheit. Meine sechs Soldaten bekamen gleich, wie sie gebacken waren, das Eiserne Kreuz. Ich wurde zur ersten Klasse eingegeben, was aber erst nach beinahe einem Jahr in die Erscheinung trat. — Und nun urteilt mal selbst Jungens, ob ihr mit eurem madigen Jägerlatein mir imponieren könnt! Was ich auf der Russenfährte erlebt habe, ist, wie ihr zugeben werdet, 'ne Nummer! Unser Fachorgan ›Wild und Hund‹ hat die ehrende Aufforderung an mich ergehen lassen, einen Bericht über meine Jagderfolge in Rußland zu verfassen. Ich will es tun. Und denn auf fröhlich Gejaid nach Welschland! Eh wir aber so weit sind, wollen wir gemütlich noch mancher Pulle Sekt den Hals brechen. Na denn Pröstchen!
ALLE: Pröstchen Dreckwitz! Weidmannsheil!

(Verwandlung.)

Bureauzimmer bei einem Kommando.
HIRSCH *(tritt singend auf. Melodie aus dem »Verschwender«):*

Heisa! lustig ohne Sorgen
Leb ich in den Krieg hinein,
Den Bericht geb ich für morgen,
Schön ist's ein Reporter sein.
Wär ich noch so grad gewachsen,
Müßt ich nicht zum Militär.
[: So verdiene ich noch Maxen
Auf dem schönen Feld der Ehr. :]

Zweitens aber ist das Leben
Jetzt im Hinterland zu stier.
Darum hab ich mich begeben
In das Kriegspressequartier.
Drittens wärs im Schützengraben
Doch für unsereins zu fad,
[: Weshalb sie enthoben haben
Mich zum leichtern Dienst beim Blatt. :]

Viertens kann ich schnellstens melden,
Wie die Schlacht nimmt ihren Lauf.
Was sie vorne tun die Helden,
Schreib ich gleich von hinten auf.
Ich wer' bis zum Endsieg bleiben,
Ich gewinne, auf mein Wort.
[: Denn kaum fang ich an zu schreiben,
Laufen alle Feinde fort. :]

Darum kann ich fünftens sagen,
Ich bin hier wie's Kind im Haus.
Wie sich unsre Leute schlagen,
Haben unsere Leut heraus.
Sechstens, siebtens und so weiter,
Da mich keine Kugel trefft,
[: Leb ich ungeniert und heiter
Hier vom guten Kriegsgeschäft. :]

(Hineinrufend:) Sie Major, wenn Sie den General sehn, sagen Sie ihm, daß ich ihn dann interviewen wer' und den ganzen Stab! Heut wird sich kaner drucken! *(Ab.)*

Roda Roda *(tritt singend auf. Nach einer bekannten Melodie):*

> Der Rosenbaum,
> Der Rosenbaum
> Vertritt die schönsten Blätter.
> Er gedeihet kaum
> Im Etappenraum,
> An der Front schreibt sich's viel netter.
>
> Ich seh mir alles
> Selber an,
> Dann kann ich alles wissen.
> Und schlimmsten Falles
> Werd' ich dann
> Von den Schrapnells zerrissen.
>
> Was schert mich Weib,
> Was schert mich Kind,
> Was gilt mein eignes Leben?
> Zum Zeitvertreib
> Mir errichtet sind
> Die schönsten Schützengräben.
>
> Doch vor dem Feind
> Gibts keinen Schmus,
> Da heißt's die Stellung wählen.
> Ich bin kein Freund
> Von Interviews,
> Mir wern sie nix erzählen!
>
> Ich war einmal
> Selbst bei dem Gschäft,
> Ich kenn hier alle Leute.
> Bin überall,
> Wo man mich trefft.
> Gewährsmann bin ich heute!

Einst hat man doch
Mir a. D. gesagt,
Das sollte eine Schand' sein.
Jetzt wird nur noch
Nach mir gefragt,
Denn alle woll'n genannt sein.

Das Militär
Bin ich gewohnt;
Für meine Schlachtberichte
Spring ich von der
Zu jener Front
Und mache Weltgeschichte.

Heut bin ich in
Der Weichselschlacht
Und morgen am Isonzo.
Ich hab es drin
Sehr weit gebracht
Und bin es schon gewohnt so.

Der Brigadier
Er meldet mir,
Der Feind wird Schläge kriegen.
Doch werden wir
Geschlagen hier,
So laß ich einfach siegen.

Das Hinterland
Betret ich kaum,
Ich bleib viel lieber doda.
Ich bin verwandt
Mit Rosenbaum,
Doch heiß ich Roda Roda.

(*Hineinrufend:*) Sie Major, wenn Sie den General sehn, sagen
Sie ihm, daß der Oberst versetzt werden muß — er hat mir
den Passierschein für das Fort 5 in Przemysl verweigert. Er
scheint nicht gewußt zu haben, wer ich bin. Das entschuldigt

ihn nicht, sondern im Gegenteil. Ich werde den Herren schon Disziplin beibringen — haben Sie verstanden? *(Ab.)*

(Verwandlung.)

16. SZENE

Ein anderes Bureauzimmer.

EIN GENERALSTÄBLER *(erscheint und geht zum Telephon):* — Servus, also hast den Bericht über Przemysl fertig? — Noch nicht? Ah, bist nicht ausgschlafen — Geh schau dazu, sonst kommst wieder zum Mullattieren zu spät. Also hörst du — Was, hast wieder alles vergessen? — Ös seids — Hör zu, ich schärfe dir noch einmal ein — Hauptgesichtspunkte: Erstens, die Festung war eh nix wert. Das ist das Wichtigste — Wie? man kann nicht — Was? man kann nicht vergessen machen, daß die Festung seit jeher der Stolz — Alles kann man vergessen machen, lieber Freund! Also hör zu, die Festung war eh nix mehr wert, lauter altes Graffelwerk — Wie? Modernste Geschütze? Ich sag dir, lauter altes Graffelwerk, verstanden? No also, gut. Zweitens, paß auf: Nicht durch Feindesgewalt, sondern durch Hunger! Verstanden? Dabei das Moment der ungenügenden Verproviantierung nicht zu stark betonen, weißt, Schlamperei, Pallawatsch etc. tunlichst verwischen. Diese Momente drängen sich auf, aber das wirst schon treffen. Hunger is die Hauptsache. Stolz auf Hunger, verstehst! Nicht durch Hunger, sondern durch Gwalt, ah was red ich, nicht durch Gewalt, sondern durch Hunger! No also, gut is — Was, das geht nicht? Weil man dann merkt, daß kein Proviant — wie? — und weil man dann einwendet, warum nicht genügend Proviant? Alstern gut, gehst drauf ein und sagst: unmöglich, so viel Proviant als notwendig aufzuhäufen, weil's eh der Feind kriegt, wann er die Festung nimmt — Wie er sie dann genommen hätte? Durch Hunger? Nein, dann selbstverständlich durch Gewalt, frag net so viel. Verstehst denn net, wenn er also die Festung durch Gewalt nimmt und mir ham an Proviant, nacher nimmt er auch den Pro-

viant. Darum dürfn mr kan Proviant haben, nacher nimmt
er kan Proviant, sondern er nimmt die Festung durch Hunger, aber nicht durch Gwalt. No wirst scho machen, servus,
muß in die Meß, habe nicht die Absicht, mich durch Hunger
zu übergeben — Schluß!

(Verwandlung.)

17. SZENE

*Restaurant des Anton Grüßer. Vorn ein Herr mit einer Dame.
Von einem Tisch zum andern geht ein Mann, der sich unaufhörlich stumm verbeugt. Vorn links an einem Tisch der Nörgler.*

KELLNER: Schon befohlen bitte?

HERR: Nein, die Karte. *(Kellner ab.)*

ZWEITER KELLNER: Schon befohlen bitte?

HERR: Nein, die Karte. *(Kellner ab.)*

KELLNERJUNGE: Zu trinken gefällig, Bier, Wein —

HERR: Nein. *(Kellnerjunge ab.)*

DRITTER KELLNER: Schon befohlen bitte?

HERR: Nein, die Karte. *(Zu einem vorbeieilenden Kellner)*
Die Karte!

ZWEITER KELLNERJUNGE: Bier, Wein —

HERR: Nein.

VIERTER KELLNER *(bringt die Karte):* Schon befohlen?

HERR: Nein. Sie haben ja eben die Karte gebracht. Was ist
fertig?

KELLNER: Was auf der Karte steht.

HERR: Auf der Karte steht »Gott strafe England«. Das esse
ich nicht.

KELLNER: Vielleicht was frisch Gemachtes? Laßt sich der
Herr vielleicht —

HERR: Haben Sie Roastbeef?

KELLNER: Bedaure, heut is fleischfrei. Laßt sich die Dame
ein schönes Schnitzerl machen oder ein Ramsteckerl oder
vielleicht ein Ganserl die Dame —

HERR: Zuerst eine Vorspeise. Was ist denn das: Reizbrot
(Leckerschnitte)?

KELLNER: Das ist ein Appetitbrot.

HERR: Mir ist er schon vergangen. Also vielleicht — was ist denn das: Eieröltunke vom Fisch?

KELLNER: Das ist eine Fischmayonnaise.

HERR: Was ist denn das: Butterteighohlpastete?

KELLNER: Das ist ein Volavan.

HERR: Was ist denn das: Mischgericht?

KELLNER: Das ist ein Rakuh.

HERR: Also bringen Sie in Gottes Namen das — und dann, warten Sie — was ist denn das: Rindslendendoppelstück nach Feldherrnart mit Hindernissen nebst Holländertunke?

KELLNER: Das ist ein Anterkot mit Soß hollandees.

HERR: 52 Kronen, bißchen teuer, bißchen teuer.

KELLNER: Ja, der Herr darf nicht vergessen, jetzt is Krieg und heut is fleischfrei.

HERR: Also meinetwegen, bringen Sie das. *(Kellner ab.)*

DAME: Siehst Du, wir hätten doch zum Sacher gehn sollen, dort kostet so was nur fünfzig.

EIN KELLNER: Schon befohlen bitte?

HERR: Ja.

ZWEITER KELLNER: Schon befohlen bitte?

HERR: Ja.

EIN KELLNERJUNGE: Bier, Wein?

HERR: Nein.

DRITTER KELLNER: Schon befohlen bitte?

HERR: Ja.

VIERTER KELLNER *(zurückkommend):* Bedaure, kann nicht mehr dienen. *(Streicht fast alle Speisen.)*

HERR: Sie haben doch —

KELLNER: Ja, heut an ein fleischfreien Tag is das kein Wunder. Aber laßt sich der Herr zwei verlorene Eier machen, vielleicht mit einer biganten Soß, stehn noch auf der Karten —

HERR: Verlorene Eier, was ist denn das? Wer hat denn die verloren?

KELLNER *(leise):* Öf poschee hat man's ghaßen vorm Krieg.

HERR: Aha, und man glaubt, daß man ihn damit gewinnen

wird? — Nein, warten Sie — Treubruchnudeln — was bedeutet denn das?

KELLNER: No Makkaroni!

HERR: Ach ja, richtig. — Schurkensalat, was ist denn das?

KELLNER: Welischer Salat.

HERR: Ach ja, das ist ja klar. Also — bringen Sie: ein feines Gekröse nach Hausmacherart mit gestürzten Kartoffeln und verlorenen Eiern, dazu ein scharfes Allerlei, hernach einen Musbrei und zweimal Grüßersahnenkuchen. Wie hat denn der früher geheißen?

KELLNER: Grüßerschaumtorte.

HERR: Warum Grüßer?

KELLNER: No nachm Herrn! *(Grüßer kommt zum Tisch, grüßt und geht ab.)*

HERR: Wer ist der Herr?

KELLNER: No, der Herr! *(Ab.)*

DER ZAHLKELLNER: Schon bestellt der Herr?

HERR: Ja.

EIN ZWERGHAFTER ZEITUNGSJUNGE *(wippt von Tisch zu Tisch):* Sick über Sick! Extraausgabe! Schwere Niederlage der Italiena! Sick über Sick!

ZWEI MÄDCHEN *(mit Ansichtskarten und Kriegsfürsorgeabzeichen von Tisch zu Tisch):* Für die Kriegsfürsorge ein Scherflein, wenn ich bitten darf —

KELLNERJUNGE: Brot gefällig? Bitte um die Karte.

HERR *(will die Speisekarte reichen):* — ah so, ich habe keine.

ZWEI FRAUEN *(mit Ansichtskarten von Tisch zu Tisch):* Für die Kriegsfürsorge bitte —

DER BLUMENMANN *(im Eilschritt auf den Tisch los):* Blumen gefällig —?

DAS BLUMENWEIB *(von hinten):* Schöne Veigerln — für die Dame?

EINE KOLPORTEURIN: Extraausgabee!

EIN GAST *(den Zahlkellner rufend):* Sie, Herr Finanzminister —!

DER ZAHLKELLNER *(beugt sich über einen Gast):* Schon den neuesten Witz ghört, Herr Dokter? Was ist der Unterschied zwischen einem galizischen Flüchtling und — (sagt ihm die Fortsetzung ins Ohr.)

DER GAST (immer heiterer werdend, plötzlich ausbrechend): Glänzend! Aber wissen Sie schon den Unterschied zwischen einer Rotenkreuzschwester und — (sagt ihm die Fortsetzung ins Ohr.)

EIN KELLNER (mit achtzehn Schüsseln): Sosss bidee —! (Er schüttet die Dame an) Oha, nicht zfleiß tan, paton!

DRITTER GAST: Wer sagt da Pardon? Sie, Herr Grüßer, in Ihrem gut deutschen Lokal sagt ein Kellner Pardon!

GRÜSSER: Herr von Wossitschek glauben gar nicht, wie schwer es jetzt mit die Leut is. Sagt man einem von ihnen was, lauft er davon, er kriegt genug Posten sagt er. Es is ein rechtes Kreuz, die bessern eingerückt und diese ungebildeten Elemente was zurückbleiben —

DER GAST: No ja, no ja, aber —

GRÜSSER: Pardon, Herr von Wossitschek, ich muß grüßen gehn. (Tut es.)

DER GAST: Pardon pardon, lassen S' Ihnen nicht aufhalten.

EIN STAMMGAST: Serwas Grüßer, wie gehts dr denn? No was sagst, den Leberl hams schön eintunkt —

GRÜSSER: No was der aber auch für Preise hat! Und dann is der Mensch gar nicht beliebt. Ich, wo ich hier eine Persönlichkeit bin, hab noch nie den geringsten Anstand gehabt.

STAMMGAST: Geh setz di bißl her Grüßer.

GRÜSSER: Später, recht gern, aber weißt ich muß noch grüßen. (Tut es.)

STAMMGAST: Ja natürlich, serwas!

BAMBULA VON FELDSTURM (brüllend und auf den Tisch trommelnd): Sackrament noch amal, wird man denn heut gar nicht bedient? Sie, herstellt!

EIN KELLNER: Bitte gleich, Herr Major!

GRÜSSER: Herr Major befehlen?

BAMBULA VON FELDSTURM: Sie, Wirt, was is denn das? Wird man denn heut gar nicht bedient? Die Bedienung ist nicht mehr wie früher, seit einem Jahr bemerk ich das, wo sind denn alle Kellner?

GRÜSSER: Eingerückt, Herr Major.

BAMBULA VON FELDSTURM: Was? Eingerückt? Warum sinds denn alle eingerückt?

GRÜSSER: No weil Krieg is, Herr Major!

BAMBULA VON FELDSTURM: Aber seit einem Jahr merk ich das schon, Sie haben ja bis auf die vier gar keine Kellner mehr. Für so ein Riesenlokal! Seit einem Jahr merk ich das schon.

GRÜSSER: No ja, seitdem Krieg is, Herr Major!

BAMBULA VON FELDSTURM: Was? Das is ein Skandal! Daß Sie's nur wissen, die Kameraden beklagen sich alle, sie wollen nicht mehr herkommen, wenn das so weiter geht! Alle sinds ausn Häusl. Der Hauptmann Tronner, der Fiebiger von Feldwehr, der Kreibich, der Kuderna, der Oberst Hasenörl, alle sinds ausn Häusl, erst gestern hat der Husserl von Schlachtentreu von die Sechsundsechziger gsagt, wenn das so weitergeht —

GRÜSSER: Ja, Herr Major, mir möchten ja alle, daß's einmal aufhört und daß der Frieden kommt —

BAMBULA VON FELDSTURM: Was, Frieden — hörn S' mir auf mit Ihrer Friedenswinselei — ich hab die Kaisermanöver mitgemacht — wenn Sie unser oberster Kriegsherr hören möcht — jetzt heißt es durchhalten lieber Freund — da gibts nix! *(Ein Kellner eilt vorbei.)* Sie rechts schaut! Kerl das verfluchter, na wart, den wer' ich einrückend machen — Sie sagen S' mir nur, was ist denn das für eine Bedienung —?!

GRÜSSER: Was haben bestellt, Herr Major?

BAMBULA VON FELDSTURM: Nix, ein Rostbratl möcht ich, aber etwas unterspickt —

GRÜSSER: Bedaure, heut is fleischfrei.

BAMBULA VON FELDSTURM: Was? Fleischfrei? Was is denn das wieder für eine neue Mod?!

GRÜSSER: Ja, jetzt is Krieg Herr Major und da —

BAMBULA VON FELDSTURM: Machen S' keine Spomponadeln. Möcht wissen, was das mit dem Krieg zu schaffen hat, daß 's Fleisch ausgeht! Das war früher auch nicht!

GRÜSSER: Ja, aber jetzt is doch Krieg, Herr Major!

BAMBULA VON FELDSTURM *(in größter Erregung aufspringend):* Also das brauchen S' mir nicht immer unter die Nasen reiben — immer mit Ihnern Krieg, das hab ich schon gfressen! Von uns Kameraden sehn Sie keinen mehr in Ihrem Lokal — wir gehn zum Leberl! *(Stürzt davon.)*

GRÜSSER: Aber Herr — Major — *(kopfschüttelnd)* Mirkwirdig!

DRITTER GAST *(zu einem Kellner):* Gar nix is da? Nicht amal a Mehlspeis?

KELLNER: Wienertascherl, Anisscharten, Engländer —

DER GAST: Was? Engländer habts jetzt im Krieg?

KELLNER: Die sein noch vom Frieden.

DER GAST: Sie, pflanzen S' wem andern, zahlen!

KELLNER: Zahlen!

ZWEITER KELLNER: Zahlen!

DRITTER KELLNER: Zahlen!

VIERTER KELLNER: Zahlen —

EIN KELLNERJUNGE *(zu sich):* Zahlen.

GRÜSSER *(ist an den Tisch des Nörglers getreten, grüßt und spricht, sich über ihn beugend, mit starrem Blick, wodurch er das Aussehen des Todesengels gewinnt, erst allmählich lebhafter werdend):* Das Wetter scheint sich nach der letzten mineralogischen Diagnose zu klären und dürfte auch wieder der Zuspruch ein regerer werden — waren gewiß verreist, schon recht, schon recht — ja jeder hat heutzutag zu tun, mein Gott der Krieg, das Elend, man merkts überall im Gewerbestand, wie der Mittelstand leidet — die Einflüsse sind noch immer nicht abzusehn — auch ein Herr von der Zeitung, ein Dokter was im Ministerium die rechte Hand is hat selbst gesagt — mirkwirdig — hm — aber mir scheint, heute keinen rechten Appetit, grad heut, schad, das Vordere, alle Herren loben sichs, nun dafür das nächste Mal als Gustostückl ein Protektionsportionderl von der Grüßerschnitte — Poldl abservieren, schlaft wieder der Mistbub, also djehre djehre — —

(Der Herr und die Dame vorn sind eingeschlafen.)

KELLNER *(stürzt herbei):* Bedaure, kann nicht mehr dienen!
DER HERR *(erschrocken auffahrend):* Super — arbitriert? —
Ach so. Also da gehn wir wieder. *(Er erhebt sich mit der Dame.)* Adieu.
KELLNER: Paton, gestatten, daß ich drauf aufmerksam mach für das nächste Mal, wir sind ein deutsches Logal und da derf nicht franzesisch gesprochen wern — *(wischt sich mit dem Hangerl die Stirn.)*
DER HERR: So so —
GRÜSSER *(hinter ihnen):* Djehreguntagzwintschnkstiandschamstadienermenehoachtungkomplimentandersmalwieder!

(Verwandlung.)

18. SZENE

Schottenring. Frau Pollatschek und Frau Rosenberg treten auf.

FRAU ROSENBERG: Verehrte Kollegin, für unser Auftreten gibt es keine Entschuldigung! Wir erwarten, daß wir Hausfrauen Österreichs auch weiterhin mit der Disziplin, von der wir schon so glänzende Proben abgelegt haben, durchhalten und nur am Donnerstag und Samstag den Einkauf von Schweinefleisch vornehmen werden. Unsere Ortsgruppen werden diese Fahne hochzuhalten wissen. Auch beim Filz!
FRAU POLLATSCHEK: Die Rohö gibt den Einkauf von Schweinefleisch und Filz für Donnerstag und Samstag frei!
FRAU ROSENBERG: So ist es! Wir Hausfrauen Österreichs hatten die Pflicht, in dieser die vitalsten Interessen tangierenden Frage ein entscheidendes Wörtlein mitzusprechen. Wir von der Rohö konnten nicht mit verschränkten Armen die Bildung der Marktpreise gewähren lassen und diesen Umtrieben zusehen, speziell beim Vordern!
FRAU POLLATSCHEK: Was jetzt vor allem not tut, ist Einheit. Durch Einheit zur Reinheit, lautet mein Wahlspruch, namentlich für den Tafelspitz!
FRAU ROSENBERG: Und ich möchte hinzufügen, wenn meine

Meinung in dieser Sache das Zünglein an der Waage abgeben soll, daß wir uns durch keinen Terrorismus abschrecken lassen werden. Per aspera ad astra, sage ich, wenigstens soweit das Hieferschwanzl in Betracht kommt. Wir von der Rohö —

FRAU POLLATSCHEK: Wissen Sie, wer dorten kommt? Die Bachstelz und die Funk-Feigl von der Gekawe, beide möchten mich in einem Löffel Suppe vergiften.

(Begrüßung.)

FRAU BACHSTELZ: Nun, verehrte Kolleginnen, wir kommen eben von der Markthalle, was sich da tut, speziell mit die Gustostückeln, hätte ich Ihnen gewünscht mitanzusehn!

FRAU FUNK-FEIGL: Wir sind nämlich im Interesse der allgemeinen Sache, da doch jetzt jeder sein Scherflein beitragen muß und Not an Mann ist, aus voller Brust dorthin geeilt, denn wir wissen, wo es zu kämpfen gilt, im Gegensatz zu gewisse andere Leute, von denen ich nur das eine sage: Wenn das am grünen Holze geschieht, ja dann, meine Damen, kann ich nur sagen —

FRAU ROSENBERG: Ich bedaure sehr, liebe Dame —

FRAU FUNK-FEIGL: Ich bin für Sie keine Dame, ich bin Aufsichtsrat von der Gekawe und hab ebenso ein Recht wie jede von der Rohö! Es ist leicht am grünen Holz Verordnungen ausarbeiten lassen, aber dann? Wie sagt doch Schiller, bitte greif nur herein ins volle Menschenleben —

FRAU ROSENBERG: Ich habe nur bemerken wollen, ich bedaure sehr, daß Sie sich zu Personalien hinreißen lassen, ich weiß ganz gut, daß Ihre heutige Zuschrift in der Presse seine Spitze gegen die Rohö nicht verkennen läßt, noch dazu zu einer Zeit geschrieben, wo Sie noch bei der Rohö waren —

FRAU FUNK-FEIGL: Das ist nicht wahr, das sag ich meinem Mann, der wird Sie klagen!

FRAU ROSENBERG: Von mir aus! Ich kann beweisen, was ich gesagt hab. Ich wer' Ihnen vor Gericht beweisen, daß Sie eine Eigenbrödlerin sind! Wenigstens hörn Sie einmal die Wahrheit! Sie haben gegen die Rohö intrigiert, wie Sie noch drin waren!

FRAU BACHSTELZ: Das wern Sie zu beweisen haben!

FRAU POLLATSCHEK: Ihnen sag i c h ins Gesicht, hörn Sie mich an, jetzt kommt es nicht darauf an, der Eitelkeit zu fröhnen, merken Sie sich das! W i r gehören nicht zu jenen, die separatistischen Bestrebungen huldigen. Wenn eine der Rohö angehört, so hat sie ihr auch mit Leib und Seele anzugehören, unser Organ ist der ›Morgen‹ und die Zeit ist viel zu ernst, lassen Sie sich das gesagt sein, heute, wo Solidarität der halbe Erfolg ist!

FRAU FUNK-FEIGL: Von Ihnen wird man Solidität lernen! Aufgewachsen —!

FRAU BACHSTELZ: Das ist echt Rohö! Verleumdungen hinter dem Rücken! Wir sparen uns die Fetten vom Mund ab, um mit gutem Beispiel voranzugehn!

FRAU FUNK-FEIGL: Hätten Sie nicht intrigiert, wären wir noch heut bei der Rohö. Man hat uns das Messer an die Kehle gesetzt, bis wir die Gekawe haben ins Leben rufen müssen. Ich bin von Pontius zu Pilatus gelaufen. Jetzt, das garantier ich Ihnen, wird Ordnung werden, und das sag ich Ihnen heute, wenn Sie anfangen wern, unsere Erfolge sich zuzuschreiben, wern Sie auf Granit beißen!

FRAU BACHSTELZ: Wir sparen uns den Bissen vom Mund ab —

FRAU POLLATSCHEK: Ja, für Reiherfedern!

FRAU BACHSTELZ: Beweisen Sie das!

FRAU POLLATSCHEK: Samstag im Volkstheater bei der Premier sind Sie mit Reiherfedern gesehn worn.

FRAU BACHSTELZ: Infamie! Sie blasen ins Horn des Reichsritters Hohenblum, schämen sollten Sie sich!

FRAU ROSENBERG: Beweisen? Was heißt beweisen? Auf Ihrem Hut ist der Beweis!

FRAU BACHSTELZ: Der is vom vorigen Jahr, das wissen Sie ganz gut!

FRAU ROSENBERG: Das ist Vogelstraußpolitik!

Frau Funk-Feigl: Nebbich! Vom Vogel Strauß tragen Sie selbst was am Kopf!

Frau Rosenberg: Der is vom vorigen Jahr, das wissen Sie ganz gut! Ich trag eine Kriegsbluse!

Frau Funk-Feigl: Nebbich!

Frau Bachstelz: Meine Bluse und Ihre Bluse — das is wie tausend und eine Nacht! Wir waren es, die den ersten Schritt ergriffen haben zur Schaffung einer Wiener Mode!

Frau Pollatschek: Sie? Mit der Figur! Großartig! Mein Geschmack und Ihr Geschmack!

Frau Bachstelz *(schreiend):* Sie haben zu reden! Wenn die Zeit nicht so groß wär, möcht ich mich an Ihnen vergreifen!

Frau Rosenberg: Lassen wir diese Reklammacherinnen, zum Glück gibt es in dieser ernsten Stunde vitalere Interessen und wir, wenn wir eine Phalanx bilden, können wir dieses ohnmächtige Gekläffe verachten. Man weiß ja, woher die ganze Wut kommt.

Frau Bachstelz: Sie, wenn Sie noch einmal diese Verleumdung wiederholen!

Frau Rosenberg: Was meinen Sie? Hab ich etwas gesagt? Also weil der Inspektor gestern in der Gemeinschaftsküche mit uns länger gesprochen hat wie mit Ihnen, deshalb müssen Sie nicht gleich aufgeregt sein meine Liebe —!

Frau Bachstelz *(in Paroxysmus):* Diese infame Insination werden Sie — warten Sie — ich schick meinen Mann über Sie — passen Sie auf, die ganze Oezeg kommt über Sie!

Frau Rosenberg: Mein Mann wird schon mit ihm fertig wern und mit allen, da können Sie unbesorgt sein! Er hat die ganze Miag hinter sich! Ein Wink von ihm, kommt noch die Ufa und die Wafa über Sie — mein Mann is Verwaltungsrat!

Frau Bachstelz: No, ruft mein Mann die Iwumba! Mein Mann is kaiserlicher Rat! Wie Ihr Mann enthoben worn is, weiß man!

Frau Rosenberg: Ja Protektion hat er gehabt, no — und? Sie zerspringen, weil er Verbindungen hat. Er is intim bei

der Sawerb. Warten Sie, alles wer' ich in der Ausschuß-
sitzung zur Sprache bringen, für ein Mißtrauensvotum in
der Generalversammlung garantier ich Ihnen!

FRAU FUNK-FEIGL: Sie selbst sind der größte Ausschuß, Sie
fliegen aus der Rohö heraus, das garantier ich Ihnen, die
Gekawe wird Ihnen zeigen — ich hab Verbindungen, ich
geh hinauf zur Presse —

FRAU POLLATSCHEK: Im nächsten ›Morgen‹ wern Sie lesen — warten Sie, wir von der Rohö —

FRAU FUNK-FEIGL: Fangen Sie sich nichts mit uns an, wir
von der Gekawe —

*(Alle vier schreien durcheinander, wobei man aus dem Lärm
nur die Worte Rohö und Gekawe heraushört, und gehen heftig
gestikulierend ab. Ein Invalide auf Krücken humpelt vorbei.
Eine Bettlerin, mit einem Knaben an der Hand und einem
Säugling am Arm tritt auf.)*

DIE BETTLERIN: Extraausgabee — Neue Freie Presse —
DER KNABE: Neue Feile Pesse —
DER SÄUGLING: Leie — leie — lelle —

Eine Schwangere geht vorbei.

DER NÖRGLER:

O rührend Anbot in der Zeit des großen Sterbens!
Nein, besser wird uns dieses Zwischenspiel entzogen.
Zwar weist es auf die letzten Spuren von Natur hin,
die diese Unmenschheit noch nicht verlassen konnte,
die Tod beschließt und dennoch Leben nicht verleugnet.
Doch es kommt selten etwas Bessres nach. Seht weg denn,
die letzte Menschlichkeit des heute andern Zielen
verpflichteten Geschlechts hat etwas Peinigendes.
Unheimlich ist die Vorstellung, daß dieses Weib da,
die so sich zeigt, so stillen Schrittes ihre Hoffnung
ins Leben trägt, so voll von heiligem Auftrag,
der Schmerz zugleich und Segen, in der nächsten Stunde
gebären könnte einen Heereslieferanten.
Der Stolz der Mutterschaft, so groß in aller Vorzeit,
das größte Mißgefühl von Unmaß abzuweisen,

war besser auch so stolz, den unberufnen Blicken
nicht die nur ihm bewußte Harmonie der Schöpfung
zu zeigen. Doch vor dieser mißgeformten Menschheit
ist er nicht mehr berechtigt. Er soll selber wegsehn.
Stolz werde wieder Scham. Sieh du jetzt weg, du Mutter,
du bist zu schwach allein, und bist auch unbescheiden;
dies ist ein gütiger Versuch, doch auch ein Anspruch
vor hunderttausend Müttern, die es sehn und wissen,
daß sie ja doch den größern Schmerz erlitten haben
als er der einen erst bevorsteht. Geh nach Hause,
was trägst du deine Bürde auf den Markt, als wäre,
was du der Welt zu bieten hast, bei weitem besser
als das was sie verloren hat, nein mehr, als ob nun,
jetzt endgiltig das neue, letzte Heil erstünde,
als wär' ein Sokrates die allerkleinste Gabe,
die hier in Aussicht steht. Wir haben viel zu schlechte
Erfahrungen gemacht. Wir sind in jedem Falle,
und wär's der beste, nicht mehr neugierig und wünschen,
daß die Erwartung deine Muttersache bleibe,
so keusch wie sie's verdient, bis einstens die Erfüllung
das Nachschaun einer Welt verlohnt. Geh heim, wir kommen,
wenns an der Zeit, bis dahin mit dir leidend, Mutter,
nicht tieferes Leid für dich als für das neue Leben,
das dank dem Mutterfluch einrückt ins alte Sterben,
der Opfer größtes durch Geburt. Geh, mach dich tauglich.
Wart auf den Jahrgang. Freiwillige, was bringst du?
Halt dich zuhaus, ein Tag ist wie der andere, immer
sieht tot wie tot aus. Geh! wir wollen überrascht sein.

(Verwandlung.)

19. SZENE

Belgrad. Zerstörte Häuser. Die Schalek tritt auf.

DIE SCHALEK: Ich habe mich durchgeschlagen. Hier intressiert mich wie immer vor allem das allgemein menschliche
Moment. Das soll eine Kultur sein? Diese Häuser sind mit
den letzten Geschäftshäusern in Fünfhaus zu vergleichen,

sie haben deshalb die Bombardierung verdient. Die Trostlosigkeit dieser Stätte ist so groß, daß an eine photographische Wiedergabe überhaupt nicht zu denken ist. Was mich aber immer wieder empört, ist, daß die Stadt nicht einmal gepflastert war. Das mag dem Entschluß, sie dem Erdboden gleich zu machen, zu Hilfe gekommen sein. Nicht einmal der Konak bietet etwas. Was wir als Andenken mitgenommen haben, ist nicht der Rede wert. Was ist das auch für ein König, der ein Porzellanservice von Wahliß hat! Es gibt noch eine ausgleichende Gerechtigkeit des Schicksals. Dieser Gedanke verfolgt mich durch ganz Belgrad. Wenn man nur wüßte, ob das die Häuser derjenigen sind, die den Nationalfanatismus erfanden? Ich habe mich zur Überzeugung durchgerungen, daß in einer solchen Stadt keine Individualitäten wohnen konnten.

(Einige serbische Frauen erscheinen, die ihr entgegenlachen. Eine streicht kosend über die Wange der Schalek. Dann zuckt ein rasches Gespräch zwischen ihnen hin und her, und wieder lachen sie alle, laut, hell und froh. Die Schalek beiseite:)

Dieses Lachen, dessen Ursache ich nicht erfragen kann, reißt an meinen Nerven, denn jede Möglichkeit auf der Stufenleiter menschlicher Gefühle ist heute denkbar, bis gerade auf das Lachen, für welches das zerschossene Belgrad keine Gelegenheit bietet.

(Eine der serbischen Frauen bietet der Schalek Eingemachtes an und lacht.)

Ein irritierendes Rätsel.

(Ein Dolmetsch tritt auf.)

DER DOLMETSCH *(nachdem er mit den Frauen gesprochen hat)*: Sie sagen, es heiße nur ein paar furchtbare Tage durchhalten. Die Eroberung ihrer Stadt halten die Belgrader für ein Intermezzo. Sie glauben, daß wir wieder bald draußen sein werden, und so lachen sie schadenfroh.

DIE SCHALEK: Das kann nicht der einzige Grund sein. Fragen

Sie sie, was sie empfinden und warum sie mir Eingemachtes gibt.

DER DOLMETSCH *(nachdem er mit der Frau gesprochen hat):* Sie sagt, nichts könne serbische Gastfreundschaft außer Wirkung setzen.

DIE SCHALEK: Aber warum gerade Eingemachtes?

DER DOLMETSCH *(nachdem er mit der Frau gesprochen hat):* Sie sagt, sie wollten zeigen, daß sie Frauen seien, und Eingemachtes sei das Gebiet der Frauen.

DIE SCHALEK *(nimmt das Eingemachte):* Diese Frauen will ich nicht wiedersehen, will ihre gräßliche Enttäuschung nicht miterleben, denn Schlimmeres noch als eingestürzte Häuser und als zerschossene Straßen, Schlimmeres als die Verjagung des Heeres und die Erstürmung der Stadt — das Schlimmste steht den Serben noch bevor. *(Die serbischen Frauen lachen. Die Schalek im Abgehen):* Schaudernd ziehe ich davon, und das Lachen hallt lange in mir nach.

(Die serbischen Frauen gehen nach der anderen Richtung ab, man hört noch ihr Lachen.)

(Verwandlung.)

20. SZENE

Vorstadtstraße. Ein schwer beladener Handwagen von zwei ganz schwachen, verhungerten Kriegshunden gezogen.

EINE ALTE FRAU *(ruft):* Das ist ein Skandal! Das sollt man dem Ärar anzeigen!

EIN OBERLEUTNANT: Halt! Legitimieren Sie sich! Das ist eine Beleidigung der Armee!

DIE MENGE *(sammelt sich an):* A so a Urschel! — Gehts wecka! — Wos is denn? — Nix, a Hofverrat is halt! — Recht g'schiehts ihr, um die Viecher nimmt sie sich an, wo s' selber nix z' essen hat!

(Verwandlung.)

Eine Vorstadtwohnung. An einem Riemen hängt, halbbekleidet, ein etwa zehnjähriger Knabe, dessen Körper Striemen, Blutbeulen und Flecken aufweist. Er ist völlig verwahrlost, anscheinend halb verhungert. Der Knabe heult. Eine Nachbarin steht händeringend in der Tür. Der Vater (in Uniform) liegt auf dem Sofa.

EINE NACHBARIN *(zu der Mutter, die einen Topf auf den Herd setzt)*: Aber Frau Liebal, wie können S' denn den Buben nur so zurichten? Wenn ich das bei Gericht anzeig, kriegn S' an Verweis!

DIE MUTTER: Hörn S' Frau Sikora, der Bub is Ihna so obstinat, daß S' Ihna gar keine Vorstellung net machen. A warms Fruhstuck will er habn!

DER VATER: Was ham S' denn Mitleid mit dem Bankert? Heut is er eh scho wieda beinand. Aber neulich hab i ihn hergnommen und ihn so mit dem Bajonett trischackt, daß i glaubt hab, er bleibt mr unter die Händ. Sehn S', er hat sich eh wieder erholt!

DIE NACHBARIN: Herr Liebal, Herr Liebal, damit is nicht zu spassen, geben S' Obacht, Sie wern amal an Verweis kriegn!

(Verwandlung.)

Standort des Hauptquartiers. Eine Straße. Man sieht Heereslieferanten, Offiziere, Prostituierte, Journalisten.

Ein Hauptmann des Kriegspressequartiers und ein Journalist treten auf.

HAUPTMANN: Also, den Prospekt für das Werk »Unsere Heerführer« — hörn S' zu Dokterl und schaun S' sich nicht allerweil nach die Menscher um, jetzt is Krieg — also den Prospekt hab ich fertig und jetzt müssen S' ihn wenn noch ein Fehler is, umbessern. *(Er liest vor.)* »Wenn einst die brandenden Fluten des Weltkrieges verrauscht sind, wenn die tröstende Zeit die Wunden geheilt, die Augen getrocknet hat, dann schauen wir klaren Blickes zurück auf die glorreichen Tage, da eiserne Fäuste das Weltgeschick schmiedeten!« Jetzt separate Zeilen, passen S' auf — »Und über allem tauchen die Gestalten jener Männer auf, die in dieser Zeit unser und unseres Vaterlands Schicksal gewesen.« Fett!

(Man sieht im Hintergrund einen älteren korpulenten Herrn mit Koteletts und Zwicker, der in jeder Hand einen Marschallsstab trägt, über die Bühne von rechts nach links gehen.)

»Voll Verehrung und Liebe blicken wir auf sie, die berufen waren, in unermüdlich heißem Ringen, gleich jenen Helden in der vordersten Front, das Schlachtengeschick zu lenken —«

DER JOURNALIST: Moment, die Heerführer sind also genau so viel wie die Helden in der vordersten Front, die das Schlachtengeschick lenken, also wieso?

DER HAUPTMANN: Machen S' keine Gspaß, sonst schick ich Ihna selbst an die Front.

DER JOURNALIST: Sie — mich?

DER HAUPTMANN: Tun S' Ihnen nix an. Wenn der Prospekt schön ausfallt, is keine Gefahr mehr für mich. Hörn S' zu Dokterl. »Begeisterung und innigste Dankbarkeit soll diesen Helden —«

DER JOURNALIST: Den Schlachtenlenkern in der vordersten Front? Ach so, ich versteh, jetzt meinen Sie wieder die Heerführer.

DER HAUPTMANN: Pflanzen S' wen andern, also »— in unseren Herzen ein Denkmal errichten und sie dauernd darin fortleben lassen, als Beispiel höchster Pflichterfüllung und Aufopferung für das Wohl des Vaterlandes.« Noch fetter.

(Man sieht im Hintergrund den älteren korpulenten Herrn mit Koteletts und Zwicker, der in jeder Hand einen Marschallsstab trägt, über die Bühne von links nach rechts gehen.)

Hören S' zu Dokterl und schaun S' sich nicht allerweil nach die Menscher um! »Maler Oskar Brüch hat diesem Denkmal in edler Weise greifbare Formen verliehen. Lebenswahr und charakteristisch hielt sein Griffel ihre Züge fest und schuf so ein Werk ›Unsere Heerführer‹ von historischer Bedeutung, welches berufen sein wird, nicht allein Namen und Bilder der Großen unserer Zeit —« Am fettesten!

(Man sieht im Hintergrund jenen älteren korpulenten Herrn mit Koteletts und Zwicker, der in jeder Hand einen Marschallsstab trägt, über die Bühne von rechts nach links gehen.)

»der Nachwelt zu überliefern, sondern auch eine Zierde jeder Bibliothek und jedes Hauses zu werden —« Jetzt muß noch was über die geschichtliche Bedeutung der einzelnen Dargestellten kommen — ja meine Herrn, dreht sich schon wieder um, Sie mein Lieber, wir sind hier im AOK und schließlich in kan Bordell, verstanden?

DER JOURNALIST: Sie, war das nicht die Kamilla vom Oberstleutnant?

DER HAUPTMANN: Wenn S' an Gusto haben, schick ich s' Ihnen zur Konschtatierung, aber den Prospekt müssen S' mir durchsehn —

DER JOURNALIST: Gemacht.

DER HAUPTMANN: Und dann kommt was über die Mappe, außerordentlich vornehm gehalten, erlesenster Geschmack, günstige Bezugsbedingungen, Unterschrift k. u. k. Kriegsministerium. Punktum. No was sagn S' Dokterl?

DER JOURNALIST: Herr Hauptmann, ich mach Ihnen mein Kompliment, wie Sie die Sprache beherrschen, kein Berufsjournalist hätte das wirksamer abfassen können.

DER HAUPTMANN: Was? Und richtig, vorn am Prospekt geben wir als Illustrationsprobe, damit man gleich einen Begriff bekommt vom Weltgeschick und von der höxten Aufopferung, das Bild jenes Mannes, der uns das alles in einer geradezu beispielgebenden Weise verkörpert!

(Man sieht im Hintergrund den älteren korpulenten Herrn mit Koteletts und Zwicker, der in jeder Hand einen Marschallsstab trägt, über die Bühne von links nach rechts gehen.)

(Verwandlung.)

Innere Stadt. Ein blinder Soldat ohne Arme und Beine wird
von einem andern Invaliden in einem Wagen vorwärtsgeschoben.
Sie warten, denn ein Revolverjournalist steht im Gespräch mit
einem Agenten auf dem engen Trottoir.

DER INVALIDE: Entschuldigen —

DER REVOLVERJOURNALIST: Ich bitt Sie, was wollen Sie haben, 80 Zeilen sind mir letzten Montag gestrichen worn.

DER AGENT: Aus dem Artikel gegen Budischovsky & Comp.
wegen der Lieferung?

DER REVOLVERJOURNALIST: Ja — früher, wenn so etwas
gesetzt war und es is dann nicht erschienen, hat man verdient. Und wenn man nicht verdient hat, dann hat man
eben erscheinen lassen und hat sicher das nächste Mal verdient. Jetzt erscheint ein Angriff nicht und man hat rein
nichts davon.

DER AGENT: Hat Budischovsky gewußt?

DER REVOLVERJOURNALIST: Ja — aber die Leute verlassen
sich jetzt auf die Zensur. No, denen wird aber ein gesunder Strich durch die Rechnung gemacht wern, warten Sie
nur bis andere Verhältnisse kommen. Bis dahin soll sich
die Zensur nur mit uns spielen. Passen Sie auf, nächstens
was ich loslaß, das wird eine Nommer — prima!

DER AGENT: Ich bin gespannt.

DER REVOLVERJOURNALIST: Da geb ich es einmal der Zensur. Ich setze auseinander, wie unvernünftig dieses Vor-
gehn von der Regierung ist, sie schützt die Lieferanten
gegen uns, uns aber braucht sie mehr wie die Lieferanten.
Wir können nicht mehr exestieren. Die Presse hat im Krieg
ihre Pflicht in geradezu vorbildlicher Weise erfüllt, stell
ich dar, unser Dienst ist ein ebenso verantwortungsvoller
wie der des Soldaten, stell ich dar, wir haben ausgeharrt
wie die im Schützengraben und ohne Lohn!

DER INVALIDE: Entschuldigen —

(Verwandlung.)

Während der Vorstellung in einem Vorstadttheater. Auf der Szene
die Niese und ein Partner.

DIE NIESE *(in der Rolle):* Was, a Busserl wolln S' haben?
Sie, ein einfacher Soldat? Was Ihnen net einfallt! Ja, euch
allen z'samm, euch braven Soldaten, möcht' ich schon eins
geben — aber einem allein? Oh nein! Nur allen auf einmal *(sich besinnend)* oder — doch, einem für euch alle! —
einem einzigen Soldaten möcht ich ein Busserl geben!
Aufpappen möcht ich's eahm, daß die Wienerstadt wackelt
und der Stefansturm zum zappeln anfangt. Und dieser
eine, einzige Soldat — das is — *(an die Rampe tretend, durch
und durch bewegt)* unser liaber — guater — alter Herr in
Schönbrunn! Aber leider — grad der — is unzugänglich!

(Orkanartiger Beifallssturm. Ein Theaterdiener erscheint auf
der Szene und überreicht der Schauspielerin eine Extraausgabe.)

DIE NIESE: Geben S' her! Was die Gerda Walde trifft,
triff ich auch!
DAS PUBLIKUM: Bravo Niese!
DIE NIESE *(liest unter größter Spannung des Publikums vor):*
— — — durch die unvergleichliche Bravour unserer braven Truppen Czernowitz genommen! *(Ungeheurer Beifall.)*
DAS PUBLIKUM: Hoch! Hoch! Hoch Niese!

(Verwandlung.)

Beim Wolf in Gersthof. Am Abend des Tages, an dem Czerno-
witz wieder von den Russen genommen war. An einem Tisch
sitzt der Generalinspektor des Roten Kreuzes, Erzherzog Franz
Salvator, sein Kammervorsteher, zwei Aristokraten und die
Putzi. Musik und Gesang: Jessas na, uns geht's guat, ja das
liegt schon so im Bluat.

EIN GAST *(zum Wolf):* — effektiv der Salvator oder nur
eine starke Ähnlichkeit?

WOLF: Nein, nein, er is', der Herr können sich verlassen.

DER GAST: Aber das kann doch nicht — und grad heut? Der Schwiegersohn vom Kaiser?

WOLF: Aber ja!

DER GAST: Der die Valerie hat?

WOLF: Der nämliche.

DER GAST: Sagen Sie, sind die Herrschaften zufällig da?

WOLF: Nein, sehr oft, heut nachmittag schon telephonisch reservieren lassen. Pardon, ich muß —

(Der Wolf und zwei andere Volkssänger nehmen neben dem Tisch der Herrschaften Aufstellung, die Musik intoniert die Melodie vom »Guaten alten Herrn«. Die Volkssänger, ins Ohr des Erzherzogs:)

> Draußen im Schönbrunner Park
> Sitzt ein guater alter Herr,
> Hat das Herz von Sorgen schwer —

(Verwandlung.)

26. SZENE

Der Abonnent und der Patriot im Gespräch.

DER PATRIOT: Also was sagen Sie jetzt?

DER ABONNENT: Was soll ich sagen? Wenn Sie vielleicht meinen wegen dem Augenleiden des Sir Edward Grey, so sag ich, so soll es allen gehn!

DER PATRIOT: Auch, aber was sagen Sie zu Knebelung der öffentlichen Meinung in England?

DER ABONNENT: Weiß schon, der Herausgeber des Labour Leader wurde vor das Polizeigericht geladen, weil gewisse Veröffentlichungen des Blattes gegen die Reichsverteidigungsakte verstoßen. Wegen so was!

DER PATRIOT: No und Frankreich is e Hund? Was sagen Sie zu Frankreich? Wissen Sie was es dort gibt?

DER ABONNENT: Gefängnisstrafen für Verbreitung der Wahrheit in Frankreich. Sie meinen doch die Dame, die gesagt hat —

DER PATRIOT: Auch, aber jetzt hat ein Herr gesagt —
DER ABONNENT: Natürlich, ein Herr hat gesagt, Frankreich
hat keine Munition, und dafür gibt man ihm 20 Tage!
Er hat gesagt, die Alliierten sind in schlechter Lage und
Deutschland war für den Krieg gerüstet —
DER PATRIOT: Bitt Sie, erklären Sie mir das, ich versteh
nämlich diese Fälle nicht, is es also unwahr, zu sagen,
Deutschland war gerüstet oder is es wahr, zu sagen, Deutsch-
land war nicht gerüstet —
DER ABONNENT: No war denn Deutschland gerüstet?
DER PATRIOT: Also wie —?
DER ABONNENT: Merken Sie sich ein für alle Mal. Deutsch-
land is bekanntlich überfallen worn, schon im März 1914
waren sibirische Regimenter —
DER PATRIOT: Natürlich.
DER ABONNENT: Deutschland war also vollständig gerüstet
für einen Verteidigungskrieg, den es schon lang führen
wollte, und die Entente hat schon lang einen Angriffskrieg
führen wollen, für den sie aber nicht gerüstet war.
DER PATRIOT: Sehn Sie, jetzt klärt sich mir der scheinbare
Widerspruch auf. Manchesmal glaubt man schon, es is etwas wahr, und doch is es unwahr.
DER ABONNENT: In der Presse is das oft sehr übersichtlich,
in zwei Spalten nebeneinander, und das hat den Vorteil, daß
man ganz klar den Unterschied sieht zwischen uns und jenen.
DER PATRIOT: No haben Sie gelesen? Plünderungen und
Verwüstungen der italienischen Soldaten! Nicht weniger
als 500.000 Kronen haben sie in Gradiska aus einer Pan-
zerkassa genommen, und außerdem noch 12.000 Kronen
aus noch einer Kassa!
DER ABONNENT: Hab ich gelesen. Eine Bande! Was sagen
Sie zum kolossalen Erfolg der Deutschen?
DER PATRIOT: Hab ich nicht gelesen, wo steht das?
DER ABONNENT: Frag! Gleich daneben in der Spalte! Mir
scheint, Sie lesen nicht ordentlich —
DER PATRIOT: Gleich daneben in der Spalte? Das muß mir
rein entgangen sein. Wo war der Erfolg?

DER ABONNENT: Bei Nowogeorgiewsk. »Gold in der Beute von Nowogeorgiewsk« war der Titel.

DER PATRIOT: No was is da gestanden?

DER ABONNENT: Da is gestanden, unter der Siegesbeute in Nowogeorgiewsk befanden sich auch zwei Millionen Rubel in Gold.

DER PATRIOT: Großartig! Was die anpacken —!

(Verwandlung.)

27. SZENE

Standort in der Nähe des Uzsok-Passes.

EIN ÖSTERREICHISCHER GENERAL *(im Kreise seiner Offiziere):*
— An keinem von uns, meine Herrn, is der Krieg spurlos vorübergegangen, wir können sagen, wir ham was glernt. Aber, meine Herrn, fertig sind wir noch lange nicht — da ham wir noch viel zu tun, ojeh! Wir ham Siege an unsere Fahnen geheftet, schöne Siege, das muß uns der Neid lassen, aber es is unerläßlich, daß wir fürn nächsten Krieg die Organisation bei uns einführn. Gewiß, wir ham Talente in Hülle und Fülle, aber uns fehlt die Organisation. Es müßte der Ehrgeiz von einem jeden von Ihnen sein, die Organisation bei uns einzuführn. Schaun S' meine Herrn, da können S' sagen was Sie wolln gegen die Deutschen — eines muß ihnen der Neid lassen, sie ham halt doch die Organisation — ich sag immer und darauf halt ich: wenn nur a bisserl a Organisation bei uns wär, nacher ginget's schon — aber so, was uns fehlt, is halt doch die Organisation. Das ham die Deutschen vor uns voraus, das muß ihnen der Neid lassen. Gewiß, auch wir ham vor ihnen manches voraus, zum Beispiel das gewisse Etwas, den Schan, das Schenesequa, die Gemütlichkeit, das muß uns der Neid lassen — aber wenn wir in einer Schlamastik sind, da kommen halt die Deutschen mit ihnerer Organisation und —

EIN PREUSSISCHER LEUTNANT *(erscheint in der Tür und ruft nach hinten):* Die Panjebrüder solln sich mal fein gedulden, das dicke Ende kommt nach! *(stürmt in das Zimmer, ohne zu salutieren, geht geradezu auf den General los und ruft, ihm fest ins Auge sehend:)* Na sagen Se mal Exzellenz könnt ihr Östreicher denn nich von alleene mit dem ollen Uschook fertich werden? *(Ab.)*

DER GENERAL *(der eine Weile verdutzt dagestanden ist):* Ja was war denn — nacher das? *(Sich an die Umstehenden wendend)* Sehn S' meine Herrn — Schneid haben s' und was die Hauptsach is — halt die Organisation!

(Verwandlung.)

28. SZENE

Hauptquartier. Kinotheater. In der ersten Reihe sitzt der Armeeoberkommandant Erzherzog Friedrich. Ihm zur Seite sein Gast, der König Ferdinand von Bulgarien. Es wird ein Sascha-Film vorgeführt, der in sämtlichen Bildern Mörserwirkungen darstellt. Man sieht Rauch aufsteigen und Soldaten fallen. Der Vorgang wiederholt sich während anderthalb Stunden vierzehnmal. Das militärische Publikum sieht mit fachmännischer Aufmerksamkeit zu. Man hört keinen Laut. Nur bei jedem Bild, in dem Augenblick, in dem der Mörser seine Wirkung übt, hört man aus der vordersten Reihe das Wort:

Bumsti!

(Verwandlung.)

29. SZENE

Der Optimist und der Nörgler im Gespräch.

DER OPTIMIST: Ja, was wäre dann nach Ihrer Ansicht der Heldentod?

DER NÖRGLER: Ein unglücklicher Zufall.

DER OPTIMIST: Wenn das Vaterland so dächte wie Sie, würde es gut aussehn!

DER NÖRGLER: Das Vaterland denkt so.

DER OPTIMIST: Wie, es nennt den Heldentod ein Unglück, einen Zufall?

DER NÖRGLER: Annähernd, es nennt ihn einen schweren Schicksalsschlag.

DER OPTIMIST: Wer? Wo? Es gibt keinen militärischen Nachruf, wo nicht davon die Rede wäre, es sei einem Soldaten vergönnt gewesen, den Tod für das Vaterland zu sterben, und es erscheint keine Parte, in der nicht der bescheidenste Privatmann, der wohl sonst von einem schweren Schicksalsschlag gesprochen hätte, in schlichten Worten, gewissermaßen stolz bekanntgäbe, sein Sohn sei den Heldentod gestorben. Sehen Sie, zum Beispiel hier, in der heutigen Neuen Freien Presse.

DER NÖRGLER: Ich sehe. Aber blättern Sie im Text zurück. So. Hier dankt der Generalstabschef Conrad von Hötzendorf dem Bürgermeister für dessen Kondolenz »anläßlich des grausamen Schicksalsschlages«, der ihn getroffen hat, da sein Sohn gefallen ist. Er hat auch in der Todesanzeige so gesprochen. Sie haben ganz recht, jeder Ratenhändler, dessen Sohn gefallen ist, nimmt die staatlich vorgeschriebene Haltung des Heldenvaters an. Der Chef des Generalstabs entsagt der Maske und kehrt zum alten bescheidenen Gefühl zurück, das hier wie vor keinem andern Tod berechtigt ist und in der konventionellen Formel noch lebt. Eine bayrische Prinzessin hat einem Verwandten zum Heldentod seines Sohnes gratuliert. Auf solcher gesellschaftlichen Höhe besteht eine gewisse Verpflichtung zum Megärentum. Der Chef unseres Generalstabes läßt sich nicht nur kondolieren, sondern beklagt sich auch immer wieder über das grausame Schicksal. Der Mann, der eben diesem Schicksal doch etwas näher steht als das ganze Ensemble, als die Soldaten, die es treffen kann, und als die Väter der Soldaten, die es beklagen können — wenn schon nicht dessen Autor, so doch dessen Regisseur oder sagen wir verantwortlicher Spielleiter, und wenn das nicht, so wenigstens dessen Inspizient — eben der spricht vom grausamen Schicksalsschlag. Und er sagt die Wahrheit, und alle andern müssen lügen. Er hat mit seinem privaten Schmerz aus der heroischen Verpflichtung glücklich heimgefunden. Die andern bleiben darin gefangen. Sie müssen lügen.

DER OPTIMIST: Nein, sie lügen nicht. Das Volk steht dem Heldentod durchaus pathetisch gegenüber und die Aussicht, auf dem Felde der Ehre zu sterben, hat für die Söhne des Volkes vielfach etwas Berauschendes.

DER NÖRGLER: Leider auch für die Mütter, die auf ihre Macht verzichtet haben, das Zeitalter aus dieser Schmach zu retten.

DER OPTIMIST: Für Ihr zersetzendes Denken waren sie eben noch nicht reif. Und das Vaterland als solches erst recht nicht. Daß die Oberen so denken müssen, versteht sich von selbst. Der Fall, den Sie berührt haben, ist ein Zufall. Baron Conrad hat einfach etwas Konventionelles hingeschrieben. Er hat es sich entgleiten lassen —

DER NÖRGLER: Ja, ein Gefühl.

DER OPTIMIST: Jedenfalls beweist der Fall nichts. Etwas anderes, das ich Ihnen zeigen will, beweist mehr und alles für meine Auffassung. Da werden selbst Sie einen Beweis haben —

DER NÖRGLER: Wofür?

DER OPTIMIST: Für die geradezu zauberhafte Einigkeit, für dieses Zusammenstehn in gemeinsamem Leid, wo alle Stände wetteifern —

DER NÖRGLER: Zur Sache!

DER OPTIMIST: Hier — warten Sie, das muß ich Ihnen vorlesen, damit ich auch sicher bin, daß Ihnen kein Wort entgeht: »Eine Kundgebung des Kriegsministeriums. Das Telegraphen-Korrespondenzbüro teilt mit: Das k. u. k. Kriegsministerium bewilligt, daß der gesamten Arbeiterschaft, welche in jenen Betrieben beschäftigt ist, die sich mit der Munitionserzeugung und Elaborierung sowie mit der Erzeugung von Trainmaterial befassen, der 18. August d. J. als besonderer Feiertag freigegeben werde. Bei dieser Gelegenheit sieht sich das Kriegsministerium veranlaßt, die besondere Pflichttreue und den unermüdlichen Fleiß aller jener Arbeitskräfte hervorzuheben, die unseren unver-

gleichlich tapferen Truppen durch ihrer Hände Fleiß mit-
verholfen haben, die hehren Siegeslorbeeren in todesverachtender Tapferkeit zu erwerben.« Nun?

(Der Nörgler schweigt.)

Es scheint Ihnen die Rede verschlagen zu haben? Die so-
zialdemokratische Presse druckt es unter dem stolzen Titel:
»Die Leistung der Arbeiter wird anerkannt«. Und wie
viele dieser Arbeitskräfte mögen unglücklich darüber sein,
daß sie zur Belohnung bloß einen Tag, wenn's auch Kaisers Geburtstag ist, frei bekommen —

DER NÖRGLER: Gewiß.

DER OPTIMIST: — anstatt daß man ihnen die Genugtuung
widerfahren ließe, sie endlich aus der Fabrik herauszuneh-
men —

DER NÖRGLER: Allerdings.

DER OPTIMIST: — und ihnen Gelegenheit gibt, die Munition, die sie dort nur zu erzeugen haben, endlich auch an
der Front erproben zu dürfen! Die Wackern sind gewiß
untröstlich darüber, daß sie nur mit ihrer Hände Fleiß zu
ihren Volks- und Klassengenossen stehen sollen und sich
ihnen nicht auch ihrerseits in todesverachtender Tapferkeit
anschließen dürfen. Die Gelegenheit, an die Front zu kommen, die höchste Auszeichnung, die einem Sterblichen —

DER NÖRGLER: Die Sterblichkeit scheint im Qualitätsnach-
weis hauptsächlich erfordert zu werden. Sie meinen also,
daß die Zuweisung an die Front als höchster Lohn empfunden wird, nämlich von dem Empfänger?

DER OPTIMIST: Jawohl das meine ich.

DER NÖRGLER: Das kann schon sein. Meinen Sie aber auch,
daß sie als höchster Lohn vergeben wird?

DER OPTIMIST: Das doch sicher! Es scheint Ihnen die Rede
verschlagen zu haben.

DER NÖRGLER: In der Tat, und darum bin ich statt eigener
Worte nur in der Lage, mich mit dem Text einer Kundgebung zu revanchieren. Ich werde sie Ihnen vorlesen, damit ich auch sicher bin, daß Ihnen kein Wort entgeht.

DER OPTIMIST: Aus einer Zeitung?

DER NÖRGLER: Nein, sie dürfte kaum veröffentlicht werden können. Sie würde wie ein weißer Fleck aussehen. Sie ist aber in jenen industriellen Betrieben affichiert, die sich durch die Wohltat, unter staatlichen Schutz gestellt zu sein, jede Unzufriedenheit in der Arbeiterschaft vom Hals zu schaffen gewußt haben.

DER OPTIMIST: Sie haben doch gehört, daß die Arbeiterschaft mit Begeisterung bei der Sache ist und höchstens unzufrieden, weil sie nicht anders mitwirken kann. Wenn sogar das Kriegsministerium selbst die Hingabe anerkennt —

DER NÖRGLER: Sie scheinen die Rede, die es mir verschlagen hat, ersetzen zu wollen. So lassen Sie doch das Kriegsministerium zu Worte kommen! »14. VI. 15. Dem Kriegsministerium wurde zur Kenntnis gebracht, daß das Verhalten der Arbeiter bei zahlreichen industriellen Betrieben, welche auf Grund des Kriegsleistungsgesetzes in Anspruch genommen sind, in disziplinärer und moralischer Hinsicht außerordentlich ungünstig ist. Unbotmäßigkeiten, Frechheiten, Auflehnung gegen die Arbeitsleiter und Meister, passive Resistenz, mutwillige Beschädigung von Maschinen, eigenmächtiges Verlassen der Arbeitsstätten etc. sind Delikte, gegen welche sich auch die Anwendung des Strafverfahrens in vielen Fällen als wirkungslos erweist —«

DER OPTIMIST: Offenbar sind die Leute schon ungeduldig, an die Front zu kommen. Diese Auszeichnung wird ihnen vorenthalten —

DER NÖRGLER: Nein, sie wird ihnen angeboten: »Das Kriegsministerium sieht sich daher zu der Verfügung veranlaßt, daß in solchen Fällen unbedingt die gerichtliche Ahndung in Anwendung zu bringen ist. Die diesfalls vorgesehenen Strafen sind empfindlich und können durch entsprechende Verschärfungen noch empfindlicher gestaltet werden, auch bezieht der Verurteilte während der Haft keinen Lohn, so daß die gerichtliche Verurteilung gerade in solchen Fällen ein höchst wirksames Abschreckungs- und Besserungsmittel sein dürfte —«

DER OPTIMIST: Nun ja, das sind harte Strafen, und solche Elemente haben auch die Aussicht verwirkt, je noch an die Front geschickt zu werden.

DER NÖRGLER: Nicht so ganz. »Jene kriegsdienstpflichtigen Arbeiter, welche bei gerichtlich zu ahndenden Ausschreitungen als R ä d e l s f ü h r e r ausgeforscht werden, sind nach der gerichtlichen Austragung der Angelegenheit und nach erfolgter Abbüßung der Strafe nicht mehr in den Betrieb einzuteilen, sondern seitens der militärischen Leiter der betreffenden Unternehmungen dem nächsten Erg. Bez. Kom. b e h u f s E i n r ü c k u n g zu den zuständigen Truppenkörpern zu übergeben. Dort sind diese Leute sofort der Ausbildung zu unterziehen und beim nächsten M a r s c h - B a o n einzuteilen. Ist der betreff. e i n r ü c k e n d g e - m a c h t e Arbeiter nur zum Bewachungsdienst geeignet klassifiziert, so ist Vorsorge zu treffen, daß derselbe nach erfolgter Ausbildung zu einem Wachkörper eingeteilt wird, der im Armeebereich oder nahe demselben gelegen ist. Für den Minister: Schleyer m. p. F.Z.M.«

(Der Optimist ist sprachlos.)

DER NÖRGLER: Es scheint Ihnen die Rede verschlagen zu haben? Sie sehen, daß Leute, die sich nach der Wohltat sehnen, an die Front zu kommen, dafür strafweise an die Front geschickt werden.

DER OPTIMIST: Ja — sogar zur Strafverschärfung!

DER NÖRGLER: Jawohl, das Vaterland faßt die Gelegenheit, für das Vaterland zu sterben, als Strafe auf und als die schwerste dazu. Der Staatsbürger empfindet es als die höchste Ehre. Er will den Heldentod sterben. Statt dessen wird er ausgebildet und dem nächsten Marsch-Baon zugeteilt. Er will einrücken, statt dessen wird er einrückend gemacht.

DER OPTIMIST: Ich kann es nicht fassen — eine Strafe!

DER NÖRGLER: Es gibt Abstufungen. Erstens Disziplinarstrafe, zweitens gerichtliche Abstrafung, drittens Verschärfung der Arreststrafe und viertens, als die schwerste Verschärfung des Arrests: die Front. Die Unverbesserlichen schickt man aufs Feld der Ehre. Die Rädelsführer! Bei mehrfacher Vorbestraftheit wird der Heldentod verhängt. Der Heldentod ist für den Chef des Generalstabes, nämlich wenn ihn sein Sohn erleidet, ein schwerer Schicksalsschlag und der Kriegsminister nennt ihn eine Strafe. Beide haben recht — Dies und das — die ersten wahren Worte, die in diesem Krieg gesprochen wurden.

DER OPTIMIST: Ja, Sie machen es einem schwer, Optimist zu sein.

DER NÖRGLER: Nicht doch. Ich gebe ja zu, daß auch wahre Worte im Krieg gesprochen werden. Besonders was die Hauptsache betrifft. Das allerwahrste hätte ich beinahe vergessen.

DER OPTIMIST: Und das wäre?

DER NÖRGLER: Eines, das beinahe mit dem Einrückendgemachtsein versöhnen könnte, die Revanche für die Schändung der Menschheit zum Menschenmaterial: die Aktivierung auf Mob-Dauer! Nach Flak und Kag und Rag und all den sonstigen Greueln hat man einmal an diesen Sprach- und Lebensabkürzern seine Freude. Gewiß, wir sind auf Mob-Dauer aktiviert!

DER OPTIMIST: Ihr Verfahren entfärbt alle Fahnen des Vaterlands. Alles Lüge, alles Prostitution? Wo ist Wahrheit?

DER NÖRGLER: Bei den Prostituierten!

> Weh dem, der sich vermißt, das Angedenken
> gefallener Frauen nun gering zu achten!
> Sie standen gegen einen größern Feind,
> Weib gegen Mann. Nicht Zufall der Maschine,
> der grad entkommt, wer ihr nicht grad verfällt,
> hat sie geworfen, sondern Aug in Aug,
> aus eigenem Geheiß, eins gegen alle,
> im Sturm der unerbittlichen Moral
> sind sie gefallen. Ehre jenen sei,
> die an der Ehre starben, heldische Opfer,
> geweiht dem größern Mutterland Natur!
>
> *(Verwandlung.)*

Irgendwo an der Adria. Im Hangar einer Wasserfliegerabteilung.

DIE SCHALEK *(tritt ein und sieht sich um):* Von allen Problemen dieses Krieges beschäftigt mich am meisten das der persönlichen Tapferkeit. Schon vor dem Kriege habe ich oft über das Heldische gegrübelt, denn ich bin genug Männern begegnet, die mit dem Leben Ball spielten — amerikanischen Cowboys, Pionieren der Dschungeln und Urwälder, Missionären in der Wüste. Aber die sahen zumeist auch so aus, wie man sich Helden vorstellt, jeder Muskel gestrafft, sozusagen in Eisen gehämmert. Wie anders die Helden, denen man jetzt im Weltkrieg gegenübersteht. Es sind Leute, die zu den harmlosesten Witzen neigen, ein stilles Schwärmen für Schokolade mit Obersschaum haben und zwischendurch Erlebnisse erzählen, die zu den erstaunlichsten der Weltgeschichte gehören. Und doch. — Das Kriegspressequartier ist jetzt auf einem leeren Dampfschiff einquartiert, das in einer Bucht verankert liegt. Abends gibt es großes Essen, es geht bei Musik hoch her; schließt man die Augen — fast träumte man sich zu einem fidelen Kasinoabend zurück. Nun, ich bin gespannt, wie dieser Fregattenleutnant — ah, da ist er! *(Der Fregattenleutnant ist eingetreten.)* Ich habe nicht viel Zeit, fassen Sie sich kurz. Sie sind Bombenwerfer, also was für Empfindungen haben Sie dabei?

DER FREGATTENLEUTNANT: Gewöhnlich kreist man ein halbes Stündchen über der feindlichen Küste, läßt auf die militärischen Objekte ein paar Bomben fallen, sieht zu, wie sie explodieren, photographiert den Zauber und fährt dann wieder heim.

DIE SCHALEK: Waren Sie auch schon in Todesgefahr?

DER FREGATTENLEUTNANT: Ja.

DIE SCHALEK: Was haben Sie dabei empfunden?

DER FREGATTENLEUTNANT: Was ich dabei empfunden habe?

DIE SCHALEK *(beiseite):* Er mustert mich ein wenig mißtrauisch, halb unbewußt abschätzend, wie viel Verständnis für Unausgegorenes er mir zumuten dürfe. *(Zu ihm:)* Wir Nichtkämpfer haben so erdrückend fertige Begriffe von Mut und Feigheit geprägt, daß der Frontoffizier stets fürchtet, bei uns für die unendliche Menge von Zwischenempfindungen, die in ihm fortwährend abwechseln, keine Zugänglichkeit zu finden. Hab ich's erraten?

DER FREGATTENLEUTNANT: Wie? Sie sind Nichtkämpfer?

DIE SCHALEK: Stoßen Sie sich nicht daran. Sie sind Kämpfer, und ich möchte wissen, was Sie da erleben. Und vor allem, wie fühlen Sie sich nachher?

DER FREGATTENLEUTNANT: Ja, das ist sonderbar — wie wenn ein König plötzlich Bettler wird. Man kommt sich nämlich fast wie ein König vor, wenn man so unerreichbar hoch über einer feindlichen Stadt schwebt. Die da unten liegen wehrlos da — preisgegeben. Niemand kann fortlaufen, niemand kann sich retten oder decken. Man hat die Macht über alles. Es ist etwas Majestätisches, alles andere tritt dahinter zurück, etwas dergleichen muß in Nero vorgegangen sein.

DIE SCHALEK: Das kann ich Ihnen nachempfinden. Haben Sie schon einmal Venedig bombardiert? Wie, Sie tragen Bedenken? Da werde ich Ihnen etwas sagen. Venedig als Problem ist auch langen Grübelns wert. Voll von Sentimentalität sind wir in diesen Krieg gegangen —

DER FREGATTENLEUTNANT: Wer?

DIE SCHALEK: Wir. Mit Ritterlichkeit hatten wir ihn zu führen vorgehabt. Langsam und nach schmerzhaftem Anschauungsunterricht haben wir uns das abgewöhnt. Wer von uns hätte nicht vor Jahresfrist noch bei dem Gedanken geschauert, über Venedig könnten Bomben geworfen werden! Jetzt? Konträr! Wenn aus Venedig auf unsere Soldaten geschossen wird, dann soll auch von den Unsern auf Venedig geschossen werden, ruhig, offen und ohne Empfindsamkeit. Akut wird das Problem ja erst werden, bis England —

DER FREGATTENLEUTNANT: Wem sagen Sie das? Seien Sie beruhigt, ich h a b e Venedig bombardiert.

DIE SCHALEK: Brav!

DER FREGATTENLEUTNANT: In Friedenszeiten pflegte ich alle Augenblicke nach Venedig zu fahren, ich liebte es sehr. Aber als ich es von oben bombardierte — nein, keinen Funken von falscher Sentimentalität verspürte ich dabei in mir. Und dann fuhren wir alle vergnügt nach Hause. Das war unser Ehrentag — unser Tag!

DIE SCHALEK: Das genügt mir. Jetzt erwartet mich Ihr Kamerad im Unterseeboot. Hoffentlich hält der sich auch so wacker wie Sie! (*Ab.*)

(*Verwandlung.*)

31. SZENE

In einem Unterseeboot, das soeben emporgetaucht ist.

DER MAAT: Sie kommen schon!

DER OFFIZIER: Schnell wieder hinunter! — Nein, zu spät.

(*Die Mitglieder des Kriegspressequartiers treten ein, an der Spitze die Schalek.*)

Meine Herren, Sie sind die ersten Gesichter, die wir sehen. Es ist eine eigenartige Empfindung, dem Licht wiedergegeben zu sein.

DIE JOURNALISTEN: No wie is es da unten —??

DER OFFIZIER: Fürchterlich. Aber da oben —

DIE JOURNALISTEN: Geben Sie Details.

DER OFFIZIER: Die wird er Ihnen geben, der Maat —

DIE JOURNALISTEN: Der Mad? Nur ihr? No und wir? (*Nach erfolgter Aufklärung des Mißverständnisses stürzen sich die Journalisten auf den Maat.*) Also das sind die Lanzierrohre?

DER MAAT: Nein, das sind Kalipatronen.

DIE JOURNALISTEN: Sind das nicht die Diesel-Motoren?

DER MAAT: Nein, das sind Wassertanks.

DER OFFIZIER (*wendet sich zur Schalek*): Sie sprechen ja gar nicht?

DIE SCHALEK: Mir ist zumute, als habe ich die Sprache verloren. Erlauben Sie, daß ich an ein dunkles Problem rühre.

Ich möchte nämlich wissen, was haben Sie gefühlt, wie Sie den Riesenkoloß mit so viel Menschen im Leib ins nasse, stumme Grab hinabgebohrt haben.

DER OFFIZIER: Ich habe zuerst eine wahnsinnige Freude gehabt —

DIE SCHALEK: Das genügt mir. Ich habe jetzt eine Erkenntnis gewonnen: Die Adria bleibt unser!

(Verwandlung.)

32. SZENE

Eine unter das Kriegsdienstleistungsgesetz gestellte Fabrik.

DER MILITÄRISCHE LEITER: Anbinden, Stockhiebe, Arrest, no und halt Einrückendmachen — mehr ham wir nicht, was anders gibts nicht. Kann man halt nix machen.

DER FABRIKANT *(an dessen Arm eine Hundspeitsche baumelt)*: Solang es geht, versuch ichs in Güte. *(Er zeigt auf die Hundspeitsche.)* Wie man sich aber helfen soll, wenn diese Gewerkschaftshunde mit ihren Hetzereien nicht aufhören — Aussprache über die Lage der Arbeiterschaft, Ernährungsfrage — wie unsereins da durchhalten soll! — Rechts- und Arbeitsverhältnisse, Neugestaltung des Arbeiterrechtes im Kriege —

DER MILITÄRISCHE LEITER: Ehschowissen. Einrückend gemacht und womöglich die Herrn Abgeordneten dazu. Wir haben aus 'm Kriegsdienstleistungsgesetz und dem Landsturmgesetz ohnedem alles herausgefetzt was nur möglich war. Wir brauchen uns da keine Vorwürfe zu machen. Am schönsten war das im August 14 mit die Schmiede und Mechaniker. Vormittag hams noch im Akkord ihre 6 Kronen verdient, Mittag hat mas gemustert und ihnen schön eröffnet, daß sie jetzt Soldaten sein, no und Nachmittag hams am gleichen Arbeitsplatz für die gleiche Arbeitsleistung schön um Soldatengebühren gearbeit'. Hat sich keiner gemuckst. Aber ich sag, eigentlich is so eine Musterung überflüssig —

DER FABRIKANT: Oho!

Der militärische Leiter: Ich mein', man hätt's überall so machen solln wie bei uns in Klosterneuburg im Trainzeugdepot, da hab ich ihnen einfach gsagt, ihr seids von jetzt an Kriegsleister und habts daher nur Anspruch auf Soldatenlöhnung.

Der Fabrikant: Ja so!

Der militärische Leiter: Einmal hab'n sie sich beschwert wegen Unhöflichkeit oder was. Hab ich sie mir zum Rapport bestellt und frag sie, wer sie aufgeklärt hat. Antwortet der Kerl: Wir sind organisierte Arbeiter und haben uns an unsere Gewerkschaften um Aufklärung gewendet, die haben uns an zwei Abgeordnete gewiesen! No, sag ich, die Herrn wer' ich mir holen lassen, sie wern dastehn bei euch und wern arbeiten anstatt zu hetzen. Sagt drauf der Kerl: Wir sind organisierte Arbeiter, wir erfüllen unsere Pflicht gegenüber dem Staat, aber wir suchen auch Schutz bei unserer Organisation. Ich —

Der Fabrikant: Also da soll man keine Hundspeitsche bei sich haben. Was haben Herr Oberleutnant —

Der militärische Leiter: Was ich getan hab? Hochverräter seids ihr, hab ich ihnen gsagt, und damit euch die Lust vergeht, euch noch amal zu beschweren, habts ihr dreißig Tage Kasernarrest, punktum, Streusand drüber.

Der Fabrikant: Ich staune über diese Milde. Bei Hochverrat!

Der militärische Leiter: No wissen S', man darfs nicht überspannen. Das Traurige is, daß die Zivilgerichte die Bagasch noch unterstützen.

Der Fabrikant: So ein Fall is mir bekannt. Beim Lenz in Traisen, wo so ein Kerl ohnedem 25 Kronen pro Woche gehabt hat, klagen zwei auf Auflösung, weil sie zuerst 44 gehabt haben. Das Bezirksgericht verurteilt den Lenz. Wie die beiden seelenvergnügt das Gerichtsgebäude verlassen —

Der militärische Leiter: Der Fall is mir bekannt — wern s' von zwei Schendarm in die Fabrik gführt. Dort pelzt ihnen mein Kamerad zehn Tag Arrest auf und weiterarbeiten. Ja, die Gerichte sind eine saubere Staatseinrichtung, das muß ich schon sagen! Zum Glück is der Lenz Bürgermeister, da kann er auch selber Arrest geben. So hat ers mit die Arbeiterinnen gmacht, die hat er am zweiten Weihnachtstag mit Patrouillen abholen lassen, in die Arbeit und hernach in'n Arrest.

DER FABRIKANT: Über mich haben sie sich einmal wegen schlechter Behandlung und unzulänglicher Bezahlung bei der Gewerkschaft beschwert. Ich bitte — bei 38 bis 60 Heller die Stunde! No ich hab mir einen Rädelsführer kommen lassen und sag ihm: Ihr habts euch beschwert, aber die Hundspeitsche ist noch da. Und zeig auf meinen Arm. Sagt der Kerl: Wir sind keine Hunde. No zeig ich halt auf meine Revolvertasche und sag ihm: Für Sie hab ich auch noch einen Revolver! Hat er was — von Menschenwürde hat er was gredt oder so. Also der Kerl hat es richtig so weit gebracht, daß die Beschwerdestelle gesagt hat, die Löhne sind unzureichend!

DER MILITÄRISCHE LEITER: Da is doch jedenfalls sofort —

DER FABRIKANT: Aber natürlich, er is einrückend gemacht worn, Ihr Vorgänger war darin sehr kulant. Einen, der sich auch einmal über zu geringen Lohn beschwert hat, hab ich gepeitscht und Ihr Vorgänger hat ihm dafür drei Wochen Arrest gegeben.

DER MILITÄRISCHE LEITER: Wern S' sehn, über mich wern Sie sich auch nicht zu beklagen haben. Ich sag nur so viel, die Kerle soll'n froh sein, daß sie in keinem Bergwerk sind.

DER FABRIKANT: Ich weiß, das Militärkommando Leitmeritz hat den Grubenbesitzern die Lage wesentlich erleichtert. Die Belegschaften sind einfach aufmerksam gemacht worn, daß sie auf die Kriegsartikel vereidigt sind und daß das Vorbringen von Beschwerden unter Umständen als Verbrechen der Meuterei aufgefaßt werden kann, in welchem Fall die Rädelsführer und Anstifter standrechtlich zum Tod verurteilt werden können. Ja, die Grubenbesitzer —

DER MILITÄRISCHE LEITER: Bei der Eibiswalder Glanzkohlengewerkschaft in Steiermark müssen s' Sonntagsschichten machen, nach acht Uhr abends gibts kein Gasthaus und Kaffeehaus. Dafür gibts bei fünf Tag Arrest drei Fasttäg. Unter Eskorte wern s' von der Grube in den Gemeindearrest gführt, ein' weiten Weg. In Ostrau hat mas gleich bei Kriegsausbruch zu prügeln angfangt, aber systematisch! Auf der Bank im Wachzimmer, von zwei Soldaten ghalten. Der Kerl, der nacher ei'm Abgeordneten was erzählt hat, den ham s' halt noch amal prügelt. Die was eine Beschwerde vorbringen — einrückend gemacht, auch wenn s' nie gedient hab'n. So is!

DER FABRIKANT (seufzend): Ja, Grubenbesitzer müßt' man sein! Die können durchhalten!

DER MILITÄRISCHE LEITER: No ganz schutzlos is heutzutag ein anderer Unternehmer auch nicht! Die Werkmeister schaun auch schon von selbst dazu. Sie ohrfeigen ganz tüchtig. Für'n Arrest hab ich immer täglich sechs Stund Spangen vorgsehn ghabt. No und wenn s' so von der Arbeit weg mit aufpflanzten Bajonett durch die Straßen gführt wern, das is schon ein Exempel! Ohne Reinigung vorher, im Arrest die Haar gschorn, auch wann einer nur vierundzwanzig Stund hat, die Menagekosten vom Lohn abzogn — schon wenns von Floridsdorf in die Josefstadt zum Rapport müssen, verlieren s' doch 'n halben Taglohn, no und gar der Verdienstentgang bei Arrest und so Sacherln, und was die Hauptsach is, wenn auch nur für die schwerern Fälle — Einrückendmachen! Also da hat sich noch keiner von die Herrn zu beklagen ghabt bitte!

DER FABRIKANT: Aber bitte, ich will ja auch nichts gesagt haben. Und ich bin bekannt dafür, daß ich die militärische Autorität nur im äußersten Notfall strapaziere. Ich verlasse mich lieber auf die Selbsthilfe. Ich sag, solang es in Güte geht — (er zeigt auf die Hundspeitsche.)

(Verwandlung.)

Zimmer im Hause des Hofrats Schwarz-Gelber. Spät am Abend.
Hofrat und Hofrätin Schwarz-Gelber treten ein.

ER *(schwer atmend):* Gott seis getrommelt und gepfiffen, da sind wir — puh —

SIE: Tut sich was, Märtyrer was du bist.

ER: Das letzte Mal — das letzte Mal — darauf kannst du dich verlassen!

SIE: Ich mit dir auch! Darauf kannst du Gift nehmen! *(Sie beginnt sich zu entkleiden. Er läßt sich in einen Stuhl fallen, stützt die Stirn in die Hand, springt wieder auf und geht im Zimmer umher.)*

ER: Warum — sag mir nur bittich warum — warum, nur das eine sag mir hat Gott mich mit dir gestraft — grad ich? — ausgerechnet — muß dieses Leben führen — warum — hätt nicht können ein anderer?! — Gerackert hab ich mich — bis in die sinkende Nacht — für dich — du bringst mich um mit deiner Kriegsfürsorg — Hilfskomitees und Zweigstellen und was weiß ich, Konzerte und Nähstuben und Teestuben und Sitzungen, wo man herumsteht, und jeden Tag Spitäler — Gott, is das ein Leben — *(auf sie losgehend)* was — was willst du noch von mir — hast du noch nicht genug — ich — ich — bin nicht gesund — ich bin nicht — gesund —

SIE *(schreiend):* Was schreist du mit mir? Ich zwing dich? Du zwingst mich! Ob ich einen Tag Ruh gehabt hätt vor dir! — Ich — hab ich dir nicht helfen müssen treppauf treppab — bis sie gesagt haben, damit sie endlich Ruh haben vor dir und du bist Vizepräsident geworn! Glaubst du, man steht um dich? Mir verdankst du — wenn ich nicht fort wär hinter ihm hergewesen, Exner — Gott, was hab ich treten müssen — Ich wer dir sagen was du bist! Ein Idealist bist du! Wenn du dir einredst, auf andere Art wärst du geworn was du bist! Auf was herauf? Auf dein Ponem herauf, was? Auf deinen Tam herauf, was? Daß dus weißt, mir hast du zu verdanken deine ganze Karrier, mir, mir, mir — Liharzik ist tot — heut könntest du dort stehn, wo er war, überall könntest du sein — ein Potsch bist du! die gebratenen Tauben werden dir ins Maul fliegen, ausgerechnet — ich stoß und du kommst nicht vom Fleck — möchten möchtest du viel und zu nix hast du die Gewure!

ER: Gotteswillen bittich — schweig — in meiner Stellung — riskier ich genug —

SIE: Ich pfeif auf deine Stellung, wenn wir nicht weiterkommen. Stellung! Auch wer! Weil ich gelaufen bin, hast du e Stellung! Gerannt bin ich! Bin ich für mich gerannt? Für mich hab ich Wege gemacht? Darauf antwort mir!

ER: Nu na nicht.

SIE: Hör auf! Ich kann dich nicht sehn! Du weißt am besten, wie du lügst. Gott, g e t r i e b e n hast du, wenn ich nicht heut da war und morgen dort — gestuppt hast du mich — wenn Grünfeld gespielt hat, hab ich reden müssen — a u s - g e s t a n d e n hab ich — ich hab schon nicht mehr gewußt, is Sitzung bei der Berchtold oder is Tee bei der Bienerth, der Blumentag hab ich geglaubt is für die Patenschaft statt für die Flüchtlinge, da hats geheißen Korngoldpremier, fortwährend Begräbnisse, Preisreiten, Wehrmann und Wehrschild, wie sie den Kriegsbecher angeregt haben, gleich warst du aufgeregt, ich kenn dich doch, aber s o hab ich dich n o c h nicht gesehn, schon hast du dabei sein müssen, warum, ohne dich wär's nicht gegangen, ich hab dir gesagt laß mich aus, konträr, gejagt hast du mich, in die Tees und Komitees hast du mich förmlich gestoßen, gequält hast du mich wegen Lorbeer für unsere Helden, da bin ich gerannt, dort bin ich gerannt, nix wie Hilfsaktionen; zu Gunsten da, zu Gunsten dort, zu wessen Gunsten, frag ich, wenn nicht zu deinen? zu meinen nicht! An den heutigen Tag wer' ich zurückdenken — Gott — von einem Spital ins andere muß man sich schleppen — und was hat man davon? Was hat man? Undank!

ER: Um Gotteswillen, hör auf! Wenn dich einer reden hört, möcht er sich schöne Begriffe machen von deiner Nächstenliebe, die Gall geht einem heraus —

SIE: Vor dir! Kann ich dafür, daß sie dich heut übersehn haben? Schwören kann ich, ich hab mit dem Delegierten gesprochen, ich hab ihm gesagt, wenn sie kommen, hab ich ihm gesagt, soll er trachten, daß wir ganz vorn stehn, weil wir das letzte Mal Pech gehabt haben, im letzten Moment hab ich ihm noch einen Stupp gegeben, er weiß, daß ich Einfluß hab auf Hirsch, er hat ihn schon lang nicht genannt — ich hab getan was möglich war, ich bin fast neben der Blanka gestanden, wie sie dem Blinden gesagt hat es is für das Vaterland — auf mich willst du deine Wut auslassen? Kann ich dafür, daß sich im letzten Moment Angelo Eisner vorgestellt hat mit seinem Koloß, wo er alles verdeckt? Pech hast du, weil er größer is, und ich muß büßen! Mir — mir — machst du Vorwürfe — ich — ich — weißt du was du bist, weißt du was du bist — ich — eine Bardach (kreischend) bin viel zu gut für einen Menschen wie du (sie wirft das Mieder nach ihm) — du — du Nebbich!

ER (stürzt auf sie los und hält sie): Duuu! — mich reg nicht auf — mich reg nicht auf, sag ich dir — ich steh für nichts — ich vergreif mich an dir — was — was — willst du von mir — Ausraum, der du bist — von dir sprichst du nicht? — Dein Ehrgeiz bringt mich ins Grab! — hättst du Kinder, wärest du abgelenkt — schau mich — an — grau bin ich geworn durch dich (schluchzend) — ich — war — bei — Hochsinger — das Herz is — nicht mehr — wie es sein soll — du bist schuld — (brüllend) jetzt sag ich dir die Wahrheit — weil du nicht erreicht hast — eine Flora Dub zu sein! — für Hüte hätt ich müssen ein Vermögen — woher — nehm ich — was will man von mir —

SIE (in Paroxysmus): Mit — Flora — Dub! — Du wagst es! — mich in einem Atem — Flora — — mit der Dub! — mich — eine geborene Bardach! Weißt du, was du bist — ein S t r e b e r bist du! Aus der Hefe empor! Gelb bist du vor Ehrgeiz! Schwarz wirst du, wenn du einmal nicht genannt wirst! Wenn du an Eisner denkst, wälzst du dich im Schlaf! Bin ich schuld, daß er ein Aristokrat is? Geh hin zu Fürstenberg und laß dach adaptieren!

Er *(weicher werdend):* Ida — was hab ich dir getan — schau
— laß ein vernünftig Wörtl — schau — Gotteswillen —
was — was bin ich — Hofrat — ich — lachhaft — ein Jud
bin ich! — *(Er fällt schluchzend in den Stuhl)* — Ausstehn!
— Is das — ein Leben — is das ein Leben — immer hinter — ganz hinter — die andern — auf Hirsch angewiesen
sein — beim letzten — letzten — Preistreiben — reiten —
man hat uns — überhaupt nicht — bemerkt — *(gefaßter)*
ich hab dich noch gestoßen — die Wydenbruck hat es bemerkt — sie hat Bemerkungen gemacht — und heut — der
Skandal! — die Leute reden — ich bin fertig — Spitzy hat
gelacht —

Sie: Laß mich aus mit Spitzy! Der hat zu reden! Spitzy is
erst durch den Weltkrieg heraufgekommen. Nie hat man
früher den Namen gelesen. Jetzt? Übel wird einem täglich
auf jeder Seite von Spitzy!

Er: v o n Spitzy!? Er ist doch noch nicht — das fehlte noch!

Sie: Ich sag übel wird einem von Spitzy.

Er: Er drängt sich unter die Spitzen.

Sie: Auf ihm hat man gewartet! Mir scheint stark, er bildet
sich ein, er is Spitzer.

Er: Er spitzt auf die goldene.

Sie: Ich hab so mit dem Delegierten gesprochen. Er hat gesagt, da kann man nichts machen, das is wieder einmal echt
wienerisch, hat er gesagt, bittsie der Spitzy, er hat die
Presse und außerdem leistet er für die Prothesen.

Er: Auf den Delegierten soll ich sagen!

Sie: Ich gift mich genug über ihm.

Er: Den Unterschied zwischen der Gartenbau heut und wie
der Krieg angefangen hat, möcht ich Klavier spielen. Wenn
ich zurückdenk, damals bei der Schlacht von Lemberg, du
weißt doch, wie die Presse das Jubiläum gefeiert hat, Weiskirchner hat ihr gratuliert, neulich erst sag ich zu Sieghart —

Sie: Du, zu Sieghart?

Er: Du — weißt — nicht mehr, wie ich mit Sieghart gesprochen hab? Das hat die Welt nicht gesehn! Alle haben

gesehn — Du weißt nicht? Wie er gekommen is, wir sollen beitreten zum Subkomitee in die Hilfssektion — du weißt doch, er hat doch die Idee gehabt zu einer Sammlung »Kaviar fürs Volk«, es is eigentlich eine Anregung von Kulka — sag ich also zu Sieghart, Exzellenz, sag ich, der Delegierte gefällt mir etwas nicht und der Primarius gefällt mir nicht und die ganze Schmonzeswirtschaft gefällt mir nicht. Er schweigt, aber ich hab gesehn, er denkt sich. Sag ich zu ihm, Exzellenz, die Zeit ist viel zu ernst. No ich kann dir nur soviel sagen, er hat nicht nein gesagt. Wieso das kommt, frag ich. Er zuckt mit die Achseln und sagt, Krieg is Krieg. No hab ich doch gewußt, woran ich war. Jetzt brauch ich nur —

SIE: Wenn du damals, bei der konstituierenden Versammlung für die Walhalla nicht wie ein Nebbich dagestanden wärst, wäre die Sache s c h o n erledigt.

ER: Erlaub du mir, grad bei solchen Gelegenheiten vermeid ich aufzufallen. Alle haben sie sich den Hals ausgereckt, wie er von der Korrespondenz Wilhelm gekommen is —

SIE: Und ich hab dir Zeichen gemacht, du sollst auch!

ER: Nein sag ich dir! Da kennst du mich schlecht! Auf geradem Wege gehts nicht, so hör zu meinen Plan. Mit Eisner wirst du sehn, er is imstand und geht eines schönen Tages hinauf und wird sichs richten. Aber ich hab mir fest vorgenommen — ich wart jetzt nur — das nächste Mal — no ich könnt ihm gut schaden — er hat, aber sag's nicht, er hat eine abfällige Bemerkung über Hirsch fallen lassen!

SIE: Bittich fang dir nichts an! Misch dich in nichts! Ich könnt auch, ich halt mich genug zurück, die Dub hat etwas über die Schalek gesagt — daß sie sich patzig macht in der Schlacht und so — zur Odelga könnt ich eine Anspielung machen, Sonntag schätz ich kommt sie zum Invalidentee — Sigmund — hör mich an — weißt du was — sei nicht nervees — du bist überanstrengt — ich sag dir, wir setzen es durch! Komm zu dir — ich wett mit dir, Freitag is eine Gelegenheit wie sie n o c h nicht d a war — die Jause, du weißt doch, für unsere Gefangenen in Ostsibirien. Oder hör zu, wart, noch vernünftiger, Samstag, für die deutschen Krieger! Du wirst sehn, paß auf, du kriegst! Wenn nicht die erste, so die zweite. Ich garantier dir. Bis zum Kabaree vom Flottenverein warten wir nicht! Jetzt zeig, was du imstand bist. Nimm dir ein Beispiel an Haas, an ihm, nicht an ihr — siehst du, er is nur ein Goj, aber eine Gewure — dir gesagt! Jetzt entscheidet sich alles. Daß du mir nicht wieder wie ein Stummerl dastehst, hörst du? Sie warten bloß, daß du den Mund aufmachst. So wahr ich da leb — ich kann mir nicht helfen — aber ich hab das Gefühl, wir sind sowieso vorgemerkt —

ER: Glaubst du wirklich — das wär ja — lang genug hätt man sich geplagt — aber woher glaubst du?

SIE: Was heißt ich glaub? Ich weiß! Du bist der Meinung, es is schon alles verpatzt. Ich sag dir, nix is verpatzt! Du warst von jeher ein Pessimist mit dem Krieg. Ich kann dir nicht alles sagen, aber die Frankl-Singer von der »Sonn und Mon« is wie du weißt intim mit der Lubomirska, frag mich nicht. Du hättest das Gesicht von der Dub sehn solln, wie sie gesehn hat, ich sprech mit ihr. Was soll ich dir sagen, sie hat sich gejachtet. Sogar Siegfried Löwy hat mit dem Kopf geschüttelt, no da hab ich alles gewußt. Es wird vielleicht eines der größten Errungenschaften sein, wenn mir das gelingt. Nur bei der Ausspeisung dürfen sie nichts erfahren, sonst zerspringen die Patronessen, behauptet Polacco. Selbst heut hab ich das Gefühl gehabt, es kann nicht mehr lange dauern. Weißt du, nämlich wie der Lärm war — wie sie alle hinüber sind — zu dem sterbenden Soldaten — du weißt doch, der getrieben hat, weil er geglaubt hat, unten steht seine Mutter, sie haben sie nicht heraufmlassen wollen, es is verboten wegen der Disziplin, Hirsch hat noch gesagt, er wird in den Annalen fortleben, er gibt ihn hinein — da hab ich das Gefühl gehabt — nämlich, wie sie so gestanden sind — da hab ich mir eigens achtgegeben, ich hab hingeschaut und da hab ich deutlich bemerkt, wie die Palastdame hergeschaut hat, alle sag ich dir haben sie auf uns gezeigt — ich hab dich noch aufmerksam machen wolln — aber da hab ich ihn beobachten müssen, ob er nicht vorgeht, der lange — und dann haben sie noch besprochen — grad wie Hirsch die Stimmung notiert hat, haben sie besprochen wegen dem Konzert für die Witwen und Waisen — da hab ich wieder das Gefühl gehabt — ich kann mir nicht helfen — *(dicht bei ihm, zischend)* wenn du nur jetzt nicht wieder bescheiden bist! — nur jetzt nicht! — meinetwegen immer, aber um Gotteswillen nicht jetzt!

ER *(eine Weile nachdenklich, dann entschlossen):* Was haben wir morgen?

SIE *(sucht hastig Einladungen hervor):* Wien für Ortelsburg — liegt mir stark auf, wir gehn, aber wir müßten auch nicht. Verwundetenjause bei Thury, nicht der Rede wert, aber kann nicht schaden. Konstituierende Sitzung des Exekutivkomitees für den Blumenteufel-Rekonvaleszenten-Würsteltag — da muß ich als Patroneß. Aber da, wart, Kriegsfürsorgeamt, musikalischer Tee, Fritz Werner singt, ich sprech sicher mit ihm, er hat auch immer größeren Einfluß —

ER: Sagst du!

SIE: Wenn ich dir sag!

ER: Einfluß, lächerlich —

SIE: So! Also kürzlich hat er ihm das Bild schicken müssen. Er is ein großer Verehrer. Er hat schon fufzigmal »Husarenblut« gesehen.

ER: Zufällig kennt er ihn nur flüchtig.

SIE: Wenn du also besser informiert bist! Gut, nehmen wir schon an, Fritz Werner hat nicht Einfluß, was is aber, jetzt paß auf, was is mit Spitzer? Wenn ich auf keinen halt, auf Spitzer halt ich! Man brauch nur sehn, was sich da tut jedesmal, was sie angeben, wenn er kommt! Spitzer is heut maßgebend, alles spricht nur von Spitzers Karrier. Ich sag dir, man muß das Eisen schmieden, solang man Gold dafür kriegt. Nur jetzt keine Versäumnisse! Du, hör mich an — was nützt das alles — jetzt nimm dich zusamm, sei ein Mann! Mach dich beliebt! Was denkst du so nach? Du hasts ja bisher getroffen, warum nicht weiter. Also! Jetzt heißt es durchhalten!

ER (*die Stirn in der Hand*): Das heut is zu schnell vorübergegangen. Man hat gar nicht können zu sich kommen. Ich war heut nicht auf der Höhe. Ja, ich hab gleich gespürt, etwas is nicht in der Ordnung. Von allem Anfang hab ich bemerkt, sie bemerken uns nicht, und zum Schluß, wie sie uns ja bemerkt hätten, war ich zerstreut und hab es nicht bemerkt. Ich sag dir, es is das Herz — — Hochsinger is unbedingt für Schonen. Schonen sagt er und wiederum schonen. Aber wie soll man — Gott — du sag mir bittich, wie war das eigentlich, wie sie alle mit Spitzer geredet haben, wie er —

SIE: Mit Spitzer? Das war doch nicht heut! Das war doch Sonntag!

ER: Gotteswillen — ein Kreuz is das — Sonntag — alles geht einem durcheinander im Kopf — also gut — ärger is wenn ich Gottbehüt vergessen hätt mit Sieghart zu sprechen. Wie, also was, also sag mir — mit Spitzer, das intressiert mich —

SIE: Sonntag? No ja, da war es doch schon auf ein Haar so weit, daß der Delegierte — ich hab schon geglaubt — hast du gezweifelt? No hörst du, das is doch so klar, wie nur etwas!? Wenn nicht die Schwester dazwischengekommen wär, das Skelett, du weißt doch, die den Schigan hat, den ganzen Tag pflegen, überhaupt eine bekannt exzentrische Person, grad wie ich zum Bett hingehen will, Pech, kommt sie daher, einen Schritt war ich —

ER: Moment! Das — wart — wo sind sie da gestanden? Das war doch, wo die Rede war, daß man wieder sammeln gehn soll, etwas einen Gardenientag, weiß ich! haben sie beschlossen für Wiener Mode im Hause oder —

SIE: Freilich, Trebitsch hat noch erzählt, daß er tausend Kronen anonym gegeben hat —

ER: Bekannter Wichtigmacher, gibt sich jetzt aus für intim mit Reitzes — siehst du, jetzt hab ich, also wart — ob ich weiß! unterbrich mich nicht, da war, ich wer dir sagen, da war auch die Rede von Aufnahmen im Spital, für den Sascha-Film, wächst mir auch schon zum Hals heraus, siehst du, daß ich weiß? Aber nur — wo sind sie gestanden? Die Situation — wir sind nicht durchgekommen, so viel weiß ich — wir sind zurückgegangen —

Sie: Du kannst dich nicht erinnern? Ich seh's vor mir! Bei dem Bett von dem Soldaten —

Er: Bei dem Bett — mit der Mutter der?

Sie: Geh weg, das war doch heut!

Er: Wart — der Blinde!

Sie: Der Blinde von der Blanka? Das war doch heut!

Er: Aber wie der Salvator —

Sie: Vom Salvator der Blinde — das war doch Dienstag in der Poliklinik! Der Blinde, ich seh es vor mir! Damals, du weißt doch — Hirsch hat sich notiert —

Er: Entschuldige, aber das war bei der Staatsbahn beim Labedienst! Wo sich noch die Löbl-Speiser vorgedrängt hat, die Geschiedene —

Sie: Konträr, grad damals is es sehr günstig gestanden, wenn du mir nur gefolgt hättst, ich hab dir noch geraten, mach dich an an Stiaßny.

Er: An Stiaßny? Das war doch beim Wehrmann! Siehst du, jetzt verwechselst du!

Sie *(lauter)*: Ich verwechsel? Du verwechselst! Beim Wehrmann! Wer redt heut vom Wehrmann?

Er: Also wart — beim Bett — übrigens was gibst du Rebussen auf, sag mir den Soldaten und fertig.

Sie: Grad nicht! Siehst du, wenn ich nicht wär mit meinem Gedächtnis —

Er *(lauter)*: Laß mich aus mit deinem Gedächtnis! Was nutzt mir dein Gedächtnis! Ä — es is alles für die Katz!

Sie: Du marterst mich — ich lauf mir die Füße wund — soll ich dir noch helfen erinnern!

Er: Schrei nicht — ich laß alles liegen und stehn — ich geh morgen nicht — du kannst allein gehn ausspeisen — ich hab es satt — der ganze Krieg kann mir gestohlen wern! — das hat uns noch gefehlt — als ob früher nicht genug

Lauferei war — geh mir aus den Augen! — jetzt reißt mir die Geduld! — von mir aus soll —

Sie *(schreiend):* Du schreist mit mir, weil du kein Gedächtnis hast! Du weißt nicht mehr, wem du grüßt! Du grüßt Leute, wo es nicht nötig is, und wo es ja nötig is, grüßt du nicht! Jedesmal am Graben muß ich dich stuppen! Ich hab für dich gearbeitet — du — du weißt du, was du ohne mich bist? Ohne mich bist du ein Tineff für die Gesellschaft!

Er *(sich die Ohren zuhaltend, mit einem Blick zum Plafond):* Ordinär —! *(nach einer Pause, in der er herumgegangen ist)* Möchtest du jetzt also die Güte haben? — Bist du jetzt vielleicht beruhigt? Also sag mir —

Sie: Grad sag ichs nicht — Sonntag — wie sie alle um das Bett gestanden sind — ich bin vorgegangen — alle sind sie —

Er: Moment! Laß mich ausreden — im ganzen Belegraum —

Sie *(schreiend):* Du quälst mich aufs Blut — jetzt tust du als ob du nicht bis drei zählen könntest — ich lauf mir die Füße wund — von Pontius zu Pilatus —

Er: Das weiß ich zu schätzen. Leicht is es nicht.

Sie: Also gib Ruh und bohr nicht in mich — daß du's endlich weißt und frag mich nicht mehr — ich hab Recht und nicht du — ich hab dir gesagt, Sonntag hat man uns bemerkt, wie sie beim Bett gestanden sind —

Er: Noo-o! Also beim Bett — mir scheint, du redst dir da was ein —

Sie: So wahr ich da leb! Beim Bett von dem Soldaten, wo der Primarius alles gezeigt hat —

Er: Ah — jetzt weiß ich! Was sagst du nicht gleich? Der mit den abgefrorenen Füßen!?

Sie: Ja — und mit der Tapferkeitsmedaille!

III. AKT

I. SZENE

Wien. Ringstraßenkorso. Sirk-Ecke. Larven und Lemuren. Es bilden sich Gruppen.

EIN ZEITUNGSAUSRUFER: Extraausgabee —! Venedig bombardiert! Schwere Niederlage der Italiena!

EIN ARMEELIEFERANT: Wenn Sie das Abendblatt gelesen hätten, würden Sie keinen Moment zweifeln.

ZWEITER ARMEELIEFERANT: War es als authentische Nachricht?

ZWEITER ZEITUNGSAUSRUFER: Extraausgabee —! 100.000 tote Italiena bittee —!

ERSTER ARMEELIEFERANT: Wenn ich Ihnen sag, wörtlich: Kramer gastiert ab 1. in Marienbad.

DRITTER ZEITUNGSAUSRUFER: Krakujefaz eropaat!

ZWEITER ARMEELIEFERANT: Gottseidank, da bleibt meine Frau länger.

ERSTER: Die Göttergattin?

VIERTER ZEITUNGSAUSRUFER: Zweate Oflagee vom Tagblaad! Teitscha Bericht!

EIN OFFIZIER *(zu drei anderen):* Grüß dich Nowotny, grüß dich Pokorny, grüß dich Powolny, also du — du bist ja politisch gebildet, also was sagst zu Rumänien?

ZWEITER OFFIZIER *(mit Spazierstock):* Weißt, ich sag, es is halt a Treubruch wie Italien.

DER DRITTE: Weißt — also natürlich.

DER VIERTE: Ganz meine Ansicht — gestern hab ich mullattiert —! Habts das Bild vom Schönpflug gsehn, Klassikaner!

EIN MÄDERL: Achttausend Russen für zehn Heller!

EIN MÄDCHEN *(sich in den Hüften wiegend, vor sich hin):* Kroßa italienischa Ssieg!

EIN WEIB *(puterrot, im Laufschritt):* Fenädig pompatiert!

DER DRITTE OFFIZIER: Was ruft die? Venedig —?

DER ZWEITE: Bin auch erschrocken — bist auch erschrocken — weißt es is nur das andere.

DER DRITTE: Ah so.

DER VIERTE: Geh hast denn glaubt, daß die Eigenen —

DER ZWEITE: Nein, ich hab glaubt italienische Flieger, no warum —

DER ERSTE: Bist halt a Hasenfuß. Denkts euch, gestern hab ich a Feldpostkarten kriegt!

DER ZWEITE: Gwiß vom Fallota!

DER DRITTE: Du was macht er, der Fallota, is er noch immer so ein Denker? Oder erlebt er schon was? No ich erleb jetzt auch viel im KM.

(Es treten auf zwei Verehrer der Reichspost.)

DER ERSTE VEREHRER DER REICHSPOST: Wir haben uns mit den Forderungen, die Mars uns stellt, bereits abgefunden. Wir haben bisher seine Lasten tragen können und sind fest entschlossen, sie willig weiter zu tragen bis zum gedeihlichen Ende.

DER ZWEITE VEREHRER DER REICHSPOST: Der Krieg hat auch seinen Segen. Er ist ein gar strenger Lehrmeister der Völker, über die er seine Zuchtrute schwingt.

DER ERSTE: Der Krieg ist auch ein Spender von Wohltaten, ein Erwecker edelster menschlicher Tugenden, ein prometheischer Erringer von Licht und Klarheit.

DER ZWEITE: Der Krieg ist ein wahrer Lebensspender und Lichtbringer, ein machtvoller Mahner, Wahrheitsverkündiger und Erzieher.

DER ERSTE: Welch einen Schatz von Tugenden, die wir schon im Sumpfe des Materialismus und Egoismus unseres Zeitalters erstickt glaubten, hat doch dieser Krieg schon gehoben.

DER ZWEITE: Hast schon Kriegsanleihe zeichnet?

DER ERSTE: Und du?

BEIDE: Wir haben uns mit den Forderungen, die Mars uns stellt, bereits abgefunden. *(Ab.)*

EIN ALTER ABONNENT DER NEUEN FREIEN PRESSE *(im Gespräch mit dem ältesten)*: Intressant steht heut in der Presse, die morgige Nummer des ungarischen Amtsblattes wird die Verleihung des Titels eines königlichen Rates an den

Prokuristen von Ignaz Deutsch & Sohn in Budapest Emil Morgenstern verlautbaren.

DER ÄLTESTE ABONNENT: Was jetzt alles vorgeht! *(Ab.)*

EIN KRÜPPEL *(zwei Stümpfe und ein offener Mund, in der einen Hand Schuhbänder, in der andern Zeitungsblätter, mit dumpfem Trommelton):* Extrrasgabee! Halb Serrbien ganz arrobat!

DER DRITTE OFFIZIER: Ganz Serbien —?

POLDI FESCH *(zu einem Begleiter):* Ich sollte heut mit dem Sascha Kolowrat drahn, aber — *(ab.)*

DER VIERTE: Das is noch gar nix, habts ghört, 100.000 tote Katzelmacher haben s' gfangen! *(Zwei Invalide humpeln vorbei.)*

DER ZWEITE: Nix wie Tachinierer wo ma hinschaut, unsereins schämt sich schon, in Wien zu sein.

Einrückende älteren Jahrgangs ziehen vorbei. Man hört den Gesang: In der Heimat, in der Heimat da gibts ein Wiedersehen —

DER DRITTE: Wißts was, gehmr zum Hopfner!

DER VIERTE: Heut is stier. Immer dieselben Menscher —

DER ERSTE *(indem sie abgehen):* Weißt, mit Rumänien — das is dir also kein Gspaß — weißt, aber ich glaub halt, die Deutschen wern uns schon — *(ab.)*

FÜNFTER ZEITUNGSAUSRUFER: Extraausgabe —! Ssick auf allen Linien! Der Vormarsch der Rumänen!

(Man hört die Fiakerstimme: Im Kriag kriag i's Zehnfache!)

(Verwandlung.)

2. SZENE

Vor unseren Artilleriestellungen.

DIE SCHALEK: Steht dort nicht ein einfacher Mann, der namenlos ist? Der wird mir mit schlichten Worten sagen können, was zur Psychologie des Krieges gehört. Seine Aufgabe ist es, den Spagat am Mörser anzuziehen — scheinbar nur eine einfache Dienstleistung und doch, welche unabsehbaren Folgen, für den übermütigen Feind sowohl wie für das Vaterland, knüpfen sich nicht an diesen Moment! Ob er sich dessen bewußt ist? Ob er auch seelisch auf der Höhe dieser Aufgabe steht? Freilich, die im Hinterland sitzen und von Spagat nichts weiter wissen als daß er auszugehen droht, sie ahnen auch nicht, zu welchen heroischen Möglichkeiten gerade der einfache Mann an der Front, der den Spagat am Mörser anzieht — *(Sie wendet sich an einen Kanonier)* Also sagen Sie, was für Empfindungen haben Sie, wenn Sie den Spagat anziehn?

(Der Kanonier blickt verwundert.)

Also was für Erkenntnisse haben Sie? Schaun Sie, Sie sind doch ein einfacher Mann, der namenlos ist, Sie müssen doch —

(Der Kanonier schweigt betroffen.)

Ich meine, was Sie sich dabei denken, wenn Sie den Mörser abfeuern, Sie müssen sich doch etwas dabei denken, also was denken Sie sich dabei?

DER KANONIER *(nach einer Pause, in der er die Schalek von Kopf zu Fuß mustert)*: Gar nix!

DIE SCHALEK *(sich enttäuscht abwendend)*: Und das nennt sich ein einfacher Mann! Ich werde den Mann einfach nicht nennen! *(Sie geht weiter die Front ab.)*

(Verwandlung.)

3. SZENE

Isonzo-Front. Bei einem Kommando.
Die Oberleutnants Fallota und Beinsteller treten auf.

FALLOTA *(essend)*: Weißt, ich iß a Mehlspeis, magst a Stickl?

BEINSTELLER *(nimmt)*: Ah, eine Spehlmeis, da gratulier ich. Du Genußspecht.

FALLOTA: Weißt, also da können s' sagen was' wolln, auf die Kunst geben s' obacht bei uns, daß einer Sehenswürdigkeit nichts gschicht, an Denkmal und so Raritäten. Da lies ich grad im Deutschen Volksblatt, schau her, aus dem Kriegspressequartier wird gemeldet: In der italienischen und französischen Presse wird die tendenziöse Unwahrheit verbreitet, daß unsere und deutsche Truppen in den besetzten russischen Gebieten griechisch-orthoxe — dodoxe Heiligtümer, wie Kirchen und Klöster, zu Restaurants, Cafés und Kinos umgestalten. Diese Behauptung ist eine frei erfundene Verleumdung. Es ist allbekannt, daß unsere Truppen — und dasselbe kann von unseren Verbündeten festgestellt werden — die Kirchen und Klöster im Feindesland immer mit der größten Pietät schonen. In unserer Armee ist die Achtung der religiösen Zwecken gewidmeten Stätten eine unumstößliche Tatsache, gegen die auch in diesem Kriege sich keiner unserer Soldaten vergangen hat. — No also, schwarz auf weiß.

BEINSTELLER: Da sieht man, wie im Krieg gelogen wird.

FALLOTA: Weißt, also da bin ich selbst Zeuge, also in Rußland war ich selbst einmal in ein Kino, was früher eine Kirchen war — also ich sag dir, nix merkt man, keine Spur von einer Verwüstung, taarlos!

BEINSTELLER: No ja, paar jüdische Friedhöf — das hab ich gsehn — da war ein bißl ein Durcheinander, da hams die Grabsteiner mitgehn lassen. Aber wie's in Griechenland mit orthodoxe Heiligtümer is, da war ich nicht, das könnt ich nicht sagen.

FALLOTA: Weißt, wenns überall so haklich wärn auf die Kunstwerk, könntens sich gratulieren. Da lies ich in der Zeitung, schau her, die Redaktion des Journal de Geneve —

BEINSTELLER: Ganef. *(Gelächter.)*

FALLOTA: — sammelt also Unterschriften aller Schweizer Bürger auf einer Petition an Seine Majestät, worin an dessen Wohlwollen und Hochherzigkeit appelliert wird, um den Schutz der Kunstwerke —

BEINSTELLER: Schmutz der Kunstwerke. *(Gelächter.)*

FALLOTA: — in den von den verbündeten Truppen besetzten Gebieten Italiens zu erreichen. Dazu is a Anmerkung der Redaktion — du großartig schau her —: »Derartige Petitionen mögen berechtigt sein, wenn die Entente Gebiete besetzt. Bei uns sind sie überflüssig. Denn wir sind ein Kulturvolk.«

BEINSTELLER: Natürlich san mr a Kulturvolk, aber was nutzt das — wenn mas ihnen auch hundertmal sagt, deswegen plärren s' doch, mir sein die Barbaren.

FALLOTA: Weißt, mir wern s' ihnen schon einidippeln. Wenn mr nach Venedig einikommen mitn Spazierstöckl!

BEINSTELLER (singt):

> In Venedig ziehn wir als Sieger ein,
> Wo die Gipsstatuen und Bilder sein.
> Mit den schönen Bildern feuern wir dann an,
> Und als Zeltblatt dient ein echter Tizian.
> Tschin! Krach! Tschindadra! Handgranaten her!

FALLOTA: Was hast denn da für a Lied, das is ja großartig —

BEINSTELLER: Das kennst nicht? Das is doch das Offensivlied, was die Einjährigen Kaiserschützen singen. Da sind noch viele Strophen, eine schöner wie die andere, ich hab's wo, ich wer dirs abschreiben.

FALLOTA: Da revanchier ich mich. Kennst schon den Katzelmacher-Marsch?

BEINSTELLER: Hab davon ghört, in der Kriegszeitung der k. u. k. 10. Armee, gleich mit die Noten — aber die Nummer is leider vergriffen.

FALLOTA: Pomali, kann ich auswendig, hör zu. Weißt, was »Tschiff und tscheff« is?

BEINSTELLER: Aber ja, das bedeutet das Geräusch beim Repetieren —

FALLOTA: No und »tauch«?

BEINSTELLER: Das bedeutet die Schlußdetonation des Mannlicher-Gewehres.

FALLOTA: No wennst das eh weißt — also hör zu:

> Tschiff, tscheff, tauch, der Wallisch liegt am Bauch,
> Tschiff, tscheff, tauch, der Wallisch liegt am Bauch.

Wir habn sie guat getroff'n,
Die andern dö san gloff'n.
Tschiff, tscheff, tauch, der Wallisch liegt am Bauch.

Könnan nimma Katzl mach'n,
Es tuat halt gar zviel krach'n.
Tschiff —

Den Annunzio und Sonnino
Den machma a no hino.
Tschiff —

Den Vittorio Emanuele,
Dem gerb' ma jetzt das Felle.
Tschiff —

Nun werd'n sie fest gedroschen
Auf ihre freche Goschen.
Tschiff —

Und anstatt Trieste,
Da kriagns Hiebe feste.
Tschiff —

Und im Land Tirol,
Kriagns a den Hintern voll.
Tschiff —

Niente per Villaco
Du talkatar Macaco.
Tschiff —

Nun habn sie voll ihrn Hefn,
Weil wir sie alle treffn,
Tschiff —

Da liegn sie nun die Schurken,
Mit eingedroschner Gurken.
Tschiff, tscheff, tauch, der Wallisch liegt am Bauch.

BEINSTELLER *(der jede Strophe mit Gesten und Interjektionen begleitet hat, hingerissen):* Tschiff, tscheff, tauch! Du das is aber schon großartig! Ah — ah — du — na hörst! Weißt, so ein Humor, das is nur auf deutsch möglich, das ham s' nicht in ihnera dalkerten Sprach, das bringen s' nicht heraus!

FALLOTA: No und der Humor im Felde — in der Nummer — also das mußt lesen!

BEINSTELLER: Pomali — kennst das schon? Ich bin nämlich Sammler. *(Zieht ein Notizbuch hervor)* Du, das is aus der Kriegszeitung der Heeresgruppe Linsingen: »Ein Glücklicher.« Feldgrauer (dessen Angebetete seinen Heiratsantrag angenommen hat): Glaub mir, Geliebte, so glücklich hab ich mich nicht mehr gefühlt, seit ich entlaust worden bin.

FALLOTA *(wälzt sich)*: No kennst schon das neue Büchl »Das Lausoleum«?

BEINSTELLER: Natürlich.

FALLOTA: Momenterl — kennst das schon? Ich bin nämlich Sammler. *(Zieht ein Notizbuch hervor)* Du, das is aus der Kriegszeitung der 2. Armee: »Weitermachen!« Ein Rekrut, der erst seit wenigen Wochen im Felde ist, muß eine Notdurft verrichten —

BEINSTELLER: Der hats aber eilig, hätt nicht warten können, der Schweinkerl.

FALLOTA: Wart, der Witz kommt erst. Muß also eine Notdurft verrichten und geht auf eine Latrine, die sich unmittelbar an der Dorfstraße befindet. Da gehn zwei Leutnants vorbei. Unser Rekrut ist erst unschlüssig, was er machen soll. Schließlich steht er auf und erweist stramm die vorschriftsmäßige Ehrenbezeigung. Lachend erwidert da der eine Offizier: »Sitzenbleiben, weitermachen!« Du, das wär was für die Fannitant!

BEINSTELLER *(wälzt sich)*: Momenterl — kennst das schon? Du, das is aus der Kriegszeitung der 10. Armee, weißt, mehr ein feiner Witz, Kindermund, aber gspassig. Alstern »Kindermund.« Ich trage einen Vollbart. Ich gehe nun eines Tages etwas spazieren und begegne dabei einem allerliebsten Knirps von etwa drei bis vier Jahren. Ich sehe mir den jungen Herrn an — er sieht mich an. Plötzlich streckt er die Hand aus: »Du Mann«, sagt er, »warum hast du so viel Haare im Gesicht?« Zois.

FALLOTA *(wälzt sich):* Ja der Zois, der hat halt einen Humor!

BEINSTELLER: Der redigiert dir die Kriegszeitung, daß' ein Vergnügen is. Schon sein Name is so gspassig — Baron Michelangelo Zois — Michelangelo —

FALLOTA: Weißt das is ein Maler, so a italienischer, weißt der Zois is aber nicht verwandt.

BEINSTELLER: Woher denn, mit an Katzelmacher!

(Verwandlung.)

4. SZENE

In Jena. Zwei Studenten der Philosophie begegnen einander.

DER ERSTE STUDENT DER PHILOSOPHIE: Ach Junge ich sage dir, das Leben ist doch schön, der Sieger vom Skagerrak ist Ehrendoktor unserer Fakultät!

DER ZWEITE: Offenbar wegen seiner Stellung zu Goethe.

DER ERSTE: Nanu?

DER ZWEITE: Ja Menschenskind weißt du denn nicht, er hat sich doch über das U-Boot-Gedicht von Goethe geäußert!

DER ERSTE: Wie, Goethe hat prophetisch erkannt —?

DER ZWEITE: Nee, nicht Goethe selbst, ich meine das berühmte Gedicht:

> Unter allen Wassern ist — »U«.
> Von Englands Flotte spürest du
> Kaum einen Hauch...
> Mein Schiff ward versenkt, daß es knallte.
> Warte nur, balde
> R—U—hst du auch!

DER ERSTE: Gottvoll!

DER ZWEITE: Also scheinbar sagt das 'n englischer Kapitän, aber es ist doch eigentlich von Goethe, nicht?

DER ERSTE: Na und Scheer?

DER ZWEITE: Scheer hat sich darüber begeistert geäußert, er findet es famos und wünscht, daß die Befürchtung des englischen Kapitäns bald in Erfüllung gehen möge.

DER ERSTE: Hurra! Ja nun verstehe ich, warum gerade eine so klassische Fakultät wie unser Jena — das hätte Schillern gewiß gefreut. Unser Rektor hatte knapp vorher so 'nem faulen Friedensfatzke das Verbot des Generalkommandos vorgelesen, worin dem Kunden das Handwerk gelegt wird. Hast du die Rede gelesen, die unser Rektor auf der Lauterberger Weltanschauungswoche gehalten hat? Fein. Ich sage dir, es geht vorwärts. Wie sagt doch Kluck? Das Haupt der Feinde in das Herz zu treffen, ist unser Ziel! Ja, ja, nun ist also Scheer Doktor in Jena.

DER ZWEITE: Schiller war Feldscheer. Dafür hat Hindenburg leider gar keine Beziehung zur Schönwissenschaft.

DER ERSTE: Nee. Seitdem ihn damals Königsberg zum Doktor der Philosophie honoris causa gemacht hat, als er die Panjebrüder in die Tunke setzte — na ja, das mußte man anstandshalber, aber sonst? Nie hat man auch nur 'n Wort von ihm gehört —

DER ZWEITE: Na hin und wieder doch 'ne Sentenz wie »Immer feste druff!« oder »Vorwärts!«

DER ERSTE: Ach, das wird vielleicht nicht von ihm sein.

DER ZWEITE: Aber eben jetzt hat er das Wort geprägt: »Ich warne vor den Miesmachern.«

DER ERSTE: Da hätte höchstens die Universität Berlin — in dem Wort ist so gar kein deutscher Zug.

DER ZWEITE: Ja wie hätte er's denn sagen sollen?

DER ERSTE: Wie? Ganz einfach: Ein Hundsfott, wer 'n Miesmacher ist!

DER ZWEITE: Nun ja — es scheint tatsächlich nur die Marine in der Philosophie verankert zu sein.

DER ERSTE: Oder umgekehrt.

DER ZWEITE: Wieso?

DER ERSTE: Na — da sieh mal (er liest eine Zeitungsnotiz vor:) In Kiel hat zu Pfingsten die Schopenhauer-Gesellschaft getagt, die es sich zur Aufgabe gestellt hat, die Gedanken dieses großen, ebenso populären wie verkannten Philosophen zu verbreiten und im Bewußtsein der Menschen zu vertiefen. Den Abschluß der Tagung bildete der Besuch des Kriegshafens, wobei die kaiserliche Marine, vertreten durch Korvettenkapitän Schaper, die Teilnehmer durch Vortrag und unmittelbare Anschauung, einschließlich wiederholter Tauchungen, über die Geheimnisse eines U-Bootes größeren Typs unterrichtete.

DER ZWEITE: Ich wußte nicht, daß Schaper Schopenhauerianer ist.

(Verwandlung.)

5. SZENE

Hermannstadt. Vor einem versperrten deutschen Buchladen.

EIN PREUSSISCHER MUSKETIER *(schlägt an die Tür):* Machen Se man uff, sonst schlagen mer Ihnen die Bude ein — wir Deutsche haben Hunger nach Büchern!

DER DEUTSCHE BUCHHÄNDLER *(öffnet):* Aus Freude über diese Drohung, nicht aus Furcht gehorche ich ihr. Mein Ehrgeiz als deutscher Buchhändler ist es, recht viele deutsche Brüder mit deutschen Büchern versorgen zu können. Denn für uns Deutsche ist das Beste gerade gut genug. Was, da staunt ihr deutschen Brüder, so fern vom deutschen Vaterlande 'nen Laden voll guter deutscher Bücher zu finden! Stillen Se immer mang ungeniert Ihren echt deutschen Bildungshunger, während ich mich stracks hinsetzen will, um dem Börsenblatt für den deutschen Buchhandel dieses deutsche Erlebnis zu berichten.

(Verwandlung.)

6. SZENE

In der Viktualienhandlung des Vinzenz Chramosta.

CHRAMOSTA *(zu einer Frau):* Der Schmierkas? Zehn Deka vier Kronen! — Was, zu teuer? Auf d' Wochen kost er sechse, wanns Ihna net recht is, gehn S' um a Häusl weiter

und kaufn S' Ihna an Dreck, der wird nacher bülliger sein.
schamsterdiener! — *(Zu einem Mann)* Wos wolln Sö? Kosten wolln Sö? Sö Herr Sö, was glaubn denn Sö? Jetzt is
Kriag! Wann Ihna a Dreck besser schmeckt, probiern S'
'n! — *(Zu einer Frau)* Was stessen S' denn umanand, a jeder kummt dran! Wos wolln S'? A Gurken? Nach'n Gwicht,
aber dös sag i Ihna glei, zwa Kronen die klanste! — *(Zu
einem Mann)* Wos? A Wurscht? Schaun S' daß weiter kummen Sö Tepp, wo solln mir denn jetzt a Wurscht hernehmen — was sich die Leut einbilden, wirklich großartig! —
(Zu einer Frau) Wos schaun S' denn? Dös is guat gwogn, 's
Papier wiegt aa! Jetzt is Kriag! Wann's Ihna net recht is,
lassen S' es stehn, kummen S' mr aber net mehr unter die
Augen, Sö blade Urschl, dös sag i Ihna! — *(Zu einem Mann)*
Sö, räsonniern S' da net allaweil herum, glauben S' i hörs
net? Sö kriagn heut überhaupt nix — solche Kundschaften
wia Sö aner san hob i scho gfressn, schaun S' daß außi
kummen! — *(Zu einer Frau)* Der Gmüssalat kost zwölf Kronen! — Wos? Angschriebn? ja angschriebn san acht Kronen, dös kann scho sein, aber kosten tuat er halt zwölfe.
Dös san meine Höxtpreis, da wird net a luckerter Heller
abghandelt! Wann S' ihn heut net wolln, kummen S' mu-
ring, da kost er vierzehne, habdjehre, Sö Drahdiwaberl,
Sö — olstan, firti, varstanden? *(Murren unter den Kunden.)*
Wos hör i do? Aufbegehren? Wann i no an Muckser hör,
loß i olle wias do san einspirrn! War net schlecht! Für
heut könnts gehn olle mitananda. Gfreut mi nimmer. So
aner notigen Bagasch verkauf i überhaupt nix! *(Die Anwesenden entfernen sich murrend. Ein Marktamtskommissär
tritt ein.)*

DER MARKTAMTSKOMMISSÄR: Revision!

CHRAMOSTA *(verblüfft):* Refision —?

DER MARKTAMTSKOMMISSÄR: Ich bitte um die Faktura vom
Gemüsesalat.

CHRAMOSTA *(sucht lange herum, überreicht sie zögernd):* Ja
— dös is — aber net — maßgebend. I hob extra no zohln
müassn, daß i 's überhaupt kriag!

DER MARKTAMTSKOMMISSÄR *(notiert):* Einkaufspreis 4 Kronen 50 Heller. Wie ist der Verkaufspreis?

CHRAMOSTA: No — acht! Können S' denn net lesen? Ja glauben denn Sö, unserans kriagt die Fiktualien gschenkt? Überhaupt — die Preise ham mir zu bestimmen, mirken S' Ihna dös! Do san mir kompatent! Wanns meinen Kunden recht is, gehts die Behörde an Schaß an! Jetzt is Kriag!

DER MARKTAMTSKOMMISSÄR: Hüten Sie sich, in diesem Ton fortzufahren! Ich mache die Anzeige wegen Preistreiberei!

CHRAMOSTA: Wos? Sö Hund Sö elendiger! Sö wolln mi umbringen? I bring Ihna um! *(Er schleudert eine auf dem Verkaufspult stehende Porzellanschüssel mit Streichkäse im Gewichte von zwölf Kilogramm auf den Beamten, ohne ihn zu treffen.)*

DER MARKTAMTSKOMMISSÄR: Die Folgen dieser Handlungsweise werden Sie sich selbst zuzuschreiben haben!

CHRAMOSTA: Wos? i —? Sö Herr — hab ich Ihna vielleicht beleidigt? No olstan! Liaber Herr, do müassen S' früher aufstehn! Wer san denn Sö? I wir Ihna schon zagn, wer i bin und wer Sö san! Mi wern S' net aufschreiben — mi net! I hob Kriagsanleih zeachnet, wissen S' wos dös heißt? Überhaupt — wos wolln denn Sö bei mir hier herin? I bin Steuerzahler, daß S' es wissen! I scheiß Ihna wos! Dös hab i scho gfressen, wann aner do einakummt, in die Preis umanandstierln — so a urtanärer Mensch, schamen S' Ihna — wann S' net auf der Stöll mein Logal verlassen, bin i imstand und vergreif mi an Ihna! *(Er ergreift zwei Messer.)*

DER MARKTAMTSKOMMISSÄR *(zur Tür retirierend):* Ich warne Sie!

CHRAMOSTA: Wos, warnen a no? Sö Amtsperson Sö! Sö Hungerleider! I bring Ihna um! *(Wirft ihm einen Korb mit Haselnüssen nach.)* A so a Beidl!

(Verwandlung.)

7. SZENE

Zwei Kommerzialräte aus dem Hotel Imperial tretend. Ein Invalide humpelt vorbei.

ERSTER KOMMERZIALRAT *(sich umsehend):* Is kein Wagen da? Schkandaal!

BEIDE *(mit ihren Stöcken auf ein vorüberfahrendes Automobil zielend):* Auto —!

DER ERSTE *(einem Fiaker nachrufend):* Sie — sind Sie frei?

DER FIAKER *(achselzuckend):* Bin bstöllt!

DER ZWEITE: Das einzige was ma noch hat, daß ma überhaupt noch was zum essen kriegt *(sie werden von Bettlern aller Art umkreist)* — Der junge Rothschild wird auch alt. Er kann doch höchstens — wie lang is das her, warten Sie —

DER ERSTE: No is das eine Stimmung in dem Wien? Wissen Sie, was die Leut sind? Ich wer Ihnen sagen, was die Leut sind. Kriegsmüde! Das sieht doch ein Blinder! *(Ein blinder Soldat steht vor ihnen.)* Schaun Sie schnell, wer is die was jetzt hereinkommt?

DER ZWEITE: Das wissen Sie nicht? — warten Sie — das is doch die — vom Ballett, wie heißt sie — die Speisinger! wissen Sie, die mit dem roten Pollack! — Also richtig, was sagen Sie, der alte Biach hat Kriegspsychose!

DER ERSTE: Was Sie nicht sagen. Wieso zeigt sich das?

DER ZWEITE: Jedes zweite Wort von ihm is aus dem Leitartikel — überspannt!

DER ERSTE: Überspannt war er doch immer. Zerreißt sach für die Nibelungentreue. Schigan!

DER ZWEITE: Noja aber so wie jetzt? Er is aufgeregt, wenn man sich nicht gleich erinnert. Er redt sich ein, die Sticheleien der Entente sind auf ihm. Außerdem hat man Zeichen von Größenwahn konstatiert.

DER ERSTE: Wieso zeigt sich das?

DER ZWEITE: Er bildet sich ein, er is Er.

DER ERSTE: Das ist traurig.

DER ZWEITE: No was is, no ham Sie Ihren Buben in dem Dingsda — Kriegsarchiv untergebracht?

DER ERSTE: Ja, aber er hat doch einen Bruch, und da hoff ich, daß sie ihn bald wieder auslassen. Er will höher hinaus, Sie wissen doch, Ben Tiber will ihn als Dramaturg nehmen. Er hat einen Bruch.

DER ZWEITE: Mein Jüngster hat Talent. Ich hoff auch — Aber jetzt zitter ich nur, daß mir das gelingt mit dem Leopold Salvator, morgen bin ich also in Audienz — meine Frau kriegt einen Breitschwanz.

(Eine Bettlerin mit einem Holzbein und einem Armstumpf steht vor ihnen.)

BEIDE *(mit ihren Stöcken auf ein vorüberfahrendes Automobil zielend):* Auto —!

(Verwandlung.)

8. SZENE

Der alte Biach erscheint sinnend.

DER ALTE BIACH: Die Nase der Kleopatra war eine ihrer größten Schönheiten. Sibyl war die Tochter eines Arbeiters *(Sich vorsichtig umblickend)* Tell sagt, jeder geht an sein Geschäft und meines ist der Mord. *(Nach einer Pause, mit raschem Entschluß und heftiger Bewegung)* Das erste muß jetzt sein, daß der Reisende die Fühlhörner ausstreckt und die Kundschaft abtastet. *(Mit Genugtuung)* Iwangorod röchelt bereits. *(Mit schlecht verhohlener Schadenfreude)* Poincaré ist erschüttert und Lloyd George gedemütigt. *(Mit Gewure)* Engländer und Deutsche werden sich in Stockholm begegnen. *(ab.)*

(Verwandlung.)

9. SZENE

Kriegsarchiv.
Ein Hauptmann. Die Literaten.

DER HAUPTMANN: Sie da, Sie arbeiten mir also die Belobungsanträge aus, als Theaterkritiker vom Fremdenblatt wird Ihnen das ja nicht schwer fallen. — No und Sie, also

Ihr Föleton über die franzesische Büldhauerin, Auguste, wie heißt sie nur, also so ähnlich wie Rodaun, sehr fesch war das gschriebn, also mit Ihrer Feder wird Ihnen das ja nicht schwer fallen, das Vorwort für unsere grundlegende Publikation »Unter Habsburgs Banner«, aber wissen S', was Packendes muß das sein, was halt ins Gemüt geht und daß S' mir also naturgemäß nicht auf Ihre kaiserliche Hoheit die durchlauchtigste Frau Erzherzogin Maria Josefa vergessen! — Und Sie, Müller Robert, was is denn mit Ihnen, mir entgeht nichts, Ihr Artikel damals übern Roosevelt war sehr frisch gschrieben, bißl zu viel Lob, schaun S' also daß Sie mir den Aufsatz »Was erwarten wir von unserem Kronprinzen?« bald abliefern! Sie haben sich ein bißl zu stark für die Ameriganer engagiert, aber das soll Ihnen weiter nicht schaden. — Sie, was is denn mit dem Doppelaar, is der n o c h nicht fertig? Lassen S' an frischen Wind durch die stählernen Schwingen des Doppelaars sausen! — Ja aber was is denn mit Ihnen mein Lieber? Seit Sie aus dem Hauptquartier zurück sind, legen Sie sich auf die faule Haut! Sie ham sich dort ein Leben angewöhnt! Ich will Ihnen aber was sagen. Daß Seine kaiserliche Hoheit der durchlauchtigste Herr Erzherzog Friedrich von Ihren Kriegsgedichten begeistert ist, kann I h n e n genügen, m i r genügt das noch lange nicht! Also schaun S' dazu, daß der Weihegesang an die verbündeten Heere bald abgliefert wird, sonst kommen S' mir zum Rapport! — Na, Werfel, was is denn mit'n Aufruf für Görz? Nur net zu gschwolln, hören S'? Alles mit Maß! Sie haben viel z'viel Gfühl, das is mehr fürs Zivül. — Na ja Sie dort, selbstverständlich! Sie san ja ein Expressionist oder was, Sie müssen immer eine Extrawurscht haben. Aber das nutzt Ihnen nix, grad von Ihnen erwart ich, daß die Skizze »Bis zum letzten Hauch von Mann und Roß«, die ich Ihnen aufgegeben habe, endlich in Angriff genommen wird, fix Laudon! Der »Durchbruch bei Gorlice« is Ihnen ja nicht übel gelungen. — (*Zu einer Ordonnanz, die eben eintritt*) Was is denn scho wieder? Ah richtig. (*Er übernimmt Photo-*

graphien) Sehr drastisch! Das sind nämlich die Aufnahmen von der Hinrichtung vom Battisti. Ah, ah, unser Scharfrichter Lang is aber zum Sprechen ähnlich getroffen! Also das is für Sie dort zum Einreihen! Beschreiben S' es und tun S' es zu die andern, zu die tschechischen Legionäre und die Ukrainer und so. — Und das? ja wie soll man denn das rubrizieren? Das is nämlich das prächtige Gedicht über den Mullatschak bei Seiner kaiserlichen Hoheit dem durchlauchtigsten Herrn Erzherzog Max am Monte Faë, das is ein Fressen für unsere Lyriker, passen S' auf:

> Am Faë der Kommandant
> Hoheit freundlich und charmant.
> Froh begrüßt er seine Gäste
> Und bewirtet sie aufs beste.
> Offen hält er Küch' und Keller.
> Jeder sitzt vor seinem Teller.

Ujegerl aber nacher gehts schief. Da is dann die gspaßige Stelle, wie s' immer mehr aufladnen, bis einer also naturgemäß nicht mehr weiter kann —

> Knöpft sich auf und macht sich los
> Das Krawattl und die Hos'.

Na und am End wird also naturgemäß gspieben. Das is gspaßig! Und was da n o c h alles passiert!

> Doch die Ordonnanz, schau, schau,
> Hält er für 'ne Kammerfrau —
> Kneift mit zärtlichem Verlangen
> Ihr den Arm und die Wangen.
> Doch darauf für alle Zeiten
> Wollen wir den Mantel breiten.

Sehr gut! Am nächsten Tag wird dann also naturgemäß weitergsoffen.

> Aus dem Faß der letzte Tropfen.
> Was, den Magen sie zu stopfen,
> Jeder sich aufs Brot geschmiert
> Und an Fetten konsumiert —

no das kann man sich ja denken, also darüber versteht sich waren dann also naturgemäß die Köche sehr ärgerlich, aber die kaiserliche Hoheit hat a Freud ghabt. Na und wie s' nacher in ihre Stellungen zruckkommen, ujegerl —

> Jeder hat mit seinem Affen
> Eine schwere Last zu schaffen.

Ausgschaut hams! — Also, dieses Gedicht kommt schon deswegen für das Kriegsarchiv in Betracht, also naturgemäß nicht bloß wegen dem Humor im Felde und weil darin die Gastfreundlichkeit Seiner kaiserlichen Hoheit gefeiert wird, sondern auch deshalb, weil es eine Rarität is! Es is nämlich in der Frontdruckerei im schwersten Trommelfeuer gedruckt worn, da kriegt man einen Reschpekt, no und man muß zugeben, daß es ein sehr ein geschmackvoller Druck is. — Sie Korpral Dörmann, da nehmen S' sich ein Beispiel, geben S' Ihnerem Musenroß die Sporen, seit damals wo Sie die Russen und die Serben in Scherben ghaut ham, sind Sie schweigsam gworn. Was is denn? Das war doch so kräftig:

> Und einen festen Rippenstoß
> Kriegt England und der Herr Franzos.

Da waren S' der reine Dörmann in Eisen!

> Wir werden 's euch schon geben.
> Jetzt sollt ihr was erleben.
> Das große Maul habt ihr allein,
> Wir aber, wir, wir pfeffern drein.

Alstern — pfeffern S' drein! Was san S' denn so melankolisch? Na ja, ich kanns Ihnen nachfühlen, daß Sie sich also naturgemäß lieber draußen betätingern möchten als wie herint. Das is zwider.

DÖRMANN:

> Ich neid es jedem, der da draußen fiel.
> Die Pflicht allein trennt mich vom letzten Ziel!

DER HAUPTMANN: Das is brav, wie Sie mit gutem Beispiel vorangehn. — No und Sie Müller Hans, bei Ihnen braucht man keine Aufmunterung, Sie sind ja eh tüchtig. Haben S' wieder eine Fleißaufgabe gmacht? Da schau her, »Drei Falken über dem Lovcen«! Das is viel. Ich werde nicht verfehlen, über Sie mit dem Herrn Generalmajor zu sprechen.

HANS MÜLLER: Wir haben die größere Süßigkeit der Pflicht erkannt, wir zerbrechen unter unsern Taktschritten ein unnützes Leben, das dem bunten Schein näher war als der Wirklichkeit.

DER HAUPTMANN: So is recht. Aber wissen S', was mich intressiert? Jetzt möcht ich einmal aus Ihrem eigenen Mund eine authentische Auskunft darüber, wie Sie bei Kriegsausbruch Ihren Mann gstellt hab'n. Also das wunderschöne Feuilleton vom Cassian im Krieg, also wie S' da das Ohrwaschel auf die russische Ebene legen, also das weiß man, das ham S' also naturgemäß in Wien g'schrieben, also da war' mr alle paff wie S' das troffen hab'n. Aber beim Kriegsausbruch — da waren S' doch persönlich zugegen, in Berlin? Da ham S' doch also naturgemäß die Verbündeten abpusselt — wissens S' da gibts aber Leut, die reden herum, daß Sie das auch in Wien tan hab'n, auf der Ringstraßen, der Fackelkraus und so, wissen S' die Leut ham halt eine böse Goschen. Jetzt sagen S' mir also, wie sich das verhaltet und ob Sie damals in Berlin oder nur in Wien waren — das is doch etwas, was also naturgemäß für das Kriegsarchiv wichtig is!

HANS MÜLLER: Herr Hauptmann melde gehorsamst, männiglich weiß, daß ich den Kriegsausbruch effektiv in Berlin mitgemacht habe und daß es sich genau so verhält, wie ich es in meinem Feuilleton »Deutschland steht auf« am 25. August 1914 geschildert habe. Wir standen keines Überfalls gewärtig, an der Neustädtischen Kirchstraße, soeben war, ich sehe es vor mir, ein russischer Spion vom Rachen der Menge verschlungen worden — da sehe ich, wie sich ein Zug von einfachen Leuten, unsere gute schwarzgelbe

Fahne vorantragend, stracks gegen das Brandenburger Tor bewegt. Sie singen unsere geliebte Volkshymne. Ich, nicht faul, singe mit. »Gott erhalte, Gott beschütze« singe ich laut zur nächsten Strophe. Da schaut ein Marschiernachbar mich eine Sekunde herzlich an, dann legt er seinen Arm unter den meinen, preßt ihn kameradschaftlich an sich —

DER HAUPTMANN: Aha, Schulter an Schulter.

HANS MÜLLER: — und singt nun von meinen Lippen den gleichen Text ab, den ich selber singe. Diesen Wackeren — er war ein schnauzbärtiger Gesell, war nicht gerade schön und auch nicht das, was man hochelegant nennt — habe ich vor der österreichisch-ungarischen Botschaft auf den Mund geküßt.

DER HAUPTMANN: Hörn S' auf! Also wann das der Szögyeny vom Fenster gsehn hat, wird er a Freud ghabt hab'n.

HANS MÜLLER: Wahrscheinlich klingt das in der Nacherzählung pathetisch —

DER HAUPTMANN: Ah woher denn.

HANS MÜLLER: — und der Beifall der Ultraästheten dürfte mir dafür nicht beschieden sein — *(Murren unter den Literaten, Oho-Rufe.)*

DER HAUPTMANN: Stad sein!

HANS MÜLLER: Aber ich weiß, daß, wenn die Gioconda dereinst selbst aus ihrem Rahmen stiege und mir das einzige Lächeln ihrer Lippen darböte, ihre Umarmung mich nicht so im Innersten beglücken und erschüttern würde, wie der Bruderkuß auf die Lippen dieses wunderbaren deutschen Mannes.

DER HAUPTMANN *(gerührt):* Das is brav von Ihnen! No und was ham S' in dera großen Zeit sonst noch erlebt?

HANS MÜLLER: Herr Hauptmann melde gehorsamst, ewig unvergeßbar wird mir die Sommermittagsstunde bleiben, da Männer und Frauen im königlichen Dom zum Altar traten, den Gott der deutschen Waffen anzurufen. Auf der Empore des Domes sitzt der Kaiser, aufrecht, den Helm in der Hand. Zu seinen Füßen, ein schwarzes Meer —

DER HAUPTMANN: Aha, da war er schon in Konschtanti-
nopel.

HANS MÜLLER: — wogen die Gläubigen. Die Orgel
braust gewaltig von oben herab, durch die Fenster bricht
die Sonne und wie ein heiliger Schrei hebt sich —

DER HAUPTMANN: Is scho guat, wissen S' die Stimmungs-
malerei intressiert mich weniger als was Sie damals persönlich geleistet hab'n.

HANS MÜLLER: Frauen und Männer fassen sich an den
Händen, die Orgel braust —

DER HAUPTMANN: Zur Sache!

HANS MÜLLER: Zu Befehl. Ein heißes Würgen steigt mir
in die Kehle, noch nehme ich mich fest zusammen, denn ich
stehe inmitten von lauter tapferen, beherrschten Männern,
und in diesen Tagen darf man sich nicht als Schwächling
zeigen. Aber jetzt sehe ich auf den Kaiser Wilhelm, der wie
in einem unbeschreiblichen Übermaß von Erregung den
bleichen Kopf senkt, tief hinab, die erschütternden Klänge
läßt er über seine Stirn hinziehen —

DER HAUPTMANN: Ah da schaurija!

HANS MÜLLER: — mit einer inbrünstigen Gebärde preßt er
den Helm dicht vor seine Brust. Da kann ich mich nicht
mehr retten —

DER HAUPTMANN: Ja was is Ihnen denn gschehn?

HANS MÜLLER: — ich schluchze laut hinaus —

DER HAUPTMANN: Gehst denn net.

HANS MÜLLER: — und siehe, die tapferen Männer neben
mir, grauhaarig und beherrscht, sie alle schluchzen ohne
Scham mit mir mit. Wissen sie auch, was dem armen
unmilitärischen Gast in ihrer Mitte das Herz aufwühlt?
Durch den Schleier der jäh hervorstürzenden Tränen
sehe ich neben ihrem edlen Herrn einen anderen stehen,
meinen eigenen Kaiser, meinen ritterlichen, alten, gütigen
Herrn —

DER HAUPTMANN: Net plaazen Müller!

HANS MÜLLER: — und aus tiefster Seele mische ich jetzt
mein Gebet brüderlich mit dem ihren: »O Gott, der du

über den Sternen bist, segne in dieser Stunde auch Franz Joseph den Ersten, segne mein altes, teures Vaterland, daß es stark bleibe und blühe — für und für — segne meine Brüder, die jetzt für unsere Ehre hinausziehen zu Not und Tod, segne uns alle, unsere Zukunft, unsere Faust, unser Geschick — Herr und Gott, der du die Lose der Menschen und Völker in deinen Händen hältst, aus heißester, inbrünstigster Heimatliebe rufen wir alle, alle zu dir...« — Herr Hauptmann, melde gehorsamst, das ist der Schluß vom Feuilleton.

DER HAUPTMANN: Da steckt noch eine echte Empfindung drin. Sag'n S', was zahlt jetzt die Presse für ein Gebet — ah — für a Feuilleton wollt ich sagen.

HANS MÜLLER: Herr Hauptmann melde gehorsamst, 200 Kronen, aber wahrlich, ich hätte es auch um Gottes Lohn getan! Hei.

DER HAUPTMANN: Nein, Sie hab'n ja mehr dafür kriegt, Ihnen is die höchste Ehre zuteil geworden, die einem Herrn von der Presse zuteil werden kann — der deutsche Kaiser hat Sie in der Wiener Hofburg empfangen, er is ein Verehrer Ihrer Muse, ich verrat Ihnen da kein Geheimnis, man munkelt sogar, daß Sie den Lauff ausgstochen haben. Ich benütze die Gelegenheit, Ihnen dazu meine Gratulation auszusprechen. Hörn S', wie waren die Begrüßungsworte Seiner Majestät, Sie hab'n das ja so schön beschrieben —

HANS MÜLLER: Der Kaiser kommt mir bis an die Tür entgegen, er streckt mir die Hand hin, er blickt mich aus seinen großen, strahlenden Augen mit dem gütigsten Lächeln an und sagt: »Sie haben uns im Kriege eine so schöne Dichtung geschenkt — was dürfen wir im Frieden von Ihnen erwarten?«

DER HAUPTMANN: Einen schweinischen Schwank — hätten S' sagen solln.

HANS MÜLLER: Herr Hauptmann, melde gehorsamst, vor dieser Stimme schwindet sogleich jede Befangenheit — aber den Mut habe ich doch nicht aufgebracht, Herr Hauptmann!

DER HAUPTMANN: No ja, 's is a hakliche Situation. Sagen S' mir jetzt nur, was hat Ihnen denn den stärksten Eindruck am deutschen Kaiser gmacht?

HANS MÜLLER: Herr Hauptmann melde gehorsamst — alles!

DER HAUPTMANN: Und sonst nix?

HANS MÜLLER: Ich bin noch so erschüttert, daß ich nicht imstande wäre, die zaubervolle Macht der Persönlichkeit, diese ganze selbstverständliche Würde, die Leuchtkraft dieser Augen, die einen nicht loslassen und wie der Spiegel einer klaren, im tiefsten Sinne sittlichen Natur —

DER HAUPTMANN: Hörn S' auf! No also wissen S' — daß der deutsche Kaiser auf einen Brünner Juden hereinfallt, das is schließlich also naturgemäß kein Wunder. Aber daß ein Brünner Jud auf den deutschen Kaiser hereinfallt — das is unglaublich! *(Eine Ordonnanz kommt und überbringt einen Brief.)* Was is denn scho wieder? *(Er liest.)* Also da legst di nieder. Das betrifft S i e Müller. *(Müller erschrickt.)* Der Herr Generalmajor befiehlt, daß Sie sofort aus dem Kriegsarchiv zu entlassen sind. *(Müller erbleicht.)* Es ist ein Handschreiben Seiner Majestät des deutschen Kaisers eingelangt, worin er ersucht, daß man den Dichter der »Könige« nicht durch Verwendung im k. u. k. Kriegsarchiv seinem eigenen Schaffen entziehen möge. *(Murren unter den Literaten.)* Stad sein! — Leben S' wohl, Müller! Aber wissen S', was? *(Mit Rührung)* Die drei Falken über dem Lovcen — die schreiben S' uns noch fertig! Und wenn Sie dann wieder für sich arbeiten können, und sich also naturgemäß auf die Friedensproduktion einstelln — dann wern S' doch manchmal an die Stunden Ihrer Dienstzeit zurückdenken, dann wern S' sagen können: schön wars doch — und sich hoffentlich auch weiterhin mit dem Kriegsarchiv verbunden fühlen.

HANS MÜLLER: Auf Gedeih und Verderb!

(Verwandlung.)

Ein chemisches Laboratorium in Berlin.

DER GEHEIME REGIERUNGSRAT PROFESSOR DELBRÜCK *(sinnend):* Die englischen Zeitungen verbreiten seit einiger Zeit wieder mal allerlei Mitteilungen über den angeblich schlechten Ernährungszustand der deutschen Bevölkerung. Es spricht nicht gerade für die große Kriegsfreudigkeit unter dem englischen Volke, wenn seine Stimmung immer wieder durch die Verbreitung solcher Nachrichten gehoben werden muß, die allesamt mit den Tatsachen in direktem Widerspruch stehen. Ärztlicherseits wurde ausdrücklich die Bekömmlichkeit der gegenwärtigen Kriegskost festgestellt, der wir es zu verdanken haben, daß die Erkrankungen, bei Männern wie bei Frauen, in ständigem Rückgang begriffen sind. Von den Säuglingen gar nicht zu reden, für die in völlig ausreichender und vorbildlicher Weise gesorgt wird. Sogar das Wolffbüro muß zugeben, daß unsere Krankenhäuser im Kriege weit weniger belegt sind als in Friedenszeiten und daß die vereinfachte Lebensweise für viele Personen direkt gesundheitsfördernde Wirkungen gehabt hat. Und nun gedenke ich in der 66. Generalversammlung des Vereines der Spiritusfabrikanten Deutschlands auseinanderzusetzen, daß wir diesen Erfolg zuvörderst der Mineralnährhefe zu verdanken haben. *(Stellt sich in die Positur des Redners.)* Der Eiweißgehalt der Mineralnährhefe, der ihren Nährwert bestimmt, wird vorzugsweise durch die Verwendung von Harnstoff gewonnen. Meine Herrn! Wir erleben hier einen Triumph des reinen Geistes über die rohe Materie. Die Chemie hat das Wunder bewirkt! Eine schon 1915 begonnene Arbeitseinrichtung wurde aufs neue mit großem Erfolge aufgenommen: die Ersetzung des schwefelsauren Ammoniaks bei der Erzeugung der Hefe durch Harnstoff. Meine Herrn! Ist aber der Harnstoff so zu verwenden, so liegt auch die Möglichkeit vor, in derselben Richtung den Harn und die Jauche heranzuziehen. *(Ab.)*

(Verwandlung.)

Vereinssitzung der Cherusker in Krems.

POGATSCHNIGG, GENANNT TEUT: — Wodan ist mein Schwur-zeuge, nicht mehr fern sind die Tage, wo wieder Speise und Trank reichlich vorhanden sein werden, wo uns wieder vom feisten, knusperigen Schwein ein artig Lendenstücklein er-freuen wird, mit zartgebräunten Erdäpfeln, in wirklicher und wahrhaftiger Butter duftig gebraten, kleine zierliche Gurken, wie sie Znaims Wonnegefilden holdselig entsprie-ßen, dazu ein dunkler Gerstensaft aus Kulmbachs bajuwa-rischen Gauen *(Heil-Rufe. Es klingt wie »Hedl!«)* — ein herzhaft Brot, aus Roggen schmackhaft geknetet und gebak-ken, und ein leckerer Salat! Stolze Vindobona am alten Nibelungenstrom, bis dahin heißt es durchhalten! *(Rufe: Wacker!)* Der herrliche Angriff auf die Welschen, der diese Abruzzenschufte aus Tirols ewigen Bergen hoffentlich für immerdar hinausbefördert, ist uns gelungen! *(Rufe: Hedl!)* Zuversichtlich erwarten wir, daß auch der moskowitische Bär mit blutenden Pranken weidwund heimschleicht! Und ihm nach die Knoblauchduftenden, unsere Kohnnationalen! Heil! *(Rufe: Bravo! Hedl! Hoch Teut! Hoch Pogatschnigg!)*
EINE STIMME: Jidelach! *(Heiterkeit.)*
FRAU POGATSCHNIGG *(ergreift das Wort):* Nicht rasten und nicht rosten, lautet ein gutes deutsches Wort. Wie sagt doch Barbara Waschatko, die Deutscheste unter den Deutschen, in der Ostdeutschen Post: Strickend haben wir das alte Jahr beendet, strickend fangen wir das neue wieder an. Nie sind unsere Gedanken mehr bei denen draußen im Felde als jetzt, wo Schnee mit Regen und Glatteis abwechselt und wo wir uns fragen, was für unsere tapferen Krieger das Här-teste ist: die rote Sonnenkugel, die Hornungs an einem kalten Himmel hängt, oder das Wasser, das unaufhörlich und trübselig in die Schützengräben rinnt — tuk tuk tuk. *(Rufe: Hedl! Wacker!)* Aber bei uns Frauen mischt sich nun einmal das Lächeln gern unter die Tränen, und selbst im Schmerz zeigen wir noch das Bedürfnis, schön zu sein.

Schmückte sich nicht auch Kleopatra zum Sterben? *(Rufe: So ist es! Wacker! Hedl Resitant!)*

WINFRIED HROMATKA i. a. B.: Ehrenfeste Bundesbrüder und Bundesschwestern! Als Vertreter der Jungmannschaft ist es nicht nur meine Pflicht, den Treuschwur zu erneuern, wonach wir den uns aufgezwungenen Kampf bis zum siegreichen Ende, scilicet bis zum letzten Hauch von Mann und Roß durchführen werden. *(Rufe: Hedl!)* Denn, Ehrenfeste, ein deutscher Friede ist, wie unser Altmeister Hindenburg so treffend gesagt hat, kein weicher Friede. *(Rufe: Hurra!)* Nein, es ist auch unsere Pflicht, unserer Walküren zu gedenken, welche den Helden trostreich beistehen und als deren vornehmste Vertreterin ich meine ehrenfeste Vorrednerin begrüßen möchte. *(Hedl!)* Dem Feinde Trutz, aber dem schönen Geschlechte Schutz! Die Resitant lebe hoch! *(Rufe: Hurra! Hedl Resitant!)*

KASMADER *(erhebt sich):* Meine ehrenfesten Bundesbrüder und Bundesschwestern! Wir haben heute wahrhaft zu Herzen gehende deutsche Worte vernommen. Als Vertreter der deutschen Postler möchte ich eine Anregung geben in den Belangen der Selbstbeschränkung, indem daß wir, eingekreist von britischem Neid, welschem Haß und slawischer Arglist, mehr denn je auf Selbstbefriedigung im deutschen Haushalt angewiesen sind. *(Rufe: Wacker!)* Ich möchte diesbezüglich den Vorschlag machen, durch Freigabe der weiblichen Bediensteten in deutschen Haushaltungen deutsche Kämpfer für das Heer frei zu bekommen und überdies noch Mittel für padriotische Scherflein zu gewinnen. Auch werden wohl alle deutschen Frauen und Mädchen die in Kriegszeiten innegehabten Stellen um so lieber den heimkehrenden Helden wieder überlassen, als dieselben ihnen für die Beschützung des deutschen Herdes diesbezüglich zu größtem Danke verpflichtet sind. *(Rufe: Wacker! Hedl!)* Erst wenn dieselben nicht ausreichen, ist in diesen Belangen auf die weiblichen Kräfte zu greifen. Dieselben aber würden den schönsten Lohn in dem erhebenden Gefühle finden, im Hinterlande auch ihr Scherflein zu der erreichten Errungenschaft beigetragen zu haben. Denn fürwahr, ein jedermann nimmt mit der größten Opferwilligkeit hier im Hinterlande an dem Kampfe teil. Und so schließe ich denn mit der Aufforderung zum Durchhalten, die ich in einem selbstverfaßten Gedichte niedergelegt habe. *(Rufe: Hört! Hört!)*

Gut ist, wenig Seife brauchen. *(Rufe: Wacker! Bravo Kasmader!)*

Besser noch ist, gar nicht rauchen. *(Gelächter)*
Aber weite Kleider tragen *(Rufe: Pfui!)*
Öfter gar mit vielen Kragen,
Hohe Lederschuh' am Bein *(Rufe: Pfui! Welsche Sitten!)*
Das muß wahrlich auch nicht sein! *(Rufe: Sehr richtig!)*
Statt darauf das Geld zu wenden,
Soll dem Vaterland man's spenden. *(Rufe: Hedl! Hedl! Redner wird beglückwünscht.)*

ÜBELHÖR *(erhebt sich und liest von einem Blatt):*

> Wenn ich mir etwas wünschen sollt,
> Ich wüßt' schon lange, was ich wollt!
> Ein Knödel müßt' es sein,
> Aus Semmeln gut und fein!

(Heiterkeit. Rufe: Wir auch! Hedl! Hedl!)

HOMOLATSCH *(erhebt sich, blickt durch seine goldene Brille starr vor sich hin und spricht mit erhobenem Zeigefinger):*
Mein deitsches Weip — mein Heim — mein Kind —
Mir das Liebste — auf Erden — sind.

(Setzt sich schnell nieder. Rufe: Hedl! Bravo Homolatsch! Hedl!)
(Verwandlung.)

12. SZENE

Tanzunterhaltung in Hasenpoth. Baltischer Herr und baltische Dame im Gespräch.

HERR: Fräilen.
DAME: Was mäinen Se.
HERR: Se tanzen nich.
DAME: Näin.
HERR: Warum.

DAME: Tanz ich, so schwitz ich. Schwitz ich, so stink ich. Tanz ich nicht, schwitz ich nicht, stink ich nicht.

(Verwandlung.)

13. SZENE

Revisionsverhandlung des Landgerichtes Heilbronn.

DER STAATSANWALT: — — Im Juni dieses Jahres hat die Angeklagte ein Kind geboren, dessen Vater ein französischer Kriegsgefangener ist. Der Franzose, von Beruf Kellner, ist schon seit 1914 in Gefangenschaft geraten. Er war vom Ende 1914 bis 1917 auf dem Schloßgut. Hier wurde er mit den verschiedensten Arbeiten, vor allem mit Feld- und Gartenbestellung beschäftigt. An dieser Betätigung nahm die angeklagte Freiin selbst regelmäßig Anteil. In der Verhandlung vor der Strafkammer versuchte die Angeklagte, den französischen Vater ihres Kindes der Vergewaltigung zu beschuldigen. Damit fand sie beim Gericht allerdings keinen Glauben. Auffällig war, daß die Angeklagte diese Verteidigung zum erstenmal vorbrachte. Die Angabe war schon deshalb hinfällig, weil der gefangene Franzose nach dem Eintritt der Schwangerschaft noch volle sechs Monate auf dem Schloßgut beschäftigt blieb. So kam das Gericht zur Verurteilung der angeklagten Freiin. Sie erhielt eine Gefängnisstrafe von fünf Monaten. Wegen Fluchtverdachts wurde die sofortige Verhaftung der Angeklagten verfügt. In der Urteilsbegründung wurde betont, daß die bei der Verhandlung beliebte Art der Verteidigung (Beschuldigung des Gefangenen, er habe ein Verbrechen begangen) sowie die soziale Stellung und die Erziehung der Angeklagten erschwerend in Betracht komme, während ihre bisherige absolute Unbescholtenheit und ihre Unwissenheit in geschlechtlichen Dingen als Milderungsgrund angeführt wurden. — Hoher Gerichtshof! Angesichts der zum Himmel schreienden Milde dieses Urteils kann ich es mir ersparen, viel Worte zu machen. In materieller Beziehung ist der Tatbestand, der naturwidrige Verkehr mit einem Kriegsgefangenen, hinreichend klargestellt. Es erübrigt sich, die unmoralische Wirkung, die von einem so empörenden Beispiel ausgeht, zu kennzeichnen. Ich zweifle nicht, daß der hohe Gerichtshof mit mir das Gefühl teilen wird, vor einem Abgrund zu stehen, vor dem die beleidigte Sittlichkeit sich durch nichts retten kann als durch die Erkenntnis: Wo käme das Vaterland hin, wenn jede deutsche Hausfrau so tief sänke! *(Bewegung.)* In diesem Sinne bitte ich den hohen Gerichtshof, die Nichtigkeitsbeschwerde der Verteidigung zu verwerfen, dagegen die Strafe auf zwei Jahre zu erhöhen.

(Der Gerichtshof zieht sich zur Beratung zurück.)

Einer aus dem Auditorium *(reicht einem Nachbarn die Zeitung):* Kolossale Erfolge unserer Bombenflieger nordwestlich von Arras und hinter der Champagnefront. Insgesamt wurden während der letzten drei Tage und Nächte 25.823 Kilogramm Bomben abgeworfen.

Der Nachbar: Die moralische Wirkung war gewiß nicht geringer als die materielle.

(Verwandlung.)

14. SZENE

Der Optimist und der Nörgler im Gespräch.

Der Optimist: Die Entwicklung der Waffe bis zu Gas, Tank, Unterseeboot und 120 Kilometer-Kanone hat es so weit gebracht —

Der Nörgler: — daß die Armee wegen Feigheit vor dem Feind aus dem Armeeverband zu entlassen wäre. Aus dem militärischen Ehrbegriff heraus müßte die Welt für alle Zeit zum Frieden gelangen. Denn was die Eingebung eines Chemikers, die doch schon die Wissenschaft entehrt, mit der Tapferkeit zu tun haben soll und wie der Schlachtenruhm sich einer chlorreichen Offensive verdanken kann, ohne im eigenen Gas der Schande zu ersticken, das ist das einzige, was noch unerfindlich ist.

Der Optimist: Aber ist es denn nicht gleichgiltig, welche Waffe den Tod bringt? Bis wohin gehen Sie in der technischen Entwicklung der Waffe noch mit?

Der Nörgler: Keinen Schritt weit, aber wenn's denn sein muß, bis zur Armbrust. Natürlich ist es für eine Menschheit, die es fürs Leben unerläßlich findet, einander zu töten, gleichgiltig, wie sie's besorgt, und der Massenmord praktischer. Aber ihr romantisches Bedürfnis wird von der technischen Entwicklung enttäuscht. Es sucht seine Befriedigung doch nur in der Auseinandersetzung von Mann zu Mann. Der Mut, der dem Mann mit der Waffe zuwächst, mag auch der Quantität gewachsen sein; er entartet zur Feigheit, wenn der Mann für die Quantität nicht mehr sichtbar ist. Und er wird vollends zur Erbärmlichkeit, wenn auch für den Mann die Quantität nicht mehr sichtbar ist. So weit halten wir. Aber es wird, in jenem Ratschluß des Teufels, der in Laboratorien erforschlich ist, noch weiter kommen. Tanks und Gase werden, nachdem sich die Gegner darin einander unaufhörlich übertroffen haben, den Bakterien das Feld räumen und man wird dem erlösenden Gedanken nicht mehr wehren, die Seuchen statt wie bisher nur als Folgeerscheinungen des Kriegs gleich als Kriegsmittel zu verwenden. Da aber die Menschen selbst dann der romantischen Vorwände für ihre Schlechtigkeit nicht werden entraten können, so wird der Befehlshaber, dessen Pläne der Bakteriologe ins Werk setzt wie heute der Chemiker, noch immer eine Uniform tragen. Den Deutschen dürfte der Ruhm der Erfindung, den andern die Schurkerei der Vervollkommnung zuzuschreiben sein, oder auch umgekehrt — wie es Ihnen hoffnungsvoller scheint.

Der Optimist: Durch ihre hochentwickelte Kriegstechnik haben die Deutschen schließlich bewiesen —

Der Nörgler: — daß sich die Eroberungskriege und Siegeszüge Hindenburgs von denen Josuas doch vorteilhaft unterscheiden. Dem Zweck, die Feinde zu vernichten und auszurotten, ist die neuere Methode besser angepaßt und ein Durchbruch nach »Vergasung« von drei italienischen

Brigaden übertrifft eine jener entscheidenden Wunderwaffentaten Jehovas.

DER OPTIMIST: Sie wollen also eine Ähnlichkeit des neudeutschen und des alt-hebräischen Eroberungsdranges behaupten?

DER NÖRGLER: Bis auf die Gottähnlichkeit! Es sind unter den Völkern, die eine welthistorische Rolle gespielt haben, die beiden einzigen, die sich der Ehre eines Nationalgottes für würdig halten. Während heute alle einander gegenüberstehenden Völker dieser verrückten Erde nur die Verblendung gemeinsam haben, im Namen desselben Gottes siegen zu wollen, haben die Deutschen wie einst die Hebräer sich auch noch ihren Separatgott zugelegt, dem die furchtbarsten Schlachtopfer dargebracht werden. Das Privileg der Auserwähltheit scheint durchaus auf sie übergegangen und unter allen Nationen, denen die Vorstellung, eine Nation zu sein, das Hirn verbrannt hat, sind sie diejenige, die sich am häufigsten agnosziert, indem sie sich unaufhörlich selbst als die deutsche anspricht, ja »deutsch« für ein steigerungsfähiges Eigenschaftswort hält. Aber der Zusammenhang zwischen der alldeutschen und der hebräischen Lebensform und Expansionsrichtung auf Kosten der fremden Existenz ließe sich noch ausbauen und vertiefen. Nur daß die alten Hebräer doch wenigstens ihr »Du sollst nicht töten!« im Munde führten und zur höheren Ehre Gottes mit dem Sittengesetz Mosis in einen so grauenhaften, aber immer wieder gefühlten und bereuten Widerspruch gerieten, während die neuen Deutschen den Kant'schen kategorischen Imperativ frisch von der Leber weg als eine philosophische Rechtfertigung von »Immer feste druff!« reklamiert haben. In der preußischen Ideologie ist freilich auch der Herr der Heerscharen durch landesübliche Begriffsverknotung zum Alleobersten Kriegsherrn und Vorgesetzten Wilhelms II. ausgeartet.

DER OPTIMIST: Er ist eigentlich nur sein Verbündeter. Wer aber außer Ihnen geriete auf den sonderbaren Einfall, einen geistigen Zusammenhang zwischen Hindenburg und Josua zu entdecken?

353

DER NÖRGLER: Schopenhauer: der die Institution des Separatgottes, welcher die Nachbarländer verschenkt oder »verheißt«, in deren Besitz man sich dann durch Rauben und Morden zu setzen hat, des Nationalgotts, dem die Lebensgüter anderer Völker geopfert werden müssen, schon als gemeinsam befunden hat. Kant: der die Anrufung des Herrn der Heerscharen durch den Sieger als eine gut israelitische Sitte getadelt hat und jenem Wilhelm, der den Gedanken hatte, in einem Atemzuge Kant und den Herrn der Heerscharen anzurufen, schon antizipando übers Maul gefahren ist. Ich werde eine Gegenüberstellung, wie dieser Kantianer sich auf seinen Verbündeten dort oben bombenfest verlassen will und wie Kant ihn ermahnt, von solchem Treiben, das mit der moralischen Idee des Vaters der Menschen so sehr in Widerspruch stehe, abzulassen und den Himmel lieber um Gnade für die große Versündigung durch die Barbarei des Kriegs anzurufen — ich werde diese vernichtende und geradezu ausrottende Kontrastwirkung demnächst und zwar unter dem Titel »Ein Kantianer und Kant« in einem Berliner Vortragssaal erproben.

DER OPTIMIST: Da könnte es Ihnen passieren, als lästiger Ausländer ausgewiesen zu werden.

DER NÖRGLER: Der bleibe ich auch im Inland. Und bliebe bei der Überzeugung, daß nach allem, was wir erlebt haben, »unser Herrgott entschieden mit unserem deutschen Volke noch etwas vor hat«. Und bliebe dabei, daß sich die Wesensverwandtschaft der beiden »Völker Gottes« bis in die äußersten Lebenstatsachen, in welche der den beiden Kulturen eigentümliche Verbindungsgeist einer geldromantischen Weltansicht ausstrahlt, noch verfolgen ließe. Sozusagen bis ins dritte und vierte Glied. Denn hier und dort wirken sie an dem Gesamtkunstwerk einer Lebensanschauung, nach welcher das, was der Welt ist, von dem, was des Geistes ist, betrieben wird, so daß Kriege wie Geschäftsbücher geführt werden, nämlich »mit Gott«. Und die alttestamentarische Reglementsvorschrift des »Aug um Aug, Zahn um Zahn« ließe sich bis in ihre buchstäbliche Anwen-

dung als das Leitmotiv neudeutscher Kriegführung nachweisen, und es ist gewiß kein Zufall, daß kürzlich in einer
offiziellen Verlautbarung unseres Kriegspressequartiers,
das so gelehrig ist wie der dumme August hinter dem
Schulreiter, jene Formel zur Rechtfertigung von Flieger-
angriffen dienen konnte. Sie bringt in Wahrheit den Begriff der »Repressalien« zur Geltung. Und wer außer Ihnen
spürte nicht die echt biblische Monotonie, mit der dieser
Vergeltungs- und Vernichtungsdrang in den täglichen Berichten von der Sinai-Front zum Ausdruck kommt?

DER OPTIMIST: Sinai-Front? Von der liest man doch selten
genug.

DER NÖRGLER: Täglich!

(Verwandlung.)

15. SZENE

Eine protestantische Kirche.

SUPERINTENDENT FALKE: — — Dieser Krieg ist eine von
Gott über die Sünden der Völker verhängte Strafe, und
wir Deutschen sind zusammen mit unsern Verbündeten die
Vollstrecker des göttlichen Strafgerichts. Es ist zweifellos,
daß das Reich Gottes durch diesen Krieg gewaltig gefördert und vertieft werden wird. Und man muß hier klar
und bestimmt eingestehen: Jesus hat das Gebot »Liebet
eure Feinde!« nur für den Verkehr zwischen den einzelnen
Menschen gegeben, aber nicht für das Verhältnis der Völ-
ker zueinander. Im Streit der Nationen untereinander hat
die Feindesliebe ein Ende. Hierbei hat der einzelne Soldat
sich gar keine Gewissensbisse zu machen! Solange die
Schlacht tobt, ist das Liebesgebot Jesu völlig aufgehoben!
Es gilt nicht für die Stunde des Gefechtes. Das Gebot der
Feindesliebe hat für uns auf dem Schlachtfelde gar keine
Bedeutung mehr. Das Töten ist in diesem Falle keine
Sünde, sondern Dienst am Vaterlande, eine christliche
Pflicht, ja ein Gottesdienst! Es ist ein Gottesdienst und eine
heilige Pflicht, alle unsre Gegner mit furchtbarer Gewalt

zu strafen und wenn es sein muß, zu vernichten! Und so wiederhole ich euch, solange in diesem Weltkriege die Kanonen donnern, hat das Gebot Jesu »Liebet eure Feinde!« keine Geltung mehr! Fort mit allen Gewissensbedenken! Aber saget mir: Warum wurden so viele tausend Männer zu Krüppeln geschossen? Warum wurden so viele hundert Soldaten blind? Weil Gott dadurch ihre Seelen retten wollte! Schauet um euch und betet im Angesicht der Wunder des Herrn: Bring uns, Herr, ins Paradies!

(Verwandlung.)

16. SZENE

Eine andere protestantische Kirche.

KONSISTORIALRAT RABE: — — Darum mehr Stahl ins Blut! Und den Zaghaften sei gesagt: Es ist nicht nur das Recht, sondern unter Umständen sogar die Pflicht gegen die Nation, mit Kriegsbeginn Verträge und was es sonst auch sein mag, als Fetzen Papier zu betrachten, den man zerreißt und ins Feuer wirft, wenn man die Nation dadurch retten kann. Krieg ist eben die Ultima ratio, das letzte Mittel Gottes, die Völker durch Gewalt zur Raison zu bringen, wenn sie sich anders nicht mehr leiten und auf den gottgewollten Weg führen lassen wollen. Kriege sind Gottesgerichte und Gottesurteile in der Weltgeschichte. Darum ist es aber auch der Wille Gottes, daß die Völker im Kriege alle ihre Kräfte und Waffen, die er ihnen in die Hand gegeben hat, Gericht zu halten unter den Völkern, zur vollen Anwendung bringen sollen. Darum mehr Stahl ins Blut! Auch deutsche Frauen und Mütter gefallener Helden können eine sentimentale Betrachtungsweise des Krieges nicht mehr ertragen. Wo ihre Liebsten im Felde stehn oder gefallen sind, wollen auch sie keine jammerseligen Klagen hören. Gott will uns jetzt erziehen zu eiserner Willensenergie und äußerster Kraftentfaltung. Darum noch einmal: Mehr Stahl ins Blut!

(Verwandlung.)

Eine andere protestantische Kirche.

PASTOR GEIER: —— Und schauet um euch: Glänzende Leistungen des deutschen Tatengeistes reihten sich wie die Perlen einer schimmernden Schmuckkette aneinander. Er schuf sich das Wunderwerk des U-Bootes. Er stellte jenes märchenhafte Geschütz her, dessen Geschoß bis in die Ätherregionen des Luftmeeres aufsteigt und Verderben über mehr als hundert Kilometer in die Reihen des Feindes trägt! Aber nicht nur daß der deutsche Geist uns mit Waffen versorgt, er wird nicht müde, auch an der Schutz- und Trutzwehr des Gedankens zu schaffen. Wie ich euch heute mitteilen kann, arbeitet Schulze in Hamburg im Auftrage unseres Auswärtigen Amtes an einer grundlegenden wissenschaftlichen Arbeit über »Leichen- und Grabschändungen durch Engländer und Franzosen«, eine Arbeit, die zu internationalen Propagandazwecken verbreitet werden, die uns die Sympathien des neutralen Auslandes erobern soll und der wir nur vom Herzen einen Widerhall bei den noch zweifelsüchtigen Nachbarn wünschen müssen. Allüberall in deutschen Gauen erwachen die Geister, bereit, für unsere gerechte Sache zu werben, die Trägen zu ermuntern, die Abtrünnigen zu bekehren und uns neue Freunde zu gewinnen. Unsere Regierung hat in weiser Voraussicht erkannt, daß die Schweiz nicht nur als Durchgangsstation für unsere Bombentransporte in Betracht kommt, sondern auch dankbar dafür sein mag, in Wort und Bild der Erkenntnis der Methoden unserer Kriegführung teilhaft zu werden. Die Versenkung ungezählter Tonnen von Lebensmitteln durch unsere U-Boote, in Filmdarstellungen vorgeführt, ist von einer derart packenden Wirkung, daß das neutrale Publikum, zumal die Frauen, die ja für den Verlust solcher Schätze besonders empfänglich sind, ohnmächtig werden, und allmählich bricht sich die Einsicht Bahn, daß der Schaden, den wir unsern Feinden zufügen, nachgerade unermeßlich ist! Das deutsche Wort bleibt dabei keineswegs im

Hintertreffen. »Champagneschlacht« ist der Titel einer vom Sekretariat sozialer Studentenarbeit in Stuttgart herausgegebenen Broschüre, die vornehmlich den Schweizer Intellektuellen zugedacht ist. Nehmet euch die Worte zu Herzen in dem herrlichen Gedicht, dem Soldatengebet, das ich in dieser trefflichen Propagandaschrift gefunden habe, welche unsre Regierung bereits nach dem neutralen Auslande versandt hat, um dort Aufklärung über deutsche Eigenart zu verbreiten, Verständnis für deutsches Wesen zu erwecken und so allmählich zum Abbau des Hasses, mit dem man uns verfolgt, beizutragen:

Hört ihr die Soldaten beten?
Unser Gott ist unsre Pflicht!
Aus den Schlünden der Kanonen
Unsre stärkste Liebe spricht.
Schießen wir ihm die Patronen-
Vater-Unser durch den Lauf,
Und ein Kreuz soll darauf thronen:
»Bajonette pflanzet auf!«

Kameraden, laßt Schrapnelle-
Kugeln als Weihwasser streun,
Laßt Granaten Weihrauch qualmen,
Laßt die Sünden uns bereun:
Unverschoßner Minen Psalmen
Unterlassungssünden sind;
Wenn die erst den Feind zermalmen,
Löst die Sünde sich geschwind.

Hängt die Kugel-Handgranaten-
Rosenkränze um die Brust.
Wenn die Perlen jäh zerknallen,
Stirbt des Feindes Kampfeslust.
Laßt die Wacht am Rhein erschallen,
Unsres Zornes Stoßgebet,
Händefalten wird zum Krallen,
Wenn's um Gurkhagurgeln geht.

Wir sind einmal Henkersknechte,
Gott hat selbst uns ausgewählt!

Und so schauet denn um euch und betet im Angesicht der
Wunder des Herrn: Bring uns, Herr, ins Paradies!

(Verwandlung.)

18. SZENE

Wallfahrtskirche.

DER MESNER: Hier sehen Sie ein interessantes Weihege-
schenk für unsere Wallfahrtskirche, das zwei Soldaten aus
Lana verehrt haben: einen Rosenkranz, dessen Korallen
aus italienischen Schrapnellkugeln bestehen. Das Material
für die Kettelung stammt von Drahtverhauen. Das Kreuz
ist aus dem Führungsring einer geplatzten italienischen
Granate geschnitten und hat drei italienische Gewehr-
kugeln als Anhängsel. Der Christus ist aus einer Schrap-
nellkugel gebildet. Auf der Rückseite des Kreuzes steht ein-
graviert: Aus Dankbarkeit. Zur Erinnerung an den italienischen Krieg, Cima d' Oro, am 25. 7. 1917. A. St. und
K. P. aus Lana. Dieser Rosenkranz wiegt mehr als ein Kilogramm, erfordert also für ein längeres Beten eine starke
Hand. Wollen die Herrschaften vielleicht versuchen?
DER FREMDE *(versucht es):* Uff! — Nee, nich zu machen.

(Die Glocke läutet)

DER MESNER: Hören Sie! Zum letztenmal! Gleich wird sie
abgenommen. Man macht aus Schrapnellkugeln Rosenkränze und dafür aus Kirchenglocken Kanonen. Wir geben
Gott, was des Kaisers, und dem Kaiser, was Gottes ist. Man
hilft sich gegenseitig, wie man kann.

(Verwandlung.)

Konstantinopel. Eine Moschee. Man hört jenseits des Moschee-
vorhanges lautes Lachen.

EINE DER STIMMEN: Wat, die jroßen Strohschlappen solln
wa überziehn? Nee Menschenskind, das is doch jottvoll!
ZWEITE STIMME: Ach sieh dir mal den Koranonkel an —

(Zwei junge Leute, Vertreter von Berliner Handelshäusern,
treten geräuschvoll ein. Sie behalten die Hüte auf dem Kopf.
Hinter ihnen, mit gesenktem Haupt, die Hände in seinen
weiten Ärmeln versteckt, lautlos gleitend, der Imam.)

DER ERSTE: Siehste, so sieht 'ne Moschee aus — nu benimm dir Fritze und achte auf die Jebräuche! *(Lachen.)*
DER ZWEITE: Also, in 'ner Moschee wärn wa und 'n rich-
tich gehender Imam is ooch dabei — jottvoll!
DER ERSTE: Famose Chose!
DER ZWEITE: Vadrehter Kram! *(Die Hände in den Taschen,*
führen sie eine Art Schlitterpartie auf ihren Strohschlappen
auf, sie verlieren diese beständig, worüber sie jedesmal in lautes
Lachen ausbrechen.)
DER ERSTE: Weeßte, wenn wa hier mal erst festen Fuß
fassen, wird schon 'ne tüchtje Ordnung in die schlappe
Wirtschaft kommen — wir schaffen es! *(Er stößt den andern)*
Fritze, falle nich —
DER ZWEITE: Na, stark besucht ist det Etablissemang nu jrade
nich, Metro is voller. Weit und breit nur een Mensch und
selbst der ist weiblichen Jeschlechts — *(er zeigt auf eine*
Dame und stößt den andern) vorbeijelungen! — Aujust mit
die langen Beene — *(Lachen.)*
DER ERSTE *(trällert):* Ja so 'ne Fahrt am Bosporus is doch
fürwahr 'n Hochjenuß —
DER ZWEITE *(will losplatzen):* Du ahnst es nicht — Ach Jotte-
jottejottedoch — Mensch benimm dir!
DER ERSTE: Du, ist heut Vollmond oder Halbmond? *(Beide*
platzen los.)
DER ZWEITE: Jemütliches Völkchen das — nur 'n bisk'n

schlapp, bisk'n schlapp — na wollen ihnen mal unter die Arme greifen und etwas Zucht beibringen. Verloren is da noch nischt. Wa wolln det Kind schon schaukeln. *(Lautes Lachen. Er grüßt den Imam, der in einiger Entfernung steht, parodistisch)* Tach!

DER ERSTE: Morjen! *(Der Imam versucht öfter durch Pantomime, sie auf ihre Kopfbedeckungen aufmerksam zu machen.)* Kick mal — was will denn der ulkje Kunde?

DER ZWEITE: Der Mann ist taubstumm — *(sie lachen und stoßen einander.)*

DER IMAM *(zu der Dame):* Sage ihnen, sie seien im Hause des Gebets.

DIE DAME *(sich ihnen nähernd):* Der Imam bittet mich, Ihnen zu sagen, Sie seien im Hause des Gebets; wollen Sie darum nicht Ihre Hüte abnehmen?

DER ERSTE: Aber jewiß doch, wenn's ihm Spaß macht — Morjen! *(Sie grüßen und lachen.)*

DIE DAME: Ich würde Ihnen raten, etwas leiser zu sein; in einer Kirche würden Sie doch auch nicht so laut lachen.

DER ZWEITE *(laut lachend):* Ja aber was hat denn dieses hier mit 'ner Kirche zu tun?

DIE DAME: Es ist eben ein Gotteshaus.

DER ERSTE: Gottvoll — diese varückte Bude hier?

DIE DAME: So verletzen Sie wenigstens nicht die Gefühle derjenigen, denen es ihr Heiligstes ist!

DER ZWEITE: Ach, den Kismetknöppen ist ja doch alles wurscht. Na schön, Morjen! *(Sie gehen laut lachend und polternd ab.)*

DER IMAM *(zu der Dame):* Gräme dich nicht um jener Kinder Torheit; so sicher, wie Gott über sie lächelt, lasse es auch uns tun.

DIE DAME: Sie meinen es nicht böse.

DER IMAM: Gott gab dem Europäer die Wissenschaft, dem Orientalen die Majestät. Jene sind nicht das, was einer wird, der im Schatten des Höchsten wandelt.

(Verwandlung.)

20. SZENE

Redaktion in Berlin.

ALFRED KERR *(an seinem Schreibtisch, ein Rumänenlied dichtend):* Ich bin ... fertig. Das heißt: mein Rum ...änenlied. *(Er liest laut)*

> In den klainsten Winkelescu
> Fiel ein Russen-Trinkgeldescu,
> Fraidig ibten wir Verratul —
> Politescu schnappen Drahtul.

> Alle Velker staunerul,
> San me große Gaunerul.
> Ungarn, Siebenbürginescu
> Mechten wir erwürginescu.

> Gebrüllescu voll Triumphul
> Mitten im Korruptul- Sumpful
> In der Hauptstadt Bukurescht,
> Wo sich kainer Fiße wäscht.

> Leider kriegen wir die Paitsche
> Vun Bulgaren und vun Daitsche;
> Zogen flink-flink in Dobrudschul,
> Feste Tutrakan ist futschul!

> Aigentlich sind wir, waiß Gottul,
> Dann heraingefallne Trottul,
> Haite noch auf stolzem Roßcu,
> Murgens eins auf dem Poposcu!

Ku ... unst ist mir zugleich M ... use und versorgt mich mit Bu ... utter. Zu diesem Behu ... fe habe ich nie den Verdacht u ... ungewaschener Versfiße gescheut. Und so ist mein Ru ... hm und auch mein Rumänenlied entstanden.

Denn es dichtet Alfred Kerrul
täglich was sich reimt für Scherul.
Doch er ist kein solches Rossul,
sondern kerrt zurück zu Mossul.

Ecco.

(*Verwandlung.*)

21. SZENE

Ordinationszimmer in Berlin.

PROFESSOR MOLENAAR (*zum Patienten*): Ja, Sie sind herzkrank. Da haben Sie kaum Aussicht, für tauglich befunden
zu werden. 'ne schöne Geschichte. Nu sehn Sie, das kommt
vom Rauchen! Trotz aller Verbote des Oberkommandos in
den Marken wird fortgeraucht. Es kann keinem Zweifel
unterliegen, daß wir durch das unmäßige Rauchen im Allgemeinen und das vorzeitige Qualmen der Jugendlichen
im Besonderen bis jetzt mindestens zwei Armeekorps in
diesem Kriege eingebüßt haben. Es ist erschreckend, wie
viele Männer in verhältnismäßig jungen Jahren herzkrank
sind und dadurch dem Heeresdienste, der Ehe und der
Fortpflanzung entzogen werden. Im Interesse unseres Heeresersatzes wäre ein Verbot des Rauchens bei uns dringend
erwünscht. Ob der Tabak im Kriege selbst, etwa bei Sturm-
angriffen, mehr nützt als schadet, bleibe dahingestellt, so
viel ist aber sicher, daß Hunderte, wenn nicht Tausende
von Nichtrauchern die Strapazen des Felddienstes ebenso
gut ausgehalten haben wie die Raucher. Hat man doch auch
Jahrtausende lang Krieg geführt, ohne den Tabak zu kennen. Nu also, warum ist's denn damals gegangen? Was
jetzt auf den Schlachtfeldern für'n Rauch ist, das ist nicht
zu sagen! Muß das sein? Es ist bekannt, daß hervorragende
Heerführer, wie der Graf v. Haeseler, Conrad v. Hötzendorf und Mackensen ausgesprochene Tabakgegner sind.
Und haben sie die Strapazen des Felddienstes nicht ebenso
gut ausgehalten wie die Raucher? Ich denke da an Falkenhayn, Boroevic und Hindenburg. Durch den Tod fürs

Vaterland werden erfahrungsgemäß viele junge Leute dem Heeresdienste entzogen, weshalb es gerade im Interesse des Heeresersatzes wie der demselben dienenden Fortpflanzung sehr zu beklagen ist, daß die Unsitte des Rauchens ein Übriges tut. Sie junger Mann haben sich ein Herzleiden zugezogen, weshalb Sie kaum Aussicht haben dürften für tauglich befunden zu werden. Nehmen Sie sich das nicht zu Herzen. Es kann sich ja bessern. Kriege wirds immer geben. Freilich scheint auch Ihre Lunge nicht in Ordnung zu sein. Atmen Sie auf! *(Er horcht.)* Nee, nich zu machen. Höchstens für die Etappe. 20 Em sind Sie schuldig.

(Verwandlung.)

22. SZENE

Bureauzimmer bei einem Kommando.

EIN GENERALSTÄBLER *(beim Telephon):* — Servus, also hast den Bericht über Przemysl fertig? — Noch nicht? Ah, bist nicht ausgeschlafen — Geh schau dazu, sonst kommst wieder zu spät zum Mullattieren — heut wird aber j a mullattiert — Also hörst du — Was, hast wieder alles vergessen? — Paß auf, Hauptgesichtspunkte: Während unsere Besatzung bekanntlich durch Hunger — jetzt ganz was andreas — der Feind unserer Gewalt gewichen — also keineswegs durch Hunger überwältigt, Feind hat nie gehungert! verstehst? nur wir! Russen hatten immer genug Proviant — konnten sich aber gegen den Elan unserer braven Truppen nicht halten, selbstverständlich — Gewalt unseres Angriffs — Ferner: Festung vollkommen intakt, unversehrt in unsern Besitz gelangt — modernste Geschütze — Wie? man kann nicht vergessen machen? altes Graffelwerk? Aber nein, jetzt nicht mehr natürlich! Alles kann man vergessen machen, lieber Freund! Also hör zu und mach kan Pallawatsch — modernste Festung — Österreichs alter Stolz — unversehrt zurückerobert. Nicht durch Gewalt, sondern durch Hunger, ah was red ich, nicht durch Hunger, sondern durch Gewalt! No wirst scho machen —

wenns nur den Leuteln einleuchtet — jetzt is ja eh leicht
— also servus! Schluß! *(Ab.)*

(Zwei alte Generale treten auf.)

DER ERSTE: Ja, die Deutschen! Jetzt hams den Falkenhayn
zum Dokter gmacht! Sixt, unsereins kommt zu so was
nicht.

DER ZWEITE: Erlaub du mir, der Borevitsch —

DER ERSTE: No ja, no ja, aber unsereins kommt zu so was
nicht.

(Ein Journalist geht vorbei.)

DER ERSTE: Hab die Ehre, Herr Doktor!

DER JOURNALIST: Exellenz, gut daß ich Sie treff, ich brauch
Sie wie einen Bissen Brot — was is mit Brody?

DER ERSTE: Brody? Was soll denn mit Brody sein?

DER JOURNALIST: No wegen der Schlacht bei Brody?

DER ERSTE: Ah, a Schlacht is bei Brody? Hörst auf!

DER ZWEITE: Marandjosef!

DER ERSTE: Also eine Schlacht. Ah so was! No und da wollen S' halt wissen — *(nach einigem Nachdenken)* No wissen
S' was? Wer' mr scho machen.

DER JOURNALIST *(hastig)*: Ich kann also melden, noch ist
Brody in unserem Besitze —? Oder nein wissen Sie was,
ich weiß schon ich wer' melden Brody is so gut wie ent-
setzt! *(Ab.)*

(Verwandlung.)

23. SZENE

Hauptquartier.

ERZHERZOG FRIEDRICH *(ablesend)*: — — Und so — schließe
ich mit den Worten: Seine Majestät unser Oberster Kriegsherr lebe hoch hoch — *(umblätternd)* hoch. *(Hochrufe. Nach
einer Pause, in welcher er, feixend und die Zähne bleckend, die
vor ihm stehende Reihe junger Offiziere mustert, an deren
einem sein Blick haften bleibt)* Ah — das is — der Buquoy!
Der — hat schon — eine Auszeichnung! *(Nach einer Pause,*

in der sein Blick weitergeht, um an einem andern haften zu
bleiben) Und — das da — is auch — ein Buquoy! Der — hat
auch eine Auszeichnung! *(Pause des Nachdenkens)* Jetzt —
ham — zwei Buquoys — — eine Auszeichnung!

DER ADJUTANT *(geht auf den Armeeoberkommandanten zu*
und meldet): Kaiserliche Hoheit, der Rektor der Wiener
Universität mit dem Dekan und Prodekan der philosophischen Fakultät warten untertänigst auf die Erlaubnis, Euer
kaiserlichen Hoheit das Ehrendoktorat der philosophischen
Fakultät verleihen zu dürfen.

(Verwandlung.)

24. SZENE

Zwei Verehrer der Reichspost treten auf.

DER ERSTE VEREHRER DER REICHSPOST: Hast schon das Buch
glesen »Unsere Dynastie im Felde«? Da muß man tulli
sagen! Es zeigt den unmittelbaren Anteil, den die Mitglieder unseres angestammten Herrscherhauses an diesem
Kriege nehmen, in einer Reihe anmutiger Bilder führt es
uns alle die fürstlichen Soldaten vor, die draußen im Felde
mit dem einfachen Manne Mühsal und Gefahr kameradschaftlich teilen. Mit dem allerhöchsten Kriegsherrn fängt
die Reihe an.

DER ZWEITE VEREHRER DER REICHSPOST: Hörst net auf,
Seine Majestät unser erhabener —?

DER ERSTE: Weilst mich nicht ausreden lassen tust. Wohl
verbieten ihm Alter und gesundheitliche Rücksichten, hoch
zu Roß bei seinen Feldgrauen zu weilen, wie er es in
früheren Jahren so gern —

DER ZWEITE: Hörst net auf — wann denn?

DER ERSTE: Weilst mich nicht ausreden lassen tust. Wie er
es in früheren Jahren so gern im Manöver tat. Aber inniger kann niemand mit diesem Kriege verwoben sein als
dieser höchste und erste Soldat des Reiches, dessen Liebe
und Sorge bei Tag und Nacht draußen im Feldlager weilt,
bei seiner Armee, die in all ihrer Herrlichkeit und Schlag-

kraft vornehmlich seine Schöpfung ist. Von diesem Bewußtsein sind aber auch alle seine Soldaten, seine Braven, durchdrungen, mitten im Schlachtenbraus spüren sie die segnende Nähe seiner väterlichen Fürsorge. Also verstehst, also teilt er doch mit dem einfachen Manne draußen im Felde kameradschaftlich Mühsal und Gefahr? No bist vielleicht ein Tepp, daß d' das nicht verstehst?

DER ZWEITE: No und was is nacher mit'm Thronfolger? Was weiß der Verfasser von höchstdemselben zu berichten?

DER ERSTE: Überaus anziehende Episoden. Kaltblütig verweilte er auf einer vom Feuer der feindlichen Artillerie bestrichenen Anhöhe, lächelnd sprach er mit den Soldaten, studierte er die Karte.

DER ZWEITE: Sein Humor und seine gute Laune wirkt wie elektrisierend auf seine Umgebung.

DER ERSTE: In der Kriegsstimmung der Feuerlinie verzehnfacht sie sich. Ein Starkstrom, vor dem's keine Stimulanten gibt.

DER ZWEITE: Was is denn mit unserem Generalissimus Erzherzog Friedrich?

DER ERSTE: Der Schlachtendenker? der mit dem Generalstabschef Baron Conrad lange Nächte über die Karten gebückt sitzt? Unbegrenztes Vertrauen haben die Truppen zu ihm. »Unser Feldmarschall wird's schon machen!« sagen sie.

DER ZWEITE: Natürlich, er wirds schon machen.

DER ERSTE: Weißt wie sie ihn nennen?

DER ZWEITE: Ihren Soldatenvater nennen s' ihn halt, wie denn sonst?

DER ERSTE: So is. Der Verfasser des Buches »Unsere Dynastie im Felde« — du, der hat dir was erlebt! Ich stand zufällig in der Nähe, sagt er, in einer durch einen Hügel gedeckten kleinen Gruppe in Gesellschaft eines alten Rauhbarts, sagt er, aus der im Aussterben begriffenen Generation der in mehreren Feldzügen wetterhart gewordenen Veteranen, verstehst? Auch er beobachtete den Generalissimus in der Ferne. Ich bemerkte auf seinen harten Zügen —

DER ZWEITE: Du, das bitt ich mir aus —

DER ERSTE: Aber e r hats doch bemerkt, nicht ich —

DER ZWEITE: No aber wer hat denn harte Züge?

DER ERSTE: No der alte Rauhbart!

DER ZWEITE: Ah so, der alte Rauhbart, das is was andreas.

DER ERSTE: Also der Verfasser des Buches »Unsere Dynastie im Felde« hat auf den harten Zügen des alten Rauhbarts eine Bewegung bemerkt, die er augenscheinlich zu unterdrücken suchte. Dann fuhr er mit seinem wetterfesten Kavalleristenhandschuh über die Augen, in welchen etwas Verdächtiges blinkte —

DER ZWEITE: Oha, Lichtsignale oder was, p. v. —!

DER ERSTE: Weilst mich nicht ausreden lassen tust — herstellt! Und sagte mit einer bei ihm vorher nie wahrgenommenen Rührung: »Der Soldatenvater...« *(Er schluchzt.)*

DER ZWEITE *(gleichfalls bewegt):* No was is mit'n Josef Ferdinand?

DER ERSTE: Jedem seiner Soldaten gehört sein Herz und alle Soldatenherzen gehören ihm. Ein Feldherr von unvergleichlichem Ruhme und ein schlichter, treuer, abgöttisch geliebter Soldatenkamerad. So wird sein Bild weiterleben in der unvergänglichen Geschichte dieses Krieges.

DER ZWEITE: Das is schön. Und der Peter Ferdinand?

DER ERSTE: No also — kolossal. Wie er den Feind von den Höhen wirft, wie er im Schneesturm eiserne Wacht hält — also das sind Episoden von mitreißender Wucht und Größe.

DER ZWEITE: No und der Erzherzog Josef is nix?

DER ERSTE: Der Heldenhafte! Die Soldaten erzählen sich, er sei unverwundbar.

DER ZWEITE: Geh! — Noja, darum hat er geglaubt, daß auch seine Soldaten unverwundbar sind, und hat sie halt bißl mit Maschingwehren von hinten —

DER ERSTE: Halts Maul. Und alle beten ihn an, der Ungar

wie der Schwab, der Rumäne, der Serbe — alle, wie s' da sind.

DER ZWEITE: Was, auch der Serbe?

DER ERSTE: No und ob! Herzzerreißende Szenen sollen sich abgspielt haben. Kaum angedeutet kann dies werden.

DER ZWEITE: No was is denn mit'n Eugen?

DER ERSTE: Der edle Ritter!

DER ZWEITE: No und der Max?

DER ERSTE: No halt ein Feschak!

DER ZWEITE: Und der Albrecht?

DER ERSTE: So jung wie er is, er teilt schon mit die Soldaten all die schweren Mühseligkeiten, kotige Wege, durchnäßte Kleider, schlechte Unterkunft, verdorbenes Brot, alles teilt er mit ihnen.

DER ZWEITE: Das sind die Helden der Tat. Was is mit den Helden der Barmherzigkeit?

DER ERSTE: Hier wird der unvergängliche Ruhm geschildert, den sich Erzherzog Franz Salvator durch seine organisatorische Riesenleistung für das Rote Kreuz errungen hat, hier wird das hehre Beispiel geschildert, mit dem die Erzherzoginnen Zita, Marie Valerie, Isabella, Blanka, Maria Josefa, Maria Theresia, Maria Annunziata und viele andere Mitglieder des angestammten Herrscherhauses der öffentlichen Wohltätigkeit vorangingen. Worte glühender Bewunderung sind dem segensreichen, aufopfernden und heldenhaften Walten der Erzherzogin Isabella Maria gewidmet.

DER ZWEITE: Was is denn mit'n Leopold Salvator?

DER ERSTE: Er hat sich verdient gemacht!

DER ZWEITE: Ein paar hast noch vergessen.

DER ERSTE: Erzherzog Karl Stephan entfaltet eine rastlose Tätigkeit, Erzherzog Heinrich Ferdinand verrichtet ermüdende Melderitte, Erzherzog Maximilian ist eingerückt und gleich den Erzherzogen Leo und Wilhelm, Franz Karl Salvator und Hubert Salvator zum Leutnant ernannt worden und alle sind unerschrocken.

DER ZWEITE: Fürwahr ein reicher Lorbeerstrauß.

Der erste: Das Buch, das keinen Anspruch auf Vollständigkeit erheben kann, wird seinen Ehrenplatz in der Literatur dieses Krieges behaupten.

Der zweite *(schluchzt)*.

Der erste: Was hast denn?

Der zweite: Ich denk an das Prothesenspital.

Der erste: No deshalb mußt doch nicht weinen, Krieg is
Krieg mei Liaber —

Der zweite: Das weiß ich doch — es is auch nicht dest-
wegen, es is wegen —

Der erste: No was denn? Was hast denn?

Der zweite *(weinend):* Weilst mich nicht ausreden lassen
tust. Ich denk halt allaweil an die Erzherzogin Zita im
Prothesenspital! Einen Freudentag, der so manche Stunde
des Schmerzes aufwiegt, brachte den Verwundeten der
8. Mai. Oft klang es an mein Ohr: »Wenn nur Erzherzogin
Zita einmal käme!« — »Könnte ich doch Erzherzogin Zita
sehen!« Endlich brach der ersehnte Tag an. Freudige Erregung vibrierte durch das ganze große lichte Haus. Um
$\frac{3}{4}$10 Uhr vormittags fuhr das kaiserliche Auto vor, dem
die Erzherzogin entstieg. Es war soeben ein neuer Transport Verwundeter angekommen *(er schluchzt).*

Der erste: No aber deshalb mußt doch nicht — Krieg is
Krieg, mei Liaber —

Der zweite: Das weiß ich — es is doch nur wegen der
Zita — Also — Mit unvergleichlicher Anmut richtete die
junge Erzherzogin an jeden der Neuankömmlinge das
Wort. Es strahlte und leuchtete auf in diesen wetterge-
bräunten Gesichtern, in welchen das Leid und der Schmerz
so manche Furche gezogen. Deutsche und Ungarn, Polen
und Tschechen, Rumänen und Ruthenen fühlten sich wieder inniger verkettet durch ein neues Band.

Der erste: No ja schön is schon mit die Prothesen —

Der zweite: Die gleiche Freude machte ihre Herzen ra-
scher schlagen. Jedem einzelnen brachte die hohe Frau, in
der sie die gemeinsame Landesmutter erkannten, warmes
Interesse entgegen, und wenn Patienten vorgeführt wur-

den, denen beide Füße durch künstliche ersetzt waren, mit denen sie sich flott vorwärts bewegten — *(er weint.)*

DER ERSTE: Hör auf, Krieg is Krieg!

DER ZWEITE: Aber das weiß ich doch — es is ja wegen der Zita! Also wie sie sich flott vorwärtsbewegten, folgte der Erzherzogin Blick ihnen und man sah Freude in ihren Augen schimmern. Und alle vergaßen ihre Schmerzen, ihr Leid, es war der Frühling, das Hoffen, die Freude eingezogen. Als Erzherzogin Zita das Spital gegen 1 Uhr mittags verließ, blieb das Leuchten und Strahlen noch auf den Gesichtern, stolze Freude in den Herzen.

DER ERSTE: Das kann ich ihnen nachfühlen. So ein Krieg is doch eine Passion. Wann einer das Glück hat und er kommt ins Prothesenspital und es trifft sich grad, daß ihm die kaiserliche Hoheit —

DER ZWEITE: Ja so einer kann von Glück sagen — aber weißt, es is und bleibt doch eine halberte Gschicht. Denn wanns einen nicht vergunnt is, für das angestammte Herrscherhaus zu sterben —!

DER ERSTE: Ja, mei Liaber, d a s wird nicht jedermann zuteil! Man darf nicht unbescheiden sein. Was soll denn unsereins sagen?

(Verwandlung.)

25. SZENE

Vor dem Kriegsministerium.

EIN JUNGER MANN: Servus! Wo gehst hin?

ZWEITER: Hinauf.

ERSTER: Wozu?

ZWEITER: Mirs richten. Und du?

ERSTER: Ich auch.

ZWEITER: Gehn mr halt mitanander. *(Ab.)*

(Verwandlung.)

26. SZENE

Ringstraße.

FÜNFZIG DRÜCKEBERGER *(treten auf, die alle mit Fingern auf einander zeigen):* Der sollte genommen wern!

(Verwandlung.)

27. SZENE

Vor dem Kriegsministerium.

EIN JUNGER MANN: Servus! Wo gehst hin?
ZWEITER: Hinauf.
ERSTER: Wozu?
ZWEITER: Einfuhr. Und du?
ERSTER: Ausfuhr.
ZWEITER: Gehn mr halt mitanander. *(Ab.)*

(Verwandlung.)

28. SZENE

Landesverteidigungsministerium. Ein Hauptmann sitzt an einem Schreibtisch. Vor ihm steht ein Zivilist.

DER HAUPTMANN: Alstern ob Sie enthoben wern können oder nicht, das können S' am einfachsten aus der Verordnung sehn, ich will Ihnen da entgegenkommen, daß Sie sich selber überzeugen, alstern hörn S' zu: »Das k. k. Ministerium für Landesverteidigung fand mit Erlaß vom 12. Juli 1915, Nr. 863/XIV, im Einverständnis mit dem k. u. k. Kriegsministerium zu verfügen, daß im Hinblick auf den dermaligen Kriegszustand — in gleicher Weise, wie bereits seinerzeit mit dem Erlaß des genannten k. k. Ministeriums vom 13. Jänner 1915, Dep. XIV. Nr. 1596 ex 1914, h. o. Erlaß vom 18. Jänner 1915, Zl. 1068, hinsichtlich der Begünstigung nach § 31 und 32 W.-G. (als Familienerhalter) angeordnet — auch der nach § 109 I, 1. Abs. § 118 I und § 121 I W.-V. I., im Juni 1915 zu erbringende Nachweis des Fortbestandes der die Begünstigungen nach

§ 30, § 32 (als Landwirt) und § 82 W.-G. (§ 32 W.-G. von 1889) begründenden Verhältnisse bis auf weiteres aufgehoben wird, wobei die bezeichneten Begünstigungen einstweilen — die Begünstigungen nach § 30 und nach § 32 mit der gemäß § 108 I, zweiter Absatz W.-V. I, dem termingemäß erbrachten Fortbestandsnachweis zukommenden Wirkung — als fortbestehend anzusehen sind.« No alstern — jetzt wern S' mich aber entschuldigen, andere wollen auch drankommen, nicht wahr? Also djehre, djehre —
(Der Zivilist verbeugt sich und geht ab.)

(Verwandlung.)

29. SZENE

Innsbruck. Ein Restaurant. An einem Tisch drei Damen, die schwedisch sprechen. Von einem Nebentisch stürzt ein Oberst mit zorngerötetem Kopf auf sie los.

DER OBERST: Ich verbiete Ihnen, hier englisch zu sprechen! *(Seine Gattin will ihn auf den Sessel zurückziehen.)* Erlaube mir — ich als Schwager des Generalstabschefs —
DIE OBERSTENSGATTIN: Aber sie sprechen ja nur schwedisch!
DER OBERST: Ah so — *(er setzt sich.)*

(Verwandlung.)

30. SZENE

Marktplatz in Grodno. Die Bevölkerung ist versammelt, voran eine Schar von Mädchen.

EIN BEAMTER DER STADTHAUPTMANNSCHAFT *(verkündet):* Einem auf einen von dem Herrn Oberbefehlshaber der XII. Armee ausgesprochenen Wunsch unter Bezugnahme auf dessen Verfügung vom 29. April 1916, Zahl 6106 ergangenen Ersuchen des Cheffs der deutschen Verwaltung zufolge erläßt der Stadthauptmann den Befehl, daß die Mädchen angeleitet werden, die deutschen Offiziere und Beamten sowie auch die einheimischen Respektpersonen durch Knicksen zu begrüßen *(Die Mädchen knicksen. Respektpersonen gehen vorbei)* Knicksen! *(Die Mädchen knicksen. Deutsche Beamte gehen vorbei)* Tiefer knicksen! *(Die Mädchen knicksen tiefer. Deutsche Offiziere kommen)* Jetzt am tiefsten knicksen! *(Die Mädchen knicksen am tiefsten.)*

(Verwandlung.)

31. SZENE

Briefzensur bei einem deutschen Frontabschnitt.

DER ZENSUROFFIZIER: Nee, heute ist aber mächtich viel zu tun! Ich habe seit neun Uhr 1286 Karten und 519 Briefe zensuriert und die meisten waren an Otto Ernst. Wer noch heute drankommen will, möge mirs ohne An- und Unterschrift vorlesen. Meine Sehkraft ist alle. *(Sie lesen der Reihe nach vor und erhalten den Zensurstempel.)*

EIN HAUPTMANN: Eine Gnade Gottes, ein unschätzbarer Segen sind Ihre Werke für uns Deutsche in dieser schweren Zeit! Sie sind für mich die Bestätigung, die Verkörperung des männlich-deutschen Glaubens der Gegenwart. Darum kann ich nicht anders, ich muß Ihnen, gerade Ihnen mein Herz ausschütten.

EIN FLIEGER: Ohne Phrasen dreschen zu wollen: Ihr Buch war mit das Schönste, Tiefste und Erhebendste, was ich seit Jahren gelesen habe.

EIN VIZEFELDWEBEL: Innigen Dank für den »Gewittersegen«, der mich erfrischt und erquickt hat. Der Teufel hole alle Flaumacher und Nörgler! Wie hat das Buch mir und allen in Feldgrau aus der Seele gesprochen!

EIN UNTEROFFIZIER: Heute haben wir Ostersonntag. Am Nachmittage wollen uns benachbarte Unterstände besuchen, und zur Feier des Tages wird Ihr »Sonntag eines Deutschen« vorgelesen. Das soll uns die schönste Osterfeier ersetzen!

EIN LANDSTURMMANN: In den Freistunden findet ein richtiges Wettlesen statt. Jeder möchte zuerst dieses oder jenes Ihrer Bücher lesen, und da wir bisher drei Stück erhielten, muß hübsch gewartet werden, bis ein Kamerad das Buch zu Ende hat.

BEDIENUNG DER 9 CM-GESCHÜTZE, GENANNT »DIE STURM-KOLONNE« *(unisono):* Unser Dienst läßt es nicht immer zu, daß alle daran teilnehmen, und so lesen wir Ihren Roman doch lieber einzeln.

SECHZEHN KRAFTFAHRER: Sechzehn Kraftfahrer der 10. Armee haben mit Entzücken Ihren »Offenen Brief an Annunzio« gelesen — er drückt in Worten unsere Gefühle aus!

EIN OBERLEUTNANT: Jede tapfere Zeile zündet wie eine pünktlich krepierende Granate.

EIN FLIEGER-BEOBACHTER: Gerade Sie, der Sie sich als Lebensbejaher erwiesen, sind ein Erlöser in diesem Stumpfsinn des täglichen Einerlei.

EIN LEUTNANT: Ich habe wieder mal herzliche Freude über Ihren Humor und hoffe, daß die Wirkung auch im Granatfeuer nicht nachläßt.

EIN MILITÄRMUSIKER: Über die Zeit der Trennung sollen meiner lieben, armen, unglücklichen Braut Ihre so wunderbar heilkräftigen, tröstlichen Werke hinweghelfen.

EIN GEFREITER: Sie können mit Ihrer von Gott gesegneten Feder unserm Vaterlande mehr nützen als mit dem Bajonett.

EIN SOLDAT: Ihre jedes brave Herz erhebenden Gedichte werden bestehen, solange die Welt deutsche Treue und englische Falschheit kennt.

EIN STABSARZT: Ich las Ihren offenen Brief an d' Annunzio. Mir aus dem Herzen gesprochen! Ich kämpfe mit dem Messer, Sie mit der Feder, jeder nach seinen Kräften. Die Hauptsache ist, daß wir durchdringen. Gott strafe England!

EIN KANONIER: Ich habe mir den Kopf zerbrochen, wie ich Ihnen durch Taten Dank abstatten könnte.

EIN KOMPAGNIEFÜHRER: Ihr ausgezeichneter Humor half uns über manche trübe Stimmung hinweg und förderte den Unternehmungsgeist.

EIN OFFIZIER-STELLVERTRETER: Wir lagen im Schützengraben. Ob noch ein Angriff zu erwarten sei, konnte niemand sagen; doch übten wir die größte Wachsamkeit. Um unsere Nerven, die wieder einmal ihr Teil erhalten hatten, etwas zu beruhigen, krochen wir in den Unterstand, wo ich, um uns auf andere Gedanken zu bringen, etwas vorlesen mußte. Ich wählte Ihre Plauderei »An die Zeitknicker«, die auch viel Anerkennung fand. Eben wollte ich die »Anna Menzel« beginnen, als wir zu unsern Zügen gerufen wurden mit der Meldung: am Waldrande habe man feindliche Schützen erkannt. Der Tanz begann. Immer mehr Angreifer kommen aus dem Walde hervor. Unser Maschinengewehr, welches sich zwischen meinem und dem ersten Zug befand, fängt nun auch an mitzuwirken. Ebenso war unsere Artillerie auf der Hut gewesen und sandte nun gruppenweise ihre Schrapnells auf den Gegner. Mir fiel die Unruhe meiner Leute auf; der Gegner hatte schon teilweise den Drahtverhau erreicht. Unter meinen Leuten waren sehr viel junge Krieger, die heute zum erstenmal im Feuer standen. Was konnte ich als Zugsführer anderes tun als ihnen zurufen, ruhig zu feuern? In diesem Augenblick dachte ich an die Worte aus der Mahnung an die Zeitknicker: »Ruuuhig, nur immm-mer ruuuhig!« Gebückt von Mann zu Mann, von Gruppe zu Gruppe kriechend, rief ich ihnen zu. Die Wirkung war bald zu merken. Die Feinde, die schon im Begriff waren, unsern Drahtverhau zu überwinden, wurden von den nun sichtbar ruhig feuernden Schützen niedergeknallt. Der Angriff war glatt abgewiesen; wir hatten nur wenig Verluste. So ist es uns geglückt, dem Gegner wieder mal eins auf die Nase zu geben dank unserer Wachsamkeit und dem ruhigen Feuern der Schützen, das ich wiederum in erster Linie Ihrer Erzählung verdanke. Sie hat eine ungeahnte Wirkung gehabt!

EIN PIONIER: Von der Walstatt aus entbiete ich Ihnen, großer Meister und Freund der Jugend, meine herzlichsten Grüße! Möge es uns bald vergönnt sein, den schon aus vielen Wunden blutenden Feind röchelnd zu unseren Füßen zu sehen. Heil dem Künstler, dessen Feuergeist für seines Volkes Ehre ficht!

Ein Kriegsfreiwilliger: In der Telephonbude liegt ein Buch von Otto Ernst. Die Sonnenflecke spielen über die Seiten. Ich hab' so 'ne Freud' an Ihnen gehabt, so 'ne Freud' überhaupt bekommen am Morgen, daß ich ein Ventil haben muß für all den Frühlingsübermut in mir. Fortlaufen, durch den Wald laufen, in die Welt laufen möcht' ich! Verflucht, das möchte ich, wenn ich nicht meinen Posten hätt'! Was denn dann tun? Singen! Jawohl, das hilft immer! Gleich will mir nicht einfallen, was nun am besten zu schmettern wär'. Husch — da ist der Gedankenblitz — schwupp, da liegt der Befehlsblock! Raus mit dem Bleistift — Otto Ernst soll einen Gruß haben! Guten Morgen, Otto Ernst! Wissen Sie auch, daß Sie ein ganz alter Bekannter von mir sind? Jawohl, Sempersjung, das sind Sie!

(Ein Generalmajor erscheint.)

Der Zensuroffizier: Ah, auch Herr General?

Der Generalmajor (liest): Gestern habe ich mich an Ihrer »Weihnachtsfeier« erquickt. Leider habe ich in Ihren Büchern nicht finden können, ob Sie — wenn Sie sich mal zur Arbeit stärken müssen — dies mit Rot- oder Weißwein tun. (Lachen.) Bei Ihren prächtigen Charaktereigenschaften und Ihrem Humor würde ich (als Mecklenburger!!) auf Rotwein schließen! Eins aber weiß ich: sollte es im Himmel Sofaplätze geben, dann bekommen Sie einen solchen!

(Immer neue Offiziere und Soldaten aller Waffengattungen erscheinen.)

Der Zensuroffizier: Nee Kinder, morjen ist auch 'n Tach!

(Verwandlung.)

32. SZENE

Eine stille Poetenklause im steirischen Wald.

Ein Kernstock-Verehrer: Pst — leise — da sitzt er, ganz versunken —

Ein zweiter Kernstock-Verehrer: Von hier aus sendet er seine Lieder ins Land, Lieder von kraftvoller, dabei doch sinniger und oft unbeschreiblich zarter Eigenart, Lieder —

DER ERSTE: Ei, es sollte mich wundern, wenn er nicht eben —

DER ZWEITE: So scheint es. Still! Alle seine Hörer werden, entflammt an seiner Flamme, das Empfangene dereinst als Lehrer tausendfältig weitergeben und in die Herzen einer neuen Jugend wird versenkt werden, was dieser eine Mann auf seiner waldumrauschten, einsamen Burg in jahrzehntelanger Arbeit ergründete.

DER ERSTE: Fürwahr, der Pfarrherr von der Festenburg ist ein Mann, der mit feuriger, begnadeter Zunge alle lebendigen Schönheiten der Gotteswelt zu preisen versteht. Still!

DER ZWEITE: Pst — es scheint über ihn gekommen zu sein. Wird es ein Gedicht oder ein Gebet?

KERNSTOCK (murmelt):

> Bedrängt und hart geängstigt ist
> Dein Volk von fremden Horden,
> Durch Übermut und Hinterlist
> Mit Sengen und mit Morden.

DER ERSTE: Ei das kenne ich schon. Das ist ja das Gebet vor der Hunnenschlacht.

KERNSTOCK (murmelt):

> O Herr, der uns am Kreuz erlöst,
> Erlös' uns von der Hunnenpest!
> Kyrie eleison!

DER ZWEITE: Kein Wunder, daß er die Berufung nach Wien angenommen hat. Geadelt durch seinen Priesterberuf, muß er auch als Mensch die allertiefste und nachhaltigste Wirkung auf seine jugendlichen Zuhörer ausüben.

KERNSTOCK (murmelt):

> Mit uns sind die himmlischen Scharen all,
> Sankt Michel ist unser Feldmarschall.

DER ERSTE: Einen Augenblick lang wird ja der Pfarrherr von der Festenburg gezögert haben, seine verträumte, stille

Poetenklause im steirischen Wald mit dem Lärm der Großstadt zu vertauschen. Einen Augenblick lang nur —
KERNSTOCK (murmelt):

> Da winkte Gott — der Rächer kam,
> Das Racheschwert zu zücken
> Und, was dem Schwert entrann, im Schlamm
> Der Sümpfe zu ersticken.

DER ZWEITE: Dann aber wird wohl die Erkenntnis in ihm
gesiegt haben, welch hoher Beruf sich ihm hier erschließt,
welch neue Möglichkeiten ethischer, künstlerischer, kultur-
fördernder Betätigung sich ihm in Wien bieten. Und die
Stimme dieser Erkenntnis wird bald die Oberhand gewonnen haben über das verlockende Rauschen der Tannen-
forste um die Festenburg.
BEIDE: Still!
KERNSTOCK (wie überwältigt):

> Steirische Holzer, holzt mir gut
> Mit Büchsenkolben die Serbenbrut!
> Steirische Jäger, trefft mir glatt
> Den russischen Zottelbären aufs Blatt!
> Steirische Winzer, preßt mir fein
> Aus Welschlandfrüchtchen blutroten Wein!

DER ERSTE: Es ist nichts Neues, aber es reißt immer von
Neuem fort. Der Augenblick ist da. Wenn wir ihn jetzt
beim Wort nehmen und ihm als schwärmerische Jünglinge
unsere Stammbücher hinhalten, so wär's eine Erinnerung
fürs Leben.
DER ZWEITE: Fürwahr, das wollen wir!

(Verwandlung.)

33. SZENE

Bei einem Abschnittskommando.

DIE SCHALEK: Als wir vom Kriegspressequartier gestern in
die Stellungen kamen, erlebte ich etwas Seltsames. All-

nächtlich marschieren die alten Arbeiter mit ihren Tragtieren durch die Feuerlinie, um den Proviant zu den Stellungen zu bringen. Ich war gerade in diesen Anblick versunken. Da unterbrach der Kommandant meine andächtige Bewunderung durch den kräftigen Zuruf: »Ihr Hornviecher, ihr gottverdammten! Werds auseinanderrücken! Müßt ihr von einer Granate alle gleichzeitig hin werden?« Das galt natürlich nicht uns vom Kriegspressequartier, sondern den alten Arbeitern, und er entschuldigte sich auch gleich darauf, denn er begrüßte uns lachend mit den Worten: »Entschuldigen Sie den temperamentvollen Empfang!« Ich kann nur bei allem Mitleid mit jenen armen alten Helden konstatieren, daß ich der Schneid und der Liebenswürdigkeit der Offiziere meine Anerkennung nicht versagen kann. Ein unvergeßliches Bild bot sich uns. Alle Herren waren zu unserem Empfange versammelt. Sonst hockt jeder wohlgedeckt oder er schläft, jedenfalls hütet er sich sehr, hier offen spazieren zu gehen. Aber weil der erste Kriegsberichterstatter angekündigt worden ist, sitzen die Herren gemütlich wie im Rathauskeller beisammen und erwarten uns. Mehr als das. Man hatte mit der Beschießung gewartet, bis wir oben angelangt waren, weil sonst das Vergeltungsschießen uns den Weg recht unangenehm hätte gestalten können. Dieses Verfahren hatte also nicht nur für uns von der Presse, sondern auch für die Offiziere die Annehmlichkeit, daß sie sich einmal im Freien zeigen konnten, und es hätte schließlich auch den armen alten Arbeitern einen gefahrlosen Marsch gesichert, wenn sie gleichen Schritt mit dem Kriegspressequartier gehalten hätten und mit dem Proviant nicht später angekommen wären als wir. Ich kann aber daraus den Schluß ziehen, daß es ihnen bei einiger Einteilung ganz gut ginge, nämlich wenn jeden Tag Pressebesuch bei den Stellungen wäre, und daß dann die Gefahren der Kriegführung für die Offiziere, für die Mitglieder des Kriegspressequartiers und last not least für den einfachen Mann wesentlich abgeschwächt wären.

(Verwandlung.)

Berlin, Tiergarten.
Ein Austauschprofessor und ein nationalliberaler Abgeordneter
treten auf.

DER AUSTAUSCHPROFESSOR: Wir führen einen Verteidigungskrieg. Moltke hat zu 'nem amerikanischen Aushorcher gesagt, daß unser Generalstab niemals irgendwelche raubgierige militärische Eroberungspläne gehegt hat, von denen unsere Feinde immerzu schwatzen. Wie hätten wir einen Krieg gegen so überlegene Kräfte, sagte er, wie diejenigen unserer mächtigsten Militär- und Seenachbarn es sind, in frivoler Weise herbeiwünschen können!

DER NATIONALLIBERALE ABGEORDNETE: Sehr richtig, und wir haben den festen Willen, herauszuholen aus diesem Kriege, was unsere Heere und was unsere blauen Jungens herausholen können, und nicht zu ruhen, bis Englands Weltmachtsdünkel vollständig niedergebeugt ist. Heute ist der Moment gekommen, wo das Ergebnis des Krieges nur der Friede sein kann, der uns eine Erweiterung unsrer Grenzen in Ost und West und Übersee bringt, wo deutsche Weltpolitik das Gebot der Stunde sein muß.

DER AUSTAUSCHPROFESSOR: Sehr richtig, der englische Weltmachtsdünkel muß gebrochen werden und wer an unserer Friedfertigkeit zweifelt, der soll uns von einer andern Seite kennen lernen! Der Deutsche hat keine andere Sehnsucht, als im Lande zu bleiben und sich redlich von seinen Kolonien zu nähren. Dafür geben wir doch der Welt unsre Bildung!

DER NATIONALLIBERALE ABGEORDNETE: Ja, für unsere kulturelle Eigenart hat die Welt bisher zu wenig Verständnis gehabt und das wollen wir ihr jetzt mal gründlich einbläuen.

DER AUSTAUSCHPROFESSOR: Bis dahin wird's leider noch lange Weile haben, und daran ist ausschließlich Amerika schuld. Moltke hat zu jenem Amerikaner gesagt, der Krieg werde so lange dauern, bis Amerika aufhören werde, Waffen und

Munition für unsere Feinde zu liefern. Moltke gibt ja zu, daß diese Lieferungen das Werk eines Privatkonzerns seien, aber er ist überrascht, daß so viele Amerikaner wegen materieller Vorteile einen unneutralen Handel zu treiben gewillt sind und daß die Regierung dem kein Ende bereitet. Daß die deutschen Waffenfabriken selbst, im Frieden, an unsre Feinde geliefert haben, sei ja etwas ganz anderes. Das tut die Waffenindustrie allerorten. Wir waren also in derselben Lage wie unsere Gegner, der Unterschied liegt nur darin, daß wir, sagt Moltke, gezwungen waren, uns selbst zu helfen, während für unsre Feinde außer unseren Waffenfabrikanten noch die amerikanische Industrie einsprang.

DER NATIONALLIBERALE ABGEORDNETE: Ja, das habe ich gelesen. In der gleichen Zeitungsnummer wird auch von der sogenannten »Enthüllung« des ›World‹ Notiz genommen, daß wir gleichfalls Versuche gemacht hätten, aus Amerika Munition zu bekommen. Und das nennen die naiven Leutchen 'ne Enthüllung! Gottvoll! Als ob das nicht selbstverständlich wäre.

DER AUSTAUSCHPROFESSOR: Jewiß doch, und da wir nichts bekommen haben, haben wir wohl ein heiliges Recht, uns wenigstens über Neutralitätsbruch zu beklagen!

DER NATIONALLIBERALE ABGEORDNETE: Jewiß doch, und umsomehr, als keiner vorliegt. Denn sehen Sie, die Vereinigten Staaten erklären ausdrücklich, es liege im Wesen ihrer Neutralität, daß sie uns ebenso gern Waffen und Munition verkaufen würden wie unsern Feinden. Und warum sollten wir von dieser Neutralität nicht Gebrauch machen, wenn uns die Fabriken liefern wollten? Das ist auch der Gedankengang der ›Frankfurter Zeitung‹, die die famose Enthüllung des ›World‹ bespricht. Bedauerlich ist dabei eben nur, daß wir die Munition, die wir aus Amerika haben wollen, nicht von den dortigen deutschen Fabriken, weder von den deutsch-amerikanischen noch von den reichsdeutschen Fabriken beziehen können, die an unsre Feinde liefern.

DER AUSTAUSCHPROFESSOR: Wie? Deutsche, reichsdeutsche Unternehmungen sind das? Nicht englische?

DER NATIONALLIBERALE ABGEORDNETE: I wo, von den englischen sollen es etliche verweigert haben. Na, vermutlich würden die uns auch nichts liefern. Das ist eben das Pech, die feindlichen liefern uns nichts und die deutschen haben sich schon an unsre Feinde vergeben. Nun ja, eine Fabrik als solche muß ja nicht das Neutralitätsprinzip wahren. Die deutschen Fabrikanten verletzen es doch gewiß nicht, wenn sie Waffen an unsere Feinde liefern!

DER AUSTAUSCHPROFESSOR: Nee. Aber — ja — doch — ach is das 'n Wirrwarr! Man vertauscht in diesem Kriege alle Begriffe. Wenn nur schon Friede wäre, da könnte man sich wenigstens selbst wieder vertauschen lassen und alles wäre in Ordnung.

DER NATIONALLIBERALE ABGEORDNETE: Na beruhigen Sie sich. Es ist dafür gesorgt, daß die Bäume nich in den Himmel wachsen. Die Debatte dürfte bald überholt sein. Zum Glück wird ja Amerika in den Krieg eintreten, und da werden unsere Landsleute drüben wohl oder übel sich besinnen müssen und werden statt an unsre Feinde an Amerika Waffen liefern.

DER AUSTAUSCHPROFESSOR: So muß es kommen!

(Verwandlung.)

35. SZENE

Berliner Vortragssaal.

DER DICHTER:

— — Und ob jeder Schritt über Fleischfetzen steigt,
    Kartätschen und Stacheldraht:
    Die befohlene Linie wird erreicht —
    Schwatzt nicht von Heldentat!
    Wir tun unsre Pflicht, das genügt.

(Rufe: Jawoll!)

— — Über Kampfbefehle, jäh belebende,
Schmettern die Geschütze ihre schwebende
Sphärenmusik.

(Rufe: So ist es!)

— — Marsch marsch, ruft Gott, schützt euer Land,
Schützt eurer Kinder Vaterland!

(Lebhafter Beifall.)

— — Unsre grauen Kähne
Haben weiße Zähne.
Die blitzen los auf jeden Schuft,
Der nach des Kaisers Flagge pufft,
Unterm deutschen Himmel.

(Stürmischer Beifall. Bravo-Rufe.)

Der Kaiser, der die Flotte schuf,
Der steht mit Gott im Bunde — *(Rufe: So ist es!)*
Denn das ist Deutschlands Weltberuf:
Es duckt die Teufelshunde.
Unsre blauen Jungen
Haben rote Zungen;
Die zischen durchs Kanonenrohr,
Dann fliegt der Feind durchs Höllentor
Unterm deutschen Himmel.

(Stürmischer Beifall.)

— — Sprung! Vorwärts marsch! Heraus aus dem Bau!
Durch! Durch! Knirscht's, knattert's im Drahtverhau,
Und Lerchenjubel im Blauen.
Nur hurra, hurra! schweig, Wehgekreisch!
Marsch marsch, blankes Eisen, ins Feindesfleisch!
Und Lerchenjubel im Blauen.

(Donnernder Beifall.)

— — Kriegsgenossen, laßt uns singen:
Sei geheiligt, Graus auf Erden!
(Nicht endenwollender Beifall. Rufe: Hoch Dehmel!)

(Verwandlung.)

36. SZENE

Wiener Vortragssaal.

DER NÖRGLER:

Mit der Uhr in der Hand.

»Eines unserer Unterseeboote hat am 17. September im Mittelmeer einen vollbesetzten feindlichen Truppentransportdampfer versenkt. Das Schiff sank innerhalb 43 Sekunden.«

Dies ist das Aug in Aug der Technik mit dem Tod.
Will Tapferkeit noch Anteil an der Macht?
Hier läuft die Uhr ab, aller Tag wird Nacht.
Du mutiger Schlachtengott, errett uns aus der Not!

Nicht dir, der du da dumpf aus der Maschine kamst,
ein Opfer war es, sondern der Maschine!
Hier stand mit unbewegter Siegermiene
ein stolzer Apparat, dem du die Seele nahmst.

Dort ist ein Mörser. Ihm entrinnt der arme Mann,
der ihn erfand. Er schützt sich in dem Graben.
Weil Zwerge Riesen überwältigt haben,
seht her, die Uhr die Zeit zum Stehen bringen kann!

Geht schlafen, überschlaft's. Gebt Gnade euch und Ruh.
Sonst sitzt euch einst ein Krüppel im Büro,
drückt auf den Taster, hebt das Agio,
denn grad flog London in die Luft, wie geht das zu!

Wie viel war's an der Zeit, als jenes jetzt geschah?
Schlecht sieht das Aug, das giftige Gase beizen.
Doch hört das Ohr, die Uhr schlug eben dreizehn.
Unsichtig Wetter kommt, der Untergang ist nah.

Entwickelt es sich so mit kunterbunten Scherzen —
behüte Gott den Gott, daß er es lese!
Der Fortschritt geht auf Zinsfuß und Prothese,
das Uhrwerk in der Hand, die Glorie im Herzen.

EIN ZUHÖRER *(zu seiner Gattin):* Man kann sagen auf ihm was man will — eine Feder hat er!

(Verwandlung.)

Der Abonnent und der Patriot im Gespräch.

DER PATRIOT: Kein Badezimmer in Downing Street! Also was sagen Sie!

DER ABONNENT: Was soll ich sagen, es rieselt im Gemäuer.

DER PATRIOT: Kein Badezimmer in Downing Street!

DER ABONNENT: No und wem haben wir diese befremdliche Entdeckung zu verdanken? Ihm!

DER PATRIOT: Natürlich, aber eigentlich hat Frau Lloyd George diese befremdliche Entdeckung gemacht, das muß man zugeben.

DER ABONNENT: No ja, aber er hat gebracht!

DER PATRIOT: No und wissen Sie, was daraus mit zwingender Logik folgt?

DER ABONNENT: Er schreibt ja ausdrücklich, die britischen Premierminister, die seit hundert und mehr Jahren in Downing Street residieren, haben also auf den Luxus eines Bades entweder verzichtet oder eine öffentliche Badeanstalt aufsuchen müssen.

DER PATRIOT: Recht geschiehts ihnen, denen Schmutzianen, ich hab a Freid.

DER ABONNENT: Und bitte, nicht wie bei uns, wegen dem Krieg — nein, über hundert Jahr haben sie dort die Schweinerei anstehn lassen!

DER PATRIOT: Asquith hat dort mit seiner Familie neun Jahre lang verlebt.

DER ABONNENT: So hat er also neun Jahr nicht gebadet, er und die ganze Familie.

DER PATRIOT: No, das kann man nicht sagen. Vielleicht ham sie eine öffentliche Badeanstalt besucht.

DER ABONNENT: Bitte, das wurde nie gemeldet! Oder ham Sie je gelesen —

DER PATRIOT: Nicht daß ich mich erinner.

DER ABONNENT: No also!

DER PATRIOT: Aber wissen Sie was doch möglich is? Gut, es is kein Badezimmer in Downing Street. Gut, es is nachgewiesen, sie sind auch nie in eine öffentliche Badeanstalt gegangen — aber daraus folgt doch noch nicht, daß sie überhaupt nicht gebadet haben seit hundert Jahr?

DER ABONNENT: Wieso? Mir scheint Sie sind etwas e Skeptiker!

DER PATRIOT: Schaun Sie her, die Lloyd George hat es entdeckt, schreibt er, wie sie eingezogen sind. No wenn sie so etwas entdeckt — was wird sie tun künftig?

DER ABONNENT: Weiß ich? Mei Sorg!

DER PATRIOT: Sie wird tun, vermutlich, was höchstwahrscheinlich auch die Asquith getan hat —

DER ABONNENT: No was hat sie getan?

DER PATRIOT: Was sie getan hat? Sie hat getan, vermut ich, was höchstwahrscheinlich alle getan haben was dort gewohnt haben seit hundert Jahr.

DER ABONNENT: No was ham sie getan?

DER PATRIOT: Was sie getan ham? No is in Schönbrunn ein Badezimmer?

DER ABONNENT: Was denn is dort?!

DER PATRIOT: No — ich hab mir sagen lassen — also ich will ja nichts gesagt haben — aber nehmen wir an — also hat sich der Kaiser seit hundert Jahr nicht gebadet oder glauben Sie, daß er ins Zentralbad geht?

DER ABONNENT: Schöner Patriot was Sie sind! Aber wie kommt das zu dem, sagen Sie lieber was sie in Downing Street getan haben.

DER PATRIOT: Was sie getan haben? Schon der einfache Laie muß das erkennen — sie ham der Schickse geschafft, daß sie ihnen Wasser holt und ham sie geschickt um e Schaff und dadarin ham sie sich gebadet!

DER ABONNENT (*hält sich die Ohren zu*): Ich kann so etwas nicht hören! Sie nehmen einem die letzte Illusion!

DER PATRIOT: Bitte, das is nur eine Vermutung. Ich glaub ja auch eher, daß er recht hat — daß sie also entweder überhaupt nicht gebadet haben oder gezwungen waren, eine öffentliche Badeanstalt aufzusuchen.

DER ABONNENT: Und ich sag Ihnen, sie ham überhaupt nicht

gebadet! Punktum. Poincaré ist erschüttert und Lloyd George gedemütigt. Engländer und Deutsche werden sich in Stockholm begegnen.

DER PATRIOT: Was heißt das? Wie kommt das zu dem? Sie kommen mir schon vor wie Biach.

DER ABONNENT: Sie, das sollten Sie aber j a wissen, so schließt doch ein Leitartikel!

DER PATRIOT: Natürlich — ich weiß doch! Wissen Sie was ich glaub? Es rieselt im Gemäuer.

DER ABONNENT: Wem sagen Sie das! Aber nicht von der Wasserleitung! In der ganzen Entente hörich is kein Badezimmer.

DER PATRIOT: No das is übertrieben, haben Sie nicht gelesen die Zarin in der Badewanne?

DER ABONNENT: No ja, aber sie hat sie bekanntlich mit Rasputin teilen müssen!

DER PATRIOT: Wissen Sie, worauf ich gespannt bin?

DER ABONNENT: Worauf? ich bin gespannt.

DER PATRIOT: Ob in Downing Street ein Klosett is! Oder ob sie seit hundert Jahren gezwungen waren, entweder auf den Luxus zu verzichten oder eine öffentliche Bedürfnisanstalt aufzusuchen. Gott strafe England.

DER ABONNENT: Ma werd doch da sehn. *(Ab.)*

(Verwandlung.)

38. SZENE

In einem Coupé.

EIN GESCHÄFTSREISENDER: Köstlich ist die neue Operette »Ich hatt einen Kameraden«.

ZWEITER GESCHÄFTSREISENDER: Kenne ich. Vertrete den Honigfliegenfänger »Hindenburg«. Marke: »Einen bessern findst du nicht«. Und Sie?

DER ERSTE: Diana-Kriegs-Schokolade. Aufmachung mit den Bildern unsrer Heerführer. Verkosten Sie mal — *(Öffnet den Musterkoffer.)* Vordem war ich Verkaufskanone bei verschiedenen Branchen.

DER ZWEITE: Ich bin so frei. *(Er ißt.)* Außerordentlich wohlschmeckend. Nährmittelpräparate vertrete ich übrigens auch. Zum Beispiel Hygiama —

DER ERSTE: Was, Sie vertreten Hygiama? Allerlei Hochachtung!

DER ZWEITE *(öffnet den Musterkoffer):* Verkosten Sie mal —

DER ERSTE: Ich greife zu. Ach, mit 'ner Gebrauchsanweisung. *(Er ißt und liest):*

> Verfolgst du kämpfend den Franzosen,
> So gib ihm tüchtig auf die Hosen,
> Begegnest du dem Söldner-Britten,
> So regaliere ihn mit Tritten,
> Siehst du von weitem schon den Ruß,
> So vorbereite dich zum Schuß.
> (Zu große Nähe mußt du meiden,
> Weil Mitbewohner ihn begleiten).

Gelungen!

> Doch ist zu diesen Heldentaten
> Vorherige Kräftigung anzuraten.
> Stockt einmal Zufuhr von Proviant,
> Bewahr als eisernen Bestand
> Hier diese Schachtel mit Tabletten,
> Die dich vor dem Verhungern retten.
> Gebrauche sie nur in der Not,
> Verzehre sie nicht wie das Brot,
> Laß langsam sie im Mund zerfließen,
> Du stärkst dich und kannst dabei schießen.
> Sie stillen Hunger dir und Durst,
> Ersetzen Fleisch und Brot und Wurst,
> Genieße sparsam Stück für Stück,
> Kehr siegreich und gesund zurück.
> Wir wären dir zu Dank verpflichtet,
> Schriebst du uns, was du ausgerichtet.
>   Dr. Theinhardts Nährmittel-Gesellschaft
>   Stuttgart-Cannstatt.

Die Verse sind nicht weniger bekömmlich als die Ware. Famose Aufmachung! Wir Deutsche sind nu mal das Volk der Dichter, nee da könn' se nischt dawider.

DER ZWEITE: Nicht wahr? Ja, das solln se uns nachmachen mit ihrem britischen Krämergeist! Das ist made in Germany, auch wenns just nicht drauf steht. 's ist alles da, in zugkräftiger Verbindung. Fürs Vaterland und fürs Geschäft, und wenn es mal uffs Janze jeht, auch die Kunst im Dienst des Kaufmanns steht! Sehn Se, da mach ich fix selbst nen Reim druff.

DER ERSTE: Sollten die köstlichen Verse von Ihnen sein?

DER ZWEITE: Ach nee, meine Firma beschäftigt nur erstklassige Dichter. Augenblicklich bin ich nicht mal in der Lage, Ihnen Bescheid zu geben.

DER ERSTE: Darf man auf Presber raten oder etwa auf Bewer?

DER ZWEITE: Ich kann's wahrhaftich nich sagen. Jedenfalls freut es unsre Feldgrauen. Wenn der Deutsche Ernst macht, dann darf auch der Humor in seine Rechte treten. Schießt sich leichter und erhält gesund. Is von Ihrer Firma schon einer gefallen?

DER ERSTE: Gewiß, unser jüngerer Scheff hat den Heldentod fürs Vaterland erlitten. Da haben Sie die Anzeige.

DER ZWEITE *(liest):* »— Sein weiter kaufmännischer Blick ließ ihn früh die großen Kampfesziele erkennen und freudig zog er hinaus pro gloria et patria. Nun hat ihm die Norn die Wege verlegt, die treue Liebe in rastloser Arbeit für ihn geebnet«. Donnerwetter! Aufmachung imposant!

(Verwandlung.)

39. SZENE

Der Optimist und der Nörgler im Gespräch.

DER OPTIMIST: Worüber denken Sie nach? Über ein Sprachproblem?

DER NÖRGLER: Jawohl. Ich habe heute gelesen, daß die Deutschen die feindlichen Vorstellungen genommen haben. Da fiel mir eben ein, daß sie auch die eigenen genommen haben und vollständig unbrauchbar gemacht. Es sind noch Trichter da.

DER OPTIMIST: Wie meinen Sie das? Sachlich oder wörtlich?

DER NÖRGLER: So und so, also wörtlich. Ich glaube, Schopenhauer hätte über die Welt als Wille zur Macht und deutsche Vorstellung nachgedacht.

DER OPTIMIST: Na aber Nietzsche?

DER NÖRGLER: Hätte den Willen zur Macht mit Bedauern als falsche Vorstellung zurückgezogen.

(Verwandlung.)

40. SZENE

Das deutsche Bad Groß-Salze. Vorn ein Kinderspielplatz. Ausblick in eine Allee, vor deren Eingang rechts eine Tafel: »Macht Soldaten frei!«, links eine Tafel: »Für Verwundete kein Zutritt.«

Links die Villa Wahnschaffe, ein mit Zacken, Zinnen und Türmchen verziertes Gebäude, von dessen Giebel eine schwarzrotgoldene und eine schwarzweißrote Fahne flattern. Unterhalb des Giebels in einer Nische die Büste Wilhelms II. Über dem Eingang eine Inschrift mit den Worten: »Mit Herz und Hand für Gott, Kaiser und Vaterland!« Ein karges Vorgärtchen, in welchem Figuren von Rehen und Gnomen aufgestellt sind, mitten unter ihnen eine alte Ritterrüstung. Vor dem Eingang, rechts und links zwei Modelle von Mörsergeschossen, das eine mit der Inschrift: »Immer feste druff!«, das andere mit: »Durchhalten!«. Die Spitzbogenfenster an der Front haben Butzenscheiben.

Kommerzienrat Ottomar Wilhelm Wahnschaffe tritt aus der

Villa und singt das folgende Couplet, dessen musikalisches Nachspiel zu jeder Strophe von einem unsichtbaren Chor mitgesungen wird, der das Gelächter des Auslands vorstellt.

Ob unter See, ob in der Luft,
wen Kampf nicht freut, der ist ein Schuft.
Doch weil das Schuften ich gewohnt,
so schuft' ich nicht bloß an der Front,
ich kämpf' auch schneidig und gewandt
und halte durch im Hinterland,
ich schufte früh, ich schufte spat,
die Schufte das erbittert hat.
Nur feste druff! Ich bin ein Deutscher!

Im Frieden schon war ich ein Knecht,
drum bin ich es im Krieg erst recht.
Hab stets geschuftet, stets geschafft,
vom Krieg alleine krieg' ich Kraft.
Weil ich schon vor dem Krieg gefrohnt,
hat sich die Front mir auch gelohnt.
Leicht lebt es sich als Arbeitsvieh
im Dienst der schweren Industrie.
Heil Krupp und Krieg! Ich bin ein Deutscher!

Ich scheue keine Müh' und Plag',
zu wenig Stunden hat der Tag.
Daß fester steh am Rhein die Wacht,
hab' ich die Nacht zum Tag gemacht.
Weil vor dem Krieg ich nicht geruht,
drum gibt es Krieg und uns gehts gut.
Wir schlagen uns mit Vehemenz
und schlagen kühn die Konkurrenz.
In Not und Tod: Ich bin ein Deutscher!

Ich geb' mein deutsches Ehrenwort:
wir Deutsche brauchen mehr Export.
Um an der Sonne 'nen Platz zu haben,
gehn wir auch in den Schützengraben.
Zu bessrer Zukunft Expansionen
hilft uns so unbequemes Wohnen.
Einst fragt' ich nicht nach Gut und Geld,
der neue Deutsche ist ein Held.
Der neue Deutsche ist ein Deutscher!

Krieg dient uns, damit Waffen sind,
wir drehn den Spieß, wer wagt gewinnt.
Das Lebensmittel ist uns Zweck,
drum nehmen wir vorlieb mit Dreck.
Wir mischen Handel mit Gebet,
die Kunst im Dienst des Kaufmanns steht.
Es war einmal, doch jetzt ist's aus,
Walhalla ist ein Warenhaus.
Für Ideale lebt der Deutsche!

In solchem Leipziger Allerlei
lebt es sich fromm, jedoch nicht frei.
Fehlt es dann aber auf dem Tisch,
lebt es sich fröhlich, doch nicht frisch.
Lebt von der Hand sichs nur zum Mund,
so ist das Leben ungesund.
Denn mehr noch von dem Mund zur Hand
hält durch des Deutschen Vaterland.
Von Idealen lebt der Deutsche!

Für dies Prinzip, und es ist gut,
schwimmt heute der Planet in Blut.
Für Fertigware und Valuten
muß heut' die ganze Menschheit bluten.
Nehmt Gift für Brot, gebt Gold für Eisen
und laßt den deutschen Gott uns preisen!
Gebt Blut — habt ihr das nicht gewußt? —
für Mark: das ist kein Kursverlust!
Darum erhofft Profit der Deutsche!

Steht unsre Sache mal so so,
gibt Wahrheit uns das Wolffbüro.
Doch geht die andre Wahrheit aus,
verköstigen wir uns doch im Haus.
Fehlt selbst das Fremdwort Surrogat,
wir Deutsche wissen dennoch Rat.
Wir setzen prompt an seinen Platz
das gute deutsche Wort Ersatz.
Auf deutsch gesagt: Ich bin ein Deutscher!

Der Hungerplan wird ausgelacht,
den Willen haben wir zur Macht.
Im U-Boot sitzend lachen wir
und sagen einfach: Machen wir;
um Zeit zu sparen, auch: m. w.
Die Schiffahrt lernt man auf der Spree.
Was nützt den Feinden alle List,
die Mahlzeit machen wir aus Mist.
Nicht unterkriegt der Krieg den Deutschen!

Und wenn die Welt voll Teufel wär',
die Fibel sagt: Viel Feind, viel Ehr.
Drum: Deutschland über alles setzt
sich kühn hinweg zuguterletzt.
Weil bei uns alles schneidig ist,
die ganze Welt uns neidig ist.
Gott weiß allein, wir sind so brav,
wir wünschen, daß er England straf'.
Beim deutschen Gott, ich bin ein Deutscher!

Wir preisen Gott auf unsre Weise
wie vor dem Krieg zum alten Preise.
Zur Ehre Gottes, des gerechten,
woll'n wir auch gern im Schatten fechten.
Gäb's alleweil nur Sonnenschein,
man könnt' des Lebens sich nicht freun.
Das wahre Glück bringt Schießen nur,
drum gaudeamus igitur.
Ein muntrer Bursche bleibt der Deutsche!

Das eine aber weiß ich nur,
wir Deutsche haben mehr Kultur.
Kultur, bei allen andern Gaben,
ist mit das Beste, was wir haben.
Wir schwärmen für die Schlachtenlenker,
doch sind wir auch das Volk der Denker.
Gern woll'n für Schillern und selbst Goethen
wir ein »Denn er war unser« beten.
Mit Bildung schmückt sein Heim der Deutsche!

Deutsch ist das Herz, deutsch der Verstand,
mit Gott für Krupp und Vaterland!
Die Grenzen sichert Hindenburch,
im Innern halt ich selber durch.
Wir Deutsche haben zu viel Glück;
gehn wir bescheiden drum zurück,
nimmt man, des Sieges sich zu freun,
die eigne Siegfriedstellung ein.
Hurra! sagt in dem Fall der Deutsche!

Wir sagen stolz: Viel Feind, viel Ehr'!
Belegte Brötchen gibts nicht mehr.
Und mangels derer unentwegt
die Welt mit Bomben wird belegt.
Uns hilft die deutsche Wissenschaft
nebst Gott, der eben England straft
und der den Menschen nur erschuf,
zu dreschen immer feste druff.
Denn Gottes Ebenbild ist nur der Deutsche!

Noch lieber laßt uns als den Feind
die Phrase dreschen, die uns eint.
Am Ende wird die Wahrheit stehn:
Der Kampf wird bis zum Ende gehn!
Wir sorgen, daß uns nicht entgeh'
das erzne Becken von Briey.
Der Friede uns nicht intressiert,
eh wir die Welt nicht annektiert.
Die wenigstens gehört dem Deutschen!

Es geht uns doch nur um die Ehr'.
Nein, Belgien geben wir nicht her!
Wir halten rein das Ehrenkleid;
in Ehre wissen wir Bescheid.
Der Endsieg unser Recht beweist:
die Welt wird von uns eingekreist!
So muß und wird es uns gelingen,
die Pofelware anzubringen.
Ja, made in Germany ist doch der Deutsche!

Nur weil man etwas Sonne braucht,
haben wir die Welt in Nacht getaucht.
Mit Gift und Gasen, Dunst und Dämpfen
woll'n bis zum jüngsten Tag wir kämpfen.
Denn bis wir Gottes Donner hören,
muß unsrer uns Ersatz gewähren.
Drum überall und auf jeden Fall
braust unser Ruf w i e Donnerhall.
Ist das nicht praktisch von dem Deutschen?

Schon brennt die Erde lichterloh
dank unserm Fenriswolff-Büro.
Solang es andere Völker gibt,
ist leider unsres nicht beliebt.
Wo man nichts auf die Waffe setzt,
wird unsre Leistung unterschätzt.
Die Welt will weniger Krawall,
und unsrer braust wie Donnerhall.
So hört man überall den Deutschen!

Nach'm Krieg wird noch mehr Arbeet sein
und noch mehr Krieg und noch mehr Pein.
Wie freue ich mich heut' schon drauf,
die Liebe höret nimmer auf.
Ach, wenn nur schon der Friede wär',
damit ich seiner müde wär'!
Es gilt die Technik auszubaun.
Zum U-Boot haben wir Vertraun.
Den Fortschritt liebt nun 'mal der Deutsche!

Wir woll'n die Wehrpflicht dann verschärfen,
die Kleinen lehren Flammen werfen.
Wir woll'n indes auch für die Alten
die Kriegsdienstleistung beibehalten.
Was wir gelernt, nicht zu verlernen,
laßt uns vermehren die Kasernen.
Die Welt vom Frieden zu befrein,
steht fest und treu die Wacht am Rhein.
Aus der Geschichte lernt der Deutsche!

Und wenn die Welt voll Teufel wär',
und wenn sie endlich menschenleer,
wenn's endlich mal verrichtet ist
und jeder Feind vernichtet ist,
und wenn die Zukunft ungetrübt,
weil es dann nur noch Preußen gibt —
nee, darauf fall'n wir nicht herein!
Fest steht und treu die Wacht am Rhein!
Und weiter kriegt und siegt der Deutsche! *(Ab.)*

*Nachdem er abgegangen ist, erscheint seine Gattin, Frau Kom-
merzienrat Auguste Wahnschaffe mit ihren Kindern, die sich
sogleich auf dem Spielplatz verlieren, um sich mit einem Kriegs-
spiel zu beschäftigen.*

FRAU KOMMERZIENRAT WAHNSCHAFFE: Ich habe nur zwei
Kinder, die leider noch nicht militärtauglich sind, umso-
weniger als das eine zu unserem Leidwesen ein Mädchen
ist. So muß ich mir mit 'nem Ersatz behelfen, indem ich mich

der Vorstellung hingebe, daß mein Junge schon an der Front war, aber selbstverständlich bereits den Heldentod gefunden hat, ich müßte mich ja in Grund und Boden schämen, wenn's anders der Fall, wenn er mir etwa unverwundet heimgekehrt wäre. Keinesfalls dürfte er mir in der Etappe sein, wiewohl sich ja auch dorthin eine Kugel leicht verirrt. Diese Vorstellung, die mit der beste Trost ist, den ich habe, und die ich gegen jeden Zweifel behaupte, indem ich den Zweifel mühelos abweise, diese Vorstellung befestige ich in der Zeit, die Ottomarchen zu schaffen hat. Ich bin also eigentlich immer beschäftigt, bis auf die halbe Stunde, die sich Männe, der soeben schaffen gegangen ist, zum Essen Zeit nimmt. Was nun dieses Essen anlangt, so behelfe ich mir als tüchtige Hausfrau auch hier mit Vorstellungen. Heut waren wir in diesem Punkte gut versorgt. Es gab allerlei. Wir hatten da eine bekömmliche Brühe aus Hindenburg-Kakao-Sahne-Suppenwürfel »Exzelsior«, einen schmackhaften Falschen Hasen-Ersatz mit Wrucken-Ersatz, Kartoffelpuffer aus Paraffin und 'nen Musbrei nach Hausmannsart, versteht sich alles auf der Bratpfanne »Obu« bereitet, und zum Schlusse Schillerlockenersatz, der uns trefflich gemundet hat. Eine deutsche Hausfrau weiß, was sie ihrem Gatten in dieser ernsten, aber großen Zeit schuldig ist. Zwar Männe machte Männchen, weil er seine leckern Hausmacher-Eiernudeln nicht bekam. Is nich; so mußte er sich dreinfinden. Was uns anfangs sehr abging, war Margarineersatz, aber da wir Obu haben, so fehlt es uns jetzt an nichts mehr. In der Hausfrauenvereinigung haben wir neulich einstimmig beschlossen, daß die Mineralnährhefe, deren Eiweißgehalt vorzugsweise durch die Verwendung von Harnstoff gewonnen wird, in Bezug auf Nährwert der Brauereihefe gleichkommt und darum nicht mehr ausschließlich an die Volksküchen verteilt werden dürfe. Es ist heute Mode, den breiten Schichten der Bevölkerung entgegenzukommen. Diese einseitige Bevorzugung muß ein Ende haben. Die bürgerlichen Kreise wollen auch leben. Die Miesmacher, die selbst hier was dawider haben, wenden ein, daß das Ding einen Heringsgeruch und einen Petroleumgeschmack habe und dadurch imstande sei, Ekel zu erregen. Wir deutschen Hausfrauen wissen aber Bescheid und wir hoffen, daß sich diese Eigentümlichkeiten beim Kochen vollständig verlieren werden, ja wir sind überzeugt, daß die Mineralnährhefe den Speisen einen feinen Wohlgeschmack verleiht. Ist das Mittachbrot vorbei, so kommt wieder die Sorge um's Amdbrot. Zum Amdbrot gibts heut wie immer Eintopfgericht, zur Abwechslung aber Leberwurst aus Stärkekleister und rotgefärbtem Gemüse und als Käseersatz Berliner Quark mit Paprikaersatz, auch erproben wir heute das vielgerühmte Alldarin mit Eiersatz Dottofix aus Schlemmkreide mit Backpulver und etwas Salatfix, ein köstlicher Zusatz, den ich dem Salatin wie dem Salatol beiweitem vorziehe. Denn für den deutschen Familientisch ist das Beste gerade gut genug und es ist alles da, nich so wie bei arme Leute. Zur Vesper versuchten wir gestern Deutschers Teefix mit Rumaroma und waren recht angenehm überrascht. Zwar die Kinderchen machten Radau, weil sie ihre Rumgranaten Marke »Unsern Kriegern stets das Beste« nicht hatten. Männe bekam sein Eichelwasser, das beinahe so schmackhaft ist wie Tutti-Gusti-Kaffe Marke Schützengraben, der ja nun alle ist. Leider aber mußten wir uns ohne Süßstoffwasserersatz behelfen, so daß die Spritze leer neben jestanden hat. Ich wollte, einer raschen Eingebung folgend, sie mit Wasserstoffersatz füllen, um Männe die Vorstellung zu erhalten; es hieße aber den Gatten betrügen und wenn mal ein Schritt vom Wege getan ist, so folgt bald der zweite nach. So tat ich's denn nicht. Die schönen Zeiten sind nu mal vorbei, wo man's noch bequem hatte und einfach zu spritzen brauchte, um den Kriegs-Kaffee-Ersatz zu versüßen. Da man aber sonst überhaupt nicht wüßte, daß es jetzt durchzuhalten gilt, so nehmen wir solch kleine Entbehrungen gern in Kauf. Umso lieber, als man ja anderes jetzt gar nicht in Kauf nehmen kann, so daß wir das viele Geld, das Männe verdient, glatt zurücklegen können. Der faule Friede kommt früh genug, wo man's wieder für Tand ausgibt. Hoffentlich aber wird der Krieg noch lange genug dauern, daß auch darin ein Wandel zum Bessern eintritt. In der letzten Tagung der Vaterlandspartei hat Männe beantracht, daß der Krieg, den britischer Neid, französischer Revangschedurst und russische Raubgier uns aufgezwungen haben, auch nach Friedensschluß fortgesetzt werden soll, und mit diesem Antrach 'ne erdrückende Mehrheit erzielt. Nun heißt es durchhalten und je länger je lieber. Wir schaffen es. Kein Tag, der nicht 'ne Nachricht brächte, die das Herz lauter schlagen ließe. Wie sagt doch Emmi Lewald? »Dreitausend tote Engländer vor der Front! Keine Symphonie klänge mir jetzt schöner! Wie das angenehm durch die Nerven rinnt, fröhlich, hoffnungerweckend. Dreitausend tote Engländer vor der Front! — bis in die Träume klingt es nach und surrt wie eine schmeichelnde Melodie ums Haupt.« Bei Velhagen & Klasing ruft sie es aus. Ich fühle auch so. Und wie liebe ich die wundervolle Anny Wothe, die ihre prächtige Soldatenfrau dem Manne die Geburt eines gesunden Jungen mitteilen läßt: »Jott sei Dank wieder een Soldat! Der Junge soll Willem heißen, er soll einmal so fest werden wie unser Kaiser und druffschlagen, dat de Stücken man so fliegen. Die andern Jungen aber, sie beten alle Dage, du solltest recht ville Franzosen dotschlagen. Ik bete ooch, aber nicht um dein Leben. Det steht bei Gott. Ik beet, det du ordentlich deine Pflicht tust, det du nicht zuckst, wenn die Kugel kommt, un det du ruhig stirbst, wenn et sein muß, vor unser Vaterland, un unsern Kaiser, un nich an uns denkst. Und wenn du vor deinen Hauptmann sterben kannst, so denke ooch nicht an uns. Die fünfe grüßen dir mit mir. Bei der Taufe von Willem wollen sie Heil dir im Siegerkranz singen, womit ik verbleibe deine treue Jattin!« — Ach weiß Jott, der einzige Grund, warum ich meinem Jatten nicht auch so schreiben kann, ist, daß er leider nicht im Felde ist, weil er zum Glück unabkömmlich ist, und ferner, daß ich nur einen Sohn habe, denn das jüngste ist wie gesagt leider 'n Mädchen. Für das Opfer, fürs Vaterland kein Opfer bringen zu können, müssen einen die geschäftlichen Erfolge entschädigen. Wahnschaffe hat soeben eine wirklich interessante Kriegsneuheit geschaffen, die schon in Deutschland und in dem mit uns Schulter an Schulter kämpfenden Östreich-Ungarn patentamtlich geschützt ist und deren Vertrieb an tüchtige Herren gegen hohe Provision vergeben wird. Es ist »Heldengrab im Hause«, zugleich Reliquienkästchen und Photographieständer und bietet somit nicht nur'n artiges Schmückedeinheim, sondern auch religiöse Erhebung. Es berührt mich wehmütig, daß wir selbst leider für so zeitgemäßen Totenkult im Zimmer keine Verwendung haben. Meine Kinder, nicht alt genug, um schon für den Kaiser sterben oder sich sonst für das Vaterland opfern zu können, haben aber leider auch den Nachteil, daß sie nicht erst nach Kriegsausbruch zur Welt gekommen sind. Sonst sollte mir der Junge Warschau heißen und das Mädchen Wilna oder er Hindenburg und sie Zeppeline! Denn daß der Junge Willem heißt, hat sich auch vor dem Krieg von selbst verstanden, ich sehe darin keine besondere patriotische Huldigung. Ach, da kommen sie ja gelaufen, die niedlichen Jöhren! Was is'n los? Spielt ihr denn nich Weltkrieg?

WILLICHEN (weinend): Muttelchen, Mariechen will nich dot sein!

MARIECHEN: Wir haben Einkreisung jespielt, denn Weltkrieg, und nu —

WILLICHEN (weinend): Ich wollte doch nur 'nen Platz an der Sonne, da —

MARIECHEN: Er lügt!

WILLICHEN: Ich hab ihren Punkt erfolgreich mit Bomben belegt und nu will se nich dot sein!

MARIECHEN (weinend): Nee, is nich, is ne feindliche Lüge, echt Reuter! Zuerst hat er meine Vorstellung genommen und nu kommt er von der Flanke! Ich habe den Angriff mühelos abjewiesen und nu sagt er —

WILLICHEN: Mariechen lügt! Ihr Gegenangriff ist in unserem Feuer zusammengebrochen. Jetzt sind übahaupt die letzten Engländernester gesäubert. Fünf der Unsrigen sind nicht zurückgekehrt.

MARIECHEN: Bei Smorgon erhöhte Gefechtstätigkeit.

WILLICHEN: Wir haben Gefangene gemacht.

MARIECHEN: Wir haben eine gewisse Anzahl Gefangener eingebracht. Die in unserem Feuer gebrochenen Angriffswogen mußten, viele Leichen auf unserem Gelände zurücklassend, in Unordnung zurückfluten.

WILLICHEN: Das ist die schonungslose Methode der Russen, die bei ihren Offensiven die Massen vorwärtstreiben. Die Stellungen blieben in unseren Händen. Wir haben Volltreffer erzielt.

MARIECHEN: Ich bin zur Offensive übergegangen.

WILLICHEN: Ich bereite mich auf einen dritten Winterfeldzug vor.

MARIECHEN: 's ist ja gottvoll! Fatzke!

WILLICHEN: Na wart, ik kämpfe bis zum Weißbluten!

MARIECHEN: Du farbiger Engländer und Franzose du!

WILLICHEN: Es gelang dem Russen, in unseren Gräben erster Linie Fuß zu fassen, aber ein von uns bei Tagesanbruch ausgeführter Gegenangriff —

MARIECHEN: — warf ihn wieder hinaus.

WILLICHEN: Mehrere Gegenangriffe, die der Feind im Laufe des Nachmittags versuchte —

MARIECHEN: — wurden durch einen kühnen Handstreich vereitelt. *(Sie schlägt ihn.)*

WILLICHEN: Sie lügt! Das sind übrigens die typischen Anfangserfolge jeder Offensive. *(Er schlägt sie.)*

MARIECHEN: Man hüte sich, die optimistischen Voraussichten über die Offensive zu übertreiben.

WILLICHEN: Beim letzten Luftangriff auf die Festung London —

MARIECHEN: — habe ich sogleich Repressalien geübt! Karlsruhe —

WILLICHEN: Ja, drei Zivilisten sind tot, darunter ein Kind. Der militärische Schade ist unbedeutend. Es ist immer dasselbe.

MARIECHEN: Na und du? Zwei Zivilisten und eine Frau! Der militärische Schade ist unbedeutend. Es ist immer dasselbe.

WILLICHEN: Sie hat die Flagge des Roten Kreuzes nicht respektiert! Es ist immer dasselbe.

MARIECHEN: Er auch nicht! Es ist immer dasselbe.

WILLICHEN: Wer hat angefangen?

MARIECHEN: Ich auch nicht!

FRAU KOMMERZIENRAT WAHNSCHAFFE (*die bis jetzt leuchtenden Auges zugehört hat*): Mariechen, sei du man ganz stille, Vater sagte, ihr dürftet Weltkrieg spielen, aber die Grenzen der Humanität müßtet ihr einhalten. Willichen kann keiner Fliege 'n Haar krümmen, er schützt seinen Besitzstand so gut er kann. Er führt einen heiligen Verteidigungskrieg.

WILLICHEN (*weinend*): Ich habe es nicht gewollt.

MARIECHEN: Wer denn?

WILLICHEN: Immer feste druff! (*Er schlägt sie.*) Ich habe einen Volltreffer erzielt.

MARIECHEN (*schlägt ihn*): Komm nur in meine Riegelstellung!

FRAU KOMMERZIENRAT WAHNSCHAFFE: Laß doch Puppe!

WILLICHEN: Wart man, ik hol meinen Flammenwerfer!

FRAU KOMMERZIENRAT WAHNSCHAFFE: Kinderchen spielt, aber haltet die Grenzen ein! Wenn Willichen weiter so brav ist, bringt ihm Papelchen das Eiserne Kreuz aus dem Kontor mit.

WILLICHEN: Hurra! Da haste mein belgisches Faustpfand! (*Er stürzt sich auf Mariechen und verprügelt sie. Mariechen weint.*)

FRAU KOMMERZIENRAT WAHNSCHAFFE: Willichen, immer human! Vergiß deine gute Erziehung nicht! (*Sie geht mit einem Taschentuch auf Mariechen zu.*)

    Nu, Kinder, nu geht in die Stellung zurück,
    Doch zuvor putz ich dir noch die Nase.

MARIECHEN (*weinend*):
    Der Bengel beschießt meine Zuckerfabrik
    Und verwendet giftige Gase!

(*Sie erhebt sich und schlägt Willichen in die Flucht.*)

WILLICHEN: Der Rückzug ist nur strategisch. *(Im Laufen)* In Erwartung dieses Angriffes war die Räumung des der beiderseitigen Umfassung ausgesetzten Bogens seit Jahren ins Auge gefaßt und seit Tagen eingeleitet worden. Wir kämpften den Kampf daher nicht bis zur Entscheidung durch und führten die beabsichtigten Bewegungen aus. Der Feind konnte sie nicht hindern. *(Aus der Entfernung)* Hurra, ich nehme die Siegfriedstellung ein!

(Zwei Invaliden humpeln vorbei, in die Richtung zur Allee.)

FRAU KOMMERZIENRAT WAHNSCHAFFE: Nun muß ich aber zum Rechten sehn. Wir scheuern heute mit dem Seifenersatzpräparat »Kriegskind«. *(Sie erblickt die Invaliden.)* Schon wieder! Das ist denn doch zu lästich! Wenn die jetzt die Tafel nicht wahrnehmen, mache ich die Anzeige beim Ortsvorsteher.

(Die beiden bleiben vor der Tafel stehen und kehren um.)

DER EINE: Also wohin?

DER ANDERE: Zurück ins Feld. Dahin lassen sie einen. *(Sie humpeln ab.)*

(Eine Bonne kommt mit einem dreijährigen Knaben, der in der Nase bohrt.)

DIE BONNE: Fritze, schämst du dich nicht? Na wart, das sag ich Hindenburch!

(Fritze zieht erschrocken den Finger zurück.)

(Hänschen begegnet Trudchen.)

HÄNSCHEN: Gott strafe England!

TRUDCHEN *(ihn fest anschauend)*: Er strafe es!

(Sie gehen Schulter an Schulter ab, indem sie Lissauers Haßgesang anstimmen.)

(Hans Adalbert, 3 Jahre, begegnet Annemariechen, 2¹/₂ Jahre.)

HANS ADALBERT: Ich höre, du hast Kriegsanleihe gezeichnet.

ANNEMARIECHEN: Gewiß, ich hielt mich für verpflichtet. Den Gesprächen der Erwachsenen entnahm ich die ganze Größe der Bedeutung der Kriegsanleihe, und nun bestand ich darauf *(sie stampft und gestikuliert heftig)* Kriegsanleihezeichnung nicht etwa nur zu spielen, sondern mit ihr auch Ernst zu machen. Auf meinen dringenden Wunsch entnahmen die Eltern meiner Sparbüchse den ganzen Inhalt, 657 M, und —

HANS ADALBERT: Mit oder ohne Lombardierung?

ANNEMARIECHEN: Natürlich mit!

HANS ADALBERT: Donnerwetter!

ANNEMARIECHEN: Es soll dir und jedermann ein Beispiel sein.

HANS ADALBERT: Ein Hundsfott, wer anders denkt! *(Ab.)*

(August und Guste treten auf.)

GUSTE: In zwei Monaten ist England auf die Knie gezwungen.

AUGUST: Glaubst du? Ich bin kein Flaumacher, aber was sagst du zu Amerika?

GUSTE: Na die Kunden kenn' wa doch!

AUGUST: Unsre Stimmung ist ernst, aber —

GUSTE: — zuversichtlich! *(Ab.)*

(Eine Bonne kommt mit einem dreijährigen Mädchen, das in der Nase bohrt.)

DIE BONNE: Mieze — wart, wenn das der jroße Jeneralstab sieht!

(Mieze zieht erschrocken den Finger zurück.)

(Klaus begegnet Dolly.)

KLAUS: Wir waren einjekreist, das erkennt doch heute schon jedes Kind.

DOLLY: Britischer Neid, französischer Revangschedurst und russische Raubgier — da weiß man doch Bescheid. Die Frage nach der Kriegsschuld beantwortet sich von selbst. Deutschland wollte 'nen Platz an der Sonne.

KLAUS: Europa war ein Pulverfaß.

DOLLY: Der belgische Vertrag war ein Fetzen Papier. *(Ab.)*

(Walter begegnet Marga.)

MARGA: Mein Vater hat den Protest der 93 Intellektuellen

unterschrieben. Er sagte aber, er habe ihn nicht gelesen, er wolle blind unterschreiben. Und dein Vater?

WALTER: Mein Vater hat ihn gelesen.

MARGA: Und was sagte er?

WALTER: Er unterschreibe doch. *(Ab.)*

(Paulchen begegnet Paulinchen.)

PAULCHEN: Bethmann Hollweg ist offenbar für 'nen Verzichtfrieden zu haben.

PAULINCHEN: Das kann Tirpitz pipe sein.

PAULCHEN: Mir auch. Und du?

PAULINCHEN: Ausjeschlossen! Ist ja zum Schießen! *(Ab.)*

(Jochen und Suse treten auf.)

JOCHEN: Was wir vor allem brauchen, ist Übasee. Ich sage dir, wenn wir mit dem Welthandel nicht vorwärtskommen, hat Deutschland in diesem Krieg schlecht abgeschnitten.

SUSE: Olle Kamellen. Wir müssen Festland annektieren. Wir brauchen Belgien als Fliegerbasis und etwa noch das Erzbecken von Briey, sonst —

JOCHEN: Du sprichst vom Minimum. *(Ab.)*

(Eine Mutter mit ihrem Töchterchen, neben ihr ein Herr.)

DIE MUTTER: Na Elsbeth, willst du nich spielen?

DAS TÖCHTERCHEN: Nee.

DIE MUTTER: Na spiel doch Kind.

DAS TÖCHTERCHEN: Nee.

DIE MUTTER: Was das Kind für 'ne komische Mentalität hat! Warum nur nicht?

DAS TÖCHTERCHEN: Das haben wir eben vor den Engländern voraus und darum sind sie neidisch auf uns.

DIE MUTTER: Ach hören Sie nur — was denn Kinding? warum sind denn die Engländer neidisch auf uns — na sag das mal dem Onkel, Elsbethchen!

DAS TÖCHTERCHEN: Die Engländer sind neidisch auf uns, weil wir im Begriffe sind, aufwärts zu steigen, sie aber abwärts. Das kommt daher, weil die Deutschen nach der Arbeit noch weiter arbeiten, die Engländer sich aber an Spiel und Sport erfreuen.

DIE MUTTER: Goldene Worte, Elsbeth. Nee, du mußt wirklich nicht mehr spielen, Elsbeth. So 'n Kind beschämt einen.

DER HERR: Kindermund.

DIE MUTTER: Das will ich der B. Z. mitteilen!

DER HERR: Nee, besser für die Sammlung »Das Kind und der Krieg«, Kinderaussprüche, Aufsätze, Schilderungen und Zeichnungen. *(Ab.)*

(Ein Vater mit seinem Söhnchen.)

SOHN: Vata, im B. T. steht 'ne W.T.B.-Meldung, daß durch den Krieg eine sehr erfreuliche Abnahme der Säuglingssterblichkeit stattjehabt hat, wenigstens in den deutschen Städten, für das offene Land lägen entsprechende Statistiken noch nicht vor, na und daß dort die Verhältnisse noch günstjer liegen, kann man sich ja denken. Der Krieg sei überhaupt 'ne Quelle der Verjüngung jeworden. Vata, ik begreife, daß durch den Krieg die Säuglinge nich alle jeworden sind, da sie ja noch nicht in dem Alter sind, um sich dem Vaterlande nützlich zu machen, aber erkläre mir Vata, wie es kommt, daß der Krieg die Säuglingssterblichkeit geradezu herabsetzt?

VATER: Der durch den Krieg bedingte Ausfall in den Geburtenziffern —

SOHN: Ach quatsche nich, da müßten ja eher weniger Säuglinge als mehr —

VATER: Halte die Schnute. Der durch den Krieg bedingte Ausfall in den Geburtenziffern wurde jedenfalls durch die bessere Erhaltung des Aufwuchses wenigstens teilweise ausgeglichen.

SOHN: Ach Unsinn, im Krieg herrscht doch 'ne Lausewirtschaft, wie sollte denn da der Aufwuchs besser erhalten werden als im Frieden? Wo nehmt ihr denn die Milch her?

VATER: Willste man stille sein, du Dreikäsehoch!

SOHN: Is nich! So kannste mich nich mehr nennen —

VATER: Willste gleich — warum denn nich?

SOHN: Drei Käse! Ja Menschenskind, ik bin alt genug, um schon vajessen zu haben, wie hoch 'n einziger ist!

(Der Vater gibt ihm eine Maulschelle. Ab.)

(Ein anderer Vater mit seinem Söhnchen.)

VATER: Jawoll mein Junge, immer feste — wie sagt doch Schiller, ans Vaterland ans teure schließ dir an!

SOHN: Vata —

VATER: Nanu?

SOHN: Vata, is denn det Vataland jetzt auch teurer jeworden?

VATER: Unerschwinglich, Junge, unerschwinglich!

(Verwandlung.)

41. SZENE

Der Optimist und der Nörgler im Gespräch.

DER OPTIMIST: Die Neue Freie Presse hebt mit Recht hervor, wie vornehm es vom Grafen Berchtold ist, daß er nun selbst an die Front abgeht, um mit dem Säbel in der Hand jenem Erbfeind, der seiner Politik die größten Schwierigkeiten bereitet hat, Aug in Aug gegenüberzutreten.

DER NÖRGLER: Sie meinen den treulosen Bundesgenossen, den der Conrad schon seit Jahren überfallen wollte? Was aber den Berchtold anlangt, so ist es wirklich fair von ihm und jetzt kann in der Tat eine Wendung zu unsern Gunsten eintreten, wiewohl ich, wie Sie wissen, über die Möglichkeit der Verwendung von Säbeln in diesem Krieg sehr pessimistisch denke. Sollte aber der Berchtold wider Erwarten keine Gelegenheit und den Erbfeind nicht zu Gesicht bekommen, weil derselbe den Stabsfressereien der k. u. k. Armee nicht zugezogen wird, so hat unser ehemaliger Minister des Äußern jedenfalls seine Pflicht erfüllt; denn er hat sich ja gestellt.

DER OPTIMIST: Ich sehe, Sie bleiben Ihrer Gewohnheit, alles niederzureißen, selbst vor den heroischen Vorbildern unserer kriegerischen Epoche treu. Hier haben Sie es in der

›Woche‹, den Grafen Berchtold in feldmäßiger Adjustierung. Dieses Bild —

DER NÖRGLER: — ist der Kriegsgrund.

DER OPTIMIST: Wieso? Die Photographie wurde doch später als das Ultimatum —

DER NÖRGLER: Gewiß, ein andres österreichisches Antlitz, eh sie geschehn, ein anderes zeigt die vollbrachte Tat; und doch sind beide identisch. Die Serben konnten das Ultimatum nicht annehmen, weil ihnen die Photographie vorgeschwebt hat. Die Furcht Österreichs, daß sie es vielleicht doch annehmen würden, war ganz grundlos. Auch an eine »Lokalisierung« des Kriegs, die Österreich erhofft hatte, weil es ungestört von der Welt Serbien trischacken wollte, war nicht zu denken, denn die Welt sah dieses Antlitz im Traum.

DER OPTIMIST: Ich verstehe Sie wieder einmal nicht.

DER NÖRGLER: Da tun Sie recht daran. Aber das Plateau von Doberdo, wo hunderttausend Leben verwelkt und verwest sind, ist trotzdem eine Freudenau!

DER OPTIMIST: Ich verstehe Sie nicht. Diese Photographie sagt Ihnen also —

DER NÖRGLER: — daß ein Renngigerl die Welt in den Tod geführt hat!

DER OPTIMIST: Nun beginne ich Sie zu verstehen. Aber das hat er doch nicht mit vollem Bewußtsein getan!

DER NÖRGLER: Nein, sonst wäre er keines und sonst hätte er's nicht getan. Das Niederschmetternde ist, daß er nicht bei vollem Bewußtsein war. Und daß dieses Argument ein Milderungsgrund für Staatsmänner ist und für Staatsoberhäupter, die doch schon von Gesetzeswegen für ihre Handlungen nicht verantwortlich gemacht werden können. Sie waren alle nicht bei vollem Bewußtsein. Österreich kann nichts dafür! Es hat sich bloß von Deutschland Mut machen lassen, dieses in den Krieg zu zerren. Und Deutschland hat Österreich in jenen Krieg getrieben, den es nicht gewollt hat. Die dort sind die verfolgende Unschuld und mir san eh die reinen Lamperln. Beide können nichts dafür.

DER OPTIMIST: Dieses Gesicht spricht wirklich für ein gutes Gewissen.

DER NÖRGLER: Das ein sanftes Ruhekissen abgeben würde, wenn im Stabsquartier nicht ohnehin ein solches vorhanden wäre. Aber man ist vor dieser schlichten Uniform überzeugt, daß der Mann auch im Schützengraben vorlieb nehmen würde. Ein schlichter, wenngleich beherzter Zugsführer, ein Wiener Biz, der mit den Händen an den Hüften, zwinkernd »Schau mir ins Augee!« zum Erbfeind sagt, der nur herkommen soll, wann er sich traut. Der einfache Staatsmann an der Front, ohne Ohrringeln, aber mit Armbanduhr, statt des Säbels eventuell ein Spazierstöckl, statt der Virginier das goldene Vließ, das aber wie gesagt vom reinen Lamperl bezogen ist. Er meint's nicht so, aber er stellt, wenn's sein muß, seinen Mann, und dank seiner eigenen Entschließung vom August 1914 muß es bekanntlich sein. Alles in allem, weit entfernt von Hochmut und von Schwäche, weiter als von der Front; kein Tachinierer, aber ein Feschak.

DER OPTIMIST: Diese Photographie —

DER NÖRGLER: — ist dem Verbrecheralbum der Weltgeschichte entnommen und wird bei der Verhandlung vor dem Weltgericht bei der Agnoszierung der Kriegsurheber gute Dienste tun. Das Original wird natürlich wegen Unverantwortlichkeit oder verminderter Zurechnungsfähigkeit freigesprochen werden.

DER OPTIMIST: Wie wird sich die erweisen lassen?

DER NÖRGLER: Es wird unter anderm festgestellt werden, daß ein harmloser Rennstallbesitzer das Grey'sche Angebot an die österreichisch-ungarische Monarchie, zur Erlangung der von ihr angeblich gewünschten Genugtuung Belgrad und noch etliche serbische Orte zu besetzen, zwischen seinen Rennprogrammen versteckt hatte. Denn England wollte wirklich die »Lokalisierung«, die sich Österreich auf andere Weise erhofft hat, weshalb es den einzigen Ehrenmann dieses Kriegs den »Lügen-Grey« nennen ließ. Die Photographie wird zur Entlastung des Täters beitragen, aber zur Überführung seiner sämtlichen Landsleute. Sie rechtfertigt in ihrer vollkommenen Schamlosigkeit die aggressiven Absichten unserer Feinde für den Fall, daß wir wirklich einen heiligen Verteidigungskrieg geführt haben sollten. Denn wenn es selbst bewiesen wäre, daß wir ein Recht hatten, uns an Serbien zu vergreifen, weil die ungarischen Schweine den serbischen den Markt gesperrt hatten, so würde noch immer dieses Dokument aufstehn und gegen uns zeugen!

DER OPTIMIST: Ich bitte Sie — eine Photographie! Eine zufällige Aufnahme! Da haben wir im Krieg noch ganz andere Bilder zu sehen bekommen.

DER NÖRGLER: Sie meinen alle die andern, die im Weltkrieg gelächelt haben. Die Heerführer, die vor den Wunden ihrer Mannschaft verbindlich gelächelt haben. Ach, dieses Lächeln im Krieg war erschütternder als das Weinen! Der Photograph mußte sie nicht erst bitten, ein freundliches Gesicht zu machen, sie fanden ohnehin die Welt in Ordnung. Der Erzherzog Friedrich, harmlos, als ob er nicht bis drei Galgen zählen könnte; Karl Franz Josef, der Frontlächler, der dem Heldentod nicht gram sein kann und dem die große Zeit wie ein Walzertraum vergeht; der deutsche Kronprinz, weit und breit beliebt als der »lächelnde Mosquito«, und alle die andern Lächler. Schreibtafel her, ich muß mirs niederschreiben, daß einer lächeln kann, und immer lächeln, und doch ein General sein! Und dann die Damen dieser Feldredoute! Zum Beispiel die Erzherzogin Augusta, die Soldatenmutter, die, nachdem der Soldatenvater seine Söhne mit Maschinengewehren vorgetrieben hat, den Menschen rasch noch vor dem Heldentod antritt und ihm als ein Symbol hingebender Vaterlandsliebe vorschwebt. Gegen diese Verschärfung der Pflicht, für die ungarische Sache zu sterben, gibt es keinen Schutz und es ist ein Schauspiel, von dem sich der Genius der Menschheit, wenn's noch einen solchen gibt, zwar abwendet, aber die Ansichtskartenindustrie profitiert.

DER OPTIMIST: Die aufopfernde Tätigkeit der Rote Kreuz-

Schwestern dient doch in erster Linie dem Zweck, vor der Operation eines Schwerverwundeten —

DER NÖRGLER: — sich mit ihm photographieren zu lassen.

DER OPTIMIST: Solche Photographien sind gestellt!

DER NÖRGLER: Dann ist die Verächtlichkeit umso besser getroffen. Auch die Photographie Berchtolds ist nur gestellt, um die abgründige Leere dieser Visage sinnfällig zu machen — die Leere, in die wir alle gestürzt sind und die uns verschlungen hat.

DER OPTIMIST: Sie übertreiben. Ich gebe zu, daß diese Photographie uns zwar nicht schmeichelt —

DER NÖRGLER: Ausgestellt vor den Leichenfeldern, deren Hintergrund das sympathische Modell selbst beigestellt hat, trifft sie uns tödlich. Ich denke sie mir als einziges Lichtbild in diesen unsäglichen Finsternissen und habe die tröstende Gewißheit, daß diese Züge des österreichischen Antlitzes seine letzten sind. Wie wär's, wenn wir es mit dem Bilde jener ungezählten Märtyrer konfrontierten, die in Sibirien warten oder in französischen Munitionsfabriken geschunden werden, die auf Asinara leben oder die vom Todeszug aus der serbischen Gefangenschaft in die italienische am Straßenrand verwest sind. Einer steht schon als Skelett da und öffnet noch den Mund wie ein verhungerter Vogel. Dies Bild hat ein Menschenauge geschaut und ich schaue es wieder. Wie wär's, wenn wir es diesem lächelnden Berchtold vorführten und alles Grausen einer Evakuation und alle lebendig Begrabenen und lebendig Verbrannten, die Schändungen halbmassakrierter Frauen, die von mitleidigeren Mördern erschossen werden! Ward nichts dergleichen für Welt und Haus photographiert? Und Berchtold, lächelnd, ward aufgenommen, als er's mit dem Feind aufnehmen wollte!

DER OPTIMIST: Aber bedenken Sie, er ist doch nicht verantwortlich —

DER NÖRGLER: Nein, nur wir sind es, die es ermöglicht haben, daß solche Buben nicht verantwortlich sind für ihr Spiel. Wir sind es, daß wir in einer Welt zu atmen ertragen haben, welche Kriege führt, für die sie niemanden verantwortlich machen kann. Verantwortlich für das einzige, was wirklich verantwortet werden muß: die Verfügung über Leben, Gesundheit, Freiheit, Ehre, Besitz und Glück des Nebenmenschen. Größere Kretins als unsere Staatsmänner sind doch —

DER OPTIMIST: — die unserer Feinde?

DER NÖRGLER: Nein, wir selbst. Mit unseren Feinden haben wir nur die Dummheit gemeinsam, einen und denselben Gott für den Ausgang des Kriegs verantwortlich zu machen, statt uns selbst für den Entschluß, ihn zu führen. Was die Staatsmänner der Feinde betrifft, so können sie nicht dümmer sein als die unseren, weil es das in der Natur nicht gibt.

DER OPTIMIST: An den unseren läßt sich allerdings die Wahrnehmung machen —

DER NÖRGLER: — daß wir uns die Kriege ersparen würden, wenn wir sie an die Front schickten, also dorthin, wohin der Berchtold oder seinesgleichen nie gelangen wird. Noch weiter aber als diese von der Front sind wir von einer Einrichtung des Staatslebens, wie sie die Spartaner gekannt haben, die bekanntlich auch solche Durch- und Durchhalter waren wie wir. Sie setzten ihre Kretins auf dem Taygetus aus, während wir sie an die Spitze des Staats und auf die verantwortlichen diplomatischen Posten stellen.

DER OPTIMIST: Dort sind sie dann freilich in manchen Fällen —

DER NÖRGLER: — nicht verantwortlich!

(Verwandlung.)

42. SZENE

Während der Somme-Schlacht. Parktor vor einer Villa. Eine Kompagnie, mit todesgefaßten Mienen, marschiert vorbei, in die vordersten Gräben.

DER KRONPRINZ *(am Parktor, Tennisanzug, winkt ihnen mit dem Rakett zu):* Machts brav!

(Verwandlung.)

Kriegsministerium. Ein Zimmer an der Ringstraßenfront. Ein
Hauptmann sitzt an einem Schreibtisch. Vor ihm steht ein
Zivilist in tiefer Trauer.

DER HAUPTMANN: Alstern was wolln S' denn noch? Eine
Evidenzhaltung is in solchen Fällen ein Ding der Unmög-
lichkeit. Wir können doch net wissen, ob einer tot is oder
verwundet in Gefangenschaft geraten? Da müssen S' ins
italienische Kriegsministerium gehn mein Lieber! Na alstern! Was sollen wir denn noch alles tun? Es ist doch einfach unglaublich, was die Leut von uns verlangen!

DER ZIVILIST: Ja — aber —

DER HAUPTMANN: Lieber Herr, ich kann Ihnen nicht mehr
sagen. Außerdem is gleich drei Uhr, da muß doch ein Einsehn sein, die Amtsstunden sind beendet. Das is doch wirklich großartig. — No alstern, was is denn? — Alstern
schaun S', privat kann ich Ihnen das eine sagen: Sie ham
jetzt sechs Wochen von Ihrem Sohn nix ghört, nehmen Sie
also getrost an, daß er tot is.

DER ZIVILIST: Ja — aber —

DER HAUPTMANN: Da gibts kein Aber. Wo kämen wir hin,
wenn wir in solchen Fällen — Sie können sich doch denken,
daß so etwas tausendmal vorkommt! Jetzt is Krieg, mein
lieber Herr! Da muß der Staatsbürger schon auch ein bißl
was dazu tun! Schaun S' uns an, die wir hier sitzen! Wir
stehen hier auf unserem Posten! Und außerdem, lieber
Herr — also Sie werden doch wohl wissen — aber das sag
ich Ihnen wieder privat und ganz unverbindlich —, daß
es für einen Soldaten keinen höheren Ehrgeiz und keinen
schöneren Lohn geben kann als für das Vaterland zu sterben. Also djehre djehre —

(Der Zivilist verbeugt sich und geht ab.)

(Verwandlung.)

44. SZENE

Kastelruth. Nachts nach einem Abschiedsfest der Offiziere einer Maschinengewehrabteilung. Einige liegen unter dem Tisch.

LEUTNANT HELWIG: Noch — was — zum essen! Wein her!

DIE KELLNERIN: Es geht schon auf zwei, Herr Leutnant, die Küche —

LEUTNANT HELWIG: Wein her — sag ich!

DIE KELLNERIN: Is schon Schluß, Herr Leutnant — nix mehr da!

LEUTNANT HELWIG: Du — Fähnrich —! *(Er entreißt dem diensthabenden Fähnrich die Dienstpistole und erschießt die Kellnerin.)*

DIE KELLNERIN: Jesus Maria! *(Sie stürzt hin.)*

EIN ANDERER LEUTNANT: Aber Helwig — was machst denn? Is der Mensch unvorsichtig! Dafür kannst Zimmerarrest kriegen!
(Verwandlung.)

45. SZENE

Ein Wiener Nachtlokal. In der Nacht nach der zweiten Einnahme von Czernowitz durch die Russen. Offiziere, Buffetdamen, Lebemänner, Herren vom Roten Kreuz, polnische Legionäre, Personal, Mitwirkende. Die Salonkapelle Nechwatal und die Zigeunerkapelle Miskolczy Jancsi.

ROLF ROLF, DER STEGREIFDICHTER *(ist soeben, halb singend, mit der Konzeption eines Gedichtes beschäftigt, das sich auf hingeworfene klassische Zitate und Huldigungen für anwesende Truppengattungen aufbaut):*

— — — — — — — — — —

Die Legionäre haben viel geleistet —
Das liegt schon so in der Natur.
     Rufe: Bravo! Bravo!
Und sehn Sie — wenn ich das betrachte —
So fällt mir vom Herzen eine Last —
Wenn ich sage — zu der Dame dorten —
Du doch Diamanten und Perlen hast!

Und hier — zu diesem deutschen Soldaten
Sag ich: Es zogen nach Frankreich zwei Grenadier'.
Heut aber — das muß ich schon sagen —
Ist es — fürwahr — doch sehr — stier!

Gelächter. Rufe: Oho! Bravo! Bravo! Beim Eintreten zweier Offiziere intoniert die Salonkapelle: Wir sind vom k. u. k. Infanterie-Regiment Hoch- und Deutschmeister Nr. 4.

Alles singt mit.

FRIEDA MORELLI, DIE SÄNGERIN (*tritt auf und singt, die Hände abwechselnd vom Busen in die Richtung zum Publikum führend*):

Ja, mein Herz gehört nur Wien!
Doch sehr schön ist auch Berlin!
Denn sehn Sie, so ein Leudenant —

(*die Oberlippe streichend*)

So indresant und auch charmant,
Ich geb ihm gern ein Rangdewu,
Doch noch lieber — hab ich Ruh.
Denn ach, denn ach, denn ach,
Man wird so leicht ja schwach.
Ja drum sag ich, mein Herz gehört Wien,
Doch sehr schön ist auch Berlin!

Rufe: Bravo! Bravo!

EINE STIMME: Rosa, wir fahren nach Lodz!

(*Die Musik intoniert diese Melodie, um nach einiger Zeit in die Melodie: »Der guate alte Herr in Schönbrunn« überzugehen.*)

EIN UNGARISCHER VIEHHÄNDLER (*zum Besitzer des Nachtlokals*): Ober dos is jo glänzend wos hier olles geboten wird!

DER BESITZER DES NACHTLOKALS: Ja, ich schmeichle mir ein erstklassiges Ensemble zu haben. Jeder Besucher meiner Lokalitäten wird zugeben müssen, daß die Bezeichnung »42-Mörser-Programm« auf dem Plakat nicht zu viel versprochen hat.

DER VIEHHÄNDLER: Ober nain, 42 Mörser is Kinderspiel gegen so ein Programm!

DER BESITZER: Der Feind selbst müßte zugeben, es is ein Bombenerfolg.

DER VIEHHÄNDLER: Wos Bomben! Bomben sind Krepierln gegen solche Schloger!

DER BESITZER: Herr Kommerzialrat, zum Dank für die so schmeichelhafte Anerkennung werde ich mir sogleich erlauben, eine separate Huldigung darzubringen.

(Die Musik intoniert den Rakoczy-Marsch, um, nachdem der Viehhändler eine Champagnerflasche zerschlagen hat, in den Radetzkymarsch überzugehen, während dessen einer der Offiziere eine Champagnerflasche zerschlägt, worauf der Prinz Eugen-Marsch intoniert wird, um in die Volkshymne überzugehen. Sämtliche Gäste und Animiermädchen erheben sich von ihren Plätzen und bleiben auch während des sich anschließenden »Heil dir im Siegerkranz« und der abschließenden »Wacht am Rhein« stehen. Das Garderobepersonal und die Toilettefrau sind im Saal erschienen und nehmen an der Huldigung teil.)

EIN GETREIDEHÄNDLER *(ruft in den Saal):* Es lebe die Nibelungentreie!

ALLE: Hurra! Hurra! Hurra!

DER BESITZER *(zu einem Stammgast):* Ist Ihnen der Herr bekannt, was jetzt gerufen hat?

DER STAMMGAST: Selbstredend, das is doch der Kammerrat Knöpfelmacher!

(Der Besitzer stürzt auf die Zigeunerkapelle los, die nunmehr »Ich hatt' einen Kameraden« intoniert.)

EIN BETRUNKENER FUNKTIONÄR DES ROTEN KREUZES: Sie — bringen Sie noch einen Whisky mit Soda und eine Tra — Trabucco mit Spitz. Du — *(Aufstoßen.)*

EIN KOLLEGE: Geh, was hast denn?

DER FUNKTIONÄR: Dort sieh ich einen Verwundeten von uns — den Mann schick ich morgen nach Neuhaus — den Mann schick ich morgen zur Konschtatierung —

DER ANDERE: Geh laß'n gehn!

DER FUNKTIONÄR: Erlaube mir — das gibts nicht — den schick ich an die — *(Aufstoßen)* Front!

EIN OFFIZIER *(zu einem zweiten):* Was steht heut im Bericht?

DER ZWEITE: Nix Neues.

DER ERSTE: No ja, aber Czernowitz!

DER ZWEITE: No das is doch nix Neues.

EIN REGIMENTSARZT *(zu einem andern):* Oiweh, da schau her, der dort in der zweiten Loge. Dem hab ich gestern einen C-Befund gegeben. Heut draht er schon. Mieser Baldower, aber so viel Zehner möcht ich haben, wie dem sein Alter Tausender.

DER KOLLEGE: Ich versteh dich nicht, da bin ich ganz anders. Von mir kommt keiner zur Konschtatierung. Ausnahmen kann man ja machen. Aber im allgemeinen, das is doch einmal ein Gefühl, das man hat, wenn man die Burschen so vor sich zittern sieht. Wie einer anfängt zu zittern, ruf ich schon »Tauglich!« Da kann er Gift drauf nehmen. Umsomehr, wo wir doch jetzt nicht unter 50% gehn dürfen, da wird das eo ipso erschwert mit den Ausnahmen. Besonders bei der Neunerkommission von der K-Musterung.

DER REGIMENTSARZT: Du, was ich dir erzählen wollte. Gestern war eine Hetz im Spital! Die Schwester Adele hat nämlich noch immer eine kolossale Angst vor mir und laßt dir die Leibschüssel fallen von einem Bosniaken mit Bekkenschuß. Hättest die Freud sehn solln, was die andern ghabt haben. Das war dir ein Gekicher! No, bis ich aber dazwischen gefahren bin! Man muß den Weibern imponieren. Gestern war überhaupt ein Tag bei uns —

DER KOLLEGE: Bei uns is das auch so. Der Ehrgeiz von so einer Aristokratin is mir unverständlich. Die andern machen Wäschekammer, Servieren und so. Die aber reißen sich förmlich um die Leibschüsseln.

DER REGIMENTSARZT: Ich muß gestehn, im Anfang hat mich das gereizt, so zu sehn, wie so feine Mädeln — aber man wird auch gegen das abgestumpft. Ich hab nachgedacht — warum tun sie das? No ja, sie wolln sich betätigen — Patriotismus und so. Wo hab ich nur gelesen, daß gerade wir Ärzte dagegen sein müßten, wegen dem Chok, den das weibliche Nervensystem bekommt, und weil sie für die Ehe verdorben wern! Probleme! Meschugge wird man sein und sich um Probleme kümmern im Krieg. Wir Praktiker —

DER KOLLEGE: Was ich sagen wollte, gestern war ein Tag bei uns, wo man wirklich geglaubt hätt, man is in kan Spital, sondern in an Narrenhaus. Postarbeit! Fünf Fälle mit Zitterneurose hab ich an die Front gschickt.

DER REGIMENTSARZT: No und ich fünf Darmverwachsungen und drei Tabes. Ich sag jedem ins Gesicht: Schwindel! Er kann doch keine Antwort geben, also ist der Schwindel so gut wie bewiesen. *(Die Salonkapelle intoniert den Prinz Eugen-Marsch.)*

DER KOLLEGE: Jetzt fang ich mir noch andere, da sind vor allem die typischen Schußverletzungen der linken Hand — ich wüßt auch wirklich nicht, wie man es anders machen sollt, wenn einem der Oberstabsarzt fortwährend am Gnack sitzt und dem der Teisinger auf dem Puckel.

DER REGIMENTSARZT: Ja, es is ein Kreuz. Gestern hab ich einer wunderschönen Nephritis mit akuter Herzschwäche einen A-Befund gegeben. No also daß sie singend in den Krieg ziehn, davon hab ich bisher wirklich nicht viel bemerkt. Sehr animiert is heut das Lokal —

DER KOLLEGE: Es geht. Es is unglaublich, wie man verroht. Man kommt faktisch gar nicht mehr dazu, human zu sein.

DER REGIMENTSARZT: Ein guter Arzt, hat es immer geheißen für den, der zu Füßen Nothnagels gesessen is, hat vor allem ein guter Mensch zu sein. Ja, das verlernt man gründlich, ich gesteh es offen, und das ist das erste was man im Krieg verlernt. Konträr, ein guter Militärarzt darf gar kein guter Mensch sein, sonst kann er schaun, wie er vorwärts kommt, das heißt in den Schützengraben. No über mich wird sich der Teisinger in dem Monat nicht beschweren können. Ich liefer ihm, ohne daß er bestellt. Von mir aus!

DER KOLLEGE: Bitt dich, wenn ma oben paar hundert Ruthenen so an einem Vormittag hat baumeln gsehn und unten paar hundert Serben wie ich, gwöhnt sich der Mensch an alles. Was is das einzelne Menschenleben wert? Du kennst doch den Fall, einer schreibt an seine Eltern, sie sollen unbesorgt sein, für den Notfall hat er ein weißes Tuch immer bei sich — der Brief kommt an mit dem Vermerk —

DER REGIMENTSARZT: Ich weiß: Absender standrechtlich erschossen. Bei uns is Ärgeres vorgekommen.

DER KOLLEGE: Und bei uns? Ich schau nicht rechts, ich schau nicht links, ich schau vorwärts! Man müßt sich umbringen. Man will aber leben.

(Alles ist aufgestanden. Die Salonkapelle spielt »O du mein Österreich«, um sodann in die Melodie »Da habts mein letztes Kranl« überzugehen.)

DER REGIMENTSARZT: Sehr animiert is heut das Lokal.

DER KOLLEGE: Ja, wahrscheinlich wegen Czernowitz.

DER REGIMENTSARZT: Wieso? Weil die Russen —

DER KOLLEGE: Ja so — nein — oder doch. Oder — ich versteh das nicht — Schau die Paula an, bei dem Deutschmeisteroberleutnant. Die assentiere ich sofort.

DER REGIMENTSARZT: Du fliegst auf die?

(Rufe: Tango! Gegenrufe: Pfui! Nieder mit Tango! Walzer! Das is ein deutsches Lokal! Einer ruft: Wonstep! Antwort: Tepp!)

EIN BETRUNKENER: Gott — strafe — Spielts Walzer, Scheißkerln, mir san in Wean!

DER BESITZER *(auf den Stammgast einsprechend)*: Wissen Sie, wer der Fähnrich is, der jetzt hereingekommen is? Sehn Sie, das wissen Sie nicht. Das is der, von dem man doch gelesen hat, russische Soldaten haben ihn mit Strickleitern aus einem Sumpf gerettet. Jetzt kommt er jede Nacht zu uns!

(Verwandlung.)

46. SZENE

Nacht. Der Graben. Es regnet. Menschenleer. Vor der Pestsäule. Man kann in eine Seitengasse blicken.

DER NÖRGLER *(tritt auf)*:

So merk' ich wieder, wie's von unten regnet.
Aus Schlaf und Schlamm die alte Schlamperei,
sie spricht den schlaff zerlassenen Dialekt

des letzten Wieners, der ein Pallawatsch
aus einem Wiener ist und einem Juden.
Hier ist das Herz von Wien und in dem Herzen
von Wien ist eine Pestsäule errichtet.

(Er bleibt vor der Pestsäule stehen.)

Dies Wiener Herz, es ist aus purem Gold,
drum möchte ich es gern für Eisen geben!
O ausgestorbene Welt, das ist die Nacht,
der nichts mehr als der jüngste Tag kann folgen.
Verschlungen ist der Mißton dieses Mordens
vom ewigen Gleichmaß sphärischer Musik.
Der letzte Wiener röchelt noch im Takt
und läßt die Seele irdischen Behagens
rauschend, den letzten Regen dieser Welt
durchdringend, auf das nasse Pflaster fließen.

(Er blickt in die Seitengasse und gewahrt dort einen Betrunkenen, der mitten auf der Straße ein Bedürfnis verrichtet.)

Hier steht er, eine Säule seiner selbst,
in riesenhafter Unzerstörbarkeit!
Er kann nicht untergehn, es überlebt
dies Wahrzeichen der staubgebornen Lüge
das Ende aller Schöpfung und er weiß,
nur er allein ist von dem allen übrig,
das Sterben geht ihn einen Schmarren an,
sein innerstes Bedürfnis muß er stillen,
es bleibt die Spur von seinen Erdentagen,
und dieses ist der Weisheit letzter Schluß.
Und gierig lausch' ich seinem letzten Willen,
er hat dem Kosmos noch etwas zu sagen —

DER BETRUNKENE *(steht unverändert da und spricht in rhythmischer Begleitung, immer wiederholend):*
Ein Genuß! — Ein Genuß! — Ein Genuß!

IV. AKT

1. SZENE

Wien. Ringstraßenkorso. Sirk-Ecke. Larven und Lemuren. Alles erscheint Arm in Arm zu fünft. Grundlose Fröhlichkeit wechselt mit dumpf brütendem Schweigen. Ein Knäuel von Böcken steht da, je zwei Stirn an Stirn, einander anstarrend, wie durch ein Geheimnis miteinander verbunden. Soweit die Masse in Bewegung ist, zieht sie durch ein Spalier von Zivil, Krüppeln, Invaliden, deren Köpfe und Gliedmaßen in unaufhörlichen Zuckungen begriffen sind, von Fragmenten und Freaks aller Arten, Bettlern und Bettlerinnen aller Lebensalter, von Blinden und von Sehenden, die mit erloschenen Blicken die bunte Leere betrachten. Dazwischen gebückte Gestalten, die das Trottoir nach Zigarrenresten absuchen.

EIN ZEITUNGSAUSRUFER: Extraausgabee —! Varnichtete Niedalage der Italiena!

ZWEITER ZEITUNGSAUSRUFER: Extraausgabee —! Die amerikanische Note von Wülson!

EIN OFFIZIER *(zu drei anderen):* Grüß dich Nowotny, grüß dich Pokorny, grüß dich Powolny, also du — du bist ja politisch gebildet, also was sagst zu Amerika?

ZWEITER OFFIZIER *(mit Spazierstock):* Pluff!

DER DRITTE: Weißt — also natürlich.

DER VIERTE: Ganz meine Ansicht — gestern hab ich mullattiert —! Habts das Bild vom Schönpflug gsehn, Klassikaner!

DER ERSTE: Weißt, ich glaub, es is nur eine amerikanische Reglam oder halt so was.

DER VIERTE: A Gschäft wollen s' machen einfach, steht heut in der Zeitung. Für ihnern Pusiness!

DER DRITTE: Weißt, wann s' rüsten, rüsten s' gegen China.

DER ZWEITE: Woher denn, gegen Japan!

DER DRITTE: Oder gegen Japan natürlich, das is doch dasselbe, weißt ich verwechsel die immer.

DER ZWEITE: Pluff sag ich. Erstens können s' nicht wegen die U-Boot —

DER VIERTE: Natürlich, jetzt wo s' noch dazu verschärft sein.

DER ZWEITE: No weißt und wenn s' schon herüberkommen — mit denen ihre Divisionen wird ein Regiment von uns spielend fertig, aber spielend mein Lieber — rrtsch obidraht.

DER DRITTE: Höchste Zeit, wann amal Frieden is.

DER ZWEITE: Erlaub du mir!

DER DRITTE: No, daß man wieder in die Gartenbau kann!

DER ZWEITE: Ah so, das is was andreas.

DER ERSTE: Also du, du bist doch politisch gebildet, also ich lies da immer, sie machen eine Blockade, du was is das?

DER ZWEITE: Weißt das is so — also wir und die Deutschen wir sind ein Block, den s' nicht besiegen wern, no und dafür sperrn s' uns halt die Lebensmitteln und so.

DER ERSTE: Ah, so is das — du is das wahr, daß die Sozi schuld sind an dem Hofverrat von die Böhm? — Du — mir scheint — das Mensch kenn ich, schau — du was is das eigentlich Belange?

DER DRITTE: Herstellt — das ist die von gestern — ein Gustomenscherl — warts, ich — *(ab.)*

DIE ANDERN *(ihm nachrufend)*: Kommst also nacher zum Hopfner!

DRITTER ZEITUNGSAUSRUFER: Tagblaad! Unwidastehliches Vurdringen unsara Truppeen!

EINE KOMTESSE *(einen der Offiziere bemerkend, zu ihrer Begleiterin)*: Schau, die vielen Auszeichnungen, der hat sich gewiß gut geschlagen! Ich hab's rasend gern, wenn sich die Leut gut schlagen. *(Ein blinder Soldat in zerlumpter Uniform in einem Rollwagen erscheint.)* Wie ich noch im Palffy-Spital war —

EIN INTELLEKTUELLER *(zu seinem Begleiter)*: Ich versicher Sie, solange die Feinde eine Mentalität haben — *(ab.)*

Ein Automobil hält vor dem Hotel Bristol. Ein Riesenbaby lehnt darin.

POLDI FESCH *(erscheint am Wagenschlag)*: L'exactitude la politesse des rois. Du, noch eine Minute, ich hab meine Gründe.

DAS RIESENBABY: Wie viel Gedecke? Kommt sie?

POLDI FESCH: Qui vivra verra. Ich bin heut kolossal mon-

tiert, wiewohl ich gestern verloren hab — im Chapeau —
zu blöd — also seitdem ich den großen Verlust damals an
der Südwestfront gehabt hab, is mir das nicht passiert.

DAS RIESENBABY: Ich versteh dich wirklich nicht, warum du
dich mit solche Leute — das ist doch keine Klasse!

POLDI FESCH: Erlaub du mir — dafür wird morgen wieder
mit dem Sascha Kolowrat gedraht — übrigens — da mußt
du noch viel lernen, bevor du mich — du wie alt bist du?

DAS RIESENBABY: Zwauundzwanzig.

POLDI FESCH: Also da red nicht — ein erstklassiges Tripot,
sag ich dir! Solang ich hier hocken muß, bin ich angewiesen.
Aber da kannst du Gift drauf nehmen — ich wart nur auf
den Moment, wo der Frieden unterschrieben is, selbstredend wird es eine partie remis — so oder so, wie immer
die Entscheidung fällt, so bin ich der erste, der mit'n Orient
nach Paris kommt! — Jetzt können wir schon herein Bur-
scherl — (er winkt. Der Hotelneger öffnet den Wagenschlag.)

DAS RIESENBABY: Du ich flieg kolossal auf die Loná, glaubst
du, wird sich da was machen lassen?

POLDI FESCH: Qui vivra verra. (Ab.)

Alte Männer ziehen vorbei. Man hört den Gesang: In der
Heimat, in der Heimat, da gibts ein Wiedersehen —

EIN BERLINER EXPORTEUR *(mit Importe im Mund, zu seinem*
Begleiter): Ach, unsere Jungens überwinden diese Eindrücke
spielend. Einer unserer hervorragendsten Professoren hat
festjestellt, die psychische Umschaltung tritt schon in der
Etappe ein. Ihr hier seid ja im Hinterland lausiger als wir
an der Front! Nee Kinderchens, bei euch siehts nich nach
nem Siegfrieden aus! Is det ne Stimmung in eurem lieben
Wien? Da staunt der Fachmann und der Laie wundert sich.
Nee, hätt ich mir doch anders vorjestellt. Ihr faulen Brieder
macht ja nen Klamauk um den Frieden, als ob ihrs jaarnich
erwarten könntet —! (Ab.)

Ein Passant geht auf einen andern mit aufgehobenen Händen
zu und deutet auf den Zigarettenrest, den dieser im Mund hat.

EINE OFFIZIERSGATTIN *(zu ihrem Begleiter):* Dort stehn s'

schon angestellt für morgen. Von mir aus könnte der Krieg noch zehn Jahr dauern, mein Mann schickt mir alles, was ich brauch — *(ab.)*

Ein Spaziergänger: Hält man sich nicht an die Vorschriften, muß man zahlen. Hält man sich ja an die Vorschriften, is man zum Tod verurteilt.

Ein zweiter: Wieso?

Der erste: No ham Sie nicht heut gelesen, intressant, ein Professor verhungert?

Der zweite: Wieso ein Professor?

Der erste: Mittelstand. Er hat sich nicht verschaffen können im Schleichhandel, er hat gelebt nach der Rationierung.

Der zweite: Schigan. *(Ab.)*

Erster Verehrer der Reichspost: Wenn jetzt die Offensive kommt, dann paß auf — rrtsch obidraht!

Zweiter Verehrer der Reichspost: Und nacher mit die Juden — ramatama! *(Ab.)*

Ein Eigenbrötler: Sehn Sie, gestern hab ich hier im Rostraum vorzüglich gegessen. Wann aber wird endlich diese Bezeichnung »Bristol« verschwinden? Unsere Sprache muß von diesen welschen Bezeichnungen gesäubert werden! Früher, ja, da hab ich 10 Prozent genommen, jetzt nehm ich grundsätzlich nur 40 vom Hundert.

Sein Begleiter: Da haben Sie recht. Da — schaun Sie sich die an —

Der Eigenbrötler: No wenn Sie einen Gusto, pardon einen Geschmack haben — gehn Sie ihr nach, vielleicht gibt sie Ihnen ihre Anschrift. *(Ab.)*

(Eine korpulente Dame in Rote Kreuz-Tracht mit Lorgnon entsteigt einem Elektromobil.)

Lenzer v. Lenzbruck *(in Rittmeisteruniform)*: Küß die Hände, gnädigste Kommerzialrätin — Wie, noch nicht auf die Länder? Eine Sensation für Wien! Kann Ihnen gar nicht sagen, wie famos Ihnen die Tracht steht!

Frau Back v. Brünnerherz: No und Ihnen doch auch! Gehn Sie herein frühstücken? Mein Mann wartet.

Lenzer v. Lenzbruck: Der Göttergatte? Rasend gemütlich!

Also daß Sie sich entschlossen haben zu pflegen, ist die größte Sensation von Wien!

FRAU BACK V. BRÜNNERHERZ: Ich bin sehr zufrieden, wir können dadurch das Auto behalten, zwei Jahre hat mein Mann darum gekämpft, so hab ich mich schließlich entschlossen zum Roten Kreuz zu gehn. Ihnen kann ich ja sagen, es is mehr pro forma und wegen dem guten Ton. Nämlich ich pflege —

LENZER V. LENZBRUCK: Also doch!

FRAU BACK V. BRÜNNERHERZ: Wiesoo, ich pflege nur hinzu-fahren, wenn ich grad Lust hab. Jetzt wo der Krieg sich sowieso seinem Ende zuneigt, stehts so nicht mehr dafür. Gestern hat mich die Annunziata angesprochen —

LENZER V. LENZBRUCK (faltet die Hände): Bitti bitti erzählen, Baronin —!

FRAU BACK V. BRÜNNERHERZ: Ich protz nicht gern, soll Ihnen mein Mann erzählen. Apropos, ich hab gelesen, Sie sind doch Rittmeister geworn, ich gratuliere. Wissen Sie, daß Sie viel fescher sind wie in Zivil? Wahrscheinlich gehn Sie deshalb in Uniform herum! No hab ich erraten? Die Männer!

LENZER V. LENZBRUCK (geschmeichelt): Finden Sie?

FRAU BACK V. BRÜNNERHERZ: Und das Verdienstkreuz! Sigilaudis! Da schauts her!

LENZER V. LENZBRUCK (abwehrend): Nicht der Rede wert.

FRAU BACK V. BRÜNNERHERZ: Fehlt nur noch — no Sie sind imstand und gehn noch an der Front! Waren Sie schon einmal?

LENZER V. LENZBRUCK: No kann ich denn?

FRAU BACK V. BRÜNNERHERZ: Wieso?

EIN BLUMENWEIB: Veigerl!

LENZER V. LENZBRUCK: Der Verwaltungsrat laßt mich doch nicht! Ich hab aufgedraht — (beide ab.)

EIN HERR: Ja richtig, sagen Sie, was macht denn eigentlich Ihr Freund, der Maler? Der hat doch einen leichteren Dienst?

ZWEITER HERR: No eigentlich ja. Zuerst hat er Grabkreuze gezeichnet —

DER ERSTE: No also!

DER ZWEITE: Aber da wars auf einmal aus mit der Herrlichkeit und er hätte in ein Marschbataillon —

DER ERSTE: Oiwe, no und —?

DER ZWEITE: No und da ist eine glückliche Wendung eingetreten. Es hat sich nämlich herausgestellt, daß der Hauptmann kunstsinnig ist.

DER ERSTE: No und?

DER ZWEITE: No und jetzt zeichnet er nackte Weiber für den Hauptmann.

DER ERSTE: No also!

(Storm kommt.)

FRÄULEIN LÖWENSTAMM: Da kommt der Storm!

FRÄULEIN KÖRMENDY: Und noch dazu in Uniform!

Ein Herr steigt aus einem Wagen.

DER FIAKER *(die Hand aufhaltend):* Aber gnä Herr, wos gebn S' mr denn do? *(Die Hand umdrehend)* Schaun S' her — dö Narben!

(Verwandlung.)

2. SZENE

Der Optimist und der Nörgler im Gespräch.

DER OPTIMIST: Gehen Sie bald wieder in die Schweiz?

DER NÖRGLER: Von Herzen gern, wiewohl man sicher sein kann, das Publikum, dem man hier entflieht, dort anzutreffen. Nun, wenigstens verliere ich das Milieu nicht ganz aus den Augen, wenn ich an dem Drama dieses Untergangs arbeite. In Bern ist man wieder in Wean, ein verwesender Staat exportiert seine Fäulnisprodukte, Falloten und Diplomaten, Schieber und Schreiber, deren ungehindertes Reisen sich von selbst versteht und die für die Hassenswürdigkeit dieses weltaufreizenden Staatsgebildes noch die Schweizer Propaganda besorgen. Aber unsereins hat's nicht so leicht und die Formalitäten, die nötig sind, um wegzukommen, hindern mich daran.

Der Optimist: Ja, die Paßgeschichten. Ein Amt weiß nicht, was das andere verlangt. Aber schließlich, Krieg ist —

Der Nörgler: Krieg, das ist ja bekannt. Aber noch lästiger als sich von diesem Staat etwas verbieten zu lassen, ist, sich von ihm etwas erlauben zu lassen. Und dann muß man ja einen »triftigen Grund« angeben.

Der Optimist: Nun, und Sie haben keinen?

Der Nörgler: Eine Fülle. Die Aussicht, in der Schweiz ein Butterbrot zu bekommen, möchte ich nicht geltend machen. Eher schon die Summe aller Gründe: das Bewußtsein, in Österreich zu leben. Die Behörden würden sich Schreibereien ersparen, wenn man vor der Ausreise einen triftigen Grund anführen müßte, um hier zu bleiben. Aber ein triftiger Grund, um auf und davon zu gehen, ist allein schon die Frage, ob man einen hat. Sie ist allerdings nicht bloß ein triftiger Grund zur Ausreise —

Der Optimist: Sondern?

Der Nörgler: Zur Auswanderung.

Der Optimist: Sie werden also leicht einen finden. Wofür würden denn Sie mit Ihrer Dialektik keinen triftigen Grund finden!

Der Nörgler: Zur Rückkehr.

(Verwandlung.)

3. SZENE

Ein Bahnhof bei Wien.
Eine fünfhundertköpfige Herde steht vor dem herabgelassenen
Kassenschalter seit zwei Stunden.

Ein Wiener: In zehn Minuten kummt er.

Ein zweiter Wiener *(zum Portier):* Bitt schön wann kummt er denn?

Der Portier: No so um a siebene kummt er gern.

Ein dritter: No aber jetzt is eh scho dreiviertel auf acht.

Der Portier: Richti, do schau. No heut hot er eh zwara-halb Stund Verspätung. Is eh ongschrieben.

Der Nörgler: Kann man sich darauf verlassen?

Der Portier *(gereizt):* Ah wos, wos waß denn i, die wissen an Dreck, und wonn s' wos wissen, wern s' es do net dem Publikum auf d' Nosn binden!

Der Nörgler: Ja aber warum denn nicht?

Der Portier: Weil s' selber an Dreck wissen!

Der Nörgler: Aber es is doch angeschrieben.

Der Portier: Jo, ongschrieben, ongschrieben, aber kummen tut er deßtwegen halt do später!

Der Nörgler: Is das die Regel?

Der Portier: Na, a Regel is grad net, aber dös müßt rein a Ausnahm sein, daß er pünktlich nach der Verspätung kummt.

Der Nörgler: Ja, aber warum wird denn dann die Verspätung angeschrieben?

Der Portier: Weil dös eben ka Mensch net wissen kann. Dö draußt mölden 's net herein und dö herint sogen nix.

Ein vierter: Mir scheint gar, jetztn kummt er!

Der Portier: No olstan, sehn S', dös is rein der reine Zufall.

Der Nörgler: Ja, aber wie kommt denn das?

Der Portier: Mei liaber Herr, do nutzt ka Nürgeln, da müassn S' wem ondern frogen. Dös san halt die Verspätungen! Wir herint kriagn kane Möldung nicht und dö draußt sogen nix — jetzn bei dem Verkehr kann ma halt nix machn, jetzt is Kriag!

Ein fünfter: Der Zug kommt!

Ein sechster: Der Kassier schloft!

Rufe: Was is denn?! — Aufmachen! — *(Der Nörgler schlägt mit dem Stock auf den Schalter.)* So is recht!

(Der Schalter geht in die Höhe. Das österreichische Antlitz erscheint. Es ist von außerordentlicher Unterernährtheit, jedoch von teuflischem Behagen gesättigt. Ein dürrer Zeigefinger scheint hin- und herfahrend alle Hoffnung zu nehmen.)

Das österreichische Antlitz: Wird kane Koaten ausgeben! Wird kane Koaten ausgeben!

(Murren, das sich zum Tumult steigert. Es bilden sich Gruppen.)

Ein Eingeweihter: Kummts, i zeig enk ein Hintertürl! Da

brauch' mr überhaupt kane Koaten! (*Alle ab durch das Hintertürl.*)

(*Verwandlung.*)

4. SZENE

Kohlmarkt. Vor dem Schaufenster einer Bilderhandlung.

MARGOSCHES: Eines unserer gediegensten Geschäfte für Künste und so.

WOLFFSOHN: Prächtich! (*Er betrachtet die Auslage.*) Was mir in eurem lieben Wien sympathisch auffällt, ist, daß ihr noch im vierten Kriegsjahr an den Sinnbildern der Nibelungentreue festhaltet. Überall sieht man doch euern guten alten Kaiser Schulter an Schulter mit dem unsern; er will nicht loskommen, denn er kann nicht, sie sind unzertrennlich. Ach und da ist ja S. M. im Reichstach, die historische Sitzung, in der er das Schwert zieht. Na wissen Se, lieber Kommerzialrat, das war 'n Tach! — Wer ist denn der olle Dicke da?

MARGOSCHES: Das is doch der Erzherzog Friedrich!

WOLFFSOHN: Tüchtjer Mann!

MARGOSCHES: Sehn Sie sich an, das ganze Erzhaus!

WOLFFSOHN: Sieh mal, lauter Charakterköpfe, jeder 'ne Nummer. Ach, und da habt ihr sogar das schöne Bild, wie unser Kaiser weint.

MARGOSCHES: No und das Bild, wo u n s e r Kaiser weint? Dorten!

WOLFFSOHN: Nicht doch, das is nur 'n Schangerbild, er könnte auch beten. Aber der unsre ist an der Front bei seinen Soldaten und da hat denn der Maler richtje Tränentropfen rinjemalt.

MARGOSCHES: Das da is eines der greßten Malereien, »Die große Zeit«. Da is auch unser Kaiser mitten drin in der Schlacht!

WOLFFSOHN: Ja, so siehste aus. Mächtich intressant. Da reiten se alle feste druff, euer alter Kaiser und S. M., unser Hindenburch und euer Hötzendorf — da könnte sich manch ein Drückeberger 'n Beispiel nehmen.

MARGOSCHES: Kennen Sie das hier, Herr Kommerzienrat? Das hab ich mir sagen lassen, soll von Theodor Körner sein.

WOLFFSOHN: Doch. Ist ja berühmt! 'n stimmungsvolles Bild, 'n prächtjer Junge. *(Er liest)* »Vater, ich rufe dich, 's ist ja kein Kampf um die Güter der Erde!« *(Im Abgehn.)* Ja, ich sage Ihnen, siegen müssen wa, siegen! Denn geht die Valuta von alleine in die Höhe.

(Verwandlung.)

5. SZENE

Zwei Dichter im Gespräch.

DER DICHTER STROBL: — Und all das Grün mit Mondlicht durchwirkt, weit hinaus ergossen, bis zu fernen, weißglänzenden Häusern und dunklen Bergen, wie Eichendorffs allerholdseligstes Sommernachtsgedicht... *(versinkt in Träumerei)* Wie ich wieder aus dem dunklen Saal auf die Terrasse trete, hat der Fähnrich sein großes Taschenmesser in der Hand, schneidet ein Stück Geselchtes herunter und sagt so beiläufig und obenhin: »Mit diesem Messer hab ich ein paar Katzelmachern den Hals abgeschnitten.« *(Nach einer Pause, versonnen)* War ein braver Junge!

DER DICHTER ERTL: Welch ein Erleben! Ich beneide Sie. *(Er sinnt.)* Ich habe einen Plan gefaßt. Ich werde vorschlagen, die siebente Kriegsanleihe »Wahrheitsanleihe« zu nennen.

DER DICHTER STROBL: Fürwahr ein sinniger Gedanke. Aber warum?

DER DICHTER ERTL: Weil unser Sieg der Wahrheit endlich doch zu ihrem Rechte verhelfen muß und wird! Weil die Bedingung erfolgreicher Friedensverhandlungen die Wahrheit sein muß, nämlich: amtliche Richtigstellung aller Lügen und Verleumdungen, mit denen unwürdige Machthaber und Zeitungsschreiber der Ententeländer ihre eigenen Völker und die Welt betrogen, vergiftet und mißleitet haben. *(Strobl drückt ihm stumm die Hand. Sie schreiten fürbaß.)*

(Verwandlung.)

Kommers. Hindenburg-Feier.

EIN A. H.: — — Bierehrliche Seelen! So beherziget denn, was euch die Deutsche Korpszeitung ans Herz legt. *(Liest vor.)* Und die Möglichkeit des Vieltrinkens und des Vieltrinkenlassens ist auch notwendig. Verbieten wir das Resttrinkenlassen, so kann jederzeit jeder trinkfeste Fuchs jeden weniger vertragenden Korpsburschen in Grund und Boden trinken, und die Autorität ist hin, oder aber wir schaffen die Bierehrlichkeit und damit die Grundlage jeder Kneipgemütlichkeit ab. Verbieten wir das Vollpumpen, so geben wir ein Erziehungsmittel aus der Hand. *(Rufe: »So ist es!«* »Tempus für Platz und Stoff!«)* Ich bitte, diese Worte nicht aus dem Zusammenhang gerissen zu zitieren. Unser Korpsleben soll doch eine Kette von Erziehungsversuchen darstellen. Und jeder Korpsstudent wird bestätigen, daß er nie mehr im Leben so deutlich, so ungeschminkt, so unglaublich grob manchmal die Wahrheit zu hören bekam wie im Korps. Und wie kam's, daß er sich das gefallen ließ? So lächerlich es klingt: infolge der Kneipe! Die Kneipe ist für uns, was der vielgelästerte Kasernenhofdrill, der Paradenmarsch für den Soldaten. *(Rufe: Hurra!)* So wie dort das hundertmal wiederholte »Knie beugt!« nacheinander Faulheit, Wurstigkeit, Trotz, Wut, Schlappheit und Ermattung überwindet und aus dem Gefühl hilfloser Ohnmacht und völliger Willenlosigkeit vor dem Vorgesetzten die Disziplin hervorgehen läßt *(Rufe: Hurra!)* — so bietet bei uns das »Rest weg!« dem Älteren vor dem Jüngeren immer eine Gelegenheit, seine unbedingte Überlegenheit zu zeigen, zu strafen, Abstand zu wahren, die Atmosphäre zu erhalten, die für das ständige Erziehungswerk des Korps unbedingtes Erfordernis ist, wollen wir nicht Klubs werden. *(Rufe: Beileibe nich!)* Das »Rest weg« ist natürlich nicht immer, nicht bei jedem angebracht, aber es muß über der Kneipe schweben wie das »Knie beugt!« über jedem Kasernenhof!

ALLE: Hurra! Hurra! Hurra! *(Anstoßen)* Rest weg!

EIN FUCHS *(schwingt das Hindenburg-Heft der ›Jugend‹ und singt nach der Melodie »Als die Römer frech geworden«):*

> Darauf hat er kurz besonnen,
> Gleich den Feldzugsplan begonnen.
> Schon im Eisenbahncoupé
> Sprach er: »In den Narewsee!«
>
> Und kaum daß er angekommen,
> Sind die Russen schon geschwommen
> In dem See bei Molch und Lurch.
> Ja, so war der Hindenburch!
>
> Dreimal so zu Frosch und Unke
> Tauchte er sie in die Tunke.
> Jeder Tümpel, Sumpf und Teich
> War verrußt bis an das Aich!

ALLE: Hindenburch Hurra! Hurra! Hurra! Rest weg!

(Verwandlung.)

7. SZENE

Ärzteversammlung in Berlin.

EIN PSYCHIATER: — — Meine Herrn! Der Mann ist der eigenartigste Fall, der mir bis heute untergekommen ist. Ein gütiges Geschick hat mir ihn aus der Schutzhaft zugeführt. Da es offenbar so viele Jahre Zuchthaus gar nicht gibt, als der Mann für seine Verbrechen zu erwarten gehabt hätte, so mußte man nolens volens an die Psychiatrie appellieren. Hier ist mal ein Fall, wo nicht gefragt werden muß, ob der Verbrecher für die Tat subjektiv verantwortlich ist, vielmehr ist die Tat selbst der Beweis für die aufgehobene Verantwortlichkeit. Um Ihnen, meine Herrn, gleich die volle Anschauung der Unzurechnungsfähigkeit des Patienten zu vermitteln, will ich nur hervorheben, daß der Mann coram publico die Ansicht ausgesprochen hat, daß die Ernährungslage Deutschlands ungünstig sei! *(Bewegung.)* Mehr als das: Der Mann zweifelt am Endsieg Deutschlands! *(Un-ruhe.)* Aber nicht genug daran — der Mann behauptet die Unzweckmäßigkeit des verschärften U-Bootkrieges, ja des U-Bootkrieges überhaupt — denn ich habe mich sogleich überzeugt, daß er die Waffe als solche ablehnt und zwar nicht nur weil er sie für unzweckmäßig, sondern weil er sie geradezu für unsittlich hält! *(Erregte Zurufe.)* Meine Herrn, wir als Männer der Wissenschaft haben die Pflicht, kaltes Blut zu bewahren und dem Gegenstand unsrer Entrüstung nur als einem Objekt unsrer Forschung gegenüberzustehn, sine ira, jedoch cum studio. *(Heiterkeit.)* Meine Herrn, ich erfülle hier die traurige Pflicht, Ihnen ein volles Bild der Geistesverwirrung des Patienten zu entwerfen und ich muß Sie bitten, weder diesen Unglücklichen noch auch mich als den zufälligen Demonstranten einer abscheuerregenden Form von Irresein verantwortlich zu machen. Seine Verantwortlichkeit ist durch die Krankheit, meine durch die Wissenschaft aufgehoben. *(Rufe: »So ist es!«)* Meine Herrn, der Mann leidet an der fixen Idee, daß Deutschland durch eine »verbrecherische Ideologie«, wie er den hehren Idealismus unsrer Obrigkeiten nennt, dem Untergang entgegengetrieben werde, er findet, daß wir verloren sind, wenn wir uns nicht auf dem Höhepunkte unsres Siegeslaufs für geschlagen erklären, daß unsre Regierung, unsre militärischen Machthaber — beileibe nicht die englischen *(Oho!-Rufe)* — Schuld daran tragen, daß unsre Kinder sterben müssen! *(Pfui!-Rufe.)* Schon durch die Behauptung, daß unsre Kinder sterben müssen, daß also unsre Ernährungslage ungünstig sei, wäre ja die Sinnesverwirrung des Mannes glatt bewiesen. *(Rufe: »So ist es!«)* Ich habe Ihnen nun, meine hochverehrten Kollegen von der internen Medizin, den Fall entwickelt, damit Sie den Versuch machen mögen, auf den Patienten durch Mitteilung Ihrer Erfahrungen über den Gesundheitszustand der deutschen Bevölkerung im Kriege einzuwirken. Von der Art seiner Reaktion erhoffe ich mir eine Vervollständigung des klinischen Bildes, wenn nicht dessen Berichtigung nach jener Richtung, in der sich vielleicht doch die kriminelle Verantwortlichkeit nachweisen ließe, da man ja nichts unversucht lassen darf — in der Hoffnung also, daß der Patient unter der Einwirkung Ihrer maßgebenden Darlegungen sich zu Äußerungen hinreißen lassen werde, die uns die Entscheidung nach der einen oder der andern Richtung leichter machen. *(Ein Ruf: »Wir wolln det Kind schon schaukeln!«)*

DER IRRSINNIGE: Wenn unter Ihnen einer von den 93 Intellektuellen ist, verlasse ich den Saal! *(Oho!-Rufe.)*

DER PSYCHIATER: Ich will hoffen, meine Herrn, daß Sie diesen Ausbruch weniger als Insulte, denn als Symptom werten werden. Ich selbst habe, wie Sie alle wissen, jenen Protest, der als ein Markstein aus großer Zeit in den Annalen fortleben wird, unterzeichnet, und ich bin stolz darauf. Ich bitte nunmehr den verehrten Kollegen Boas, einen Versuch mit dem Patienten vorzunehmen.

PROFESSOR BOAS *(tritt vor):* Ich habe schon wiederholt die Erklärung abgegeben und ich bekräftige aufs neue, daß eine Beeinträchtigung unsrer Volksgesundheit durch die Einschränkung der Lebensmittel nicht stattgefunden hat. *(Rufe: »Hört! Hört!«)* Als Tatsache kann betrachtet werden, daß wir mit der Hälfte der früher verbrauchten Eiweißration unsrer Nahrung, ohne Beeinträchtigung von Kraft und Arbeitsfähigkeit auskamen, ja sogar unser Gewicht und körperliches Wohlbefinden noch steigern konnten.

DER IRRSINNIGE: Sie versorgen sich vermutlich im Schleichhandel! *(Erregte Zurufe.)*

DER PSYCHIATER: Meine Herrn, bedenken Sie den Geisteszustand — bitte Herr Kollege, wie steht es mit der Säuglingssterblichkeit, ein Punkt, der in der Phantasie unsres Patienten ständig wiederkehrt.

PROFESSOR BOAS: Es hat sich gezeigt, daß von einer ungünstigen Einwirkung der Ernährungsverhältnisse auf die Säuglingssterblichkeit keine Rede sein kann.

DER IRRSINNIGE: — sein d a r f, mein Herr! *(Rufe: »Maul halten!«)*

Der Psychiater: Was erhoffen Sie sich, Herr Kollege, von einer Fortsetzung des Krieges?

Professor Boas: Wir haben mit steigender Wohlhabenheit und Zunahme der Luxusernährung Raubbau an unsrer Gesundheit getrieben; jetzt haben Millionen von Menschen unter dem Druck der Entbehrungen den Weg zur Natur und Einfachheit der Lebensführung zurückzufinden gelernt. Sorgen wir dafür, daß die heutigen Kriegslehren unsrer zukünftigen Generation nicht wieder verloren gehen. *(Rufe: Bravo!)*

Der Irrsinnige: Der Mensch hat ganz recht — die vom Kurfürstendamm haben vor dem Krieg zu viel gefressen. Sie fressen aber auch jetzt noch zu viel. Da hat sich die Ernährungslage tatsächlich gar nicht verschlechtert. Was aber die zukünftige Generation der übrigen Bevölkerung anlangt, jener Kreise, die nicht Boas wegen Fettleibigkeit konsultieren — was die zukünftige Bevölkerung Deutschlands anlangt, so sehe ich sie rhachitisch zur Welt kommen! Kinder als Invalide! Wohl denen, die im Krieg gestorben sind — die im Krieg geboren sind, tragen Prothesen! Ich prophezeie, daß der Wahnsinn des Durchhaltens und der elende Stolz auf die Verluste der Andern, der deutsche Männer ebenso auszeichnet, wie deutsche Megären die Begeisterung für den Heldentod ihrer Söhne — daß dieser perverse Geisteszustand einer Gesellschaft, die in einer organisierten Glorie atmet und sich von Selbstbetrug nährt, ein verkrüppeltes Deutschland hinterlassen wird! *(Pfui!-Rufe.)* Was diesen Boas betrifft, so fordere ich ihn auf, zu bestreiten, daß bisher rund 800.000 Personen der Zivilbevölkerung Hungers gestorben sind, im Jahre 1917 allein um 50.000 Kinder und 127.000 alte Leute mehr als im Jahre 1913; daß im Halbjahr 1918 mehr Deutsche — um 70 Prozent mehr — an Tuberkulose starben als damals im ganzen Jahr! *(Rufe: »Schluß! Schluß!« »Jemeinheit!«)*

Der Psychiater: Sie sehen meine Herrn, wie es um den Mann steht. Ich danke dem verehrten Kollegen Boas und ersuche nunmehr Herrn Kollegen Zuntz, einen Versuch anzustellen. Ich bitte den verehrten Kollegen, sich dahin zu äußern, ob die deutsche Leistungsfähigkeit, dieses kostbarste Nationalgut, durch die Ernährung auch nur im mindesten gelitten hat.

PROFESSOR ZUNTZ: Verminderte Leistungsfähigkeit kommt bei der jetzigen Ernährung nicht in Frage. Allerdings wird in weiten Kreisen eine Unterernährung dadurch herbeigeführt, daß die Leute keine Lust haben zur Aufnahme ausreichender Mengen der wenig konzentriert vegetabilischen Nahrungsmittel.

DER PSYCHIATER: Wenn ich den verehrten Kollegen recht verstehe, so hätte es sich die Bevölkerung selbst zuzuschreiben. Denn zu einer Unterernährung läge objektiv keine Ursache vor?

PROFESSOR ZUNTZ: Nein.

DER PSYCHIATER: Aber die Unterernährung, soweit sie herbeigeführt wird oder sagen wir: wenn sie überhaupt herbeigeführt wird, hat keine nachteiligen Folgen?

PROFESSOR ZUNTZ: Nein.

DER PSYCHIATER *(zum Irrsinnigen)*: Darauf wissen Sie wohl nichts zu erwidern?

DER IRRSINNIGE: Nein.

DER PSYCHIATER: Zu allem hat er seine koddrige Schnauze, aber da schweigt er betroffen! Ich danke dem verehrten Kollegen Zuntz und ersuche nunmehr Rosenfeld-Breslau, den wir als Gast der Berliner Fakultät zu begrüßen die Ehre haben, einen Versuch anzustellen.

PROFESSOR ROSENFELD, BRESLAU: Unsre Bevölkerung ist bei aller Unterernährung gesünder geworden und die große Angst um die Unterernährung hat sich als müßig erwiesen. Im Gegenteil: die Überernährung der Friedenszeit stellt eine größere Gefährdung des Lebens dar als die Kostknappheit der Kriegsjahre. Die Statistik hat gezeigt, daß in der weiblichen Bevölkerung fast alle Krankheiten in den Kriegsjahren weniger Todesfälle gezeitigt haben als im Frieden. Jedenfalls können wir unsre Betrachtungen dahin zusammenfassen, daß die Kriegskost die Widerstandsfähigkeit des Volkes weder gegen die überwiegende Mehrzahl der Krankheiten noch gegen Erkrankungen noch gegen Anstrengungen in irgendeinem erkennbaren Maße herabgesetzt hat.

DER IRRSINNIGE: Nur gegen die Verlogenheit der Professoren! *(Lebhafte Entrüstungsrufe.)*

EINE STIMME: Machen Sie sich hier nicht unnütz!

ZWEITE STIMME: Rraus mit dem Kerl!

DRITTE STIMME: Da müßt 'n Schutzmann ran!

DER VORSTAND DES ÄRZTEAUSSCHUSSES VON GROSS-BERLIN: Ich benütze die Gelegenheit dieses Skandals, um meine Stimme zu einem nachdrücklichen Appell zu erheben. Kollegen! Ihr seid die Beichtväter eurer Kranken, ihr habt die vaterländische Pflicht, mündlich und in jeder andern Form aufklärend und belehrend zum Durchhalten zu ermutigen! Den Kleinmütigen müßt ihr aufs schärfste entgegentreten! Unbegründete und oft böswillig oder leichtfertig verbreitete ungünstige Gerüchte weiset zurück! Wir Heimgebliebenen können, sollen und werden durchhalten! Kollegen! Die einfache Lebensweise und Kost, das Maßhalten in der Aufnahme von Eiweißkörpern und Fett ist vielen gesundheitsdienlich gewesen!

DER IRRSINNIGE: Den Wucherern und den Ärzten! *(Rufe: »Das ist Unjebühr!« »Rraus mit dem Kerl!«)*

DER VORSTAND DES ÄRZTEAUSSCHUSSES VON GROSS-BERLIN: Schulärzte haben einwandfrei festgestellt —

DER IRRSINNIGE: — daß Deutschland erfolgreich mit Lügen belegt worden ist! *(Pfui!-Rufe.)*

DER VORSTAND DES ÄRZTEAUSSCHUSSES VON GROSS-BERLIN: — daß die erste Jugend keine gesundheitliche Schädigung gegen früher erkennen läßt!

DER IRRSINNIGE: Die Zunahme der Sterblichkeit beträgt nur 37 Prozent! *(Rufe: »Maul halten!« »Vaterlandsloser Jeselle!«)*

DER VORSTAND DES ÄRZTEAUSSCHUSSES VON GROSS-BERLIN: Die Kindersterblichkeit ist zurückgegangen. Erst kürzlich hat ein erster Fachmann nachgewiesen, daß es den Säuglingen noch nie so gut gegangen ist wie jetzt. *(Rufe: »So ist es!«)* Die Krankenhäuser sind weniger überfüllt als früher.

DER IRRSINNIGE: Weil alle tot sind! *(Lärm.)*

EINE STIMME: Das soll der Kerl beweisen!

DER IRRSINNIGE: Die Berichte mancher Anstaltsärzte klingen verzweifelt, wenn sie den Hunger der Insassen schildern, die weggeworfene Kohlstrünke und allerlei Unverdauliches zu verschlingen suchen, um nur die Hungerqual zu stillen. Der von einem Siechenhaus eingeforderte Bericht lautet lakonisch: Die Insassen sind alle gestorben. — Die aber lebend hier versammelt sind, sind zu Gutachten kommandiert worden und werden erst nach dem unvermeidlichen Zusammenbruch der Lüge und des Reichs den Mut zur Wahrheit finden! Dann aber wird es zu spät sein und kein Geständnis wird ihnen die Verachtung des Auslands ersparen. Denn die deutsche Wissenschaft ist eine Prostituierte, ihre Männer sind ihre Zuhälter! Was hier versammelt ist, um im Dienste der großen Lüge des Generalstabs das Kindersterben in Abrede zu stellen und aus schwarz weiß zu machen, trägt mehr Blutschuld als jene, die rot gemacht haben! Die 93 Intellektuellen, die da einst ausriefen »Es ist nicht wahr!« und »Wir protestieren!«, die das Pathos der Lüge mit ihrem Protest gegen die deutsche Ehre eröffnet haben, und jene, die zu ihnen gestoßen sind, haben die deutsche Kultur von Goethe und Kant und allen guten Geistern Deutschlands weiter abgezogen als selbst die romantischen Mordbrenner, unter deren Zwang sie lügen! Unter der Hand solcher Ärzte wird die Welt, die vom deutschen Wesen angesteckt zu werden fürchtet, an ihm sicher nicht genesen — und daß bei so viel Professoren das Vaterland verloren ist, sagt ein deutscher Reim! *(Es erhebt sich ein ungeheurer Lärm. Man hört die Rufe: »Es ist nicht wahr!« und »Wir protestieren!« Einige Professoren wollen sich an dem Irrsinnigen vergreifen und werden von anderen zurückgehalten.)*

DER PSYCHIATER: Meine Herrn! Wir waren soeben Zeugen des wildesten Ausbruches eines Vaterlandshasses, der unmöglich auf deutschem Boden gewachsen sein kann. Die Reaktion des Patienten auf die Experimente der verehrten Kollegen Boas, Zuntz und Rosenfeld-Breslau, und namentlich auf die gehalt- und lichtvollen Darlegungen des verehrten Vorstandes des Ärzteausschusses Groß-Berlin, für die ich dem verehrten Kollegen noch wärmstens danken muß, hat mir klar bewiesen, daß der Mann nicht geistesgestört, sondern von der Entente bezahlt ist! Wir haben es mit einem akuten Fall von Northcliffe-Propaganda zu tun, deren chronische Ausbreitung zu verhindern gerade die Ärzteschaft Groß-Berlins verpflichtet ist. Schon hat das Gift des Pazifismus auch in gesunde Hirne Eingang gefunden, und der zu weit getriebene Idealismus der Kriegsgegner ermutigt Weichlinge und Drückeberger zu einem Verhalten, das mit das schlimmste Übel ist, an dem der deutsche Volkskörper krankt. Tritt dazu noch eine verbrecherische Propaganda, so ist alsbald ein Zustand geschaffen, der danach angetan ist, knapp vor dem Endsieg unsern Unternehmungsgeist zu lähmen. Es ist der Geist der Flaumacherei, der dem Feind den Rücken stärkt und uns die Schwingen lähmt in einem Verteidigungskrieg, den britischer Neid *(Ein Zwischenruf: »Britischer Krämergeist!«)*, französischer Revanchedurst *(Zwischenrufe: »Und russische Raubgier!«)* — und russische Raubgier uns aufgezwungen haben. Hier haben wir einmal einen typischen Fall vor uns. Ich kann nicht umhin zu betonen, daß der Mann mir von vornherein bedenklich war, und nunmehr habe ich die Überzeugung gewonnen, daß wir es mit einem ganz schweren Jungen zu tun haben. So spricht kein Geisteskranker, meine Herrn, so spricht ein Vaterlandsverbrecher! Ich kann Ihnen, meine Herrn, des weiteren verraten, daß der Mann durch sein reueloses Verhalten während der Schutzhaft, wo er die empörenden Angriffe gegen alles was dem Deutschen heilig ist fortsetzte, ja sich sogar zu einer abfälligen Bemerkung über das Wolffsche Büro hinreißen ließ *(Bewegung)* — die Aufmerksamkeit der höchsten Kreise erregt hat und daß sogar eine Persönlichkeit, die uns allen ehrwürdig ist *(Die*

Versammelten erheben sich) — unser Kronprinz, die Äußerung getan hat, man sollte dem Kerl eins in die Fresse hauen. *(Rufe: »Hurra!«)* Es wird von der Entschließung der betreffenden höchsten Stelle abhängen, ob eine solche Remedur, die etwa als Strafverschärfung in Aussicht zu nehmen wäre, zur Anwendung gelangen soll. Unsres Amtes, meine Herrn, ist es, uns glatt für inkompetent zu erklären, da die medizinische Wissenschaft mit diesem Fall nichts zu schaffen hat, und ihn der Obhut der maßgebenden kriminellen Faktoren zu übergeben. *(Öffnet die Tür und ruft)* Schutzmann!

Schutzmann Buddicke *(erscheint):* Im Namen des Gesetzes — na kommen Se man mit!

(Ab mit dem Irrsinnigen. Die Versammelten erheben sich und stimmen die Wacht am Rhein an.)

(Verwandlung.)

8. SZENE

Weimar. Frauenklinik.

Professor Henkel: Ist nichts mehr zum operieren da? Seine Hoheit wird gleich da sein und ich habe ihm zugesagt — ich wollte ihm Gelegenheit geben, mal einer Operation als Zuschauer beizuwohnen. Also?

Professor Busse: Wir haben nichts.

Henkel: Wir müssen aber noch etwas operieren.

Busse: Es ist nichts da.

Henkel: Sie haben doch noch einen Fall. Bringen Sie den mal rein.

Busse: Aber — die Patientin hat gerade gefrühstückt.

Henkel: Das macht nichts. *(Die Patientin wird hereingebracht. Zu einem Assistenten)* Bereiten Sie den Fall vor und pumpen Sie ihr den Magen aus.

Die Patientin *(wehrt sich in großer Erregung):* Nein — nein — ich — will nicht —

Henkel: Keine Faxen! Die blamiert einen noch vor Seiner Hoheit! *(Der Prinz zu Lippe erscheint mit Gefolge. Begrü*

ßungszeremonie. Die Operation wird vorgenommen.) Es geht
sehr schön, Hoheit — da — so —

EINE SCHWESTER *(zupft den Assistenten am Rock):* Ach —
Himmel —

HENKEL: Was is'n los? *(Der Assistent gibt eine Kampfer-
injektion.)*

DER ASSISTENT: Herr Professor —

HENKEL: *(abwinkend):* Pst —

DER PRINZ ZU LIPPE *(zu Henkel):* Da haben Sie ganz ausgezeichnet operiert, ich werde das sofort meiner Schwester
mitteilen.

(Verwandlung.)

9. SZENE

Bei einer deutschen Reserve-Division.

EIN OBERST *(diktiert):* Von einem französischen Arbeits-
trupp am Hindernis Planquadrat 4674 wurden durch
den Grabenbeobachter Gefreiten Bitter, 7. Komp., R.-Inf.-
Regt. 271, mit drei Schuß zwei Franzosen niedergeschossen.
Ich spreche dem Gefreiten Bitter für die gute Leistung
meine Anerkennung aus.

(Verwandlung.)

10. SZENE

Isonzofront. Bei einem Brigadekommando. Nach Tisch.

DIE SCHALEK *(steht umgeben von Offizieren):* Schritt für
Schritt bin ich jetzt die Front am Isonzo längs des Görzer
Abschnittes abgegangen. Alles haben sie mir gezeigt! Also
was ich da erlebt hab! Die im Hinterland sitzen, können
sich das gar nicht vorstellen. Nach langem Bitten bekam ich
also die Erlaubnis mitzugehen. Ich fühlte, wie die Freiwil-
ligkeit die Last erschwert. Daß ich nicht mitgehen muß,
verursacht den innern Hader. Zur angegebenen Stunde, um
5 Uhr nachmittags, melde ich mich beim General als abmarschbereit. Ich bitte darum, mit einem Herrn gehen zu

dürfen, der ohnedies heute in Stellung muß. Durch mich soll keiner gefährdet werden, von dem es der Dienst nicht verlangt! Ein blutjunger Leutnant, der über die sich eröffnende Abwechslung seelenvergnügt ist, biegt mit mir am Fuße des Berges ab, den wir umgehen, um ihn dann von der Flanke anzufassen. Vorher bekomme ich den Befehl, punkt 9 Uhr wieder an der Ausgangsstelle zu sein. Tiu, tiu, tiuuu — geht es uns von der Seite an. Und plaudernd bummelten wir durch die Mondnacht wiederum heim. Aber dann! Beim Artilleriebeobachter der Podgora bin ich gesessen, atemlos harrend, was sich in seinem Abschnitte begeben würde. Nun, eine Bejahung der Instinkte, eine Betonung der Persönlichkeit hat Platz gegriffen, wie sie nie vordem hätte gezeigt werden dürfen. Oberhalb der Parkmauer des Schlosses bin ich beschossen worden. Wir stehen da, ohne Regung. Mag der Feind uns sehen! Kein Wort haben wir noch gesprochen. Jetzt sehe ich ihn an. Dünn ist er und blaß. Nicht viel über Zwanzig. Etwas Sonderbares geht in mir vor. Ich sehe den Leutnant an; Volksschullehrer ist er in einem ungarischen Dorf. Und wie ein blendendes Licht steigt in mir eine Erkenntnis auf. Während des Trommelfeuers auf dem San Michele erleuchtet ein neues Verstehen jede Windung meines Gehirns. Der Leutnant ahnt nicht, wie seine Haltung auf meine Erkenntnis wirkt. Er sieht mich an und lächelt. Er fühlt, daß ich mit ihm denke, unsere Nerven schwingen während des Trommelfeuers im Takt. Es klingt wie eine Solonummer im Orchester.. Tk, tk, tk — geht es los.. Der erste Ton ists des Morgens, wenn ich um halb vier aufstehe, um in die Stellung zu gehen.. Tiu, tiu, tiu — tk, tk, tk — kings!.. Aber auch nicht der Gedanke daran, daß man ungehorsam sein, den Befehl mißachten könnte, kommt einem von uns beiden in den Sinn. Die ungeheure Triebkraft eines Befehls verspüre ich jetzt am eigenen Leib. Der Leutnant bleibt stehen. Eine Nachtigall lockt und die Akazien duften betäubend. Jetzt freilich kommt es von der andern Seite; nicht mehr so peitschend und eilig, sondern langsam brüllend, fast hohnvoll

singend. Der Leutnant zerrt mich an die Wand. Wu —
wu — wu — — Ein Blindgänger war's.. Kein Gedanke
daran, stehen zu bleiben oder Deckung zu suchen. Befehl:
Um neun Uhr stellig zu sein. Zum erstenmal kann ich ganz
mit der Mannschaft fühlen. Was für eine Erleichterung ist
ein Befehl! Wunderbar leicht kommt man durchs Feuer,
wenn der Befehl es heischt. Wohl jenem Volk, das im Befehl leben dürfte, vertrauend, gläubig, daß der Befehl auch
der richtige sei, von den Besten der Besten ersonnen; so wie
es hier der vorwärtsdrängende und jeden Rückfall abschnei-
dende, das Eigentum schützende Befehl vom Isonzo ist!
Verwundete holen uns ein.. Einer ist taubstumm geworden. Er winkt und deutet, was ihm geschah.. Die Autos
warten und bald sind wir im Quartier. Der Tisch ist gedeckt und in dampfenden Schüsseln wird das Mahl auf-
getragen. In jedem Auge steht noch der Abglanz des Erlebnisses. Aber wir essen ganz tüchtig und schlafen prächtig
und nächsten Mittag spielt die Militärmusik bei der Offiziersmesse auf. Wir haben ja den benötigten Graben. Im
Freien wird gespeist, die Spargel schmecken gar köstlich
und süße Walzermelodien wetteifern mit dem Kuckuck und
mit dem Specht.. In Rom erfährt Salandra wohl nichts, als
daß er heute einen Graben verlor. Nun, das Trommelfeuer
auf dem Monte San Michele hatte ich hinter mir. Am nächsten Tag aber gings noch einmal hinaus. Interessant sind
die Verwundetenzüge. Die Leichtverletzten nehmen noch
Haltung an und salutieren, andere heben matt den Blick
und versuchen, mit der Hand nach der Mütze zu fahren,
viele aber liegen unbeweglich, haben den Mantel übers Gesicht gezogen und sehen und hören nichts.. Das Gefecht ist
zu Ende. Wir können also gehn. Andern Tags dachte ich,
ach was, den Monte San Michele läßt du heute rechts liegen.
Heute führt mich mein Weg zur Nachbardivision, zu den
ungarischen Truppen des Heeres. Leichengeruch weht über
die Straße weg. Kein Korso einer Großstadt ist so men-
schenbelebt wie diese granatenbestrichene Straße. Hier liegen seit acht bis zehn Monaten zwischen den Stellungen

ganz mumifizierte, durchlöcherte Leichen.. Die Gräben sind eng, fast nur mannsbreit und die Leute schlafen langausgestreckt auf ihrem Grunde. Man steigt über sie weg, aber sie wachen nicht auf.. Sechs Einschläge zählen wir und eine rasche Aufnahme gelingt.. Ich darf durch einen Panzerschild hinausschauen und den Trichter bestaunen.. Beim Bataillonskommandanten bekomme ich ein Glas Eierschnaps. Das tut wohl. Die Nerven vibrieren doch von dem ewigen Krachen ringsum. »Decken Sie frisches Zeitungspapier auf«, ruft der gastfreie Offizier. (Offenbar eine Galanterie für mich.) Sechs Schüsse — sechs Volltreffer.. Platte auf Platte fülle ich mit Bildern für die Zukunft.. Und dann zurück hieher. Beim Brigadier wartet ein Frühstück auf uns; dankbar nehme ich's an. Das war aber ein Frühstück —! Weil mich Cadorna heute wiederum verschonte, weil die Granate wiederum gerade um ein Viertelstündchen zu spät kam, gab's eine Flasche echten Champagners und als besonderen Lohn eine Dose wirklichen Kaviars. Knusprige Kipfel und bunte Blumen, Radieschen und ein Damastgedeck — solche Kontraste gibt's nur an der Front!

DIE OFFIZIERE: Weil sie Cadorna heute wiederum verschonte, weil die Granate wiederum gerade um ein Viertelstündchen zu spät kam —

gab's Blumen, Kipfel, Kaviar,
so muß es sein, das ist doch klar.

Wir sind die bessern Herrn vom Stab,
in diesem Punkt geht uns nix ab.

Wir gehn nicht in den Schützengraben,
weil s' dorten keinen Schampus haben.

Statt Kaviar auf Butterbrot
gibt's nix als einen Heldentod.

Wir fressen, die dort müssen zahl'n.
Fürs Vaterland is's schön zu fall'n.

Und das weiß heut doch jedes Kind:
Wir fall'n nur, wenn wir b'soffen sind.

Cadorna, der hat uns schon wieder verschont.
[: Sehn S', solche Kontraste gibt's nur an der Front! :]

(Verwandlung.)

11. SZENE

Divisionskommando.

EIN KOMMANDANT: Exzellenz, gerade dieses Unternehmen war mangels entsprechender Artillerie aussichtslos. Der Feind hat geradezu ein Scheibenschießen auf die abgelassenen Pontons und deren Besatzungen veranstaltet. Hunderte von Leichen sind an jenem Tag im San versunken und dann mußten wir doch die Forcierung des Flusses aufgeben. Wir stehen jetzt vor derselben Situation.

DER KAISERJÄGERTOD: Sie müssen unbedingt aushalten.

DER KOMMANDANT: Exzellenz, die Truppen erfrieren in den von Grundwasser erfüllten eisigen Löchern.

KAISERJÄGERTOD: Wie hoch schätzen Sie die voraussichtlichen Verluste?

DER KOMMANDANT: 4000.

KAISERJÄGERTOD: Die Truppen sind befehlsgemäß zu opfern.

DER KOMMANDANT: Wenn sie herauskommen werden, waten sie bis zu den Knien im Schnee und sollen dabei eine überhöhende Stellung des Feindes angehen.

KAISERJÄGERTOD: Haben Sie denn keinen Feldkuraten, der die Leute aufpulvern könnte? Die Offensive darf um keinen Preis verzögert werden!

DER KOMMANDANT: Exzellenz, es liegt ja so viel Schnee, daß ein ganzes Regiment aufgerieben wird.

KAISERJÄGERTOD: Ein Regiment? Was macht mir ein Regiment!

DER KOMMANDANT: Die Leute stehen mit hungrigem Magen im Wasser. Sie kämpfen verzweifelt gegen die gewaltigen unausgesetzten Anstürme der Russen.

(Der Kaiserjägertod wird zum Telephon gerufen.)

KAISERJÄGERTOD: Was? Ablösung oder Verstärkung? Herr Oberst, Sie haben auszuhalten bis auf den letzten Mann, ich habe keine verfügbare Mannschaft, und ein Zurück kenne ich nicht, koste es was es will! Was? Einen Tag Ruhe wollen s' zum Trocknen der Kleider? Was sagen Sie? Ihre armen, braven Tiroler liegen erschossen draußen und schwimmen im Wasser? *(Brüllend.)* Zum Erschießen sind sie da! Schluß! — So und Ihnen habe ich nichts anderes zu sagen. Die Truppen haben in ihren Stellungen auszuharren, es geht um meine Existenz! *(Ab.)*

EIN MAJOR *(zum Kommandanten):* Da ist nichts zu machen, Exzellenz pflegt eben seine Kerntruppen wegen ihrer vorzüglichen Eigenschaften gerade bei den schwierigsten Aufgaben einzusetzen. Exzellenz ist ein überaus energischer, zielbewußter, impulsiver General, der streng dienstfordernd, persönlich tapfer, von seinen Untergebenen unbedingte Aufopferung verlangt.

(Verwandlung.)

12. SZENE

Rückzug. Eine Ortschaft.

KAISERJÄGERTOD *(zu einem Obersten):* Niemand darf austreten und niemand darf sich etwas kaufen! *(Aus einem Geschäft tritt ein hungernder Soldat, der ein Stück Brot in der Hand hält. Kaiserjägertod züchtigt ihn mit der Reitpeitsche.)* Herr Oberst, was führen Sie hier für einen Sauhaufen, lassen Sie jeden Mann, der ausgetreten ist, drei Stunden anbinden! Verlautbaren Sie, daß auf Leute, die beim Vormarsch oder Rückzug zu den Bauern Brot und Milch kaufen gehn, geschossen werden soll! *(Er reitet ab. Da und dort verlassen Leute die Einteilung. Die Offiziere schießen der Mannschaft nach. Panik. Schreckensrufe: »Die Russen kommen!«)*

OBERLEUTNANT GERL (*stellt sich in Positur*): Ihr könnts krepieren vor Hunger, ich werde aber noch immer etwas zum essen haben!

(*Verwandlung.*)

13. SZENE

Spital neben einem Divisionskommando. Man hört die Regimentsmusik lustige Weisen spielen.

EIN SCHWERVERWUNDETER (*wimmert*): Nicht spieln — nicht spieln!

EIN WÄRTER: Stad sein! Das is die Tafelmusik vom Exzellenzherrn Feldmarschalleutnant von Fabini! Die wird er euretwegen net aufhören lassen, was glaubts denn?!

(*Die Tür geht auf. Man hört Gesang: Ja so ein Räuscherl is mir lieber als wiara Krankheit, wiara Fieber.*)

(*Verwandlung.*)

14. SZENE

Bei einer deutschen Reserve-Division.

EIN OBERST (*diktiert*): — Jetzt den Schluß vom Tagesbefehl. Notiz! Aus der Masurischen Waschanstalt in Lötzen hat Herr General von Schmettwitz drei weiße Stehkragen, Marke Maingau, Weite 42 Zentimeter, ohne Zeichnung zurückerhalten, die ihm nicht gehören. Dagegen fehlen drei weiße Stehkragen, Weite 43 Zentimeter, zwei davon gezeichnet v. Sch., und alle drei mit grauem Faden im hinteren Knopfloch versehen. Um Austausch wird gebeten.

(*Verwandlung.*)

15. SZENE

Der Optimist und der Nörgler im Gespräch.

DER OPTIMIST: Vor einem möchte ich Sie warnen: zu generalisieren.

DER NÖRGLER: Sie meinen, ich solle mich hüten, jeden Schurken für einen General zu halten?

DER OPTIMIST: Nein, Sie sollten nicht die Fülle der Beispiele von Pflichterfüllung und von Opfermut übersehen — auch bei den Offizieren —

DER NÖRGLER: Man darf nicht generalisieren. Da doch jene Beispiele in ihrer Fülle offenbar gar nicht zu übersehen sind, so bleibt nichts übrig, als sein Augenmerk auf die Ausnahmen zu heften. Wollte man statt dessen auf solche, die im Krieg ihre Ehrenhaftigkeit nicht verloren haben, aufmerksam machen, so würde man das Selbstverständliche hervorheben und der Institution vollends nahetreten, indem man den Eindruck erweckte, als ob die Ehrenhaftigkeit eine Ausnahme sei. Gerade indem man auf die Schurken hinweist, bleibt man frei von dem Vorwurf, zu generalisieren, den nur die Getroffenen, nicht die andern erheben können. Nahetreten möchte ich keinem einzigen, nur der ganzen Institution, indem ich weniger zu ihren Gunsten gelten lasse, daß sie einen Ehrenmann nicht verdirbt, als zu ihren Ungunsten, daß sie einen Schwächling in einen Schurken verwandelt. Glauben Sie ja nicht, daß ich diese feigen Philister, die jetzt die Machtgelegenheit benützen, um sich für ihr Minus an Mannheit an der Mannschaft zu rächen, für bewußte Tyrannen halte. Sie vergießen nur Blut, weil sie keines sehen können und es nie gesehen haben, sie handeln im Rausch des Erlebnisses, plötzlich ihre eigenen Vorgesetzten zu sein und einmal Dinge tun zu dürfen, für die sie nicht in ihrer Persönlichkeit, nur in der Gelegenheit die unentbehrliche »Deckung« finden. Und die meisten dieser Schubbjacks werden dereinst nicht einmal zu fassen sein, weil sie bei ihrem Handeln von jenem Kodex gedeckt waren, der ihnen alles das erlaubt und gebietet, was ihnen bis dahin das Strafgesetzbuch verboten hat: vom Reglement. Groß war die Zeit, in der einer für Rauben, Morden und Schänden mit dem Verdienstkreuz davonkam, und für die Bestellung dieser Taten mit dem Mariatheresienorden!

DER OPTIMIST: Man darf nicht generalisieren. Erst heute

habe ich gelesen, daß sich die Mannschaft mit den Offizieren, die ihr frisches Herzblut dem Vaterlande opfern, durch eine oft bis zur Freundschaft gesteigerte Kameradschaft —

DER NÖRGLER: — angebunden fühlt.

(Verwandlung.)

16. SZENE

Frachtenbahnhof in Debreczin. Ein Waggon, von Posten bewacht. Mit Kreide angeschrieben: 40 Mann, 6 Pferde. Neugierige im Umkreis.

EIN POSTEN *(zur Bevölkerung)*: Gehts weg da!

OBERLEUTNANT BEINSTELLER: Wie lang hängen die jetzt drin?

LEUTNANT SEKIRA: Erst anderthalb Stunden.

BEINSTELLER: Also noch eine halbe Stund! Wie viel sinds?

SEKIRA: 20.

BEINSTELLER: Also noch Platz für 20! Den Frontschweinen gehts zu gut.

SEKIRA: Ich hab s' eh schon trocken rasiern lassen und nacher geohrfeigt. Wenn das Anbinden verboten wird, weiß ich schon was ich mach. In ein Schilderhäusl — und nacher drin mit Stacheldraht so umatum, daß der Kerl nur habtacht stehn kann!

(Verwandlung.)

17. SZENE

Wiener Magistrat.

DER BEAMTE *(zu einer vor ihm stehenden Partei)*: Also wann S' aufs Land gehn wolln — das wern mr gleich haben, da brauchen S' sich nur nach der folgenden Vurschrift zu richten, passen S' auf *(er liest, wobei er ein bestimmtes Wort besonders lebendig hervorhebt, aber unaufhörlich mit dem Zeigefinger der rechten Hand eine Bewegung vornimmt, die jede Hoffnung abzuweisen scheint)*: »Personen, die im Jahre 1917 ihren Wohnort vorübergehend in ein Heilbad oder auf die

Dauer von mindestens vier Wochen in einen Kurort oder in eine Sommerfrische verlegen, haben bis längstens 1. Juni bei der Bezirksbehörde ihres ständigen Wohnortes mittelst des dort erhältlichen amtlichen Formulars eine Abmeldung zu erstatten, in der der Name, der ständige Wohnort, der Ort des Sommeraufenthalts, der Tag des voraussichtlichen Eintreffens, die Anzahl der Begleitpersonen und die beabsichtigte Dauer des Aufenthalts anzugeben sind; eine gleichlautende, zweite Ausfertigung dieser Abmeldung ist der Bezirksbehörde des gewählten Sommeraufenthalts zuzusenden. Die Personen haben noch vor der Abreise bei ihrer Brotkartenausgabestelle den L e b e n s m i t t e l k a r t e n - a b m e l d e s c h e i n zu beheben und sohin den Bezug derjenigen Lebensmittel, deren Verkauf rayoniert ist, gegen Bestätigung auf dem L e b e n s m i t t e l k a r t e n a b m e l d e - s c h e i n bei der betreffenden Verschleißstelle abzumelden. Der Verschleißer rayonierter Lebensmittel hat eine Liste zu führen, in welcher Name, Wohnort, Tag der Abreise und Zahl der Begleitpersonen der sich Abmeldenden sowie die Menge der in Abfall kommenden Lebensmittel einzutragen sind; diese Liste ist derjenigen Stelle, von der die Zuweisung rayonierter Lebensmittel erfolgt, am Ende jeder Woche vorzulegen. In dem Heilbad, dem Kurort oder der Sommerfrische haben sich die Personen unter Vorweisung des L e b e n s m i t t e l k a r t e n a b m e l d e s c h e i n e s *(Die Partei verschwindet)* bei der Brotkartenausgabestelle sowohl nach dem Eintreffen als auch vor dem Verlassen dieser Orte zu melden. Die Ausfolgung von Lebensmittelkarten darf im Orte des Sommeraufenthalts sowie nach der Rückkehr im ständigen Wohnort nur auf Grund des mit den entsprechenden Amtsvermerken versehenen L e b e n s m i t t e l k a r - t e n a b m e l d e s c h e i n e s erfolgen. Die politischen Bezirksbehörden sind ermächtigt worden, den Einkauf von Lebensmitteln durch die Fremden zu rayonieren und außerdem die Verabfolgung von Speisen in den Speisewirtschaften der Heilbäder, Kurorte und Sommerfrischen zu regeln. Gastwirtschaften haben auf die Mehrzuweisung von Lebensmitteln für die Verpflegung von Heilbäder- und Kurortebesuchern sowie Sommerfrischlern im Allgemeinen nur dann Anspruch, wenn sie den erhöhten Bedarf durch Abgabe der von den Kostteilnehmern eingezogenen Kartenabschnitte nachweisen. Für Ausflügler, die nur auf kurze Zeit Heilbäder, Kurorte und Sommerfrischen besuchen, können besondere Verpflegsvorsorgen nicht getroffen werden. Weiters sind die politischen Bezirksbehörden ermächtigt worden, den Besuchern von Heilbädern, Kurorten und Sommerfrischen zur Verhinderung des Hamsterns von Lebensmitteln den unmittelbaren Einkauf gewisser Lebensmittel beim Produzenten zu verbieten.« — Na alstern, jetzt wissen S' es, jetzt können S' — *(er blickt auf)* Wo is denn der hin verschwunden? *(Er sucht auf dem Boden.)* Sie Herr, warten S' auf den Lebensmittelkartenabmeldeschein! *(Kopfschüttelnd)* Mirkwirdiger Mensch das. Was sich die Leut herausnehmen! *(Er sucht weiter. Dann erhebt er sich.)* Der hats net erwarten können. Am End is er gar schon am Land!

(Verwandlung.)

18. SZENE

Wohnung der Familie Durchhalter.

DIE MUTTER: Ziagts z'haus die Sandalen aus, man hört sein eigenes Wort nicht!

EIN KIND: Mutter, gibt's heut wieder nix z' essen?

DIE MUTTER: Du frecher Bub, ich wird dir lehren — *(sie will auf ihn losgehen. Es läutet.)* Das is der Vater! Er hat sich angestellt um Wrucken, hoffentlich —

(Man hört das Klappern von Sandalen. Der Vater, in Papieranzug, erscheint in der Tür.)

DIE KINDER: Vater, Brot!

DER VATER: Kinder, Rußland verhungert!

(Verwandlung.)

Der Abonnent und der Patriot im Gespräch.

DER ABONNENT: No jetzt wern wir doch schon bald Getreide aus der Ukraine haben.

DER PATRIOT: Der Czernin hat eine Gewure! Jetzt ham wir den Brotfrieden! Und jetzt solln sie probiern, uns auszuhungern.

(Verwandlung.)

20. SZENE

Sofia. Ein Bankett deutscher und bulgarischer Schriftleiter.

DER DEUTSCHE GESANDTE GRAF OBERNDORFF *(erhebt sich):* Meine verehrten Gäste! Ich freue mich jedesmal, wenn mir vergönnt ist, hier im Hause, über dem das schwarz-weiß-rote Banner weht, deutsche und bulgarische Freunde zu gemütlichem Gedankenaustausch zu vereinen. Heute aber freue ich mich ganz besonders. Denn Sie, meine verehrten Herren von der deutschen und bulgarischen Presse, darf ich als — Kollegen willkommen heißen.

RUFE: Bravo! Prösterchen, Herr Kollege!

DER DEUTSCHE GESANDTE: Ja, mögen wir auch ein oder das andere Mal etwas an einander auszusetzen haben, wie das zwischen Zunftgenossen vorkommen kann, Diplomatie und Presse gehören eng zusammen.

RUFE: Bravo! Bravo!

DER DEUTSCHE GESANDTE: Kein guter Journalist ohne diplomatisches Empfinden, und kein brauchbarer Diplomat, der nicht mit einem vollen Tropfen Druckerschwärze für seinen Beruf gesalbt wäre.

RUFE: Famos!

DER DEUTSCHE GESANDTE: Ich sage Beruf, das Wort ist zu gering. Es ist eine Kunst, eine hohe Kunst, die wir ausüben, und das Instrument, auf dem wir spielen, ist das edelste, das sich denken läßt, es ist die Seele der Völker!

RUFE: So ist es!

DER DEUTSCHE GESANDTE: Was Diplomatie und Presse geeinigt vermögen, hat uns dieser Weltkrieg gezeigt.

RUFE: Jawoll!

DER DEUTSCHE GESANDTE: Vom Feinde soll man lernen. Wenn wir die Reihe der diplomatischen Größen der Anktankte an unserem Sinn vorüberziehen lassen und dabei Namen wie Times und Reuter, Matin, Havas, Nowoje Wremja hören, nicht zu gedenken der kleinen Satelliten in Rom, Bukarest, Belgrad, dann müssen wir gestehen, daß hier ein Bund auftrat, der Erfolge aufweisen kann. Erfolge an Lüge und Verblendung —

RUFE: So ist es!

DER DEUTSCHE GESANDTE: — Wut und Haß, wie sie die Welt nie zuvor gesehen. Ja, es ist ein mächtiger Bund und schreckhaft anzuschauen, und dennoch nur ein künstlich aufgetriebener Koloß, der eines Tages bersten wird. Denn es fehlt ihm der Leben spendende und erhaltende Geist, die Wahrheit. Die ficht auf unserer Seite.

RUFE: Jawoll!

DER DEUTSCHE GESANDTE: Mit ihr und für sie streiten S i e, meine Herren von der bulgarischen und deutschen Presse, in der stolzen Erkenntnis, daß jeder Erfolg, den die Wahrheit erringt, auch einen Erfolg für unsere gemeinsame Sache bedeutet. Ja, an dem Tag, an dem den Völkern, die man gegen uns in einen vergeblichen Kampf treibt, endlich die Schuppen von den Augen fallen, am Tage, an dem sie erkennen werden, wie wir wirklich dastehen —

RUFE: Hurra!

DER DEUTSCHE GESANDTE: — wie unüberwindlich gerüstet von innen und von außen, an dem Tage endet der Weltkrieg! *(Setzt sich. Allgemeines Anstoßen.)*

RUFE: Hurra! — Pröstchen Herr Kollege! — Herr Graf, Pupille!

KLEINECKE-BERLIN: Mir scheint, Herr Kollege, die Balkanonkels machen flau. Haben Se bemerkt, keen Ton —!

STEINECKE-HANNOVER: Ist mir nicht entgangen. Na und wenn schon. Oberndorff war famos.

KLEINECKE-BERLIN: Eine Poënkte neben der andern. Der Mann ist in der Tat mit 'nem vollen Tropfen Druckerschwärze jesalbt.

STEINECKE-HANNOVER: Der Mann ist mit der beste Redner, den wa jetzt haben. Die Wahrheit, die ficht auf unserer Seite — wie schlicht und wahr zugleich!

KLEINECKE-BERLIN: Ja, seit dem Tage, da wir melden konnten, französische Flieger hätten Bomben auf Nürnberch jeworfen. Das war der Anfang.

STEINECKE-HANNOVER: Ja, seit damals stehn wa im Kampf gegen die Lügen unserer Feinde.

KLEINECKE-BERLIN: Was Diplomatie und Presse geeinigt vermögen, hat uns dieser Weltkrieg gezeigt, den britischer Neid, französischer Revangschedurst und russische Raubgier uns aufgezwungen haben. Goldene Worte.

STEINECKE-HANNOVER: Es erinnert an das treffende Wort eines großen Kollegen. Wie sagt doch Ernst Posse? Der Krieg hat offenbart, welche Macht der moderne Zeitungsschreiber in der Hand hält. Man denke sich, sagt Ernst Posse, wenn man kann, die Zeitung weg in diesem internationalen Aufruhr der Gemüter; wäre ohne sie der Krieg überhaupt möglich geworden, möglich in seinen Entstehungsursachen, möglich auch in seiner Durchführung?

KLEINECKE-BERLIN: Wie wahr! Ernst Posse schaltet sogar die Diplomatie aus.

STEINECKE-HANNOVER: Er spricht eben als Journalist. Oberndorff ist Diplomat und gibt darum der Presse, was der Presse ist.

KLEINECKE-BERLIN: Nu sagen Sie aber Kollege, diese faulen Balkanfritzen —

STEINECKE-HANNOVER: Ach, das wolln wa uns nich anfechten lassen. Gucken Se mal, Oberndorff trinkt uns zu —

BEIDE: Herr Graf, Pupille!

(Verwandlung.)

Ministerium des Äußern.

HAYMERLE *(zu einem Redakteur):* Wenn er das erlebt hätt der Selige, daß ich über seinen Todestag einen Artikel in die Neue Freie Presse schreib — die Freud, was er ghabt hätt! Ich bin zur Zeit im Felde und eigens hereingekommen — denn draußen hab ich keine Ruh zum Schreiben. Aber da is mir gleich lieber, ich diktier's Ihnen. Also — ich denks wie heut. Also — ich wär Ihnen also dankbar, wenn Sie nachstehende Zeilen in Ihr geschätztes Blatt aufnehmen wollten.

Ich hatte die Ehre, seit Ende Januar 1914 als k. u. k. Botschaftsrat in Berlin unter dem Befehle Sr. Exzellenz des Grafen Szögyeny-Marich zu stehen.

Näheres über die Zeit kurz vor Ausbruch des Weltkrieges zu sagen, liegt nicht in meiner Absicht, noch bin ich dazu berechtigt; ich möchte nur eine für den großen Staatsmann charakteristische und zugleich ehrende Episode erwähnen.

Es war am Abend der Kriegserklärung zwischen Serbien und der k. u. k. Monarchie.

Ich war, mit der Bitte um eine Unterschrift, noch um $^1\!/_2 9$ Uhr abends zu Sr. Exzellenz aus der Kanzlei hinuntergekommen.

Der Botschafter war eben im Begriffe, aus dem Eßzimmer in sein Schlafzimmer zurückzukehren.

Als er mich sah, frug er mich, seiner Gewohnheit gemäß, auch dann immer zuerst seine Besucher oder Beamten zu fragen, ob etwas Neues los sei, selbst dann, wenn er selbst Wichtiges mitteilen wollte: »Was gibt's Neues?« Auf meine Antwort, mir sei nichts Wichtiges bekannt, sah mich der alte Herr mit einem ganz eigentümlichen, halb stolzen, halb wehmütigen Blicke an — Wissen S', so kwieß — und sagte, mir tief ergriffen die Hand reichend: »Soeben haben wir Serbien den Krieg erklärt.«

DER REDAKTEUR: Herr Botschaftsrat haben das also um $^1\!/_2 9$ Uhr abends noch nicht gewußt? Aber die Bevölkerung scheint bereits informiert gewesen zu sein?

HAYMERLE: Warten S'. Buchstäblich in dem gleichen Augenblicke ertönte bereits in der Moltkestraße (die zwischen dem Botschaftspalais und dem preußischen Kriegsministerium hindurchführt), ein donnerndes vielfaches Hoch und gleich darauf wurde unsere geliebte Volkshymne von Hunderten von Menschen aller Stände — Offiziere, Herren im Zylinder, Damen in Abendtoilette —

DER REDAKTEUR: Intressant, also sie haben sich schon massiert.

HAYMERLE: Frauen aus dem Volke, Arbeiter, Soldaten und Kinder —

DER REDAKTEUR: Wie, auch Kinder?

HAYMERLE: Naturgemäß. Oh Kinderln sind oft gscheit! Er speziell war immer ein großer Kinderfreund! Also wo sind wir — angestimmt, und alles rief wie aus einem Munde nach dem Botschafter. »Ans Fenster«, »ans Fenster«, »er soll sich zeigen«, »wir wollen ihn sehen!«

DER REDAKTEUR: Offenbar hat das Volk nicht so sehr aus Information wie aus Instinkt gehandelt.

HAYMERLE: Versteht sich. Es fühlte eben bereits damals mit dem der großen Menge eigenen Spürsinn das deutsche Volk, wie innig die beiden Reiche in Not und Tod mit einander verbunden sein sollten.

Se. Exzellenz war so tief ergriffen, daß ich nur mit Mühe ihn dazu bewegen konnte, ans Fenster seines Schreibzimmers zu treten.

Graf Szögyeny war so erschüttert, daß er der begeisterten Menge nur mit der Hand seinen Dank zuwinken konnte. Doch Tränen rannen ihm über die Wangen. Und ich schäme mich nicht, einzugestehen, daß auch mir — *(mit tränenerstickter Stimme)* der im Hintergrund stehend diesen erhebenden Moment miterleben durfte, die schweren Tränen rannen.

Für den Botschafter war es aber wohl der größte und schönste Moment seines schicksalsschweren Lebens, als der bedeutende Staatsmann kurz vor dem Scheiden aus seinem seit zweiundzwanzig Jahren innegehabten Amte noch erleben konnte, welche für unser geliebtes Vaterland unschätzbaren Früchte — *(kann vor Rührung nicht weitersprechen.)*

DER REDAKTEUR *(ergriffen):* Herr Botschaftsrat, fassen Sie sich, wir von der Presse empfinden ganz mit Ihnen! Das weitere mach ich in der Redaktion. Ich ersehe aus Ihrer bewegten Schilderung, daß schon vor Beginn des Weltkrieges Tränen vergossen wurden. Wenn es auch glücklicherweise nur Freudentränen waren, so hat die Diplomatie damit doch die Aufgabe, die weiterhin den Völkern überlassen war, intuitiv vorgezeichnet. Aber glauben Sie mir, Herr Botschaftsrat — die Journalistik ist nicht unbeteiligt beiseite gestanden. Ein von Natur liberaler Beruf, hat sie im Gegenteil alles dazu beigetragen, den Tränen, die seit jenem großen Moment geflossen sind, freien Lauf zu lassen.

HAYMERLE *(ergriffen):* Wir danken es Ihnen.

(Verwandlung.)

22. SZENE

In der guten Stube bei Wahnschaffes.

FRAU POGATSCHNIGG: Also ich kann nur sagen, daß »Heldengrab im Hause« bei uns die weiteste Verbreitung gefunden hat und alles begeistert ist.

FRAU WAHNSCHAFFE *(bescheiden abwehrend):* Ach, das war ja nur für die Toten. Aber jetzt hat Männe das Heldenkissen erfunden, das schönste Geschenk für unsere heimkehrenden Krieger, um auszuruhn von ihren Taten. Es enthält: 1. die sinnreiche Anrede: Siegreiche Krieger. 2. Das eiserne Kreuz. 3. Den Namen des Kriegers, von einem Eichenkranz umgeben als Sinnbild deutscher Stärke. 4. Deutsche und österreichische Fähnchen als Zeichen der Bundestreue —

FRAU POGATSCHNIGG: Wacker!

FRAU WAHNSCHAFFE: 5. Willkommen in der Heimat! M. 3,50.

FRAU POGATSCHNIGG: Preiswert. Was gibt es in Kinderbüchern und Kinderspielen Neues bei euch im Reich?

FRAU WAHNSCHAFFE: Wir spielen Weltkrieg.

FRAU POGATSCHNIGG: Wie?

FRAU WAHNSCHAFFE: Wir spielen Weltkrieg, ein zeitgemäßes Bilderbuch für unsre Kleinen. Nun und von richtig gehenden Spielen — na der 42 cm Brummer, aber der ist ja eigentlich von euch — warten Sie — ach ja, kennt ihr »Verteilung der Beute«?

FRAU POGATSCHNIGG: Ja, aber da ist man bei uns wenig befriedigt, ich weiß nicht, wie das kommt.

FRAU WAHNSCHAFFE: Ach, 's ist doch 'n entzückendes Spiel. Meine Jöhren sind ganz selig. Ja, für uns Deutsche ist das Beste —

FRAU POGATSCHNIGG: — gerade gut genug. Wir haben dafür jetzt den »Russentod«, etwas Erstklassiges.

FRAU WAHNSCHAFFE: Das muß fein sein.

FRAU POGATSCHNIGG: Der »Russentod«, eine sinnreiche Erfindung der Gräfin Taaffe, ist ein für Groß und Klein interessantes Geduldspiel, ein Erzeugnis der Verwundeten des Roten Kreuz-Lazaretts auf der Prager Kleinseite, wo die Gräfin als Oberschwester Samariterdienste versieht. In einem sehr geschmackvoll ausgeführten Osterei erscheint eine Miniaturfestung mit Drahthindernissen und Sumpf dargestellt, nebst kämpfenden verbündeten und russischen Soldaten. Durch Schütteln des Eies müssen die Verbündeten in die Festung hereingebracht und die Russen in den Sumpf getrieben werden.

FRAU WAHNSCHAFFE: Etsch!

FRAU POGATSCHNIGG: Der »Russentod« bildet ein geeignetes Ostergeschenk nicht nur für die Jugend, sondern auch für die Soldaten in den Spitälern, denen es eine angenehme Zerstreuung und spannende Unterhaltung bietet. Das »Russentod«-Osterei, in sehr geschmackvoller schwarz-gelbseidener Ausführung, kostet K 3.60 und ist in der Prager Zentralverkaufsstelle des Kriegsfürsorgeamtes erhältlich.

FRAU WAHNSCHAFFE: Zu niedlich. Und wie fein die hochgeborne Samariterin den Geschmack der Verwundeten berücksichtigt hat! Ja der östreichische Adel! Da ist denn doch noch bei aller Schlappheit mehr Grazie als bei uns, das muß sogar ich zugeben. Wie ist das also, liebe Pogátschnigg — man schüttelt das Ei und denn müssen unsre Braven in die Festung, die Russen aber in den Sumpf — etsch! Das ist ja das Ei des Columbus!

FRAU POGATSCHNIGG: Die Gräfin ist seit dieser Erfindung der Gegenstand von Huldigungen der Gesellschaft. Und Sie im Reich — haben Sie nichts dergleichen an die Seite zu stellen?

FRAU WAHNSCHAFFE: Na, ich sollte eigentlich, was Wahnschaffe schafft, nicht anpreisen — Sie wissen ja, Eigenlob — aber ich kann nicht umhin, Ihnen den neuen Kriegsspielkreisel wärmstens zu empfehlen. Dieses neue Spiel darf in keinem deutschen Hause fehlen und gewährt in jeder Familie, jeder Gesellschaft, bei jeder Gelegenheit eine spannende Unterhaltung für Jung und Alt. Zunächst wird von jedem Teilnehmer ein Einsatz in die Kasse gemacht. Sodann wird der Kreisel von jedem Teilnehmer der Reihe nach mit den Fingern in kreisende Bewegung versetzt. Die Buchstaben und Zahlen haben nachstehende Bedeutung: R. g. 0: Rußland — gewinnt nichts. E. v. $^{1}/_{1}$: England — verliert den ganzen Einsatz. F. v. $^{1}/_{2}$: Frankreich verliert den halben Einsatz. T. g. $^{1}/_{3}$: Türkei — gewinnt ein Drittel von der Kasse. Ö. g. $^{1}/_{2}$: Österreich — gewinnt die Hälfte von der Kasse. D. g. a.: Deutschland über alles — gewinnt die ganze Kasse.

FRAU POGATSCHNIGG: Bravo! Wenn aber Österreich die Hälfte der Kasse gewonnen hat, wie kann dann Deutschland über alles verfügen? Nimmt denn Deutschland auch —

FRAU WAHNSCHAFFE: Nanu ihr oberfaulen Östreicher, das paßt euch wieder mal nicht — das ist also der Dank, daß wir euch so oft aus dem Dreck rausgezogen haben! Die letzte Offensive ist euch wieder mal glücklich vorbeigelungen!

FRAU POGATSCHNIGG (*drückt ihr die Hand*): Sie haben mich überzeugt. Österreich gewinnt zwar nur die Hälfte von der Kasse, aber — ich bin eine deutsche Hausfrau! (*Sie gehen Schulter an Schulter, »Deutschland, Deutschland über alles« singend, ab.*)

(*Verwandlung.*)

23. SZENE

Drei deutsche Modedamen bei Betrachtung eines deutschen Modejournals.

ERSTE DEUTSCHE MODEDAME: Sieh mal, 4393, Kostüm »Glockenelfe« aus hellila Seidenstoff. Bauschender, in Zacken geschnittener Rock; eine Glocke als Kopfputz — das ist mein Fall für den Karneval!

ZWEITE DEUTSCHE MODEDAME: Nicht doch, 4389, Kostüm »Mörsergeschütz« aus glattem Satin, mit Mörserapplikationen; ein großes Mörsermotiv als Kopfputz — das ist mein Fall. Und wir sind doch mitten im Karneval!

DRITTE DEUTSCHE MODEDAME: Man tut ein Übriges. Man bringt ein Opfer. Man macht aus einem Glockenkostüm ein Mörserkostüm.

(Verwandlung.)

24. SZENE

Der Abonnent und der Patriot im Gespräch.

DER PATRIOT: Was sagen Sie zur Übertreibung, mit der in den feindlichen Ländern die versuchte Meuterei von drei, sage drei deutschen Matrosen beurteilt worden ist?

DER ABONNENT: Da gibt es nur eine Antwort: Eine große Meuterei in der englischen Flotte.

DER PATRIOT: Wo, wieso?

DER ABONNENT: In Spithead in the Nore.

DER PATRIOT: Was Sie nicht sagen — da war eine Meuterei?

DER ABONNENT: Und was für eine! Meuterei is gar kein Ausdruck! Die Meuterei ergriff fast die ganze Flotte des Admirals Duncan. Die Meuterer blockierten die Themse mit sechsundzwanzig Kriegsschiffen.

DER PATRIOT: Hören Sie auf, wo steht das, was war das für eine Meuterei?

DER ABONNENT: Die Meuterei schien das Vorspiel einer Revolution zu sein.

DER PATRIOT: Was Sie nicht sagen! Was für eine Revolution, was für eine Meuterei?!

DER ABONNENT: Was für eine Meuterei? Die Meuterei, an die der geehrte Einsender erinnert!

DER PATRIOT: Ja richtig — aber wann war das?

DER ABONNENT: In den letzten Jahren.

DER PATRIOT: Davon hat man doch gar nie etwas gehört? Jetzt kommt das heraus? Sagen Sie bittsie wann war das?

DER ABONNENT: 1797.

DER PATRIOT: No — das is doch aber nicht in den letzten Jahren!?

DER ABONNENT: Bitte, des achtzehnten Jahrhunderts!

DER PATRIOT: No — aber was ham wir davon?

DER ABONNENT: No — es redt sich herum!

DER PATRIOT: No ja, wenn es noch dazu wahr is! Wissen Sie, wenn es auf die Stimmungen der Entente wirkt, möcht ich mich freun, besonders wenn zum Beispiel in Frankreich —

DER ABONNENT: No was wolln Sie haben — in Frankreich is die französische Revolution ausgebrochen!

DER PATRIOT: Hören Sie auf — wo steht das?!

(Verwandlung.)

25. SZENE

Mittagtisch bei Hindenburg und Ludendorff.

HINDENBURG *(drückt Paul Goldmann die Hand)*: Ah, da sind Sie ja.

PAUL GOLDMANN *(beiseite)*: Eine Löwenpranke. Er begrüßt mich mit der herzgewinnenden Güte, die ihm eigen ist.

LUDENDORFF *(drückt Paul Goldmann die Hand)*: Ah, da sind Sie ja.

PAUL GOLDMANN *(beiseite)*: Sein Aussehen ist unverändert das gleiche wie vor einem, vor zwei, vor drei Jahren, nur daß sein Charakterkopf noch durchgeistigter geworden ist.

HINDENBURG UND LUDENDORFF *(beiseite)*: Er hat sich nicht verändert.

(Sie nehmen Platz, Goldmann sitzt zwischen ihnen. Sie sprechen
von rechts und links abwechselnd auf ihn ein.)

HINDENBURG *(seufzend):* Jetzt heißt es durchhalten.

LUDENDORFF *(seufzend):* Es ist schwer, aber es muß gelingen.

HINDENBURG: Es steht alles gut.

LUDENDORFF: Die Lage berechtigt zur größten Zuversicht.

HINDENBURG: Überwintern müssen wir freilich.

LUDENDORFF: Den Termin des Friedens bestimmen können
wir natürlich nicht.

(Goldmann nickt nach beiden Seiten und macht sich Notizen.)

PAUL GOLDMANN *(zu sich):* Über das Wann des Friedens
bestimmte Angaben zu machen ist natürlich unmöglich.
Aber vielleicht über das Wie —? Ich werde jetzt eine Frage
stellen, die wohl jedem daheim am Herzen liegen mag.
(Laut.) Durch welche Mittel wird der Friede am sichersten
herbeigeführt?

HINDENBURG: Der Friede wird umso eher herbeigeführt
werden

LUDENDORFF: je günstiger unsere Kriegslage wird. Noch
steht die Tat

HINDENBURG: über dem Wort.

LUDENDORFF: Deshalb sollten wir jetzt nicht

HINDENBURG: vom Frieden sprechen. Den Anfang

LUDENDORFF: scheinen die Russen machen zu wollen.

(Es tritt eine Pause ein, während welcher sich Goldmann
Notizen macht.)

PAUL GOLDMANN *(zu sich):* Was im Anschluß hieran über
den Frieden gesprochen wurde, entzieht sich in seinen Einzelheiten der Veröffentlichung. Nur so viel darf vielleicht
mitgeteilt werden, daß Hindenburg und Ludendorff einen
Frieden wünschen, der möglichst sichere und stabile Verhältnisse schafft, einen solchen Frieden, der uns gesicherte
Grenzverhältnisse und eine freie wirtschaftliche Betätigung
in der Welt und auf dem Weltmeer bringt.

LUDENDORFF: Fahren Sie fort!

PAUL GOLDMANN: Gestatten Sie noch —

LUDENDORFF: Ach so — Hindenburg, fahren wir fort!

HINDENBURG UND LUDENDORFF: Ich bin der Meinung, daß die Ansichten über den Frieden nicht unveränderlich sein können, da sie von der Kriegslage abhängen.

HINDENBURG: Auch über die Lage an der Westfront kann ich mich

LUDENDORFF: mit voller Beruhigung aussprechen.

PAUL GOLDMANN: Was ist von dem Obersten Kriegsrat zu erwarten, den die Entente jetzt einzusetzen im Begriffe ist? *(Zu sich)* Hindenburg lacht. *(Er notiert dies und legt dann den Finger auf die elsaß-lothringische Frage.)*

LUDENDORFF: Für die Franzosen mag es eine elsaß-lothringische Frage geben

HINDENBURG: für Deutschland gibt es keine.

PAUL GOLDMANN: No und was ist mit Amerika?

HINDENBURG: Die Reklame

LUDENDORFF: mit der Amerika seine Kriegsleistungen ankündigt

HINDENBURG: ist imposant und des Landes würdig, das einen Barnum

LUDENDORFF: hervorgebracht hat. Nun wollen wir erst einmal abwarten

HINDENBURG: ob die Leistungen selbst ebenso imposant sein werden.

LUDENDORFF: Na und wenn schon — erstens haben die Amerikaner ihr Heer gegen Japan aufgestellt —

HINDENBURG: zweitens leiden sie an Tonnagemangel —

LUDENDORFF: drittens haben wir die U-Boote.

HINDENBURG UND LUDENDORFF: Kurzum, das große amerikanische Heer steht noch in nebelhafter Ferne.

PAUL GOLDMANN: Ich habe eine Frage auf dem Herzen, die an das Problem des U-Bootkrieges streift.

LUDENDORFF: Na, Hindenburg, wolln Se mal alleene antworten?

HINDENBURG: Nee.

LUDENDORFF: Wir haben nie daran gedacht, daß unsere U-Boote England in ein paar Monaten aushungern würden. Unser Ziel war nicht, England auszuhungern, sondern es zum Frieden geneigter zu machen.

PAUL GOLDMANN: Na schön, unterhalten wir uns jetzt mal von den Operationen in Italien.

HINDENBURG: Im Wetteifer mit unseren Deutschen haben sich die österreichisch-ungarischen Soldaten tapfer

LUDENDORFF: geschlagen.

PAUL GOLDMANN: Von allen Kriegsschauplätzen war schon die Rede, ich vermisse jetzt nur noch den Balkan.

HINDENBURG *(ihn beruhigend):* Die Lage dort ist

LUDENDORFF: unverändert.

PAUL GOLDMANN *(zu sich):* Ich bin beruhigt. Das Mittagessen war von militärischer Einfachheit, wenngleich der Kaffee aus echten Bohnen.

(Hindenburg und Ludendorff erheben sich. Paul Goldmann bleibt sitzen.)

HINDENBURG *(sich von dem Gaste verabschiedend, halb zu Ludendorff gewendet):* Wenn wir noch eine zeitlang Kraft und Geduld haben, bringen wir's zum guten Ende. *(Sich zu Goldmann wendend)* Das sagen Sie in Österreich-Ungarn mit einem schönen Gruß von mir!

(Goldmann ist aufgestanden und wartet zögernd.)

LUDENDORFF *(auf ihn zutretend, jedes Wort betonend):* Sie sind heute vielleicht zum letztenmal bei uns gewesen.

PAUL GOLDMANN *(beiseite):* Die Abschiedsworte des Generalquartiermeisters spielen darauf an, daß ich bisher in jedem Kriegsherbst einmal an der Tafel des Feldmarschalls habe sitzen dürfen.

(Verwandlung.)

26. SZENE

Semmering. Auf dem Hochweg.

DER KAISERLICHE RAT: — Also was soll ich Ihnen sagen die zehn Waggon sind mir nur so in die Hand geflogen. In Marienbad also was soll ich Ihnen sagen man kriegt alles,

nur natürlich fufzn Mal so teuer aber was schadt das? Gediegen — auf der Südbahn, wie ich hinkomm, alles gesteckt
voll, lauter Soldaten und so, ein Geschrai und ein Gedränge,
Menschen sag ich Ihnen so etwas war n o c h nicht da — no
was heißt das, i c h wer nicht Platz kriegen, also was soll ich
Ihnen sagen bin in einfach mitten durchgegangen und von
vorn herein und von hinten herum, hat der Verkehrsbeamte
gesagt ich soll mich verlassen, er versorgt mich, hab ich das
Gepäck einem Soldaten gegeben, also was soll ich Ihnen
sagen ein Coupé ganz allein bis herauf am Semmering, die
Leute sind am Korridor gestanden wie die Häringe — phü
die Hitze — *(zieht eine Düte hervor)* Billig —! vom Zuckerl-
könig! das Stück zwei Kronen, ein Preis wo jeder staunen
muß. Was sagen Sie zum heutigen Bericht?

DER ALTE BIACH: Das kann nicht ohne Rückschlag auf die
Stimmungen der Entente bleiben.

DER KAISERLICHE RAT: Ich weiß nicht — ich kann mir nicht
helfen — der heutige Bericht — also was sagen Sie zu
Luzk?

DER ALTE BIACH: Zunehmendes Schwächegefühl in der
Entente.

DER KAISERLICHE RAT: Wieso?

DER ALTE BIACH: Die Entente verbirgt sich noch hinter großen Worten, aber sie fühlt bereits ihre Schwäche.

DER KAISERLICHE RAT: No und Luzk?

DER ALTE BIACH: Der Friede sichert ein Frühstück ohne
Rußland.

DER KAISERLICHE RAT: Erklären Sie —

DER ALTE BIACH: In Milliarden ausrechnen können wir
das nicht. Es gibt jedoch Milliarden, die sich nicht zählen
lassen.

DER KAISERLICHE RAT: Alles geht, wenn man will.

DER ALTE BIACH: Hundert Milliarden Mark im Jahr sind
ein Ungetüm von Leviathan, an dem nichts klein ist.

DER KAISERLICHE RAT: Wo nehmen Sie die Milliarden her?
Heutzutag?

DER ALTE BIACH: Die Zeiten sind hart.

DER KAISERLICHE RAT: No also was folgt daraus?

DER ALTE BIACH: Kerenski hat gesagt, Rußland ist erschöpft.

DER KAISERLICHE RAT: So. Aber Luzk —?

DER ALTE BIACH: Die Schlacht am oberen Isonzo hat erst heute früh begonnen und wir möchten ihrem Verlauf nicht vorgreifen.

DER KAISERLICHE RAT: Ich mein aber Luzk —!

DER ALTE BIACH: Wir wollen nicht in Zukunftsträumen schwelgen, doch ein solcher Beweis wäre des Einsatzes wert.

DER KAISERLICHE RAT: Luzk —!

DER ALTE BIACH: Wir spüren aus den Worten des Kriegspressequartiers den Anhauch des Geschichtlichen. Nun werden sie schreien nach der amerikanischen Unterstützung, nach diesem Irrlicht der Entente, dem sie nacheilt und das sie immer tiefer hineinführt in den Sumpf, in Niederlage und Verderbnis.

DER KAISERLICHE RAT: Selbstredend, aber —

DER ALTE BIACH: Aber schon jetzt empfinden wir den Geist des Sieges —

DER KAISERLICHE RAT: Nu na nicht. Das heißt — unten! Aber oben??

DER ALTE BIACH (ausbrechend): Das erste muß jetzt sein, daß der Reisende die Fühlhörner ausstreckt und die Kundschaft abtastet.

DER KAISERLICHE RAT: Das leuchtet mir ein, aber —

DER ALTE BIACH: Wenn wir die Bilanz ziehen, so ergibt sich noch immer zu unseren Gunsten ein Plus von zirka 40.000 Mann.

DER KAISERLICHE RAT: Unten! Aber oben —??

DER ALTE BIACH: Man vernimmt den Kanonendonner und weiß, wie viele von den Toten, Verwundeten und Gefangenen auf die Lastenseite zu verrechnen sind.

DER KAISERLICHF RAT: Also nehmen Sie schon an —

DER ALTE BIACH: London und Paris dürften heute recht verdrossen sein. Konsols sind auf dem Tiefstand.

DER KAISERLICHE RAT: No ja, der Krieg —

DER ALTE BIACH: Der Krieg schlägt die Völker dreifach: Schlechtes Geld, Mangel und Höchstpreise.

DER KAISERLICHE RAT: In dem Punkt — wer sich —

DER ALTE BIACH: Wer sich in die Italiener hineindenkt —

DER KAISERLICHE RAT: No und?

DER ALTE BIACH: Schrecken dürfte sich bereits unter den Bewohnern ausbreiten.

DER KAISERLICHE RAT: Ich fürchte stark.

DER ALTE BIACH: Ohne die Möglichkeiten schon jetzt, ehe das Werk vollendet ist, in den Einzelheiten und in den Details zu erörtern —

DER KAISERLICHE RAT: Was halten Sie von den Konferenzen in Rom?

DER ALTE BIACH: Kühle Aufnahme in Paris.

DER KAISERLICHE RAT: Erinnern Sie sich noch — damals — bei der Affaire mit der Lusitania —

DER ALTE BIACH (*unwillig den Kopf hin und her bewegend*): Übertreibung der ganzen Angelegenheit.

DER KAISERLICHE RAT: Wissen Sie, was uns gesund wär? Wie damals wo es geheißen hat — Gott das waren doch Zeiten — Umfassung der russischen Truppen durch die deutsche Armee —

DER ALTE BIACH (*rabiat*): — und Hereinwerfen in die masurischen Sümpfe.

DER KAISERLICHE RAT: No und Rumänien?

DER ALTE BIACH: Geputzte Frauen saßen an den Tischen in den hellerleuchteten Sälen der Bukarester Hotels. Wir können uns vorstellen —

DER KAISERLICHE RAT: No und was war da?

DER ALTE BIACH: Die bemalten Weiber in Bukarest erbleichen.

DER KAISERLICHE RAT: Das sind Schmonzes.

DER ALTE BIACH: Schrecken breitet sich aus über die Stadt. Die Fenster haben gezittert —

DER KAISERLICHE RAT: Nu na nicht. Aber was ham w i r zu erwarten?

DER ALTE BIACH: Beginn einer großen Zeit. Die Blicke der Völker nach dem Westen gerichtet.

DER KAISERLICHE RAT: Wenn Sie das sagen, glaubt man e
Titel von ihm zu hören mit Untertitel im Abendblatt.
Aber —

DER ALTE BIACH: Die Frauen von Paris horchen nach dem
Osten.

DER KAISERLICHE RAT: Wieso?

DER ALTE BIACH: Frauen mit verweinten Augen sind in
den Straßen von Paris zu sehen.

DER KAISERLICHE RAT: Bittsie, wir ham auch nix zu lachen.

DER ALTE BIACH *(mit Elan):* Hymnen tönen im Herzen. Der
Philosoph Fichte war zum Landsturm eingerückt.

DER KAISERLICHE RAT: Wie kommen Sie dadarauf?

DER ALTE BIACH *(fabulierend):* Er machte seine Übungen
gemeinsam mit Buttmann, Rühs und dem Theologen
Schleiermacher. Buttmann und Rühs konnten nicht erler-
nen, rechts und links zu unterscheiden. Diese Zeit, die so
viel Ähnlichkeit mit unserer hat, reizt die Neugierde, und
vielleicht kann die Vergangenheit auf die Frage antworten: Wie ist der Verlauf von wirtschaftlichen Krisen, die
von einem Kriege hervorgerufen werden? Der Vergleich
führt zu auffallenden Übereinstimmungen bis in die Einzelheiten. Erleben wir jetzt nicht das Schöpfungswunder in
der Stickstoffindustrie?

DER KAISERLICHE RAT: Ich versteh. Aber wissen Sie, was
wir braucheten?

DER ALTE BIACH *(stürmisch):* Starke Männer, die alles von
sich werfen und sich den Trieben der Gegenwart hingeben
wie die Braut dem Bräutigam.

DER KAISERLICHE RAT: Je nachdem.

DER ALTE BIACH: Der Krieg hat besondere Absatzstockun-
gen und der Friede auch, und so schwingen die Einflüsse
fort und der Wechsel braucht eine Leitung des Staates, die
in das Volk hineinhorcht und aus ihm heraushört und in
den zittrigen Augenblicken dieser Veränderung in den Be-
dürfnissen und in der Erzeugung auf der Höhe ihrer Pflicht
ist. Das Jahr der Erfüllung kommt.

DER KAISERLICHE RAT: Ob Sie da nicht bißl übertreiben —?

Der alte Biach (frohlockend): Herrlich ist alles geworden, frei ist das Land, zurückgeworfen sind die Feinde, ausgemerzt die serbischen Truppen, zerstört die russischen Festungen.

Der kaiserliche Rat: No — no! Und Luzk?!

Der alte Biach (betroppezt, doch gefaßt): Trauerfahnen müssen herausgehängt werden. Aber wozu solche Äußerlichkeiten?

Der kaiserliche Rat: Jetzt sprechen Sie wieder, wie wenn ma scho ganz —

Der alte Biach (aufatmend): Rußland gebeugt, Serbien zertreten, Italien beschämt! Die Menschheit ist für Jahrzehnte entlastet, das Bohren in den Nerven wird nicht mehr empfunden werden, und das muß ein Wohlgefühl verbreiten und die Einleitung zu Abschnitten sein, in denen das Staunen über die wirschaftliche Entfaltung uns wieder gefangennimmt.

Der kaiserliche Rat: Apropos gefangennimmt. Bei Luzk —

Der alte Biach: Der Geschichtsforscher wird nach Mitteilungen über die Aufnahme der Nachrichten von dem Siege in Ostgalizien suchen, ob nicht Freudenfeuer auf den Spitzen der Berge angezündet, brennende Kerzen in die Fenster der Häuser gestellt wurden —

Der kaiserliche Rat: Gestatten Sie eine Laienfrage. Wo nehmen Sie die Kerzen her?

Der alte Biach: — ob nicht berauschende Musik die Stimmungen ausgedrückt habe —

Der kaiserliche Rat: Das sind Schmonzes über Tarnopol. Bleiben wir bei Tachles über Luzk!

Der alte Biach (nachdenklich): Der verstorbene Generalsekretär der Österreichisch-ungarischen Bank, Wilhelm v. Lucam, ist nahezu vergessen.

Der kaiserliche Rat: Traurig.

Der alte Biach: Der jetzige Gouverneur, Herr v. Popovics, hat eine Vergangenheit, die zu einer Zukunft berechtigt.

Der kaiserliche Rat: Schön. Aber warum sagen Sie das?

DER ALTE BIACH: Wir stellen uns den Offizier und den Soldaten vor, der von Cattaro über Geröll und Felsblöcken, in den höheren Lagen über Eis und Schnee, beständig von den Geschossen des Feindes bedroht, auf den Lovcen gestiegen ist. Er muß ein anderer geworden sein.

DER KAISERLICHE RAT: Ich glaub auch. Aber mir imponiert nur Ihre lebhafte Phantasie —

DER ALTE BIACH: Die Einbildungskraft schwelgt in der Vorstellung —

DER KAISERLICHE RAT: Moment. Sie springen auf die Österreichisch-ungarische Bank und von da auf den Lovcen. Mich intressiert aber Ihre Ansicht über Luzk —

DER ALTE BIACH (*scheu*): Wir möchten in den Erinnerungen nicht zurückgreifen auf Tyrtäus.

DER KAISERLICHE RAT: Warum nicht, tun Sie sich keinen Zwang an.

DER ALTE BIACH (*stichelnd*): Clemenceau wird verwundert sein.

DER KAISERLICHE RAT: Das gönn ich ihm!

DER ALTE BIACH (*tändelnd*): Der russische Dichter Puschkin heiratete ein junges Mädchen aus einer vornehmen Familie. Natalie Goncharow war gefallsüchtig und der Dichter eifersüchtig. Der Sohn des niederländischen Gesandten in Petersburg, Baron George Heckeren, reizte durch seine Werbungen um die Gunst der schönen Frau den Verdacht des Mannes —

DER KAISERLICHE RAT: Ich erinner mich. Puschkin is nebbich im Zweikampf getötet worn. Aber worauf wolln Sie hinaus?

DER ALTE BIACH (*sinnierend*): Die Nachwelt hat ihn nicht vergessen, und bei der Enthüllung seines Denkmals wurde Dostojewski eingeladen, die Gedenkrede zu halten. Er sagte, der innerste Gedanke der russischen Volksseele ist: Dulde! Der Bericht der deutschen Obersten Heeresleitung erzählt, daß die Verluste des Feindes bei Postawy —

DER KAISERLICHE RAT: No ja, aber bei Luzk schätz ich —

DER ALTE BIACH: Die Spaziergänger auf den Straßen streifen sich gegenseitig mit den Blicken und wollen in den Augen die Gedanken über Durazzo, Verdun und die Champagne lesen.

DER KAISERLICHE RAT: No und über Stanislau doch auch! Was sagen Sie zu Stanislau?

DER ALTE BIACH (*mit Überzeugung*): Stanislau ist ein Rufzeichen, das den Übermut des Generals Brussilow dämpfen und ihn erinnern muß, wie vergänglich an dieser Stelle russische Eroberungen gewesen sind.

DER KAISERLICHE RAT: Und was sagen Sie zu Brody?

DER ALTE BIACH (*kleinlaut*): Brody ist ein Schmerz.

DER KAISERLICHE RAT: No und Görz?

DER ALTE BIACH (*obenhin*): Görz ist ein Hautritz.

DER KAISERLICHE RAT: Glauben Sie mir, es kommt immer anders wie man sich vorstellt.

DER ALTE BIACH: Die Linien und die Flächen sind in der Wirklichkeit vom Körper nicht zu trennen, und dennoch arbeitet das Denkvermögen mit ihnen und baut Sätze auf mit unbedingter Wahrheit, obgleich die Breite und Tiefe vernachlässigt werden. Die Schlachten an der Somme sind eine der schlimmsten Enttäuschungen.

DER KAISERLICHE RAT: Aber schließlich — die Leute müssen doch wissen, was sie wollen!?

DER ALTE BIACH: Vielleicht wird sich die Erkenntnis verstärken, daß es auch im Völkerdasein nichts ganz Gradliniges gibt und daß überall die Kreuzungsflächen sich schneiden.

DER KAISERLICHE RAT: Moment. Die Diplomaten der Entente —

DER ALTE BIACH (*lebhaft*): Die Diplomaten der Entente sind wie die Söhne des Noah, welche die Blöße ihres trunkenen Vaters zugedeckt haben.

DER KAISERLICHE RAT: Gelungen. Aber seit Rumänien —

DER ALTE BIACH (*übersprudelnd*): Als die Kriegserklärung in Bukarest beschlossen worden ist, haben sich die Führer der Entente benommen, als hätten sie Dämpfe von indischem Hanf eingeatmet.

DER KAISERLICHE RAT: Meschugge. Aber was wolln Sie heut von Bratianu?

DER ALTE BIACH: Bratianu wird jetzt böse Nächte haben.

DER KAISERLICHE RAT: Wieso glauben Sie?

DER ALTE BIACH: Wenn eine Schraube auf die Offensive gestellt ist und zur Defensive umgedreht werden soll, kann sie leicht brechen.

DER KAISERLICHE RAT: Glaub ich auch. No aber in Wien wird sich doch heut etwas tun —!

DER ALTE BIACH: In den Straßen von Bukarest werden jetzt manche herumgehen mit dem Zweifel im Herzen.

DER KAISERLICHE RAT: Erlauben Sie, wir können —

DER ALTE BIACH: Wir können uns die Wirkung auf das rumänische Volk vorstellen.

DER KAISERLICHE RAT: No aber das is doch schon alles vorbei — jetzt hat ma doch wieder andere Sorgen —!

DER ALTE BIACH *(gedeftet)*: Die Sorge beginnt wieder.

DER KAISERLICHE RAT: Sie, jetzt hören Sie schon —!

DER ALTE BIACH: Jetzt hören sie schon den Kanonendonner von Tutrakan und Silistria in den Straßen von Bukarest.

DER KAISERLICHE RAT: Das is doch aber eine erledigte Sache —!

DER ALTE BIACH: So endet der erste Abschnitt eines Krieges, für dessen Ausgelassenheit in den Beweggründen und in den Formen jedes Maß fehlt.

DER KAISERLICHE RAT: Ich wer Ihnen sagen, was Sie sich vorstellen, das —

DER ALTE BIACH *(bestimmt)*: Das kann in England nicht ohne Eindruck bleiben.

DER KAISERLICHE RAT: Sagt Er! Heut hat ma doch wirklich andere Sorgen wie Tutrakan!? Der bulgarische Sieg hat damals Aufsehn gemacht —

DER ALTE BIACH *(vibrant)*: — weil er mit solcher Frische aus dem Handgelenk gekommen ist.

DER KAISERLICHE RAT: Was heut intressiert — is Luzk!

DER ALTE BIACH *(schäkernd)*: Beim Melken der Kuh denkt Vroni, ob es nicht schön wäre —

DER KAISERLICHE RAT: Lassen Sie mich aus!

DER ALTE BIACH *(versunken):* Alix von Hessen ist der Mädchenname der Kaiserin Maria Feodorowna. Sie war noch in der Baumschule des Lebens und bereits in der Rinde gekerbt.

DER KAISERLICHE RAT: Biach, was is Ihnen?

DER ALTE BIACH *(wehmütig):* Was is aus Alix, die auch nicht beten darf, wie die verstorbene Mutter sie es gelehrt hatte, geworden, nachdem sie hinausgestoßen wurde in die düstere Verlassenheit an der Seite eines Zarenthrones.

DER KAISERLICHE RAT: Meine Sorg! Was intressieren Sie sich?

DER ALTE BIACH: Der Anlaß zu dieser Frage ist die eigentümliche Meldung, daß die Kaiserin bis in die vordersten Linien der russischen Front, wo die deutschen Stellungen bereits in Sicht waren, gegangen sei.

DER KAISERLICHE RAT: No und?

DER ALTE BIACH *(sinnend):* Vielleicht sind auch jüngere und ältere Männer aus Hessen in den Schützengräben gewesen, die Maria Feodorowna bei dem Besuche auf dem Schlachtfelde gesehen hat; vielleicht hat ein Zufall es gefügt, daß es Freunde aus der Jugendzeit waren, Söhne oder Gatten ihrer Gespielinnen, Nachbarskinder —

DER KAISERLICHE RAT: Vielleicht. Das müßte aber schon e besonderer Zufall sein!

DER ALTE BIACH: — und jedenfalls Landsleute und Deutsche.

DER KAISERLICHE RAT: Also Deutsche jedenfalls. Aber ausgerechnet Söhne und Gatten ihrer Gespielinnen? Also so müssen Sie sich das nicht vorstellen, daß sich die grad vorn in die Schützengräben hereinlegen wern — und Nachbarskinder hat sie wahrscheinlich überhaupt keine gehabt und wenn ja und wenn sie zufällig wirklich vorn waren in die Schützengräben, sagen Sie mir bittsie wie soll sie sie erkennen nach so viele Jahr und auf d i e Entfernung?! Aber — warum lassen Sie sich das so nah gehn?

DER ALTE BIACH *(elegisch):* Alix stand am Rande des russischen Drahtverhaues und schaute hinüber nach Wiesen und Feldern, die nur wenige Meter von ihr entfernt gewesen sind —

DER KAISERLICHE RAT: Ausgerechnet! So nah wird ma sie gehn lassen! Und wo sind da Wiesen und Felder, wie stellen Sie sich das vor?! Wo —

DER ALTE BIACH (träumerisch): — wo ein Windstoß manchen Laut zu ihr hinübertragen konnte, der ihr trotz aller Wandlungen vertraut bleiben mußte.

DER KAISERLICHE RAT: Biach, Sie sind etwas ein Phantast!

DER ALTE BIACH (beharrend): Alix lebt noch in der Kaiserin Maria Feodorowna.

DER KAISERLICHE RAT: Sagen Sie bittsie Sie sind doch ein vernünftiger Mensch — was geht Sie Alix an?!

DER ALTE BIACH (teilnehmend): Sie ist eine unglückliche, gebrochene Frau, beständig von einem Kummer gequält, der sich in ihren Kopf hineinbohrt.

DER KAISERLICHE RAT: Sagen Sie mir nur um Gotteswillen — was geht das S i e an?!

DER ALTE BIACH: Mit gerungenen Händen hat sie zum Himmel aufgeschrien.

DER KAISERLICHE RAT: Wieso, was is ihr passiert?

DER ALTE BIACH (schmerzlich, doch mit verhaltener Gewure): Den Namen konnten die Russen ihr ausziehen, als wäre er nur ein Kleid. Ein Gebetbuch konnten sie ihr aufzwingen, aber das deutsche Gemiet war nicht aus ihr herauszureißen. Eine Spur von Alix muß noch vorhanden sein.

DER KAISERLICHE RAT: No nehmen Sie schon an! Aber woher wissen Sie, was in Alix vorgeht?

DER ALTE BIACH (verloren): Und schaute hinüber zu den Deutschen, wo auch kostbares Blut fließt, und dachte vielleicht an ihre Großmutter.

DER KAISERLICHE RAT: Vielleicht. Warum sagt sie aber dann nicht, sie solln aufhören mit dem Krieg?

DER ALTE BIACH (bitter): Weil die Kaiserin Maria Feodorowna der Alix nicht zu viel nachgeben darf. Sie schaute hinüber und auf ihren verschlossenen Lippen mochte das Wort vom Frieden schweben.

Der kaiserliche Rat: Aber glauben Sie wirklich, daß man sie direkt in der Schlacht hineingeführt haben wird? Vielleicht —

Der alte Biach *(versonnen)*: Vielleicht haben sie den Ausschnitt eines Salonkrieges für sie hergerichtet. Das langsame Abklingen der Krise mag in Petersburg nach dem Aufschäumen des Erfolges noch nicht erkannt werden. Der Zar hört auf sie, und Alix, die weggetauft wurde, ist ihm mehr als Maria Feodorowna.

Der kaiserliche Rat: Warum hat sie sich wegtaufen lassen? No also schön, wenn Sie das glücklich macht, stelln Se sach vor.

Der alte Biach *(entschlossen)*: Stellen wir uns das Hauptquartier des Zaren vor, wenn die Nachrichten kommen.

Der kaiserliche Rat: No was ham Sie schon davon?! Aber wegen Alix will ich Sie aufmerksam machen — sie heißt gar nicht Maria Feodorowna!

Der alte Biach *(pikiert)*: Das sind Sticheleien.

Der kaiserliche Rat: So wahr ich da leb, sie heißt, wie heißt sie nur, sie heißt Alexandra Feodorowna!

Der alte Biach *(mißmutig)*: E Druckfehler.

Der kaiserliche Rat: Apropos, was sagen Sie zu Nikolajewitsch? Dem is auch schon mies.

Der alte Biach *(schadenfroh)*: Da kommen die Stiche in der Leber und es melden sich die Erscheinungen einer verderbten Galle.

Der kaiserliche Rat: Das sind auch Sticheleien. Aber was nutzt das alles — Brussilow is gesund!

Der alte Biach *(verklärt)*: Die Einnahme von Bukarest bringt uns einen jener seltenen Augenblicke, in denen der Mensch glaubt, die Schwingen des Talents über sich rauschen zu hören.

Der kaiserliche Rat: Was heißt Talent, das war schon genial! No aber — Brussilow is e Hund? Was möchten wir heute drum geben —! Also wenn die Nachricht —

Der alte Biach *(ekstatisch)*: Wenn die Nachricht kommt, daß die Siege in Rumänien die verbündeten Truppen bis in die Palästestraßen von Bukarest geführt haben, so beugen wir uns in Ehrfurcht vor dem menschlichen Geiste.

DER KAISERLICHE RAT: Ja, die ham damals gut abgewirtschaftet, der rumänische König und sie!

DER ALTE BIACH *(phantasierend):* Wer spricht von den Verschollenen und vielleicht ist ihre einzige Spur ein Parfüm, der noch an der Wandverkleidung der Zimmer haftet, irgend ein verstreutes Merkmal des einstigen Luxus und des Übermutes.

DER KAISERLICHE RAT: Meine Sorg. Der Sieg —

DER ALTE BIACH *(entschieden):* Der Sieg hat ein Bedürfnis befriedigt.

DER KAISERLICHE RAT: Lassen Sie's gut sein, was möchten wir heute —

DER ALTE BIACH *(bedächtig):* Wir möchten heute zu den mächtigen Herren vom Rat der Vier sprechen.

DER KAISERLICHE RAT: Von Ihnen wern sie sich zureden lassen! Was Sie sich einbilden!

DER ALTE BIACH *(einschmeichelnd):* Wir möchten nicht —

DER KAISERLICHE RAT: Ob Sie möchten oder nicht möchten, liegt dem Rat der Vier stagelgrün auf.

DER ALTE BIACH *(eifernd):* Weil sie die Einbildungen und die Stimmungen nicht geschont und mit solchen Reizungen die Luft zum Atmen vergiftet haben. Die Begehrlichkeit ist jedoch auch in den Berechnungen —

DER KAISERLICHE RAT: No passen Sie auf, sie kommen noch bis Konstantinopel.

DER ALTE BIACH *(leidenschaftlich):* Die Hagia Sophia ist die Fata Morgana für die russische Vergrößerungspolitik. Das Versprechen der Beihilfe zur Verwirklichung dieses Spiegelbildes ist der Nasenring, an dem die englische Politik den russischen Bären führte und noch führt.

DER KAISERLICHE RAT: Sie mir scheint Sie ham etwas einen Pik auf England.

DER ALTE BIACH *(kategorisch):* England ist nicht bedroht. Tell sagt, jeder geht an sein Geschäft und meines ist der Mord.

DER KAISERLICHE RAT: Ihres?

DER ALTE BIACH: Seines!

DER KAISERLICHE RAT: Seines?

DER ALTE BIACH: Tells!

DER KAISERLICHE RAT: Wieso Tells?

DER ALTE BIACH: Englands!

DER KAISERLICHE RAT: Is denn England Tell? England is doch konträr Geßler und Deutschland is Tell! Tell sagt, ich lebte still und harmlos.

DER ALTE BIACH: Sie?

DER KAISERLICHE RAT: Er!

DER ALTE BIACH: Er?

DER KAISERLICHE RAT: Tell!

DER ALTE BIACH: Wieso Tell?

DER KAISERLICHE RAT: No Deutschland! Man hat ihm doch hörich in ein Drachengift verwandelt die Milch!

DER ALTE BIACH *(bitter):* Das ist Verderbtheit.

DER KAISERLICHE RAT: Da ham Sie recht.

DER ALTE BIACH *(dumpf):* Wir können uns vorstellen, wie er dort sitzt auf der Regierungsbank, im Palaste des Monte Citorio, ein düsterer, schweigsamer Mensch.

DER KAISERLICHE RAT: Wer? Gar ka Spur!

DER ALTE BIACH: Spuren von Gedrücktheit werden erkennbar. Die Neutralen werden nachdenklich.

DER KAISERLICHE RAT: Also gut. Aber vielleicht —

DER ALTE BIACH: Vielleicht geht jetzt schon ein Flüstern durch die englische Gesellschaft, daß der Krieg sich nicht mehr bezahlt macht. Die Politik der Einkreisung ist zahlungsunfähig.

DER KAISERLICHE RAT: Davon bin ich überzeugt. Aber Lloyd George —

DER ALTE BIACH: Lloyd George hat jedoch die Politik —

DER KAISERLICHE RAT: Geben Sie ihm Eizes. Was sagen Sie zu Rußland?

DER ALTE BIACH *(schwer):* Im Flügel ist Blei.

DER KAISERLICHE RAT: Was kauf ich mr dafür.

DER ALTE BIACH *(mehr zu sich):* Schreckliche Zeiten!

Der kaiserliche Rat: Wem sagen Sie das?

Der alte Biach: Man kann sich vorstellen, wie die Bomben herunterdonnern.

Der kaiserliche Rat: Schön. Aber was ham wir davon?

Der alte Biach (zufrieden): Verdrossenheit in der Entente.

Der kaiserliche Rat: Sie spielen darauf an, daß Lloyd George broiges wird mit Clemenceau. Wenn das Deutschland gelingt — schön. Aber —

Der alte Biach (nicht ohne Tam): Lloyd George können wir uns vorstellen, wie er von seinem Kirchenstuhle sich erhebt und als Prediger zu reden beginnt, weil nach den Worten der Heiligen Schrift der Geist des Herrn über ihn gekommen ist. Das ist bei Clemenceau undenkbar.

Der kaiserliche Rat: Reden wir von Tachles —

Der alte Biach: Präsident Wilson hat einmal gesagt, ich lege das Ohr auf den Boden und horche auf die Wünsche des Landes.

Der kaiserliche Rat: Sie? Ja so Wilson! No was hats ihm genützt?

Der alte Biach (achselzuckend): Wilson ist vielleicht ein Reisender, der den Zug versäumt hat.

Der kaiserliche Rat: Das verdrießt die Firma.

Der alte Biach (eindringlich): Lloyd George hat jedoch einen Beweggrund für seine Politik, der nicht minder wichtig ist.

Der kaiserliche Rat: Man kann sich vorstellen.

Der alte Biach: Wir können uns vorstellen, welchen Eindruck die Nachricht in Wien hervorrufen würde, daß eine große Schlacht in Gloggnitz oder Neunkirchen stattfinde.

Der kaiserliche Rat: Gott soll schützen. Aber was halten Sie von —

Der alte Biach (geheimnisvoll): Es rieselt im Gemäuer.

Der kaiserliche Rat: Habachaachgehört. Ich mein aber, was halten Sie von Luzk?

Der alte Biach (betroppezt): Wir müssen uns in Rußland hineindenken.

DER KAISERLICHE RAT: No was kommt schon dabei heraus? Schaun Sie, Luzk —

DER ALTE BIACH *(feurig):* Die Psychologie der Angriffsschlacht ist wichtig.

DER KAISERLICHE RAT: Wo steht das?

DER ALTE BIACH *(betamt):* Ein Soldat steht in den Bergen bei Asiago auf der Wache.

DER KAISERLICHE RAT: No und —?

DER ALTE BIACH *(verdrossen):* Das ist Entartung.

DER KAISERLICHE RAT: Wieso? Die Entente —

DER ALTE BIACH *(broiges):* Die Entente will kränken.

DER KAISERLICHE RAT: Wie versteh ich das?

DER ALTE BIACH *(ächzend):* Was hat die Monarchie Wilson getan, daß er —

DER KAISERLICHE RAT: Moment —

DER ALTE BIACH *(stöhnend):* Was hat die Monarchie England getan, daß sie —

DER KAISERLICHE RAT: Jetzt handelt es sich aber —

DER ALTE BIACH *(aufschreiend):* Was hat die Monarchie Serbien getan, daß es —

DER KAISERLICHE RAT: No no beruhigen Sie sich schon!

DER ALTE BIACH: Die Entente weiß, daß sie uns nicht mit den Waffen besiegen kann, a b e r *(zwinkernd)* sie stichelt.

DER KAISERLICHE RAT: Das wird ihr einen Tineff nützen. Wissen Sie was man heut schon sagen kann?

DER ALTE BIACH *(dezidiert):* Voraussichtlicher Heldentod der Besatzung von Kiautschau.

DER KAISERLICHE RAT: Das is passee! Intressant steht heut in der Presse: Die Entscheidung der Krise bevorstehend.

DER ALTE BIACH: Wahrscheinlich morgen.

DER KAISERLICHE RAT: No ham Sie gelesen: Die Abreise des Grafen Czernin nach Bukarest?

DER ALTE BIACH: Übermorgen Samstag.

DER KAISERLICHE RAT: Wissen Sie was das bedeutet? Die Annäherung zum Frieden. No und wodurch?

DER ALTE BIACH: Durch die heute mitgeteilte Note.

DER KAISERLICHE RAT: Ich konstatiere: Leichte Entspannung der Krise.

DER ALTE BIACH: In den gestrigen Londoner Blättern.

DER KAISERLICHE RAT: Bewegte Zeiten.

DER ALTE BIACH: Deren Merkmale in den vorliegenden Nachrichten.

DER KAISERLICHE RAT: Grad les ich da den Artikel: Die Räumung Asiagos. Wissen Sie, von wem?

DER ALTE BIACH: Von der Zivilbevölkerung.

DER KAISERLICHE RAT: Der Untertitel is die Hauptsache, weil man da ganz genau erfährt. Aber manchmal genügt ein Satz —

DER ALTE BIACH *(tändelnd):* Sibyl war die Tochter eines Arbeiters.

DER KAISERLICHE RAT: Sie, wenn Sie wüßten, wie mies mir is.

DER ALTE BIACH *(gereizt):* Das ist ein Herumbohren in der offenen Wunde.

DER KAISERLICHE RAT: Passen Sie auf, ich sag Ihnen, Sie wern sehn, die Situation —

DER ALTE BIACH *(herb):* Das ist ein Hissen der Pestflagge, des Bankerotts.

DER KAISERLICHE RAT: No was sagen Sie dazu, daß wir zurückgeworfen sind?

DER ALTE BIACH: Sie tändeln mit dem Krieg.

DER KAISERLICHE RAT: Konträr, es scheint ihnen blutiger Ernst zu sein — wenn man bedenkt, wo wir stehn — wir sind doch heute weit entfernt —

DER ALTE BIACH: Weit entfernt von Hochmut und von Schwäche.

DER KAISERLICHE RAT: Das war doch ganz am Anfang!? Gott waren das Zeiten, gar nicht denken soll ma —!

DER ALTE BIACH *(fest):* Ein Anzug kostet zweitausend, eine Lokomotive sechzigtausend Rubel.

DER KAISERLICHE RAT: Bei uns —? Das wär doch billig! Aber sagen Sie mir nur, wer brauch jetzt eine Lokomotiv? Waggons brauch man!

Der alte Biach: Laienfragen und Laienantworten.

Der kaiserliche Rat: Bitt Sie, erinnern Sie einen nicht!

Der alte Biach *(unerbittlich):* Wenn der Vertrag über den Sonderfrieden unterzeichnet wird, ist Lloyd George verloren und vielleicht auch Clemenceau.

Der kaiserliche Rat: No und wir?

Der alte Biach *(einlenkend):* Wir müssen uns in die Entente hineindenken.

Der kaiserliche Rat: Weit gebracht. Stellen wir uns vor —

Der alte Biach *(mit Genugtuung):* Stellen wir uns vor, daß die Gefangenen zurückkehren, eine Million, vielleicht noch mehr —

Der kaiserliche Rat: Es können doch höchstens schätz ich alles in allem fufzntausend sein!

Der alte Biach *(bechowet):* — darunter meistens junge Leute, gehärtet im Klima von Sibirien.

Der kaiserliche Rat: No und wie! Aber jetzt halten wir vorläufig bei Luzk — der heutige Bericht — also lassen Sie ein vernünftig Wörtl mit sich reden —

Der alte Biach *(abtastend):* Hier fällt uns vor allem das Wörtchen »noch« auf und das Auge bohrt sich förmlich hinein in den Bericht und man kann sich vorstellen —

Der kaiserliche Rat: So wahr ich da leb das war das erste was ich früh sie is noch gelegen zu ihr gesagt hab sie hat noch gesagt sprech mit Biach! Sehn Sie, Sie sind auch ein Pessimist geworn. Nach meiner Ansicht — was soll ich Ihnen sagen — Luzk — schließlich — also was is Ihre Ansicht?

Der alte Biach *(schlicht):* Die Familie Brodsky ist eine der reichsten in Kiew. *(Ausbrechend)* Dadaran glaub ich und dadavon geh ich nicht ab!

Der kaiserliche Rat: Moment. Wie kommt das zu dem?

Der alte Biach *(erregt):* Das wissen Sie nicht? das wissen Sie nicht? also den Anfang vom heutigen Leitartikel ham Sie —

Der kaiserliche Rat: Gott richtig, natürlich — nur so aus

dem Zusammenhang heraus war es mir bißl fremd — ich kenn doch jeden Satz auswendig — wie er in die Stimmungen hereinkommt — heut gibt er es ihnen ordentlich, er stichelt gegen Wilson und er tändelt mit Czernin. Aber offen gestanden — die Geschichte mit Luzk gefällt mir etwas nicht.

DER ALTE BIACH (*schwärmend*): Die Nase der Kleopatra war eine ihrer größten Schönheiten.

DER KAISERLICHE RAT: Ihnen gesagt.

DER ALTE BIACH (*erregt*): Das wissen Sie nicht? das wissen Sie nicht? also den Anfang vom gestrigen Leitartikel —

DER KAISERLICHE RAT: Gott richtig, natürlich das war doch so packend — aber — Luzk gefällt mir nicht! Es is natürlich ein prima strategischer Rückzug — aber —

DER ALTE BIACH (*bündig*): Ein Volk muß essen.

DER KAISERLICHE RAT: Selbstredend, aber wie kommt das zu —

DER ALTE BIACH (*erregt*): Das wissen Sie nicht? das wissen Sie nicht? also den Schluß vom heutigen —

DER KAISERLICHE RAT: Gott richtig, natürlich —

DER ALTE BIACH (*bitter, jedoch mit edlem Anstand*): Das Schicksal des Blattes ist es schon wiederholt gewesen, daß die Persönlichkeiten, die ihm angehören, die Mitarbeiter und Korrespondenten, von den Wirkungen der Weltbegebenheiten unmittelbar und persönlich getroffen werden.

DER KAISERLICHE RAT: Selbstredend kommt aber dabei immer ein großer Kowed für das Blatt heraus. Aber wissen Sie, wenn man die heutige Situation betrachtet, welcher Gedanke sich auch dem einfachen Laien aufdrängt? Einen Bismarck brauchten wir!

DER ALTE BIACH (*kategorisch*): Ein Demosthenes wäre nötig, um Einsicht und Klarheit zu schaffen. Wir hoffen, daß unser Ministerium des Äußern die Angehörigen der Monarchie mit allem Nachdruck schützen werde.

DER KAISERLICHE RAT: Moment. Wenn noch —

DER ALTE BIACH (*resigniert*): Wenn noch Raum wäre für einen Gentz in der heutigen, so stark veränderten Gesellschaft, würde er boshaft lächeln.

DER KAISERLICHE RAT: Intressant. Aber warum soll nicht Raum sein?

DER ALTE BIACH *(resolut):* Ein Talent wird immer Raum finden. Beethoven war auch ein Teilnehmer des Kongresses durch eine Kantate, Wiens glorreichster Augenblick.

DER KAISERLICHE RAT: Was nutzt das alles, man is doch schon sehr betroppezt!

DER ALTE BIACH *(mit einem Blick gen Himmel):* Wo ist heute ein Fichte, der die gebeugten Seelen wieder aufrichten, dem deutschen Volke ein Lehrer und Wegweiser zugleich sein könnte!

DER KAISERLICHE RAT: Das is aber jo wohr! *(auf die Uhr sehend)* Gott halber acht!

DER ALTE BIACH *(im Abgehn, dumpf):* Iwangorod röchelt bereits.

(Verwandlung.)

27. SZENE

Berliner Tiergarten.

PADDE: Die gefilmte Schlacht, die gefilmte Majestät des Sterbens und des Todes! Daß die Engländer eine unwissende und ungebildete Gesellschaft sind, wissen wir ja; der vorliegende Fall zeigt aber auch, bis zu welcher Gefühlsroheit Neid und Lüge führen.

KLADDE: Wäre es nicht erwünscht, daß man auch dem Deutschen hinter der Front solche lebenswahre Bilder der jüngsten Ereignisse vorführte? An Gelegenheiten, die geeignete Bilder zur Aufnahme bieten, dürfte kein Mangel sein. Die Taten unserer Soldaten, im Bilde vorgeführt, gäben wahrhaftig Stoff genug für mehr als einen Film, und das Volk, das am Bilde manchmal mehr hängt, als am Worte, würde solchen Vorführungen ein gewaltiges Interesse entgegenbringen, auch wenn wir auf die Ausschmückungen im Interesse nationaler Selbstverhimmelung, die Engländer und Franzosen nötig haben mögen, gern verzichten.

PADDE: Machen wir. Was sagen Sie zum Hias? Unter dem Krachen aller Feuerwaffen und mit Sturmgeschrei ging gestern abend »Der Hias«, ein feldgraues Spiel in drei Akten, über die Bretter des Berliner Theaters. Der Zettel verschwieg den Namen des Verfassers; aber ein Feldgrauer soll das Stück geschrieben haben, und Feldgraue (Offiziere und Mannschaften Berliner und bayrischer Ersatz-Truppenteile, unter denen gewiß einige von schauspielerischer Herkunft waren) führten es auf. Für die Frauenrollen stellten sich Frauen der Aristokratie zur Verfügung.

KLADDE: Wacker!

PADDE: Das Stück gab Gelegenheit, Lagerleben und blutige Kämpfe mit erstaunenswertem Naturalismus vorzuführen. Die echten Soldaten auf der Bühne spielten, als ob sie an der Front wären. Dort, wo die kriegerischen Vorgänge der technischen Mittel der Bühne spotteten —

KLADDE: — sprang der Film ein.

PADDE: Na sehn Sie, treffen wa ooch! Und der Apparat rollte (im letzten Akte) eine Reihe von geschickt in die Szene des Stückes eingelegten Schlachtenbildern ab. Erhöht wurde der Eindruck durch den Lärm der Maschinengewehre und Handgranaten und durch das Ächzen und Stöhnen der Gefallenen.

KLADDE: Ein Kulturskandal erster Güte —

PADDE: Wie?

KLADDE: — ist die englische Denkmünze auf die Seeschlacht im Skagerrak.

PADDE: Ach so.

KLADDE: Nachdem die Engländer ihre schwere Niederlage vom Skagerrak auf dem Papier allmählich in einen Sieg umgemodelt haben, setzen sie diesem Lügenverfahren dadurch die Krone auf, daß sie eine Denkmünze auf die Seeschlacht prägen. »Der ruhmreichen Erinnerung derer, die an jenem Tage fielen!«

PADDE: Ja, sie treiben's doll. Wir Deutsche brauchen keene Denkmünzen!

KLADDE: Im Vergleich mit neueren deutschen Denkmünzen

kann diese englische als gedankenarm und unkünstlerisch bezeichnet werden. Der Text, der nichts von Sieg enthält, ist für englische Verhältnisse ziemlich bescheiden. Die Denkmünzen sollen käuflich sein — die goldene zu 230 Mk., und der Gesamtertrag soll den Hinterbliebenen der gefallenen Seeleute zukommen. So verabscheuungswürdig diese englische Verlogenheit auch ist, kann man es nicht in Abrede stellen, daß sie System hat und sicher auch Erfolg haben wird, denn es unterliegt keinem Zweifel, daß auch auf diesen englischen Schwindel wieder eine ganze Menge neutraler Untertanen hereinfallen wird.

PADDE: Marke Lügen-Grey. Wir hätten jetzt eine Gelegenheit zu 'ner Denkmünze! Kaiser Wilhelm als Feldarbeiter. Bekanntlich reiste der Kaiser an die Ostfront. Seine schlesischen Truppen erfreute Seine Majestät durch persönliche Anerkennung und durch seinen Dank für ihre Tapferkeit. Des freute sich ganz Schlesien. Aber ganz Schlesien freute sich noch über etwas anderes.

KLADDE: Weiß schon. Das lassen Sie mich erzählen. Was rennt das Volk, was läuft die Schar hinaus auf die abgemähten Felder? Den Kaiser zu sehen. Nachmittags zwischen 5 und 7 Uhr ist es. Munteres Volk bringt die kostbaren Ährengarben auf bereitstehende Wagen. Plötzlich ruhen alle Hände, Stille tritt ein, alle Mützen fliegen vom Kopfe, Staunen ergreift alle: Der Kaiser kommt!

PADDE: Er ist schon da, zieht den Rock aus und, hastenichgesehn, in Hemdärmeln beginnt des Deutschen Reiches Oberhaupt mit Hand anzulegen an die Feldarbeit. Auf dem mit goldenen Getreidegarben besäten durchfurchten Boden unseres lieben Vaterlandes erheitert das durch die Sorgen der Kriegsjahre tief durchfurchte Antlitz Seiner Majestät munteres Lächeln.

KLADDE: Wie ist das? — Na, jedenfalls 'n herzerquickendes Momentchen.

PADDE: Er hilft selbst, mit höchsteigener Person, den »von oben« gespendeten Segen für sein Volk einzuheimsen.

KLADDE: Wie der Herr, so der Knecht. Dem Kaiser tun es

seine Begleiter, hohe Herren und Offiziere, nach. »Siehst du da nicht auch unsern Reichskanzler bei der Feldarbeit?« — »Wahrhaftig, er ist's.«

PADDE: Das lassen Sie mich mal fortsetzen. Von der Stirne heiß, rinnen muß der Schweiß bei solcher Arbeit. Überrascht schaut das zuschauende Volk, wie Seine Majestät den von der Stirne perlenden Schweiß mit dem Hemdärmel ein übers andre Mal abwischt; denn in brennender Sonnenhitze mit der Garbengabel Wagen vollzuladen, wenn auch mit aufgestreiften Hemdärmeln, macht schwitzen — und Durst!

KLADDE: Weiß Gottchen.

PADDE: Und so haben wir wieder das schöne Bild: Seine Majestät sitzt mitten in seinem ihm treu ergebenen oberschlesischen Volk auf —

KLADDE: Wie?

PADDE: — auf das er sich verlassen kann, sitzt auf —

KLADDE: Wie?

PADDE: — auf einem Feldrain und trinkt aus einem gewöhnlichen Kruge frisches Wasser. — Na? Da staunt der Fachmann und der Laie wundert sich. Das wär 'n Vorwurf für 'ne Denkmünze!

KLADDE: — den uns die Engländer machen könnten — nee, nachmachen könnten! Wenn sie könnten!

PADDE: Was Denkmünze! Das sollte jefilmt werden!

KLADDE: Ja richtig, hören Sie mal, in den nächsten Tagen wird in den Kinos der höchstinteressante Film: Die Sommeschlacht, das größte Ereignis in diesem Kriege, dem Publikum vorgeführt.

PADDE: Dieser Film kann in der Tat das größte Ereignis in diesem Kriege genannt werden. Es ist dies die erste und zugleich die letzte Aufnahme, die das Archiv des Generalstabes für das Publikum freigibt. Der Film ist im größten Kampfgewühl zustandegebracht worden. Vier Operateure sind bei der Aufnahme des Films gefallen, aber immer wieder traten neue an ihre Stelle, bis endlich das ganze Werk vollendet war, das unseren Nachkommen den Ruhm der heldenmütigen Kämpfer künden soll. Mit atemloser Spannung machen wir Sprengung und Erstürmung eines Blockhauses und nach mächtigem Trommelfeuer einen Sturmangriff von nervenerschütternder Eindruckskraft mit. Wir sind mitten drin in den gewaltigen Erdfontänen von Minensprengung und Einschlägen schwerster Kaliber und in den weißen Rauchschwaden der Handgranaten und bewundern fast noch mehr als den Todesmut der Truppen — den Mann oder die Männer, die im Geschoßhagel und Feuerregen die Ruhe gehabt haben, in vorderster Linie, mit eisernem Pflichtgefühl auch dem Befehl zu gehorchen, die Kurbel des kinematographischen Apparates zu drehen. Auf allen Seiten sieht man die höchste Anspannung aller Kräfte, das Ausnützen, aber auch Abnützen der menschlichen Energie — wir sehen den siegenden Tod!

KLADDE: Dieser Film wird sicher in allen Kinos Deutschlands großen Anklang finden. Wie hieß es doch jüngst so schlagend in einem kriegspresseamtlichen Bericht unsrer östreichischen Bundesbrüder? Unsere Sturmtrupps rücken vor —

PADDE: — unmittelbar gefolgt von unsern Filmtrupps. So soll es sein. Der siegende Tod! Das sollen uns die Vettern überm Kanal mal nachmachen! Da staunt der Fachmann —

KLADDE: — und der Laie wundert sich.

(Verwandlung.)

28. SZENE

Kino.

Auf dem Programm: »Ach, Amalia, was hast du gemacht?« und der Detektivschlager »Mir kommt keiner aus«. Die Musik spielt »Puppchen, du mein Augenstern«.

DER KINOREGISSEUR *(tritt vor):* Nun folgt die erste Vorführung des großen Sommefilms. Sie werden in diesem Film die Sommehelden zu sehen bekommen, blühende Jugend und ergraute Männer in gleicher Weise verwittert und kampfgestählt stürzen und springen, stürmen und kämpfen zwischen fliegenden Feuern und hagelnden Geschoßen, und schwankem, von Minen zerstäubtem Erdreich, in der zermalmenden Werkstatt des brüllenden, unsichtbaren Krieges. In drei Teilen entrollen sich Szenen der furchtbaren Herbstschlacht 1916, mit der die große Hoffnung der Feinde ins Grab sank. Imponierend dröhnen die Tritte unübersehbarer deutscher Reservisten. Im Feuer der eigenen Landsleute bringen deutsche Krieger behutsam französische Frauen, Greise und Kinder in Sicherheit. Wo vordem blühende Dörfer sich hinzogen, wo alte malerische Städte in ihrer historischen Schönheit das Auge erfreuten — Bapaume und Peronne und wie sie alle heißen — sind nunmehr Trümmerhaufen, zerschossen in Schutt und Staub durch die Ententebatterien. Und dann flimmert auf zuckenden Bildern, dank einzig dastehendem Mute tapferer Kinooperateure, deren vier in treuer Pflichterfüllung bei den Aufnahmen den Heldentod fanden, ein erhabenes Beispiel zielbewußter Exaktheit: »Das Divisionskommando hat um 8 Uhr 30 Minuten die Sprengung und den Sturm befohlen!« — Alles ist bereit gestellt. — Die Sturmtruppen fiebern. — Die Ungeheuer moderner Kriegsmaschinen öffnen ihre blitzenden Mäuler, die furchtbarsten Waffen unseres technischen Zeitalters spielen auf — aber dahinter stehen die Menschenleiber, die den toten Maschinen Leben einhauchen. Über Minenfelder, Hindernisse, durch sprengstoffschwangere Gassen des Todes hinein zum heißen Nahkampfe! — Die Handgranate mäht!... Von Graben zu Graben in die Hauptstellung hinein! Die eigene Artillerie schöpft Luft und streut Entsetzen in die feindlichen Reserven, Graben auf Graben wird erobert. Dieser Film reiht sich zu den schönsten, zu den eindrucksvollsten aus dem jetzigen Weltkriege.

Eine weibliche Stimme: Emil, benimm dir!

(Verwandlung.)

Der Optimist und der Nörgler im Gespräch.

DER OPTIMIST: Also die harmlosen Parodien auf Goethes
»Über allen Gipfeln«, die jetzt bei uns und in Deutschland
im Schwung sind, in Deutschland wegen der U-Boote und
bei uns wegen der Kipfel — das bringt Sie auch schon aus
Rand und Band?

DER NÖRGLER: Das tut es. Mit der Kriegsdichtung wollen
wir uns abfinden. Die Gegenwartsbestie, wie sie gemütlich
zur todbringenden Maschine greift, greift auch zum Vers,
um sie zu glorifizieren. Was in dieser entgeistigtesten Zeit
zusammengeschmiert wurde — es ergäbe täglich eine Million Tonnen versenkten Geistes, die wir einmal an den ge-
schädigten Genius der Menschheit werden zurückzahlen
müssen; und hierin war nicht nur die Schuld der vielen
Schreiber enthalten, die auf die Fahne der Bestialität spe-
kuliert haben, sondern auch der wenigen Dichter, die sich
von ihr fortreißen ließen. Aber sehen Sie: wenn zugunsten
Deutschlands nichts weiter geltend gemacht würde, als daß
auf seinem Boden das Gedicht »Über allen Gipfeln ist Ruh'«
gewachsen ist, so würde das wahre Prestige, auf das es
schließlich mehr ankommt als auf jene zeitgebundenen Vor-
urteile, zu deren Befestigung Kriege geführt werden, heil
aus der Affäre hervorgehen. Was unsere Lage vor dem
Weltgericht gefährden könnte, wäre eine einzige vom An-
kläger enthüllte Tatsache. Daß nämlich dieses Zeitalter, das
als verstunkene Epoche preiszugeben und glatt aus der Entwicklung zu streichen wäre, um die deutsche Sprache wieder
zu einer gottgefälligen zu machen, sich nicht damit begnügt
hat, unter der Einwirkung einer todbringenden Technik
literarisch produktiv zu sein, sondern sich noch an den Hei-
ligtümern seiner verblichenen Kultur vergriffen hat, um mit
der Parodie ihrer Weihe den Triumph seiner Unmensch-
lichkeit zu begrinsen. In welcher Zone einer Menschheit, die
sich doch überall mit dem Mund gegen ein Barbarentum
sträubt, dessen die Hand sich beschuldigt, wäre ein Satanis-

mus möglich, der das heiligste Gedicht der Nation, ein Reichskleinod, dessen sechs erhabene Zeilen vor jedem Windhauch der Lebensgemeinheit bewahrt werden müßten, der Kanaille preisgab! Wo in aller Welt ließe sich so wenig Ehrfurcht aufbringen, den letzten, tiefsten Atemzug eines Dichters zu diesem entsetzlichen Rasseln umzuhöhnen? Die Ruchlosigkeit des Einfalls, der den Sieg jener Richtung bedeutet, die mit dem Abdruck von Klassiker-Zitaten auf Klosettpapier eingesetzt hat, übertrifft alles, was uns das geistige Hinterland dieses Krieges an Entmenschung vorgeführt hat. Bei Goethe! Es ist der Augenblick, aus einer Parodie ein großes Gedicht des Abschieds zu machen.

Der Optimist: Glauben Sie mir, zwei fleischlose Tage in der Woche sind ein größeres Übel, und dennoch muß auch dies ertragen werden.

Der Nörgler: Gewiß. Aber sieben geistlose — da halte ich nicht durch! Und ich sehe aus dieser Unterernährung keinen rettenden Ausweg. Die kriegerische Verblödung der Menschheit, der Zwang, der die Erwachsenen in jene Kinderstube zurückführt, in der sie noch das schaurige Erlebnis haben, keine Kinder mehr vorzufinden — ja, uns hier, die wir die Versuchsstation des Weltuntergangs bewohnen, hat die Entwicklung dort, wo sie uns haben wollte!

Der Optimist: Solange Krieg ist, muß alle Geistigkeit auf ihn eingestellt sein.

Der Nörgler: Sie befähigt uns eben noch, die Begriffe »Menschenmaterial«, »durchhalten«, »Scherflein«, »Hamstern«, »Mustern«, »Nachmustern«, »Tachinierer«, »einrückend gemacht«, kurz den ganzen ABC-Befund unseres Zustandes in seiner abgründigen Tiefe zu erfassen, ohne doch die völlige Aussichtslosigkeit eines Tuns ermessen zu können, zu dem wir uns innerhalb dieses Mechanismus verurteilen ließen. Aber die feigen Büromörder, die unsere Zukunft an ihr Fibelideal verraten haben —

Der Optimist: Sie glauben also wirklich, daß der Weltkrieg von ein paar bösen Menschen beschlossen worden ist?

Der Nörgler: Nein, sie waren nur die Werkzeuge des

Dämons, der uns und durch uns die christliche Zivilisation in den Ruin geführt hat. Wir müssen uns aber an sie halten, da wir den Dämon, von dem wir gezeichnet sind, nicht fassen können.

DER OPTIMIST: Wie würden wir denn aussehen, wenn wir von einem Dämon gezeichnet sind!

DER NÖRGLER: Wie vom Schönpflug.

DER OPTIMIST: Sollten wir so talentlos gezeichnet sein?

DER NÖRGLER: Eben. Doch diese Talentlosigkeit hat tiefere Bedeutung. Wir hängen genau so in der Luft, wenn wir zu stehen vermeinen, und stehen genau so, wenn wir glauben, wir seien im Fortschreiten begriffen. Die grundlose Feschität, die dieses neuwienerische Dasein so beliebt macht wie die Figuren jenes teuflischen Antitalents, die tiefe Unfähigkeit, im Raum zu stehen, die die niedrigste Kunst und das niedrigste Leben zu vollkommener Deckung bringt, diese Leichenstarre der Lebendigkeit — das ist es, was noch unsern Untergang zum stehenden Motiv des kolorierten Mißhumors macht. Ich ziehe die Luftlinie von einem verknödelten Leben, von einem Punkt der Entwicklung, wo Lehartöne und Schönpflugfarben uns bedrohen, zu einem Ultimatum, mit dem ein bodenloser Kretinismus die Welt auffordert, den k. k. Misthaufen abzuräumen, zu dessen Prestige er ausgerückt ist. Und ich lechze der Stunde entgegen, da es geschehn sein wird — mag nachher das herausgeforderte Weltgewissen als die Machtfratze eben jenes Siegerwahns triumphieren, der uns hier unser Leben vernichtet hat. Möglich, daß das mitteleuropäische Verbrechen so groß war, noch die Welt zu korrumpieren, die da auszog, es zu züchtigen. Was immer geschehe — Österreicher zu sein war unerträglich!

DER OPTIMIST: Die österreichisch-ungarische Monarchie ist eine historische Notwendigkeit.

DER NÖRGLER: Vielleicht, weil dieser ganze nationale Gemischtwarenkram, der uns in kulturelle Schmach und materielles Elend gebracht hat, in irgendeinem verfluchten Winkel der Erde verwahrt sein muß. Aber diese Notwendigkeit wird sich durch alle revolutionären und kriegerischen Versuche, ihn los zu werden, abschwächen, und gelingt es diesmal nicht, erweist sich der k. k. Gedanke zunächst als unausrottbar, so wirds neue Kriege geben. Aus Prestigerücksichten hätte diese Monarchie längst Selbstmord begehen müssen.

DER OPTIMIST: Wäre dem Kaiser Franz Joseph ein längeres Leben beschieden gewesen, so wäre der Zusammenhalt —

DER NÖRGLER: Ehrfürchtiger Schauder läßt mich vor der Konsequenz dieses Gedankens zurückbeben, ehe Sie ihn zu Ende gedacht haben. Aber Sie übersehen dabei, daß jenem ja tatsächlich ein längeres Leben beschieden war und daß trotzdem —

DER OPTIMIST: Der Kaiser ist doch voriges Jahr gestorben —?

DER NÖRGLER: Woher wissen Sie das?

DER OPTIMIST: Ich verstehe Sie nicht — er hat doch gelebt bis —

DER NÖRGLER: Woher wissen Sie das?

DER OPTIMIST: Ja, spielen Sie vielleicht auf die in der Entente beliebten Scherze an, daß in Österreich-Ungarn eine Zucht von Kaisern bestehe und daß immer ähnlich aussehende —

DER NÖRGLER: Da könnte schon etwas dran sein. Wissen Sie, wenn ich mich auch entschließen könnte, an den Tod Franz Josephs zu glauben, keineswegs glaube ich, daß er je gelebt hat.

DER OPTIMIST: Erlauben Sie einmal, diese siebzig Jahre sind doch nicht in Abrede zu stellen?

DER NÖRGLER: Ganz und gar nicht, sie sind ein Alpdruck von einer Trud, die dafür, daß sie uns alle Lebenssäfte und dann noch Gut und Blut abgezogen hat, uns das Glücksgeschenk zukommen ließ, in der Anbetung eines Idols von einem Kaiserbart grundsätzlich zu verblöden. Nie zuvor hat in der Weltgeschichte eine stärkere Unpersönlichkeit ihren Stempel allen Dingen und Formen aufgedrückt, so daß wir in allem was uns den Weg verstellte, in allen Miseren, Verkehrshindernissen, im Querschnitt jedes Pechs diesen Kaiserbart agnoszierten. Sie war die angestammte Schlamperei, die das Justament zum fundamentum regnorum erkoren hatte, sie war das graue Verhängnis, das sich durch die Zeiten frettet wie ein chronischer Katarrh. Ein Dämon der Mittelmäßigkeit hatte unser Schicksal beschlossen. Nur er vertrat diesen Anspruch, die Welt mit unserer nationalen Mordshetz zu belästigen, begründet in der Gottgewolltheit des Pallawatsch unter Habsburgs Szepter, dessen Mission es schien, als Damoklesschwert über dem Weltfrieden zu schweben. Er ermöglichte dieses budgetprovisorische Gebilde, dessen ewiges Völkerproblem nur durch die innere Amtssprache des Rotwelsch »tunlichst« zu lösen war und dessen Verständigung durch ein Kauderwelsch versucht werden mußte, wie es die hohnlachende Epoche noch nicht gehört hatte. Eine siebzigjährige Gehirn- und Charaktererweichung der nur um solchen Preis und selbst dann nicht zu verbindenden Völker ist der Inhalt der so regierten Tage, eine Verflachung, Verschlampung und Korrumpierung aller Edelwerte eines Volkstums, die in der Weltgeschichte ohne Beispiel ist und zumal ohne Beispiel durch die Verlogenheit, mit der dank dem einzigen Fortschritt dieser Zeit, nämlich der entwickelten journalistischen Technik, ein Schein vor ein Unwesen gestellt und die Legende der Gemütlichkeit über eine tödliche Realität der Leere gebreitet werden konnte. Welch unerbittliche Berichtigung und gleichwohl Bestätigung eines zwischen Fibel und Presse orientierten Denkens, daß ein blutiges Fanal am Aufgang wie am Abgang dieser gemütlichen Majestät errichtet war!

DER OPTIMIST: Wie? Der Friedenskaiser katexochen, der in seiner sprichwörtlichen Leutseligkeit alles für's Kind getan hat, der ritterliche Monarch, der gute alte Herr in Schönbrunn, dem nichts erspart geblieben ist — so sprechen Sie über ihn, und noch dazu, wo er tot ist?

DER NÖRGLER: Er ist tot? Nun, abgesehn davon, daß ich es, selbst wenn ichs wüßte, nicht glaubte, muß ich Ihnen schon sagen, daß es vor dem Weltgericht wirklich keine Würschtel gibt; daß es da einmal keine Protektion gibt, aber auch keine Pietät; daß man es sich dort wirklich nicht richten kann und vor allem, daß dort der Tod nicht so sehr einen Strafausschließungsgrund als eine Voraussetzung für das Urteil bildet. Auch möchte ich glauben, daß es gottgefälliger ist, der Majestät des Todes an den Gräbern von zehn Millionen Jünglingen und Männern Ehrfurcht zu bezeigen, von hunderttausenden Müttern und Säuglingen, die Hungers sterben mußten — als vor dem einen Grab in der Kapuzinergruft, das eben jenen Greis bedeckt, der das alles reiflich erwogen und mit einem Federstrich herbeigeführt hat; und daß vor jener Instanz auch das Qualenantlitz der überlebenden Menschheit gegen den einen Toten unerbittlich zeugen müßte. Denn dieses blutgemütliche Etwas, dem nichts erspart blieb und das eben darum der Welt nichts ersparen wollte, justament, sollen s' sich giften — beschloß eines Tages den Tod der Welt.

DER OPTIMIST: Aber Sie glauben doch nicht, daß der Kaiser den Krieg gewollt hat? Er soll ja geäußert haben, daß man ihn drangekriegt hat!

DER NÖRGLER: So ist es. Das gibt es. Ich meine nicht ihn, den man drankriegen konnte. Ich meine die den Wahnsinn dieser monarchischen Welten erschöpfende Möglichkeit, daß man ihn und uns drankriegen konnte. Ich meine jenen blutdürstigen Dämon seines verfluchten Hauses, dessen Walten sich justament in diesem Kaiserbart manifestierte und in einer Gemütlichkeit, die eben das Blut, das sie nicht sehen konnte, vergossen hat. Ich weiß nicht, wer, ich weiß nur, was uns regiert hat; und daß dieser Lemurenstaat durch sieben Dezennien der Welt das Schaustück eines als Thron kachierten Leibstuhls bot, worauf sich die legendäre Dauerhaftigkeit eines Nichtvorhandenen breitmachte. Von ihm in persona weiß ich nur, daß er mittelmäßig war und in Formen erstarrt. Aber eben diese Gaben mußten im Verein mit den tödlichen Giften der Zeit und dieses national verwirrten Landes ein übermäßiges Unglück heraufbeschwören. Der finstere Franz Ferdinand, dessen Wille es gebannt hätte — denn nicht was einer will, bloß daß er etwas will, vermöchte dieses Chaos zu hemmen —, war nur bestimmt, über seinem Ende die schadenfrohen Flammen aus dem monarchischen Hexenkessel aufschlagen zu lassen. Wenn man diesen Franz Joseph, dem nichts erspart geblieben ist außer der Persönlichkeit — wenn man ihn nicht zum Weltkrieg drangekriegt hätte, er wäre mit einer reinen Freude an der wohlerhaltenen k. k. Jammerwelt gestorben. Dem Nachfolger war es zuzutrauen, daß er sie unblutig zurechtgesetzt hätte. Das ist jenem — dank den für Thronfolgerreisen vorgesehenen Sicherheitsmaßnahmen — denn doch erspart geblieben. Er hat es vorgezogen, ihr durch den Weltkrieg und die unausbleibliche Niederlage ein vollkommenes Ende zu bereiten.

Der Optimist: Er hat sich nicht anders zu helfen gewußt.

Der Nörgler: Gewiß nicht, man hat ihn drangekriegt, während die mehr aktive Rolle des Bundesgenossen diesen zu festem Draufgehn veranlaßt hat.

Der Optimist: Worauf spielen Sie mit Ihrer Bemerkung über die für Thronfolgerreisen vorgesehenen Sicherheitsmaßnahmen an?

Der Nörgler: Darauf, daß man bezüglich des Ergebnisses der Sarajewoer Reise in Sicherheit war.

Der Optimist: Das sind Legenden. Gewiß ist es erstaunlich, daß der mächtigste Mann der Monarchie keinen vermehrten Schutz für diese Reise durchsetzen konnte, aber —

Der Nörgler: — es ist begreiflich. Denn als er sich darum bemühte, war's nicht mehr bei seinen Lebzeiten. Ein Mächtiger, der dahin ist, hat keinen Einfluß.

Der Optimist: Er wurde aber doch erst ermordet, nachdem —

Der Nörgler: — seine Bemühungen erfolglos geblieben waren, ganz richtig. Also, wenn Sie auf der Chronologie bestehen: ein Mächtiger kann alles, nur nicht verhindern, daß er umgebracht wird.

Der Optimist: Sie wollen gewiß nicht behaupten, daß Franz

Joseph, dem nichts erspart geblieben ist, seinen Neffen aus dem Weg räumen ließ. Dagegen ließe sich wohl beweisen, daß er die Nachricht von der Ermordung —

DER NÖRGLER: — mit einem nassen, einem heitern Auge aufgenommen hat. Aus allerhöchstem Ruhebedürfnis wurde die Trauerfeier eingeschränkt und der Weltkrieg eröffnet. Die Menschheit hat ein Begräbnis erster Klasse erhalten.

DER OPTIMIST: Die Ermordung eines Thronfolgers ist doch ein hinreichender Grund —

DER NÖRGLER: — das Angenehme mit dem Nützlichen zu verbinden. Daß die Spekulation mißglückt ist und Österreich auf der Suche nach dem verlorenen Prestige in Verlust geriet, ist ein anderes Kapitel. Vor dem Weltgericht wird noch nach dem dolus eventualis judiziert.

DER OPTIMIST: Aber Sie werden doch schließlich nicht die persönlichen Eigenschaften des Monarchen —

DER NÖRGLER: Die interessieren mich wenig. Er war wohl nur ein Pedant und kein Tyrann, nur kalt und nicht grausam. Wäre ers gewesen, so hätte er vielleicht noch in hohem Alter so viel Geisteskraft gehabt, sich nicht drankriegen zu lassen, sondern zu wissen, was er wagen konnte. Er hat nur die Knöpfe auf der Uniform gezählt — und eben darum mußte sie sich bewähren. Er war ein unermüdlicher Arbeiter und hat unter den Hinrichtungsakten einmal auch einen unterschrieben, der die Menschheit fällte. Sie alle haben es nicht gewollt. Aber da wir andern es ganz gewiß nicht gewollt haben, müssen wir uns doch an sie halten. Der imperatorische Beruf bringt es eben mit sich, daß wir einem, der seine Ruh haben will und zu diesem Behufe einen Weltkrieg anfängt, die volle weltgerichtliche Verantwortung aufpelzen, ja daß wir einen pensionierten Landbriefträger, der sich per Zufall als Vampir betätigt, für eine Maske ansehen. Ein sterbender Christ darf die Gefahr, seiner Pfründe verlustig zu gehen, für kein größeres Übel halten als die Gefährdung seiner sämtlichen Nebenmenschen, und sein Seelenheil nicht mit dem Unheil Aller belasten. So glaube ich doch mindestens, daß der Genius seines Hauses an dieser Entschließung beteiligt war und gewiß an der Möglichkeit, daß ein paar phantasiearme Schurken ihn jenes Manifest unterschreiben lassen konnten, das mit vollendeter Stilkunst ein blutiges Alterserlebnis einem friedliebenden Greis zuschiebt, der sich nicht anders zu helfen weiß. Der, den man drangekriegt hat, hat alles reiflich erwogen. Es ist halt ein echt österreichisches Pech, daß das Ungeheuer, das diese Katastrophe heraufführen sollte, die Züge eines guten alten Herrn trägt. Er hat alles reiflich erwogen, aber er kann nichts dafür: und das eben ist die letzte, grausigste Tragödie, die ihm nicht erspart geblieben ist. Daraus habe ich ein Lied gemacht, das so lang ist wie sein Leben, eine unendliche Melodie, die ich ihm in den Mund lege, wenn er in meinem Weltkriegsdrama auftritt. Ich habe dieses tragische Couplet wie einen großen Teil des Dramas im Jahre 1915, also noch bei seinen Lebzeiten, geschrieben — wenn Sie es denn wirklich wahr haben wollen, Sie Phantast, daß jetzt ein Karl und kein Franz Joseph mehr über uns waltet.

DER OPTIMIST: Werden Sie ihm nicht wenigstens als dem ritterlichen Monarchen und als Kinderfreund Gerechtigkeit widerfahren lassen?

DER NÖRGLER: Nein, denn die Szene, wie er, da er zum erstenmal die Nachbarschaft der Gemahlin Franz Ferdinands an der Hoftafel dulden muß, ihr den Rücken zukehrt und auf die Mahnung seiner Tochter, sich doch schandenhalber auch einmal nach links zu wenden, justament und mit jähem Ruck es erst zu voller Anschauung bringt: diese Szene kommt im Drama nicht vor. Auch die Szene nicht, wie er in Weißenbach sich von einem allerliebsten vierjährigen Knirps ein Begrüßungssprüchlein anhört und dann —

DER OPTIMIST: — als ein vorbildlicher Urgroßpapa, jedoch elastischen Schrittes auf das Pauxerl zugeht und ihm ein Zwickerl gibt?

DER NÖRGLER: — nein, sich salutierend, wirklich salutierend, abwendet: diese Szene kommt auch nicht vor. Nur das Couplet kommt vor. Aber seien Sie ganz beruhigt. Wäre er ein Privatmann, dem die häßlichsten Eigenschaften nachgewiesen werden könnten, und etwa einer, dessen Gemeinschaft eine in Hysterie verirrte Gattin als Kreuz durchs Leben schleppen mußte — der Tod gliche alle Rechnung aus und der Rest wäre Schweigen. In der Weltgeschichte macht kein Zeitpunkt die Verantwortlichkeit erlöschen und da muß auch der beste alte Herr noch nach seinem Tod in der Gestalt auftreten, zu der ihn einmal der Fluch seines Hauses verdammt hat. Ich lasse nicht Franz Joseph, sondern den leibhaftigen habsburgischen Dämon auftreten. Ein Lemur erscheint uns und sich selbst im Schlafe. Siebzig Jahre singen ihr Miserere, und da sind schließlich auch alle Vorgänger mit inbegriffen, die Kanaille die Franz heißt — der Spielbergprofos —, und so weiter die ganze Ahnengalerie zurück bis ins Stammschloß, aus dem man der Sippe nie die Einreise nach Österreich hätte bewilligen sollen.

DER OPTIMIST: Wann wird Ihr Drama erscheinen?

DER NÖRGLER: Wenn der Feind besiegt ist.

DER OPTIMIST: Wie? Sie glauben also doch —

DER NÖRGLER: — daß Österreich in einem Jahr nicht mehr besteht! Ich hatte das Manuskript in das Stammland der Habsburger, in die Schweiz gebracht —

DER OPTIMIST: Um es in Sicherheit zu bringen?

DER NÖRGLER: Nein, um es auszuarbeiten. Ich habe es wieder zurückgebracht; denn ich fürchte mich nicht vor dem Feind. Er hat in seiner Blutwirtschaft eine solche Schlamperei einreißen lassen, daß ich dieses Manuskript schon zweimal über die Grenze und wieder zurückbringen konnte. Immerhin kann es jetzt nicht erscheinen. Das würde dem Autor doch wohl die Freiheit kosten und wenn die Generaille vor Schluß der Vorstellung noch Appetit auf eine Diktatur bekäme, sogar jenen Kopf, den er sich trotz den Offensiven des Schwachsinns durch einen vierjährigen Krieg hindurch bewahrt hat. Es wird erscheinen, wenn dieses technoromantische Abenteuer, die Menschheit durch die Quantität herauszufordern, von der größeren Quantität erstickt ist. Wenn der glorreiche Unfug, der in der Stunde, da wir hier sprechen, für nichts und wieder nichts tausende Menschen in Leichname oder Krüppel verwandelt, beendet und nicht mehr vom verblödenden Basiliskenblick eines Kriegsüberwachungsamtes behütet sein wird. Kurzum, wenn die Schalek ihr letztes Wort gesprochen hat.

DER OPTIMIST: Was haben Sie gegen die Schalek?

DER NÖRGLER: Nichts als daß der Weltkrieg sie gezwungen hat, von mir überschätzt zu werden. So muß ich sie für die eigenartigste Erscheinung dieser Apokalypse halten. Wenn aber der tragische Karneval verrauscht ist und ich ihr beim Katzenjammer unsres Tages irgendwo im Hinterland begegne, werde ich sie für eine Frau halten.

DER OPTIMIST: Sie haben nun einmal die heillose Fähigkeit, das Kleinste —

DER NÖRGLER: Ja, die habe ich nun einmal.

DER OPTIMIST: Und daraus wird wohl das ganze Drama entstanden sein. Aus diesem unseligen Hang, die kleinen Erscheinungen und die großen Tatsachen zu verbinden.

DER NÖRGLER: Ganz gemäß dem satanischen Verhängnis, das uns von den kleinen Tatsachen zu den großen Erscheinungen der realen Tragödie geführt hat. Die meine läßt uns an den Formen und Tönen einer Welt mit ihr selbst zugrundegehen. Sie werden mir die Frage, was ich gegen den Benedikt habe, nicht schuldig bleiben.

DER OPTIMIST: Und Sie mir nicht die Antwort.

DER NÖRGLER: Er ist nur ein verantwortlicher Redakteur des Weltkriegs. Er ist nur ein Zeitungsherausgeber und triumphiert dennoch über unsere geistige und sittliche Ehre. Seine Melodie allein hat mehr Opfer gefordert als der Krieg, den sie erregt und befeuert hat. Der gellende Ton des Schlachtbankiers, der der Welt an die Tasche und an die Gurgel fuhr, ist die elementare Begleitung dieser blutigen Aktion. Auch der orts- und zeitferne Leser wird fühlen, daß wir hier Besonderes durchlitten haben. Ich lasse an dieser Sprache, in der der altjüdische Sinn der neudeutschen Handlung sich rabiat zur Geltung bringt, einen alten Abonnenten sterben. Sie überwältigt das Leben, und da tritt denn der erlösende Gehirnschlag ein.

DER OPTIMIST: Um das zu verstehen, muß ich schon auf Ihre Tragödie warten. Sie kommt also heraus —

DER NÖRGLER: — wenn die andere zu Ende ist. Eher ist es nicht möglich. Auch sie ist nicht fertig, und ich brauche eben meinen Kopf, um sie fertig zu bringen.

DER OPTIMIST: Da wäre wohl nur Ihre Freiheit bedroht.

DER NÖRGLER: Solange Wien im Hinterland liegt. Hochverrat, Verbrechen gegen die Kriegsmacht, Majestätsbeleidigung, Beleidigung von Dörrgemüsespekulanten und sonstigen Persönlichkeiten, die nur das Objekt und nie das Subjekt einer strafbaren Handlung sein können und bei Abwicklung ihrer Wuchergeschäfte vom Ehrfurchtsparagraphen geschützt sind — nun, die allerhöchste Majestät, die Österreich hat, ist ja doch der Galgen! Er ist aber nicht nur ein Inventarstück des spanischen Zeremoniells, sondern auch ein wichtiges Requisit meiner szenischen Handlung. Bedenken Sie, daß unter dem Armeeoberkommando des Erzherzogs Friedrich allein — den ich für ein noch ausgiebigeres Phantom halte als die Schalek — 11.400, nach einer andern Version 36.000 Galgen errichtet worden sind. Einer, der nicht bis drei zählen konnte! Und eine kriegerische Erscheinung, vor deren Tatenruhm Napoleon als der erste Defaitist erscheint — im Martialischen wie im Erotischen wahlverwandt und verbündet jenem Scheusal von einem Barbarenkaiser, dem Imperator der geistigen Knödelzeit, der keine Quantität von Fleisch und Blut unberührt lassen konnte und dazu seinen eigenen Schenkel klatschend schlug und sein gröhlendes Wolfslachen ertönen ließ: so lachte der Fenriswolf, als die Welt in Flammen aufschlug. Zwischen assyrischen Backsteinen und Generalstabskarten, zwischen aller Halbwissenschaft, die das stundenlang stehende Gefolge peinigte, immer wieder mit obszönen Scherzen um Körperformen kreisend. Sich weidend an der Verlegenheit, wenn er auf der Jagd oder bei offiziellstem Anlaß, durch einen Hieb auf den Hintern, durch einen Tritt aufs Bein, durch eine Frage nach seinem Sexualgeschmack den Partner überraschte. Das waren die Blutgebieter. Der eine im Format dem öden Sinn dieses Weltmords gewachsen, verantwortlich für die Tat; der andere mit ahnungslosem Behagen in der Wanne eines Blutmeers plätschernd. Dieser Heros, der »Bumsti!« rief, als er im Kino Soldaten fallen sah, dieser Ehrendoktor der Philosophie, dieser Kretin war der Marschall unseres Verhängnisses. So verschieden beide, dennoch Busenfreunde, sich begegnend in einer Kennerschaft, im Austausch feinschmeckerischer Wahrnehmungen, und wenn's die Formen der Germania und der Austria betraf, in einem Seufzer über den Wandel der Zeiten. Das tritt, wie es leibt und lebt, aus der Kriegsgarderobe gleich in die kulturhistorische Erscheinung, weist auf die Quantität der Zeit, in Freuden und Leiden; und zur stündlich empfundenen Qual wird das Bewußtsein, von solchem Minus regiert zu sein, und das Wissen um die niedrigste Lebensart, die an höchster Stelle sich auslebend der leidenden Menschheit spottet, zur Mitschuld. Maitressen und Hausmeisterinnen konnten sich über den intimen Einfluß unterhalten, wenn die wehrlose Mannheit sich ans Ende aller Lebenslust zerren ließ, geweihte Bündnisse reiner Herzen blutig zerrissen wurden und Unschuldige in der letzten Stunde vor dem Galgen nach einem Gnadenblick bangten. Wissen Sie, wofür wir jetzt büßen? Für die Ehrfurcht, zu der uns solche Gestalten herausgefordert haben!

DER OPTIMIST: Aber das österreichische Antlitz ist doch noch ein anderes als das preußische.

DER NÖRGLER: Das österreichische Antlitz ist jederlei Antlitz. Es lauert hinter dem Schalter der Lebensbahn. Es lächelt und greint je nach Wetter. Doch dieser Gorgonenblick hatte die Kraft, was er ansah, in Blut oder in Dreck zu verwandeln. Wo hätten wir es nicht geschaut? Stand es nicht vor dem, der ratsuchend in ein Amt kam und Unrat fand? Muß ich es in den Aborten der Wiener Kriminalität aufspüren, in den Wanzen- und Bazillenräumen der Wiener Garnisonsarreste, an den verwahrlosten Spitalsbetten, wo graduierte Profosen und akademische Henkersknechte nervenkranken Soldaten mit Starkstrom zusetzten, um den

Verdacht, sich von der Front zu drücken, auf sie abzuwälzen? War es nicht in jeder Schmach und Unappetitlichkeit jeder Amtshandlung und vor allem in der Gerechtsame jener Feldgerichte, deren eines die noch über den Justizmord unsittliche Forderung aufgestellt hat, daß der österreichische Staatsbürger seinen Behörden, diesen Behörden, »mit Ehrfurcht und Liebe zu begegnen habe«? Und solche Härte noch verschärft durch die Gewißheit, daß hier nicht Naivität, sondern ein Justament der Schurkerei am Werke war und die diabolische Lust einer letzten Belastungsprobe auf unsere Geduld. Das von der italienischen Regierung längst verbotene Experiment der Hundsgrotte ist von der österreichischen tagtäglich Millionen Menschen zugemutet worden, und das Antlitz zwinkerte bei dem gelungenen Gspaß, um nach eingetretener Erstickung in voller Heiligkeit zu erglänzen. Das österreichische Antlitz, mit dem zugekniffenen linken Auge, hat man in diesen vier Jahren Schulter an Schulter neben dem mehr martialischen Gesicht so oft in den Schaufenstern gesehn, daß es wohl vierzig Friedensjahre brauchen wird, um die Erinnerung loszuwerden. Nein, es ist nicht wie das preußische, wenngleich es jedem gleicht und alles ist, nur eben nicht das, was die Feuilletonisten singen und sagen. Zumal aber ist es das des Henkers. Des Wiener Henkers, der auf einer Ansichtskarte, die den toten Battisti zeigt, seine Tatzen über dem Haupt des Hingerichteten hält, ein triumphierender Ölgötze der befriedigten Gemütlichkeit, der »Mir-san-mir« heißt. Grinsende Gesichter von Zivilisten und solchen, deren letzter Besitz die Ehre ist, drängen sich dicht um den Leichnam, damit sie nur ja alle auf die Ansichtskarte kommen.

DER OPTIMIST: Wie? So eine Ansichtskarte gibt es?

DER NÖRGLER: Sie wurde von amtswegen hergestellt, am Tatort wurde sie verbreitet, im Hinterland zeigten sie »Vertraute« Intimen, und heute ist sie als ein Gruppenbild des k. k. Menschentums in den Schaufenstern aller feindlichen Städte ausgestellt, ein Denkmal des Galgenhumors unserer Henker, umgewertet zum Skalp der österreichischen Kultur.

Es war vielleicht seit Erschaffung der Welt zum erstenmal der Fall, daß der Teufel Pfui Teufel! rief.

DER OPTIMIST: Aber die Zeugen der Hinrichtung haben sich doch nicht absichtlich mitphotographieren lassen?!

DER NÖRGLER: Es bildeten sich Gruppen. Und zwar, um nicht nur bei einer der viehischesten Hinrichtungen dabei zu sein, sondern auch dabei zu bleiben; und alle machten ein freundliches Gesicht. Dieses, das österreichische, ist auch auf einer andern Ansichtskarte, der unter vielen ähnlichen eine nicht geringere kulturhistorische Bedeutung zukommt, in zahlreichen Soldatentypen, die zwischen zwei hängenden Rutheninnen Schulter an Schulter die Hälse recken, um nur ja ins Dokument zu kommen. Gott weiß, an welcher satanischen Blähung eines Generals, den vielleicht ein Zwischenfall beim »Sautanz« zu einer furiosen Aufarbeitung von »Wird vollzogen« gestimmt hatte, die beiden unglücklichen Frauen gestorben sein mögen.

DER OPTIMIST: Ja, ja, von Ihnen wird es einmal heißen, daß ein Vogel, der sein eigenes Nest —

DER NÖRGLER: — niederreißt anstatt ein fremdes aufzubauen, ich weiß schon. Mit dieser Ansicht würde man gewiß den Vogel auf den Kopf treffen. Aber mit Unrecht, da er eben in Erfüllung der sittlichen Aufgabe gehandelt hat, vor der eigenen Tür zu kehren. Diese schmutzige Welt behauptet von dem, der ihr den Schmutz weggeräumt, er hätte ihr ihn gebracht. Mein Patriotismus — eben ein anderer als der der Patrioten — vertrüge es nicht, einem feindlichen Satiriker die Arbeit zu überlassen. Das hat meine Haltung während des Krieges bestimmt. Ich würde einem englischen Satiriker, der uns mit Recht unmöglich fände, raten, sich um die Angelegenheiten seines eigenen Landes satirisch zu bemühen. Allerdings gibt es keinen englischen Satiriker.

DER OPTIMIST: Shaw.

DER NÖRGLER: Nun eben. Aber selbst der betätigt jenen echten Patriotismus, der es vorzieht, seine Landsleute zu tadeln statt sie zu betrügen. Doch wem die allgemeinen Dinge über die staatlichen gehen, der muß die Gemeinheit der Dinge, die Abscheulichkeit dieser Kriegswelt an den nächstliegenden Beispielen darstellen und die Aussage eines, der in ihrer Atemnähe lebte, wird unverdächtig sein.

DER OPTIMIST: Sie sind aber ein unerbittlicher Staatsanwalt.

DER NÖRGLER: Gegen solche Staaten.

DER OPTIMIST: Wenns nach Ihnen ginge, wäre Österreich längst zum Tod verurteilt.

DER NÖRGLER: Leider wird es das erst sein, nachdem es die Österreicher zum Tod verurteilt hat, und nicht schon vorher. Hier denke ich an die überlebenden Österreicher, die dank der Zuständigkeit zur Monarchie einem Schicksal entgegengehen, das sie als Volk nicht verdient haben. An den andern, die sich gegen solche Zuständigkeit gewehrt, oder zumeist nicht einmal das getan haben, hat Österreich selbst ja die Todesstrafe noch bei seinen Lebzeiten vollzogen.

DER OPTIMIST: Und glauben Sie, daß dergleichen bei den Feinden nicht vorgekommen ist? Die Engländer haben auch ihre Hochverräter hingerichtet. Denken Sie an Casement.

DER NÖRGLER: Ich besitze von diesem Fall keine Ansichtskarte. Abgesehen davon, daß Casement von einem Gerichtshof zum Tode verurteilt und hierauf erschossen worden ist, während mit Battisti der kürzere Prozeß gemacht wurde, indem man ihn gefangen und aufgehängt hat, nachdem man ihn allerdings noch zur Verschärfung der Todesstrafe gezwungen hatte, das Gotterhalte stehend anzuhören — dürften bei der Hinrichtung Casements, die England ja nicht als Kirmes gefeiert hat, kaum amtliche Photographien hergestellt worden sein. Bilder, die nicht nur eine Galgenprozedur, sondern auch die bestialische Assistenz als Triumph verewigen, Bilder, die einen strahlenden Henker im Kreise animierter oder verklärt blickender Offiziere zeigen, dürften selbst in der Heimat der farbigen Engländer schwerlich aufgetrieben werden. Ich aber möchte speziell einen Preis aussetzen auf die Agnoszierung des gräßlichen Klotzes von einem k. u. k. Oberleutnant, der sich direkt vor einen hängenden Leichnam gestellt und seine aussichtslose Visage dem Photographen dargeboten hat, und auch jener dreckigen Feschaks, die heiter wie an der Sirk-Ecke versammelt sind oder mit Kodaks herbeieilen, um nicht nur in betrachtender, nein in photographierender Stellung auf das Bild zu kommen, in dem der sogenannte Seelsorger in der Runde von hundert erwartungsvollen Teilnehmern nicht fehlen darf. Denn es wurde nicht nur gehängt, es wurde auch gestellt; und photographiert wurden nicht bloß die Hinrichtungen, sondern auch die Betrachter, ja sogar noch die Photographen. Und der besondere Effekt unserer Scheußlichkeit ist nun, daß jene feindliche Propaganda, die statt zu lügen einfach unsere Wahrheiten reproduziert hat, unsere Taten gar nicht erst photographieren mußte, weil sie zu ihrer Überraschung unsere eigenen Photographien von unsern Taten schon am Tatorte vorgefunden hat, also uns »als Ganze«, all in unserer Ahnungslosigkeit — die wir nicht spürten, daß kein Verbrechen uns so vor der Umwelt entblößen könnte wie unser triumphierendes Geständnis, wie der Stolz des Verbrechers, der sich dabei noch »aufnehmen« läßt und ein freundliches Gesicht macht, weil er ja eine Mordsfreud hat, sich selbst auf frischer Tat erwischen zu können. Denn nicht daß er getötet, auch nicht daß er's photographiert hat, sondern daß er sich mitphotographiert hat; und daß er sich photographierend mitphotographiert hat — das macht seinen Typus zum unvergänglichen Lichtbild unserer Kultur. Als ob, was wir getan haben, nicht für sich selbst sprechen würde! Die Auditoren der Hölle, die sich durch ihre Leistungen vom Zwang zum Heldentod befreit haben wie nur die Dichter des Kriegs, haben wahrlich ganze Arbeit geleistet. Aber nach dem Henker mußte noch der Photograph heran. Nein, die für ein k. u. k. Kriegsarchiv gestellten Gruppen behaften die Erinnerung an Österreich mit einem Schandfleck, der in Äonen nicht untergehn wird!

DER OPTIMIST: Von all dem hat sicher der Kaiser Franz Joseph nichts gewußt.

DER NÖRGLER: Er hat seit jeher nur gewußt, daß sein Henker den letzten, einzigen und wahren Hort der Zentralgewalt bedeute. Als ihr leuchtendes, lachendes Symbol, in voller Kaffeesiederwürde und Weltrichtergemütlichkeit steht jener da, weit entfernt von Hochmut und von Schwäche, denn mir wern kan Richter brauchen, wohl aber einen Scharfrichter.

DER OPTIMIST: Er als ritterlicher Monarch —

DER NÖRGLER: — hat schon in seiner Jugend die Abordnung der Mütter, Gattinnen und Töchter von Mantua, die in Trauerkleidern für ihre Söhne, Gatten und Väter um Abwendung der Galgenstrafe herangewallt kamen, abgewiesen. Doch haben sie nachher die Henkerrechnung bezahlen müssen. Das Andenken Österreichs ist bis heute in jenen Gegenden unverwischt und das weltgeschichtliche Motiv der »Treulosigkeit« mag seine Erklärung in dem nachzitternden Grausen finden, mit dem man dort noch jetzt von jenen Taten spricht, und in der diplomatischen Überlieferung: »la corde savonnée«, diese Spezialität, sei der einzige österreichische Exportartikel gewesen. In hoc signo wollte es siegen! Seine letzte Henkerrechnung wird Österreich selbst bezahlen.

DER OPTIMIST: Wie das? Wann?

DER NÖRGLER: Nach seiner Hinrichtung!

(Verwandlung.)

30. SZENE

Standgericht.

HAUPTMANN-AUDITOR DR. STANISLAUS V. ZAGORSKI *(verkündet das Urteil. Man hört die folgenden Sätze, die er besonders betont):*

— — Mit Rücksicht darauf, daß der Angeklagte Hryb 26 Jahre alt und des Lesens und Schreibens unkundig ist, somit keine Bildung hat, sowie angesichts dessen, daß die Schuld des Angeklagten Hryb dem Standgericht die kleinste mit Rücksicht auf die Schuld der anderen Mitangeklagten zu sein schien, hat das Standgericht beschlossen, daß die gegen den Angeklagten Hryb gemäß § 444 M.-St.-P.-O.

ausgesprochene Todesstrafe dieser Angeklagte als erster abzubüßen hat.

— — Die über den Angeklagten Struk verhängte Todesstrafe soll derselbe als zweiter abbüßen, weil seine Schuld im Verhältnis zur Schuld des Erstangeklagten krasser ist.

— — Mit Rücksicht darauf, daß der Angeklagte Maeyjiczyn durch längere Zeit mit den Russen in Verbindung gestanden ist, wurde beschlossen, daß er als dritter die Todesstrafe abzubüßen hat.

— — Unter einem wurde beschlossen, daß dieser Angeklagte in Würdigung der ihm zur Last gelegten Tat die Todesstrafe als vierter in der Reihe abzubüßen hat.

— — Die über ihn gemäß § 444 M.-St.-P.-O. verhängte Strafe soll Angeklagter Dzus als fünfter verbüßen, weil seine lügnerische Verteidigung darauf hinwies, daß er den Russen vollauf ergeben war.

— — und hat diese Strafe in Würdigung seiner Handlungsweise als sechster abzubüßen.

— — Die Todesstrafe hat der Angeklagte Kowal als der siebente abzubüßen.

— — Nachdem dem Fedynyczyn zwei strafbare Handlungen zur Last fallen, soll er die Todesstrafe als achter verbüßen.

— — Mit Rücksicht auf die Schwere der dem Fedor Budz zur Last gelegten Tat soll derselbe die Strafe als neunter abbüßen.

— — Die auferlegte Strafe hat Petro Dzus als zehnter abzubüßen, mit Rücksicht auf die Schwere seines Verschuldens.

— — hat das Standgericht angenommen, daß seine Schuld die größte ist und daß er eben die gegen ihn verhängte Todesstrafe als letzter abzubüßen hat. Die Verhandlung ist geschlossen.

(Die Delinquenten werden abgeführt.)

EIN OFFIZIER: Gratuliere. Das war saftig. Spürt ma halt gleich, daß du ein Advokat bist. Du, wieviel Todesurteil' hast eigentlich schon hinter dir?

ZAGORSKI: Das is akkurat das hundertste — also das heißt das hundertzehnte.

DIE OFFIZIERE: Gratulieren! Jubiläum! Ja warum sagst das nicht?

ZAGORSKI: Danke, danke! Und jeder Exekution hab ich persönlich beigewohnt, das kann ich mit Stolz sagen. Und wie oft hab ich noch bei den Exekutionen fremder Todesurteile assistiert!

ZWEITER OFFIZIER: Geh. Da überanstrengst dich aber! Nimmst es zu gewissenhaft.

ZAGORSKI: Ja das is ein aufreibender Dienst!

ERSTER: Weißt, er is halt ein gelernter Jurist, das is nicht aso —

ZAGORSKI: No ja, da muß man so ein Todesurteil sorgfältig begründen — ein Vergnügen ist das nicht.

ZWEITER: Ujegerl, da ham wir schon Scherereien ghabt, früher mit dem Obersten! Der war dir ein geschworener Feind vom Standrecht. Er hat immer gsagt, das is eine verbohrte juristische Klügelei. Einfach niedermachen! hat er gsagt.

ERSTER: No das is nix gegen den Ljubicic, weißt, elftes Korps wo ich war. Der hat doch den Wild, da erinner ich mich, der Wild hat doch zwischen Weihnachten und Silvester 1914 zwölf p. v. hängen lassen, an einem Tag sechs. Der sagt, er braucht überhaupt kein gerichtliches Urteil als K-Offizier. Er hat auch viel abstechen lassen.

ZWEITER: No und der Lüttgendorff! Der hat auch immer gsagt, er braucht kein Gericht, dafür hat ers abgekürzte Verfahren, hat er gsagt. Einmal hat er drei Kerle, weil s' bsoffn warn, durch'n Korporal abstechen lassen. Das war in Schabatz, zum allerhöchsten Geburtstag, ich denk's wie heut. Und fesche Bastonnaden hats geben und schöne Evakuierungen! No und Brandlegungen, da muß man schon tulli sagen! Weißt damals in Syrmien, wie s' jedes zweite Haus niederbrannt habn! Also da hat er amal ein Exempel schtatuiern wolln, da habn s' ein ganzes Dorf ausghoben zum Niedermachen, weißt mit hochschwangere Frauen und so, alle habn s' zu Fuß bis nach Peterwardein müssen. Ob s' nacher alle niedergmacht habn, weiß ich nicht. Jedenfalls habn s' bei der Nacht bei die Niedergmachten bleiben müssen, die Angehörigen und so, die was frei kommen sind. Weißt, die ungarischen Gendarmeriewachtmeister, die Kommandanten der Streifabteilungen, habn die Strafsachen gern im ab'kürzten Verfahren erledigt, die Leichen sind alle liegen blieben, von die Lehrer, Geistlichen, Ortsnotäre, Förster und so.

ERSTER: No bei die Internierungen hat mehr herausgeschaut!

ZWEITER: Das war später, wo sie s' dann plangemäß ausgerottet habn. Dafür waren aber auch die ungarischen Lager erstklassig eingerichtet. Hunger, Stockhieb und Flecktyphus — das gibt scho was aus bei die Serben!

DRITTER OFFIZIER: No ja, aber alles was recht is, ein Justizverfahren is das halt doch nicht mehr.

ZWEITER: No ja natürlich, das is mehr administrativ. Daß du aber nicht glaubst — weißt beim Lüttgendorff war jeder Fall mit einem Dienstzettel belegt: Justifizierung verfügt! No für eine Verhandlung wie bei uns hier, war dir der Lüttgendorff halt zu nervös. Mit die Richter hat er gschimpft, ujegerl! Da hats immer gheißen: Hofrat! Bandler! Patzer! Weißt, gleich aufhängen war ihm das Liebste, natürlich nur bei mildernde Umständ, sonst hat er hauptsächlich mit 'n Bajonett arbeiten lassen.

ERSTER: Habts ihr schon amal an Nazarener ghabt?

ZWEITER: Was is das? So was gibts doch nicht mehr!

ERSTER: Aber ja, Nazarener, weißt, das sind so Kerle, die sich aus Religion weigern, ein G'wehr zu nehmen, eh scho wissen. Da hab ich einmal einen solchen Kerl ghabt, der war a Landwirt und is als Fuhrmann verwendet worn. Seine bisherige Aufführung war eine gute, also nach der Konduite war er unbescholten und bis auf das, daß er beim Formieren ka G'wehr nicht hat nehmen wolln, is eigentlich nix gegen ihn vorglegen. Aber wie er so vor uns gstanden is, hat er mir halt einen höchst ungünstigen Eindruck gmacht. Nämlich wie er schon gewußt hat, daß er zum Tod verurteilt wird, hat er, aber weißt ohne die geringste Reue zu zeigen, also hat er dir einfach erklärt, er nimmt's Gwehr auch dann nicht, wann er dafür erschossen wird. Also da hats naturgemäß auch keine Gnadengründe gegeben bei solcher Verstocktheit! No der Stöger-Steiner hat's naturgemäß bestätigt, wegen dem höchst ungünstigen Eindruck, den der Mann gmacht hat. Aber jetzt — das war dir a hakliche Gschicht. Später hat nämlich der Oberst-Auditor, weißt der Barta, gsagt, im Bericht an den Obersten Militärgerichtshof — daß das Urteil auf einen unliebsamen Versehn beruht hat. Weil angeblich nur auf gewalttätige Widersetzung Todesstraf is und das KM hat halt schon 1914 für die Nazarener vorgsorgt, daß sie ohne Waffen in die Front einzuteilen sind und erst nach'm Krieg militärgerichtlich abgeurteilt wern. Aber der Erlaß ist halt bei uns erst nach der Hinrichtung, 1916, einglangt, kann man halt nix machen. Der Barta hat drei Wochen Profosenarrest kriegt.

ZWEITER: Das wär ihm unterm Lüttgendorff nicht passiert. Da wär so a Nazarener — (Geste) rrtsch obidraht, mei Liaber!

ZAGORSKI: Ja, unsereins hat nicht so freie Hand als Jurist, verstehst du. Ich laß mir Zeit — no und ich hab doch schon mehr geleistet wie sogar der Wild!

ZWEITER: No ja du!

ZAGORSKI: Mein intressantester Fall war in Munkács, das war im Herbst 1914 — da war man noch mit Leib und Seele dabei. Da waren drei galizische Flüchtlinge, ein Pfarrer Roman Beresowszkyi, ein gewisser Leo Koblanskyi und der Ssemen Zhabjak, die hab ich natürlich zum Tod verurteilt, no und in Vollzug gesetzt —

ZWEITER: Hast dabei auch so schön arranschiert — nach der Reih —?

ZAGORSKI: Woher denn, die haben ja alle drei lesen und schreiben können und außerdem waren s' alle gleich schuldig — das heißt, wenn mans genau nimmt, waren s' alle unschuldig.

ERSTER: Unschuldig — waren s', wieso?

ZAGORSKI: Ja, das is eben das Intressante. Die Sache ist nämlich vom Militärgericht in Stryi wieder aufgenommen worden, und da stellt sich heraus, daß sie unschuldig sind.

DIE OFFIZIERE: Das is a Pech.

ZAGORSKI *(lachend):* Wieso? Der ukrainische Nationalrat hat sich doch über mich beim AOK beschwert! No da könnts euch denken —

ERSTER: Ah so! No was warst damals?

ZAGORSKI: Oberleutnant.

ERSTER: Und wann bist du Hauptmann gworn?

ZAGORSKI: No wie sich herausgestellt hat, daß sie unschuldig waren!

ZWEITER: Glaubst, daß da also ein direkter Zusammenhang is — daß man dir alser quasi hat eine Genugtuung geben wolln?

ZAGORSKI: Das will ich nicht grad behaupten, so feinfühlig sind sie beim AOK nicht — aber durch die Beschwerde is man auf mich aufmerksam geworden, da hat man gsehn, was ich für eine Arbeitskraft bin, no und dann — wenn sich eine p. u.-Nation über unsereinen beschwert! Verstehst, wenn ein Ruthene uns schaden kann, so schadet er uns nicht durch seine Beschwerde, sondern höchstens dadurch, daß er noch am Leben is.

DRITTER: No glaubst am End — daß die elf, was wir heut verurteilt ham, auch unschuldig sind? Also wenn mas genau nimmt, bewiesen is eigentlich nur —

ZAGORSKI: — daß sie Ruthenen sind. No das wird doch genügen! Ein Uhr — gehmr in die Menage.

(Verwandlung.)

31. SZENE

Schönbrunn. Arbeitszimmer. Der Kaiser sitzt vor dem Schreibtisch und schläft. Ihm zur Seite steht je ein Kammerdiener.

DER RECHTE KAMMERDIENER: Arbeit' scho wieder unermüdlich.

DER LINKE KAMMERDIENER: Jetzt is dreiviertel auf neun,

sieben Minuten vor halber zehn fangen die Audienzen an, das is ein rechtes Kreuz is das.

DER RECHTE: Pst — hör zu — der Weiland sagt was —

DER KAISER *(spricht aus dem Schlaf):* Justament nicht — grad nicht — ich mach keinen Frieden mit die Katzelmacher — mei Ruh will i haben — man hat mich drangekriegt — es war sehr schön — gehts weg — 's zweite Knopfloch is um ein Millimeter zu hoch — was? Der Franz is wieder da? — schmeiß'n außi — es hat mich sehr gefreut — der Rudolf soll net alleweil mit die Fiaker — ghört sich denn das? — mir bleibt doch nichts erspart — warten solln s', ich fang erst dreizehn Minuten vor dreiviertel an — was sagst Kathi? Bist gscheit, daß d' die Preißn nicht schmecken kannst — das is ein Elend — man hat mich drangekriegt — no ja, kann man halt nix machen — *(er erwacht)* Was — was wollts denn — ich — unterschreib eh schon. *(Der linke Kammerdiener reicht die Feder. Der Kaiser unterschreibt mehrere Aktenstücke.)* Du, wer kommt denn heut?

DER RECHTE: Majestät, der Emanuel Edler von Singer für die Erhebung in den Adelsstand —

DER KAISER: Ah der Mendl, das is gscheit.

DER LINKE: Und dann der Riedl fürn Franz Josefs-Orden.

DER KAISER: Ah der Riedl, das gfreut mich, wie gehts ihm denn dem Riedl?

DER RECHTE: Er is nicht mehr der Alte. Letzte Wochn soll er g'legen sein. Es is unsicher, ob er heut kommt.

DER KAISER: Was, wär net schlecht, so ein junger Mensch!

DER LINKE: Ja, Majestät, um dreißig Jahr jünger wie Majestät, aber was Rüstigkeit anbelangt —

DER KAISER: Ja, da hast recht — du Ketterl, wie gehts denn dem Beck?

DER RECHTE: Ujegerl Majestät! *(Er kopiert die Haltung eines zitterigen Greises.)*

DER KAISER: Was, mit seine 84 Jahr, der Bua soll sich schamen — *(er lacht und bekommt einen Hustenanfall, die Kammerdiener halten ihn.)* Is scho guat. *(Der linke Kammerdiener verläßt das Zimmer.)* Wohin gehst denn?

DER RECHTE: Er holt nur 's Pulver.

DER KAISER: Ich brauch kein Pulver, justament nicht —

DER LINKE *(kommt mit dem Pulver und gibt es ihm ein):* Grad hör ich —

DER KAISER *(nimmt das Pulver):* Man hat mich drangekriegt.

DER LINKE: Grad hör ich Majestät, daß der Riedl krankheitshalber verhindert is.

DER KAISER: Hörts auf. Mir bleibt doch nichts erspart.

DER RECHTE *(zum linken):* Uje, jetzt kommt das lebenslängliche Couplet, das kennen mr eh.

(Der Kaiser schläft wieder ein. Die beiden Kammerdiener entfernen sich auf Zehenspitzen. Schlafend singt er das folgende)

Wie ich zur Welt bin 'kommen,
da war a Schlamperei.
Ich hab mir vorgenommen,
mir is alles einerlei.
An Pallawatsch hats 'geben
von einer eigenen Art.
Was? Ich soll in das Leben?
Mir bleibt doch nichts erspart.

Als Bub spiel ich Theater:
von Barrikaden schauen s' zu.
Ich spiel, hilf Himmelvater,
»Wirrwarr« von Kotzebue.
Das Volk, es schreit sich heiser,
noch fehlt des Kaisers Bart —
da bin ich schon der Kaiser.
Mir bleibt doch nichts erspart.

Nach Ruh nur allweil lechz' ich,
daß ich von nix nix weiß,
denn spiel ich sechsundsechzig,
den Preis gewinnt der Preiß'.
Ja, das muß ich doch sagen,
das Glück war mit mir hart.
Mein Reich lag mir im Magen
und mir blieb nichts erspart.

Ich kann mich nicht erinnern,
daß ich erlebt nicht hätt'
im Äußern und im Innern
ein Kreuz und halt ein Gfrett.
Der Sohn, die Frau, der Otto —
bis in die Gegenwart
bleibt meines Lebens Motto:
Mir bleibt doch nichts erspart.

Nur Pech in der Verwandtschaft —
längst hätte ich es satt,
hätt' ich nicht die Bekanntschaft
mit ihr, der Kathi Schratt.
Mit ihr allein ich's aushalt,
obschon sie schon bejahrt
und kostspielig der Haushalt —
auch ihr bleibt nix erspart.

Doch find ich, sie und alles
in Österreich war sehr schön.
Das Reich hat zwar den Dalles,
doch hoff ich, 's wird schon gehn.
Die Ehre ist oft bitter,
von Gold die Schande starrt.
Ich mach den Jud zum Ritter —
er hat sich was erspart.

Nur Ärger, nix als Kummer,
oft krieg ich eine Wut.
In Ischl nur, im Summer,
da g'freut mich mancher Jud.
Der denkt, wie er nur Geld krieg' —
was der zusammenscharrt
in diesem saubern Weltkrieg!
Hätt' ich mir den erspart!

Nur einem Freudenfeste
hab ich einst beigewohnt:
das war der Fall des Este —
der hat sich doch gelohnt! *(Er erwacht.)*
Wie man es hinterbracht hat
ganz schonend mir und zart,
mein linkes Aug' gelacht hat:
Schaut's, der bleibt uns erspart!

Es war sehr schön, so meint' ich
und grüßte alle Leut,
leutselig lacht' und weint' ich,
es hat mich sehr gefreut.
Recht g'schichts ihm, schmecks, nun büß' er,
weil auf mein' Tod er g'wart'.
Der Geizhals war kein Grüßer,
hat am Gemüt gespart.

Ein freudiges Erlebnis
für mich und für das Land
war das spanische Begräbnis
des Neffen Ferdinand.
Wir folgten unsrem Hasse
auf lustiger Leichenfahrt.
Begräbnis dritter Klasse —
da blieb mir was erspart.

Die G'schichte war erledigt,
erlöst hat uns der Tod.
Für den Verlust entschädigt
hab ich das Reich durch Not.
Wär' das Malheur nicht gschehen
durch Geistesgegenwart,
wär' ein Malheur geschehen!
So blieb es uns erspart.

Laßt Gott uns dafür preisen!
Mein Kreuz ist endlich rot.
Gold geben sie für Eisen,
Gift nehmen sie für Brot. *(Er schläft ein.)*
Nachdem ich so viel Leid trug,
mein Reich liegt aufgebahrt.
Das Volk sein Scherflein beitrug,
auch ihm bleibt nichts erspart!

Doch spür ich keine Reue,
doch geb ich keine Ruh.
Durch Nibelungentreue
drückt mich nicht mehr der Schuh.
Der Wilhelm, hätt' Geduld er!
Der Treubund ist sehr hart.
Jetzt drückt mich nur die Schulter.
Da wird mir nix erspart!

Die Schulter statt zu stützen,
sie drückt mich noch zu Tod,
und zu den faulsten Witzen
gehört der Nibelungen Not.
Das Schicksal hat, man weiß es,
mich oft und oft genarrt —
sein Essen, ach der Preiß' es
von meinem Munde spart!

Was hab ich von dem Bund doch!
Es geht mir glorreich schlecht.
Beim deutschen Gott, kein Hund doch
so länger leben möcht'!
Ach ums Panier der Treue
haben wir uns schön geschart —
der Freund frißt meine Säue,
mir bleibt ein Dreck erspart.

Es ist ein Bund des Pferdes
mit einem Reiter toll
und für den Schutz des Herdes
verlangt er hohen Zoll.
Das Volk, es preist das Deutsche.
Es war sehr schön beim Start.
Mich aber peitscht die Peitsche —
das Ziel bleibt mir erspart.

In dem Kalkül ein Loch ist:
der Preiß', er macht mir heiß.
Hoch ruft das Volk, doch hoch ist
von allem nur der Preis.
Ein Roß nicht ahnen kunnte,
wohin es ging' der Fahrt.
Der Preiß', man wanen kunnte,
der bleibt mir nie erspart!

Wie immer ich mich wende,
ich sitz dem Reiter auf
und kehr mit blutiger Lende
von seinem Siegeslauf.
Der Preiß' sitzt mir im Nacken,
die Treu er mir bewahrt.
Mein Thron ist seine Tacken,
kein Tritt bleibt mir erspart.

Nicht endet meine Klage,
nicht endet mein Verdruß,
auf meine alten Tage
ich hohenzollern muß!
Wozu, das möcht' ich fragen,
hab so ich mich gepaart —
nur um wiederamal zu sagen:
mir bleibt doch nichts erspart?

Was sind denn das für Sachen?
Bin ich nicht Herr im Haus?
Da kann man halt nix machen.
Sonst schmeißt er mich hinaus.
Wär' ich im Sommer sieben
gefolgt dem Eduard,
so wäre mir geblieben
so mancherlei erspart.

Mit Hurra gehts herunter
bis auf den Kladderadatsch.
Jetzt geht der Wiener unter!
Wir heißen 's Pallawatsch.
In diesem Weltenkriege
krieg ich den schoflen Part
und wie ich immer siege,
der Sieg bleibt mir erspart.

In der Geschichte steht es,
was immer mir geschah.
Seit siebzig Jahren geht es
in einem Pfui k. k.!
Mit Justament regier ich
auf eine eigene Art,
und meine Völker führ ich,
daß uns ka Hetz erspart.

Ihr dürft noch lang nicht hoffen
aufs End von mein' Couplet.
Es hat noch Katastrophen —
Euer Gnaden wissen eh.
Mir wern kan Richter brauchen
nach dieser Praterfahrt!
Wenn erst die Trümmer rauchen,
wird am Tabak gespart.

In der Geschichte steht es,
was immer mir geschicht,
und wie man immer dreht es,
sie bleibt das Weltgericht.
Den Narren gab ich Titel
dem Volk des Kaisers Bart.
Die blutigsten Kapitel
hab ich mir aufgespart.

Mir war seit Kindesbeinen
schon alles einerlei.
Doch g'freut mich heut wie keinen
die blutige Schlamperei!
Heut bin ich ja noch rüstig,
noch rüst ich nicht zur Fahrt,
noch nicht für alles büßt ich,
noch viel bleibt euch erspart!

Noch bisserl Blut sehn will ich,
man nimmt an Weisheit zu,
und justament erst spiel ich
Wirrwarr von Kotzebue!
Noch bin ich ja der Alte,
Lorbeer den Kopf behaart.
Dem Volk mich Gott erhalte!
Ihm, dem ja nichts erspart.

Erhalt' er mich in Plagen!
Noch ists nicht an der Zeit,
»Es war sehr schön« zu sagen,
»es hat mich sehr gefreut«.
Die Welt muß erst verzweifeln,
worauf ich gnädig wart.
Dann fragen s' mich bei den Teufeln,
ob mir noch was erspart!

Und der nur Ruh wollt haben,
geht endlich selbst zur Ruh.
Doch eh' sie mich begraben
und eh' der Sarg fallt zu —
»So jung noch, soll ich«, frag ich,
»schon auf die letzte Fahrt?«
Und noch einmal g'schwind sag ich:
Mir bleibt doch nichts erspart!
(Die beiden Kammerdiener nähern sich auf Zehenspitzen.)
(Verwandlung.)

Kragujevac, Militärgericht.

DER OBERLEUTNANT-AUDITOR *(hinausrufend):* Solln sich aufhängen! *(zum Schriftführer)* Sind die drei Todesurteile ins Reine geschrieben? Die über die drei Burschen aus Karlova mein ich, die Gewehre gehabt haben.

DER SCHRIFTFÜHRER: Jawohl, aber *(zögernd)* da — möchte ich auf einen Umstand aufmerksam machen, da — hab ich die Entdeckung gemacht — daß sie erst achtzehn Jahre alt sind —

DER OBERLEUTNANT-AUDITOR: Nun und? Was wollen Sie damit sagen?

DER SCHRIFTFÜHRER: Ja — da dürfen sie aber — nach dem Militärstrafgesetz nicht hingerichtet werden — da muß das Urteil — auf schweren Kerker abgeändert werden —

DER OBERLEUTNANT-AUDITOR: Geben S' her! *(Er liest.)* Hm. Da wern wir nicht das Urteil, sondern das Alter abändern. Es sind sowieso stattliche Burschen *(Er taucht die Feder ein.)* Da schreiben wir halt statt achtzehn einundzwanzig. *(Er schreibt.)* So, jetzt kann man sie ruhig aufhängen.

(Verwandlung.)

Ischler Esplanade. Eine teilnehmende Gruppe umgibt den alten Korngold.

DER ALTE KORNGOLD *(händeringend):* Er is doch nicht gesund! Er is doch nicht gesund! *(Wird von der Gruppe abgeführt.)*

EIN KURGAST *(spricht einen andern an):* No Sie wern mir doch sagen können, Sie sind doch intim in Theaterkreise, also is es wahr was man hört oder is es bloß ein Gerücht?

DER ANDERE: Der alte Biach?

DER ERSTE: Konträr, der junge Korngold!

DER ANDERE *(ernst):* Es is wahr.

DER ERSTE: Hören Sie auf — also den jungen — Korngold — ham sie genommen?

DER ZWEITE: Wenn ich Ihnen sag! Was sagen Sie zu Biach?
(Beide ab.)
DRITTER KURGAST *(kopfschüttelnd zu seinem Begleiter)*: Einen Mozart! Und wo er doch bei der Presse is!
VIERTER *(sich umsehend)*: Ein Racheakt. *(Beide ab.)*

*(Fräulein Löwenstamm und Fräulein Körmendy treten im
Dirndlkostüm auf.)*

FRÄULEIN LÖWENSTAMM: Es hat aufgehört zu regnen!
FRÄULEIN KÖRMENDY: Also was is? Gehts ihr nachmittag am Nussensee?
FRÄULEIN LÖWENSTAMM: Wenn es so bleibt, ja, sonst selbstredend zu Zauner! Was is abends? Gehts ihr? Wir ham Sitze, der Schalk dirigiert von der Oper. *(Ein anderes Dirndl geht vorbei.)* Du — schau dir sie jetzt an —!
FRÄULEIN KÖRMENDY: Möcht wissen, worauf herauf sie so herumgeht.
FRÄULEIN LÖWENSTAMM: Ihr Bruder verehrt doch die Wohlgemuth!
FRÄULEIN KÖRMENDY: Dort kommt der Bauer mit dem Lehar. *(Ab.)*
BOB SCHLESINGER *(Janker, nackte Knie)*: Was da hergemacht wird! Wetten, nächste Woche is er enthoben! Ein Wort wenn ich dem Hans Müller sag!
BABY FANTO *(Tenniskostüm)*: Aber! Ein Wort vom Papa! In unserem Haus in Baden verkehrt doch bekanntlich das ganze Aokah! Der Arz wälzt sich, wenn der Tury einen Witz macht, und ich kopier ihm die Konstantin.
(Ein Hofwagen fährt vorbei. Sie grüßen.)
BOB SCHLESINGER: Ich glaub, er war leer.
BABY FANTO: Ich glaub, der Salvator. *(Ab.)*
EIN ALTER ABONNENT: Was sagen Sie zum jungen Korngold?
DER ÄLTESTE ABONNENT: Das kann in England nicht ohne Eindruck bleiben. *(Ab.)*

(Man hört von ganz fern die Rufe des alten Korngold.)
(Verwandlung.)

Wachstube.

DER INSPEKTOR: Aha, da is scho wieder so a syphilitischer Schlampen! Und verlaust is'!

EIN WACHMANN: Die kenn i eh. Die is wegen Diebstahl abgstraft und wegen Vagabundasch war s' aa eingliefert. Im Spital war s' eh scho.

DER INSPEKTOR: Wie alt bist denn? Wem ghörst denn?

DIE SIEBZEHNJÄHRIGE: Der Vater is eingrückt, die Mutter is gstorben.

DER INSPEKTOR: Seit wann bist denn bei dem Leben?

DIE SIEBZEHNJÄHRIGE: Seit 1914.

(Verwandlung.)

35. SZENE

Ein Berliner Nachtlokal.

EINE GRÖHLENDE STIMME *(aus dem Hintergrund):*

Das Dünnbier ist ein scheußliches Geschlampe
Und als Getränk mau mau!
Gießt du davon zuviel in deine Wampe,
Dann wird dir flau!

Bringt Burgeff-Grün, ihr Hundejungen! Friedelchen bleib man da, süße Toppsau — bewahre Sitzfleisch — ihr Vatalandsverräter — wat? — nu mal rin in die Sommeschlacht —

FRIEDA GUTZKE *(spuckt ihm auf die Glatze):* Hopla, Vata siehts ja nich — *(geht nach vorn.)*

(Sally Katzenellenbogen, Export, Frankfurt a./O. tippt seinem Nachbarn, dem Rechtsanwalt Krotoschiner II an die Schulter.)

KATZENELLENBOGEN: Wie sagt doch Nietzsche? Jehst du zum Weibe, vajiß de Peitsche nich!

KROTOSCHINER II: Na hörn Se mal, lassen Se mich man bloß mit dem Mann zufrieden, der Mann is mir nich maßgebend, d e r hat doch bekanntlich 'n böses Ende jenommen. Oberfauler Kunde, sage ich Ihnen. Kenn Se Dolorosa?

KATZENELLENBOGEN: Nee. Sitzt dort nich Hertha Lücke vom Palais de danx, Kantstraße funfzehn Belletahsche, Kurfürst achthundertvierundfunfzigtausendsiebenhundertsiebenundfunfzig?

KROTOSCHINER II: Ach Unsinn, Jejenteil, das ist Gerda Mücke vom Lindenkasino, Leibnizstraße neunundfunfzig zwei Treppen, Lützoo neunhundertsiebenundfunfzigtausendachthundertdreiundfunfzig, Teelefonn mit Warmwasser, Luftschiff im Hause, zu jedem Appartemang 'n Kulturbatt, tipptopp! Kann famos pieken!

KATZENELLENBOGEN: Jewiß doch, mit das schickste Mädchen, das wa jetzt in Berlin haben — un wissen Se, wer neben sitzt? Motte Mannheimer, Kunststück — wickelt se alle in blaue Lappen.

(Die Musik spielt das Lied »Ach Puppe sei nicht so neutral!«)

FRIEDA GUTZKE *(geht vorbei und sagt zu Katzenellenbogen)*: Na hörste, sollst nich so neutral sein — was sitzt ihr beiden denn so miesepetrich da, halli hallo hopsaßa — *(zu Krotoschiner II)* na Puppe? Oller mit'n Kneifer!

KROTOSCHINER II: Totschick! Na komm mal ran.

FRIEDA GUTZKE: Nich zu machen, schließt von selbst — weeßte, der Rittergutsfritze, der Pommernhengst, immer mit'n roten Kopp, guckt rüber — andermal — du schenk mr'n braunen Lappen, ik will Hindenburch benageln. *(Sie geht nach hinten.)*

DIE GRÖHLENDE STIMME:

    Und was das Schönste ist bei dieser Schose:
       Das Reichsbekleidungsamt
      (Frieda Gutzke singt mit) Gibt uns pro Jahr bloß
                  eine Unterhose —
    Verdammt! Verdammt!

        (Verwandlung.)

Der Optimist und der Nörgler im Gespräch.

DER NÖRGLER: Das nenne ich einmal Propaganda für eine gute und gerechte Sache!

DER OPTIMIST: Was ist es denn?

DER NÖRGLER: Ein Aufruf, der lautet »Schluß der Kriegsanleihezeichnung!« Ein gutes Wort zu rechter Zeit.

DER OPTIMIST: Es freut mich, daß Sie so einsichtsvoll denken. Alles Gerede von einem Verständigungsfrieden hat sich eben als müßig erwiesen.

DER NÖRGLER: Es ist, wie Sie sagen. Und immer klarer stellt sich heraus, daß Deutschland recht behalten wird: Der Krieg wird militärisch entschieden werden.

DER OPTIMIST: Daß Sie das sagen! Darin stimmen wir einmal —

DER NÖRGLER: — vollkommen überein.

DER OPTIMIST: Ich hoffe Sie auch zu meiner Ansicht über patriotische Jugenderziehung zu bekehren. In diesem Punkte kann, da es sich darum handelt, alle Gedanken auf den Endsieg einzustellen, gewiß nicht genug geschehen. Ich habe Ihnen aber den Jahresbericht der Kaiser-Karls-Realschule mitgebracht, damit Sie sich überzeugen, daß die Mittelschüler durchaus nicht zur Beschäftigung mit kriegerischen Themen gezwungen werden. Es wird ihnen vielmehr, in den meisten Fällen jedenfalls, die Alternative gelassen. Zum Beispiel in der V. b Klasse: »Eine Ferienwanderung« oder »Kriegsmittel neuester Zeit«. In der VI. a: »Warum ist Lessings Minna von Barnhelm ein echt deutsches Lustspiel?« oder »Durchhalten!« Was würden Sie wählen?

DER NÖRGLER: Durchhalten!

DER OPTIMIST: Da haben wir zum Beispiel: »Gedanken nach der achten Isonzoschlacht« oder »Herbstwanderung«. Dann »Inwiefern vermag das Klima die geistige Entwicklung der Menschheit zu beeinflussen?« oder »Unser Kampf gegen Rumänien«.

DER NÖRGLER: Hier wählte ich, um mir's leichter zu machen, beide Themen auf einmal.

DER OPTIMIST: »Die Hauptgestalten in Goethes Egmont« oder »Der verschärfte U-Bootkrieg«.

DER NÖRGLER: Ich würde sagen, daß wenn der verschärfte U-Bootkrieg nicht hinzugetreten wäre, die Deutschen mit Goethes Egmont England auf die Knie gezwungen hätten.

DER OPTIMIST: Sie sind ein Optimist. Dann hätten wir noch: »Schicksal des Menschen, wie gleichst du dem Wind! (Goethe)« oder »Wir und die Türken — einst und jetzt«.

DER NÖRGLER: Hier wählte ich ganz bestimmt beide Themen; denn mir scheint, als ob mir just aus der Verknüpfung ein artiges Stück von einem Aufsatz gelingen sollte.

DER OPTIMIST: Wie stellen Sie sich zu der Alternative: »Meine Gedanken vor Radetzkys Standbild« oder »Seine Handelsflotte streckt der Brite gierig wie Polypenarme aus und das Reich der freien Amphitrite will er schließen wie sein eignes Haus (Schiller)«.

DER NÖRGLER: Was das zweite Thema anlangt, so würfe ich es dem Deutschprofessor an den Kopf, würde ihm raten, für seinen pädagogischen Zweck lieber Lissauer zu zitieren, und ihm beweisen, daß ich auch die Anfangsstrophe des Schillerschen Gedichtes kenne: »Edler Freund! Wo öffnet sich dem Frieden, wo der Freiheit sich ein Zufluchtsort? Das Jahrhundert ist im Sturm geschieden, und das neue öffnet sich mit Mord.«

DER OPTIMIST: Und das erste Thema, »Meine Gedanken vor Radetzkys Standbild«?

DER NÖRGLER: Würde ich ohneweiters und mit Erfolg bearbeiten, denn ich habe vor Radetzkys Standbild meine eigenen Gedanken. Zum Beispiel, daß dort schon mehr Schieber vorbeigekommen sind, als für den Nachruhm Conrads von Hötzendorf unbedingt erforderlich war.

DER OPTIMIST: Da bemerke ich eben — der Jahresbericht verzeichnet: »An die Schülerbibliothek wurden 2 Exemplare Schalek, ›Tirol in Waffen‹ geschenkt von Gräfin Bienerth-Schmerling, 1 Exemplar von der Verfasserin an die

Lehrerbibliothek.« Na, das ist gewiß gut gemeint, aber —

DER NÖRGLER: Sie sind ein Nörgler. Die heranwachsende Generation kann nicht früh genug erfahren, wie man Schützengräben ausputzt. Ist denn kein Aufsatz da, der solche Anregungen schon unmittelbar verwertet?

DER OPTIMIST *(blättert):* Etwa der da, für die VI. b: »Welcher von unseren Feinden scheint mir der hassenswerteste?«

DER NÖRGLER: Das Thema ist so anziehend, daß es keiner Alternative bedurft hat. Aber es läßt ja selbst eine zu, die allerdings schwierig genug ist.

DER OPTIMIST: Und wie hätten Sie gewählt?

DER NÖRGLER *(nachdenkend):* Warten Sie — nein, ich wäre nicht imstande, zu einer endgültigen Entscheidung zu kommen.

DER OPTIMIST: Wenn Sie sich streng an das Aufsatzthema halten, das da den Sextanern der Kaiser Karls-Realschule gestellt wird —

DER NÖRGLER: — so sage ich: Österreich! Wenn ich aber wieder auf diese Annonce hier blicke, so erscheint mir der Militarismus unserer Jugenderziehung als ein Kinderspiel gegen das ausgewachsene Vorbild.

DER OPTIMIST *(liest):* »V e r k a u f s - K a n o n e , Christ, militärfrei, repräsentabel und doch dezent, bisher Reklame-Akquisiteur für Ost- und Westdeutschland und Berlin mit effektiven Erfolgen und nur prima Referenzen, sucht Generalvertretung eines ausdehnungsfähigen kapitalskräftigen Unternehmens — —« Nun und?

DER NÖRGLER: Da weiß ich als Patriot, welcher von unseren Feinden mir der hassenswerteste scheint!

(Verwandlung.)

37. SZENE

Deutsches Hauptquartier.

WILHELM II. *(zu seinem Gefolge):* Morjen, meine Herrn!

DIE GENERALE: Morjen Majestät!

WILHELM II. *(in Positur, mit Aufblick zum Himmel):* Es hat unser Herrgott entschieden mit unserem deutschen Volke noch etwas vor. Wir Deutsche, die wir noch Ideale haben, sollen für die Herbeiführung besserer Zeiten wirken. Wir sollen kämpfen für Recht, Treue und Sittlichkeit. Mit den Nachbarvölkern wollen wir in Freundschaft leben, aber vorher muß der Sieg der deutschen Waffen anerkannt werden. Es hat das Jahr 1917 mit seinen großen Schlachten gezeigt, daß das deutsche Volk einen unbedingt sicheren Verbündeten in dem Herrn der Heerscharen dort oben hat. Auf den kann es sich bombenfest verlassen, ohne ihn wäre es nicht gegangen. Was noch vor uns steht, wissen wir nicht. Wie aber in diesen letzten vier Jahren Gottes Hand sichtbar regiert hat, Verrat bestraft und tapferes Ausharren belohnt, das habt ihr alle gesehen, und daraus können wir die feste Zuversicht schöpfen, daß auch fernerhin der Herr der Heerscharen mit uns ist. Will der Feind den Frieden nicht, dann müssen wir der Welt den Frieden bringen dadurch, daß wir mit eiserner Faust und mit blitzendem Schwerte die Pforten einschlagen bei denen, die den Frieden nicht wollen. Ein Gottesgericht ist über die Feinde hereingebrochen. Der völlige Sieg im Osten erfüllt mich mit tiefer Dankbarkeit. Er läßt uns wieder einen der großen Momente erleben, in denen wir ehrfürchtig Gottes Walten in der Geschichte bewundern können. *(Mit erhobener Stimme)* Welch eine Wendung durch Gottes Fügung! Die Heldentaten unsrer Truppen, die Erfolge unsrer großen Feldherren, die bewunderungswürdigen Leistungen der Heimat wurzeln letzten Endes in den sittlichen Kräften, die unserm Volk in harter Schule anerzogen sind, im kategorischen Imperativ! Glauben sie noch immer nicht genug zu haben, dann weiß ich, werdet ihr — *(Der Kaiser macht eine soldatische Bewegung, die ein grimmiges Lächeln auf den Gesichtern seiner Mannen hervorruft.)* Der sichtbare Zusammenbruch des Gegners war ein Gottesgericht. Unsern Sieg verdanken wir nicht zum mindesten den sittlichen und geistigen Gütern, die der große Weise von Königsberg unserm Volke geschenkt hat. Gott helfe weiter bis zum endgültigen Siege!

(Der Kaiser streckt die rechte Hand vor, die Generale und Offiziere küssen sie der Reihe nach. Er stößt während des Folgenden, in der Erregung wie in der Belustigung, einen Ton aus, der wie das Bellen eines Wolfes klingt. Im Moment der Erregung bekommt er einen roten Kopf, der Ausdruck wird der eines Ebers, die Backen sind aufgeblasen, wodurch die Schnurrbartenden völlig senkrecht aufstehen.)

ERSTER GENERAL: Majestät sind nicht mehr das Instrument Gottes —

WILHELM II. *(prustend und pfuchzend)*: Ha —

DER GENERAL: — sondern Gott ist das Instrument Eurer Majestät!

WILHELM II. *(strahlend)*: Na 's is gut. Ha —!

ZWEITER GENERAL: Wenn wa jetzt mit Gott und Gas durchbrechen, so haben wir das ausschließlich Eurer Majestät genialer strategischer Umsicht zu danken.

WILHELM II. *(tritt an die Generalstabskarte heran)*: Ha — Von hier bis hier sind funfzehn Kilometer, da werfe ich funfzig Divisionen hinein! Kolossal — was? *(Er blickt um sich. Beifälliges Murmeln.)*

DRITTER GENERAL: Majestät sind ein Weltwunder strategischen Weitblicks!

VIERTER GENERAL: Majestät sind nicht nur der größte Redner, Maler, Komponist, Jäger, Staatsmann, Bildhauer, Admiral, Dichter, Sportsmann, Assyriologe, Kaufmann, Astronom und Theaterdirektor aller Zeiten, sondern auch — sondern auch *(er beginnt zu stottern)* —

WILHELM II.: Nanu?

DER GENERAL: Majestät, ich fühle mich außerstande, die Liste der Meisterschaften zu erschöpfen, die Majestät auszeichnen.

WILHELM II. *(nickt befriedigt)*: Na und ihr andern? *(Sie lächeln verlegen.)* Was, ihr verfluchten Kerls, wollt ihr euern Obersten Kriegsherrn — ha — auslachen? Ich werde euch — Seckendorff!

(Er geht auf einen Adjutanten zu und tritt ihm öfter auf den Rist des Fußes.)

DER ADJUTANT *(hüpft verlegen):* Majestät — Majestät —

WILHELM II.: Ha — Hacken zusammenschlagen! Na 's is gut, Seckendorff, habe Sie bloß 'n bisken pisacken wollen. Sekt!

EIN OFFIZIER: Zu Befehl! *(Ab.)*

WILHELM II.: Kaviar! *(Ein Offizier will abgehen.)* Ha — halt! Es ist des Deutschen unwürdig, reichlich zu leben! — Kaviar! *(Der Offizier ab.)*

VIERTER GENERAL: Majestät —

WILHELM II: Na was is'n los?

DER GENERAL: Majestät — sind auch der feinste Gourmand aller Zeiten!

WILHELM II. *(strahlend):* Na 's is gut. *(Sekt und geröstete Kaviarschnitten werden gebracht. Er trinkt.)* Das ist ja französischer Sekt! Pfui Deibel!

EIN OFFIZIER *(klebt eine Etikette »Burgeff-Grün« auf):* Nein Majestät, es ist deutscher Sekt!

WILHELM II.: Das ist ja ein famoser deutscher Sekt! — Ha — Hahnke, möchten wohl auch Sekt —? Hurra — *(er schwippt den Rest auf das Gefolge und lacht dröhnend.)*

DIE GENERALE *(sich tief verbeugend):* Zu gnädig, Euer Majestät!

WILHELM II. *(schmiert mit dem Zeigefinger der rechten Hand den Kaviar und die Butter von einer Schnitte herunter und streicht sie sich in den Mund):* Ha — Hahnke, möchten wohl auch Kaviar haben —? *(Er wirft das leere Stück Brot unter die Generale und lacht dröhnend, wobei er sich mit der rechten Hand auf den Schenkel schlägt.)*

DIE GENERALE *(sich tief verbeugend):* Zu gnädig, Euer Majestät!

WILHELM II. *(sich an einen Adjutanten wendend):* Ha — Duncker, nu sagen Se mal, was ist Ihr Geschmack in der Liebe? Sind Sie mehr für Dicke oder für Dünne? *(Duncker lächelt verlegen. Wilhelm II. zur Umgebung.)* Er schwärmt für Dicke. Er liegt gern weich.

DIE GENERALE: Köstlich, Euer Majestät! *(Der Kaiser lacht wie ein Wolf.)*

WILHELM II.: Ha — Krickwitz! (*Indem er ihn in den Bauch pufft*)
Wie macht der Hahn?

KRICKWITZ (*kräht*): Kikeriki — Kikeriki —

VIERTER GENERAL (*zu seinem Nachbar*): S. M. ist ein Gott.

WILHELM II.: Ha — Flottwitz — gucken Se mal dorthin, was
dort los ist — (*Der Admiral dreht sich um. Der Kaiser pirscht
sich an ihn heran und schlägt ihm mit aller Wucht auf den Hintern. Der Admiral krümmt sich vor Schmerzen.*)

WILHELM II.: Sind Sie verrückt geworden? Pissen Se mir
doch nicht immer auf die Stiebeln! (*Zum Generalarzt Martius*) Ha — Martius, gucken Se mal dorthin, was dort los ist.
(*Der Generalarzt dreht sich um. Der Kaiser pirscht sich an ihn
heran, springt dann auf ihn los und greift ihm mit der Rechten
zwischen die Beine. Der Generalarzt taumelt vor wahnsinnigem
Schmerz und hält sich an einem Stuhl fest. Er ist kreidebleich.
Der Kaiser bricht in ein tolles Gelächter aus und wendet sich
dann, wie er die Wirkung seines Zugriffs bemerkt, erzürnt ab.
Mit rotem Kopf und aufgeblasenen Backen, prustend und pfuchzend*): Kerls sind zu dösig — ha — keen Humor bei die
Kerls!

DIE GENERALE: Köstlich, Euer Majestät, köstlich!

DER ERSTE GENERAL (*zu den andern*): Amor et deliciae hu-
mani generis.

(*Verwandlung.*)

38. SZENE

Winter in den Karpathen. Ein Mann an einen Baum gebunden.

KOMPAGNIEFÜHRER HILLER: Wie viel Grad hats woll?

EIN SOLDAT: An die 30.

HILLER: Na, denn könnt ihr'n losbinden. (*Die Soldaten tun
es. Der Mann — Füsilier Helmhake — bricht ohnmächtig zusammen. Hiller schlägt ihm mit der Faust mehrmals ins Gesicht.*) Nu mal ins Erdloch neben! (*Es geschieht.*) Aber ist es
denn auch feucht und stinkend genug?

DER SOLDAT: Jawohl.

HILLER: Fiebert woll schon tüchtich?

Der Soldat: Jawohl.

Hiller: Doppelposten — nu mal ran — das Schwein bekommt nichts zu fressen und zu saufen. Darf auch weder tags noch nachts austreten. *(Lachend)* Hat er denn freilich auch nicht nötich! Also wie gestern. Wer was dawider hat, den zerschmettere ich! *(Er geht mit den Leuten ab. Zwei Soldaten bleiben vor dem Erdloch zurück. Man hört Wimmern.)*

Der zweite Soldat: Meinst du nicht auch, daß wir gottgefälliger handelten, wenn wir statt seiner — ihn —?

Der erste: Jawohl.

Der zweite: Zwei sind schon tot. Thomas, den er bei ebensolcher Kälte gezwungen hat, sich nackt auszuziehen, und Müller, der krank auf Wache mußte. Noch fünf andere hat er — *(Man hört Stöhnen. Es klingt wie »Durst!«)* Ach was — das halte ein anderer aus! Ich will ihm einen Schneeball an den Mund halten. *(Er kriecht in das Erdloch und kehrt weinend zurück.)* Noch nicht zwanzig Jahre alt — freiwillig ins Feld gegangen —! *(Hiller erscheint mit Leuten.)*

Hiller: Ich habe mir die Sache überlegt. Ich will mal sehn — der Kerl soll rauskommen! — Na wirds?

Der zweite Soldat: Er — kann wohl nicht mehr, Herr Leutnant.

Hiller: Was is'n los? 'raus mit dem Mistvieh! *(Einige Soldaten zerren Helmhake heraus und schleifen den Reglosen wie ein Stück Vieh.)* So siehste aus. Ach die Drecksau verstellt sich ja bloß, trampelt ihn doch in den Hintern *(Er tritt ihn mit dem Stiefelabsatz.)* Willst du laufen, du Schwein!? Ist denn das Aas noch nicht verreckt?!

Der zweite Soldat *(beugt sich zu dem Mißhandelten nieder, den er berührt, streckt seine Hände wie abwehrend zu Hiller empor und sagt):* Soeben.

(Verwandlung.)

39. SZENE

Ebenda im Unterstand Hillers.

Unterarzt Müller: Tod durch Erfrieren. Wiederbelebungsversuche vergebens. Das Bedenklichste ist, daß er keine Verpflegung bekommen hat.

HILLER: Wir müssen die Sache so deichseln, daß uns keiner an den Wagen fahren kann.

MÜLLER: Kein Zweifel, das Menschenmaterial ist erschöpft und krank. Nichts als Konservensuppe und die ist gesundheitsgefährlich. Es zeigt sich ein direkter Erschöpfungswahnsinn. Die Leute buddeln im Schnee und springen wie die Besessenen herum.

HILLER: Ich gebe ja selbst zu, daß Hunger, Schläge und Anbinden nicht mehr zureichen, um den Kampfesmut zu beleben. Was soll man tun? Was Helmhake betrifft, so kann ich sagen, daß ich alles Erdenkliche getan habe. Dem Vater schreibe ich so:

Werter Herr Helmhake!

Hierdurch erfülle ich die traurige Pflicht, Sie von dem plötzlichen Ableben Ihres Sohnes, des Gardefüseliers Carl Helmhake, in Kenntnis zu setzen. Der Arzt stellte blutigen Dünndarmkatarrh fest.

Während seiner kurzen Krankheit ist Ihrem Sohne die bestmöglichste körperliche und ärztliche Pflege zuteil geworden.

Wir verlieren in dem Dahingeschiedenen einen tüchtigen Soldaten und guten Kameraden, dessen Verlust wir schmerzlich betrauern. Seine Überreste ruhen auf dem Friedhofe in Dolzki.

(Verwandlung.)

40. SZENE

Der Optimist und der Nörgler im Gespräch.

DER OPTIMIST: Lesen Sie, mit welch erhebenden Worten die Waffenbrüderliche Ärztetagung eröffnet wurde: Ein wohltuendes Gefühl, ein erhebendes, echt bundesbrüderliches Bewußtsein soll es für uns alle sein, daß wir in dem Momente, wo draußen an unseren Fronten noch der Kampf wütet, hier mit kaiserlicher Erlaubnis darüber beraten dür-

fen, wie am besten und erfolgreichsten für unsere siegreichen Krieger vorgesorgt werde, um die Schäden an ihrer
Gesundheit durch sachgemäße Pflege wieder zu tilgen und
zu beraten, wie den siech gewordenen Helden frische Arbeitskraft, neuer Lebensmut —

DER NÖRGLER: Todesmut!

(Verwandlung.)

41. SZENE

Ein Militärspital. Rekonvaleszente, Verwundete aller Grade,
Sterbende.

EIN GENERALSTABSARZT *(öffnet die Tür):* Aha, da sind s' ja
alle schön beisamm, die Herrn Tachinierer. *(Einige Kranke*
bekommen schwere Nervenzustände.) Aber gehts, nur kein
Aufsehn. Das wern wir gleich haben — Momenterl! *(Zu*
einem Arzt.) No wird's? Wo bleibt denn heut der Starkstrom? Gschwind, daß mr die Simulierer und Tachinierer
herauskriegen. *(Die Ärzte nähern sich einigen Betten mit den*
Apparaten. Die Kranken bekommen Zuckungen.) Der dort, das
is ein besonders verdächtiger Fall, der Fünfer! *(Der Kranke*
beginnt zu schreien.) Da hilft nur ein Mittel, das verordnen
wir im äußersten Fall. Ins Trommelfeuer! Jawohl, das
Beste wäre, alle Nervenkranken in einen gemeinsamen
Caisson stecken und dann einem schönen Trommelfeuer
aussetzen. Dadurch würden s' ihre Leiden vergessen und
wieder frontdiensttaugliche Soldaten wern! Da wern euch
schon die Zitterneurosen vergehn! *(Er schlägt die Tür zu.*
Ein Kranker stirbt. Es erscheint der Kommandant Oberstleut-
nant Vinzenz Demmer Edler von Drahtverhau.)

DEMMER VON DRAHTVERHAU: Ah, heut wird zur Abwechslung wieder einmal schlampert salutiert! Ja die Herrschaften machen sichs halt im Hinterland kommod in die Betten.
Aber grad diesbezüglich bin ich heut unter euch erschienen.
Sie Regimentsarzt pulvern S' die Leut auf, daß s' jetzt zuhören, ich habe eine wichtige beispielgebende Mitteilung zu
machen. Es handelt sich um die neuen Vurschriften wegen

dem Salutieren, aber nicht wegen dem Salutieren hier in der Anstalt, sondern wenn die Leut wieder aufstehn, daß s' sich in der Zwischenzeit gewöhnen, bevor s' wieder einrückend gemacht wern. Also aufpassen! *(liest vor)* Direktive, Ehrenbezeigungen betreffend:

Die Ehrenbezeigung muß stets mit voller Strammheit bei Annahme der vorgeschriebenen Haltung geleistet werden; jedem Vorgesetzten und Höheren ist die vorgeschriebene Ehrenbezeigung zu leisten, wenn sich dieser nicht mehr als 30 Schritt vom Untergebenen oder Niederen befindet. Dieselbe ist durch ungezwungene Erhebung des rechten Armes gegen den Kopf, die Hand mit der inneren Fläche derart seitwärts des rechten Auges gegen das Gesicht gewendet, daß die Spitzen der geschlossenen Finger den Schirm der Kopfbedeckung (bei Kappen ohne Schirm den Rand der Kappe) berühren, zu leisten. Bei Begegnung des zu Begrüßenden, oder geht der zu Begrüßende an dem Grüßenden vorüber, ist die Ehrenbezeigung so zu leisten, daß diese drei Schritt vor dem zu Begrüßenden vollzogen ist, sie endet, sobald sich der Begrüßte drei Schritte entfernt hat. Trägt der Soldat etwas in der rechten Hand, so salutiert er mit der linken, hat er in beiden Händen etwas, so leistet er die Ehrenbezeigung durch eine stramme Kopfwendung. Letzteres gilt auch bei allen Gelegenheiten des Grußes. Beim Begegnen eines Vorgesetzten oder Höheren hat der Soldat es zu vermeiden, näher als einen Schritt an demselben vorüberzukommen. Andere eingerissene Arten der Salutierungen, wie zum Beispiel Erheben der rechten Hand mit der Fläche nach rechts auswärts, die Finger gespreizt und Antippen des Kappenschirmes mit dem Zeigefinger womöglich vor der Nase, Leistung der Ehrenbezeigung mit der Zigarette oder Zigarre (kurzer Pfeife, sogenannter Nasenwärmer) in der zum Gruß erhobenen Hand oder gar im Munde, dann Leistung der Ehrenbezeigung im Freien mit unbedecktem Kopfe, die Kappe in der Hand durch eine Verbeugung, sind streng untersagt und werden solche Militärpersonen, welche die Ehrenbezeigung nicht nach der Vorschrift leisten oder diese — sei es aus was immer für einem Grunde — unterlassen, einer strengen Ahndung unterzogen; Urlauber nebst Anzeige an ihr vorgesetztes Kommando einrückend gemacht. —

Alstern, merkts euch das, wer nicht, die Hand mit der inneren Fläche derart seitwärts des rechten Auges gegen das Gesicht gewendet, daß die Spitzen der geschlossenen Finger den Schirm der Kopfbedeckung (bei Kappen ohne Schirm den Rand der Kappe) berühren, den rechten Arm ungezwungen gegen den Kopf erhebt, kann dazu gezwungen wern! Merkts euch das! Das ist beispielgebend! Was die andern Salutiervurschriften betrifft, nämlich die was noch für die Anstalt gelten, solang ihr hier herumliegts, so müßts ihr auch mit gutem Beispiel vorangehn und ich brauch euch nicht erst einschärfen, daß ihr unbeschadet eurer p. t. Krankheiten jeder vurschriftsmäßig zu salutieren habts, wenn ein Vurgesetzter hereinkommt. Jetzt habts ihr keine Kappen, aber a Stirn hat a jeder und so wirds ihm auch net schwer fallen die Hand, wann er a Hand hat, an die Stirn z' führen, verstanden? Also — rechts schaut! Sie, was is denn dort — der dort von Bett 5 — mir scheint, der kanns net erwarten, daß er wieder zum Marschbaon — *(der Regimentsarzt macht ihm eine Mitteilung)* Ah so — no ja — also von mir aus — aber im allgemeinen — also daß mir das nächste Mal alles in Ordnung is! Sie überhaupt Regimentsarzt schaun S' mir daß die Leut hinauskommen! Sie sind ohnedem schlecht angschriebn oben — machen S' mr keine Spomponadeln und treiben S' nicht die Humanität auf die Spitze! Was ein patriotischer Arzt ist, hat ein Frontlieferant zu sein! Nehmen S' sich ein Beispiel am Dr. Zwangler, der hat einem Zitterer einen Fetzen in den Mund gsteckt und ihn mit zwei elektrischen Behandlungen B-Befundtauglich gemacht. Oder der Dr. Zwickler! Der hat einen Ehrgeiz, von dem stammt bekanntlich die Idee, die Geschlechtsteile zu faradisieren, er will halt möglichst viele und rasche Erfolge erzielen, und es gelingt ihm! Nehmen S' sich ein Beispiel! Jetzt muß man halt bißl antauchen! Bei die Deutschen hams den Sinusstrom — mir san ja eh die reinen Lamperln! Humanität hin, Humanität her, das is ja alles recht schön, aber wie reimt sich das mit dem Patriotismus? Jetzt is Krieg und da ist es die oberste Pflicht des Ärztestandes, mit gutem Beispiel voranzugehn und das Menschenmaterial aufzufüllen. Der Oberstabsarzt beklagt sich, daß Sie den medizinischen Standpunkt hervorkehren. Er hat Ihnen kollegial begreiflich zu machen gesucht, daß ein C-Befund in den Schützengraben ghört, er sagt, daß das immer ein Gwirks mit Ihnen is. Da möcht ich Sie nur fragen — haben Sie vielleicht Lust, in ein Fleckspital nach Albanien abzugehn? Na alstern! Vom medizinischen Standpunkt können S' ja von mir aus recht haben — wie neulich wo Sie sich kapriziert haben, weil also der Mann Lungenbluter is und Familienvater und so — aber hier ist ausschließlich der militärische Standpunkt maßgebend! Die Verantwortung übernehmen wir! Oder der Nierenkranke — hammer ein Gspaß ghabt — tun S' Ihnen nix an! Der Mann hat seine fünfzig Schuß zu machen, nacher kann er hin sein! Der Allerhöchste Dienst erfordert, daß jeder, der gehn kann, nicht länger hier herumliegt, als wie unbedingt nötig ist — die Schkrupeln heben Sie sich für den Frieden auf! Solange das Vaterland in Gefahr ist, hat jeder auf seinem Posten zu stehn, wie ich selbst, da kenn ich keinen Unterschied, krutzitürken! — Jetzt wern die Feldwebeln die Salutierübungen mit euch vornehmen, und daß ich von kein' Anstand hör also — über mich hat sich noch keiner zu beklagen ghabt — ja wenn statt meiner der Medinger von Minenfeld hier regieren tät oder der Gruber von Grünkreuz, ujegerl! Was wollts haben? Zu essen habts, Suppen, feins Dörrgemüse und a Schalerl Tee a no, da hat sich noch keiner beschwert. No ja die Zeit wird euch lang, bis ihr wieder hinauskommts, um euch gut zu schlagen. Aber eben dafür sind die Salutierübungen! Und die, denen es nicht vergönnt ist, die was also nicht mehr hinauskönnen, um sich gut zu schlagen, für das Vaterland, für die hat das Vaterland vorbildlich gesorgt. 6 Heller per Tag, ohne was arbeiten zu müssen, no is das vielleicht nix?

No und wenn einer brav is, kriegt er sogar eine Prothesen und nachher wenn er mit gutem Beispiel vorangeht, wird er zu seinem Ersatzkörper zurückinstradiert. Mir san ja eh die reinen Lamperln — könnts eh noch froh sein, daß mr nicht bei die Deutschen sein, sonst müßt ich euch habtacht l i e g e n lassen! Das bißl Salutieren, bevor einer wieder hinauskommt, hat noch keinen umbracht. So — gut is für heut! *(Ab.)*

(An einem Bett nimmt der Feldwebel Salutierübungen vor. An einem andern ist der Feldkurat beschäftigt.)

(Verwandlung.)

42. SZENE

Der Optimist und der Nörgler im Gespräch.

DER OPTIMIST: Die bekannte Frage »Was suchen wir in Albanien?« —

DER NÖRGLER: — kann ich Ihnen beantworten. Die Malaria.

DER OPTIMIST: Glauben Sie, daß in Albanien nichts anderes zu holen ist?

DER NÖRGLER: O ja, auch Flecktyphus.

DER OPTIMIST: Dort unten aber —

DER NÖRGLER: — ist's fürchterlich.

DER OPTIMIST: Albanien diente uns doch vorwiegend als —

DER NÖRGLER: — Strafkolonie. »Nach Albanien mit ihnen!« war eine Verschärfung der Ehre, fürs Vaterland zu sterben.

DER OPTIMIST: Wenn wir nach Albanien gehn, so ist eines sicher —

DER NÖRGLER: Der Tod.

DER OPTIMIST: Unter unsern Truppen in Albanien herrschte, und dafür bürgt schon der Name Pflanzer-Baltin —

DER NÖRGLER: — Ein Massensterben.

DER OPTIMIST: Wir hatten bekanntlich große politische Interessen in Albanien und außerdem —

DER NÖRGLER: Verwanzte Baracken.

DER OPTIMIST: Aber unsere Offiziere in Skutari sollen sehr

gut untergebracht gewesen sein und waren bekannt durch —

DER NÖRGLER: Hurentreiben.

DER OPTIMIST: Was die Sanitätsverhältnisse in Albanien betrifft, die Sie in so düsteren Farben schildern, so habe ich mir im Gegenteil sagen lassen, daß die Feldspitäler leer standen.

DER NÖRGLER: Weil man die Malariakranken ohne Behandlung sterben ließ.

DER OPTIMIST: Der Armeesanitätschef der Armeegruppe Albanien hat sich im Gegenteil dagegen gesträubt —

DER NÖRGLER: — daß die Kranken im Sommer abgeschoben werden.

DER OPTIMIST: Er war aber dafür bekannt, daß er gesunde Soldaten —

DER NÖRGLER: — ohne Aburteilung erschießen ließ, wenn sie Konserven stahlen.

DER OPTIMIST: Es wurde immerhin dafür gesorgt —

DER NÖRGLER: — daß für die Offiziere ein Feldkino errichtet werde.

DER OPTIMIST: Der Krankenabschub, von dem Sie sprechen, ist tatsächlich durchgeführt worden, allerdings erst —

DER NÖRGLER: — bei der Flucht.

DER OPTIMIST: Sie meinen den strategischen Rückzug. Was die Transportmittel anlangt, die dabei in Verwendung kamen, so war es freilich schwer, die ungeheuren Massen Kranker —

DER NÖRGLER: — die es bis dahin nicht gegeben hat, zu übersehen.

DER OPTIMIST: Man half sich aber, indem man, da die paar Spitalschiffe zum Abtransport nicht ausreichten, in Automobilen —

DER NÖRGLER: — die Offiziersbagage des Armeekommandos beförderte.

DER OPTIMIST: Was meinen Sie?

DER NÖRGLER: Ich meine die gestohlenen Möbel.

DER OPTIMIST: Ach so. Die kranken Mannschaften freilich —

DER NÖRGLER: — hatten durch Dreck und Kot zu marschieren.

DER OPTIMIST: Es war ihnen aber gestattet —

DER NÖRGLER: — am Straßenrand liegen zu bleiben, um eine längere Ruhe zu finden.

DER OPTIMIST: Dies geschah ausnahmsweise, ohne daß —

DER NÖRGLER: — ohne daß Kaisers Geburtstag oder ein Jubiläum des Regierungsantrittes vorangegangen war. Denn sonst pflegt der Rückzug einer österreichischen Armee, speziell ein albanisches Schrecknis tausendfältigen Qualentods in Hunger und Dreck, mit einem dynastischen Datum verknüpft zu sein; als ob es nicht selbst eines wäre.

DER OPTIMIST: Wie das?

DER NÖRGLER: Seit Belgrad hat das Bedürfnis österreichischer Generale, nebst ihrer eigenen verbrecherischen Dummheit Seiner Majestät auch noch eine Stadt zu Füßen zu legen, aus der sie am nächsten Tag wieder heraus müssen, dort unten Feste gefeiert.

DER OPTIMIST: Sie scheinen nicht zu wissen, daß derartige Gelegenheiten dem Opfermut des Frontkämpfers zugleich ein Ansporn und eine Entschädigung sind. Wenn es auch in der weiteren Entwicklung eines solchen Ereignisses, das im Kalender des Vaterlands rot angestrichen ist, an Transportmitteln, Labestationen, Verpflegung und Unterkunft gemangelt haben mag — Krieg ist Krieg —, so ist doch nicht zu leugnen —

DER NÖRGLER: — daß der persönliche Train des Armeekommandanten fündundzwanzig Fuhrwerke betrug, für die ein Hauptmann zu sorgen hatte.

DER OPTIMIST: Woher weiß man das?

DER NÖRGLER: Aus dem Tagebuch eines Arztes, der in Albanien, wo es keine Gesunden gab, keine Kranken für sein Spital bekommen konnte.

DER OPTIMIST: Es muß nicht so arg gewesen sein, wenn er selbst davongekommen ist. Wie ist er denn zurückgelangt?

DER NÖRGLER: Fieberkrank, in einem Lastautomobil, hoch

oben auf der Kiste, die das Klavier der Korpsmesse enthielt, gestohlen bei —

DER OPTIMIST: Nun, wenn ich auch leider zugeben muß, daß die Frage, was wir in Albanien suchen, durch die Ereignisse in ziemlich ungünstigem Sinne beantwortet worden ist, wiewohl wir doch unstreitig in Albanien große politische Interessen haben, so sollten Sie doch nie vergessen, das Letzte, was dem Stabsoffizier geblieben ist, ist —

DER NÖRGLER: Sein Klavier!

(Verwandlung.)

43. SZENE

Kriegspressequartier.

EIN HAUPTMANN *(zu einem von den Journalisten):* Dokterl, heut gibts keine Würschteln, heut müssen S' einen Artikel schreiben, was sich gewaschen hat, und zwar Hygienische Betrachtungen. Alstern notiern S' Ihnen die Richtlinien. *(Er liest ab)* Der Siegeszug in Galizien, die Eroberung von Lemberg waren mitbestimmend für die weitere Entwicklung der Hygiene bei unserer Armee. Was, da schaun S'!

DER JOURNALIST: Is denn Lemberg schon wieder noch in unserem Besitz?

DER HAUPTMANN: Wie Sie das ausführen, is Ihre Sache. Solange in den Karpathen das heiße Ringen währte, gab es also naturgemäß weniger Möglichkeit für die Organisation hygienischer Detailarbeit. Unter dem schweren Drucke der allgemeinen Situation konnte die Sorge um den einzelnen Mann nicht in dem gewünschten Maße zur Geltung kommen. Die Parole war: Durchhalten um jeden Preis, ohne Rücksicht auf den einzelnen Mann, welcher in der Front nur so lange von Bedeutung war, als er kämpfte. Es war in jener schweren Zeit nicht anders möglich. Da waren s' halt alle verlaust. Jetzt, wo wir aus'n Wasser sind, kann die Hygiene beispielgebend einsetzen. In jenen schweren Tagen wurde die Saat gelegt für ein großzügiges Wirken zur Erhaltung des Mannes, welcher so schwer zu kämpfen und zu leiden hatte. In den Sonnentagen der Wiedereroberung Lembergs kam der Keim zur ungehemmten Entfaltung. Das Gefühl unendlicher Dankbarkeit für die heldenmütigen Kämpfer, das Bewußtsein, nach schweren Verlusten unbedingt mit jedem Mann haushalten zu müssen, gaben Veranlassung, mit allen Kräften und allen Mitteln zur Erhaltung der Gesundheit und Leistungsfähigkeit des einzelnen Mannes zu wirken. Jetzt erzählen S', wie wir mit der Cholera fertig gworn sind. So wurde hygienisches Denken und Schaffen innig und überall mit der ärztlichen Tätigkeit verwoben. Aber jetzt! Jetzt kommt der Entlausungsdienst! Jeder Mann bekam etwa alle vier Wochen ein Bad oder wissen S' was, jede zweite Woche. Die Arbeit war überall eine systematische. Die Desinfektion war eine Prophylaxe gegen die durch Kontakt übertragbaren Infektionskrankheiten. Großartig, was? Das is von einem Oberstabsarzt! Der verstehts! Das regelmäßige Bad, oft gewürzt durch Kinovorstellungen, hatte einen hohen seelischen Einfluß auf die Mannschaften, hob ihre Leistungsfähigkeit und Dienstfreude. Ein wichtiger Schritt nach vorwärts zur Erhaltung des Mannes. Ich gib Ihnen nur die Richtlinien, das Weitere is Ihre Sache. Doch es gab kein Stillstehen. Die Front is mit der Zeit zu einem Erholungsheim ausgebaut worn. Oft waren s' in sonniger Waldgegend, Freibad hätten s' g'habt und Sonnenbad und es war gedacht, diese Einrichtung auch durch Unterricht und Musik, Bibliothek, Sport und Theater auszugestalten, wo Gelegenheit gewesen wäre, manches wichtige volkshygienische Problem der jetzt so empfindlichen und aufnahmsfähigen Soldatenseele näherzubringen, als elementare soziale Vorarbeit für die Zukunft. Das Projekt harrt noch der Verwirklichung! Wenn ruhigere Zeiten kommen, wird es unsere erste Arbeit sein. Das müssen S' sehr schön herausarbeiten. Wir sehen, daß ein Teil der Maßnahmen darauf hinzielt, dem Mann in der Front eine Heimat zu schaffen. Der stete fürsorgliche, kameradschaftliche

Kontakt zwischen Offizier, Arzt und Mann schafft den Boden für ein günstiges Gedeihen.

Der Journalist: Der Infektionskrankheiten, Herr Hauptmann?

Der Hauptmann: Machen S' keine Gspaß. Die enge Zusammengehörigkeit zwischen Offizier, Arzt und Mann ist nicht vielleicht ein Problem, das erst der Realisierung harrt. Der Arzt ist nicht mehr allein »Doktor«, sondern er ist bestimmt, über seine rein ärztliche Tätigkeit hinaus, den Mann in jenem körperlichen und seelischen Gleichgewicht zu erhalten, welches für Siegerringen und Leidertragen dauernden Rückhalt bietet. Die Zugänge an Infektionskrankheiten sind seit Monaten nur mehr vereinzelt. Einzig und allein die Geschlechtskrankheiten sind es, die uns noch Sorge bereiten. *(Kichern.)* Ihre erfolgreiche Bekämpfung ist jedenfalls das allerwichtigste Problem, das uns bisher entgegengetreten. Und doch dürfen wir wegen der scheinbaren Aussichtslosigkeit des Kampfes gegen die Geschlechtskrankheiten die Hände nicht in den Schoß legen. *(Heiterkeit.)* Bedenken wir, daß sich während dieses Feldzuges wohl schon eine namhafte Anzahl Soldaten venerisch infiziert haben, bedenken wir, daß die Volkszahl ohnehin unmittelbar durch den Krieg einen Verlust an vielen im kräftigsten Mannesalter stehenden Soldaten eingebüßt hat, so ist es klar, daß wir mit allen Mitteln den durch die Geschlechtskrankheiten bedingten Schäden entgegentreten müssen. Wenn auch die zur Erhaltung des Mannes geleistete Arbeit schon dem Volke zugutekommt, so ist die Bekämpfung der Geschlechtskrankheiten ein wichtiges Postulat zur Erhaltung des Volkes. Der große Ernst der Sachlage erfordert, überall tunlichst gleichsinnig und rücksichtslos energisch einzugreifen. Von den Maßnahmen zur Erhaltung des Mannes und im weiteren Sinne zur Erhaltung des Volkes, die unter der Ägide unseres Armeekommandanten Sr. Exzellenz des Generalobersten von Böhm-Ermolli ergriffen wurden und auch den Stempel der Persönlichkeiten unseres Armeesanitätschefs sowie des Chefs der Quartiermeisterabteilung tragen, gehört nebst den prophylaktischen Stationen und dem Zentralspital mit erstklassigem Personal und therapeutischem Rüstzeug eine Einrichtung, durch die wir speziell unentwegt werden wirken können für die Erhaltung des Mannes und für die Wiedererstarkung des Volkes, eine Einrichtung, in der die Sonnentage der Wiedereroberung Lembergs reichliche Früchte getragen: Wir haben — und das können S' grad so schreiben, wie ichs sag und wie ichs vom Oberstabsarzt hab — wir haben Bordelle mit einwandfreiem Material unter strengster militärischer Kontrolle etabliert.

(Verwandlung.)

44. SZENE

Armee-Ausbildungsgruppe Wladimir-Wolinsky.

EIN HAUPTMANN *(diktiert einer Schreibkraft)*:
Es ist der gesamten Mannschaft an drei aufeinanderfolgenden Tagen zu verlautbaren, daß venerische Erkrankungen als Selbstbeschädigungen kriegsgerichtlich belangt werden, und um dieser Verfügung Nachdruck zu verleihen, sind in jedem einzelnen Falle die erkrankten Leute beim A. A. Grp. Kmdo. vorzustellen.
Für die in letzter Zeit vorgekommenen Erkrankungen, welche nachgewiesener Maßen künstlich erzeugt oder absichtlich herbeigeführt wurden, wird angeordnet, daß die Betreffenden körperlich zu züchtigen sind, und wird die Prügelstrafe, mit fünf Stockstreichen beginnend, täglich um einen Streich erhöht und so lange verabreicht, bis die Krankheitssymptome erlöschen.
Die erste Züchtigung ist heute um 2ʰ nachm. an nachfolgenden Leuten durchzuführen. — Da haben S' den Zettel, schreiben S' es ab.
Vollzugsorgan ist der Profoß, dem zwei kräftige Leute der technischen Kompagnie zur Verfügung zu stellen sind.

(Verwandlung.)

Bei Graf Dohna-Schlodien. Um ihn zwölf Vertreter der Presse.

EIN VERTRETER DER PRESSE: Wir schätzen uns glücklich, Herr Graf, aus dem Munde eines unserer unsterblichsten Helden eine authentische Schilderung der glorreichen Fahrt mit der »Möwe« zu empfangen, von der noch die Kinder und Kindeskinder den Enkeln in den fortlebenden Annalen erzählen werden. *(Sie setzen die Bleistifte an.)*

DOHNA: Meine Herrn, ich bin ein Mann der Tat und nicht der vielen Worte. Als wesentlich mögen Sie das Folgende festhalten. Auf Grund der eingegangenen Aufklärungsnachrichten hatte ich mir für meine Fahrt einen ziemlich genauen Plan gemacht. Ich hatte denn auch gleich am ersten Tage das Glück, einen großen Dampfer zu sichten. Es war dies, wie bereits bekannt, der Dampfer Voltaire. Ich ließ die Nacht vergehen, ehe ich mich an den Voltaire heranmachte.

EINE STIMME AUS DER GRUPPE: Bravo!

DOHNA: Später konnte ich dann den Voltaire unschädlich machen. Ich kreuzte dann etwa zehn Tage im Nordatlantischen Ozean, konnte aber in den ersten drei Tagen kein weiteres Schiff sichten; später jedoch habe ich jeden Tag etwa einen Dampfer abtun können. Die Schiffe hatten sämtlich wertvolle Ladung, zum Teil Kriegsmaterial; eines von ihnen hatte eine Ladung von 1200 Pferden.

EIN VERTRETER DER PRESSE: Richtich gehende Pferde? 1200 Pferde, Herr Graf?

DOHNA: 1200 —! *(Gebärde des Untertauchens.)*

DIE VERTRETER DER PRESSE *(durcheinander):* Donnerwetter noch mal! — Richtich gehende Pferde! — Hurra! — Schneidiger Rekord! — Elegant!

V. AKT

1. SZENE

Abend. Sirk-Ecke. Naßkalt. Es regnet von unten. Tonloses Starren des Rudels Böcke. Spalier der Verwundeten und Toten.

STIMME EINES ZEITUNGSAUSRUFERS: Der Aabeend, Aachtuhrblaad!

EIN OFFIZIER *(zu drei anderen):* Grüß dich Nowotny, grüß dich Pokorny, grüß dich Powolny, also du — du bist ja politisch gebildet, also was sagst zu Bulgarien?

ZWEITER OFFIZIER *(mit Spazierstock):* Weißt, ich sag, gar net ignorieren!

DER DRITTE: Weißt — also natürlich.

DER VIERTE: Ganz meine Ansicht — gestern hab ich mullattiert —! Habts das Bild vom Schönpflug gsehn, Klassikaner!

STIMME EINES ZEITUNGSAUSRUFERS: Friedensversuche der Eenteentee!

DER DRITTE: Stier is heut.

DER ERSTE: Weißt, im KM hat heut der Schlepitschka von Schlachtentreu gesagt, wir nähern uns dem Riesen mit Friedensschritten — oder nein, wir nähern uns dem Frieden mit Riesenschritten, du is das wahr? Das is doch optimistisch?

DER ZWEITE: Pessimistisch ist das.

DER ERSTE: Pessimistisch. Weißt, er hat gesagt, in der Türkei is ein kranker Mann, dann kommen wir dran, du also wieso?

DER ZWEITE: Er meint halt die Lage und so.

DER ERSTE: Ah so.

DER DRITTE: Heut sind keine Menscher.

DER ZWEITE: Der Fallota kommt heut.

Greise ziehen vorbei. Man hört den Gesang: In der Heimat, in der Heimat, da gibts ein Wiedersehen —

POLDI FESCH *(zu seinem Begleiter):* Morgen wird mit dem Sascha Kolowrat gedraht — *(ab.)*

(Man hört die Fiakerstimme: Im Kriag kriag i's Fuchzichfache!)

DER VIERTE: Wißts ihr, wie s' ihn drin nennen im KM den Fallota? Held nennen s' ihn.

DER ERSTE: Wieso?

DER VIERTE: No verstehst nicht, er war doch an der Front! Er sagt, dort war ihm lieber.

DER ERSTE: No solln s' ihn nicht zrückhalten. Leben und leben lassen! No is doch wahr?

(Turi und Ludi erscheinen.)

TURI: Du Ludi, spielt der Rudi Nyári nur im Lurion? *(Ab.)*

FALLOTA *(tritt auf):* Grüß euch!

DER ERSTE: Grüß dich Held!

ALLE: Grüß dich Held!

FALLOTA: Wieso Held? Pflanzts wem andern!

EIN BLUMENWEIB: Veigerl!

DER VIERTE: No du wie is gegangen? Bist froh? Erzähl beim Hopfner!

DER ERSTE: Aber ja, kommst mit, bist a Feschak —

DER ZWEITE: No wie wars draußen?

FALLOTA: Fesch wars.

DER DRITTE *(versunken):* Der Strich is wie ausgestorben.

DER ERSTE: No du, wie gehts also?

FALLOTA: Man lebt.

Zwei Beinstümpfe in einer abgerissenen Uniform treten in den Weg.

DER ZWEITE: Kommts weg da, nix wie Tachinierer! *(Ab.)*

STIMME EINES ZEITUNGSAUSRUFERS: Extraausgabee —! Die Millionenverluste der Eenteentee!

EINE FLÜSTERNDE STIMME: Komm her, ich sag dir was.

Stille. Plötzlich ein brausender Ruf, donnerhallartig: Hoooch! Hierauf: Schleeschaak —! Der Ruf scheint von der Gegend des Operngebäudes zu dringen. Ein Wagenschlag fällt. Dann Schweigen.

(Verwandlung.)

2. SZENE

Der Optimist und der Nörgler im Gespräch.

DER NÖRGLER:

»Gott, wer darf sagen: schlimmer kanns nicht werden? 's ist schlimmer nun, als je.

Und kann noch schlimmer gehn; 's ist nicht das Schlimmste,
Solang man sagen kann: dies ist das Schlimmste.«
Kinder, die Gesichter haben, als hungerten sie schon ein
Menschenalter — und noch kein Ende! Aber das Schlimmste
ist in diesem Bericht über eine Nervenheilanstalt enthalten.
Einer sitzt da im blaugestreiften Kittel und büßt die Glorie
von Asiago, wo er von einer Granate verschüttet wurde,
mit unheilbarer Schwermut. Einem steckt die Kugel im
Kopf; um den wahnsinnigen Schmerzen zu entgehen, mußte
er Morphinist werden. Abends brüllt er verzweifelt nach
der Pflegerin und alle beginnen vor Aufregung zu weinen.
Ein hirnkrankes Kind schreit, zwei Monate nach dem Heldentod geboren, den die schwangere Mutter erwartet hat.
Eine, deren Söhne heil zurückgekehrt sind, hat's nicht ab-
gewartet und ist vorher wahnsinnig geworden. Doch wer
darf sagen: schlimmer kanns nicht werden?

DER OPTIMIST: Ja, es ist nicht zu leugnen, der Krieg greift
in die Lebensverhältnisse eines jeden ein. Wie lange, glauben Sie, wird es noch dauern?

DER NÖRGLER: Wir werden jedenfalls bis zum letzten
Hauch von Mann und Roß lügen. Ob auch kämpfen, ist eine
andere Frage. Es scheint, daß wir dem deutschen Druck
durch etwas Nibelungenuntreue entweichen wollen. Wir
werden uns an Deutschland dafür, daß es uns nicht verhindert hat, es in den Krieg zu treiben, durch ein bisserl Verrat
rächen. Wer würde aber nicht jede Schmach des Vaterlands
jener der Menschheit vorziehen, mit der sie sich durch jede
Minute eines fortgesetzten Krieges belädt! Zum Glück verlängern ihn nicht mehr unsere Siege, sondern verkürzen ihn
schon unsere Niederlagen. Sagte ich Ihnen nicht einst, daß
der Durchbruch bei Gorlice, die ihm verdankte Fristerstrek-
kung des Zusammenbruchs, mit Millionen Menschenleben
bezahlt würde? Dies war ehedem paradox, aber nun bestätigt es die große Zeit.

DER OPTIMIST: Nun, was die Größe dieser Zeit betrifft, so
muß selbst ich zugeben, daß sie seit dem Ultimatum an Serbien nicht erheblich gewachsen ist. Darin behalten Sie wohl

recht, daß alles an ihr so klein ist, wie Sie es immer gesehen haben. Oder man könnte vielmehr sagen, daß eine große Zeit ein kleines Geschlecht gefunden hat.

DER NÖRGLER: Das ist ein Pech. Aber auf welche Wahrnehmungen stützen Sie Ihre Ansicht?

DER OPTIMIST: Ich wollte es Ihnen nicht sagen, aber ich habe heute eine Annonce entdeckt, die in den Tagen, wo die Zeitung vorne Generalstabsberichte von so gewichtigem Inhalt bietet, immerhin zu denken gibt.

DER NÖRGLER: Wie kann man nur in den Tagen, wo die Zeitung vorne Generalstabsberichte von so gewichtigem Inhalt bietet, Augen für eine Annonce haben?

DER OPTIMIST: Urteilen Sie selbst.

DER NÖRGLER (liest):

Mein Pipihendi!
Hast Du mich lieb? Sehr lieb? Wie sehr lieb?
Werde warten, bis Du schreibst oder kommst.
Mitzi.

Sehen Sie, die Zeit hat noch Liebe. Und ich hatte geglaubt, nur ihr Haß sei gewachsen und mit ihm ihr Hunger. Was aber die Dummheit anlangt, so tritt sie nur klarer in den Dimensionen hervor, die ich ihr längst zuerkannt habe. Wollen Sie das österreichische Antlitz sehen? Es ist zwar durch eigene Schuld unterernährt, aber es spiegelt sich geistig in dem Knödel, den diese Ansichtskarte als ein Idealbild der Wiener Phantasie darbietet. Ich revanchiere mich, der Text dürfte von jenem Pipihendi sein.

DER OPTIMIST (liest):

Wenn ich mir etwas wünschen sollt,
Ich wüßt' schon lange, was ich wollt!
Ein Knödel müßt' es sein,
Aus Semmeln gut und fein!

DER NÖRGLER: Treuland-Verlag! Es spricht zum Herzen und sagt den Leuten mehr als »Nur wer die Sehnsucht kennt«. Im Jahre 1914 hat sich diese Bevölkerung zu einer Romantik des Knödelideals verurteilt und ich könnte es weltgerichtsordnungsmäßig beweisen, daß die Epoche, die eine solche Ansichtskarte ermöglicht hat, identisch sein muß mit der Epoche, deren letzter realer Besitz die Fliegerbombe war. Wären die Machthaber, die ja so gottverlassen sind, nichts zu haben als die Macht, wären sie fähig, solche Zusammenhänge zu erfassen, so wäre der Krieg nie begonnen worden oder längst beendet.

DER OPTIMIST: Dazu besteht vorläufig keine Aussicht, jetzt kommt die fünfte Musterung.

DER NÖRGLER: Denn der Mensch könnte sonst vergessen, wozu ihn Gott erschaffen hat.

DER OPTIMIST: Das wäre?

DER NÖRGLER: Damit er vor der Assentkommission erscheine. Sie waren nackt, und sie schämten sich nicht.

(Verwandlung.)

3. SZENE

Vor dem Parlament.

Einige Herrenhausmitglieder haben soeben das Haus verlassen und sind unterhalb der Pallas Athene in einer Debatte begriffen. Eine Elektrische ist stehen geblieben, aus der von beiden Seiten Gliedmaßen heraushängen. In einem unbeschreiblichen Tumult gellender Beschimpfungen, Flüche und unartikulierter Laute wird aus dem Beiwagen durch den Knäuel von Tornistern, Rucksäcken und zusammengequetschten Leibern, durch den Pferch einer unterernährten, ungewaschenen und abgerissenen Menschheit eine Frau gezerrt, die soeben vor Hunger zusammengebrochen ist.

PATTAI: Was ich ihm erwidert habe, davon nehme ich kein Jota zurück — das kann er sich einrahmen lassen, der Lammasch! Wir sind die Sieger, und wir verlangen auch die Palme!

(Verwandlung.)

Ministerium des Äußern.

GRAF LEOPOLD FRANZ RUDOLF ERNEST VINZENZ INNOCENZ MARIA *(sieht in den Taschenspiegel):* Gut schaun mr aus. Wenn ich d a s geahnt hätt, hätt ich mich gegen das Ultimatum ausgesprochen!

BARON EDUARD ALOIS JOSEF OTTOKAR IGNAZIUS EUSEBIUS MARIA: Was hast denn?

DER GRAF: Gut schaun mr aus. Wenn man Krieg führen will, hätt man das voraussehn müssen!

DER BARON: Ich versteh dich nicht. Was willst denn noch? Grad les ich, die Piffkes haben wieder viertausend Tonnen versenkt und wir waren auch nicht faul. Fünf.

DER GRAF: Tausend?

DER BARON: Tonnen!

DER GRAF: Pflanz wem andern. Wenn uns nicht die Schweiz herausreißt —

DER BARON: Was? Du hoffst jetzt noch auf die Neutralen?

DER GRAF: Noch nie hab ich den Kurier mit solcher Spannung erwartet. Ich bin rasend neugierig.

DER BARON: Ja was is denn?

DER GRAF: Aber da sitzt man und wartet und wartet — auf unsere Leut in Bern is eben kein Verlaß! Meiner Seel, wenn ich hier nicht unentbehrlich wär, ich setzet mich auf und geholfen wär uns. Ich hab mir das entetiert. Auf Schritt und Tritt is man gehandicapt. Charmante Einrichtung dieser Krieg. Aber ich garantier dir, das wird jetzt anders wern!

DER BARON: Du warst immer ein rasender Optimist. Was stellst dir denn vor, daß die in Bern machen können?

DER GRAF: No ich habs ihnen doch genau aufgschrieben! Aber nein, die müssen Bridge spielen den ganzen Tag — und bei der Nacht, da weiß man eh was sie tun. Übrigens haben s' dazu auch am Tag Zeit.

DER BARON: No no, bist du aber auf einmal — Schau, schickt man wieder Leut hinaus, was nicht von der Gesellschaft sind, können s' nicht einmal repräsentieren.

DER GRAF: Laß mich aus — jede Woche beim KM für ein' Juden um ein' kontumazfreien Grenzübertritt penzen, damit s' in Bern ihre Bridgewurzen haben, dazu is man ihnen gut! Und die Flitscherln, die ich hinausprotegieren muß! Ich sag dir, seit der Bubi Legationsrat is, is er rein zu gar nix mehr zu brauchen. Paß auf, wenn der Bubi und der Affi nach Wien kommen, wer' ich ihnen zeigen, wie viels gschlagen hat. Ich sag ihnen ins Gsicht, Burscherln, wer' ich ihnen sagen, ihr seids ja furchtbar charmant, aber im Ernstfall is eben kein Verlaß auf euch. Lächerlich. Der Krieg hat uns noch gfehlt! Weißt, jetzt wär's rasend tentant, die ganze Geschichte einfach hinzuschmeißen.

DER BARON: Aber du hoffst doch auf die Neutralen!

DER GRAF: Ich sag dir, die Neutralen sind die schwerste Enttäuschung. Holland laßt uns überhaupt im Stich —

DER BARON: Ich weiß nicht wie du mir auf einmal vorkommst. Rasend komisch is das. Von uns allen warst du der Zuversichtlichste. Vom ersten Tag an. Wie der Berchtold damals zu uns gsagt hat: Jetzt hat die Armee ihren Willen! — da haben deine Augen noch mehr geleuchtet wie die seinigen, um den Hals wärst ihm gfallen. Das Ultimatum is prima, das war dein zweites Wort — rasend vernünftig — Geh, erinnerst dich nicht?

DER GRAF: Geh, erinner mich nicht! Das Ultimatum war saublöd. So können wir nicht weiter existieren. Wenn die Schweiz diesesmal versagt, dann weiß ich schon nicht — ich bin deschperat! No aber morgen — also ich erwart den Kurier mit einer Spannung wie noch nie! *(Sieht in den Taschenspiegel.)* Gut schaun mr aus.

DER BARON: Ja, Fixlaudon, was erwartest denn diesesmal eigentlich so bsonderes?

DER GRAF: Tepp — eine Colgate —!!

(Verwandlung.)

Bei Udine.

Zwei Generale, jeder in einem über und über bepackten
Automobil, von verschiedenen Seiten.

DER ERSTE GENERAL: Jetzt fahr i 's letzte Mal. Mehr is
nicht zu holen.

DER ZWEITE GENERAL: Mehr is nicht zu holen.

DER ERSTE: Schad, so ein reiches Land!

DER ZWEITE: Ja, die Deutschen!

DER ERSTE: Mir san wieder amol zu spät kommen.

DER ZWEITE: Ja, die Deutschen!

DER ERSTE: Praktisch san s', das muß ihnen der Neid
lassen. Beuteoffizier' ham s', das is alles urganisiert. Mit
Sammeltransporte. Unsereins muß sich alles kleinweis
zsammklauben.

DER ZWEITE: Sie ham halt a Urganisation. Wie s' nach
Udine kommen sein, ham sie 's gleich einteilt in Udine S
und Udine N. In Udine S war Seide, das hat also den
Deutschen ghört.

Der ERSTE: In Udine N war nix. Das hat also uns ghört.

DER ZWEITE: Und über die Demarkationslini derf naturgemäß unsereins nicht hinüber.

DER ERSTE: Traurig.

DER ZWEITE: Traurig.

DER ERSTE: Die deutschen Seidenhändler waren früher da
als wie unsere Vorhut.

DER ZWEITE: Und die deutschen Beuteoffizier san gschwin-
der wie bei uns die galoppierende Schwindsucht. Da kriegt
man an Reschpekt!

DER ERSTE: No, aber an Wein ham die Eigenen doch kriegt.
Der is noch heut nicht verschwunden.

DER ZWEITE: Aber dafür die Eigenen im Wein. Das war
der reine Russentod!

DER ERSTE: Hast was? Bißl a herrenloses Gut?

DER ZWEITE: Haßt net vül, halt so paar kleine Erinnerungen an die Front, no was halt net niet- und nagelfest war.

Der erste: I hab heut drei Teppiche, 30 Kilo Reis, bißl a Fleisch, zwa Säck Kaffee, drei Türfüllungen und vier Heiligenbilder requiriert, schön gmalen, nach der Natur!

Der zweite: I hab heut ein Grammophon, 20 Kilo Makkaroni, bißl a Kupfer, 5 Kilo Käs, zwa Dutzend Sardinenbüchsen und paar Bildeln, in Öl! Servus. *(Er fährt ab.)*

Der erste: Servus. — Dort siech ich einen Infanteristen von uns im Feld, der nimmt einen Kolben Kukuruz! Wart Kerl, stehlen! *(Er steigt ab und gibt ihm eine Ohrfeige.)*

(Verwandlung.)

6. SZENE

Etappe Fourmies.

Landwehrmann Lüdecke: Na, wenn auch die Miesmacher von beiden Seiten kommen, von der Front und vom Hinterland, wir in der Etappe werden uns den Krieg doch nicht verekeln lassen. Bei uns sauft und hurt man ganz tüchtig, da deutet nichts auf 'nen Verzichtfrieden. Der Kronprinz hat einen richtiggehenden Harem, er hat neulich einen famosen Zuwachs bekommen und die Eltern, die was dawider hatten, egal abschieben lassen. Die Sache im Westen wird gemacht. Und schließlich, was will denn das Hinterland? Wir schicken ihm ja, was wir können. Ich höre, daß bei Wertheim schon die Kriegsbeute von Lille verkauft wird. Da muß ich nachhause schreiben, wie fein wir hier jetzt raus sind. *(Er schreibt)* 8. Mai. Lieber Freund! Ich bin dem Requisitionsdienst der Etappe Fourmies zugeteilt. Wir nehmen der französischen Bevölkerung alles Blei, Messing, Kupfer, Kork, Öl u. s. w., Kronleuchter, Kochherde fort, und alles, was von fern und nah zusammenkommt, wandert nach Deutschland. Oft ist es sehr unangenehm, den jungen Frauen ihre Hochzeitsgeschenke wegzunehmen, aber die Kriegsnotwendigkeit zwingt uns dazu. Zusammen mit einem meiner Kameraden habe ich neulich einen hübschen Fang gemacht. In einem vermauerten Zimmer fanden wir fünfzehn Musikinstrumente aus Kupfer, ein ganzes Or-

chester, ein ganz neues Fahrrad, 150 Bettlaken und Hand-
tücher und sechs kupferne Kronleuchter, die allein ein
Gewicht von 25 Kilogramm ausmachen; außerdem noch
ein Menge anderer Gegenstände. Du kannst dir die Wut
der alten Hexe vorstellen, der die Sachen gehörten; ich
habe sehr gelacht. Alles zusammen hatte einen Wert von
mehr als 10.000 Mark. Einige Ballen Schafwolle und viele
andere Gegenstände. Der Kommandant war sehr zufrieden, und wir sollten sogar eine Belohnung bekommen.
Vielleicht auch noch dazu das Eiserne Kreuz. Und dann
gibt es hier junge Mädchen, die hübsch zu entjungfern
sind. Es grüßt Dich —

(Verwandlung.)

7. SZENE

*Zirkus Busch, Monstreversammlung für einen deutschen
Frieden.*

PASTOR BRÜSTLEIN *(mit ausgestrecktem Arm):* — Im Westen: Longwy und Briey! Und die vlämische Küste wird
nicht wieder herausgegeben! *(Dröhnender Beifall.)* Im Osten
die bekannte Festungslinie, die Ostpreußen nie mehr bedrohen darf, muß in irgendeiner Form in unsrer Hand
bleiben! *(Lebhafter Beifall.)* Kurland und ein Stück von Li-
tauen wird nicht wieder herausgegeben! *(Donnernder Beifall.)* Verbunden sind mit Kurland: Livland und Estland.
(Die rechte Hand vorgestreckt.) Dort flattert die Notflagge!
Da müssen wir helfen.
*(Rufe: Hurra! Hurra! Hurra! Redner tritt ab. Die Versamm-
lung stimmt das Lied an: »Ein' feste Burg ist unser Gott«.)*
HAUPTSCHRIFTLEITER MASCHKE: Verehrte Volksgenossen!
Ich werde mich kurz fassen. Ich habe nur eine Forderung,
die uns alle beseelt, vorzubringen: Fort mit dem Weltge-
wissen! *(Hurra-Rufe.)* Hinweg mit dem Weltbrüdergeist!
Das deutsche Machtgewissen allein sei unser Gebieter und
Führer! Sein Losungswort lautet: Mehr Macht! Mehr deut-
sche Macht! Wen sein Weltgewissen oder sein Verant-

wortlichkeitsgefühl gegenüber der Menschheit etwas anderes reden oder schreiben läßt, als was des deutschen Schwertes Machtsprache gebietet — der ist und bleibt ein armseliger politischer Träumer, ein trüber Wolkenwandler! *(Dröhnender Beifall.)*

EIN MISSVERGNÜGTER: Ich will der geehrten Versammlung nur eines zu bedenken geben. Die Schädigung der Volksmoral durch den Krieg hat kürzlich der Finanzminister durch den Hinweis auf die glänzenden Siegestaten unseres Heeres zu beschönigen gesucht. In der Bibel aber heißt es: Was hülfe es ihm, wenn er die ganze Welt gewänne, und nähme doch Schaden an seiner Seele! Mit dieser Auffassung der Bibel deckt sich die Auffassung der modernen Kultur, nämlich, daß die moralische Zersetzung des Volkskörpers durch Betrug, Diebstahl und Schwindel von dem Ruhm der Waffen nimmermehr vergoldet werden kann. Große Staatsinstitute wie die Post sind zu Diebeshöhlen geworden, ganze Klassen der Bevölkerung in den bodenlosen Abgrund geschleudert, alles aus der unersättlichen Gier nach Gewinn — *(Rufe: Rraus mit dem Kerl! Redner wird hinausgeworfen.)*

PROFESSOR PUPPE: Meine verehrten Anwesenden! Ich werde mich kurz fassen, denn die Richtlinien für einen deutschen Frieden stehen so klar vor unser aller Augen, daß wir sie mit Händen greifen können. *(Tut es.)* Eine Versöhnung Frankreichs durch Güte ist unmöglich. *(Rufe: Unmöglich!)* Wir müssen Frankreich so ohnmächtig machen, daß es niemals wieder angreifen kann! *(Dröhnender Beifall.)* Dazu ist notwendig, daß unsere Westgrenze weiter vorgeschoben wird, die nordfranzösischen Erzlager müssen uns zufallen! *(Lebhafter Beifall.)* Das ehemalige Belgien darf militärisch, politisch und wirtschaftlich nicht mehr aus der Hand gelassen werden! Wir brauchen ferner ein großes afrikanisches Kolonialreich! *(Dröhnender Beifall.)* Um dieses sicherzustellen, benötigen wir Flottenstützpunkte! Eine unerläßliche Bedingung ist die Vertreibung Englands aus dem Mittelmeer, aus Gibraltar, Malta, Cypern, Ägypten und seinen neuen Eroberungen im Mittelmeer! *(Rufe: Gott strafe England!)* Dazu käme natürlich eine Kriegsentschädigung *(Orkanartiger Beifall)* — namentlich in der Weise, daß die Feinde gezwungen würden, einen erheblichen Teil ihrer Handelsflotte uns zur Verfügung zu stellen, uns Gold, Nahrungsmittel und Rohstoffe zu liefern. *(Rufe: Hurra!)* Ferner — —

(Verwandlung.)

8. SZENE

Der Optimist und der Nörgler im Gespräch.

DER OPTIMIST: Was lesen Sie da?

DER NÖRGLER: Hören Sie. Ein Irrsinniger auf dem Einspännergaul. Eine aufregende Straßenszene hat gestern abend an der Kreuzung der Alser- und Landesgerichtsstraße eine geraume Zeit lang unter den vielen Vorübergehenden großes Aufsehen erregt. Gegen halb 8 Uhr fuhr ein Einspännerwagen mit zwei Damen als Fahrgästen und Gepäck, das auf dem Bocke verstaut war, in der Universitätsstraße gegen die Alserstraße. Als der Wagen im langsamen Tempo zur Kreuzung der Alser- und Landesgerichtsstraße fuhr, kam ein junger Mann in Infanteristenuniform plötzlich im Laufschritt auf die Straße und stürzte sich dem Einspännerrosse entgegen; er faßte es an dem Zügel und wollte das Pferd anhalten. Der Kutscher war überrascht, die beiden Insassen waren erschrokken. Der Kutscher schlug mit der Peitsche auf das Pferd ein, um es zu schnellerem Trabe zu veranlassen und dem jungen Menschen zu entkommen; das Pferd lief auch schneller, da sprang der junge Mensch wieder an den Gaul heran und schwang sich auf ihn. Mit der bloßen Hand trieb er das arme Tier zu noch schnellerem Laufe an, indem er dabei wiederholt »Hurra!« schrie. Nun hatte der Kutscher die Lenkung über das Pferd ganz verloren und der sonderbare Reiter ließ den Gaul ganz umkehren. Im Galopp kam das Tier mit dem schleudernden Wagen gegen die Kreuzung. Das Abenteuer hätte noch schlimm enden können, wenn nicht an der Kreuzung ein Sicherheitswachmann das Pferd am Zügel gefaßt und zum Stehen gebracht hätte. Der Wachmann zog den Reiter wieder auf den Boden herab. Kutscher und Fahrgäste atmeten auf. Um den Wagen sammelte sich gleich eine große Menge an. Der junge Mann, der offenbar geistesgestört ist, wurde der irrenärztlichen Behandlung übergeben.

DER OPTIMIST: Nun? Eine Winzigkeit aus der lokalen Chronik. Warum befassen Sie sich mit so etwas? Jetzt gibt es doch gewiß größere Themen. Harden —

DER NÖRGLER: Das dringendste ist aber doch die Frage, wann endlich der Wachmann kommt. Wenn man einmal einen braucht, ist natürlich keiner da!

DER OPTIMIST: Ja, aber warum regt Sie das auf? Dieser alltägliche Übelstand!

DER NÖRGLER: Ich sage Ihnen, bei solchen lokalen Unfällen gibts keine Rettung. Der sonderbare Reiter sitzt nicht ab. Außer — wenn der Policeman kommt!

DER OPTIMIST: Ich verstehe Sie nicht. Sie sind der richtige Wiener Raunzer. Weltpolitik ist doch wichtiger.

DER NÖRGLER: Aber ein Umweg, um den Dingen auf den Grund zu kommen. Derlei liegt mir zu fern. Höchstens, daß mich Japan interessiert.

DER OPTIMIST: Es ist bezeichnend, was Ihnen am nächsten liegt. Und warum Japan?

DER NÖRGLER: Da — hören Sie — Die chinesisch-japanische Militärkonvention. Volle Herrschaft Japans in China. Der »Shanghai Gazette« zufolge haben die geheimen Abmachungen der eben zustandegekommenen Militärkonvention zwischen Japan und China folgenden Inhalt: Die chinesische Polizei wird von Japan neu organisiert. Japan übernimmt die Leitung sämtlicher chinesischer Arsenale und Werften. Japan erhält das Recht, in allen Teilen Chinas Eisen und Kohle zu fördern. Japan erhält alle Privilegien in der äußeren und in der inneren Mongolei, ferner in der Mandschurei. Schließlich sind eine Anzahl von Maßnahmen getroffen, die das Finanz- und Ernährungswesen Chinas japanischem Einfluß unterwerfen. — O ich interessiere mich für Weltpolitik!

DER OPTIMIST: Ja was geht uns denn aber Japan an? Das Verhältnis zwischen Japan und China scheint Ihnen —

DER NÖRGLER: — ausgebaut und vertieft!

(Verwandlung.)

9. SZENE

Ischler Esplanade. Der Abonnent und der Patriot im Gespräch.

DER PATRIOT: Es wurde im vollen Einvernehmen der Entschluß gefaßt, das bestehende Bündnisverhältnis auszubauen und zu vertiefen.

DER ABONNENT: Also mit einem Wort: Ausbau und Vertiefung des Bündnisses.

DER PATRIOT: Hiebei ergab sich volles Einvernehmen in allen diesen Fragen und der Entschluß, das bestehende Bündnisverhältnis auszubauen und zu vertiefen.

DER ABONNENT: Also mit einem Wort: Ausbau und Vertiefung des bestehenden Bündnisverhältnisses.

DER PATRIOT: In welcher Form der Ausbau und die Vertiefung des Bündnisses geschehen sollen, wird heute noch nicht mitgeteilt.

DER ABONNENT: Der Krieg hat jedoch den Ausbau und die Vertiefung des Bündnisses zur Notwendigkeit gemacht.

DER PATRIOT: In welcher Richtung der Ausbau und die Vertiefung sich vollziehen sollen, wird in der amtlichen Mitteilung nicht angedeutet.

DER ABONNENT: Gewiß wird es der Wunsch der beiderseitigen Generalstäbe sein, den Vorteil, den die Monarchie und Deutschland durch den Grundsatz hatten, der im Kriege Schulter an Schulter genannt wurde, auszubauen und zu vertiefen.

DER PATRIOT: Haben Sie Mitteilungen von unterrichteter Seite?

DER ABONNENT: Ich kann Ihnen nur soviel sagen, wir müssen an dem Defensivbündnis festhalten und für einen Ausbau und eine Vertiefung dieses Bündnisses nur andere Vorbedingungen schaffen.

Der Patriot *(nach einer Pause):* Was sagen Sie zu Ausbau und Vertiefung des Bündnisses mit Deutschland?

Der Abonnent: Die von den Mittelmächten geschaffenen Tatsachen sollen durch Ausbau und Vertiefung zur Regel für die Zukunft erhoben werden.

Der Patriot: Wir brauchen nur den Ereignissen des Krieges zu folgen, um zu verstehen, warum der Ausbau und die Vertiefung des Bündnisses unvermeidlich geworden sind.

Der Abonnent: Die Einheit der Front für die Mittelmächte ist eine zureichende Ursache für die militärische Vertiefung des Bündnisses.

Der Patriot: No und der Ausbau?

Der Abonnent: Der Plan, den Mittelmächten die Rohstoffe auch nach dem Kriege zu entziehen, wird mit der Nachricht vom wirtschaftlichen Ausbau des Bündnisses beantwortet. Der Ausbau des Bündnisses mit Deutschland in wirtschaftlicher Hinsicht —

Der Patriot: Der Ausbau und die Vertiefung des Bündnisses zwischen der Monarchie und Deutschland haben einen Zusammenhang mit der polnischen Frage. Da liest man aber Nachrichten über gefälschte deutsche Friedensangebote. Was ist wahr?

Der Abonnent: Wahr ist der Ausbau und die Vertiefung des Bündnisses zwischen der Monarchie und Deutschland. Sag i c h Ihnen!

Der Patriot: Ihnen gesagt! Sie scheinen auf die amtliche Mitteilung anzuspielen, daß bei der Kaiserzusammenkunft im deutschen großen Hauptquartier der Ausbau und die Vertiefung des zwischen Deutschland und Österreich-Ungarn bestehenden Bündnisses abgeschlossen worden ist.

Der Abonnent: Wissen Sie was die Folge sein wird? Die Welt wird damit rechnen müssen, daß England mit seinen vierhundert Millionen Einwohnern die Beziehungen zu den Vereinigten Staaten ausbaut und vertieft, um seine Überlegenheit in der Versorgung mit Rohstoffen noch zu vermehren. Alles machen sie uns nach.

DER PATRIOT: Selbstredend. Welchen Einfluß könnten die Nachrichten über den Ausbau und die Vertiefung des Bündnisses auf die Politik der Entente haben? Die Wirkung dürfte nachhaltig sein.

DER ABONNENT: Der Schluß ist gerechtfertigt, daß der wesentliche Zweck des Ausbaues und der Vertiefung in der Öffentlichkeit richtig erkannt worden ist.

DER PATRIOT: Was Sie nicht sagen! Ich hab stark den Eindruck, in dieser letzten Stunde der Monarchenbegegnung fühlten alle Zeugen dieses historischen Ereignisses, daß das Bündnis zwischen beiden Mittelmächten in des Wortes wahrster Bedeutung vertieft worden ist. Nämlich die Grundlagen einer wesentlichen Vertiefung —

DER ABONNENT: Apropos, der Ausbau der Technischen Hochschule —

DER PATRIOT: Der Ausbau des Bündnisses dürfte die polnische Frage —

DER ABONNENT: Der Ausbau des Bündnisses wird die Entente —

DER PATRIOT: Der Ausbau und die Vertiefung des Bündnisses mußten unter solchen Umständen die Entente überraschen.

DER ABONNENT: Kunststück, auf der Börse wurde die große Bedeutung des politischen und militärischen Ausbaues des Bündnisses eingehend besprochen. Insbesondere wurde hervorgehoben, daß die Vertiefung —

DER PATRIOT: Es ist anzunehmen, daß jetzt auch die Besprechungen über die zur Vertiefung und zum Ausbau des Bündnisses zu treffenden Vereinbarungen beginnen werden. Was speziell den Ausbau des wirtschaftlichen Bündnisses mit Deutschland anlangt, so hat doch soeben —

DER ABONNENT: Deshalb ist es von besonderem Interesse, zu hören, was dieses hervorragende Mitglied des Kabinetts Wekerle über die Beschlüsse betreffend den Ausbau des wirtschaftlichen Bündnisses mit Deutschland sagt.

DER PATRIOT: Der? No der hat doch schon immer eine Vertiefung des Wirtschaftsverhältnisses angestrebt!

DER ABONNENT: Die Welt hörte die Verkündigung, daß der Entschluß gefaßt worden sei, das Bündnis auszubauen und zu vertiefen.

DER PATRIOT: Die Vertiefung des Bündnisses werden die Monarchie und Deutschland nach dem Kriege als Bedürfnis empfinden.

DER ABONNENT: Nutzt nix, Sicherheit kann nur werden durch Ausbau und Vertiefung des Bündnisses.

DER PATRIOT: No aber — Budget, Anleihen und Steuern können nicht warten, bis das Bündnis mit Deutschland politisch, militärisch und wirtschaftlich ausgebaut ist.

DER ABONNENT: In Besprechung der Vertiefung des Bündnisses der Mittelmächte hat er ja erklärt —

DER PATRIOT: Sie meinen Friedjung. Aber Friedjung konträr schloß doch mit einem dreifachen Hoch und Eljen auf den Ausbau des Bündnisses der beiden Mittelmächte mit der Türkei!

DER ABONNENT: No und was is mit der Vertiefung? Die erste Frage galt der Vertiefung des Bündnisses der Mittelmächte.

DER PATRIOT: Aber das is doch ganz etwas anderes! Da war vom Ausbau des österreichisch-ungarisch-deutschen Bündnisses in militärischer Beziehung die Rede.

DER ABONNENT: No ja, aber die Vertiefung des Bündnisses auch in militärischer Hinsicht ist darum eine unbedingte Notwendigkeit.

DER PATRIOT: Ich weiß nur, wie sich Wekerle und Tisza über die Vertiefung des Bündnisses —

DER ABONNENT: Es sind nämlich Äußerungen von einer Seite gefallen, die gegen eine Vertiefung des Bündnisses Bedenken hegte.

DER PATRIOT: Apropos, da fällt mir ein, was sagen Sie zum Ausbau des Sieges von Noyon?

DER ABONNENT: No haben Sie gelesen Burian über die Vertiefung des Bündnisses?

DER PATRIOT: No haben Sie gelesen über die Beratungen in Salzburg über den Ausbau des Bündnisses?

DER ABONNENT: Bitte, da war nur von den leitenden Auffassungen bei der wirtschaftlichen Vertiefung des Bündnisses die Rede!

DER PATRIOT: Der deutsche Kaiser hat aber dem Hetman nachgerühmt, daß er schon begonnen hat, die Ukraine zu einem neuen geordneten Staatswesen auszubauen.

DER ABONNENT: Bitte, drauf hat aber der Hetman sofort der Hoffnung Ausdruck gegeben, daß die Beziehungen zwischen dem mächtigen deutschen Reiche und der Ukraine sich immer mehr vertiefen werden!

DER PATRIOT: Sagt e r! Wissen Sie, vertiefen is riskant. Haben Sie nicht gelesen aus Berlin, wie aus dem Haag gemeldet wird, daß aus London gemeldet wird, sie melden aus Turin, daß die italienische Börse seit der deutsch-österreichischen Kaiserzusammenkunft flau ist und man glaubt, daß die Italiener durch die Tiefe des Bündnisses sehr enttäuscht sind?

DER ABONNENT: No wie tief is es schon! Trotzdem bin ich überzeugt, weil Sie von Haag sprechen, die Einrichtung der Schiedsgerichte wird nach dem Kriege stark ausgebaut werden müssen.

DER PATRIOT: Meglich. Vorläufig sind erst Verhandlungen, die von dem Grundgedanken ausgehen, das Bundesverhältnis zu vertiefen, und die sind zurzeit noch im Flusse.

DER ABONNENT: Dafür sind die Abwehrmaßregeln in unablässigem Ausbau begriffen.

DER PATRIOT: Die Abwehrmaßregeln gegen die Diebstähle an Postgütern? weiß ich! Was nutzt das aber? Grad jetzt, in den Zeiten des Ausbaues und der Vertiefung, haben die Eisenbahndiebstähle so überhand genommen.

DER ABONNENT: Ein Ausbau der Bestimmungen über die Versicherung des Reisegepäcks ist heute umso dringlicher, als —

(Der alte Biach kommt atemlos.)

DER ALTE BIACH: Wissen Sie was passiert is? Ausgebaut und vertieft!

DER ABONNENT: No das is doch nix Neues?

DER ALTE BIACH: Wenn ich Ihnen sag, das Bündnis is ausgebaut und vertieft! Aber —

DER PATRIOT: No was is? Kommen Sie zu sich —

DER ALTE BIACH: Das hat noch gefehlt —

DER ABONNENT: Was ham Sie?

DER ALTE BIACH: Gotteswillen — das is nicht so einfach — passen Sie auf — es is nämlich auch ausge l e g t worn! Wissen Sie schon den Unterschied zwischen der Fassung in Wien und der Fassung in Berlin? *(Außer Fassung)* Eine genaue Prüfung des Textes der in Wien und Berlin veröffentlichten Mitteilung zeigt einen Unterschied, der in die Augen springt.

DER PATRIOT: Wieso?

DER ALTE BIACH: Bitte, die beiden Communiqués sind in den Sätzen, in den Ausdrücken und in den spärlichen Mitteilungen gleichlautend —

DER ABONNENT: No also!

DER ALTE BIACH: — mit einer einzigen Ausnahme. *(Jappend)* In Wien und Berlin wird gesagt — In Wien und Berlin wird erzählt — In Wien und Berlin wird mitgeteilt — Da ist volle Gleichheit im Inhalte und in der Form — — wird mit Genugtuung aufgenommen werden. Denn nichts kann wichtiger sein als der Felsblock — nichts kann das Gefühl der Sicherheit mehr befestigen —

DER PATRIOT: No also, was wolln Sie mehr?

DER ABONNENT: No sehn Sie, wo is also der Unterschied — Sie machen sich Gedanken —

DER ALTE BIACH *(mit wachsendem Paroxysmus):* Was nutzt das alles — das in Wien veröffentlichte Communiqué sagt, die Zusammenkunft der beiden Kaiser habe auch festgestellt, »daß die erlauchten Monarchen an ihren im Mai gefaßten bündnis v e r t i e f e n d e n Beschlüssen festhalten«. Das in Berlin veröffentlichte Communiqué sagt, die Zusammenkunft habe »auch d i e g l e i c h e und t r e u e s t e A u s l e g u n g des Bündnisses festgestellt«. Wenn der Satz über das Festhalten an den Maibeschlüssen, betreffend die

Vertiefung des Bündnisses, im Wiener Communiqué in ein Verhältnis gebracht wird zu dem Satze über die gleiche und treueste Auslegung des Bündnisses im Berliner Communiqué, so ergibt sich kein Widerspruch, sondern nur die Tatsache, daß in jeder der beiden Mitteilungen von etwas anderem gesprochen wird.

DER ABONNENT: No also!

DER ALTE BIACH: Die gleiche und treueste Auslegung des Bündnisses kann nicht im Gegensatze zu den Maibeschlüssen über die Vertiefung des Bündnisses sein und diese wäre undenkbar ohne die gleiche und treueste Auslegung des jetzigen Bündnisses.

DER PATRIOT: Natürlich.

DER ALTE BIACH: Aber dem deutschen Publikum wird etwas mitgeteilt, was das Wiener Communiqué nicht sagt, und umgekehrt. Es handelt sich um Erklärungen, die, nebeneinandergestellt und in einem und demselben Communiqué veröffentlicht, nichts Auffallendes hätten. Sie fallen nur auf, weil in einem Communiqué vom Festhalten an der Bündnisvertiefung nichts zu lesen ist und in dem anderen wieder nichts von der gleichen und treuesten Auslegung des jetzigen Bündnisses. Mitteilungen über die Zusammenkunft der Kaiser pflegen im Einvernehmen verfaßt und dem Publikum zugänglich gemacht zu werden. Graf Burian war somit einverstanden mit dem Hinweise auf die gleiche und treueste Auslegung des Bündnisses und Graf Hertling hat der Feststellung zugestimmt, daß die beiden Kaiser an ihren im Mai gefaßten bündnisvertiefenden Beschlüssen festhalten. Beide Staatsmänner sprechen aus beiden Communiqués und keiner von ihnen kann über die Zusammenkunft sagen, was der andere nicht billigt.

DER ABONNENT: Selbstredend.

DER ALTE BIACH: Aber die Ungleichheit der Fassung dürfte trotzdem nicht grundlos sein. Die Andeutung ist zu erkennen, daß die Monarchie bei der Vertiefung des Bündnisses nach den im Mai gefaßten Beschlüssen die polnische Frage zur Lösung bringen will. Graf Burian hat sie schon im Juni damit in Zusammenhang gebracht. Deshalb wird die Vertiefung des Bündnisses im Wiener Communiqué unterstrichen. Das Berliner Communiqué spricht von der gleichen und treuesten Auslegung des jetzigen Bündnisses. Es will dessen Bestand und Wirkung in keine Abhängigkeit von den schwebenden Fragen des Ausbaues sowie von der austro-polnischen Lösung bringen.

DER ABONNENT: Das is doch klar, die Vertiefung kann ausgelegt, aber der Ausbau kann nicht vertieft werden. Also ich versteh nicht, warum Sie sich Sorgen machen —

DER ALTE BIACH: Auch die treueste Auslegung des Bündnisses ist, wie das Berliner Communiqué sagt, in der Monarchie und in Deutschland gleich. Graf Burian will die Vertiefung des Bündnisses und Graf Hertling auch. *(Er beginnt zu stampfen.)* Der deutsche Reichskanzler will aber das jetzige Bündnis, selbst wenn es nicht vertieft werden könnte. Die Monarchie teilt diese Ansicht. Die Grundauffassungen über das Zusammenstehen kommen aus Notwendigkeiten. *(Schon mit ermattender Gewure)* Die treueste Auslegung des Bündnisses ist wechselseitige Unterstützung an den Fronten gegen den Feind. Das tut die Entente; das sollten die Mittelmächte tun. *(Erschöpft beginnt er zu taumeln. Der Abonnent und der Patriot stützen ihn.)*

DER PATRIOT: Aber sie tun es doch — kommen Sie zu sich — es wird sich schon alles aufklären — beruhigen Sie sich — man wird doch da sehn —

DER ALTE BIACH: Es is ein Unterschied — es is ein Unterschied — Sie glauben vielleicht es is kein Unterschied, aber ich sag Ihnen es is ja ein Unterschied — *(er weint.)*

DER PATRIOT: Natürlich is ein Unterschied — regen Sie sich um Gotteswillen nicht auf — man sieht doch, es is ein Unterschied!

DER ABONNENT: Zu was regen Sie ihn noch mehr auf? Es is kein Unterschied!

DER PATRIOT: Es is kein Unterschied?

DER ALTE BIACH *(stöhnend):* Es — is — kein — Unterschied —?

DER ABONNENT: Also das wissen Sie noch nicht? Also hören Sie zu! Aus Berlin wird gemeldet, gegenüber gewissen Auffassungen in der Presse wird in hiesigen informierten Kreisen betont, daß bis heute eine amtliche Erklärung über Einzelheiten der Besprechungen im Großen Hauptquartier nicht veröffentlicht wurde. Von einem Unterschied zwischen dem deutschen und österreichischen amtlichen Bericht über die Zusammenkunft könne keine Rede sein.

(Der alte Biach sinkt um.)

DER ABONNENT: Gotteswillen — ihm is etwas nicht wie ihm sein sollte —

DIE KURGÄSTE *(massieren sich):* Was is geschehn? — Biach is unwohl —

DER PATRIOT: Niix — er hat sich aufgeregt —

DER ALTE BIACH *(stöhnend):* Alles — umsonst —. Es is — kein — Unterschied. Die — ganze — Müh —

DER ABONNENT: Gotteswillen — wenn ich geahnt hätte — schrecklich!

DER PATRIOT: Daß ihm das so nah geht!

DER ABONNENT: No ja, ich bitt Sie, es is keine Kleinigkeit.

(Es bilden sich Gruppen.)

DIE KURGÄSTE: Biach gefällt mir etwas nicht — man sollte um den Dokter schicken — man sollte um die Frau laufen — gestern war er doch noch — ich hab ihn noch gekannt, wie er —

DER PATRIOT: Wissen Sie, was ich glaub? *(sich vorsichtig umsehend)* E r hat ihn am Gewissen!

DER ABONNENT: Versündigen Sie sich nicht! — Hören Sie, er sagt etwas —

DER ALTE BIACH *(stöhnend):* Ausgebaut — und — vertieft —

DER ABONNENT: Hören Sie nur —

DER ALTE BIACH *(verklärt):* Die Nase der Kleopatra — war eine ihrer größten Schönheiten.

DER ABONNENT: Er phantasiert.

DER ALTE BIACH (*sich groß aufrichtend*): Es — rieselt — im — Gemäuer.

DER PATRIOT: Er prophezeit.

DER ALTE BIACH (*sinkt zusammen*): Das — is — der Schluß — vom — Leitartikel.

DER ABONNENT (*aufschluchzend*): Biach —!

> (*Er stirbt. Die Beiden verharren erschüttert. Schweigende
> Gruppe der Kurgäste.*)

DER ABONNENT: Schad um ihm.

DER PATRIOT: Er hat es überstanden.

> (*Verwandlung.*)

10. SZENE

Berlin, Weinrestaurant in der Passage. Man hört ein Orchestrion, welches abwechselnd die Lieder spielt: »Emil du bist eene Pflanze« und »Sie sind doch bekannt mein Lieber als Schieber, als Schieber«. Das passierende Publikum besteht aus zumeist älteren Strichjungen mit großen Pranken. Ein Zeitungshändler ruft den »Heiratsonkel« aus. Ein Ausrufer ladet in Kastans Panoptikum.

(Zwei freisinnige Politiker, Zulauf und Ablaß, sitzen an einem Tisch. Beide haben niedrigen Stehkragen mit übereinanderliegenden Enden, Fertigmasche und Hornkneifer.)

ABLASS (*erhebt sein Glas*): Auf die Verfassungsreform! Pupille!

ZULAUF (*erhebt sein Glas*): Pupille!

ABLASS: Hörn Se mal Zulauf, dieses Wort »Neuorientierung« behagt mir nu ganz und gar nich.

ZULAUF: Nanu?

ABLASS: Ich würde »Neuaufmachung« vorschlagen.

ZULAUF: Famos! Pupille!

ABLASS: Pupille!

ZULAUF: Hörn Se mal Ablaß, haben Se heut schon den roten Tach jelesen?

ABLASS: Doch.

ZULAUF: Hörn Se mal Ablaß, haben Se heut schon das
B. T. gelesen? Da, 'n WTB — *(zieht die Zeitung hervor.)*
ABLASS: Nee.
ZULAUF: Ist aber mächtich intressant, hörn Se mal: Brüssel
23. Juli (Wolff). Dem alten auch in der Geschichte Flan-
derns von Fürsten und ihren Vertretern geübten Brauche
folgend, nahm der Generalgouverneur am 11. Juli, dem
vaterländischen Gedenktage des flämischen Volkes, um ihn
der Erinnerung der Mit- und Nachwelt einzuprägen, Anlaß zu einem besonderen Gnadenakte und entsprach der
Bitte von 3000 zur Feier des Gülden-Sporen-Festes in Antwerpen versammelten Flämen.
ABLASS: Sieh mal an!
ZULAUF: Der Generalgouverneur wollte im Hinblick darauf, daß der Erinnerungstach des flämischen Freiheitskamp-
fes sich zum erstenmal seit seinem Amtsantritt jährt, ihm
in diesem Jahre durch Maßnahmen zur Durchführung der
flämischen Volksrechte besondere Bedeutung verleihen.
ABLASS: Fein!
ZULAUF: Demgemäß wandelte der Generalgouverneur die
vom Feldgericht des Gouvernemangs Antwerpen über fünf
Flämen verhängte Todesstrafe in lebenslängliche Zucht-
hausstrafe um. — Na wat sagen Se nu?
ABLASS: Doll!
ZULAUF: Wat? Ja 's weht ne andere Luft jetzt. 3000 Flämen auf die Bitte von fünfen begnadicht!
ABLASS: Ach, Unsinn!
ZULAUF: Doch. Nee — ach so — na ejal. Jedenfalls, Begnadijung is Begnadijung. Die Kerls haben doch nu wenig-
stens lebenslänglich. Tja, die Volksrechte werden eben jetzt
mal gründlich durchjeführt.
ABLASS: Kein Zweifel, daß es sich der Mit- und Nachwelt
einprägen wird.
ZULAUF: 'ne schöne Handlung. Und zur Erinnerung, daß
es der erste Erinnerungstach des flämischen Freiheitskamp-
fes unter deutscher Herrschaft ist!
ABLASS: Kalassal!

ZULAUF: Wat? Na — Pupille! Auf die deutsche Freiheit!

ABLASS: Ich tue Ihnen Bescheid. Die deutsche Freiheit! Pupille!

ZULAUF *(nach einer Pause):* Na, morjen sind wa bei Hindenburch und Ludendorff.

ABLASS: Morjen? Morjen sind wa doch bei Schneider-Duncker!

ZULAUF: Vormittach sind wa bei Schneider-Duncker?

ABLASS: Nee, abends! Vormittach sind wa doch bei Hindenburch und Ludendorff.

ZULAUF: Richtich. Na und funfzehn Minuten sind jedem von uns zujemessen. Schlag 11 müssen wa antreten.

ABLASS: Nackt?

ZULAUF: Nee, Frack!

(Verwandlung.)

11. SZENE

Kriegsgeneralversammlung des sozialdemokratischen Wahlvereins des Großberliner Riesenwahlkreises Teltow-Beskow-Storkow-Charlottenburg.

GENOSSE SCHLIEFKE (TELTOW): — — Als Generalredner der Kriegsgeneralversammlung des sozialdemokratischen Wahlvereins des Großberliner Riesenwahlkreises Teltow-Beskow-Storkow-Charlottenburg fasse ich mithin zusammen: Wenn preußische Sozialdemokraten der Einladung in das Reichsamt des Innern folgen und der Kaiser an dieser Besprechung teilnimmt, so ist dies keine Verletzung sozialdemokratischer Grundsätze. Auch der Genosse David handelte korrekt, wenn er der Einladung des Kronprinzen folgte. Die Sozialdemokratie ist eine revolutionäre Partei *(Oho!-Rufe)* — sie muß deshalb auch, wenn es die veränderten Verhältnisse erfordern, mit alten Traditionen brechen —

EIN ZWISCHENRUFER: Bei Hof?

SCHLIEFKE: — ich meine mit ihren eigenen Traditionen! Sie muß in ihren eigenen Reihen revolutionieren. Sie ist eben eine durch und durch revolutionäre Partei! *(Lebhafte Zu-stimmung.)*

(Verwandlung.)

12. SZENE

Bad Gastein. Der Abonnent und der Patriot im Gespräch.

DER ABONNENT: Ich bin überzeugt, daß durch den Ausbau des Bündnisses —

DER PATRIOT: Ich zweifle nicht, daß dann der Abbau des Hasses —

DER ABONNENT: Vermutlich würde durch die Vertiefung des Bündnisses —

DER PATRIOT: Ich glaube, daß dadurch eine Erhöhung der Preise —

DER ABONNENT: Ohne Zweifel könnte der Abbau der Preise —

DER PATRIOT: Mir scheint, daß dafür eine Erhöhung des Hasses —

DER ABONNENT: Ich glaube aber, daß ein Ausbau der Preise —

DER PATRIOT: Ich meine, daß dadurch eine Vertiefung des Hasses —

DER ABONNENT: Vermutlich würde durch eine Erhöhung des Bündnisses —

DER PATRIOT: Mir scheint, daß dadurch ein Ausbau des Hasses —

DER ABONNENT: Andererseits bin ich überzeugt, daß sich durch einen Abbau des Bündnisses —

DER PATRIOT: — unschwer eine Vertiefung der Preise herbeiführen ließe.

(Verwandlung.)

13. SZENE

Bureauzimmer bei einem Kommando.

EIN GENERALSTÄBLER *(beim Telephon):* — servus — aber

nein — ich bins, der Kobatsch — der Peham is auf Urlaub
— Also hörst — natürlich, a Massa Tote — danke, man
lebt — Weißt wegen der phantastischen Gefangenenziffern,
was die Russen angeben — no mußt halt schreiben, woher
können s' denn das so genau wissen, das laßt sich doch gar
nicht zählen! — Was? — Noja, das is wirklich schwer den
Leuten plausibel z'machen. Weißt, mußt halt sagen, solange sich die Angaben in bescheidenen Grenzen bewegt
haben, also täglich 10.000, da hat mas hingehn lassen, aber
wo's amal hunderttausend übersteigt, also das geht nicht!
— Was? — Noja, mußt halt schreiben, daß man das doch
gar nicht zählen kann und so, wo also so viel sein! — Was?
Wir zählen selber immer? Noja, wir, wir, aber der Feind,
das is doch was andreas! — Was? Was wern s' sagen? Der
Feind kann, wann s' so zuströmen, nicht so schnell zählen,
aber wir können leichter unsere Verluste zählen —? Herstellt pomali, wir ham ja gezählt und wir sind eben nach
genauer Berechnung auf eine weit geringere Ziffer gekommen, verstehst! Die Hauptsach is, du sagst immer: phan-
tastische Gefangenenziffern — du, das is sehr wichtig, daß
d' das sagst. No wirst scho machen — wann drauf steht
»amtlich«, so is's eh scho die halberte Wahrheit und die andere Halbscheid machst halt dazu, bist ja ein gscheiter
Bursch, also servus servus — Schluß!

(Verwandlung.)

14. SZENE

Schlachtfeld bei Saarburg.

HAUPTMANN NIEDERMACHER: Immer wieder zögern unsre
Jungens. Jeder von ihnen weiß längst, daß General Ruhmleben bei einer Besprechung der Kampflage den prägnan-
ten Befehl gegeben hat, Kriegsgefangene, ob verwundet
oder unverwundet, mit Gewehrkolben oder Revolver niederzumachen und Verwundete auf dem Feld zu erschießen,
wie die Lügenpropaganda unsrer Feinde behauptet.
MAJOR METZLER: Ruhmleben handelt getreu der alten De-

vise unsres obersten Kriegsherrn: Pardon wird nicht gegeben, Gefangene werden nicht gemacht! S.M. hat überdies befohlen, Spitalschiffe zu versenken, und da werden wir uns zu Lande nicht beschämen lassen!

NIEDERMACHER: Ich habe den Brigadebefehl über die Erledigung der Kriegsgefangenen von Mund zu Mund an die Kompagnie weiter gegeben. Aber immer wieder zögern die Kerls.

METZLER: Das wollen wir doch mal sehn, da gibts ja Gelegenheit. (*Er stößt einen anscheinend toten französischen Unteroffizier mit dem Fuß an.*) Na also, der öffnet noch die Augen. (*Er winkt zwei Soldaten heran. Sie zögern.*) Ist euch der Brigadebefehl nicht bekannt? (*Die Soldaten schießen.*) Da hockt einer — mir scheint gar, der trinkt Kaffee! (*Er winkt einen Soldaten heran.*) Hör mal Niedermacher, du magst die Angelegenheit indessen erledigen, ich muß bei mir zum Rechten sehn. (*Ab. Der Verwundete fällt vor Niedermacher auf die Knie und hält die Hände flehend empor.*)

NIEDERMACHER (*zu dem Soldaten, der zögert*): Gefangene werden nicht gemacht!

DER SOLDAT: Eben noch habe ich ihn verbunden und gelabt, Herr Hauptmann —!

NIEDERMACHER: Er wird dir dafür die Augen ausstechen und die Kehle durchschneiden. (*Der Soldat zögert. In Rage:*) Sie schießen heimtückisch von hinten und von oben. Schießt sie von den Bäumen wie die Spatzen, hat der General gesagt. Alles muß zusammengeschossen werden, hat der General gesagt. Soll ich es dir befehlen, Kerl? Zwanzig sind heute erlegt worden, und du Kerl hast Bedenken? Bist du ein deutscher Mann? Das wirst du zu verantworten haben! Muß man denn für euch Hosenscheißer immer selbst zugreifen? — Da — sieh her, wie mans macht! (*Er erschießt den knieenden Verwundeten.*)

(*Verwandlung.*)

*Bei Verdun. Deutsche Gefangene sind aufgestellt. Französische
Unteroffiziere erteilen Faustschläge, Reitpeitschenhiebe und
Kolbenstöße. Jene werden weiter getrieben. Verwundete sinken
ermattet nieder. Einem quillt Blut aus Mund und Nase. Nachdem der Zug vorbei ist, erscheint der General Gloirefaisant. Er
winkt und gefangene Offiziere werden vor ihm im Parade-
marsch vorbeigeführt. Einem schlägt ein französischer Offizier
mit der Reitpeitsche auf die Schenkel.*

GENERAL GLOIREFAISANT *(zu einem Hauptmann)*: Zu viel Gefangene! Meine Nettoyeurs liegen auf der faulen Haut. Uns
fehlt ein Roland Campbell, dieser vorbildliche Lehrer für
Bajonettübungen. Er macht das Blut der Jugend gerinnen
durch seine Beredsamkeit über die Methoden des Angriffs,
um die Leber, die Augen und die Nieren des Feindes zu
durchstoßen. Wie sagte er doch? »Ihr könnt einem Deutschen
begegnen, der sagt: ›Mitleid, ich habe zehn Kinder!‹... Tötet ihn, er könnte noch zehn bekommen.« Verlaß ist nur auf
unsere Schwarzen. Ihre Rucksäcke mit abgeschnittenen Ohren
und Köpfen, von denen die Lügenberichte der Boches erzählen, sind unwiderlegliche Trophäen. Wir sollten uns von
unsern Hilfstruppen nicht beschämen lassen. *(Ab.)*
HAUPTMANN DE MASSACRÉ: Man kann es ihm nicht recht
machen.
OBERST MEURTRIER: Wie? So wenig Gefangene? Zwanzig?
Ich glaubte, daß Sie eine ganze Kompagnie haben!
DE MASSACRÉ: Ich hatte sie. Aber die übrigen sind da unten
im Schützengraben verreckt. Ich habe meinen Leuten den
Befehl erteilt, 180 mit dem Bajonett niederzumachen. Die
braven Jungen zögerten wohl, aber ich stellte ihnen kurzen
Prozeß in Aussicht und da gings mit Halsabschneiden und
Bauchaufschlitzen.
MEURTRIER *(ungehalten)*: 180? Das ist zu viel! Das wäre
selbst dem General zu viel! Ich rate Ihnen, über diese Sache
nicht zu sprechen, wenn Sie nicht riskieren wollen, aus der
Liste der Ehrenlegion gestrichen zu werden.

DE MASSACRÉ *(selbstbewußt):* Ich glaube im Gegenteil, Herr Oberst, daß ich in einigen Tagen das Kreuz der Ehrenlegion tragen werde! Und dann bekomme ich das Regiment von Korsika. Meine Taten eröffnen mir die Bahn und mein Ziel soll der Ausgangspunkt der gloire sein.

(Verwandlung.)

16. SZENE

Kriegspressequartier in Rodaun.

DIE SCHALEK *(zu einem Kameraden):* Die 208 Leichenphotographien legitimieren mich wohl zur Genüge vor der Nachwelt; sie wird nicht zweifeln, daß ich mitten drin war im heroischen Erleben. Damit Sie sich aber ein Beispiel nehmen, damit Sie sehn, was wirkliche Schlachtenschilderung ist, will ich Ihnen nur die Kernsätze aus meinem nächsten Feuilleton vorlesen. Ich gehe davon aus, wie aus 70 Batterien in vier Gruppen geschossen wird, eine beledert die Infanterie, die zweite die Artillerie, die dritte die Reservestellungen und die vierte sperrt die Anmarschwege, verstehn Sie, also hören Sie zu:

Die Hauptfrage ist: Wie und wo und wann kann abgeriegelt werden.

Beinahe wie ein eingelerntes Theaterstück rollt sich das ab.

Waldkämpfe sind das Schauerlichste im Schauerlichen.

Man hält sich für umzingelt und inzwischen hat anderswo die eingetroffene Verstärkung bereits »ausgeputzt«.

DER KAMERAD: Ausgeputzt?

DIE SCHALEK: Hören Sie zu — Der Tote ist tot. Nur der lebend Gebliebene gewinnt den Ruhm.

DER KAMERAD: Glänzend!

DIE SCHALEK: In einen sechsspännigen Munitionswagen geht ein Volltreffer.

DER KAMERAD: Ssss — —!

DIE SCHALEK: Viele von den Leuten fliegen in Stücken in die Wipfel hinauf.

Die Feinde werfen Handgranaten und es entspinnt sich ein rasendes Handgemenge; mit Dolchen, Kolben, Messern, Zähnen wird gerauft.

Fliegen die Granaten zu weit, so werden die Kappen geschwenkt und den Geschossen Verbeugungen gemacht.

DER KAMERAD: Ein Genrebild.

DIE SCHALEK: »Habe die Ehre« rufen sie ihnen nach. Und zwischendurch wird darüber geschimpft, daß die Russen ausgerechnet am Gagetag losgegangen sind.

DER KAMERAD: Ausgerechnet.

DIE SCHALEK: »Wollen die unserem Ärar die Löhnungen ersparen? Gerade hätte die Auszahlung beginnen sollen!«

DER KAMERAD: Humor im Felde.

DIE SCHALEK: Warum soll er nicht in seine Rechte treten? Hören Sie zu.

Der Oberleutnant Radoschewitz ist jetzt ganz ruhig. Seine innere Krisis ist vorbei.

DER KAMERAD: Sie nennen ihn?

DIE SCHALEK: Warum nicht, wenn er geleistet hat? Hören Sie zu.

Welche Freude! Eine Kiste deutscher Eier —

DER KAMERAD: Das glaub ich!

DIE SCHALEK: Lassen Sie mich ausreden.

Welche Freude! Eine Kiste deutscher Eiergranaten ist dort, das sind kleine Wurfgeschosse, die man wie Steine schleudern kann.

DER KAMERAD: Ah, so is das!

DIE SCHALEK: Einer hat einen Armschuß bekommen, einem ist das Trommelfell geplatzt. Der Oberleutnant ist wie taub. Er taumelt. Einer neben ihm hat einen Nervenchok.

Feldwebel Janoszi brüllt eine Rede.

DER KAMERAD: Sie nennen ihn?

DIE SCHALEK: Warum nicht, das stille Heldentum des einfachen Mannes —? Hören Sie zu.

Singend gehen sie los. »Stochere ihn aus dem Graben —« so beginnt das muntere Lied, das so wehmütig endet.

DER KAMERAD: Fesch!

DIE SCHALEK: Die Leute stürzen sich nun über die dritte Linie her und jetzt gehen die Sturmtruppen nach beiden Seiten vor und sie wird ausgeputzt.

Die Methoden wechseln beständig, und die neueste unter den neuen ist die der »Sturmtruppen« und der »Grabenputzerei«.

(*Mit leuchtenden Augen.*) Wer je eine Sturmtruppe nachts beim Ausmarsch gesehen hat, wird nie wieder ein Erlebnis romantisch, abenteuerlich, verwegen finden. Und wer je zu ihnen gehört hat, möchte um keinen Preis der Welt wieder fort.

DER KAMERAD: Das kann ich Ihnen nachfühlen!

DIE SCHALEK: Lauter ganz junge, unverheiratete Leute unter vierundzwanzig müssen sie sein. Schlank, beweglich, kühn und zu tollen Streichen geneigt.

DER KAMERAD: Ja die Jugend —!

DIE SCHALEK: Genau nach dem Muster der wirklichen Front wird hinten ein Übungsplatz angelegt und das Ausputzen im wirklichen Feuer gelernt.

Ist eine besondere Aufgabe im Feindesgebiet zu leisten, so wird sie mit allen Einzelheiten wie ein Theaterstück geprobt. Das Leichteste ist natürlich das gewöhnliche Putzen.

DER KAMERAD: Natürlich.

DIE SCHALEK: Zwei Handgranatenwerfer gehen voran.

Ist die Handgranate geworfen, so rennt die Gruppe um die Traverse herum. Die Infanterie, die folgt, besetzt dann die geputzten, das heißt, die eroberten Gräben.

Die Sturmtruppen auf der Lysonia unter Führung des Oberleutnants Tanka, des Leutnants Kovacs und des Fähnrichs Sipos arbeiten wie in der Schule. Sie glühen vor Eifer und Wichtigkeitsgefühl.

Die Exaktheit ihrer Bewegungen, das Ineinandergreifen ihrer Wirkungen ist erstaunlich, erschütternd, gewaltig.

Bis zehn Uhr abends wird geputzt.

DER KAMERAD: No aber es muß doch schon endlich rein sein?!

DIE SCHALEK: Was fällt Ihnen ein, noch lang nicht!

Da sind es insbesondere der Leutnant Pintér und die Gefreiten Juhasz und Baranyi, die ihre Sache so ganz besonders bedächtig und vorschriftsmäßig durchführen.

Die erste Linie aber wird noch drei Tage lang geputzt. Dort findet man am dritten Tage einen Verwundeten, dessen Heil es bedeutet, daß die »Putzerei« so lange gedauert hat. Er bekam einen Bauchschuß und ist nur durch das fürchterliche dreitägige Liegen und Fasten gerettet.

DER KAMERAD: Da sieht man erst wie gesund das Putzen is.

DIE SCHALEK: Selbstredend.

Nun da die Sturmtruppen mit Handgranaten ihre Fuchslöcher ausräuchern, schreien sie um Gnade.

DER KAMERAD: Sagen Sie bittsie, das haben Sie alles mit eigenen Augen —

DIE SCHALEK: Da könnte ich Ihnen noch ganz andere Dinge erzählen! Unterbrechen Sie mich nicht immer. Während der drei Tage, in denen vorne geputzt wird, säubert der Kommandant Oberst Söld von Dreihundertundacht mit seinen übriggebliebenen Truppen den Wald.

DER KAMERAD: Wo waren die andern?

DIE SCHALEK: So viel Leichen hat er noch nie gesehen. Tag und Nacht arbeitet man, alle zu verscharren. Ein paar Gänse retten sich aus dem zertrümmerten Käfig und spazieren nun wohlgemut im Trommelfeuer umher. Also was sagen Sie?

DER KAMERAD: Ich bin begeistert. Wenn nicht das mit dem Putzen wär — kein Mensch möcht merken, daß es eine Frau geschrieben hat!

DIE SCHALEK: Wie meinen Sie das?

DER KAMERAD: Ich meine, wie Sie das Ausputzen schildern — daß Sie so viel Wert auf Reinlichkeit im Schützengraben —

DIE SCHALEK: Wie?

DER KAMERAD: No — die Putzerei — wie Sie sich das loben!

DIE SCHALEK (*ihm einen verächtlichen Blick zuwerfend*): Sie blutiger Laie! Putzen heißt Massakrieren!

DER KAMERAD *(zurücktaumelnd und sie anstarrend):* Wissen Sie —!

DIE SCHALEK: Das haben Sie nicht gewußt? Die Herrn Kollegen!

DER KAMERAD: Aber —

DIE SCHALEK: Fassen Sie sich, à la guerre comme à la guerre.

DER KAMERAD: Da muß ich schon sagen — unsereins —

DIE SCHALEK: Nun?

DER KAMERAD: Koschamadiener! *(Nach einer Pause, in der er sie stumm betrachtet, ekstatisch.)* So etwas ist nur in Rußland möglich! Oder in Frankreich, bei der Jungfrau von Orleans! Wie sagt doch Salten, wenn dann den Männern jegliches Hoffen entsinken wollte, stand solch ein Mädchen auf, geweckt und begeistert, von der Gewalt des Unglücks aus seiner eingebornen Natur gerissen, und trat hervor, um die Männer anzufeuern. An diese einzelnen Gestalten geben wir unser Bewundern hin; sie sind vom Strahl des Ruhmes umleuchtet, sind vom Reiz großer Tapferkeit und poetischer Abenteuer umwittert, und gerade weil sie als seltene Ausnahmen gelten dürfen, fühlen wir uns so sehr bereit, sie durchaus zu idealisieren, daß der nüchterne Verstand gar nicht dazu gelangt, sich all der vielen furchtbaren, häßlichen und rohen Dinge zu besinnen, die sie doch zweifellos selbst getan oder mitangesehen haben müssen.

DIE SCHALEK: Es muß sein!

DER KAMERAD: Nein, das war nicht im Feuilleton »Es muß sein«, sondern im Feuilleton über das russische Todesbataillon. Da werden Weiber zu Hyänen.

DIE SCHALEK: Wie meinen Sie das —?

DER KAMERAD: Unterbrechen Sie mich nicht. An solchen Ausartungen der weiblichen Natur können wir nicht schweigend vorübergehen, weil sie manches erklären, was zu den Erlebnissen des Krieges gehört. Diese abstoßende Unweiblichkeit, diese auf der Gasse zur Schau getragene Gemütlosigkeit sind Merkmale ernster Verwilderung —

DIE SCHALEK: Sie, erlauben Sie mir — Sie haben doch gerade — das ist sehr unkollegial von Ihnen — woraus ist das?

Der Kamerad: Aus dem Leitartikel, von Ihm selbst, lassen Sie mich ausreden — Wie das immer zu sein pflegt, daß die Frau, wenn sie aus der Eigenart des Geschlechtes heraustritt, ihre Zartheit abstreift und sich zum Mannweib verunstaltet, zu einer seltsamen Grausamkeit neigt, hat sich diese Erfahrung auch in England wiederholt.

Die Schalek: Ah so!

Der Kamerad: D a werden Weiber zu Hyänen! Die Spinster —

Die Schalek: Sie, wer gibt Ihnen eine Spinster ab? Ich beschwer mich beim Eisner von Bubna!

Der Kamerad: Hören Sie zu — die Spinster darf nicht mit ihrer festländischen Schwester verglichen werden. Diese ist gewöhnlich ein liebes, gutmütiges und bescheidenes Wesen.

Die Schalek *(geschmeichelt)*: No so einen Leitartikel schreibt ihm heut doch keiner nach!

Der Kamerad: Dem Himmel sei Dank, daß eine österreichische Frau im Kriege dort ihren Platz gewählt hat, wo Kranke zu pflegen, Müde zu erfrischen und Bedrückte zu trösten sind.

Die Schalek: Was heißt das? Das steht so? Wissen Sie — er läßt sich manchmal doch von seinem Temperament fortreißen. Man darf nicht generalisieren. Alles zu seiner Zeit. Man kann nicht immer im Hinterland hocken. Bekanntlich hab ich das Schwarzgelbe Kreuz angeregt zusammen mit der Anka Bienerth!

Der Kamerad: Das weiß man, regen Sie sich nicht auf —

Die Schalek *(mit Tränen kämpfend, entschlossen):* Grad schick ich ihm das Feuilleton!

Der Kamerad: Nu na nicht. Aber den Schlußsatz rat ich Ihnen streichen Sie.

Die Schalek: Den Schlußsatz? *(Sie blickt in das Manuskript.)* Ein paar Gänse retten sich aus dem zertrümmerten Käfig und spazieren nun wohlgemut im Trommelfeuer herum — Das soll ich streichen?

DER KAMERAD: Ja.

DIE SCHALEK: Warum?

DER KAMERAD: So.

DIE SCHALEK: Also sagen Sie —

DER KAMERAD *(zögernd)*: Ja wissen Sie denn nicht —

DIE SCHALEK: Was denn?

DER KAMERAD: — daß das Kriegspressequartier beschlossen hat —

DIE SCHALEK: Ja was denn?

DER KAMERAD: — von jetzt an außer Ihnen noch ein paar Kriegsberichterstatterinnen zuzulassen!

DIE SCHALEK *(betroffen, dann bitter lachend)*: Dank vom Haus Österreich! *(Sie will gehen, vermag es aber nicht.)*

(Verwandlung.)

17. SZENE

Der Abonnent und der Patriot im Gespräch.

DER ABONNENT: Was sagen Sie zu den Gerüchten?

DER PATRIOT: Ich bin besorgt.

DER ABONNENT: In Wien sind Gerüchte verbreitet, daß in Österreich Gerüchte verbreitet sind. Sie gehen sogar von Mund zu Mund, aber niemand kann einem sagen —

DER PATRIOT: Man weiß nichts Bestimmtes, es sind nur Gerüchte, aber es muß etwas dran sein, wenn sogar die Regierung verlautbart hat, daß Gerüchte verbreitet sind.

DER ABONNENT: Die Regierung warnt ausdrücklich, die Gerüchte zu glauben oder zu verbreiten, und fordert jeden auf, sich an der Unterdrückung der Gerüchte tunlichst auf das energischeste zu beteiligen. No ich tu was ich kann, wo ich hinkomm sag ich, wer gibt auf Gerüchte?

DER PATRIOT: No die ungarische Regierung sagt auch, daß in Budapest Gerüchte verbreitet sind, daß nämlich in Ungarn Gerüchte verbreitet sind, und warnt auch.

DER ABONNENT: Mit einem Wort, es hat stark den Anschein, daß die Gerüchte in der ganzen Monarchie verbreitet sind.

DER PATRIOT: Ich glaub auch. Wissen Sie, wenn mans nur gerüchtweise gehört hätte, aber die österreichische Regierung sagt es doch ausdrücklich und die ungarische auch.

DER ABONNENT: Es muß etwas dran sein. Aber wer gibt auf Gerüchte?

DER PATRIOT: Selbstredend. Wenn ich wen von Bekannte treff, frag ich zuerst, ob er schon von den Gerüchten gehört hat, und wenn er sagt nein, sag ich ihm, er soll sie nicht glauben, sondern ihnen erforderlichenfalls sofort tunlichst auf das energischeste entgegentreten. Das ist das mindeste, was man verlangen kann — die erste Pflicht der Loyalität!

DER ABONNENT: Es muß ewas dran sein, denn sonst wären doch nicht die drei Abgeordneten, wissen Sie, die immer zusamm ausgehn, beim Ministerpräsidenten Seidler erschienen und hätten ihn auf die im Umlauf befindlichen Gerüchte aufmerksam gemacht.

DER PATRIOT: No sehn Sie? Aber der Ministerpräsident hat gesagt, daß ihm die in Frage stehenden und im Umlauf befindlichen Gerüchte wohl bekannt seien.

DER ABONNENT: No sehn Sie? Wissen Sie, was ich glaub? Ich sag Ihnen im Vertraun — die Gerüchte betreffen das angestammte — (er nimmt sich das Blatt vor den Mund.)

DER PATRIOT: Was Sie nicht sagen! Ich weiß sogar mehr. Die Verbreiter der Gerüchte wollen den Glauben der Bevölkerung an dasselbe vergiften!

DER ABONNENT: Was Sie sagen! Und es heißt sogar, daß die Gerüchte zur Ursprungszeit jedesmal an ganz verschiedenen Stellen gleichzeitig zu vernehmen seien, weshalb —

DER PATRIOT: — die Annahme gerechtfertigt ist, daß man es mit einer Organisation der Gerüchte zu tun habe.

DER ABONNENT: Sagt man! Aber das sind doch schließlich nur Gerüchte, wer kann das so genau festgestellt haben — bittsie gleichzeitig an verschiedene Stellen!

DER PATRIOT: Sagen Sie das nicht. Die Regierung kann das. Wissen Sie was man sagt? Man sagt, die Verbreitung der Gerüchte sei ein neues Zeichen der aus den Reihen unserer Feinde kommenden Versuche, bei uns Verwirrung zu stiften. Aber da strengen sie sich vergebens an!

DER ABONNENT: Hab ich auch gehört. Man sagt sogar, die Gerüchte gehören in das Arsenal unserer Gegner, die kein Mittel scheuen, um das Gefüge der Monarchie zu erschüttern sowie die Bande der Liebe und Verehrung zu lockern, nämlich zum angestammten — *(er nimmt sich das Blatt vor den Mund.)*

DER PATRIOT: Was Sie nicht sagen! No — da wern sie auf Granit beißen!

DER ABONNENT: Wissen Sie was?

DER PATRIOT: No —?

DER ABONNENT: Wissen möcht ich, was an den Gerüchten dran is!

DER PATRIOT: Das kann ich Ihnen sagen: gar nix is dran und der beste Beweis is, daß man nicht einmal weiß, was es für Gerüchte sind. Wissen Sie was?

DER ABONNENT: No —?

DER PATRIOT: Wissen möcht ich, was es für Gerüchte sind!

DER ABONNENT: No was wern es schon für Gerüchte sein! Schöne Gerüchte das, von Mund zu Mund gehn sie, aber kein Mensch kann einem sagen —

DER PATRIOT: Man is rein auf Gerüchte angewiesen!

(Verwandlung.)

18. SZENE

Der Optimist und der Nörgler im Gespräch.

DER OPTIMIST: Was sagen Sie zu den Gerüchten?

DER NÖRGLER: Ich kenne sie nicht, aber ich glaube sie.

DER OPTIMIST: Ich bitt sie, die Lügen der Entente —

DER NÖRGLER: — sind bei weitem nicht so bedenklich wie unsere Wahrheiten.

DER OPTIMIST: Das einzige, was allenfalls den Gerüchten Nahrung geben könnte, wäre —

DER NÖRGLER: — daß wir keine haben.

(Verwandlung.)

Michaelerplatz. Die Burgmusik zieht vorbei. Hinter ihr die
Pülcher. Trommelwirbel.

CHOR DER PÜLCHER:
    Kabrrottkamöll — karauchtabak —
    Kabrrottkamöll — karauchtabak —
    Stier — stier — stier.
    O — du mein — Österreich — Österreich —
        (Die Musik entfernt sich.)

20. SZENE

Militärkommando.

EIN HAUPTMANN *(diktiert ablesend):* Reservat! — Kriegsgefangene, die von ihrer Arbeitsstelle nichtiger Ursachen
wegen entflohen sind und wieder eingebracht wurden, sind
mit dem mindestens einmaligen zweistündigen Anbinden zu
bestrafen — *(es klingelt)* Was is denn? — Ah so — ja natürlich — 20 Kilo Nullermehl — na ja, wer' schaun — grüß
dich! — Also wo sind wir?
DIE SCHREIBKRAFT: — mindestens einmaligen zweistündigen Anbinden zu bestrafen —
DER HAUPTMANN: — und nach der Verbüßung der Strafe —
wenn dies bei Berücksichtigung der speziellen Fälle oppor-
tun erscheint — grundsätzlich und ehestens auf ihre frühere
Arbeitsstelle zurückzusenden. Die Kommandos der Kriegsgefangenenlager haben zu trachten, durch Anwendung aller
zulässigen Strafmittel, sodann durch Heranziehung zu den
beschwerlichsten Arbeiten im Kriegsgefangenenlager den
geflüchteten, wieder eingebrachten und dem Kriegsgefangenenlager zugeschobenen Kriegsgefangenen den Aufenthalt nach Möglichkeit zu verleiden. — *(Es klingelt.)* Was is
denn scho wieder? — Ah so — ja natürlich — C-Befund —
fünf Kilo Filz — sag ihm, wer' schaun was sich machen
laßt — Schreib alles auf — Ja du, Momenterl, vergiß nicht,
erinner den Dokter von der Zeitung wegen die Karten zu

»Husarenblut«, telephonier ihm, hörst — Ich komm also
bißl später, servus Alte! — Also wo sind wir?

DIE SCHREIBKRAFT: — den Aufenthalt —

DER HAUPTMANN: — nach Tunlichkeit —

DIE SCHREIBKRAFT: — nein, nach Möglichkeit zu verleiden.

DER HAUPTMANN: Bemerkt wird, daß Freiheitsstrafen im
allgemeinen wenig geeignet erscheinen, um die Fluchtfälle
zu verringern, es sei denn, daß sie an Tagen, die vorschriftsmäßig der Ruhe gewidmet sind oder die als große Feiertage
gelten, bei Anwendung der erlaubten Verschärfungen in
Vollzug gesetzt werden. — So — vier is gleich! Servus die
Herrn, gute Nächte!

(Verwandlung.)

21. SZENE

Kriegsministerium.

EIN HAUPTMANN *(diktiert ablesend):* Reservat! — Mit Rücksicht darauf, daß im Laufe der nächsten Monate fast eine
Million russischer Kriegsgefangener die österreichisch-ungarische Monarchie verlassen und in ihre Heimat zurückkehren werden, ist es von wesentlicher Bedeutung, mit welchen Gefühlen diese Kgf. an die in unserem Vaterlande
verbrachte Zeit zurückdenken. Es erscheint daher eine im
richtigen Augenblick einsetzende Einwirkung unsererseits
im höchsten Maße wünschenswert, um von den zahllosen,
in der Gefangenschaft gewonnenen Eindrücken und Erfahrungen die ungünstigen abzuschwächen, die erfreulichen
und angenehmen jedoch zu beleben und zu befestigen. Die
in ihre Heimat zurückkehrenden Russen werden dann nicht
mit stumpfer Gleichgiltigkeit oder gar feindseligem Hasse
an uns zurückdenken, sondern wissentlich aus voller Überzeugung als Sendboten öst.-ung. Kultur in ihrem eigenen
Vaterlande tätig sein. Die Wege, eine solche günstige Einwirkung zu erzielen, liegen in der Entfaltung einer der
russischen Volksseele angepaßten, großzügigen, von ehr-
licher Absicht getragenen politischen, sozialen und wirt-

schaftlichen Propaganda. Es wird beabsichtigt, kurz vor Abschub —

DIE SCHREIBKRAFT: Wie bitte?

DER HAUPTMANN: Abschub der russischen Kgf. durch abzuhaltende Propagandavorträge über politische, soziale und wirtschaftliche Gebiete einen Österreich freundlichen Geist unter den russischen Kgf. wachzurufen. Abgesehen von allen für unser Wirtschaftsleben etwa bedeutsamen Folgen kann durch eine solche Umstimmung der russischen Volksseele ein mächtiger Abbau der von unseren Feinden über die ganze Welt verbreiteten Lügenpropaganda herbeigeführt werden. Um einen nachhaltigen Eindruck auf die russischen Kgf. zu erzielen, darf sich die Propaganda bei den russischen Kgf. naturgemäß nicht bloß auf die Abhaltung von Vorträgen beschränken, es ist vielmehr bis zur Zeit des endgiltigen Abtransportes notwendig, auf die russischen Kgf. anderweitig in jeder Hinsicht nach Tunlichkeit günstig einzuwirken. — Machen S' ein' Absatz.

Der ganzen Sachlage nach liegt es auf der Hand, daß jedoch eine solche Propaganda, wenn sie bloß durch Organe der Heeresverwaltung erfolgen würde, zweifellos viel von ihrem ursprünglichen Wert einbüßen müßte — no jo, is eh wahr — und erscheint es in Ansehung des Zweckes vorteilhaft, durch tunlichste Heranziehung für diese Aufgabe geeigneter und auch ideal und praktisch interessierter Personen diese Beeinflussung auf ein den militärischen Formen möglichst entrücktes Niveau zu heben. — No das is bißl stark! — Dieser wesentliche Umstand bedingt hinwieder, daß aus militärisch-disziplinären Gründen eine solche Propaganda erst knapp vor Abfahrt der kriegsgefangenen Russen einsetzen darf — selbstverständlich! — wobei auch zu hoffen ist, daß dieselben mit dem frischen unvermittelten Eindruck, den sie hiebei empfangen, in ihre Heimat zurückgelangen. — Absatz! Politisch: Mit einer aus tiefster Wahrhaftigkeit entspringenden Überzeugung kann gerade in Österreich-Ungarn den heimkehrenden Russen die offenherzige Versicherung mitgegeben werden, wie wenig unser Vaterland

den Krieg gewollt, wie sehr es den Frieden gewünscht —
also das is gut, daß er das betont, mir san ja eh die reinen
Lamperln – -

DIE SCHREIBKRAFT: Wie bitte? Mir san —

DER HAUPTMANN: Aber nein, das schreiben S' nicht! — also
den Frieden gewünscht, wie nachdrücklich man die mit dem
Lose der Gefangenschaft für die Kgf. unzweifelhaft verbun-
denen Härten aufrichtig bedauert und wie alle etwa seitens
der Kgf. erlittenen Unbilden — no no! — keineswegs in
einer Abneigung, Geringschätzung oder gar einem Haß
gegen das russische Volk ihren Ursprung gehabt hätten,
sondern einzig und allein in den durch die lange Kriegsdauer sich häufenden Schwierigkeiten begründet seien. —
Absatz! S o z i a l : Ohne auch nur mit einem Wort die der-
zeitigen russischen sozialen Verhältnisse zu berühren, können die heimkehrenden Russen über die Vorteile und Eigentümlichkeiten unserer gesellschaftlichen und sozialen Struk-
tur zweckentsprechend aufgeklärt werden, wobei insbesondere darauf das Augenmerk zu lenken wäre, wie bei dieser
gesellschaftlichen Ordnung Wohlstand und Fortschritt ste-
tig steigen und die Allgemeinheit sowohl wie der einzelne
daraus bleibenden Vorteil zieht. — Noja, is eh wahr —
Absatz! Jetzt kommen wir zum puncto puncti. W i r t -
s c h a f t l i c h : Indem man an der Hand der Tatsachen den
Beweis führt, daß die großen Schwierigkeiten, die der lange
Kriegs- und Unruhezustand allseits geschaffen, nur durch
die höchste Entfaltung aller verfügbaren Arbeitskräfte und
eine damit parallel gehende schleunige Aufnahme eines
großzügig organisierten, die Staaten übergreifenden Güter-
austausches überwunden werden können, wird den heimkehrenden Russen die unbedingte Notwendigkeit einer
raschen und rückhaltlosen Anknüpfung von Handelsbeziehungen mit der Monarchie vollends verständlich werden.
Es wird ein Leichtes sein, den Leuten von diesem Gesichts-
punkte aus in überzeugender Weise vor Augen zu führen,
wie sehr der Bauer, der seine Vorräte verbirgt und dadurch der Auswertung durch den freien Handel entzieht,

sich selbst schädigt, indem er gerade infolge dieses Umstandes nicht oder sehr verspätet in den Besitz der von ihm begehrten Gebrauchsartikel kommen wird, da eben unsere eigene Bevölkerung, welche mit der Herstellung solcher Waren beschäftigt ist, infolge des Mangels einer zureichenden Nahrung nicht in der Lage ist, jene höchsten wirtschaftlichen Energien zu entwickeln, wie sie im Frieden bei guter Ernährung für einen großzügigen Export erforderlich sind. — No das muß ihnen doch einleuchten. — Absatz!

Bei den landwirtschaftlichen Partien, insbesondere bei den Kgf. in Bauerngemeinden, ist eine Propaganda zumindest nicht nötig, es wäre denn eine Orientierung und Beeinflussung der auf dem Lande lebenden kgf. Russen, daß die Ernährungsverhältnisse der in Städten wohnenden Bevölkerung viel zu wünschen übrig lassen und Abhilfe durch Einfuhr von außen sehr geboten sei. — No das müssen s' einsehn. — Absatz!

Anders steht es jedoch mit den russischen Kgf. in Fabriken, bei Bauten aller Art und bei ärarischen Arbeitsstellen. Es wäre hier sehr zweckdienlich, wenn die Arbeitgeber in solchen Fällen die patriotische Pflicht übernehmen würden, den russischen Kgf. die letzten Tage ihrer Arbeit bei uns tunlichst zu erleichtern. — Absatz!

Alle militärischen Leiter der Firmen unter KLG. und der Mil. Bergbaue und Kommandanten werden daher angewiesen, unverzüglich alle Arbeitsstellen, wo russische Kgf. beschäftigt sind, zu bereisen, beziehungsweise aufzusuchen und in ähnlichem Sinne auf die Kgf. einzuwirken, wie es im Nachfolgenden (unter hst. Vdg. Präs. Nr. 14169/18) bereits von den Lagerkommandanten verlangt wurde. — Absatz!

Der Lagerkommandant muß abwechselnd die Wohngruppen, Offz.-Abteilungen oder Lagerspitäler besuchen und mit den russischen Kgf. in persönlichen Verkehr treten. *(Mit warmer Stimme.)* Bald fragt er sie nach ihrem Befinden, bald nach ihren Eltern, nach der Verpflegung, Post, Bekleidung. Bei Klagen muß er bis ins Detail die Untersuchung an Ort und Stelle pflegen, öffentlich, vor allen Kriegsgefangenen.

Er muß sie hiebei überzeugen, daß er keine persönliche Mühe scheut, um auf die Wahrheit und durch diese zur Gerechtigkeit zu gelangen. Klagen über Verpflegung und Bekleidung benützt er, um den Russen zu beweisen, daß nicht wir, sondern unsere Feinde im Westen schuld daran sind und daß wir mit Freuden speziell den russischen Kgf. mehr geben würden, wenn wir es hätten. Sie, die Russen sind ja jetzt nicht mehr unsere Feinde. *(Er wird wärmer.)* Wir haben sie überhaupt niemals für unsere Feinde gehalten, das beweisen die vielen früheren Kriege, wo Russen und Österreich-Ungarn tapfer zusammengekämpft haben. Der Lagerkommandant muß hie und da in die Küche, wenn das Fleisch oder Fische bereits zur Verteilung gelangen. Einen, zwei oder vier Kgf. fängt er in dem Momente ab —

DIE SCHREIBKRAFT: Wie bitte?

DER HAUPTMANN: — fängt er in dem Momente ab, als sie mit der ausgegebenen Menage von der Verteilungsstelle zu ihren Pritschen gehen. *(Mit Eifer)* Niederstellen, Wage herbei, Fleisch oder Fisch abwägen. Je mehr er Zuseher hat, desto besser. Sodann Fleischbüchel herbei, wie viel wurde im ganzen heute eingekauft? 25 Prozent an Knochen, 20 Prozent an Kochschwund ab, Rest dividieren durch Anzahl der Menageportionen und *(drohend)* wenn nur ein Deka an der Portion fehlt — so sind z. B. bei 200 Menageportionen 2 kg Fleisch oder Fisch gestohlen worden. *(Streng)* Wer hat das getan? Menagekommission, Köche, Inspektionschargen herbei! Strenges Gericht vor allen Kgf. der ganzen Wohngruppe. Schluß: Absetzung der Köche, der Menagekommission und aller in der Küche Beschäftigten, falls der Schuldtragende nicht gefunden wird. — Absetzen — ah Absatz! Findet der Lagerkommandant Tabak, Zigaretten, gekauftes Brot, Wurst etc. bei den Russen, so erkundigt er sich um den Preis, welchen der betreffende Kgf. hiefür gezahlt hat. Bald wird sich herausstellen, daß unter den Kgf. es viele Schleichhändler gibt. Diese Winkelkaufleute sind nicht immer Juden. Sie haben außerhalb des Lagers Quellen, wo sie bei passender Gelegenheit einkaufen und die gekauften

Artikel im Lager an ihre Kameraden, die Kgf., um drei- bis vierfachen Preis verkaufen. Wenn es dem Lagerkommandanten gelingt, einen solchen Winkelhändler zu ertappen — *(in Rage)* ausziehen, Leibes- und Koffervisite. Oft wird er 500 Kronen und mehr bei ihm finden. Wegnehmen und jenen Betrag davon, über dessen gerechte Herkunft er sich nicht ausweisen kann, an die übrigen Kgf. verteilen. — Absatz!

Derzeit werden dem Lagerkommandanten die kgf. Russen stundenlang zuhören, wenn er ihnen etwas über den Austausch erzählen kann. Wann kommen wir daran, wie lange noch? Wenn er in der Lage ist, ihnen lapidar nachzuweisen, daß nicht wir daran schuld sind, daß der Austausch so schleppend vor sich geht, so wird auch die Arbeitsfreudigkeit der Kgf. sich wieder einstellen, nur darf er dabei Rußland nicht herabsetzen. Das wäre ein grober Fehler. — Absatz!

(Mit Gefühl) Immer weiter werden die russischen Herzen, wenn er, der Oberst, ihnen hie und da die neuesten Nachrichten aus Rußland mitteilt, die er soeben im Morgenblatt gelesen hat. *(Stellt sich in Positur)* Stramm und gehorsam werden sie ihn salutierend begrüßen, keine Furcht vor Disziplinlosigkeit, wenn er mit ihnen spricht. Wie überall, muß er auch hier ein gutes Beispiel geben und selbst so stramm, als es sein Alter und Gebrechen erlaubt, salutieren. *(Er salutiert.)* Ein Besuch des Lagerkommandanten im Lagerspitale —

Ein Fähnrich *(tritt ein)*: Herr Hauptmann melde gehorsamst, der Herr Oberst verlangt den Bericht über die russischen Kriegsgefangenen.

Der Hauptmann: Den Erlaß wegen der Propaganda? Da bin ich grad dabei.

Der Fähnrich: Nicht wegen der Propaganda, sondern über die Verhungerten.

Der Hauptmann: Die Verhungerten? Wo sans denn scho wieder verhungert? Ham mr denn den Akt?

Der Fähnrich: Es handelt sich um den Fall, wo ein Russe,

der mit zwei andern zusammen auf einer Pritschen geschlafen hat, an Hunger gestorben ist. Er war schon verwest, wie der Inspektor in den Raum kommt, und die zwei andern waren so entkräftet, daß sie nicht mehr haben aufstehen können und auch nicht rufen.

DER HAUPTMANN: Momenterl — also sag dem Herrn Oberst, ich wer' gleich im Einlauf nachschaun, ich bin grad mit der Propaganda beschäftigt, weißt damit sich die ungünstigen Eindrücke bei den Kgf. abschwächen, daß mr wieder Handelsbeziehungen anknüpfen können und daß s' uns nacher Lebensmittel schicken, die Russen, wann s' z'haus kommen und so.

(Verwandlung.)

22. SZENE

Statthalterei in Brünn.

DER LANDESHAUPTMANN: Ich hab eine Idee! *(Zur Schreibkraft)* Schreib'n S': Zu den wichtigsten Lehren, die wir dem mörderischen Weltkriege und seinen opfervollen Anforderungen an die gesamte Bevölkerung entnehmen können und müssen, gehört unzweifelhaft auch jene von der Wichtigkeit, unsere Jugend schon in der Schule im patriotischen Geiste zu erziehen, ihr Kenntnis und Liebe ihres engeren und weiteren Vaterlandes einzuimpfen und schon in die Kindesseele alle jene Keime zu pflanzen, aus denen sich jene herrlichen Manneseigenschaften entwickeln, welche den jungen Mann befähigen sollen, als glühender Patriot, beseelt von Liebe und Pflichttreue gegenüber dem angestammten Herrscherhause und dem Vaterlande, seine staatsbürgerlichen Pflichten gerne und gewissenhaft zu erfüllen und gegebenenfalls auch Leben und Gesundheit für diese Ideale zu opfern. Wenig wurde leider diesbezüglich in Österreich vorgearbeitet und Pflicht aller leitenden Persönlichkeiten des Reiches scheint es mir zu sein, dieses Versäumnis einzuholen und für die weitere Fortentwicklung der ja gottlob im Keime allenthalben vorhandenen patriotischen und dynastischen Gefühle in der kommenden Generation Sorge zu tragen.

Ein populär geschriebenes, dem Geiste unserer Schuljugend angepaßtes Monatsschriftchen, betitelt »Mladé Rakousko«, soll an unseren Volks- und Bürgerschulen sowie an den Fortbildungsschulen verbreitet werden und halte ich es für eine heilige Pflicht unserer Gesinnungs- und Standesgenossen, für eine erhabene Aufgabe des Großgrundbesitzes, die Verbreitung dieses Blattes an den Schulen seines wirtschaftlichen Wirkungskreises dadurch zu fördern, daß er für jede dieser Schulen eine Anzahl Exemplare abonniert, um so die unentgeltliche Verteilung des Blattes an vermögenslose Schüler zu ermöglichen, wobei ja noch außer der Einwirkung auf die Schüler selbst, auch der Einfluß auf die älteren Familienmitglieder mit Recht zu erwarten steht.

Die Zeitschrift, deren jährlicher Abonnementbetrag K 2.40 macht, kann in Brünn, Kaiser Franz Josef-Platz Nr. 18, bestellt werden.

Möge dieser Appell — —

(Verwandlung.)

23. SZENE

In einer Volksschule.
Einige Bänke sind leer. Die überlebenden Kinder sind unter-
ernährt. Alle in Papieranzügen.

DER LEHRER ZEHETBAUER: — — Hütet euch vor den Gerüchten, die in Umlauf sind, und tretet denselben tunlichst entgegen. Es ist der tückische Plan der Feinde, Verwirrung in eure Reihen zu bringen, aber es wird ihnen nicht gelingen. Verschließet euer Ohr den Ausstreuungen, als ob wir nicht bis zum gedeihlichen Ende durchhalten könnten und daß bei uns Hungersnot herrsche. Wer ist denn schuld an derselben als die Feinde? Und jetzt entfalten sie gar noch eine brunnenvergiftende Tätigkeit, indem sie — *(Ein Knabe zeigt auf.)* Was willst du, Gasselseder?

DER KNABE GASSELSEDER: Bitt Herr Lehrer, derf man da auch nichts trinken?

DER LEHRER: Setz dich, du bist töricht, ich meine ja das

nicht bildlich, sondern wörtlich. Der Feind will, da er uns im Felde nicht besiegen kann, unsere Kraft im Hinterlande zermürben. Darum seid auf der Hut vor den Gerüchten! Beteiliget euch auf das energischeste an deren Unterdrükkung. Sie gehören in das Arsenal unserer Feinde — *(Ein Knabe zeigt auf.)* Was willst du, Anderle?

DER KNABE ANDERLE: Bitt Herr Lehrer, haben denn unsere Feinde auch ein Arsenal?

DER LEHRER: Wohl haben sie ein solches, jedoch es sind nur Gerüchte darin, und sie scheuen ebendaselbst kein Mittel, um das Gefüge der Monarchie zu untergraben, ja sogar die Bande der Liebe sowie der Verehrung zum angestammten Herrscherhause zu lockern. Kotzlik, du störst, wiederhole das Gesagte.

DER KNABE KOTZLIK: Die Feinde — die Feinde haben — das Arsenal untergraben — und — und wir scheuen nicht die Liebe — zur angestammten Bande —

DER LEHRER: Du bist ein Element! Du bleibst hier und wirst den Satz, den ich dir diktieren werde, zehnmal abschreiben. Setz dich, Tunichtgut! Ihr andern aber, bleibet standhaft. Nehmet euch diesbezüglich ein Beispiel an dem Wehrmann in Eisen. Wie für die Ewigkeit gebaut steht er da, solange Habsburgs Doppelaar über unsern Häuptern kreisen wird, ein Wahrzeichen für und für. Überzeugt euch, gehet hin und benagelt dasselbe tunlichst, wofern noch Platz für einen Nagel ist, mit Erlaubnis eurer Herren Eltern oder Vormünder. Auf dem Wege dahin verschließet euer Ohr den Einflüsterungen, denn sie verbreiten sogar, daß die Tage des Wehrmannes gezählt seien und daß an seine Stelle ein Würstelmann treten werde. So weit halten wir Gottseidank noch nicht und gerne tragen wir die Entbehrungen, die uns das Vaterland auferlegt, solange der Kampf noch nicht entschieden ist für und für, sondern hin und herwogt. Und doch! Wenn wir — *(Ein Knabe zeigt auf.)* Was willst du, Zitterer?

DER KNABE ZITTERER: Bitt Herr Lehrer, den Frieden!

DER LEHRER: Setz dich, du Element! Dir prophezeie ich,

daß du noch am Galgen endest, wenn du dereinst ins Leben hinaustreten wirst. Schäme dich! Und was ist denn das dort in der dritten Bank? Ei Merores, du schwätzest ja!

DER KNABE MERORES: Der Papa hat gesagt, er versteht nicht das Geriß um den Frieden, er kann es erwarten, konträr, ich glaub es wär ihm eher unangenehm, er hat hübsch verdient, no und wenn der Frieden kommt, hört sich das doch auf.

DER LEHRER: Merores, es ist schön, daß dein Vater so wakker durchhält und mit gutem Beispiel vorangeht, aber du sprichst, ohne daß du gefragt wurdest, und das ist ein Zeichen, daß dank den Wühlereien der Feinde die Disziplin schon sehr gelockert ist. Ich will nicht geradezu annehmen, daß ihr im Dienste der feindlichen Propaganda stehet, die überall ihre Fühlhörner im Spiele hat, aber ich muß sagen, daß mir ein derartiges Verhalten, jetzt wo wir unmittelbar vor der Entscheidung stehen, doch sehr bedenklich ist. Ich kann euch immer wieder nur einprägen: Bleibet standhaft immerdar! Was sollte geschehen, wenn auch ihr ins Wanken geratet? Die Feinde würden ins Land kommen, und dann wehe euch, wehe euren Schwestern und Bräuten, wehe euren Herren Eltern oder Vormündern! *(Ein Knabe zeigt auf.)* Was willst du, Sukfüll?

DER KNABE SUKFÜLL: Bitt Herr Lehrer, die Fremden! Der Vatter hat gsagt, er will nicht mehr durchhalten, er haltet es nicht mehr aus, es wär schon höchste Zeit, daß einmal die Fremden kommen!

DIE KLASSE: Ja, pfleget den Fremdenverkehr!

DER LEHRER: Nicht doch! Das war anders gemeint! Der Fremdenverkehr ist ein gar zartes Pflänzlein, das wohl behütet sein will. Verlangt es euch nach den Katzelmachern?

DIE KLASSE: Ja! Wir möchten was zu essen haben!

DER LEHRER: Pfui! Ihr seid Elemente! Schämet euch! Was soll sich der verewigte erhabene Monarch, dessen Bild weiland auf euch herniederschaut, von euch denken? Das hätte er sich schier nicht gedacht, daß eine derartige Verlotterung die Folge sein wird, als er sich genötigt sah, einen mutwillig heraufbeschworenen Verteidigungskrieg zu beginnen und gegen eine Übermacht das Schwert zu ziehen. Wehe euch, wenn die Feinde ins Land kommen! Sie würden in den erstklassigsten Hotels absteigen, ihr hättet nichts zu lachen und unsere Frauen, die Hüterinnen des häuslichen Herdes, hätten das Nachsehen. Habt ihr denn alles vergessen, was ich euch je gesagt habe? Ich will schier nicht hoffen!

DIE KLASSE: Wiewohl der rauhe Kriegessturm über unsere Lande hinwegfegt, indem unser erhabener Monarch Tausende und Abertausende unserer Söhne und Brüder zu den Waffen rief, so zeigen sich schon jetzt die ersten Ansätze zu einer Hebung des Fremdenverkehrs. Darum lasset uns dieses Ideal nie aus dem Auge verlieren, sondern lasset uns heute das alte Lied anstimmen, das wir einst in Friedenszeiten gelernt haben: Pfleget den Fremdenverkehr! *(Sie singen:)*

> A a a, der Fremde der ist da.
> Die stieren Zeiten sind vergangen,
> Der Fremdenverkehr hat angefangen,
> A a a, der Fremde der ist da.

> *(Verwandlung.)*

24. SZENE

Im Landesverband für Fremdenverkehr.

DER REDAKTEUR: — — um einige Äußerungen zu bitten, wie sich der Fremdenverkehr nach dem Kriege gestalten wird, das heißt ob diesbezüglich überhaupt schon etwas ins Auge gefaßt ist.

DER FUNKTIONÄR: Selbstverständlich. Bekanntlich fand dieser Tage im Anschluß an die Tagung der ärztlichen Abteilungen der waffenbrüderlichen Vereinigungen ein Gedankenaustausch unter Vertretern der Fachgruppen für Fremdenverkehr der waffenbrüderlichen Vereinigung Deutschlands, Ungarns und Österreichs statt.

DER REDAKTEUR: Es ist wohl zu erwarten, daß das Problem des Fremdenverkehrs nach dem Krieg von ganz neuen Seiten zu betrachten sein wird?

Der Funktionär: Zweifellos.

Der Redakteur: Vielleicht hätten Sie die Freundlichkeit, mir zunächst einen Fingerzeig nach der Richtung zu geben, in der sich die Situation unserer Waffenbrüder hinsichtlich des Fremdenverkehrs nach dem Kriege gestalten wird. Daß die Feinde auch in diesem Punkt einen Verlust erleiden werden, steht wohl außer Frage?

Der Funktionär: Selbstverständlich werden die französischen und belgischen Fremdenverkehrsplätze aller Voraussicht nach von den Reichsdeutschen nicht aufgesucht werden.

Der Redakteur: Sie meinen, die Deutschen werden diese Plätze nicht aufsuchen können oder nicht wollen?

Der Funktionär: Ich meine, die Deutschen werden diese Plätze nicht aufsuchen wollen können.

Der Redakteur: Da werden die Deutschen wohl Ersatz suchen? Ich meine, Ersatz im eigenen Lande?

Der Funktionär: Für die Nordseebäder bietet die deutsche Küste ausreichenden Ersatz.

Der Redakteur: Wo aber werden die Deutschen Ersatz für die französische Riviera suchen? Doch offenbar bei uns?

Der Funktionär: Ersatz für die französische Riviera mit ihren klimatischen Vorzügen als Frühlings- und Herbstaufenthalt zu bieten, dazu ist sicherlich die österreichische Küste der Adria vorzüglich geeignet, die demnach auch einen großen Fremdenzufluß zu erwarten haben wird.

Der Redakteur: Sie sprechen von der österreichischen Küste der Adria wohl im Gegensatz zu der italienischen und wollen damit jedenfalls sagen, die Adria bleibt —

Der Funktionär: — unser. Gewiß, denn sonst wären ja die Deutschen genötigt, auch für die Adria Ersatz zu suchen.

Der Redakteur: Sie sind also, wenn ich Sie richtig verstanden habe, der Ansicht, daß hauptsächlich das reichsdeutsche Publikum für unsern Fremdenverkehr in Betracht kommen wird?

Der Funktionär: Allerdings.

Der Redakteur: Nun aber die Hauptsache. Welche Attraktionen werden wir unsern Fremden nach dem Kriege bieten können, oder vielmehr welchen Ersatz werden wir für jene Sehenswürdigkeiten, die etwa durch den Krieg zerstört worden sind, durch andere Attraktionen bieten können? Sie haben mit Recht der Adria ein günstiges Prognostikon gestellt. Aber was werden wir außerdem zu bieten haben?

DER FUNKTIONÄR: Außerdem werden die Alpenländer mit ihren hervorragenden Kriegserinnerungen einen Anziehungspunkt des mitteleuropäischen Reisepublikums bilden.

DER REDAKTEUR: Welche Art Kriegserinnerungen wäre diesbezüglich ins Auge gefaßt?

DER FUNKTIONÄR: Wir geben uns der Hoffnung hin, daß der pietätvolle Besuch der Heldengräber und Soldatenfriedhöfe eine lebhafte Verkehrsbewegung zur Folge haben wird. Es handelt sich ja darum, unser Haus wiederum zu bestellen. Und wir appellieren gerade in diesem Punkte an die verständnisvolle Mitarbeit der Presse, da es unsere Aufgabe ist, jeder Epoche die Attraktionen abzugewinnen, die sie in sich selbst bietet, und die Gräber der Gefallenen wie geschaffen erscheinen, die Hebung des Fremdenverkehrs erhoffen zu lassen.

(Verwandlung.)

25. SZENE

Ringstraßencafé. Nachmittag. Sitzend und stehend, eine Fauna von Gestalten, die in heftigen Debatten begriffen sind. Die Konversation bewegt sich um die verschiedensten Gegenstände, wie Reis, Zucker, Leder, und auch Wetten, die für ein Trabfahren abgeschlossen werden; einer packt ein Ölgemälde aus, ein anderer zeigt einen Brillantring, der von einer erregten Gruppe geschätzt wird. Unter den Händlern sind auch Leute in Uniform, ein kleiner Oberleutnant, der einem Agenten von riesenhaften Körperformen »Tips« gibt. Dazwischen, auf den Seitenbänken da und dort verstreut, Mädchen in insektenhafter Tracht. Kellner und Kellnerinnen, die Getränke bringen. Renn-

programmverkäufer. Gürteltiere schreiten durch. Die Luft ist
voll von Ziffern und Miasmen.

Dem Eintretenden tönt ein großes Geschrei entgegen, aus dem
er zunächst nur unartikulierte Laute hört, dann in allen Ton-
arten hervorgestoßene, gebrüllte, gepfiffene, geröchelte Rufe,
die zumeist eine Bekräftigung bedeuten. Näher hinhorchend,
vermag man erst genauer zu unterscheiden.

DAS GESCHREI: — Mir gesagt! — Ihm gesagt! — Unter uns
gesagt! — Sag i c h Ihnen! — Sagen S i e ! — No wenn ich
Ihnen sag! — Also ich sag Ihnen —! — Was s a g e n Sie! —
Sagt e r ! — Auf ihm soll ich sagen! — Ich wer' Ihnen etwas
sagen — No was soll ich Ihnen sagen? — Ihnen gesagt! —
MAMMUT: Sie — pst — ham Sie Scheidl?
EIN KELLNER: Seit vorige Wochen verboten.
MAMMUT: Nix kriegt man! Nix — nix, gut. Aber gor nix?
(Zu seinem Nachbar) Also wie ich Ihnen sag, a konto dessen
bin ich heute enthoben!
ZIESELMAUS: Danken Sie Gott jeden Früh.
WALROSS: — Lassen Sie mich aus, ich tipp nicht auf Hin-
denburg, ich tipp nicht auf Primadonna, ich wer Ihnen
sagen, auf was ich tipp, ich tipp auf Doberdo! —
HAMSTER: — Er hat ausgesorgt, er is Selbstversorger. Ich
bin doch intim mit Kornfeld von der Oezeg, bin ich also
heraufgegangen zu der Miag, sag ich dort, ich bin da, Salo
Hamster —
NASHORN: — Wer gebt auf Gerüchte, für Gerüchte wer' ich
mr nicht den Kopp abreißen! Warum, weil in der Presse
stehn soll von etwas e Friedensfühler? Idee! Ich sag Ihnen,
e Bombengeschäft! —
TAPIR: — Was wolln Sie von m i r haben, bin ich Hindenburg? —
SCHAKAL: — Was wolln Sie von Siegfried Hirschl, auf einen
Menschen, was e B-Befund hat, geb ich keinen Kreizer! Sie
hätten sehn solln, wie sie mich empfangen ham im KM, was
sich da getan hat! Nu na nicht! —
LEGUAN: — Lire so viel Sie wollen! —

KAIMAN: — Ohne Ausfuhrbewilligung nicht zu machen, sag i c h Ihnen, Julius Kaiman! —

PAVIAN: — Albanien? Nicht der Rede wert, e Gorilla- krieg! —

KONDOR: — Auf Ihnen hat ma gewartet! Ich hab scho ver- dient, wie Sie noch nicht auf der Welt waren! Vor fünf Minuten, wenn Sie zugehört hätten beim Telephon — acht- zig Zentner mit fufzig Mille auf Ehre! Ab Wien sofort greifbar! Werfen Sie sich auf Zucker, mit Verbandzeug wern Sie kein Glück mehr haben! —

LÖW: — No kann man exestieren? —

HIRSCH: — Täglich schrei ich zu meiner Frau —

WOLF: — Das wird ein Geriß sein um das Abendblatt! Aber sicher is es nicht wahr! —

POSAMENTIER: — Weiß ich? Burian hat etwas e Friedens- fühler ausgestreckt! —

SPITZBAUCH: Pst — Sie eine Tschoklad — oder nein, wis- sen Sie was, bringen Sie mir —

SCHLECHTIGKEIT: — Der Brillant ist unter Brüdern —

STIMMEN HASTIG EINTRETENDER: Aber ich sag Ihnen, es is nicht wahr! — So wahr ich da leb aus kompetentester Quelle, es is wahr! — Also wenn ich Ihnen sag, es is nicht wahr!? — Und ich sag Ihnen, es is j a wahr, fertig sind wir! — Also wetten, es is nicht wahr?! —

(Ein Pelz wird gestohlen. Es entsteht große Aufregung.)

GOLLERSTEPPER: Aber ich kenn ihm doch, jeden Tag hat er drin herumgekiebitzt, der Schlieferl!

TUGENDHAT: Wer brauch jetzt einen Pelz?

GOLLERSTEPPER: Frag —! Mundi Rosenberg!

MAMMUT *(röchelnd):* Ich hätt noch zwei Waggon —

MASTODON: — Fetten? Woher nehm ich Fetten? Ich soll riskieren? —

RAUBITSCHEK: — Meschugge sind sie mit Hextpreise. Ich wer' Ihnen etwas sagen — er soll in Uniform hinaufgehn, kriegt er! —

VORTREFFLICH: — Wissen Sie was? Mit Seife erziel ich einen Durchbruch! Zwirn setz ich auf die Verlustliste. —

GUTWILLIG: — Großer Mann geworn! Teenovin und Punschnovin, Kleinigkeit! Der Mann hat heute seine zwa Millionen auf Ehre! Was wolln Sie haben, ein Artikel Nommer eins! —

AUFRICHTIG: — So wahr ich da leb, mein heiliges Ehrenwort, er hat auf die Unterschrift von Tizian am Bild hingezeigt und hat gesagt, eine Mezzie! Wie ich ihm aber später beweis, es is kein echter Tizian, sagt er einfach: No dabei war ich nicht, wie es der Tizian gemalt hat! No is das ein Geschäft?

BESTÄNDIG: Also wenn er keine Haftung übernommen hat, daß es kein echter Tizian is —?!

BRAUCHBAR: Man greift sich an den Kopf, jetzt erklärt er auf amol er hat ihm den Tizian um vier Rennpferd gegeben, also wieso?

DIE TOILETTEFRAU (ruft herein): Herr Pollatschek zum Telephon! (Pollatschek stürzt hinaus.)

LUSTIG: Sehn Sie —? Laufen Sie ihm nach —

Ein Invalide, Zitterer, erscheint. Er schüttelt unaufhörlich den Kopf. Er wird entfernt.

Im Hintergrund, ganz in sich zusammengekauert, wie gebrochen, sitzt ein alter Schieber. Freunde bemühen sich um ihn. Eine Frau hält die Hand auf seiner Schulter. Ein Mädchen spricht ihm zu. Neugierige und Teilnahmsvolle gesellen sich.

EIN FREUND: Aber —! Es brauch ja nicht wahr sein?!

EIN ZWEITER: Du — ich weiß nicht, wie du mir vorkommst — wer wird denn gleich — du bist komisch —!

DER ALTE SCHIEBER (stöhnend): Laßts mich — laßts mich — ich weiß doch — ich bin e Pechvogel — Gotteswillen — Gotteswillen — einmal im Leben hat man — wo bleibt da — ich hab Schkoda — ich hab Schkoda —

DIE FRAU: Bernaad — komm zu dir — wer sagt dir, daß es wahr is — du bist etwas in einen überreizten Zustand durch dem Krieg —

DIE TOCHTER: No regts ihn nur noch mehr auf — alle kommen sie da herein —!

DIE FRAU: Gotteswillen — sein Herz!

Der alte Schieber: Laßts mich — laßts mich — das Herz — das Abendblatt — achab Schkoda —

Die Tochter: Wie er sich freut dort, Weitzner — der möcht es ihm gönnen —! Onkel, sag doch er soll weggehn — der Papa is schon aufgeregt wenn er nur sein Gesicht sieht!

Der Onkel: Entschuldige — man kann keinem Gast verbieten — in einem öffentlichen Lokal —

Die Frau: Du hast uns noch gefehlt!

Der Freund: Moldauer — duu — ich hab geglaubt — schau, du bist doch ein verninftiger Mensch — ich kenn mich nicht aus in dir —

Der alte Schieber: Wenn es aber — wahr is — ich weiß doch — Gottes — willen — achab Schkoda —

Der zweite Freund: Wetten, es is nicht wahr — also was wetten wir? — ich mach ein gutes Geschäft — oi wie du gern zahlen wirst —!

(Der alte Schieber bricht in ein konvulsivisches Schluchzen aus. Alles ist mit angstverzerrten Mienen um ihn beschäftigt.)

Ein jüngerer Wucherer *(drängt sich vor)*: Hat er Waggons —? Wie viel Waggons hat er?? Also ich erkläre feierlich, daß ich bereit bin —

Der Onkel: Gehn Sie weg, Sie Asisponem!

Der alte Schieber *(nur noch wimmernd)*: — Schkoda — —

Der Geschäftsführer *(erscheint)*: Was is denn geschehn —? Ja, was is denn mit'n Herrn von Moldauer —?

Der Freund: Niix — Rappaport kommt sich hereingestürzt und erzählt ihm — er weiß — ausgerechnet — Rappaport weiß!

Der Geschäftsführer: Ja — was denn? Mein Gott, er liegt ja ganz gefühllos da! Was is denn gschehn —?

Der Freund: Niix — geredt wird — und das hat er sich so zu Herzen genommen.

Der Geschäftsführer: Ja — was wird denn gredt?

Der Freund: No —! Vom Frieden!

(Verwandlung.)

Friedrich-Straße. Ein geordneter Zug von Rowdies, Maklern, Operettensängern, Bohemiengs, Gesundbetern, Luden, Pupen, Nutten, Neppern, Schleppern, Schiebern und Schneppen.

CHOR DER RUFER: — Die Vorbereitungen am Piave! — Der Heiratsonkel! — Neieste Numma des Semplecessemas! — B. Z. am Mittach! Die Neutralen gehn nicht mit — Wachsstreichhelza, Wachsstreichhelza! — Tageblatt Amdausgabe, deutsche Schiffe werden nich beschlachnahmt! — Lakalanzaija! — Die jroße Glocke! Sensationelle Enthüllungen, Schweinerei bei Wertheim — Deutsche Schiffe werden nich beschlachnahmt! — Die Welt am Montach! Der Männervenustempel in der Kochstraße polezeilich jesperrt! — Für unsre Kinder! Täuschende Nachahmung des Getöses unsrer jrößten Kanonen! — Die ersten duftenden Frühlingsboten! Funfzehn Fennje! — Der Heiratsonkel! — Pikantes aus Moabit! — B. Z. am Mittach, B. Z.! — Die Woche, Lustjefliejende Blätta! — Wachsstreichhelza, Wachsstreichhelza! — Weinstube Rosenkavalier, lauschigstes Eckchen der Welt! — Täuschende Nachahmung des Getöses unsrer jrößten Kanonen! — Voss Amdausgabe, Kühlmann wird Elsaß niemals rausjeben! — 42 cm Brummer! Hochaktueller 10 Pfennich-Schlager! Beim Herumschleudern des Brummers entsteht ein Knattern und Brummen, als wenn wirkliche Granaten durch die Luft sausen! — B. Z. am Mittach! Die Neutralen gehn nicht mit — Tageblatt Amdausgabe, deutsche Schiffe werden nich beschlachnahmt! — Neieste Numma der Wahrheit! Die Jeheimnisse vom Kurfürstendamm! Sensationelle Enthüllungen! — Kühlmann wird Elsaß niemals rausjeben! — Heftje Sprache des Vorwärts! — Lakalanzaija! Die Vorbereitungen am Piave! — Als wenn wirkliche Granaten durch die Luft sausen! — Der Heiratsonkel! — Semplecessemas! — Die jroße Glocke! Schweinerei bei Wertheim — Die ersten duftenden Frühlingsboten — B. Z. am Mittach, B. Z.! — Die Schlafzimmerjeheimnisse der Frau von Knesebeck, einfach süß! — Für

unsre Kinder! Täuschende Nachahmung des Getöses unsrer
jrößten Kanonen! — Die Vorbereitungen am Piave! —

EIN JÜNGLING *(zu einem vorübergehenden Mädchen):* Nut-
tenzeuch!

DAS MÄDCHEN: Pupenjung!

DER JÜNGLING: Wat? Schneppe! *(Die Passanten sammeln
sich.)*

DAS MÄDCHEN: Wat? Lude!

EIN SCHUTZMANN: Na geht man eurer Wege! *(Der Zug ordnet sich wieder.)*

*(Ein Berliner Schieber und ein Wiener Schieber treten Schulter
an Schulter auf.)*

DER BERLINER SCHIEBER: Na wat is'n los? Wann jeht ihr
'n los?

DER WIENER SCHIEBER: Ich hätt noch drei Waggon, aber ich
wart noch.

DER BERLINER SCHIEBER: Ach Menschenskind, ick meene
doch mit da Offensive! Na man los!

DER WIENER SCHIEBER: Weiß ich —?

DER BERLINER SCHIEBER: Na, ihr oberfaulen Östreicher, ihr
müßt doch endlich mal losjehn! Werdet ihr denn übahaupt
nich mehr losjehn? *(Der Wiener Schieber schweigt verlegen.)*
Nanu?

DER WIENER SCHIEBER *(sich ermannend):* Nuna! *(Beide ab.)*

EIN ZEITUNGSAUSRUFER: 8 Uhr Amdblatt, das Friedens-
anjebot des Grafen Burian — 22.000 Kilogramm Bomben
auf die Festung Paris jeworfen!

(Verwandlung.)

27. SZENE

*Standort des Armeeoberkommandos. Vergnügungslokal. Gene-
ralstäbler, Kriegsgewinner, Animierdamen. Die Musik spielt
»Prinz Eugen der edle Ritter«, »Wenn die letzte Blaue geht,
dann in die Bar der Gent, der schlaue, geht« und die »Wacht am
Rhein«. An einem Tisch rechts Kohn, ein Wiener Schieber, auf
dessen Schoß ein Mädchen, dahinter eine Gruppe von Kellnern,*

die seine Wünsche entgegennehmen. An einem Tisch links Fett-
köter, ein Berliner Schieber, auf dessen Schoß ein Mädchen, da-
hinter eine Gruppe von Kellnern, die seine Wünsche entgegen-
nehmen. In der Mitte ein Tisch, an dem Generalstäbler und
Mädchen sitzen.

Die Szene ist ungefähr auf den folgenden Ton gestimmt:

EIN BETRUNKENER GENERALSTÄBLER *(den seine Kameraden*
halten, schlägt auf den Tisch):

> Da sagen s', die Front is roglert worn!
> Wenn ich das hör, krieg ich an Zorn.
> Als eingefleischter Patriot
> spürt mr nix von einer Hungersnot.
> Uns hier herauft kann nix geschehn,
> denn Österreich wird ewig stehn.
> Weißt, ewig bleibt mit Habsburgs Thron —

CHOR DER KELLNER:

> An Heidsieck gschwind fürn Herrn von Kohn!

DAS MÄDCHEN RECHTS:

> Was schaust denn heut so grantig drein?

KOHN:

> Du lachst — und morgen kann Frieden sein!

DER BETRUNKENE GENERALSTÄBLER:

> Gehts machts doch nicht so an Pahöll!

FRITZI-SPRITZI *(einem der Generalstäbler auf die Hand schla-*
gend):

> Schmecks — nur für zwanzig Kilo Möll!

DER BESITZER *(zu den Kellnern rechts):*

> Gschwind einkassiern beim Militär!
> Das is für jedermann a Ehr.

(zu den Kellnern links)

> Wär so ein Gast auch noch so stier,
> er ist und bleibt doch Offizier.
> Die Wurzen lauft euch nicht davon!

DER BETRUNKENE GENERALSTÄBLER:

> Wir stehn und falln mit Habsburgs Thron —
>> *(Er fällt unter den Tisch.)*

DIE TOILETTEFRAU UND DAS GARDEROBEPERSONAL:

> Wir stehn und falln mit Habsburgs Thron.

FETTKÖTER *(zu dem Mädchen auf seinem Schoß)*:

> Nanu — das sag ich Hindenburch!
> Ihr Wiener seid ja unten durch.
> Nee so'n Skandal! Nee so etwas!

DAS MÄDCHEN LINKS:

> Geh hörst, verstehst denn du kein' Spaß?

DIE GENERALSTÄBLER:

> Steh auf — jetzt spüln s' den Prinz Euschen!

DER BETRUNKENE GENERALSTÄBLER *(unterm Tisch)*:

> Weißt, Österreich wird ewig stehn —

DIE TOILETTEFRAU UND DAS GARDEROBEPERSONAL:

> Ja, Österreich wird ewig stehn.

FETTKÖTER:

> Nee Kinder, 's geht mit euch bergab,
> Euer liebes Östreich ist zu schlapp.
> Euch Bundesbrüdern fehlt schon lang
> ein richtichgehendes Reglemang.

DAS MÄDCHEN LINKS:

> Schau Putzi, nimm's nicht so genau!

FETTKÖTER:

> Erlaube mal, du machst ja flau!
> Bei uns muß heute Groß und Klein
> zwar ernst, doch zuversichtlich sein!
> Sie Oba, zahln — na flink mal ran!

DAS MÄDCHEN LINKS:

> Hör auf, du bist ein Fadian.

DAS MÄDCHEN RECHTS:

> Du meiner Seel, das ganze Jahr
> wünsch ich mir einen Kaviar.
> Ich geh doch nicht mit jedem Herrn —

KOHN:

> E Neuigkeit, das hört ma gern.

FETTKÖTER *(will aufbrechen):*

> Jetzt bin ich schon seit gestern da,
> und war noch nicht im Aoka!
> Nu fix und mit ein wenig Schwung —
> ich habe eine Lieferung!
> Wenn ich da weiter Zeit verlor,
> so kommt der Endsieg mir zuvor.
> > *(Er knutscht sie.)*
> Doch heute liegt mir noch im Sinn
> so'ne richtje schicke Wienerin.

DAS MÄDCHEN LINKS *(indem sie den Kellnern ein Zeichen macht):*

> Gelt Putzi, nicht wahr, du bist reich?

CHOR DER KELLNER:

> Noch einen Heidsieck, bitte gleich! *(Nachfüllen.)*

DER BESITZER UND DIE KELLNER:

> Das Beste ist — er ist hier fremd —
> wir ziehn ihn aus bis auf das Hemd.

KOHN:

> Du, was ich nicht vertragen kann,
> ich zahl, und du schaust jennen an!

DAS MÄDCHEN RECHTS:

> Kann ich dafür, die Offizier
> sie schaun halt alle her zu mir —

KOHN:

> Hör auf, ich möchte mich genieren,
> mit Offiziere kokettieren!

EIN GENERALSTÄBLER:

> Wenn wir verliern, is's kein Malheur,
> dem Militär bleibt doch die Ehr,
> weißt, Krieg is Krieg — wenn s' uns besiegen,
> ich tu halt auf die Fritzi fliegen!

CHOR DER GENERALSTÄBLER:

> Uns hier heraußt kann nix geschehn,
> denn Österreich wird ewig stehn.
> Sind wir in der Schlamastik drin,
> wern uns die Deutschen außiziehn.

Sie Kellner, schenken S' gschwind noch ein!

FETTKÖTER:

Fest steht und treu die Wacht am Rhein!

(Verwandlung.)

28. SZENE

Wiener Vortragssaal.

DER NÖRGLER *(spricht das »Gebet«):*

Du großer Gott, laß mich nicht Zeuge sein!
Hilf mir hinab ins Unbewußte.
Daß ich nicht sehen muß, wie sie mit Wein
zur Not ersetzen ihre Blutverluste.

Du großer Gott, vertreib mir diese Zeit!
Hilf mir zurück in meine Kindheit.
Der Weg zum Ende ist ja doch so weit,
und wie die Sieger schlage mich mit Blindheit.

Du großer Gott, so mach den Mund mir stumm!
Nicht sprechen will ich ihre Sprache.
Erst machen sie sich tot und dann noch dumm,
es lügt ihr Haß, nimmt an der Wahrheit Rache.

Du großer Gott, der den Gedanken gab,
ihr Wort hat ihm den Rest gegeben.
Ihr Wort ist allem Werte nur ein Grab,
selbst Tat und Tod kam durch das Wort ums Leben.

Du großer Gott, verschließ dem Graus mein Ohr,
die Weltmusik ist ungeheuer!
Dem armen Teufel in der Hölle fror,
er fühlt sich wohl in diesem Trommelfeuer.

Du großer Gott, der die Erfinder schuf
und Odem haucht' in ihre Nasen,
schufst du die Kreatur zu dem Beruf,
daß sie dir dankt mit ihren giftigen Gasen?

Du großer Gott, warum beriefst du mich
in diese gottverlassene Qualzeit?
Strafst du mit Hunger, straflos setzte sich
der Wucher zu der fetten Totenmahlzeit.

Du großer Gott, warum in dieser Frist,
wozu ward i c h im blutigen Hause,
wo jeder, der noch nicht getötet ist,
sich fröhlich setzt zu seinem Leichenschmause?

Du großer Gott, dies Land ist ein Plakat,
auf dem sie ihre Feste malen
mit Blut. Ihr Lied übt an dem Leid Verrat,
der Mord muß für die Hetz' die Zeche zahlen.

Du großer Gott, hast du denn aus Gemüt
Vampire dieser Welt erschaffen?
Befrei mich aus der Zeit, aus dem Geblüt,
unseligem Volk von Henkern und Schlaraffen!

Du großer Gott, erobere mir ein Land,
wo Menschen nicht am Gelde sterben,
und wo im ewig irdischen Bestand
sie lachend nicht die reiche Schande erben!

Du großer Gott, kennst du die Mittel nicht,
die diese Automaten trennten,
wenn sie sich trotz dem letzten Kriegsgericht
bedrohen mit Granaten und Prozenten?

Du großer Gott, raff mich aus dem Gewühl!
Führ mich durch diese blutigen Räume!
Verwandle mir die Nacht zu dem Gefühl,
daß ich von deinem jüngsten Tage träume!

(Beifall, an dem sich auch die vorderen Reihen beteiligen.)

EIN ZUHÖRER *(zu seiner Gattin):* — Also du mußt nämlich
wissen, er hat einmal in die Presse kommen wollen —

(Verwandlung.)

Der Abonnent und der Patriot im Gespräch.

DER ABONNENT: Der alte Biach hat in Kolberg gesagt —
DER PATRIOT: Wieso?
DER ABONNENT: Ich wollte sagen der alte Hindenburg —
heut sagt er doch, er hat in Kolberg gesagt, mit der Hoffnung auf eine bessere Zukunft für das deutsche Volk steige
ich ins Grab.
DER PATRIOT: Sie?
DER ABONNENT: Wieso ich? er!
DER PATRIOT: Also Er?
DER ABONNENT: Aber nein — bloß er! Hindenburg!
DER PATRIOT: Wenn das der alte Biach erlebt hätte!
(Lange Pause, in der sie einander anblicken.)
DER ABONNENT: Seit Biach tot ist, sind die Stimmungen
nicht mehr so wie sie sein sollten.
DER PATRIOT: Statt den Stimmungen sind jetzt die Gerüchte, und das is immer ein beeses Zeichen.
DER ABONNENT: Mir scheint stark — es geht schwach.
DER PATRIOT *(blickt schmerzvoll zum Himmel):* Man wird
doch da sehn.

(Verwandlung.)

30. SZENE

*Zwei Kommerzialräte aus dem Hotel Imperial tretend. Eine
Bettlerin mit einem Holzbein und einem Armstumpf steht vor
ihnen.*

ERSTER KOMMERZIALRAT *(sich umsehend):* Is kein Wagen da?
Schkandaal!
BEIDE *(mit ihren Stöcken auf ein vorüberfahrendes Automobil
zielend):* Auto —!
DER ERSTE *(einem Fiaker nachrufend):* Sie — sind Sie frei?
DER FIAKER *(achselzuckend):* Bin bstöllt!
DER ZWEITE *(indem sie von Bettlern aller Arten umkreist werden):* Das einzige was ma noch hat, daß man überhaupt

noch was zum essen kriegt. *(Eine Frau bricht vor Hunger zu-sammen und wird fortgetragen)* — Schkandaal, auf der Ring-straße! — Rothschild wird auch grau —

DER ERSTE: Kein Wunder bei die Zeiten.

DER ZWEITE: Er kann doch höchstens — wie lang is das her, warten Sie —

DER ERSTE: Was nutzt das alles, eine Stimmung is in dem Wien — Wissen Sie, seit der alte Biach tot is —

DER ZWEITE: Die Krone fällt rapid —

DER ERSTE: Vorige Woche, wenn man noch hinübergebracht hätte —

DER ZWEITE: Morgen wollt ich hinauf in die Devisenzen-trale — aber was braucht man sich richten, es geht so leich-ter.

DER ERSTE *(wirft seinen Zigarrenrest und einen Zwanzighel-lerschein vor einen Bettler hin):* Das is auch schon teurer geworn. Silvester — die Loosch im Tabarin kostet mich geschlagene sechshundert — meine Frau laßt doch nicht locker — wenn das so weiter geht, nächsten Silvester tausend!

DER ZWEITE: Warum nicht?

(Der Nörgler geht vorbei.)

DER ERSTE *(spuckt aus):* Meine Sorgen auf ihm!

DER ZWEITE: No Sie, wenn ich das meinem Jüngsten er-zähl —

DER ERSTE: Wieso?

DER ZWEITE: Er schwärmt für ihm. In alle Vorlesungen rennt er. Er is nämlich einer seiner glühendsten Verehrer.

DER ERSTE: Ich an Ihrer Stelle würde nur hauen.

DER ZWEITE: Was fallt Ihnen ein, heutzutag — der Bub is imstand und gebt mich hinein in das rote Büchl.

DER ERSTE: Wissen Sie, daß das die Zensur durchlaßt, man greift sich an den Kopf, anderswo wär er längst gehängt! Fortwährend dieses Aufwiegeln — gegen den Krieg und sogar gegen die Presse! Er schreit, es soll kein Krieg sein — no is deswegen kein Krieg? No also müßt er doch Ruh geben.

DER ZWEITE: Das hab ich gern im Krieg, hetzen, zum Frieden!

DER ERSTE: Neulich hörich soll er förmlich in den Saal hereingerufen haben, sie solln nicht mehr in den Krieg ziehn und solln aufhören die Presse abonnieren! Also wenn der nicht von der Antaant bezahlt is, will ich Veitl heißen. Dorten kommt der Wassilko mit der Gerda Walde. Zu Fuß!

DER ZWEITE: Wo?

DER ERSTE (mit dem Finger zeigend): Dorten.

DER ZWEITE: Meinem Buben hat er den Kopf verdreht. Bis mir kürzlich die Geduld gerissen is, no hab ich mir ihn doch hergenommen und hab ihm gesagt, das Geschimpfe auf dem Krieg hat gar keinen Zweck, wenn kein Krieg wär, gebets auch keinen Kriegsgewinn, fertig. No das hat er eingesehn. Aber was nutzt das, dann rennt er doch wieder in die Vorlesungen. Was is mit I h r e m Jüngsten? Macht er Fortschritte?

DER ERSTE (stolz): Was wolln Sie haben? Er draht schon mit dem Sascha Kolowrat!

DER ZWEITE: Sss! Recht hat er, solang man jung is, soll man sich unterhalten. Komisch, ich muß immer lachen — was sagen Sie zum heutigen Hirschfeld?

DER ERSTE: Glänzend. No und die Schalek? Sogar die greift er an!

DER ZWEITE: Nutzt nix, tapfer is sie. Soll er sich traun, mitten in der Schlacht sich hinstelln und schreiben! Wir ham Sitze zu Piccaver —

DER ERSTE: Ich hab kürzlich auch meiner Frau auseinandergesetzt, weil sie immer treibt, wenn nur der Krieg schon zu End wär, die Soldaten im Schützengraben tun ihr leid. Ich sag immer, dafür ham sie das Bene, der Nachruhm in den Annalen! Was ham wir? Die Kriegsgewinnsteuer! Das vergessen die Leute immer.

DER ZWEITE: No und das Friedensrisiko —?!

DER ERSTE: Man soll gar nicht daran denken. Wissen Sie — wenn einer zurückkommt und er fängt an zu erzählen — es is doch immer dasselbe — gut, sie ham ausgestanden, aber das weiß man doch schon! Ich kann gar nicht mehr zuhörn, es is doch schon fad.

DER ZWEITE: Man hat scho genug von die Graiel.

(Ein Invalide humpelt vorbei.)

BEIDE *(mit ihren Stöcken auf ein vorüberfahrendes Automobil zielend)*: Auto —!

(Verwandlung.)

31. SZENE

Der Optimist und der Nörgler im Gespräch.

DER NÖRGLER: Das Pferdespital bot keine Rettung mehr. Dieser Märtyrer mußte getötet werden. Er hatte die Zeichen der großen Zeit auf seinem Rücken; eine förmliche Zeichnung. Auf beiden Seiten ziemlich regelmäßig die gleiche Form. Vom Rückgrat sah man das Gelbe des Knochens; ebenso an den Hüften. Der Schweif durch Streifschuß weggeschossen. Der Gurt hatte sich ganz herum wund eingegraben. Die Wunde war grün vereitert und sah aus wie eine Verbrennung höchsten Grades. Diagnose: Tragbares Geschütz, wochenlang nie abgeschnallt. Weder nachts noch untertags kam die Last von diesem Rücken herunter.

DER OPTIMIST: Ja, da hilft nichts, die Tiere müssen eben auch an den Krieg glauben.

DER NÖRGLER: Und ihre Blutzeugenschaft wird die Schinder und Schänder der Kreatur lauter anklagen als das Martertum der Menschen; denn sie waren stumm. Das wunde Pferd, auf dessen Rücken die Form der Geschützlast eingezeichnet war, die Last des Menschentods, ist ein Traumbild, an dessen Schrecknis jene sterben werden, die sich auf Lorbeern schlafen gelegt haben.

DER OPTIMIST: Weil wir von Tieren sprechen — da habe ich eine empörende Annonce für Sie aufgehoben: »Hunde zum Schlachten werden zu hohen Preisen gekauft«. So etwas sollte doch nicht annonciert werden! Welche Schlüsse sollen die Feinde auf unsern Ernährungszustand ziehen, wenn sie hören —

DER NÖRGLER: Die Schlüsse auf unsern Kulturzustand scheinen mir noch gefährlicher.

DER OPTIMIST: Wieso? Wenn der Mensch Nahrung braucht, verschmäht er selbst das Fleisch des Hundes nicht und tötet ihn eben.

DER NÖRGLER: Zum Unterschied vom Hund, der die Nahrung verschmäht, wenn ihm ein Mensch gestorben ist.

DER OPTIMIST: Ich habe noch nie von einem solchen Hund gehört.

DER NÖRGLER: Hier können Sie von einem lesen — in der Zeitschrift ›Der Tierfreund‹: »Hundetreue. Wie uns ein Mitglied schreibt, ist die von unserem Vereine mehrmals mit einer ermäßigten Hundemarke bedachte Hilfsarbeiterin Hermine Pfeiffer vor einigen Wochen gestorben. Ihre Pudelhündin verschmähte seit dem Todestage der Frau jede Nahrung und ging einige Tage nachher zugrunde. Man fand das treue Tier, welches seinen Kopf auf einem von seiner Herrin früher benützten Polster liegen hatte, des morgens tot auf. Merkwürdig ist, daß die Verstorbene sich einmal geäußert hatte, daß sie froh wäre, wenn ihr Hund auch enden würde, wenn ihr einmal etwas zustoßen sollte, damit das Tier nicht in schlechte, rohe Hände käme. Und wirklich ist die Hündin, welche ihrer Wohltäterin so innig zugetan war, sehr rasch nach dieser vor Gram zugrundegegangen«. Das ist gut so.

DER OPTIMIST: Warum?

DER NÖRGLER: Sie wäre sonst gefressen worden. Vorausgesetzt, daß sie nicht vor Hunger schon zu mager war. Wenn Hunde nicht den Menschen liebten, würden sie, eh sie sich seitwärts in die Büsche schlagen, bekennen, daß sie doch bessere Menschen sind!

DER OPTIMIST: Es muß aber wohl tiefere Gründe haben, daß »Hund« ein Schimpfwort ist und »hündisch« die übelste Gesinnung bezeichnet.

DER NÖRGLER: Das ist leider wahr. Es bezeichnet etwa die jener Menschen, welche Hunde zum Schlachten zu hohen Preisen kaufen wollen. Oder jener, von denen es hier in dieser Theaterkritik heißt: »Das Deutsche Volkstheater hat gezeigt, daß es auch Autoren zu Wort kommen läßt, die nicht hündisch den Geschmack des gutzahlenden Publikums abzulauschen suchen«.

DER OPTIMIST: Wollen Sie den Geschmack des gutzahlenden Volkstheaterpublikums mit dem Geschmack der Leute, die zu hohen Preisen Hunde zum Schlachten —

DER NÖRGLER: Warum nicht, die sitzen auch schon in Logen. Aber was immer den Hunden nachgesagt werden mag, nie konnte doch einem von ihnen bis heute vorgeworfen werden, daß er den Geschmack des Volkstheaterpublikums abzulauschen gesucht hat. Ich glaube aber auch nicht, daß ein Hund aus Gram über den Tod eines Volkstheaterhabitués sterben würde. Hier spürt die liebende Kreatur die Grenze. Wo nichts Menschliches ist, hat auch das Hündische nichts zu suchen.

DER OPTIMIST: Sie scheinen ja überhaupt den Hunden ein besseres Zeugnis als den Menschen ausstellen zu wollen.

DER NÖRGLER: In jedem Falle. Ob schön, ob Regen, bei Tag und bei Nacht, in Krieg und Frieden. In diesem Krieg haben auch sie durchgehalten — und waren doch wehrloser. Und jeder von jenen, die eingerückt waren, jeder Kriegshund könnte dem besternten Gelichter, das Soldaten »Fronthunde« genannt hat, zeigen, daß an dem Vergleich Ehre ist und nur an den Unmenschen keine. Man reiße ihnen die Orden von der Brust und weihe sie, indem man sie den Hunden verleiht, den in Armut und Würde beispielgebenden Antipoden des Generalstabs!

(Verwandlung.)

32. SZENE

Beim Bataillonsrapport.

DER MAJOR: Was warst du?

DER SOLDAT: Herr Major, melde gehorsamst, Sattler.

DER MAJOR: Hast du da nicht gelernt, mir in die Augen zu sehn? Du Hund! Ihr Hunde! Sohn einer Hündin du! *(Zu einem andern)* Du hast einen Brief an deine Frau geschrieben, wo du dich über die Behandlung beklagst.

DER SOLDAT *(erschrocken):* Herr Major — melde — bitte — gehorsamst —

DER MAJOR *(den Brief schwenkend):* Da is der Brief! Was, da schaust, hast nicht gewußt, daß ich der Zensor bin? Du Hund! Ihr Hunde! Sohn einer Hündin du! Das ist das größte Schwein vom ganzen Barackenlager! 21 Tag Einzel mit drei Fastagen in der Woche, hernach in die vorderste Lini einrückend gemacht! Wirst schon sehn, du Schweinehund! Wirst dich verflucht umschaun! *(Zu einem andern Soldaten)* Ah das is der mit die Bauchschmerzen! Hat dir deine Mutter was zum fressen geschickt? Wenn du mir nur verrecken möchtest! *(Er versetzt ihm drei Hiebe mit dem Stock über Kopf und Rücken. Der Soldat wankt weinend fort.)* Daß ihrs nur wißt, die vier Infanteristen, die sich geweigert haben, ein Achtel Brot anzunehmen, kommen vors Divisionsgericht und wern erschossen. Natürlich Tschechen! Wenn ein Soldat seinen Pflichten als Vaterlandsverteidiger nicht nachkommt, so is es immer ein Tscheche! Lauter Überläufer! Ein deutscher Soldat kommt immer seinen Pflichten nach. Ich bin ja selbst Tscheche, aber ich schäme mich, dieser Nation anzugehören. *(Zu einem Gefreiten.)* Sie wern mir morgen den Einkauf besorgen, um mir Gelegenheit zu geben, Sie einzusperrn. Zum Höchstpreis kriegen Sie nix, über den Höchstpreis dürfen Sie nix bringen. Bringen Sie nix, wandern Sie unnachsichtlich ins Loch! Also — was wolln S' noch?

DER GEFREITE: Herr Major, melde gehorsamst, der Herr Leutnant Ederl hat auf eigene Faust im Zillertal Schnittkäse für 10 Kronen das Kilogramm gekauft und hat ihn wollen an die Offiziersmesse für 24 Kronen weiterverkaufen.

DER MAJOR: Was sagen Sie da? — Das is ja unerhört!

DER GEFREITE: Der Menageverwalter hat das Anbot wegen schlechter Qualität abgelehnt. Damit der Herr Leutnant nicht zu kurz kommt, ist ihm der Käse für die Mann-

schaft abgenommen worn, dafür hat man sie am Fleisch-
relutum verkürzt. Ich glaube, Herr Major, daß ich im Interesse der Mannschaft gegen das Unstatthafte einer solchen —

DER MAJOR: Das ist ja unerhört! Sie haben an dem Tun
und Lassen der Herrn Offiziere keine Kritik zu üben! Sechs
Stund Spangen! *(Zu einem andern)* Du hast dich über die
schlechte und unzulängliche Kost beschwert?

DER SOLDAT: Herr Major, bitte gehorsamst, jawohl!

DER MAJOR *(gibt ihm eine Ohrfeige):* Nicht an der Menage
fehlts, sondern ihr habts zu wenig Appetit! Seids froh, daß
Krieg is! Ihr habts in Friedenszeiten nicht einmal das zu
fressen! Ich wer' euch exerzieren lassen, bis euch die Zunge
bis zum Magen heraushängt — dann wern die Klagen über
die schlechte Verpflegung schon von selber aufhörn! Du
Hund! Ihr Hunde! Sohn einer Hündin du!

(Verwandlung.)

33. SZENE

Der Optimist und der Nörgler im Gespräch.

DER OPTIMIST: Um in das Gefühlsleben des Kriegsteilneh-
mers Einblick zu gewinnen, brauchte man bloß —

DER NÖRGLER: — einen Feldpostbrief zu lesen. Zumal
einen von jenen, deren Schreiber irgendwie die Möglichkeit
hatten, sie zensurfrei an ihre Adresse gelangen zu lassen.

DER OPTIMIST: Trotzdem würde man daraus entnehmen,
daß es eines jeden höchster Ehrgeiz ist, sich gut zu schlagen,
und daß ihm Pflichttreue selbst vor der Sehnsucht nach
Weib und Kind steht.

DER NÖRGLER: Oder es faßte einen das Grausen vor dem
unermeßlichen Verbrechen dieser kriegsurhebenden, beziehungsweise kriegsverlängernden Schurken, das der Eingriff in ein einziges der Millionen Schicksale bedeutet, die
Zerreißung und Zertrampelung jedes einzelnen Lebens-
glücks, die Zubereitung dieser Martern einer jahrelangen
Unheilserwartung zwischen Haus und Graben, einer Span-

nung, die vor dem Schweigen zittert und jedes Lebenszeichen von da und dort als Todesbotschaft fürchtet. Eine Gattin wird Mutter, eine Mutter stirbt — und der, den's am nächsten angeht, liegt irgendwo im Dreck fürs Vaterland. Nun haben ja die Schurken die sinnreiche Einrichtung getroffen, daß die Feldpost, diese verfluchte und doch wie ersehnte Erfindung des Satans, zeitweise überhaupt suspendiert wird. Da wissen dann die Unglücklichen mehr als genug; denn die Stille bedeutet die vor dem Sturm. Und mit wie unausdenkbarer Mechanik fügen sich die elementaren Tatsachen des Lebens, Geburt und Tod, dem unerforschlichen Ratschluß des Generalstabs! Nur die Liebe pariert ihm nicht. Was ist ihm die Liebe! *(Er liest vor:)*

»— der allgemeine Grund der Verlangsamung der Post von hier ins Hinterland soll der sein, daß jetzt nicht mehr zensuriert wird, sondern die Post einfach zurückgehalten wird, um von den Ereignissen überholt zu werden.

Ich versuche die verschiedensten Methoden, um mir diese schwere, schreckliche Zeit leichter zu machen — alles ohne Erfolg. Wenn ich viel an dich denke, so werde ich nur noch trauriger, und wenn ich mich zu zerstreuen suche, bin ich dann nachher nur noch trauriger. Das Richtigste ist so in den Tag hinein zu leben, damit die Zeit schneller vergeht. Denn jeder Tag, der vorüber ist, bringt uns ja näher, das dürfen wir nicht vergessen!

Ich bin noch ganz unter dem Eindruck des Sorgengefühles, das ich heute um dich habe, ich will es aber abschütteln und mich ganz nur der Hoffnung auf gute Nachrichten morgen von dir hingeben. Wenn ich so daran denke, daß ich jetzt bei dir sein könnte, dein geliebtes Gesichtl sehen, mit dir sprechen über die kommenden Tage, die ja unser Glück noch mehr besiegeln sollen — und ich bin hier, weit weg, und du allein! Wirklich, er ist so grausam, dieser Krieg, so unnatürlich, es sind ja nicht nur wir, die darunter zu leiden haben, so viele, so unzählige werden unglücklich gemacht durch diese Willkür einiger gewissenloser Menschen. Aber was scheren mich die anderen, mir bricht das Herz, wenn ich an das denke, was wir zwei jetzt durchzumachen haben! Es ist zu schrecklich, kaum zu überwinden! Und dabei muß man noch Dienst machen, schweren, verantwortungsvollen, gefährlichen, soll als Beispiel der Leute an Tapferkeit, Pflichttreue und wie alle diese mir v e r h a ß t e n Tugenden heißen, auftreten und tut ja jeden Schritt, den man in dieser Sache macht, mit Ekel und Widerwillen, gegen alle innerste Überzeugung. Es wird von einem verlangt, daß man alle seine besseren Gefühle verleugnet, und wer zu gut ist um das zu tun, der leidet unsäglich, und macht mit Ekel alles, was man von ihm verlangt. Wo wir s o glücklich waren, uns so ineinander gelebt haben, so eins sind, daß eins ohne das andere ganz verloren ist. Ich bin so arm und klein ohne dich, du würdest mich manchmal gar nicht wiedererkennen. So oft, wenn ich meinen Gedanken nachgehe, auch wenn sie nicht gerade zu dir fliegen, möchte ich dich oft was fragen, was wissen von dir, deine Meinung hören, und bin allein! Ich brauche die Meinung eines andern nicht, dich will ich hören, für dich denke und fühle ich, was immer es auch ist, und ohne dich bin ich nicht ich, bin ich halb und arm. Deine Liebe, die ja auch aus der Ferne zu mir herüberstrahlt, ist das Einzige, was mir noch Lebensfreude erhält. Zu was noch reden, zu was die Wunden noch aufwühlen, die ja so schon so brennen! Du weißt, daß du mir alles bist — oder eigentlich bist du der Grund von meinem Elend, denn ohne dich wäre mir das alles gar nicht arg! Und manchmal denke ich auch voraus. Bis zur völligen Erschöpfung, halb tot werden wir uns in den Armen liegen und nicht mehr können vor Liebe, Liebe!

Ach, daß ich nicht da sein kann! Nicht gerührt hätte ich mich von deiner Seite während der schweren Stunden, die dich erwarten, und es wäre dir alles so viel leichter geworden.

Über mich mach dir keine Sorgen. Wenn ich dich herzaubern könnte, würde ich dich ganz ruhig in die Gräben mitnehmen.

Oh, daß ich nicht bei dir sein kann! Ich gehöre ja dazu, und kann nicht da sein! Oh gebe Gott, daß du nicht zu arg gelitten hast, daß dir nichts geschehen ist, daß du mir gesund geblieben bist und dich jetzt von Tag zu Tag erholen und stärken wirst. Oh gebe Gott, daß ich heute eine von dir selbst geschriebene Karte bekomme. Bis du diese Zeilen erhältst, wird es dir — gebe Gott — schon gut gehen. Hast du gefühlt, daß ich bei dir war und daß ich alles mitgelitten habe mit dir? Oh, es wird, es muß die Zeit kommen, wo wir uns entschädigen werden für alles überstandene Leid.

So weit, so weit von dir in diesen Tagen! Oh warum, warum kann ich jetzt nicht bei dir sitzen, dich wärmen und stärken mit meiner endlosen Liebe! Ich kann mich nicht erwehren, habe fort ganz nasse Augen, so daß ich kaum sehe, was ich schreibe.

Ach Gott, daß ich nicht bei dir sein kann! Und keine Hoffnung! Man wird jetzt nicht nach Haus oder zum Kader, sondern in irgend ein Spital geschickt.

Habe so viel graue Haare bekommen, daß ich sie gar nicht mehr zählen kann. Aber lieb hab ich dich, ob weit oder nah, lieb, lieb, lieb, unaussprechlich, wahnsinnig. —«

DER OPTIMIST: Was weiter? Er kehrt heim, und findet Gattin und Kind, die sich wohl befinden.

DER NÖRGLER: Das Vaterland wills anders. Hier kommt ein Mensch zur Welt, dort fällt einer. Nie habe ich Traurigeres gelesen, nie Wahreres als diesen letzten Brief eines, der Vater wurde, als er starb. Das ganze Vaterland mit Sack und Generalspack für einen einzigen dieser Millionen Märtyrer der Liebe!

(Verwandlung.)

Im Dorfe Postabitz.

EINE FRAU (*sitzt an einem Tisch und schreibt*):
Inigsgelibter Gatte!
Ich theile Dir mit, daß Ich mich verfelt habe. Ich kan nichs
Dafür, lieber Gatte. Du verzeist mir schon alles, was ich
Dir mittheile. Ich bin in Hoffnung gerathen, von einem andern. Ich weis ja, das Du gut bist und mir alles verzeist.
Er hat mich überredet und sagte, Du komst so nicht mehr
zurück vom Felde und hatte dazu meine schwache Stunde.
Du kennst ja die weibliche Schwäche und kanst nichts Besseres als verzeihen, es ist schon passiert. Ich dachte mir
schon, Dir muß auch schon was passiert sein, weil Du schon
3 Monat nichts mehr geschrieben hast. Ich bin ganz ver-
schrocken, als ich Deinen Brief erhalten habe und Du noch
am Leben warst. Ich wünsche es dir aber verzeihe es mir,
lieber Franz, vileicht stirbt das Kind und dan ist alles wieder gut. Ich mag diesen Kerl nicht mehr, weil ich weis, das
Du noch am Leben bist. Bei uns ist alles sehr teuer, es ist
gut, daß Du fort bist, im Feld kostet Dich wenigstens das
Essen nichts. Das Geld, was Du mir geschickt hast, kan ich
sehr notwendig gebrauchen. Es grüßt Dich nochmals Deine
Dir unvergeßliche Frau   Anna.

(Verwandlung.)

35. SZENE

Spital in Leitmeritz.

EIN AUSTAUSCHINVALIDE (*zu seinem Bettnachbar, schwer atmend*): Man darf nicht — die Geduld — verlieren. Es is ja
doch schon — unsere vorletzte — Station. Dann wern s'
uns — nach Prag — oder Wien — aber bald — komm ich
— nach Postabitz. (*Es wird eine Briefverteilung vorgenommen.*) Vielleicht — von meiner Anna — (*Er streckt die linke
Hand nach einem Brief aus.*) Gott — ja! (*Er versucht sich auf-
zurichten. Er hält den Brief mit den Zähnen fest, öffnet ihn*

mit der Linken und liest. Er sinkt zurück, vom Schlage gerührt.)

(Verwandlung.)

36. SZENE

Heimkehrerlager in Galizien.

DER FREUND *(schreibt einen Brief):* — — Besonders seit jene gefallen sind, wollte es mir nicht mehr passend scheinen, über mein verhältnismäßig doch erträgliches Los auch nur ein Wort der Klage zu verlieren. Aber ich bin nun nahe den Vierzig, habe Frau und Kinder und sonst noch einige Sorgen, die mir über den Kopf zu wachsen drohen, und muß nun schon das vierte Jahr (und wer weiß, wie lange noch!) im lächerlichen Glanz einer Wehrfähigkeit, die einen zum wehrlosesten Geschöpf auf Gottes Erdboden macht, vor der Willkür dieses hoffnungslosesten aller Kriege sozusagen ohnmächtig habtacht stehen. Das zehrt an den Nerven und zermürbt den Geist. Das bitte ich Sie in Nachsicht zu bedenken und mir zu verzeihen, wenn ich mich auch jetzt noch, da sich zweifellos manches zu meinen Gunsten gewendet hat, nicht wortlos über all das, was mein persönliches leidliches Ungemach betrifft, hinwegzusetzen vermag, obwohl meine Ehrfurcht vor dem Schweigen jener, denen Ihre ergreifende Totenklage gilt, groß und meine Erkenntlichkeit für alles, was Sie für mich — für mich, der ich noch am Leben bin! — getan haben, tief und unauslöschlich ist.

Gewiß, ich habe allen Grund, einem gütigen Geschick dankbar zu sein, das mich nun schon die längste Zeit der Front ferne hält. Aber ich weiß nicht — vielleicht bin ich schon zu benommen, um mir dessen als einer Wohltat auch recht bewußt zu werden; und manchmal — denken Sie! — ist mir sogar, als hätte ich draußen in der Gefahr mitunter freier geatmet, freier als hier in der Geborgenheit. Das mag eine Selbsttäuschung sein oder, wenn nicht, darin begründet sein, daß draußen der Lebenswille das Blut doch seltsam erregt, während ich hier von Angst gelähmt bin, es könnte der Lebensüberdruß mir schließlich zum Lebens-inhalt werden. Was das betrifft, kann ich nur sagen, daß mir die Schrecken der Kriegsmaschine — im übertragenen Sinne wenigstens — nie so nahe gegangen sind wie die Qual, die mir gegenwärtig die Verbannung in ein Offiziersmilieu bereitet, das — zumeist aus ungarischen Juden bestehend — sich bei näherem Zusehen als ein Konsortium uniformierter Schleichhändler enthüllt. Dazu die Trostlosigkeit des äußeren Aspekts dieses Lagers, das — ein rechtes Sinnbild unseres Elends — die eigenen heimgekehrten Soldaten wie wilde Völkerschaften hinter einer rostigen Stacheldrahtumfriedung zur Schau stellt, während Jammergestalten mit aufgepflanztem Bajonett die Eingänge und insbesondere ein Haupttor bewachen, das im flatternden Schmuck von Fähnchen und Girlanden die gemütvolle Aufschrift »In der Heimat willkommen!« trägt. Gott, man begreift ja diese wie manche andere peinliche, fast rührende Verlegenheit, in die die Staaten Europas, und vollends der unsere, durch diese Riesenkriegsblamage gestürzt wurden; und stünde man draußen — außerhalb des Gitters —, ließe sich das Ganze allenfalls mit Humor betrachten (zumal jetzt, wo die Heimkehrer vorziehen, an der Grenze Kehrt zu machen und in das russische Chaos zurückzuflüchten). Aber wenn man sozusagen Zwangsangestellter dieses ärarischen Jahrmarktbetriebes ist, und wenn man, in die Seele dieses Unternehmens vordringend, auf einen Konzern von Geschäftemachern stößt, der Lebensmittel, die im Handeinkauf beschafft dem Hunger jener armen Teufel zu Leibe rücken sollten, im Dunkel eines Hinterlands verschwinden läßt, das keinen Hunger — nur den nach Geld — kennt; wenn einem ein Exportkommis zu befehlen hat, dem, als er mich jüngst bei der Lektüre der Fackel überraschte, der verdutzte Ausruf entfuhr: »I du m e i n e Güte — fackelt der noch immer herum?!« — dann dringt einem kalter Schweiß aus den Poren und man möchte nicht nur aus dem da, sondern überhaupt aus dem Affenzwinger dieser Zeit und d i e s e r Welt bisweilen ausbrechen!

Und nun stellen Sie sich vor, daß ein Ausruf wie der eben zitierte sich so aufs Geratewohl vor einen hinspuckt, während man »Zum ewigen Frieden« und andere Gedichte liest! In einem Augenblick vielleicht, da ich mir denken mochte, was ich hier nur im Bilde anzudeuten wage: Nie noch war Ihr Herz so heilig bloß gelegen! Wie doch sein Sturm verebbt im Rauschen der Tiefe, im Gesang der Höhen! Wie ein leuchtendes Gestade taucht es auf im Schleier Ihrer Verse: Morgenland der Kindheit — Morgenland der Menschheit! Und alles von heut scheint plötzlich wie von gestern. Die junge alte Gotteswelt!

So ungefähr sah ich das Antlitz Ihrer Schöpfung, als mir das Untier sie besudelte. Indem ich an Sie schreibe, fühle ich erst, wie ich doch wieder ganz voll Lebensmut bin. Uns, denen die Verewigung im eigenen Geist versagt geblieben ist, muß genügen, was uns an irdischem Wunsch, an irdischer Bestimmung erfüllt wurde; auch wenn der Zufall des geborenen Sohns nur die Bestimmung unserer Sterblichkeit verewigt. Vielleicht ist die Liebe zu meinem Sohn (der mir die rührendsten Zeichnungen und Briefe schickt — »uns geht es bis jetzt noch gut« hat er mir neulich geschrieben) — vielleicht ist sie nur deshalb so schmerzlich und tief. Denn, wie in Ihrem »Halbschlaf«, irgendwo wartet doch überall der ungeborne Sohn.

Nun aber leben Sie wohl! Doch, noch eins: Ihr Zitat von Goethe an die Frau v. Stein! Wie habe ich die Wahrheit dessen empfunden hier im Verkehr mit unseren Heimkehrern! Da habe ich z. B. in dem Ort, an dem ich zuletzt war, eine Kompagnie gehabt, die aus Leuten der verschiedensten Nationalitäten bestand. Ich habe kein anderes Verdienst um sie gehabt, als daß ich mir die Aufbesserung ihrer Menage angelegen sein ließ und sie, anstatt mit ihnen zu exerzieren, auf die Wiese führte, mir ihre Schicksale in der Gefangenschaft erzählen ließ und ihnen, wo es nötig war, ein bißchen in der Korrespondenz mit ihren Angehörigen nachhalf. Wie rührend haben mir dies die Leute vergolten! Als die Kompagnie abmarschbereit stand, traten von jeder

Nationalität — Deutsche, Ruthenen, Polen, Czechen, Italiener, Bosniaken — zwei Mann vor und sprachen mir im Namen ihrer Landsleute den Dank aus. Nach ein paar kurzen Abschiedsworten meinerseits brachten sie ein dreifaches Hoch auf mich aus, ein Schriftsetzer aus Wien sprang noch schnell aus der Einteilung mit der Frage, ob er mir von Wien eine Karte schreiben dürfe, und mit Mützenschwenken marschierte dann die Kompagnie in den schönen Frühlingsabend hinein zur Bahn. Unser Oberstleutnant, der von ferne zugesehen, fragte mich dann: »Sie haben wohl ein Hoch auf den Kaiser ausgebracht?«, was ich selbstverständlich bejahte. —

(Verwandlung.)

37. SZENE

Nach der Winteroffensive auf den Sieben Gemeinden. Exerzierplatz in der Etappe. Die Überreste eines Regiments, jeder Mann zu einem Skelett abgemagert. Mit den zerfetzten Monturen, dem zerrissenen Schuhwerk und der verdreckten Unterwäsche ist es auf den ersten Anschein ein Haufe kranker und zerlumpter Bettler. Sie erheben sich müde, üben Gewehrgriffe und machen Salutierübungen.

ERSTER KRIEGSBERICHTERSTATTER: Wie sie aufleuchten wern, wenn sie hören wern, der oberste Kriegsherr, der soeben bei seinen tapferen Truppen an der Front weilt, geruhe, das siegreiche Regiment zu besichtigen.

ZWEITER KRIEGSBERICHTERSTATTER: Er weilt noch an der Front, in Gries bei Bozen, aber gleich wird er da sein. Mir scheint, sie wissen es schon.

EIN SOLDAT *(zu einem andern):* Jetzt kommt er her, der Lackl!

ZWEITER SOLDAT: Draußen laßt er sich eh net anschaun!

ERSTER KRIEGSBERICHTERSTATTER: Der Kaiser genießt unter den Soldaten ein blindes Vertrauen.

ZWEITER KRIEGSBERICHTERSTATTER: Sie sind schon glücklich, wenn er sie nur anlächelt, die Braven.

Ein Hauptmann: Fixlaudon, bißl fescher, gleich kommt Seine Majestät! Natürlich, Urlaub — das schmeckert euch. Habts glaubt, weil ihr in die Retablierung kommts, wird's an Urlaub geben. An Dreck. Seine Majestät kommt zur Besichtigung seines glorreichen Regiments und da darf kein Mann fehlen, Bagasch überanand!

Erster Kriegsberichterstatter: Schaun Sie her, das is interessant, was jetzt geschieht. Sie ziehn sich um. Neu ausstaffiert wern sie, vom Scheitel bis zur Sohle.

Zweiter Kriegsberichterstatter: Was geschieht mit den alten Fetzen?

Der erste: Die kriegen sie wieder, wenn der Kaiser weg is.

Der zweite: Die Kompagnien sind auf einen Stand von 15 bis 60 Mann gesunken, die wird man doch natürlich auffüllen —?

Der erste: Was heißt man wird? Sie sind doch grad dabei — dorten — schaun Sie her, wie sie auffüllen. Man wird doch dem Kaiser nicht Verluste von 2500 Mann zeigen, was glauben Sie!

Der zweite: Mit was für Material wird aufgefüllt?

Der erste: No mit Schuster, Schneider, Offiziersdiener, Köche, Tragtierführer, Pferdewärter, Marode und so — alle haben sie doch schon Gewehre und exerzieren schon. Wenn er nur schon da wär! Die Kälten soll ein anderer aushalten.

Der zweite: Schaun Sie, was sie jetzt machen — was is das?

Der erste: No das is doch klar, die dekorierte und besser aussehende Mannschaft wird ins erste Glied geschoben, sie wechseln aus.

Der zweite: Das seh ich, aber was machen sie am Gesicht?

Der erste: Was sie am Gesicht machen? Das wissen Sie nicht, Sie blutiger Laie? Sie reiben sich das Gesicht mit Schnee ein, damit jeder Mann eine gesunde Gesichtsfarbe kriegt, auch die Kranken.

Der zweite: Das is eine glänzende Idee! Schaun Sie her,

wie sie schon blühend aussehn! Was geschieht aber jetzt? Etwas wird verteilt.

DER ERSTE: Karten mit dem Bildnis des Kaisers. Dafür kriegen sie um die Hälfte weniger Brot.

DER ZWEITE: Da wern manche sein, was mit dem Tausch zufrieden sind, die Tapfern! — Gotteswillen, die Autos — hören Sie nicht?

Automobile kommen. Dickleibige Gestalten entsteigen ihnen, darunter eine schmächtigere, in dichtes Pelzwerk gehüllt, mit großen Ohrenwärmern. Man sieht kaum mehr als zwei Wülste von Lippen.

DER ERSTE: Sehn Sie, da können Sie es einmal erleben: der oberste Kriegsherr inspiziert an der Front die Truppen, die soeben aus der siegreichen Schlacht kommen, und läßt sich mit dem einfachsten Mann in ein Gespräch ein.

DER ZWEITE: Sein Wesen ist gewinnend. Sehn Sie sich an, wie ihm die Herzen zufliegen.

DER ERSTE: Jetzt elektrisiert er.

DER ZWEITE: Wenn man nur hören könnte, was er sagt, was sagt er?

DER ERSTE: Nichts. Aber er lächelt.

Man hört nun, von Mann zu Mann, von Zug zu Zug, in einem regelmäßigen Abstand von je fünf Sekunden entweder »Aha! Sehr schön!« oder »Aha! Sehr gut!« oder »Aha! Sehr brav!« oder »Aha! Nur so weiter!« Es dauert zwei Stunden. Verabschiedung von den Offizieren. Die Automobile fahren ab.

DER OBERST *(zum Major)*: Folgender Abendbefehl ist zu verlautbaren: »Seine Majestät hat sich über das Regiment besonders lobend ausgesprochen. Der Geist und das Aussehen der Truppen ist hervorragend, der Mut, der jedem einzelnen aus den Augen blickt, ein unvergleichlicher. Besonders freute sich Seine Majestät über die geringen Verluste, die das Regiment erlitten. Seine Majestät schloß: ›Nicht wahr, Herr Oberst, das Regiment wird auch wie bisher zu den treuesten Truppen seines Kaisers, seines Vaterlandes zählen und in den bevorstehenden Kämpfen, die wohl hart, dafür aber siegreich sein werden, voll und ganz seinen Mann stellen und so Lorbeer an Lorbeer an seine Fahne heften.‹ Ich erwiderte: ›Jawohl, Majestät, ich verspreche es.‹«

DER HAUPTMANN *(zu den Soldaten):* Was ihr heute erlebt habts, davon könnts ihr noch euern Kindern und Kindeskindern erzählen, wanns wollts! Jetzt aber heißt es: Auf zu neuen Schlachten und Siegen! Und vor allem — ziagts gschwind die neuchen Uniformen aus!

DER ERSTE KRIEGSBERICHTERSTATTER: No steht das dafür? Sie, das is wirklich kein Vergnügen, bei 28 Grad!

DER ZWEITE KRIEGSBERICHTERSTATTER: No was hab ich Ihnen gesagt? Mir paßt der Dienst schon lang nicht! Mein Ressort is Theater — der Hoehn weiß doch! Ich wer einfach mit dem Divisionär sprechen, was mit dem Fronttheater is. Die Idee hat ihm imponiert.

DER ERSTE: Fronttheater? Sie schminken sich doch schon ab!

(Verwandlung.)

38. SZENE

Hofburg. Pressedienst.

HAUPTMANN WERKMANN *(diktierend):* Verehrliche Redaktion! Sie würden mir einen großen Gefallen erweisen, wenn Sie die heute erscheinenden, gewiß nicht zu langen Berichte über die Truppenbesichtigungen durch Seine Majestät und den Besuch Ihrer Majestät in der Ottakringer Kriegsküche tunlichst ungekürzt bringen wollten. Ich möchte besonderen Wert auf die Schilderung der Seiner und Ihrer Majestät dargebrachten Huldigungen legen. Ich selbst war Zeuge dieser wirklich überwältigenden Begrüßungen und habe in meinem Bericht gewiß nicht zu viel gesagt. Nehmen Sie im voraus meinen verbindlichsten Dank entgegen. Ihr ganz ergebener —

So und jetzt das:

Verehrliche Redaktion! Es liegt mir sehr viel daran, daß der Bericht über ein von Seiner kaiserlichen Hoheit Herrn

Erzherzog Max geleitetes Sturmunternehmen, welcher in der Österreichisch-ungarischen Kriegskorrespondenz vom 27. d. veröffentlicht werden wird, möglichst allgemein veröffentlicht werde. Ich bitte Sie daher um zuverlässige Übernahme dieses Berichtes in Ihr sehr geschätztes Blatt. Nehmen Sie im voraus meinen verbindlichsten Dank entgegen. Ihr ganz ergebener —

(Verwandlung.)

39. SZENE

Kärntnerstraße. Passanten umringen einen Operettentenor. Ein Hofwagen hält. Die Passanten grüßen. Ein Lakai öffnet den Wagenschlag.

ERZHERZOG MAX *(aus dem Wagen rufend):* Serwas Fritzl! Kummst mit zum Sacher?

DER OPERETTENTENOR: I kann net, kaiserliche Hoheit — i wart auf ein Madl! *(Hochrufe für beide.)*

ERZHERZOG MAX: Ah so. Alstern serwas!

(Der Lakai schließt. Der Hofwagen fährt davon.)

EIN ZEITUNGSAUSRUFER: — — Erfolge am Piavee!

(Verwandlung.)

40. SZENE

Eine Seitengasse. Unter einem Haustor ein Soldat mit zwei Medaillen auf der Brust. Die Kappe hängt ihm tief über das Gesicht. Ihm zur Seite seine kleine Tochter, die ihn geführt hat und sich nun bückt, um einen Zigarettenrest vom Trottoir aufzuheben, den sie ihm in die Tasche steckt. Im Hofe des Hauses ein Invalide mit einem Leierkasten.

DER SOLDAT: Jetzt sind's schon genug. *(Er zieht eine Holzpfeife hervor, in die das Mädchen den Tabak der Zigarettenreste hineinstopft.)*

EIN LEUTNANT *(der vorbeigekommen ist, dreht sich um, barsch):* Können Sie nicht sehn?

DER SOLDAT: Nein.

DER LEUTNANT: Was? — Ah so —

(Er entfernt sich. Der Soldat, geführt von dem Kind, in die andere Richtung. Der Leierkasten spielt den Hoch Habsburg-Marsch.)

(Verwandlung.)

41. SZENE

Armeeoberkommando.

EIN MAJOR *(zu einem andern):* Von denen Fronten hat ma wirklich nix wie Verdrießlichkeiten. Schon wieder so Teuxelsberichte, wo ma rein nicht weiß, was ma machen soll. Gib ichs dem Waldstätten, wird er wüld, gib ichs ihm nicht, wird er aa wüld. Alstern was soll ma machen? Schau her: »Bei manchen Regimentern ist eine Aufbesserung der Verpflegung dringend geboten, um die Leute in physischer Hinsicht in Schwung zu erhalten. Bei einer Division beträgt das Durchschnittsgewicht des Mannes 50 Kilogramm.« No also! — Und das: »Jeder Deserteur im Hinterland, selbst wenn er in den Wäldern versteckt leben muß, kann sich besser ernähren als der Soldat an der Front.« Deserteur! Wie man nur so was hinschreiben kann! »Was die Bekleidung betrifft, so ist oft keine volle Garnitur mehr vorhanden, da Hemd oder Unterhose oder beides fehlt. Der eine hat keinen Ärmel mehr am Hemd, dem andern fehlt der Rückenteil, der dritte besitzt nur halbe Unterhosen oder Fragmente von Fußfetzen. Malariafiebernde müssen nackt warten, bis ihre Fetzen gewaschen und getrocknet sind.« Fetzen! Der Ton, den sich die Front gegen unsereinen erlaubt! Das is ja rein, als ob wir verantwortlich wären, war net schlecht! »Bei einem Regiment fehlt jedem dritten Mann der Mantel. Feldwachen mit Helm und Mantel ohne Hosen kommen vor.« Noja, muß gspaßig zum Anschaun sein. »Von soldatischem Ehrgefühl kann da nicht mehr gesprochen werden, die einfache Menschenwürde ist da verletzt.« No no, soll sich nix antun. Ein Ton is das! Diese Leute an der Front begreifen weder die eisernen Kriegsnotwendigkeiten noch wie man mit dem AOK zu verkehren hat. Das is ja rein, als ob wir den Krieg angfangen hätten! Und auf was für Ideen die Leut kommen. Schau her:

»Um die Stimmung zu heben, würde es sich empfehlen, die jüngeren Mitglieder des Allerhöchsten Kaiserhauses bei Kampftruppen und an schwierigeren Frontabschnitten einzuteilen.« Also da muß ich bitten — das is schon Beleidigung von Mitgliedern des kaiserlichen Hauses! Nein lieber Herr, um den Preis wern wir die Stimmung nicht heben — die wern wir denen Herrschaften schon anders heben! Das is schon der reine Defaitismus — Mitglieder des angestammten Herrscherhauses an die Front schicken! War net schlecht!

DER ANDERE MAJOR: Was regst dich auf? Gingerten s' denn?

(Verwandlung.)

42. SZENE

Der Optimist und der Nörgler im Gespräch.

DER OPTIMIST: Glauben Sie mir, der junge Kaiser macht den Eindruck eines Mannes, der sich auf seinen Herrscherberuf gründlich vorbereitet hat.

DER NÖRGLER: Das glaube ich ohneweiters, als Thronfolger hatte er ja ein mit »Muskete«-Bildern austapeziertes Arbeitszimmer.

DER OPTIMIST: Sie glauben gar nicht, wie ernst er geworden ist.

DER NÖRGLER: Kein Wunder bei einem, der in keine Operette mehr geht, seitdem der »Walzertraum« nicht mehr gegeben wird.

DER OPTIMIST: Erlauben Sie mir, wenn man den »Walzertraum« schon fünfzigmal gesehn hat —

DER NÖRGLER: — dann muß der Mensch ernst werden, das ist wahr.

DER OPTIMIST: Es hat sich auch sonst viel um ihn verändert. Die Schwärmerei der Jugend —

DER NÖRGLER: — für das Papageienkabarett —

DER OPTIMIST: — die schöne wilde Garnisonszeit in Brandeis —

DER NÖRGLER: — das Kino in Reichenau —

DER OPTIMIST: Da geht er auch nicht mehr hin.

DER NÖRGLER: Nach seinem hundertsten Besuch soll er erklärt haben, daß es ihm schon zu fad ist.

DER OPTIMIST: Nein, glauben Sie mir, Sie unterschätzen seine geistigen Qualitäten.

DER NÖRGLER: Ich bin überzeugt, daß sein Gesicht eine übertriebene Vorstellung von ihnen gibt. Erst neulich hat mir jemand, der ihn kennt, versichert, daß er gut auffaßt. Das ist das höchste Lob, das Monarchisten für den Gegenstand ihrer Ehrfurcht aufbringen, wenn sie einen Zweifler bekehren wollen. Eigentlich sollte aber die Vorbedingung für den Herrscherberuf sein, daß ein Monarch besser auffaßt als seine Untertanen.

DER OPTIMIST: Ist es ihm nicht hoch anzurechnen, daß er den Frieden will?

DER NÖRGLER: Auch diese Eigenschaft erhebt ihn nicht über die meisten Angehörigen seiner Monarchie. Ich zum Beispiel will den Frieden noch mehr und habe sogar noch keine Lüge ausgesprochen, um ihn zu vereiteln, wo ich durch die Wahrheit ihn hätte herbeiführen können. Und unsereins hat nicht einmal die Möglichkeit, auf einen Thron zu verzichten, wenn man einen Krieg nicht zu führen oder nicht fortzusetzen wünscht.

DER OPTIMIST: Das ist das einzige, was an ihm ausgesetzt wird: er ist wankelmütig, wer zuletzt mit ihm spricht, behält recht.

DER NÖRGLER: Die Vielfältigkeit seiner Ansichten ist verblüffend. Denn er sieht aus, als ob er nur einfältig wäre.

DER OPTIMIST: Aber alles in allem muß man doch zugeben, daß seine Entwicklung überraschend ist. Man hat Gutes von ihm erwartet und er hält, was er versprochen hat.

DER NÖRGLER: Das schon. Aber nicht, was er verspricht.

DER OPTIMIST: Seine Zwiespältigkeit — daß er heute so und morgen anders redet —

DER NÖRGLER: — kommt offenbar von dem Naturspiel einer sächsischen Habsburgerlippe.

DER OPTIMIST: Aber alles in allem ist er doch ein gemütliches Haus. Man kann sagen, was man will —

DER NÖRGLER: Ja wissen Sie, leider kann man aber nicht sagen, was man will.

DER OPTIMIST: Was würden Sie sonst sagen?

DER NÖRGLER: Daß ich nicht der Untertan eines Operettenlieblings sein möchte. Daß es mir unmöglich ist, mir den Herrn Marischka oder den Herrn Fritz Werner auf einem Thron vorzustellen. Daß es noch weit gräßlicher ist, für einen Feschak Ehrfurcht empfinden zu sollen als für einen Lemur. Daß ich es unerträglich finde, von einem Schönpflug-Modell regiert zu werden. Von einem, der lächeln kann und immer lächeln — und den Mund nie zukriegen wird. Von einem Grüßer, der in der dazugehörigen Stellung verharrt.

DER OPTIMIST: Und den lustigen Text zu dem Bild macht er auch. Er soll kürzlich bei der Hoftafel das köstliche Mot geprägt haben: »Was ist das Gegenteil von Apponyi? — A Pferd!«

DER NÖRGLER: Ich höre das wiehernde Gelächter derer, die uns in den Tod schicken können. Nein, es geht nicht. Den Winterfeldzug mache ich nicht mehr mit.

DER OPTIMIST: Aber schauen Sie, Sie können ihm doch seinen Humor nicht ernstlich zum Vorwurf machen. Er hat eben die sprichwörtliche Leutseligkeit der Habsburger geerbt, von der nur Franz Ferdinand eine Ausnahme gemacht hat, und sogar Harden, der doch gewiß einen Kronzeugen abgibt, hat große Hoffnungen auf ihn gesetzt. Nämlich damals, als er nach der Sarajevoer Mordtat sich lächelnd am Arm seines Großonkels —

DER NÖRGLER: — Großonkels dem Volke zeigte, der sogar durch seine Aufgeräumtheit das Bulletin Lügen gestraft hat, er habe zum Zeichen seiner tiefen Trauer das Dejeuner allein eingenommen. Vorgänger und Nachfolger empfahlen sich grüßend dem p. t. Publikum. Der Nachfolger rechtfertigte sogleich die an ihn geknüpften Hoffnungen durch den historischen Ausspruch: »Also — fahr' mr!«

DER OPTIMIST: Übersehen Sie nicht die symbolische Bedeutung, die solchen Aussprüchen innewohnt.

DER NÖRGLER: Wie sollte ich? Der Vorgänger hat durch das Wort: »Die Linienwälle müssen fallen« in das Bollwerk der alten Zeit Bresche geschlagen.

DER OPTIMIST: Und der Kronprinz Rudolf hat bekanntlich die Hoffnung ausgesprochen, daß ein »Meer von Licht« erstrahlen werde —

DER NÖRGLER: — als die Elektrizitätsausstellung eröffnet wurde. Aber wenn der sterbende Goethe nicht, wie die Legende behauptet, »Mehr Licht!« gerufen hat, sondern nur: »Macht doch den zweiten Fensterladen auf, damit mehr Licht hereinkomme«, so dürfte mehr Licht darin gewesen sein als in sämtlichen Habsburgerworten, die freilich nach dem allerhöchsten Tarif von den ausstellenden Firmen geschätzt wurden und deren gehirnlähmende Wucht den von den Habsburgertaten heimgesuchten Völkern den Rest gegeben hat. Immerhin hat der Kronprinz Rudolf, dessen Gestalt zwischen den Fiakern Bratfisch und Mistviecherl kommenden Drahrergeschlechtern vorleuchten wird, seinen Kulturdurst bei Szeps und Frischauer befriedigt. Jedennoch, trostlos sind diese Habs- und Kalksburger als Wegbahner des Fortschritts, unter deren Ägide den Wissenschaften und Künsten nichts anderes übrig blieb als zu blühen. Ich meine, daß man sich nur wenige von ihnen mit einem Buch in der Hand vorzustellen vermöchte, nicht einmal mit einem von Smolle über die Vorzüge des Doppelaars. Ihrer aller geistiges Adelszeichen war, »gut aufzufassen«, was sie schlecht behalten haben. Aber von allen Aussprüchen Franz Josephs erscheint mir doch der im Anblick des Aquariums einer Kochkunstausstellung gesprochene als der authentischeste. Er sprach: »Ah Goldfische, die schwimmen ja wie natürlich!« Die geistig regsamsten und zugleich verläßlichsten unter den Habsburgern dürften noch die homosexuellen gewesen sein, und wenn von einem eine menschliche Regung überliefert wird, so liegt er gewiß auf Mallorca begraben und nicht in der Kapuzinergruft. Die andern, die ihre welthistorische Bestimmung, die Hausmacht durch Heirat zu mehren, ausleben konnten, und jene, die ihr zuwider das glückliche Österreich durch Kriegführung verkleinert haben, sie alle haben mehr Kaiserwetter gehabt, als ihre Völker Verstand. Sonst wäre das angestammte Pech, von Individuen regiert zu sein, denen man günstigsten Falls nichts anderes nachsagen konnte, als daß sie nicht beleidigt werden durften, längst unerträglich gewesen und der Übelstand, daß es im zwanzigsten Jahrhundert nicht nur Erzherzoge gab, sondern auch Hurentreiber von Beruf, die sich solche Würde zusprachen, noch vor einem verlorenen Kriege behoben worden. Der Gehirndruck, der von diesen Existenzen ausging, wird erst in seiner ganzen vernichtenden Schwere gefühlt werden, wenn er gewichen sein wird, was demnächst geschehen dürfte. Das walte Gott, der lange genug von einer opferfreudigen Bevölkerung angerufen wurde, sie zu erhalten und zu beschützen. Ich hoffe, den nächsten 18. beziehungsweise 17. August schon ohne die illuminierte Bereitschaft der Arschlecker zu feiern, die sich zu diesem Behufe in die Kurorte begeben hatten, und ohne die nachhallenden »Auch hier«-Schreie einer ehrlosen Presse, die es noch im Weltkrieg gewagt hat, diese Hinterlandsgemeinde vor der Front unseres blutigen Leides aufzubieten und die Flüche von Millionen Müttern in den Hochrufen der kaiserlichen Räte zu ersticken. Österreich, das ewige Weiland seiner kaiserlichen Hoheit, wird erst dann zu sich kommen, wenn es eines Tages erkennt, daß dort kein Gras wächst, wo ein elastischer Schritt hintrat; wenn es sich besinnt, Republiken zu bilden statt Spaliere, und mit jähem Entschluß den Salvators und Annunziatas das Hofwagentürl vor der Nase zuschlägt.

DER OPTIMIST: Das scheint aber noch in weiter Ferne zu liegen. Denn der Wagen der Blanka schien mir neulich erst respektvollste Beachtung zu finden, und wenn am Graben eine Verkehrsstockung entsteht, so ist sicher die anziehende Erscheinung des stattlichen Erzherzogs Eugen die Ursache.

DER NÖRGLER: Unleugbar ist insbesondere die Popularität des Erzherzogs Max, der vom Vater die Frohnatur geerbt hat, unter Umständen sogar über Särge zu galoppieren, wozu ja der Weltkrieg reiche Gelegenheit bieten würde.

DER OPTIMIST: Nur ein Nörgler kann es ihm übelnehmen, daß er —

DER NÖRGLER: — während der siebenten Isonzoschlacht eine Würstelsoiree im Polo-Klub veranstaltet hat, von der Gäste und Musikanten in Hofautomobilen transportiert wurden. Daß man gezwungen war, aufzustehen oder sein Haupt zu entblößen, wenn es dem blödgemachten Volke gefiel, einem seiner Gut- und Blutegel zu huldigen, einen dieser parasitischen Dummköpfe hochleben zu lassen, die auch während einer Offensive ihren Orgien und Bubenstreichen nicht entsagen konnten, erfüllt einen mit tiefer Scham, wie uns die Erinnerung an die offenbar zeitgebotenen Zusammenhänge von Kapuzinergruft und Nachtcafé mit Ekel überwältigt. Wer hätte sich nicht dieses lebendigste dynastische Gefühl für die spezifische Kaisertreue bewahrt, die unlösbar mit der dunstigen Vorstellung eines Animierlokals verknüpft bleibt, wo es plötzlich allerhöchst hergeht, zwischen den Gassenhauern der Liebe das Vaterland in seine Rechte tritt und, da die geweihten Melodien einer verblichenen Glorie schon durch die kriegerische Gegenwart entehrt sind, die nur hier denkbare Schmach ehrfürchtig gesinnter Schieber, Büffetdamen, Diebe und Wurzen aller Grade sich von den Sitzen erhebt unter Assistenz flaschenfertiger Kellner, des Garderobepersonals und last not least der Toilettefrau. Es war das Milieu, in dem die Liebe zum angestammten Herrscherhaus am tiefsten verwurzelt war. Monarchisten, die nicht alle werden, die in einem Krieg nicht aussterben und die es selbst nach diesem noch geben wird, halten die majestätsbeleidigenden Eigenschaften einer regierenden Familie für nebensächlich und für ein Erbteil aller Dynastien. Aber sie werden nicht leugnen können, daß die Evidenz und Aufdringlichkeit dieser Eigenschaften, die Entartung in den Erlaubnissen einer gelockerten Zeit, die Skandal- ja Kriminalreife höchster Vorbilder in einer durch sie ausgebluteten Welt der monarchischen Idee nicht eben förderlich ist und daß diese einigermaßen von der Reue beeinträchtigt werden dürfte, einen Weltkrieg für eine Familie unternommen zu haben, die keinen Schuß Pulver wert ist. Wenn eine kaiserliche Hoheit nicht nur Generalinspektor der Artillerie, sondern auch Armeelieferant ist und im Treubund mit einem Schieber ein Millionengeschäft entriert, das zur Aushungerung der Front wesentlich beiträgt, dann muß die Volkshymne ehestens einen neuen Text bekommen, weil sonst die Verwechslung von Lorbeerreisern und Dörrgemüse unvermeidlich wäre. Lemuren, die a Ruh haben wollten und darum Krieg geführt haben, und Feschaks, die in ihm gedraht und gewuchert haben, werden uns nicht mehr regieren!

DER OPTIMIST: Das, was uns alle in Wahrheit regiert, ist —

DER NÖRGLER: — das Gesicht des Wolf in Gersthof! Da sehen Sie ihn! Erinnern Sie sich an meine Prophezeiung? Vier Jahre — und wie ist er gewachsen! Der blutige Blick ist da und doch waltet Milde über diesem österreichischen Antlitz.

DER OPTIMIST: Sie übertreiben. Danach wäre er ein Symbol unseres Wesens geworden wie der Kopf Hindenburgs für das preußische?

DER NÖRGLER: Da können wir nicht ran. Gut schaun mr aus — aber nicht so ernst und zuversichtlich! Wie einst Vater Radetzky auf uns obaschaute, so blickt jetzt das Haupt dieses abgeklärten Fiakerkutschers auf unser Wirrsal hernieder.

DER OPTIMIST: Mein Gott, so ein Plakat — das besagt nichts weiter als —

DER NÖRGLER: — daß Millionen dahingehen mußten; er aber überlebt, ist überlebensgroß! Wenn aufs Jahr die Feinde kommen, die wern schaun!

DER OPTIMIST: Ganz vermöchten Sie diese Verbindung zwischen einem Plakat und dem Weltkrieg doch nicht auszudenken.

DER NÖRGLER: Usque ad finem! Wenn man die Plakate erschossen hätte, wären die Menschen erhalten geblieben.

DER OPTIMIST: Ich vermag Ihnen auf diesem Gedankengang nicht zu folgen.

DER NÖRGLER: Bleiben Sie getrost zurück. Der Monolog, den ich mit Ihnen führe, hat Sie erschöpft. Die Realitäten, die Sie nicht sehen, sind meine Visionen, und wo sich für Sie nichts verändert hat, erfüllt sich mir eine Prophezeiung. Zwischen meiner Voraussage, daß der Weltkrieg die Welt in ein großes Hinterland des Betrugs, der Hinfälligkeit und des unmenschlichsten Gottverrats verwandeln wird, und meiner Behauptung, daß es geschehen sei, liegt nichts als der Weltkrieg. Um dieser Behauptung dieselben Zweifel entgegenzustellen wie jener, brauchen Sie nichts zu tun, als den Zustand der Welt auszuschalten. Sind Sie nicht ein Nörgler am Ideal, dessen Entehrung durch die Welt Sie gewähren lassen? Ich Optimist muß, da sich meine Prophezeiungen erfüllen, es erleben, daß mein frömmster Wunsch unerfüllt blieb. Am Ursprung dieses Unheils hatte ich Gott gebeten, es in Stadt und Staat die Mißgebornen fühlen zu lassen, daß es vollbracht ist. Aber er hat nicht ihr Blut genommen zur Sühne für die Tat, die am Anfang war, das Blut der Betrüger, der Hinfälligen und der Gottesverräter. Er ließ sie dafür das Blut der andern opfern und unversehrt den Mord der Welt überleben. Wahrlich, wenn Gottes Wege nicht unerforschlich wären, so wären sie unbegreiflich! Warum doch hat er uns kriegsblind gemacht! Hier tappen sie durchs Leben, Krüppel und Gelähmte, zitternde Bettler, altersgraue Kinder, irrsinnige Mütter, die von Offensiven geträumt hatten, Heldensöhne mit den Flackeraugen der Todesangst, und alle, die keinen Tag mehr haben und keinen Schlaf und nichts mehr sind als die Trümmer einer zerbrochenen Schöpfung. Und dort lachen jene, die sich des Eingriffs vermessen haben, des Richters über den

Sternen, der zu hoch thront, als daß sein Arm sie erreiche.
Ist's nicht erfüllt? Keine Narbe bleibt ihrer Seele, die nie
verwundet ward von dem, was sie getan, gewußt, geduldet.
Der Menschheit ist die Kugel bei einem Ohr hinein und
beim andern hinausgegangen. Weg von diesem lachenden
Grauen! Weg von diesem österreichischen Antlitz, von dem
unendlichen Behagen dieser Blutlache!

(Verwandlung.)

43. SZENE

*Stadtpark. Mittag. Eine unübersehbare Menschenmenge umsteht
die Terrasse des Kursalons.*

EIN ZEITUNGSAUSRUFER: Mittagszeitung! Die Piaveschlacht!
Der österreichische Sturmangriff!
EINE DAME: Gott ich bin so aufgeregt —
EINE ZWEITE: No zeichnest du denn Kriegsanleihe?
DIE ERSTE: Ich? Was fällt dir ein, begierig bin ich —

(Das Publikum wird ungeduldig.)

EIN HERR: Meine Herrschaften bitte nicht drängen —!
EIN GÖTTERGATTE: Du wirst sehn, es is ein Aufsitzer!
DIE GÖTTERGATTIN: Also wenn ich dir sag wenn in der Zei-
tung früh gestanden is —
DER GATTE: Hier hast du die ›Zeit‹ — wo steht das bittich?
DIE GATTIN: No bist du blind? Hier an der Spitze, noch vor
dem Leitartikel —
DER GATTE: Auf Ehre. An der Stelle hab ich es nicht ver-
mutet — *(er liest)* Heute Donnerstag den 23. Mai, mittags
½1 Uhr wird auf der Terrasse des Kursalons im Stadtpark
Herr Hubert Marischka vom Theater an der Wien jener
Dame, welche das größte Opfer für die VIII. Kriegsanleihe
bringt, einen Kuß verabreichen. — Also das sag ich dir im
Voraus, du wirst mir kein Opfer für die VIII. Kriegsanleihe
bringen, hörst du?!
DIE GATTIN: No no, reg dich nicht auf, ich will mir doch nur
ansehn! Glaubst du, daß alle was gekommen sind, gleich
Kriegsanleihe zeichnen wern? Man will doch bloß sehn!

DER GATTE: Man wird doch da sehn — du wirst sehn, es is ein Aufsitzer. Komm weg aus dem Gedräng! Weißt du was es sein wird — ich wer' dir sagen, ein Film wird es sein!

DIE GATTIN: Du möchtest einem alles vermiesen! No und wenn es schon ein Film is — sieht man doch auch den Marischka, wie er einen Kuß gibt.

DER GATTE: Auch ein Vergnügen, wenn es gestellt ist!

EIN DICKER SCHIEBER *(am Arm eines Mädchens, trällernd):* Kissen is keine Sind — a scheenes Kind —

DAS MÄDCHEN: Geh hör auf, das is doch vom Girardi, den hab ich nie leiden können!

EIN BEGLEITER: Nicht ausstehn hab ich ihn können. Mein Mann is der Thaller.

STIMME EINES SKEPTIKERS: No und der Treumann is e Hund —?

FRÄULEIN KÖRMENDY: Gott der Marischka, ich bin so aufgeregt!

FRÄULEIN LÖWENSTAMM: Ich zeichne nur Kriegsanleihe, wenn der Storm einen Kuß gibt!

FRÄULEIN KÖRMENDY: Gott dort kommt —

FRÄULEIN LÖWENSTAMM: — der Nästelberger!

EIN FESCHAK *(zu einer Funzen):* Kstiand meine Gnädigste — Ohne den Göttergatten —? Oh, ich hab für Gnädigste ein Protektionsplatzerl — Momenterl! —

(Murren im Publikum.)

RUFE: Es is ja nur ein Film! — Schwindel! — Wo bleibt der Marischka? — Hoch Marischka! — Es is doch ein Saschafilm! — Schwindel! — Die solln wem andern pflanzen!

EIN ZEITUNGSAUSRUFER: Mittagsjournal! Die Vorbereitungen am Piave!

EIN REDNER: Meine Herrschaften! Harren wir noch aus und Sie werden sehn —

EIN ANDERER: Wenn es nur ein Saschafilm is, hätt man das gleich sagen sollen! Da sind viele Damen, die ein Opfer für die Kriegsanleihe gebracht haben, und jetzt stehn sie da!

RUFE: Pfui! — Schkandal! — Wo bleibt der Marischka!

EIN DRITTER: Der Marischka soll abgesagt haben!

EINE GRUPPE: Wie kommen wir dazu? — Jetzt stehn wir eine geschlagene Stunde da —! wir derstessn uns —! Unsere Frauen —!

EINE ANDERE GRUPPE: Bravo! So ist es! — Wo ist das Komitee? — Pfui!

EINER *(kommt atemlos gelaufen)*: Ich weiß ein Gerücht — Marischka hat abgesagt!

EIN ANDERER: No natürlich — hab ich mir gleich gedacht — er wird doch nicht selbst küssen!

EIN ÄLTERER HERR *(vor sich hinsummend)*: Geh — sag — Schnucki zu mir —

EIN JUNGER MANN MIT GÜRTELROCK UND WEISSEN GAMASCHEN *(trällert, indem er dabei tanzartige Bewegungen ausführt)*: Sterngucker — Sterngucker — nimm dich in Acht —

SEIN FREUND: Du, wirklich wahr, du wirst ihm immer ähnlicher.

DIE STEFFI: Aber der ganze Marischka! Dezsö laß dich küssen!

DER JUNGE MANN: Ich bin imstand und tritt für ihn auf.

DIE STEFFI: Untersteh dich.

DER JUNGE MANN: No glaubst du, ich tausch mit dem Marischka —? *(Obige Melodie:)* Vierzehn Wa—gon hab ich — angebracht. *(Gelächter.)*

(Wachsende Unruhe im Publikum.)

RUFE: Was heißt das? — Komitee! — Wofür hat man uns hergelockt? — Pfui!

EIN AUFWIEGLER: So etwas is nur in Wien möglich! Die Leut glauben rein, daß man seine Zeit gestohlen hat!

DER VERTRETER DER FILM-GESELLSCHAFT *(erscheint)*: Hochverehrtes Publikum! Beruhigen Sie sich! Man hat Sie nicht betrogen! Es handelt sich um einen im Auftrag des k. u. k. Kriegspressequartiers aufzunehmenden Werbefilm für die Kriegsanleihe. Die Publikation, der die Saschafilmgesellschaft vollständig fernsteht, ist offenbar einem patriotischen Beweggrund entsprungen. Wir selbst hatten ein Interesse daran, daß die Filmprobe unter größtmöglichstem Aus-

schluß der Öffentlichkeit stattfindet, aber da Sie nun einmal
erschienen sind —

RUFE: Bravo! — Schwindel! — Hoch Marischka! — Wo is
der Marischka? — Wir wollen den Marischka sehn!!

*Das Publikum drängt unter lebhaften Hoch- und Pfui-Rufen
vorwärts und stürmt die Terrasse, zahlreiche Stühle und Tische
werden umgeworfen, das Geländer der Terrasse zerstört und
auch am übrigen Inventar beträchtlicher Schaden angerichtet.*

DER RESTAURATEUR *(ringt verzweifelt die Hände, ermannt
sich aber und ruft dem Filmregisseur zu):* Sö — dös müassen
S' zahln!

DIE MENGE: Marischka! Marischka!! Marischka!!!

DER VERTRETER DER FILM-GESELLSCHAFT *(in größter Erregung):* Unter solchen Umständen — ist die Probe abgesagt!

RUFE: Eine Frechheit! — Was sich die Leut mit einem erlauben! — Pfui!! — Wo bleibt die Polizei? — So ein Skandal im Krieg! — Alles is zusammengebrochen!

*(Es bilden sich Gruppen, die das Ereignis in größter Erregung
besprechen.)*

DIE GÖTTERGATTIN: Also er kommt nicht! Die ganze Kriegsanleihe kann mir —

DER GÖTTERGATTE: Gotteswillen —!

DIE GATTIN: Also gib wenigstens das Abonnoma auf die
›Zeit‹ auf!

DER GATTE: Beruhige dich. No siehst du — also was hab ich
gesagt?!

DIE GATTIN: Natürlich —! das freut dich —! so bist du —!
geh weg, ich kann dich nicht mehr sehn! alles vermiesen —

DER GATTE *(trällernd):* Weibi, Weibi, sei doch nicht so
hart —

(Die Menge zerstreut sich.)

DER DICKE SCHIEBER: Gehma zahaus und sagma es war nix.

EIN ZEITUNGSAUSRUFER: Mittagszeitung! Die Piaveschlacht!
Der österreichische Sturmangriff!

(Verwandlung.)

Der Nörgler und der Optimist im Gespräch.

DER OPTIMIST: Und was wäre dann der Heldenruhm?

DER NÖRGLER: Das ersehen Sie aus dieser Theaterkritik. Ich möchte sie mit Ihrer Stimme gelesen hören. Gibts ein Fronttheater, gibts auch eine Theaterfront. Oder auch umgekehrt. Der Wechsel ist schaurig.

DER OPTIMIST *(liest, zuweilen die Stimme erhebend)*: Bürgertheater. Den Witwen und Waisen der Helden von Uszieczko galt der heutige Abend im Bürgertheater. Die Ersatzeskadron des k. u. k. Dragonerregiments Kaiser Nr. 11 (Oberstleutnant Baron Rohn) hat für die Witwen und Waisen der bei Uszieczko gefallenen Kameraden eine Festvorstellung veranstaltet. In aller Erinnerung ist das ruhmvolle Heldenstück der Kaiserdragoner vor der Brückenschanze am Dnjestr. Gegen zahllose Stürme haben sie den vorgeschobenen Posten gehalten, der vielfachen Übermacht getrotzt, bis nach monatelangem heißen Streiten die Massen der Feinde die zu einem Trümmerhaufen gewordene Schanze endlich bezwingen konnten. Mitten durch die feindlichen Reihen bahnte sich das übriggebliebene Häuflein der Kaiserdragoner, von seinem Kommandanten Oberst Planckh geführt, dennoch den Weg zu den Unsrigen. Die Tapferen von Uszieczko grüßte heute das Wiener Publikum auf der Bühne des Bürgertheaters und brachte ihnen eine stürmische Huldigung dar. Dieser schöne Gedanke, die Helden von Uszieczko zu feiern, lag dem szenischen Vorspiel zugrunde, das die feinsinnige heimische Dichterin Irma v. Höfer für diesen Anlaß verfaßt hat. Sie hat die Örtlichkeit der heißen Kämpfe zum Schauplatz der Szene gemacht, und Maler Ferdinand Moser hat die Landschaft am Dnjestr mit glücklicher Hand auf die Bühne gezaubert. Vor der Schanze, hinter der sich im Dämmerlichte des Mondes der Dnjestr wie ein Silberfaden hinzieht, sind die Kaiserdragoner gelagert, und die heute die Bühne belebten, standen noch vor kurzem im fürchterlichen Ringen am Dnjestr. Die meisten von ihnen trugen die wohlverdienten Auszeichnungen. Hofburgschauspieler Skoda interpretierte in der Uniform eines Dragoneroffiziers den gehaltvollen und fesselnden Prolog von Irma v. Höfer. Er erzählt von dem Ruhme der Kaiserdragoner, von den Heldentaten der »Elfer«, von dem Ausharren in allen Angriffen, ist von zündender Begeisterung und tiefem Empfinden erfüllt. Während der Kaiserdragoner im Morgengrauen den Überfall des Feindes erwartet, denkt er an sein Heim, an Mutter, Gattin und Kinder, streichelt und küßt die letzte Postkarte von den Lieben und geht darauf vor den Feind. Das Vorspiel von Irma v. Höfer ist eine poetische, formschöne Darstellung der letzten Heldentat der Kaiserdragoner und gibt in großen Umrissen die Geschichte des ruhmvollen Regiments. Nach der glutvollen Ansprache des Offiziers, die Herr Skoda mit rhetorischem Schwung und pathetischer Steigerung hinreißend vortrug, wurde das neue Regimentslied von Rittmeister Zamorsky, einem Helden von Uszieczko, mit dem anfeuernden Text von Frau Rittmeister Perovic gesungen. Dann zogen die Gestalten der Führer und Inhaber des berühmten Regiments vorüber, des Obersten Heißler, Prinz Eugen, Radetzky und schließlich unseres Kaisers. Der Regimentstrompeter blies »Zum Gebet!« Die Soldaten auf der Bühne knieten nieder und stimmten die Volkshymne an, in deren Töne das Publikum, in dem man außer den höchsten militärischen Kreisen auch die Spitzen der Zivilbehörden und die Vertreter der vornehmsten Gesellschaft bemerkte, einfiel. Rauschender Beifall folgte diesem Vorspiel der Frau v. Höfer, welche die Ereignisse der jüngsten Tage mit lebender Kraft und greifbarer Plastik auf die Bühne gebracht hat. Dann mußte der Vorhang des öftern in die Höhe gehen und das übervolle Haus jubelte den

Helden begeistert zu, die stramm salutierend dankten. Irma v. Höfer war Gegenstand rauschender Ovationen und es wurde von vielen Seiten der Wunsch laut, daß die Dichtung durch weitere Aufführungen breiteren Schichten zugänglich gemacht werde. Dem szenischen Prolog folgte die Aufführung von Eyslers »Der Frauenfresser« mit Fritz Werner und Betty Myra in ihren bekannten Glanzrollen —
— Nein! Das kann nicht wahr sein!

DER NÖRGLER: Wie denn also?

DER OPTIMIST (sieht noch einmal in die Zeitung und sagt): Das Publikum jubelte den Helden begeistert zu — die stramm salutierend dankten. (Pause. Er sieht den Nörgler an.) Das kann nicht wahr sein! Was — wäre dann der Heldenruhm?

DER NÖRGLER: Ein Theaterstück. Oder: Ein morscher Hügel, auf dem das Unkraut rot wie Feuer steht — wie ein chinesischer Kriegsdichter sagt. Ein deutscher Hausierer denkt weit weniger defaitistisch.

DER OPTIMIST: Wie meinen Sie das? So sollten Sie von diesen Dingen nicht sprechen. Der Heldenruhm ist keine Hausiererware.

DER NÖRGLER: Doch. Lesen Sie nur diesen Ausschnitt aus einem Fachblatt, den mir jemand zugesandt hat.

DER OPTIMIST (liest): Wichtige Mitteilung für Hausierer! Falls Sie Interesse für einen glänzenden 1 Mk.-Verkaufs-Artikel haben, empfehlen wir Ihnen unser patriotisches Gedenkblatt: »Er starb den Heldentod fürs Vaterland«. Größe des Bildes: 44×60 cm. Dasselbe ist in hochkünstlerischer Kupferstich-Imitation ausgeführt und eine Zierde als Wandschmuck für jede Familie, die einen ihrer Angehörigen auf dem Felde der Ehre verloren hat. Es zeigt neben ergreifenden Schlachtenbildern aller Waffengattungen ein stilles Soldatengrab, darunter Name und Ort des Gefallenen eingetragen wird. Seine Photographie, von einem Eichenkranz umrahmt, wird inmitten des Bildes befestigt und von den Strahlen des darüber befindlichen Eisernen Kreuzes glorifiziert, während ihm die Friedensgöttin den Sieges-Lorbeer reicht. Se. Majestät der Kaiser ist sichtbar, den Volksvertretern die denkwürdigen Worte: »Ich kenne keine Parteien mehr!« zurufend, und aus den Wolken leuchten verklärt die Antlitze der Gründer des Deutschen Reiches: Kaiser Wilhelm I., Bismarck und Moltke, hervor. — Ein Gedenkblatt, so vornehm und ergreifend, daß es von Arm und Reich begehrt sein wird. Übertrifft bei weitem alles, was bisher in diesem Genre erschienen ist! Preise für Wiederverkäufer — — Das kann nicht wahr sein! — Sagen Sie, daß es — von Ihnen ist — daß das alles von Ihnen ist!

DER NÖRGLER (*drückt ihm die Hand*): Ich danke Ihnen. Es ist von mir.

(*Verwandlung.*)

45. SZENE

Innsbruck. Maria Theresienstraße. Mitternacht. Menschenleer. Ein Mädchen tritt auf, in ihrer Rechten hält sie einen Säbel, mit dem sie herumfuchtelt. Von der andern Seite ein Metzgergehilfe.

DER METZGERGEHILFE: Ja was war nacher dös? (*Er erkennt sie*) Ja — (*er packt den Säbel.*)

DAS MÄDCHEN MIT DEM SÄBEL: Auslassen — Auslassen sag ich —!

DER METZGERGEHILFE: Sie sein eine Protestierte! Sie ham mich vorige Woch'n zu Ihnen gewunken! Sie derfen keinen Säbel nicht tragen! (*Er entreißt ihr den Säbel.*) Wie käm denn so eine Person zu ein' Säbel, jetzt im Krieg —

Drei Offiziere erscheinen im Laufschritt; einer ohne Säbel.

DER OFFIZIER OHNE SÄBEL (*wankend*): Oho! Wer hat denn da meinen Sabul? Hergeben auf der Stelle! (*Er will dem Metzgergehilfen den Säbel entreißen.*)

DER METZGERGEHILFE: Tschuldigen schon Herr Oberleutnant, aber diese Dame ist mir wohlbekannt — es ist eine Person — diese Person ist eine Protestierte — da bin ich verpflichtet — da muß ich den Säbel doch auf die Wachstuben bringen — oder nicht? Wie käm denn so eine Persoı zu ein' Säbel?

DER OFFIZIER OHNE SÄBEL *(energischer werdend):* Kerl, hergeben oder — *(er greift an die Stelle, wo sonst der Säbel ist.)*

DER METZGERGEHILFE: Das gibts nicht, daß so eine Person einen Säbel hat! Das muß angezeigt wern!

DER ZWEITE OFFIZIER *(zieht seinen Säbel):* Kein Aufsehn! Willst du Fallot auf der Stelle —

DER DRITTE OFFIZIER *(ihn zurückhaltend):* Kein Aufsehn, Waber, gscheidt sein! Das is eine bsoffene Gesellschaft!

DER METZGERGEHILFE *(fuchtelt mit dem Säbel):* Was? Bsoffene Gesellschaft? Herr Oberleutnant, schaun S', ich hab auch einen Säbel!

DER OFFIZIER OHNE SÄBEL *(packt ihn beim Arm):* Fallot!

DAS MÄDCHEN OHNE SÄBEL: Geh Pipsi, stell dich nicht her — mit so Zivilisten!

DER METZGERGEHILFE: Wachmann! Wachmann! Das wern wir sehn!

Zwei Wachleute kommen. Alle sprechen auf sie ein.

DER ERSTE WACHMANN: Aber bitte, bitte, Herr Oberleutnant, nur kein Blutvergießen — jetzt im Krieg!

DER DRITTE OFFIZIER: Hörst, kein Blutvergießen, gscheit sein!

DER ZWEITE WACHMANN: Kommen die Herrschaften alle mit aufs Hauptwachzimmer im Rathaus, dort wern wir schon ins Reine kommen.

Ein Inspektionsoffizier erscheint. Alle sprechen auf ihn ein.

DER INSPEKTIONSOFFIZIER: Was is denn? Jede Nacht gibts was. Du, die kenn ich schon. Du bist nicht der erste, dem s' mit'n Säbel durchgeht. Also da hast ihn! *(Er nimmt dem Metzgergehilfen den Säbel ab und überreicht ihn dem Oberleutnant, der ihn fallen läßt. Die Kameraden sind ihm behilflich.)* No was is mit der Person?

DER METZGERGEHILFE: Vorige Woch'n hat s' mich zu ihr gewunken! Das ist eine Protestierte — ist das!

BEIDE WACHMÄNNER *(zum Mädchen ohne Säbel):* Sie mir scheint, Sie ham kan Schein!

DER INSPEKTIONSOFFIZIER *(zum Oberleutnant):* Du Pöffl, warst mit ihr?

BEIDE WACHMÄNNER *(zum Mädchen ohne Säbel):* Sie, Sie führn einen unbefugten Lebenswandel!

DER ERSTE: Wegen Verdachtes von Geschlechtskrankheiten —

DER ZWEITE: — und gewerbsmäßiger Unzucht ohne Erlaubnisschein —

BEIDE: — gehn S' mit auf die Wachstuben!

DER INSPEKTIONSOFFIZIER: Solche Witz mit'n Säbel mitten im Krieg meine Liebe wern Ihnen teuer zu stehn kommen! Das is schon der dritte Fall, von dem ich weiß.

DAS MÄDCHEN OHNE SÄBEL *(auf den Oberleutnant zeigend):* Bitte, der is mein Freund! Gelt Pipsi, du bist mein Freund?

DER OFFIZIER MIT SÄBEL *(auf den Metzgergehilfen zeigend):* Der soll auch mit! Der hat meinen Säbel angerührt!

DER METZGERGEHILFE: Bitt, ich bin unschuldig —!

DER INSPEKTIONSOFFIZIER: Du Pöffl, hast ihr den Schandlohn gegeben?

DAS MÄDCHEN OHNE SÄBEL *(indem sie abgeführt wird, zurückrufend):* Ich bin keine so eine —! Ich bin nur vazierend —! Zwanzig Kronen krieg ich von ihm —! Zwanzig Kronen —! Blitzen, pfui Teufel! —

DER METZGERGEHILFE: So ein Schlampen! Herr Oberleutnant wern sich doch nicht mit so ein' Schlampen abgeben!

DER OFFIZIER MIT SÄBEL: Der hat meinen Säbel angerührt! *(Er will den Säbel ziehen.)* Frontschwein! Hurenpack! Wer mir in die Näh kommt —! Warts — Sabul — Rock des Kaisers — uah — *(Er übergibt sich. Die andern ziehen ihn fort. Die Straße ist menschenleer.)*

(Verwandlung.)

46. SZENE

Zwei Verehrer der Reichspost, schlafend.

ERSTER VEREHRER DER REICHSPOST *(aus dem Schlaf sprechend):* — und bat, die Huldigung der kaisertreuen Bevölkerung an den Stufen des allerhöchsten Thrones niederzulegen, Bürgermeister Weiskirchner antwortete, meine lieben Wiener, ihr lebt eine große Zeit mit, in unentwegter Treue huldigen wir unserem geliebten alten Kaiser, brausende Hochrufe, wir gedenken auch des Bundesgenossen in schimmernder Wehr, donnernde Heilrufe, und heute —

ZWEITER VEREHRER DER REICHSPOST (aus dem Schlaf sprechend): — und heute war der italienische Botschafter bei unserem Minister, um die feierliche Erklärung abzugeben, daß Italien in Treue Österreich zur Seite stehe, stürmische Evvivarufe — Katzel —

DER ERSTE: In Prag, Brünn und Budweis, überall jubeln s' den kaiserlichen Entschließungen zu.

DER ZWEITE: Allerhöchstes Hoflager in Ischl!

DER ERSTE: In Serajevo haben s' Gott erhalte gsungen.

DER ZWEITE: Fürst Alfred Windischgrätz hat sich freiwillig zum Kriegsdienst gemeldet.

DER ERSTE: Der Kaiser hat während des ganzen Tages in angestrengtester Weise gearbeitet.

DER ZWEITE: Soldatenvater.

DER ERSTE: Am 27. zwischen 12 und 1 Uhr wurde im Postsparkassenamt die finanzielle Vorsorge für den Krieg getroffen.

DER ZWEITE: Die Approvisionierung Wiens für die Kriegsdauer wurde vom Bürgermeister gemeinsam mit dem Ministerpräsidenten und dem Ackerbauminister gesichert.

DER ERSTE: Keine Teuerung durch den Krieg.

DER ZWEITE: Nur Tugenden.

DER ERSTE: Welch einen Schatz von Tugenden hat doch dieser Krieg schon gehoben.

DER ZWEITE: Ein gar strenger Lehrmeister der Völker.

DER ERSTE: Prometheischer Erringer von Licht und Klarheit.

DER ZWEITE: Lichtbringer — Lebensspender — Katzelmacher —

DER ERSTE: Kriege sind Prozesse der Läuterung und Reinigung, sind Saatfelder der Tugend und Erwecker von Helden.

DER ZWEITE: Renaissance österreichischen Denkens und Handelns.

DER ERSTE: Ramatama!

DER ZWEITE: Rrtsch — obidraht!

DER ERSTE: Wir sind für den Frieden, wenn auch nicht für den Frieden —

DER ZWEITE: Um jeden Preis!

DER ERSTE: Noch ist Lemberg —

DER ZWEITE: — in unserem Besitze.

DER ERSTE: Belgrad und Deschenee im intimsten Familienzirkel eingenommen — dinatoor — begaben sich —

DER ZWEITE: Elastischen Schrittes.

DER ERSTE: Kurz und gut —

DER ZWEITE: Gut und Blut —

BEIDE: Allerhöchstes Hoflager!

(Verwandlung.)

47. SZENE

Separatcoupé erster Klasse. Im finstern Gang ein Haufen von Koffern und Körpern.

DER OBERSTLEUTNANT DES GENERALSTABS MADERER VON MULLATSCHAK *(liegt betrunken im Coupé, lallend):* Ich und du — blinde Kuh — der größere Gauner das bist du! — Huupp — Hupf mein Mäderl — umarme dich im Geiste, mein Lumperl — hast die 600 Kilo Dörrgemüse? — Was? Was? Aber na, aber na! — ah daschaurija — 100.000 Kronen per Waggon hast gmacht — ich noch nicht — du Schlankl! du Schlankl! — Ich — hab ein — kolo—sales Gschäft — mit Speck in petto — nein, kein Veto! — Kajestät der Maiser — kann mich gern haben — Was? Der dalkerte Ehrenpunkt — Le — Leleopold — schmeiß ihm 'n Lleopoldsorden — heut trommel ich auf dein' Kakadu den Radetzkymarsch — Ehrenpunkt — Gfraßt — das soll er seiner Schwiegermutter erzähln — die macht noch bessere Gschäften — oder seiner Tant — recht hams — wann ich eine Herz — erzogin war — ich raubert die Schatzkammer

aus — und der Sal — Salvator! — ujegerl, hammer an
Gspaß ghabt — was Schatzi — is ja eh alles Wurscht —
bin gedeckt — was — Mutzigam — haha! hoho! huhu! —
ich — bin riesig stolz — ich hab jetzt ein Sparkassabuch —
das is mein Reglement! — huupp — mein Lumpi — ich
kann nur sagen — ich bin sehr zufrieden mit dem Krieg! —
jeder Waggon fünftausend Kronen Pro — Provision —
lauft als Müli — Mülidärfrachtgut — der Jud — zahlt
gut — aber daß du nicht glaubst — daß du nicht glaubst,
ich arbeit nicht selber auch — oh der Speck — der Speck —
wirst schon sehn — was schauts denn? standeswidrige —
Zivilistenbagasch — huupp — alle hab ich außischmeißn
lassen — ausn Coupé — das andere wissen S' eh — mein
Lumpi — sollns sich derstessn — hängts euch alle auf —
ah woos, häng mrs alle auf — sollns krepiern — fürs Vaterland, wanns — auf der Maschikseiten — Herstellt! —
den bsoffenen Kerl hab ich — huupp — erschießen lassen —
bin gedeckt — Mausi — ich bring dir — raten, raten! —
schmecks — hundertzwanzig Pfund Schweinernes! *(Fährt
auf, sieht auf die Uhr.)* Was — elf is schon? Gleich — sama
do — in Steinbrück — huupp — oha — jetzt — jetzt —
wann s' jetzt nicht parieren — ich hab telephonisch — Befehl geben, daß der Dings — den Schnellzug warten
laßt — er weiß ja nicht, der Trottel — daß es — für dich,
mein Arscherl — Sakra heut bin ich aber geil auf dich —
warum kommt er nicht — der Saukerl von an Burschen —
gleich is Steiermark — Steinbrück — er — er ließ schlagen — eine Brucken — brr — was schauts denn? —
Stein — Steinbrück — wann er nur kan Pallawatsch —
einen Schlof *(Gähnen)* — haab ich — uäh — es is — alles —
Wurscht —

(Verwandlung.)

48. SZENE

3000 Meter hoch.

DER FÄHNRICH *(im Halbschlaf):* Vier Jahre — Gott, Gott,

wozu — das — alles — Helene — ach — wo — bist du —

Die Schalek erscheint.

DIE SCHALEK: Also was empfinden Sie jetzt, was denken Sie sich, Sie müssen sich doch etwas — *(Batteriesalve.)*

(Verwandlung.)

49. SZENE

Der Optimist und der Nörgler im Gespräch.

DER OPTIMIST: Wenns nur schon zu Ende wäre! Was sagen Sie zu den Grab- und Leichenschändungen bei den Engländern und Franzosen? Die deutsche Propaganda behauptet, daß die Knochen der Gefallenen verwertet werden und aus Soldatenleichen Fett gewonnen wird.

DER NÖRGLER: Ich kann es nicht nachprüfen, aber als Metapher scheint es mir eine weitere Realität zu beglaubigen, dem weltüblichen Sachverhalt zu entsprechen und ganz und gar den Gebrauch zu bezeichnen, den die überlebende Menschheit in allen ihren Bestrebungen und Interessen vom Heldentod und von der Glorie macht.

DER OPTIMIST: Wenn man Sie sprechen hört, möchte man allerdings glauben, daß der allgemein erwartete Seelenaufschwung tatsächlich nicht eingetreten ist.

DER NÖRGLER: Fast glaube ich es selbst. Aber ich glaube auch, daß das Blutgeschäft, das die Agenten mit dieser Chance verlockend machen wollten, als der größte Bankrott, den je der Planet erlebt hat, enden wird. Und vor allem in den Reichen dieser mißgebornen Mittelwelt. Denn wir haben den Mord mit der Bibel und den Raub mit der Fibel in der Hand betrieben. Wir wollten den Weltmarkt in der Ritterrüstung erobern — wir werden mit dem schlechteren Geschäft vorlieb nehmen müssen, sie am Tandelmarkt zu verkaufen.

DER OPTIMIST *(will eine Zigarette anzünden):* Sonderbar, kein Zündholz fängt.

DER NÖRGLER: Das kommt vom Ultimatum an Serbien.

DER OPTIMIST: Ich sage, kein Zündholz fängt!

DER NÖRGLER: Ich sage, weil es gelungen ist, die Welt in Brand zu stecken!

DER OPTIMIST: Besteht auch hier ein Zusammenhang?

DER NÖRGLER: Gerade hier! Nichts von allem was wir stündlich berühren, ist unverändert geblieben, innen und außen, in Wert und Preis. Hätte 1914 ein Staatsmann gelebt, der so viel Phantasie hatte, zu wissen, daß 1918 kein Zündholz zünden werde, er hätt's mit der Welt nicht getan! Er hätte den Krieg, den er erklären sollte, auch gesehn und dazu den Frieden, in den aller Jammer noch wachsend hineinreichen wird.

DER OPTIMIST: Aber wenn einmal der Friede kommt —

DER NÖRGLER: — so wird der Krieg beginnen!

DER OPTIMIST: Jeder Krieg wurde doch noch durch einen Frieden beendigt.

DER NÖRGLER: Dieser nicht. Er hat sich nicht an der Oberfläche des Lebens abgespielt, sondern im Leben selbst gewütet. Die Front ist ins Hinterland hineingewachsen. Sie wird dort bleiben. Und dem veränderten Leben, wenns dann noch eines gibt, gesellt sich der alte Geisteszustand. Die Welt geht unter, und man wird es nicht wissen. Alles was gestern war, wird man vergessen haben; was heute ist, nicht sehen; was morgen kommt, nicht fürchten. Man wird vergessen haben, daß man den Krieg verloren, vergessen haben, daß man ihn begonnen, vergessen, daß man ihn geführt hat. Darum wird er nicht aufhören.

DER OPTIMIST: Aber wenn nur erst der Friede da ist —

DER NÖRGLER: — so wird man vom Krieg nicht genug kriegen können!

DER OPTIMIST: Sie nörgeln selbst an der Zukunft. Ich bin und bleibe Optimist. Die Völker werden durch Schaden —

DER NÖRGLER: — dumm. Dumdum!

(Verwandlung.)

Schweizer Hochbahn.

*Zwei riesenhafte Fettkugeln, deren unbeschreibliche Formen
mit menschlichen Maßen nicht bestimmbar sind, nehmen die
ganze Sitzbank ein. Die eine läßt in Wintersporthosen und Wa-
denstrümpfen zwei von einander unterscheidbare Fleischmassen
erkennen; die ungeheuren Wangenflächen sind blau beschattet,
der gestutzte Schnurrbart glänzt unter Mondaugen wie ein
schwarzes Boskett und läßt zwei rote Wülste frei. Das andere
Wesen ist von einem abgetragenen Winterrock überzogen; es ist
der Kompagnon, der eben zu Besuch gekommen ist. Kein Hals,
nur ein vierfaches Kinn vermittelt den Übergang der Körper-
kugel zur Kopfkugel, das Ganze ist völlig ungegliedert und hat
das Aussehen eines Igelfisches. Beide haben Bergstöcke; der eine
eine Gattin, die eine Brosche mit der Inschrift »Gott strafe
England« trägt und gegenübersitzt. Es sind die Riesen Gog &
Magog. Eine strahlende Schneelandschaft mit tiefblauem Himmel bildet den Hintergrund.*

GOG: Was ich mir jetzt noch wünsche, sind schöne Bilder.
Es muß ja nich jrade 'n Rembrandt oder 'n Böcklin sein —

MAGOG: Ich habe schon hundert.

GOG: So 'n schönes Bild ist doch wat Schönes. Na, 's nich
wah' Elschen? Jib 'n Schmatz. *(Er küßt sie.)*

MAGOG *(nach einer Pause):* Wer in diesem Kriege nicht reich
wird, verdient nicht, ihn zu erleben.

GOG: Jewiß doch.

MAGOG: Ich verlege mich jetzt auf Miniaturen, am liebsten
16. Jahrhundert, auch Gobelengs, Dosen, Wappenbücher
und so Krimskram macht mir Spaaß. Übahaupt trachte ich
mir möglichst alte Kultur zuzulegen.

GOG: Na und was ists denn mit Ihren Büchern? Ihr Bengel
ist doch mit einer der feinsten Bibliophilen, die wa jetzt im
Reich haben —

MAGOG: Ja, da koof'n wa alles zusammen, was es jetzt an
numerierten Ausjaben auf Bütten jibt. Wird bald nischt
mehr da sein. Eh ich von Berlin abreiste, habe ich um 60.000

Emmchen Bücher jekauft, Aufmachung in Leder — Leder is Bedingung. Ich bevorzuge Enschedé en Zonen-Drucke auf handjeschöpftem van Geldern-Bütten. Bütten muß handjeschöpft sein. Denn Kaiserlich Japan mit Perjamentrücken, zur Not auch Old Stratford.

GOG *(blickt in die Zeitung):* Na wat sagen Se, WTB — »In 24 Stunden 60.000 Kilogramm Bomben! — Ganz Dünkirchen steht in Flammen! Unsre Bombengeschwader haben Außerordentliches geleistet. Auch über der Festung London wurde die Wirkung einwandfrei festjestellt.«

MAGOG: Die Sache im Westen wird jemacht.

GOG: 's muß doch 'n Hochjefühl sein, so'n Kampffflieja! Vasteht man erst, wenn man das Ullsteinbuch von unserm Richthofen jelesen hat! Wie er den Rußkis die Bahnhöfe einjetöppert hat — da kann man ihm den Jenuß des Bombenfluges so recht nachfühlen. Ist doch köstlich, die Schilderung, wie er sich aus 'nem bessern Etappenschwein zum unbestrittenen Kampffflieja emporjearbeitet hat! 's muß 'n Hochjefühl sein, so alles unter sich haben und man kann kaputt machen — wie 'n König, mit Bomben beladen, wie 'n Gott!

MAGOG: U-Boot is ooch nich von Pappe.

GOG: Jewiß doch. *(Blickt in die Zeitung.)* Na wat sagen Se, WTB — »Die wenigsten Leute können sich vorstellen, welche prachtvolle U-Boot-Leistung die gestern und heute als versenkt gemeldeten sechzehn Dampfer wieder bilden. Auch der angeschossene, leider entkommene Dampfer dürfte wenigstens für mehrere Monate seiner Bestimmung entzogen sein.«

MAGOG: Unsre blauen Jungen schaffen es.

GOG: Na passen Se man uff, die jroße Kanone allein wird die Kerls mores lehren! Der Schuß in die Kirche neulich, so mitten rin ins Verjnüjen, Menschenskind da müssen se doch dran glauben lernen!

MAGOG: In spätstens zwei Monaten ist England auf die Knie gezwungen. Eeventuell in drei. Machen wa. Die Pleitestimmung ist da. Das sieht man doch an den Humanitätszicken, wat se jetzt wieda aufmachen.

Gog: Kokolores. Wat sagen Se zum Aufruf gegen den Gaskampf?

Magog: Sollte das nicht ein Zeichen für die überlegene Wirkung unsrer Gase sein?

Gog: Nu eben. Wir Deutsche begrüßen alle Versuche, dem Völkerrecht und der Menschlichkeit zum Siege zu vahelfen, mit Freude, lehnen es aber ab, uns übertölpeln zu lassen.

Magog: Der Entwicklung der Angelegenheit sehn wa mit Ruhe und gutem Gewissen entgegen.

Gog: Da sehn Se mal — immer dieselbe Schose! Immer die olle Vaständijungskiste! Reuter wirft uns vor, daß wir einer klaren und ernsthaften Einigung mit den Prinzipien einer kommenden Rechtsordnung ausweichen. Haben Se schon so 'nen Quatsch jehört?

Magog: Rechtsordnung? Wir haben Gas!

Elschen (*zum Fenster hinausdeutend*): Ach Männe s i e h dir bloß —!

Gog: Jewiß doch. Solange der Vanichtungswille unsrer Feinde unjebrochen ist —

Magog: Ach lassen Se mich man b l o ß mit den lausigen Lügen der Angtante unjeschoren. Immer das Jequasel mit ihrem Vaständjungsfrieden!

Gog: Fisimatenten. D i e Brüder kenn wa doch. Wa brauchen 'nen deutschen Frieden, und 'n deutscher Friede is keen weicher Friede, vaschtehste lieber Lloyd George, Herzensjunge?

Magog: Jaawoll, wir wern det Kind schon schaukeln, da is mir nich bang vor. Machen wa. Faule Jesellschaft, sage ich Ihnen. Da wolln se uns damit komm', daß Amerika nich einjetreten wäre, wenn wa den vaschärften U-Bootkrieg nich anjefangen hätten. U-Boot kann jar nich scharf jenuch sein! Dieser Erzpharisäer Wilson is doch 'n janz fauler Kopp, meinen Se nich auch?

Gog: Na von d e m hab ich die Neese pleng!

Magog: Nich in die Lameng!

Gog: Alles Blöff! Mogelt bis in die Puppen. Die Sache liegt doch janz eenfach so, daß wa durch den pyramidalen Coup

mit Brest-Litowsk unjeheure Truppenmassen frei bekomm'
haben. Na und wenn Rußland erledicht ist, denn vasteht
sich alles weitere von selbst. Denn wird die Chose für die
Brieder mulmich. Denn mögen die Onkels übers jroße
Wasser rüber komm'!

Magog: Unter allen Umständen haben wa doch Belgien als
Faustpfand. Wa brauchen 'ne jesunde Flottenbasis, wa
brauchen 'ne tüchtje Fliejabasis, wa brauchen Übasee und
wa brauchen doch det Erzbecken. Es erübricht sich, von
allem übrijen zu sprechen, was wa noch brauchen. Und
daß unsere Schwerindustrie beschäfticht werden muß, leuchtet jedem ein, nur nich den dämlichen Feinden. Wenn da
übahaupt von Frieden die Rede sein kann, könn' wa uns
doch unter keinen Umständen in 'ne Auseinandersetzung
über Elsaß-Lothringen einlassen!

Gog: Selbstvaständlich. Die zweideutje Haltung der Gegner zeigt deutlich, daß sie keenen Frieden wollen.

Magog: Die Leute sind eben in 'ner Mentalität vastrickt
und da könn' se nu mal nich raus.

Gog: Na wenichstens weiß man jetzt, wo die Kriegsvalän-
gerer sind. Wo die Kriegsschuldjen sind, weiß man ja längst.

Magog: Uns Deutschen bleibt nichts übrich als durchzuhalten.

Gog: Wenn die Völkerbundsfritzen behaupten, daß sie für
'ne moralische Idee kämpfen, bleibt einem nichts übrich als
der Appell an die Jewalt. Der olle Humanitätsfatzke übern
jroßen Teich soll es vorerst mal probieren!

Magog: Ach, ik sage immer — Jeduld und warme Füße.
Die Jungens wern jroße Augen machen, wenn wir Berliner
schwuppdich in Bachdad stehn. Mit'm D-Zuch!

Gog (zum Fenster hinausblickend): Na? sind wa nich bald
da? — Nu? jeht de Dampfpuste aus? — Nee! — Wat sagen Se zu unsern Internierten — stramme Kerls, wat?

Magog: Ach Se meinen woll die Hindenburch-Feier auf
der Rütli-Wiese?

Gog: Na ja, und den Rütli-Schwur haben se doch mit dem
Fahneneide vajlichen!

MAGOG: Fein, da hätt ich mit bei sein mögen! Ja wenn u n s r e Eidjenossen aufmarschieren, kommt gleich 'n andrer Zuch in den Betrieb! Wat sagen Se zu unsern schneidjen Landsleuten in Luganooh, die haben somit richtich die feindlichen Konsuln aus dem Hotel rausjejrault, der Hotelier hat nachjeben müssen.

GOG: Da jeschieht noch lange nich jenuch. Wir müssen die Schweiz säubern! Auf der Zürcher Straßenbahn hat einer neulich französisch jesprochen! Da habe ich denn jleich Krach jemacht und dem Mann auf den Kopf zujesagt, daß Neutralitätsbruch vorliege. Hätten Se ooch bei sein mögen. Der Bengel schwieg betroffen. Na und Elschen hat in Bern in 'ner Konditorei darauf bestanden, daß die Vakäuferin statt Crême Sahne sage. Die Sahne war zwar alle, aber Elschen ließ doch nicht locker. Nich wah' Elschen? Na, jib 'n Schmatz. *(Er küßt sie.)*

ELSCHEN: Ja, Schnuckepiezelchen.

MAGOG: Das sind leider nur vaeinzelte Fälle. Unsre Jesandtschaft müßte viel energischer zujreifen. Wir tun entschieden zu wenich, um die neutralen Sympathien zu jewinnen.

GOG: Unsre Propaganda versackt. Nu ja, da und dort werden wohl Bomben deponiert — aber mit der Aufklärung ists Essig.

MAGOG: Das dicke Ende kommt nach — das wird sich mal bitter rächen. Nach dem Krieg wer'n wa zwar als Sieger jefürchtet sein, aber man müßte doch schon jetzt das Terräng sondieren und um jeden Preis für Beliebtheit sorjen.

GOG: Ach, 's wird sich nich allzuviel ändern, so und so. Daheim — ja; aber —

MAGOG: Na wat jlooben Se woll wird da der Unterschied sein, vastehn Se, zwischen der Zeit vor dem Kriege und der Zeit nach dem Kriege — so im Alljemeinen?

GOG: Sehr einfach, vor dem Kriege habn wa von achte bis siebene jearbeetet, nach dem Kriege wern wa von siebene bis achte arbeeten.

MAGOG: Jewiß doch. Britische Habgier —

GOG: französischer Revangschedurst und —

MAGOG: — russischer Haß —

GOG: — haben uns diesen Krieg aufjezwungen.

MAGOG: Alaum Se mal, aber das Ausland is 'n nich zu unterschätzender Faktor! Wenn se auch besiegt sind, wir müssen uns in Ansehn setzen und beliebt machen! Darauf kommt es an, könn' Se ma jlooben. Der Abbau des Hasses — das müßte 'ne richtichgehende Propaganda besorjen. Und wenn se bis zum Weißbluten kommen — die Kunden dürften nie vajessen, daß wir das Volk Goethes sind!

(Aus dem Nebencoupé dringt der Gesang eines französischen Liedes.)

GOG: Unvaschämtheit! In 'nem neutralen Lande! Na d i e Jungen soll'n uns kennen lernen!

(Er singt »Deutschland, Deutschland über alles«. Magog stimmt ein, die Gattin gleichfalls. Der Gesang nebenan verstummt.)

MAGOG: So — da wär'n wa! *(Sie wälzen sich aus dem Coupé.)*

GOG *(ausgestiegen):* Na wat sagen Se zu d e r Sonne und zu d e m Himmel?

MAGOG: Tüchtjer Betrieb! Nu, und der Schnee is ooch sein Geld wert!

GOG: Nee, und der Gletscha is ooch nich von Pappe!

MAGOG: Na, und d i e Luft —!

GOG: Nee, da braucht man keene Jassmaske! Hach — Jesundbrunn —! Da hat doch Deutschland mal seinen Platz an der Sonne! 's is jut! 's is jut! *(halb singend)* Sie sollen ihn nicht ha—a—ben —! Na Elschen? Biste froh, daß Männchen nich vatalandvateidchen muß, wat?

ELSCHEN: Ja, Siegfriedchen.

Nun, da die Gruppe sich bewegt, ist es für einen Augenblick, als ob die Riesensilhouette eines schwarzen Flecks das in Weiß und Blau strahlende Weltall verdeckte.

(Verwandlung.)

Baracke in Sibirien. Ergraute Männer, ganz unterernährt, bar-
füßig, in zerfetzten Uniformen, kauern auf der Erde, starren aus
hohlen Augen ins Weite. Einige schlafen, einige schreiben.

EIN ÖSTERREICHISCHER HAUPTMANN *(tritt ein und ruft):* Ihr
Schweine!

Sie erheben sich und leisten die Ehrenbezeigung. Während ein
Teil Habtacht steht, exerzieren die andern mit Schaufeln und
machen Gewehrgriffe.

(Verwandlung.)

52. SZENE

Nordbahnhof. Der Perron im fahlen Morgenlicht. Labedienst.
Funktionäre. Honoratioren. Ein Zug mit Austauschinvaliden ist
soeben eingetroffen. Auf Tragbahren werden Leiber, die sich in
Zuckungen winden, aus den Waggons geladen. Die Tragbahren
werden aufgestellt.

EINE STIMME: Aufpassen, daß sich die Angehörigen nicht
vordrängen.

(Vor der vordersten Reihe des Publikums postieren sich die Mit-
glieder des Vereins »Lorbeer für unsere Helden« und Funktio-
näre in Frack. Eine Regimentsmusik bezieht ihre Plätze.)

EINE ZWEITE STIMME: Zwa Stund Verspätung hat er g'habt,
jetzt is er da, jetzt stehn mr zwa Stund da und die Leut, die
was da sein solln, san net da.

EINE DRITTE STIMME: Gengan S' — acht Täg von Schweden
her, da wird's drauf ankommen.

(Es erscheinen zehn Herren in Gehröcken, die sich so aufstellen,
daß sie zwar selbst die Vorgänge beobachten können, aber diese
den Blicken der Außenstehenden fast ganz entziehen. Die Trag-
bahren sind seit dem Moment ihres Auftretens nicht mehr sicht-
bar. Während jeder der zehn ein Notizblatt hervorzieht, treten
zwei Funktionäre an die Gruppe heran und stellen sich gegen-
seitig wie folgt vor.)

Zawadil: Spielvogel.

Spielvogel: Zawadil.

Beide *(zugleich sprechend):* Ein trüber Morgen. Schon um 6 Uhr waren wir zur Stelle, um die Anordnungen zu treffen.

Angelo Eisner v. Eisenhof *(tritt hinzu und spricht angelegentlich mit einem der zehn, die zu schreiben beginnen. Er deutet auf verschiedene Gestalten, die alle die Hälse recken und den Versuch machen, aus dem Spalier zu treten. Er beruhigt durch Winken jeden einzelnen, indem er, gleichzeitig auf die zehn Männer weisend, die Pantomime des Schreibens macht, so als ob er ihm bedeuten wollte, daß bereits von ihm Notiz genommen sei. Inzwischen ist es dem Hofrat Schwarz-Gelber und dessen Gemahlin gelungen, in unmittelbaren Kontakt mit den Schreibenden zu kommen und einem von diesen auf die Schulter zu tippen.)*

Hofrat Schwarz-Gelber und Hofrätin Schwarz-Gelber: Wir haben es uns nicht nehmen lassen wollen, persönlich zu erscheinen.

Sektionschef Wilhelm Exner: Ich stehe hier als Vorkämpfer der Prothesen-Aktion.

Dobner v. Dobenau: Als Truchseß hätte ich eigentlich das Recht, hineinzugehen, wo die Spitzen sind.

Riedl: In der Adriaausstellung habe ich mit ihm verkehrt, als Obmann um damit auf dem einmal betretenen Wege unerschrocken fortzufahren.

Stukart: Meine Anwesenheit versteht sich von selbst.

Sieghart: Ich bin heute Gouverneur.

Präsident Landesberger von der Anglobank: Sie sagen von mir, ich sei ein Bankmagnat.

Eine Stimme: Da stell di her, da siehst sie besser, die heimgekehrten Manen.

Eine andere Stimme: Durch Sibirien solln s' acht Wochen gebraucht haben. No jetztn, bei die Verspätungen —

Eine Mutter: Geh nicht zu nah, man weiß nicht, was sie für Krankheiten mitbringen. Schau dort, wie der dort sich windet.

Die Tochter: Bittich Bauchschuß.

Dr. Charas: Mit mir an der Spitze ist auch die Rettungsgesellschaft erschienen, hat aber noch keinen Anlaß gefunden, in zahlreichen Fällen zu intervenieren.

(Inzwischen ist eine Dame in tiefster Trauer eingetreten. Alles weicht zurück.)

Hofrätin Schwarz-Gelber *(wie vom Blitz getroffen, gibt ihrem Gatten einen Stoß und spricht):* Was hab ich dir gesagt! Die is überall, wo sie nicht hineingehört. Ob man einmal unter sich sein könnte!

Flora Dub: Wie ruhig sie daliegen!

Ein Redakteur *(zu seinem Nachbar):* Schreiben Sie, die Augen der heimgekehrten Krieger leuchten.

Zwei Konsuln *(stellen sich gleichzeitig vor):* Stiaßny. Wir sind herbeigeeilt.

Drei kaiserliche Räte *(treten in einer Reihe auf):* Als Vertreter der Aktion »Lorbeer für unsere Helden« sind wir erschienen, den heimgekehrten Vertretern unserer glorreichen Armee den Zoll zu spenden.

Sukfüll: Vom Gremium entsendet, nehme ich die Gelegenheit wahr, hocherhobenen Herzens der Freude Ausdruck geben zu können, mit der unsere tapferen Krieger, die auch in der Ferne unseren Bestrebungen ihr Interesse unverändert bewahrt haben, sich nunmehr von deren Erfolgen überzeugt haben zu können. Wenngleich keineswegs zu leugnen ist, daß das Hoteliergewerbe durch den Krieg gelitten hat und wofern dem Fremdenverkehr auch durch die Schwierigkeit der Beschaffung von Lebensmitteln Hindernisse in den Weg gelegt waren, so werden sich die glorreichen Kämpfer, die für Habsburgs Ehre geblutet haben, keineswegs verschließen können.

Birinski und Glücksmann: Als Vertreter der Kunst hat uns die Kunst entsendet.

Hans Müller: Wohlan! Wer diese Bresthaften betrachtet, die nun am Ziele der Heimfahrt das Spittel empfängt, den wird es in sein Inneres hinein schauern, als blickte er jäh durch einen Spalt in die letzte Glut des Erlebens.

668

(Es erscheinen Leute, Männer und Frauen, die eine Anregung gegeben haben, geführt vom kaiserlichen Rat Moriz Putzker.)

PUTZKER: Meiner Anregung zufolge haben zum Zwecke der genauen Berechnung der Dauer ihrer Gefangenschaft unsere sibirischen Kriegsgefangenen die Stunden bis zu ihrer Ankunft gezählt.

(Der Prinz Eugen-Marsch wird intoniert. Einige der Invaliden werden ohnmächtig.)

DIE MUTTER: Geh nicht zu nah, ich hab meine Gründe.

DIE TOCHTER: Gott wie viel solche hab ich schon gelabt!

(Es entsteht eine Bewegung. Einer der Ohnmächtigen ist gestorben.)

EINE STIMME: Schaun Sie sich den Blick an. Wie er selig is, daß er am Ziel is.

EINE ANDERE STIMME: Wo bleibt Heller?

EINE DRITTE STIMME: Er wird in den Annalen fortleben.

DOBNER V. DOBENAU: Als Truchseß hätte ich eigentlich das Recht —

DER BUCHHÄNDLER HUGO HELLER *(hat sich Bahn gebrochen):* Durch meine weitverzweigten kulturellen Verbindungen wäre es mir offenbar ein leichtes gewesen, die Verbindung mit den dem Kulturkreis Entrückten herzustellen, wenn nicht wie gesagt der Tod dazwischen gekommen wär.

HANS MÜLLER: Wohlan!

(Während Funktionäre an die Invaliden Kriegsabzeichen verteilen, wird der Radetzkymarsch intoniert.)

DER REDAKTEUR *(zu seinem Nachbarn):* Schreiben Sie, wie sie lauschen!

(Verwandlung.)

53. SZENE

Eine menschenleere Gasse. Es dunkelt. Plötzlich stürzen von allen Seiten Gestalten herbei, jede mit einem Stoß bedruckten Papiers, atemlos, Korybanten und Mänaden, rasen die Gasse auf und ab, toben, scheinen einen Mord auszurufen. Die Schreie

sind unverständlich. Manche scheinen die Meldung förmlich
hervorzustöhnen. Es klingt, als würde das Weh der Menschheit
aus einem tiefen Ziehbrunnen geschöpft.

— asgabee —! strasgabää —! xtrasgawee —! Peidee Pe-
richtee —! Brichtee —! strausgabee —! Extraskawee —!
richtee —! eestrabee —! abee —! bee—!

(Sie verschwinden. Die Gasse ist leer.)

(Verwandlung.)

54. SZENE
Der Nörgler am Schreibtisch.
(Er liest.)

»Der Wunsch, die genaue Zeit festzustellen, die ein im
Walde stehender Baum braucht, um sich in eine Zeitung zu
verwandeln, hat dem Besitzer einer Harzer Papierfabrik
den Anlaß zur Ausführung eines interessanten Experi-
ments gegeben. Um 7 Uhr 35 Minuten ließ er in dem der
Fabrik benachbarten Walde drei Bäume fällen, die nach
Abschälung der Rinde in die Holzstoffabrik transportiert
wurden. Die Umwandlung der drei Holzstämme in flüssige
Holzmasse ging so schnell vor sich, daß bereits um 9.39 Uhr
die erste Rolle Druckpapier die Maschine verließ. Diese
Rolle wurde mittels Automobil unverzüglich nach der vier
Kilometer entfernten Druckerei einer Tageszeitung geschafft, und bereits um 11 Uhr vormittags wurde die Zei-
tung auf der Straße verkauft. Demnach hatte es nur eines
Zeitraumes von 3 Stunden 25 Minuten bedurft, damit das
Publikum die neuesten Nachrichten auf dem Material lesen
konnte, das von den Bäumen stammte, auf deren Zweigen
die Vögel noch am Morgen ihre Lieder gesungen hatten.«

Von draußen, ganz von weitem her, der Ruf: — — bee!

Also ist es fünf. Die Antwort ist da. Das Echo meines
blutigen Wahnsinnes, und nichts mehr tönt mir aus der
zerschlagenen Schöpfung als dieser Laut, aus dem zehn
Millionen Sterbende mich anklagen, daß ich noch lebe, der
Augen hatte, die Welt so zu sehen und dessen Blick sie so

getroffen hat, daß sie wurde wie ich sie sah. Wars gerecht vom Himmel, daß es geschah, so wars doch ungerecht, mich nicht eher zu vernichten! Habe ich diese Erfüllung meiner Todesangst vor dem Leben verdient? Was wächst mir da in meine Nächte? Warum ward ich nur ausersehen, den Thersites zu rehabilitieren, und nicht auch den Achilles zu entehren? Warum wurde mir nicht die Körperkraft, die Sünde dieses Planeten mit einem Axthieb umzulegen? Warum wurde mir nicht die Gedankenkraft, die geschändete Menschheit zu einem Aufschrei zu zwingen? Warum ist mein Gegenruf nicht stärker als dieses blecherne Kommando, das Macht hatte über die Seelen eines Erdenrunds? Ich bewahre Dokumente für eine Zeit, die sie nicht mehr fassen wird oder so weit vom Heute lebt, daß sie sagen wird, ich sei ein Fälscher gewesen. Doch nein, die Zeit wird nicht kommen, das zu sagen. Denn sie wird nicht sein. Ich habe eine Tragödie geschrieben, deren untergehender Held die Menschheit ist; deren tragischer Konflikt als der der Welt mit der Natur tödlich endet. Ach, weil dieses Drama keinen anderen Helden hat als die Menschheit, so hat es auch keinen Hörer! Woran aber geht mein tragischer Held zugrunde? War die Ordnung der Welt stärker als seine Persönlichkeit? Nein, die Ordnung der Natur war stärker als die Ordnung der Welt. Er zerbricht an der Lüge: die Wesenlosigkeit, an die er den alten Inhalt seines Menschentums verloren hat, in den alten Lebensformen zu bewähren. Händler und Held zu sein und dieses sein zu müssen, um jenes zu bleiben. Er vergeht an einem Zustand, der als Rausch und Zwang zugleich auf ihn gewirkt hat. Gibt es Schuldige? Nein, sonst gäbe es Rächer, sonst hätte der Held Menschheit sich gegen den Fluch gewehrt, der Knecht seiner Mittel zu sein und der Märtyrer seiner Notwendigkeit. Und zehrt das Lebensmittel vom Lebenszweck, so verlangt es den Dienst am Todesmittel, um noch die Überlebenden zu vergiften. Gäbe es Schuldige, die Menschheit hätte sich gegen den Zwang gewehrt, Held zu sein zu solchem Zwecke! Den einzelnen, die es befahlen, hätte die Einheit geantwortet. Jene aber sind nicht Tyrannen. Ihr Geist ist aus dem Geist der Masse geschnitten. Wir alle sind einzeln. Wir haben jeder unsern Schmerz und der andere entbrennt nicht daran. Und wir entbrennen nicht an dem Kontrast, den unser Opfer zum Gewinn des andern täglich stellt, zum grausamen Gewinn des andern. Tyrannen wichen dem Schrekken. Wir aber hätten uns unsere Tyrannen immer wieder aus uns selbst ersetzt. Denn uns alle treibt ein hohles Wort, doch nicht des Herrschers, sondern der Maschine. Was frommte der Revolver gegen die Maschine? Der Revolver gibt kein Beispiel gegen sie, wie die Armbrust gegen den Tyrannen. Wir haben das Ding erfunden und was uns im Rücken bedroht, ist nicht das Maschinengewehr, sondern das öde Wunder, daß es dieses gibt. Nicht seine Drohung, sein Dasein lähmt den Entschluß. Wie könnte da das Gegenkommando erstehen, das uns unsere Waffen zerbrechen hieße! Kann ich im Sprechsaal Europas sprechen? So müßt ihr weiter sterben für etwas, was ihr die Ehre nennt oder die Bukowina, und wovon ihr nicht wißt, was es ist, was aber wieder nur die Waffe selbst ist. Wofür seid ihr gestorben? Hättet ihr alle zusammen Geist genug, um die Kontraste zu spüren, ihr hättet den Leib gewahrt. Was Todesverachtung! Warum solltet ihr verachten, was ihr nicht kennt? Wohl verachtet man das Leben, das man nicht kennt. Ihr lernt es erst kennen, wenn der Zufall des Schrapnells euch nicht ganz getötet hat oder wenn die kommandierte Bestie, Schaum vor dem Mund, ehedem ein Mensch wie ihr, euch anfällt und ihr die Minute Bewußtsein habt, nun an der Schwelle zu stehn. Und da wagt die kommandierende Bestie euch nachzusagen, ihr hättet den Tod verachtet? Und ihr habt jene Minute nicht genützt, eurem Vorgesetzten zuzuschreien, daß er nicht der Vorgesetzte Gottes sei, der ihm schaffen könne, Geschaffenes ungeschaffen zu machen? Nein, ihr habt euch von ihm, mit Gott, über die Schwelle jagen lassen, wo das Geheimnis beginnt, dessen Verrat kein irdischer Staat erlangen könnte! Nach dem jeder seine Helden und keiner seine Spione sendet! Hättet ihr doch in dem

Augenblick des Opfers um den Gewinn gewußt, der trotz, nein, mit dem Opfer wächst, sich an ihm mästend! Denn nie, bis zu dem unentschiedenen Krieg der Maschinen, hat es so gottlosen Kriegsgewinn gegeben und ihr, siegend oder besiegt, verloret den Krieg, der ein Gewinn eurer Mörder ist. Eurer feigen, technisch avancierten Mörder, die nur in der Entfernung vom Schauplatz ihrer Tat töten und leben können. Wie, du treuer Begleiter meines Worts, mit reinem Glauben zum Himmel der Kunst emporgewandt, mit stiller Wissenschaft das Ohr an ihr Herz legend, du mußtest hinüber? Ich sah dich an dem Tag, da du auszogst. Regen und der Schmutz dieses Vaterlands und seine ruchlose Musik waren der Abschied, als man euch in den Viehwagen pferchte! Ich sehe dein blasses Gesicht in dieser Orgie von Kot und Lüge, in diesem furchtbaren Lebewohl eines Frachtenbahnhofs, von wo das Menschenmaterial versandt wird durch jenes Machtwort, das die Leiber entfesselt und die Geister gebunden hat und das verurteilte Leben in eine Kinderstube verwandelt, in der Viehknechte spielen! Du sahest nicht aus wie solche. Wie konntest du nicht schon daran sterben, daß du diesen Start erleben mußtest, vor dem wahrlich Wallensteins Lager als die Halle eines Palasthotels erschien! Denn schmutzig wird der Maschinenmensch, ehe er blutig wird. So fing deine Italienreise an, du Kunstforscher. Und du, edles Dichterherz, das zwischen den Stimmen der Mörser und Mörder dem Geheimnis eines Vokals oblag — vier Jahre deines Frühlings hast du unter der Erde verbracht, die künftige Wohnstatt zu erproben? Was hattest du dort zu suchen? Läuse fürs Vaterland? Zu warten, bis der Granatsplitter kam? Zu beweisen, daß dein Leib gegen die Leistungsfähigkeit der Schneider-Creuzot-Werke widerstandsfähiger sei, als der eines Turiners gegen den Skoda? Wie, wir sind die Commis voyageurs von Waffenfabriken, die nicht mit ihrem Mund die Tüchtigkeit ihrer Firma, sondern mit ihrem Körper die Minderwertigkeit der Konkurrenz bezeugen sollen? Wo viel Reisende waren, wird es viel Hinkende geben! Mögen sie sich die Absatzgebiete in Schlachtfelder verwandeln. Aber daß sie auch Macht hatten, die höher Gearteten in den Dienst der Schufterei zu zwingen — nie hätte der Teufel gewagt, eine solche Befestigung seiner Herrschaft für denkbar zu halten. Und wenn man ihm nun zugeraunt hätte, im ersten Jahre des Kriegs, in den er die Völker mit der Fibel in der Hand gejagt hat, damit sie sein Geschäft mit mehr Seele betreiben, im ersten Jahr schon werde eine Petroleumraffinerie 137 Prozent Reingewinn vom gesamten Aktienkapital erzielen und der David Fanto 73 Prozent, die Kreditanstalt 19.9 Millionen Reingewinn und die Wucherer an Fleisch und Zucker und Spiritus und Obst und Kartoffeln und Butter und Leder und Gummi und Kohle und Eisen und Wolle und Seife und Öl und Tinte und Waffen würden hundertfach entschädigt sein für die Entwertung fremden Bluts — der Teufel hätte einem Verzichtfrieden das Wort geredet! Und dafür laget ihr vier Jahre in Dreck und Nässe, dafür war der Gruß erschwert, der euch erreichen, das Buch aufgehalten, das euch trösten wollte. Sie wünschten, daß ihr am Leben bliebet, denn sie hatten auf ihren Börsen noch nicht genug gestohlen, in ihren Pressen noch nicht genug gelogen, in ihren Ämtern noch nicht genug drangsaliert, die Menschheit noch nicht genug durcheinandergepeitscht, in allen ihren Gelegenheiten und Tätigkeiten sich noch nicht genug für ihr Unvermögen und ihre böse Lust auf den Krieg berufen, damit ihr Verbrechen sie entschuldige — sie hatten diesen ganzen tragischen Karneval, in dem Männer vor den Augen des weiblichen Kriegsberichterstatters starben und Metzger Philosophen honoris causa wurden, noch nicht bis zu Kehraus und Fasten durchgetanzt! Wie, ihr habt wochenlang unter Minenwürfen gelegen; wart von Lawinen bedroht; hinget 3000 Meter hoch an einem Seil zwischen dem Trommelfeuer des Feindes und dem Maschinengewehrfeuer der »Eigenen« — ein Wort, des Landesverrats wert —; waret hundertfach verlängerter Delinquentenqual, und oft genug ohne Henkermahl, ausgesetzt; mußtet die ganze Varietät des Todes im Zusammenprall von Organismus und Maschine durchleben, durch Sprengminen, Drahtverhaue, spanische Reiter, Dumdumgeschosse, Bomben, Flammen und Gase und alle Höllen des Sperrfeuers — weil Wahn und Wucher ihr feiges Mütchen an euch noch nicht gekühlt hatten? Und ihr solltet in solcher Preisgegebenheit »wehrfähig« bleiben, weil der Menschheit für die ihr geraubte Phantasie noch nicht genug Syphilis eingeimpft war? Und ihr draußen und wir drinnen, wir sollen noch länger in das Grab starren, das wir uns auf höheren Befehl schaufeln mußten — wie den serbischen Greisen geboten war, und aus keinem andern Grunde geboten, als weil sie Serben waren und noch am Leben, also verdächtig! Oh daß man doch, wenn man mit heiler Haut, obschon verhärmt, verarmt, gealtert, aus diesem Abenteuer entkam, durch den Zauber einer allerhöchsten Vergeltung die Kraft empfinge, sie, die stets überlebenden Rädelsführer des Weltverbrechens, einzelweis zur Verantwortung zu ziehen, in ihre Kirchen zu sperren und dort, ganz wie sie es den serbischen Greisen getan haben, jeden zehnten sein Todeslos ziehen zu lassen! Dann aber nicht zu töten — nein, zu ohrfeigen! Und also anzureden: Was, ihr wußtet nicht, ihr Buben, ahntet nicht, daß die Folgen einer Kriegserklärung unter Millionen Möglichkeiten des Schauders und der Schmach auch die wären, daß die Kinder keine Milch, die Pferde keinen Hafer haben und daß man noch fern vom Schuß an Methylalkohol erblinden kann, wenn es denn im Kriegsplan des Wuchers beschlossen wäre? Wie, ihr ermaßet nicht das Unglück einer Stunde vieljährigen Gefangenenleids? Eines Seufzers der Sehnsucht und der beschmutzten, zerrissenen, hingemordeten Liebe? Wart nicht einmal fähig der Vorstellung, welche Höllen aufgetan sind einer Qualenminute mütterlichen Hinaushorchens durch Nächte und Tage, dieses jahrelangen Wartens auf den Heldentod? Und spürtet nicht, wie die Tragödie eine Posse wurde, durch die Gleichzeitigkeit neuen Unwesens und alten Formenwahns eine Operette, eine jener ekelhaften neuzeitlichen Operetten, deren Text eine Insulte ist und deren Musik eine Tortur? Und ihr spürtet nicht, daß der geringste eurer Befehle, ja nur die letzte Folge eures geringsten Befehls, und wäre es bloß die Stupidität, die die Flucht aus eurem Bezirk erschwerte, die eure Kriegsüberwachungsämter, Paßämter, Paßanweisungsämter, Paßklauselämter, Grenzübertrittsbewilligungsämter, Platzkommanden und Grenzschutzkommanden gegen einander losgelassen hat, damit sie einander verwirrten — spürtet nicht, daß die geringste Maßnahme eurer Besessenheit der Menschenwürde ein unauslöschliches Schandmal aufprägen würde? Und ihr hattet übersehn, daß, wenn ihr sämtliche Menschen in die Uniform stecktet, sie nun alle unaufhörlich einander salutieren müßten? Und merktet nicht, daß diese Gebärde eines Tags, plötzlich, nur mehr der Griff an die Stirn war, der den Zweifel an dem wechselseitigen Verstand betraf? Und daß das Kopfschütteln zuckender Invalider euch, nur euch galt? Und ließet nicht ab von dem Zeitvertreib eurer zum Niederbruch verurteilten und dennoch die Welt fortschröpfenden Glorie? Wie, und ihr dort, ihr Gemordeten, standet nicht auf gegen diese Ordnung? Gegen dieses System von Mord und einer Ökonomie, die das Leben für alle Zukunft zum Durchhalten verurteilen mußte, alle Aussicht verhängt und das kleinste Glücksbedürfnis dem Haß der Nationen preisgegeben hat? Sinnlos im Krieg gewütet und grundlos gewütet gegen jeden, weil Krieg war! Armut, Hunger und Schmach gehäuft über Flüchtigen und Seßhaften und alle Menschheit innen und außen konfiniert. Und Staatsmänner, in abschüssiger Zeit einzig berufen, den bestialischen Drang der Menschheit zu hemmen, sie haben ihn entfesselt! Im Frieden zu Tiermord und Kindermord bereit, griff feiger Lebenshaß zur Maschine, um alles Wachstum zu verheeren. Hysterie im Schutze der Technik überwältigt die Natur, Papier befehligt die Waffe. Invalide waren wir durch die Rotationsmaschinen, ehe es Opfer durch Kanonen gab. Waren nicht alle Reiche der Phantasie evakuiert, als jenes Manifest der bewohnten Erde den Krieg erklärte? Am Ende war das Wort. Jenem, welches den Geist getötet, blieb nichts übrig, als die Tat zu gebären. Schwächlinge wurden stark, uns unter das Rad des Fortschritts zu bringen. Und das hat s i e vermocht, sie allein, die mit ihrer Hurerei die Welt verdarb! Nicht daß die Presse die Maschinen des Todes in Bewegung setzte — aber daß sie unser Herz ausgehöhlt hat, uns nicht mehr vorstellen zu können, wie das wäre: das ist ihre Kriegsschuld! Und von dem Wollustwein ihrer Unzucht haben alle Völker getrunken, und die Könige der Erde buhlten mit ihr. Und er sprach ihr zu, der apokalyptische Reiter, den ich einstens, lange eh ers tat, durch das deutsche Reich rasen sah. Ein Jahrzehnt ist um, seit ich sein Werk erfüllt wußte. »Er ist Volldampf voraus in allen Gassen. Sein Schnurrbart reicht von Aufgang bis Niedergang und von Süden gen Norden. ›Und dem Reiter ward Macht gegeben, den Frieden von der Erde zu nehmen, und daß sie sich einander erwürgten.‹« Und ich sah ihn als das Tier mit den zehn Hörnern und den sieben Köpfen und einem Maul gleich dem Rachen eines Löwen. »Man betete das Tier an und sprach: Wer ist dem Tiere gleich? Und wer vermag mit ihm zu streiten? Ein Maul ward ihm gegeben, große Dinge zu reden.« Und wir fielen durch ihn und durch die Hure von Babylon, die in allen Zungen der Welt uns überredete, wir wären einander feind und es solle Krieg sein! Und ihr Geopferten standet nicht auf gegen diesen Plan? Wehrtet euch nicht gegen den Zwang, zu sterben, und gegen die letzte Freiheit: Mordbrenner zu sein? Gegen die Teufelei, die die Aufopferung für den Wollmarkt gar unter den Fahnen des sittlichen Pathos vollziehen hieß! Die sich an Gott vergreift, um seine Zeugenschaft für den blutigen Wechsel zu erlangen! Alle Hoheitsrechte und Lebenswerte an die Idee der Materie verschachert. Das Kind im Mutterleib dem Imperativ des Hasses verpflichtet und das Bild dieser kämpfenden Mannheit, ja selbst dieser pflegenden Frauenschaft, gepanzerte Leiber mit Gasmasken, als das einer Horde von Fabeltieren dem Grausen der Nachwelt überliefert hat. Mit Kirchenglocken auf Gläubige geschossen und vor Altären aus Schrapnells nicht bereut! Und in

all dem Glorie und Vaterland? Ja, ihr habt das Vaterland
erlebt, ehe ihr dafür starbet! Das Vaterland von dem
Augenblick an, wo ihr in der Schweiß- und Bierluft des
Vorsaals zum Heldentod entkleidet warten mußtet, als sie
Menschenfleisch musterten und Menschenseelen zum gott-
losesten Schwure zwangen. Nackt waret ihr, wie nur vor
Gott und der Geliebten, vor einer Kommission von Schin-
dern und Schweinen! Scham, Scham für Leib und Seele
hätte euch dem Vaterland weigern sollen! Wir alle haben
dieses Vaterland gesehn und die Glücklichern unter uns,
die ihm entfliehen konnten, sahen es noch in der Gestalt des
frechen Grenzwächters. Wir sahen es in allen Formen der
Machtgier des losgelassenen Sklaven und der Umgänglich-
keit des trinkgeldgierigen Erpressers. Nur daß wir andern
es nicht in der Gestalt des Feindes, des wahren Feindes, erleben mußten, der mit dem Maschinengewehr euch vor das
Maschinengewehr trieb. Aber wenn wir es nur in den Kon-
terfeis dieser scheußlichen Generale gesehen hätten, die sich
die große Zeit hindurch, statt der Luxusdamen, in Theater-
revolverblättern inserierten, zum Zeichen, daß nicht immer
nur gehurt, sondern auch gemordet werde in der Welt —
wahrlich, wir ersehnten diesem Blutbordell seine Sperr-
stunde! Wie, ihr dort, ihr Gemordeten, ihr Geprellten, standet nicht auf gegen den Betrieb? Ertruget die Freiheit und
das Wohlleben der Preßstrategen, Parasiten und Possen-
reißer, wie euer Unglück und euern Zwang? Und wußtet,
daß sie für eure Martern Ehrenzeichen bekamen? Spieet
ihnen nicht die Glorie ins Gesicht? Laget in Verwundeten-
zügen, die das Gesindel abschildern durfte? Brachet nicht
aus, desertiertet nicht in den heiligen Krieg, uns hinten von
dem Todfeind zu befreien, der uns täglich mit Lügenbom-
ben das Gehirn belegte? Und starbet für dies Geschäft?
Lebtet das Grauen durch, um unser Grauen zu verlängern,
die wir hier zwischen Wucher und Not hindurchkeuchten
und zwischen den marternden Gegensätzen gemästeter
Frechheit und lautloser Schwindsucht. Oh, ihr hattet weniger Gefühl für uns als wir für euch, die wir jede Stunde

dieser Jahre, welche sie euch aus dem Leben rissen, von ihnen hundertfach zurückfordern wollten und die an euch immer nur die Frage hatten: Wie werdet ihr aussehen, wenn ihr d a s überlebtet! Wenn ihr dem letzten Ziel der Glorie entronnen seid, daß die Hyänen zu Fremdenführern werden, um euere Gräber als Sehenswürdigkeit auszubieten! Erkrankt, verarmt, verludert, verlaust, verhungert, verendet, gefallen zur Hebung des Fremdenverkehrs — dies unser aller Los! Sie haben eure Haut zu Markte getragen — doch auch aus der unsern schnitt sich ihr Lebenssinn seine Geldtasche. Ihr aber hattet Waffen — und zogt nicht in dieses Hinterland? Und kehrtet nicht um, von jenem Feld der Schande in den ehrlichsten Krieg, uns und euch zu erretten? Und steht nicht als Tote aus euern Erdlöchern auf, das Gezücht zur Verantwortung zu ziehen, ihnen im Schlaf zu erscheinen mit dem verzerrten Antlitz, das ihr in der Stunde des Ablebens trugt, mit den glanzlosen Augen eurer heldischen Wartezeit, mit der unvergeßlichen Maske, zu der eure Jugend von dieser Regie des Wahnsinns verdammt ward! So stehet doch auf und tretet ihnen als Heldentod entgegen — damit die gebietende Feigheit des Lebens endlich seine Züge kennen lerne, ihm ins Auge schaue ein Leben lang! Weckt ihren Schlaf durch euern Todesschrei! Stört ihre Wollust durch die Erscheinung eurer Leiden! Sie konnten Weiber umarmen in der Nacht nach dem Tage, an dem sie euch erwürgt hatten! Rettet uns vor ihnen, vor einem Frieden, der uns die Pest ihrer Nähe bringt! Rettet uns vor dem Unglück, heimgekehrten Auditoren die Hand zu reichen und Henkern im Zivilberuf zu begegnen. Denn das Gewissen dieser niedrigen Grausamkeit, der die Hemmung der Phantasie nicht durch Leidenschaft, nur durch Mechanik genommen war, wird sich so rasch zum Tagwerk erholen, wie es sich aus der Banalität der Vergangenheit ins Morden geschickt hatte. Zu Hilfe, ihr Ermordeten! Steht mir bei, daß ich nicht zwischen Menschen leben muß, die aus Ehrsucht oder Selbsterhaltungstrieb Befehl gaben, daß Herzen zu schlagen aufhören und Mütter weiße Haare bekommen!

So wahr ein Gott lebt — dies Schicksal wird nur durch ein Wunder heil! Kehret zurück! Fragt sie, was sie mit euch getan haben! Was sie getan haben, als ihr durch sie littet, bevor ihr durch sie starbt! Was sie in euren galizischen Wintern getan haben! Was sie in jener Nacht getan haben, da telephonierende Kommanden keine Antwort von eurem Platz bekamen. Denn vorn war alles ruhig. Und nur später sahen sie, wie ihr brav dastandet, Mann neben Mann, das Gewehr im Anschlag. Denn ihr gehörtet nicht zu jenen, die übergingen, nicht zu jenen, die zurückgingen und denen, weil sie fror, ein Soldatenvater mit Maschinengewehrfeuer einheizen mußte. Ihr habt eure Stellungen gehalten und fielet nicht bei einem Schritt nach hinten in die Mördergrube eures Vaterlands. Vor euch der Feind, hinter euch das Vaterland und über euch die ewigen Sterne! Und ihr habt nicht Reißaus genommen in den Selbstmord. Ihr starbt nicht fürs, ihr starbt nicht durchs Vaterland; nicht durch die Munition des Feinds, nicht durch die eigene — ihr standet und starbt durch die Natur. Welch ein Bild des Ausharrens! Welch eine Kapuzinergruft! Wehrhafte Leichname, Protagonisten Habsburgischen Todlebens, schließt eure Reihen und erscheint ihnen im Schlaf! Erwacht aus dieser Erstarrung! Tretet vor! Tritt hervor, du lieber Bekenner des Geistes und verlange deinen teuren Kopf von ihnen! Du — wo bist du, der im Spitale starb? Sie schickten mir von dort meinen letzten Gruß mit dem Bescheid zurück: »Abgeschoben. Aufenthalt unbekannt«. Tritt vor, ihnen zu sagen, wo du bist und wie es dort ist, und daß du dich nie mehr dazu gebrauchen lassen wolltest! Und du dort, mit dem Gesicht, zu dem du in deiner letzten Minute verurteilt warst, als die kommandierte Bestie, Schaum vor dem Mund, ehedem vielleicht ein Mensch wie du, in deinen Graben stürzte — tritt hervor! Nicht daß du sterben — nein, daß du d a s erleben mußtest, macht künftig allen Schlaf und allen Tod im Bett zur Sünde. Nicht euern Tod — euer Erlebnis will ich rächen an jenen, die es euch aufgebunden haben! Ich habe sie zu Schatten geformt, die sie sind und die sie in Schein umlügen wollten! Ich habe ihnen das Fleisch abgezogen! Aber den Gedanken ihrer Dummheit, den Gefühlen ihrer Bosheit, dem furchtbaren Rhythmus ihrer Nichtigkeit gab ich die Körper und lasse sie sich bewegen. Hätte man die Stimme dieses Zeitalters in einem Phonographen aufbewahrt, so hätte die äußere Wahrheit die innere Lügen gestraft und das Ohr diese und jene nicht wiedererkannt. So macht die Zeit das Wesen unkenntlich, und würde dem größten Verbrechen, das je unter der Sonne, unter den Sternen begangen war, Amnestie gewähren. Ich habe das Wesen gerettet und mein Ohr hat den Schall der Taten, mein Auge die Gebärde der Reden entdeckt und meine Stimme hat, wo sie nur wiederholte, so zitiert, daß der Grundton festgehalten blieb für alle Zeiten.

> Und laßt der Welt, die noch nicht weiß, mich sagen,
> Wie alles dies geschah; so sollt ihr hören
> Von Taten, fleischlich, blutig, unnatürlich,
> Zufälligen Gerichten, blindem Mord;
> Von Toden, durch Gewalt und List bewirkt,
> Und Planen, die verfehlt, zurückgefallen
> Auf der Erfinder Haupt: dies alles kann ich
> Mit Wahrheit melden.

Und hörten die Zeiten nicht mehr, so hörte doch ein Wesen über ihnen! Ich habe nichts getan, als diese tödliche Quantität verkürzt, die sich in ihrer Unermeßlichkeit auf den Unbestand von Zeit und Zeitung beriefe. All ihr Blut war doch nur Tinte — nun wird mit Blut geschrieben sein! Dieses ist der Weltkrieg. Dies ist mein Manifest. Ich habe alles reiflich erwogen. Ich habe die Tragödie, die in die Szenen der zerfallenden Menschheit zerfällt, auf mich genommen, damit sie der Geist höre, der sich der Opfer erbarmt, und hätte er selbst für alle Zukunft der Verbindung mit einem Menschenohr entsagt. Er empfange den Grundton dieser Zeit, das Echo meines blutigen Wahnsinns, durch den ich mitschuldig bin an diesen Geräuschen. Er lasse es als Erlösung gelten!

(Von draußen, ganz von weitem her, der Ruf: — — bee!)
(Verwandlung.)

*Liebesmahl bei einem Korpskommando. Die dem Zuschauer zu-
gekehrte Wand des Saales ist von dem Kolossalgemälde »Die
große Zeit« ausgefüllt. Es wird ein Sautanz serviert. Die Musik
spielt »Der alte Noah hats doch gewußt, die schönste Boa wärmt
nicht die Brust«. Das Gelage neigt sich dem Ende zu. Offiziere
der verbündeten Armeen stoßen miteinander an. Aus der Ferne
Geschützdonner. Ein Husarenoberleutnant wirft ein Sektglas an
die Wand.*

DER PREUSSISCHE OBERST *(neben dem General, summend und
nickend):* Der olle Noah, ja der hats jewußt — Na Prösterchen!

DER GENERAL *(erhebt sich unter Hoch-Rufen, schlägt an das
Glas):* Meine Herrn — also — nachdem unser Offizierskorps
ein vierjähriges beispielloses Ringen — also gegen die
Übermacht einer Welt — überstanden hat — also setze ich
das Vertrauen auf meinen Stab — indem ich überzeugt bin
— wir werden auch fernerhin — unerschrocken — tunlichst
— die Spitze zu bieten. Kampfgestählt gehen unsere heldenmütigen Soldaten — diese Braven — gehen sie neuen
Siegen entgegen — wir wanken nicht — wir werden den bis
ins Mark getroffenen Feind — zu treffen wissen, wo immer
es sei — und der heutige Tag — der heutige Tag, meine
Herrn — wird einen Markstein bilden — in der Geschichte
unserer glorreichen Wehrmacht immerdar! *(Hoch-Rufe.)* —
Drauf und dran! Von Ihnen aber, denen die schwerste Aufgabe in diesem beispiellosen Kampfe obliegt — wie von unserer in Not und Tod getreuen Mannschaft, der die uner-
müdlichste Pflicht aufgezwungen ist — also ich erwarte von
euch allen — daß ihr bis auf den letzten Hauch von Mann
und Roß mit Hintansetzung eure Pflicht erfüllen werdets!
Es gilt einen letzten, aber heißen Strauß und wir wissen,
daß es — um nichts Geringes geht. Fürwahr! Stehen wir
doch alle hier, jedermann — und ein jeglicher stellt seinen
Mann — auf seinen Posten, um auszuharren — daselbst —
wohin den Soldaten unsere Pflicht hingestellt hat — und

der Allerhöchste Dienst uns hingesetzt hat *(Hoch-Rufe)* — wie es dem Gagisten geziemt! In dieser Stunde gedenken wir der Lieben in der Heimat — die fern sind und unserer in Treuen gedenken. Und speziell die Mütter, die vorangegangen sind — indem sie also naturgemäß mit Freuden ihre Söhne geopfert haben auf dem Altare des Vaterlands! Und wahrlich — es ist nicht leicht, in diesem Augenblicke alle Gedanken zusammenzufassen — weil sie immer auf das eine Ziel gerichtet sein müssen. Es gilt — ich spreche das Wort im vollen Bewußtsein meiner Tragweite aus — es gilt, zu siegen! Siegen, meine Herrn — wissen Sie, was das heißt? Das ist die Wahl, die dem Soldaten bleibt — sonst muß er ruhmbedeckt sterben! Zu diesem Behufe — will ich mich der Erwartung verschließen — daß Sie meine Herrn — im Hinblicke und mit Rücksicht darauf die Pflege eines innigeren, herzlicheren Kontaktes mit derselben — also mit der Mannschaft — für die tunlichste Herabminderung der persönlichen Gefahr — also — sich aufgeopfert haben. *(Hoch-Rufe.)* Denn meine Herrn — wir alle wissen — das Letzte, was der Offizier, vornehmlich der Stabsoffizier, besitzt — ist *(Rufe: Seine Ehre!)* — Sie haben es erraten meine Herrn — seine Ehre! Und die werden wir sich nicht — also ich weiß schon — es gibt solche subversive Elemente — die bis ganz vorn in die vorderste Lini hineinreichen — aber — meine Herrn — uns können sie nicht das Wasser reichen! Oho! Unser Menschenmaterial haltet noch was aus! *(Bravo-Rufe.)* — Und wir, die wir Blut von ihrem Blute, Geist von ihrem Geiste sind — nein und tausendmal nein! — der Offizier fühlt mit dem gemeinen Mann, mit dem einfachen Mann, der am heutigen Tage das Bollwerk ist, an dem sich der Feind blutige Köpfe holen wird — wenn sie auf Granit beißen! Und da können s' sagen, was sie wollen, diese Schkribler — man derf nicht generalisieren! *(Er schlägt auf den Tisch)* — derf man denn das? *(Rufe: Nein!)* Diese Schkribler — ich meine natürlich nicht die beiden Herren Kriegsberichterstatter, die uns heute hier die Ehre erwiesen haben — wir wissen nur zu gut, was die Wehrmacht einer wohluniformierten Kriegsberichterstattung zu verdanken hat — die Presse — die in Erfüllung ihrer hochpadriotischen Pflicht den Mut des Hinterlands behebt — belebt — kann bei uns immer auf Anklang rechnen! *(Bravo-Rufe.)* Ich meine nicht diese Herrn und ich hoffe, daß die Herrn das also nicht auf die Herrn bezogen haben — indem wir ihre gemeinnützige Tätigkeit tunlichst vollauf würdigen *(Bravo-Rufe. Die Kriegsberichterstatter verneigen sich.)* Ich meine — diese Anarchisten und Defaitisten — die ihre Zwietracht hineintragen und durch Ausstreuung von Gerüchten zur Verbreitung derselben beitragen! Das sind die Elemente! Das sind die Leute, die zuerst wühlen und nacher dann noch Umtriebe machen. Und ich frage Sie meine Herrn — haben wir das notwendig? *(Rufe: Nein!)* In meinem Korps — wo alle Nationen friedlich miteinander vertreten sind — wir haben in unserem Stab deutsche Herrn und wir haben böhmische Herrn, wir haben Polen und Kroatten haben wir und rumänische Herrn haben wir und solche mosaischer Konfession sind auch da. Und haben wir nicht auch Vertreter unserer prächtigen Honved? *(Eljen-Rufe)* — Also da hat sich noch niemand beschwert! Da heißts immer — Nationalidäten hin und her. Ich frage Sie meine Herrn — merkt man da etwas? Also — darum sage ich — es wird nicht so heiß gegessen, wie es gekocht wird. Wenigstens bei uns! Da zeigen Sie den Herrn Bundesgenossen, die wir mit Stolz heute an dieser Tafel hier herin erblicken dürfen — *(Hoch-Rufe)* — wie bei uns volle Einigkeit herrscht! Jeder füllt seinen Platz aus — mit Hintansetzung — denn wir wissen alle, daß und wofür wir durchhalten müssen, alle Nationalidäten ohne Ausnahme, wie wir da sind, in diesem uns aufgezwungenen Verteidigungskriege der germanischen gegen die slawische Rasse! *(Hurra- und Hoch-Rufe.)* Unsere Waffen in diesem beispiellosen Kampfe heißen Zuversicht und Disziplin! *(Bravo-Rufe.)* Oh, ich halte etwas auf Disziplin — aber eisern muß sie sein! Und wir alle — können wahrlich ein Lied davon singen. Bei der letzten Inspizierung habe ich diesbezüglich also Übelstände bemerken müssen und ich habe auch leider bemängeln müssen, daß mir draußen zu wenig Herrn gefallen sind. Ich will niemandem nahetreten, aber es gilt doch, mit gutem Beispiel voranzugehen. Statt den eigenen werten Kadaver in Sicherheit bringen! *(Bravo bravo!)* Mein hohes Vorbild, Seine Exlenz Pflanzer-Baltin *(Hoch-Rufe)* hat das Wort geprägt: »Ich werde schon meinen Leuten das Sterben lehren!« Dadrauf halte ich! Und was wolln denn die Leut eigentlich? Wolln s' denn ewig leben? Zu solchen Passionen meine Herrn ist jetzt nicht die Verfassung — wo das Vaterland in Gefahr ist, das aber so Gott will — hervorgehn wird — wie ein Phönix aus dem Stahlbad des Weltkriegs! Was uns nottut — ist Selbstsucht! Verwöhnung kann ich nicht hingehn lassen. Wie sie das Glück gehabt haben, damals wie Seine kaiserliche Hoheit der durchlauchtigste Herr Erzherzog Friedrich — *(mit Rührung)* der Soldatenvater *(Hoch-Rufe)* — bis in die vordersten Schützengräben vordrang, um der Mannschaft die huldreichen Grüße Seiner Majestät des obersten Kriegsherrn zu überbringen *(Hoch-Rufe)* — da haben s' also naturgemäß eine Freud ghabt! Ja was wolln denn die Leut n o c h haben? Damals wars noch ganz ruhig draußen und kein so bewegter Tag wie heute, wo sie den Stürmen trotzen. Aber nein, da wird herumgestierlt und es gibt Elemente, welche es glücklich so weit gebracht haben, daß sich die Mannschaft beklagt und aufbegehrt — wegen dem Dörrgemüse und so — sie möchten womöglich wie im Frieden ein Soupetscherl vom Sacher haben *(Heiterkeit)* — und dreimal täglich Schaumrollen! Jetzt heißt es durchhalten! *(Bravo bravo!)* Meine Herrn — ich perhorresziere das und wo ich Anzeichen bemerke, da bin ich scharf hinterher! Disziplin — wissen Sie meine Herrn, was das heißt? Disziplin heißt Mannszucht! Das ist die Autorität — die das tägliche Brot für den Soldaten ist! Wenn s' das untergraben, hört sich die Gemütlichkeit auf! Diese Schkribler — Bismarck — er war zwar — also unser großer Bundesgenosse — hat das Kernwort geprägt: Was das Schwert uns vernichtet hat — geht durch die Feder wieder verlorn! —

Meine Herrn, lassen wir das nicht aus dem Auge fallen! Erinnern wir uns! — Aber ich staune über die Langmut unseres hohen KM. Wenns nach mir ginge, müßte die Zensur ein Exempel schtatuieren und diese Leute alle aufhängen! *(Bravo-Rufe.)* Auditor et altera parte! Ich habe schon gegen die Katzelmacher gekämpft, wo diese Elemente noch nicht auf der Welt waren! *(Bravo-Rufe)* — das kann ich mit Stolz sagen! Aber meine Herrn — wenn das am grünen Tische geschieht, da freilich — können wir nicht die Verantwortung übernehmen! Man darf nicht alle feindlichen Lügen über uns glauben. Opferfreudigkeit hätten wir genug in unserem lieben Vaterlande, aber was uns fehlt, ist Hingabe und grad auf die kommt es an! Also — man darf derartige subversive Strömungen gar nicht aufkommen lassen — weil sie sonst unterminierend wirken könnten! Wenn wir hier jeder unentwegt bleiben, so werden wir auch die letzte Entscheidung, die uns der Feind aufzwingt — planmäßig und in Ehren an uns herankommen lassen! Wer von uns gedenkt nicht der geradezu beispiellosen Taten, mit denen unsere allzeit bewährte, todesmutige Truppe uns vorangegangen ist — nachdem sie getreu unserem Befehl gefolgt ist in Sturm und Gefahren! Und fürwahr — die sich vielfach aufgeopferten Stäbe haben jederzeit die Verantwortung planmäßig übernommen und auch beispiellos durchgeführt! Und haben wir denn nicht auch schöne Erfolge erzielt? Erfolge, die in den Annalen unserer Wehrmacht fortleben werden, während wir selbst dereinst ruhmbedeckt gefallen sind. Haben wir nicht Erfolge erzielt, die den Neid unserer Bundesgenossen — unserer Feinde — erwecken — so daß sie sie uns schmälern wollen? Leicht, meine Herrn, hat man es uns wahrlich nicht gemacht. Sind wir doch umgerungen von lauter Feinden und bieten einer numerischen Übermacht die Stirne immerdar! Sieg über Sieg, meine Herrn! Wer hätte das vor vier Jahren gedacht, damals als wir auszogen in das Ungewisse, um Serbien zu zertreten — planmäßig und unter den Klängen des Prinz Eugen! *(Hoch-Rufe.)* — Und ist es uns denn nicht gelungen? H a b e n wir nicht Serbien zertreten meine Herrn? Wir h a b e n es zertreten! *(Hoch-Rufe.)* — Da hats geheißen: Bis hieher und nicht weiter! Also — auskehrn mit eiserner Faust! Meine Herrn, noch ein Schritt und der Sieg ist unser! Rußland stellt sich immer klarer heraus — das ist ein Koloß auf tönernen Füßen! Das ist so gut wie ein erledigter Standpunkt! Und was die Katzelmacher anbetrifft — nun also, wer von uns zweifelt heute noch am schließlichen Endsieg? Pflicht des Soldaten, meine Herrn, ist es sich gut zu schlagen, und wir haben sich gut geschlagen, fürwahr! Diese Tapferen — die vorangegangen sind und alles in die Schanze geschlagen haben! Wir gedenken ihrer — denn sie haben die Fahne ihres Regiments hochgehalten und tunlichst mit ihrem Blute besiegelt! Meine Herrn — wir leben in einer großen Zeit und die für unser Vaterland unschätzbaren Früchte sind noch im Wachsen — sein Ansehn in der Welt — und vor allem verdanken wir diesem Stahlbad den horrenden Seelenaufschwung, den wir mitgemacht haben. Is das vielleicht nix? Nun trennt uns nur noch ein Schritt und wir haben den Lorbeer unüberwindlich erreicht! Darum sage ich — und das gilt für den Gagisten wie für den gemeinen Mann — kalten Mut, kaltes Blut meine Herrn! Auf Sie kommt es in letzter Linie an — seien Sie sich dessen bewußt! Sie wissen, wofür wir hier stehen! Für den Allerhöchsten Dienst *(Hoch-Rufe)* — für unsern allergnädigsten Kaiser *(Hoch-Rufe)* — dem jeder sein Bestes geben soll, trotz Not und Tod in Stürmen Gefahren und Unternehmungen aller Art, wie es einem braven Kriegsmanne geziemt! *(Hoch-Rufe.)* Gott helfe weiter! Ich trinke auf das Wohl unserer allmächtigen Verbündeten — die wir hier erblicken im Zeichen bewährter sturmerprobter Nibelungentreue Schulter an Schulter mit uns verbunden auf Gedeih und Verderb! *(Hoch- und Hurra-Rufe.)* Seine Majestät der deutsche Kaiser und Seine Majestät unser oberster Kriegsherr, unser allergnädigster Kaiser und König mitsamt dem angestammten Herrscherhause — sie leben hoch! hoch! hoch! *(Brausende Hoch- und Hurra-Rufe. Allgemeines Anstoßen. Er setzt sich.)* — Was servierst denn da?

DER BURSCHE: Exzellenz bitte gehorsamst, Handgranaten.

DER GENERAL *(lacht aus vollem Halse):* Das sein ja Eisbomben — die heißen s' bei uns Handgranaten! Also in Gottes Namen — Handgranaten her!

DER PREUSSISCHE OBERST: Handgranaten her! — Donnerwetter noch mal, seid ihr Östreicher aber schneidje Kerlchens! Na wir haben kürzlich Metzelsuppe, denn Schlachtpastetchen mit Blutwurst jehabt *(Heiterkeit)* und zum guten Ende gabs Torpedos mit Schlagsahne. *(Er singt:)*

> Wer sorgt für solche Gäste
> So, wie's bei uns geschieht!
> Gesprengt, versenkt wird feste —
> Doch immer mit Jemüt!

(Hurra- und Hoch-Rufe. Heiterkeit.)

DER GENERAL: Auf das deutsche U-Boot! *(Hoch- und Hurra-Rufe. Anstoßen.)*

DER PREUSSISCHE OBERST: Exzellenz, ich bin kein Wortemacher und 'nen Toast zu leisten, dazu — reichts nicht mehr. Dazu — ist euer Ungarwein zu gut. *(Heiterkeit.)* Aber soviel kann ich noch sagen — Ihre Worte haben auch zu meinem deutschen Herzen gesprochen! Wo Disziplin fehlt, kommt das dicke Ende nach. Der schlappe Geist, der bei euch Östreichern in eurem Hinterlande herrscht, würde unfehlbar auch die Front zum Wanken bringen — *(ein Hauptmann ist unter den Tisch gefallen. Es entsteht Bewegung.)*

DER GENERAL: Die Schkribler sind schuld! Was wollen s' denn haben — mir san ja eh die reinen Lamperln!

DER PREUSSISCHE OBERST: Nich doch. Euer Friedensgewinsel war Unjebühr. Da habt ihr an euch selbst jesündicht. Nu droht dieser Geist auch eure Front zu verseuchen.

DER GENERAL: Hörts es? Disziplin muß sein, da gibts nix!

DER PREUSSISCHE OBERST: Ludendorff hat volles Vertrauen zu Ihnen, Exzellenz.

DER GENERAL: Zu schmeichelhaft. O ja, ich schau auf das Menschenmaterial — ich schau aber auch auf die Herrn! Jetzt wern mrs wieder a bißl auffüllen — speziell bei der

Kag fehlt's — mit 'n Flak wär ich eher zufrieden — unsere Herrn Ärzte sind im allgemeinen recht brav, sie tun was sie können — bei der Konschtatierung und halt so. Alles is scho inschtradiert. Wissen S', mit die Ersatzkörper —

DER PREUSSISCHE OBERST: Prothesen? — Ach so!

DER GENERAL: Zum Inschtradieren!

DER PREUSSISCHE OBERST: Na — heut dürfte ja 'n heißer Tach sein.

DER GENERAL *(sich die Stirn wischend):* Damisch heiß is herint.

Ein Telephonoffizier kommt, tritt an den diensthabenden Gene-ralstabsoffizier heran und überreicht eine Depesche. Der Gene-ralstabsoffizier öffnet, erhebt sich, torkelt auf den General zu und flüstert ihm etwas ins Ohr.

DER GENERAL: Trotteln!

DER PREUSSISCHE OBERST: Was is 'n los?

DER GENERAL: Vorstellung genommen. Auf zweite Linie zurück. Da is der Wottawa schuld!

DER PREUSSISCHE OBERST: Fatale Schose! Na da habt ihr wieder mal auf dem falschen Fuß Hurra jeschrien? *(Die Musik spielt ein Wiener Lied.)* Ach köstlich! *(Er singt mit)* Trink ma noch a Flaschal — trink ma noch a Flaschal — ich — haab — Geld im Taschal — — *(Um sich blickend)* Aber ich kenne ja eigentlich einige der Herren noch nich — *(er zeigt auf eine Gruppe von Offizieren.)*

DER GENERAL *(winkt):* Tu! tu! tu! *(Die Offiziere erheben sich.)*

EIN HUSARENOBERLEUTNANT: Géza von Lakkati de Némes-falva et Kutjafelegfaluszég.

DER PREUSSISCHE OBERST: Komischer Name. Fideles Haus.

DER GENERAL: Das is a roter Teufel.

DER PREUSSISCHE OBERST: Roter Teufel — schneidich! Ja die prächtje Honved!

EIN HAUPTMANN: Romuald Kurzbauer.

DER PREUSSISCHE OBERST: Wiener?

DER GENERAL: Na, a Salzburger is er.

EIN OBERLEUTNANT: Stanislaus v. Zakrychiewicz.

DER PREUSSISCHE OBERST: Kroate?

Der General: Pole, Pole.

Der preussische Oberst: Ah, ein edler Pole!

Ein Leutnant: Petričič.

Der preussische Oberst: Rumäne?

Der General: Nein, Kroatt.

Ein Oberleutnant: Iwaschko.

Der preusische Oberst: Böhme?

Der General: Rumäner.

Ein Hauptmann: Koudjela.

Der preussische Oberst: Italiener?

Der General: Behm!

Ein Trainrittmeister: Trainreferent Felix Bellak.

Der preussische Oberst: Aha. *(Die Vorgestellten setzen sich. Der Oberstabsarzt stößt mit dem Oberauditor an. Der Feldrabbiner mit dem Feldkuraten.)* Mal munter, Heiligenscheinwerfer! Immer stramm, immer stramm! Recht so!

Ein Hauptmann: Das is unsere wackere Sündenabwehrkanone! *(Schallende Heiterkeit, in die der Feldkurat einstimmt.)*

Der Feldkurat: Jawoohl, jawoohl — ich tu ihnen schon das Wülde abiramen!

Der preussische Oberst: Abi — ramen? Köstliches Wort! Bedeutet vermutlich abräumen? Der Mann ist woll vom Lande?

Der Feldkurat: Nein Herr Oberst, aus Linz.

Der preussische Oberst: Ah, das schöne Linz in der grünen Steiermark!

Der General: Jetzt soll einer meiner begabten jüngeren Herrn was zum besten geben!

Der Oberintendant: Der Wowes!

Der General: Wowes! Zum Klavier antreten! Gschwind!

Wowes *(setzt sich ans Klavier, spielt und singt dazu):*

> Wenn ich dich — an deinem Fenster seh —
> So tut mir — das Herz so weh.
> Ich sehn mich — nach dir zurück.
> Denn du bist — das Glück

(Rufe: Bravo Wowes!)

Wowes: Is noch nicht aus!

Der preussische Oberst *(summend und nickend):* Du bist —
das Glück. Hat er fein jemacht!
Wowes *(fortfahrend):*

> Wenn ich — bei dir im Bette bin —
> So ist mir — gar wohl im Sinn.
> Ich will — von dort nicht fort.
> Denn dort ist — mein Ort.

(Heiterkeit. Rufe: Bravo Wowes!)
Der preussische Oberst *(summend und nickend):* Denn dort
ist — mein Ort. Famoser Bengel! *(Trinkt ihm zu.)*
Der General: Er komponiert selbst! Oh, er is sogar auch
ein Zauberkünstler. Prestischatehr! Der unterhaltet eine
ganze Gesellschaft!
Der preussische Oberst: Ach was!
Der General: Ja, das is ein gefinkelter Kampl! Aber ich
laß ihn auch nicht hinaus. Jetzt hab ich ihn eingegeben für
die große Silberne. *(Geschützdonner.)*
Ein deutscher Generalstabsoffizier: Es lebe die öster-
reichische Gemütlichkeit! *(Hurra- und Hoch-Rufe. Anstoßen.)*
Der Oberstabsarzt: Es lebe die deutsche Organisation!
(Hoch- und Hurra-Rufe. Anstoßen.)
Der General: Oho! Auch wir — meine Herrn! Auch wir!
— Oho! Da gibts nix — Wir folgen — unserer Fahne —
*(Die Musik spielt »Heut hab i schon mein Fahnl«. Gelächter
und Singen am Tafelende.)* Was — habts denn?
Ein Rittmeister *(singend):* Heut hab i — schon mein —
Der Oberintendant: Ja wer tommerlt denn da —? *(Hei-
terkeit.)*

*Der Telephonoffizier kommt eilig herein, tritt an den dienst-
habenden Generalstabsoffizier heran und überreicht eine Depesche. Der Generalstabsoffizier erhebt sich, torkelt auf den General zu und flüstert ihm etwas ins Ohr.*

Der General: Solche Hornviecher!
Der preussische Oberst: Was is 'n los?
Der General *(liest):* Stellung — zusammengetrommelt.
Annäherungsräume liegen — unter — unter schwerem Ver-

nichtungsfeuer — Diese Kineser —! verderben einem die schönsten Erfolge —! *(Läßt die Depesche fallen.)* Ah woos — gar net ignorieren.

DER PREUSSISCHE OBERST *(sie aufhebend):* Reserven eingesetzt. Abschnittsreserven vollkommen aufgebraucht. Batterien müssen in Aufnahmsstellung zurückgenommen werden — Donnerwetter noch mal! *(Verstärkter Geschützdonner.)*

DER DIENSTHABENDE GENERALSTABSOFFIZIER *(zu einem Burschen):* Net allweil einschenken. Heut brauch ich — einen klaren — Kopf. Wieviel Stiefel und Kappen verloren, sagt er natürlich wieder nicht. Trottel das!

DER DEUTSCHE GENERALSTABSOFFIZIER: Nanu? Stiefel und Kappen?

DER DIENSTHABENDE GENERALSTABSOFFIZIER: Weißt — Leut und Herrn.

DER PREUSSISCHE OBERST: Es scheint, daß euch lieben Östreichern die Friedensoffensiven denn doch besser gelingen sollen. Na hoffen wir, daß Hindenburch da mal zum Rechten sehn wird. Schließlich ist es ja doch wieder an uns, euch aus dem Dreck zu ziehn!

DER GENERAL: Meine Herrn — wir sind stolz — daß wir — Schulter an Schulter mit unseren kampfgestählten Bundesgenossen — in schimmernder Wehr — meine Herrn, ich trinke auf die Nibelungentreue — in diesem Bündnis — das s' jetzt ausgebaut hab'n — *(Bravo-Rufe)* und — und —

DER PREUSSISCHE OBERST: Vertieft! *(Hoch- und Hurra-Rufe. Die Musik spielt die »Wacht am Rhein« und hierauf »Heil dir im Siegerkranz«.)* Ich danke Ihnen meine Herrn — ich danke Ihnen! Aber nu mal wieder ohne feierlichen Klimbim wenn ich bitten darf. Die Wonnejans heben wir uns für den Tach des Endsiechs auf. Jetzt mal wieder eins eurer köstlichen Östreicherlieder — von eurem prächtigen Lehar, der uns an der Westfront so viel Freude jebracht hat. *(Bravo-Rufe.)*

DER GENERAL: Spielts »Sag Schnucki zu mir«!

DER PREUSSISCHE OBERST: Schnuckii — was ist denn das? Also Schnuckii, famos! *(Die Kapelle intoniert dieses Lied.)*

Der General: Aber was is denn mit unsere Feldmatratzen? Die san ja heut ganz stad? Was singts denn nicht mit?

Der Rittmeister *(über den Tisch rufend):* Die Schwester Paula — die hat dir eine Krupp! Taarlos —! Da kann sich die Schwester Ludmilla verstecken!

Schwester Paula *(kreischt):* Au! — Aufhörn — grauslicher Mensch das!

Der Rittmeister: Was is denn, was is denn, Komplimenten machen darf man auch nicht mehr?

Schwester Ludmilla: Immer der mit seine Anzüglichkeiten!

Ein Oberleutnant: No und die Gspaßlaberln!

Der preussische Oberst: Gespaßlabal —? Nee, hört mal, was ihr für ulkje Namen — was ist denn d a s fürn Ding? *(Der General gibt eine Erklärung.)*

Der Oberintendant: Die Madln solln a Duett singen! *(Rufe: A Duett!)*

Der Oberleutnant: Der Feldkurat und der Feldrabbiner solln aa a Duett singen!

Ein zweiter: Der Feldrabbiner kann jodeln — und der Feldkurat — na — verkehrt — *(Schallende Heiterkeit.)*

Ein preussischer Hauptmann: Doll!

Ein dritter Oberleutnant: Bist halt a Klassikaner. *(Heftiger Geschützdonner.)*

Der Artilleriereferent: Die arbeiten heut aber fest — m e i n e Herrn —! das geht ja wie im Takt!

Der Feldkurat *(singend):* Können nimma Katzl mach'n, es tuat halt gar zviel krach'n! Tschiff, tscheff, tauch — der Wallisch liegt am Bauch! *(Gelächter und Mitsingen.)*

Mehrere: Prost Hochwürden! *(Anstoßen.)*

Der preussische Oberst: Ich fürchte, daß es 'n heißer Tach ist!

Der General *(sich die Stirn wischend):* Wiar in die Hundstäg. *(Die Musik spielt »Am Manzanares«.)*

Der Telephonoffizier stürzt herein, tritt direkt an den General heran, flüstert ihm etwas ins Ohr.

DER GENERAL: Was? Die elendigen — die elendigen — diese Frontschweine —!

DER PREUSSISCHE OBERST: Was is 'n los?

DER GENERAL: Ich — versteh — das nicht. Ich — habe doch ausdrücklich —

DER PREUSSISCHE OBERST: Nanu Kinder — macht mir man b l o ß jetzt nicht flau, wo wir den Sieg in der Tasche haben!

DER GENERAL: Herrschaften — da sind wir in der rue de Kack!

DER PREUSSISCHE OBERST *(zum Telephonoffizier)*: Was is 'n los?

DER TELEPHONOFFIZIER *(in größter Erregung, stammelnd)*: Die Spitzen der rückflutenden Divisionen erreichen bereits den Stand des Korpskommandos — die gesamte Artillerie wurde im Stich gelassen — die Straßen sind von gepfropftem Train gesperrt — die Truppen demoralisiert — feindliche Kavallerie im schärfsten Nachdrängen. *(Ab. Der Oberst spricht auf den General ein. Die andern in zwangloser Konversation.)*

EIN HAUPTMANN: Du — Koudjela —

KOUDJELA: Jaa —

DER HAUPTMANN: Spehlmeis war guut! Aber schon sehr gut!

KOUDJELA: Jaa —

DER HAUPTMANN: Du — Koudjela —

KOUDJELA: Jaa —

DER HAUPTMANN: Wein ist guut! Aber schon sehr gut!

KOUDJELA: Jaa —

EIN OBERSTLEUTNANT *(zu einem schlafenden Obersten)*: Du Herr Oberst!

DER ÖSTERREICHISCHE OBERST *(erwacht)*: Was is denn —

DER OBERSTLEUTNANT: Nix! *(Heiterkeit.)*

EIN LEUTNANT *(über den Tisch rufend)*: Du Windischgraetz — hast heut mit dem Schlesinger gebritscht oder gebackt?

DER RITTMEISTER: — Hörts mr auf, die Glanzzeit der Presse war im Anfang, wie s' noch 'n Roda Roda ghabt ham — jetzt is gar nix.

Ein Oberleutnant (gibt ihm einen Stoß): Pst — die zwei Judenbuben! (Laut) Weißt, großartig find ich die Sachen von der Schalek — sehr instruktiv! — nächste Wochen kommt sie zu uns heraus — no vor allem is sie tapfer, das muß ihr auch der Feind lassen!

Der Rittmeister (gibt ihm einen Stoß): Pst — das gift' die doch noch mehr! (Laut) Weißt, der Roda Roda, der hat das verstanden, so mit einem Satz eine militärische Situation — also zum Beispiel, das is mir noch genau in Erinnerung — wie er gschrieben hat: »Sie werden Ihren Mantel kaum mehr brauchen«, sagte der Oberleutnant, als er den Popen an den Steigbügel eines Uhlanen binden ließ. Nix weiter.

Der Oberleutnant: Gelungen, aber wieso hast dir das so gemerkt?

Der Rittmeister: No Tepp — ratest denn nicht, wer der Oberleutnant war? Ich!

Der Oberleutnant: Keh! — Was hat der angstellt ghabt?

Der Rittmeister: No Umtriebe und so. A rote Nasen hat er ghabt — also du das reine Lichtsignal! Das war schon einer!

Ein Oberleutnant (zu einem andern, der versunken dasitzt): Du — was denkst du so? Du Denker du.

Der andere: Weißt, ich denk halt — jetzt, auf der Sirk-Ecken. Hier sitzt man herum —

Der erste: Du — ich auch.

Ein preussischer Oberleutnant: — Nee Kinderchens laßt mich man bloß unjeschoren, den Siegfrieden erringt ihr fein ohne mich — ich muß ja doch nächste Woche nach Berlin. Da haben wir unser Heldengedächtnisrennen.

Ein zweiter: Ach wer wird an morgen denken! Die Hauptsache ist 'ne tüchtje Pulle, daß man die nötje Bettschwere bekommt. Die faulen Hinterlandonkels —

Der Rittmeister: No ich verlang mir auch keinen Urlaub. Ujegerl — ins Land, wo Wrucken und Maisbrot fließt! (Heiterkeit) — könnt mich haben!

Ein Hauptmann: Was Reischl, aber auf die Front hast halt auch kan Gusto? *(Heiterkeit.)*

Der Rittmeister: Du hast was zu reden, Obertachinierer!

Der zweite preussische Oberleutnant: Mit das Schlimmste an der Front ist alle Tage Marmelade.

Der erste: Ach Heldenbutter ist auch schon alle. In Rußland sind sie jetzt eklich dran. Da haben sie in einem Abschnitt ne richtichgehende Cholera. Wißt ihr, weil die Kerls Wasser aus 'nem Teich getrunken haben, wo Rußenleichen waren.

Der Rittmeister: Das wär nix für mich, ich brauch einen Schampus! *(Schallende Heiterkeit.)*

Der zweite: — Ja, kochen könnt ihr Östreicher, aber die Speisenfolge, die wir mal an der Nachmittachstafel in Homburg jehabt haben — da *(er zeigt die Menükarte):* Kraftbrühe mit Ochsenfleisch — Königinpastetchen — Gebackene Rheinfische mit Remouladentunke — Fasane im Topf — Osterlammrücken auf Hausmannsart mit Halberstädter Würstchen — Hammelkeule mit Weißbohnen und Artischockenböden — Spargel mit Sahnentunke — Niersteiner Auflanger vom Kasino Duisburg — Kupferberg-Gold — Eisbombe — Geschmortes Obst — Käsestangen! Jawoll! Da könnt ihr nich ran! *(Oho-Rufe.)*

Der preussische Oberst: — Nee Kinder, euer berühmtes Hofftheaterballett war bei euch?

Der General: Ja — und auf d' Wochen krieg mr ein Kabarett was sich gewaschen hat!

Der erste Kriegsberichterstatter: Herr Oberst, mein Werk!

Der zweite Kriegsberichterstatter: Wiesoo? Angeregt hab ich!

Ein Oberleutnant: — Aber nein, das war doch bei der siebenten Isonzoschlacht, weißt, wie der Sascha bei uns heraußt war —

Ein anderer Oberleutnant: — Noja, der Oberst haltet sich übern Kanonendonner auf. Er kann bei der Nacht net schlaf'n. Da warn die frühern Quartier besser. Ich hab's immer gsagt, die Situation is ungünstig. Das wird wieder a Nacht wern heut! Passieren kann nix, aber der Lärm bei der Nacht is zwider. *(Heftige Detonation.)*

DER ARTILLERIEREFERENT: Das war a schwarer Pumperer!

EIN LEUTNANT: — Der Scharinger von die Elfer? No der hat dir eine Sau! Jetzt is er eingegeben —

DER RITTMEISTER: — Du, weißt, also ein Busen — *(Geste)* erstklassig!

EIN OBERLEUTNANT: Du, aber was i c h jetzt in petto hab —! also tulli —!

DER RITTMEISTER: Obersteiger! In der letzten Muskete —

EIN MAJOR: Unsern Menageoffizier lass mr leben! *(Hoch-Rufe. Anstoßen.)*

EIN GENERALMAJOR: Ja der Pschierer! Der stellt seinen Mann! Zwölf Gänge — da muß man schon Habedjehre sagen. *(Trinkt ihm zu.)*

DER OBERAUDITOR: Also ich habe mich schon auf manchen schweren Gang vorbereitet *(Heiterkeit)* — aber ich muß schon sagen — Pschierer Prost!

DER MAJOR: Du, hörst nix vom Haschka?

DER OBERAUDITOR: Der Haschka is noch immer der Alte. Fleißig —!

DER MAJOR: Aber jetzt kann er doch nicht mehr für'n Stöger-Steiner arbeiten? Also gar so viel kanns doch nicht mehr zu tun geben!

DER OBERAUDITOR: Ja d i e Zeiten sind vorbei. Aber der Haschka is dir ein Hauptbursch. Sein Steckenpferd hat er halt noch immer. Da hebt er sich das Todesurteil auf, pünktlich bis die Suppen aufgessen is. Schaut auf die Uhr, springt auf, mit'n Braten solln s' warten sagt er — bumsti san scho drin im Billardzimmer zum Verkündigen. Sein schönster Fall war bei den Ma-Formationen vom Fünf-zehner-Korps, weißt Wocheiner-Feistritz. Da warn a paar Humanitätspimpf, die ham sich aufgehalten — paßt ihnen akkurat nicht, weils der Stöger-Steiner gewunschen hat — no ja, es hat halt solln ein Exempel schtatuiert wern.

DER MAJOR: p. u.?

DER OBERAUDITOR: Aber nein — der Fall is doch berühmt. Ein Kerl hat a Brieftaschl gstohln ghabt, no und vom Arrestgitter ham s'n hineingheanzt, daß er dafür erschossen wird. Der Kerl geht durch — aus Furcht. No hat der Haschka gsagt, wanns auch keine ausgesprochene Desertion is, weils bloß aus Furcht war — es is wegn 'n Exempel. Weil also naturgemäß der Stöger-Steiner Wert drauf legt. — Wern dir die Pimpf hopatatschig! Daraufhin verurteilen s' nicht! Was sagst! Ein Skandal so was! Aktive!

DER MAJOR *(perplex):* Aktive —?!

DER OBERAUDITOR: Ja das gibts auch! Aber ich bitt dich — ich hab ja selbst Fälle ghabt, wo s' selbst bei Selbstverstümmlung einen Kerl ham heraushaun wolln. Bitte — Aktive! Tragen des Kaisers Rock! Die sollt man schtampern! Diese umstürzlerischen Ideen sind eben sogar schon in unsern engern Stand eingedrungen.

DER MAJOR: Was willst haben, in der Lini machen s' auch schon manchmal Gschichten wegen der Mannschaft! No — ich will nix sagen, man darf nicht generalisieren, zum Glück ist der Geist unversehrt. — Also du, was war da?

DER OBERAUDITOR: No hat er ihnen versprechen müssen der Haschka im Protokoll, der Kerl wird begnadigt, wann s'n nur verurteilen. Aber der Haschka, schlau wie er is, hat oben kan Ton von kan Protokoll nicht gsagt — no is also naturgemäß schtantepeh vollzogen worn. Weißt, bei uns sind auch schon viel Exempel schtatuiert worn — aber so eine Exekution, da muß man schon tulli sagen! Ja, der Haschka is halt was bsonderes.

DER MAJOR: Weißt, mit die Humanen — das hab ich scho gfressen. Wann ich einen Humanen nur von weitem siech, wer' ich scho fuchtig. Sich auflehnen gegen 'n Stöger-Steiner! Da hat dir der Tersztszyansky amal kurzen Prozeß gmacht. Das heißt — er hat gar kan Prozeß gmacht.

DER OBERAUDITOR: Wieso?

DER MAJOR: Weißt, da war dir auch so ein Humaner — also ein engerer Standesgenosse von dir —

DER OBERAUDITOR: No mich brauchst nicht verdächtigen, du!

DER MAJOR: Aber geh, ich tu dich ja nur bißl pflanzen. Also hör zu — der weigert sich, einen Kerl standrechtlich zu behandeln. Es is nur eine Disziplinarsache, sagt er und so Spomponadeln. No in der Meß — kommt dir der Tersztszyansky herein, setzt sich zur Suppen — du aber so ruhig hab ich dir den Tersztszyansky noch nie gsehn! — sagt er, Herr Hauptmann-Auditor sagt er, mit Ihrem Delinquenten brauchen wir überhaupt keine Verhandlung mehr. Wieso, fragt er. No schaun S' sich ihn draußen im Garten an — schaun S' sich ihn nur an — draußen liegt er. Hat dir der Tersztszyansky einfach dem Zugsführer gsagt ghabt, er soll den Kerl niedermachen, mit 'n Bajonett — bumstinazi! Weißt, weil er dir eine Wut ghabt hat auf den widerspenstigen Menschen.

DER OBERAUDITOR: Auf den Kerl?

DER MAJOR: Aber nein, auf 'n Auditor!

DER OBERAUDITOR: Ah so, natürlich! Du gelt ja, neulich hab ich mich gstritten, der Tersztszyansky is doch Ehrendokter der Philosophie — oder nicht?

DER MAJOR: No ich möcht glauben! — Du richtig, was macht denn der Stanzl von der Na-Stelle? Is der noch in Albanien? Ich hab ghört, daß s' ihn nach Feldkirch hin tun wolln für 'n feinern Dienst?

DER OBERAUDITOR: Woher denn, der hat dir in Albanien Hals über Kopf zu tun! Du, aber der Balogh — weißt in Kossovo-Mitrovica —

DER MAJOR: Ja richtig, da hab ich so eine Gschicht ghört von einer Hinrichtung mit Zahnziehn oder was.

DER OBERAUDITOR: Das is ein Tratsch. Es is unglaublich wie der Mensch verleumdet wird — das wollt ich dir grad erzähl'n. Das ist die harmloseste Gschichte von der Welt. Das Ganze beruht einfach darauf, daß er einen Sechzehnjährigen zum Aufhängen ghabt hat, weil er ein Komitatschi war. No hat er dem Dokter gsagt, er soll halt nachschaun, ob der Bursch nicht am End schon an Weisheitszahn hat. No sagt der Dokter, ja. No hat er hineingschrieben 20 — ham s'n halt aufghängt. Also er hat sich noch die Mühe gnommen mitn Nachschaunlassen. Das war der Fehler — so is 's herauskommen. No und nacher, weil er dafür vom AOK eine Rüge bekommen hat, is halt der ganze Tratsch entstanden. No, das AOK hat früher bei solche Fälle, wo es sich um verdiente Offiziere handelt, mit die Rügen nicht so geuraßt — unter uns! Sonst setzt ma's Alter einfach hinauf, sagt ka Mensch was.

Der Major: Is mir auch ein Schleier. Bei unserer Truppendivision — Herrgott waren das Zeiten — wie noch der Peter Ferdinand mehr freie Hand ghabt hat — da hams einmal gewettet, weißt die kaiserliche Hoheit und der Parma, der Generalstabschef — also ob bei der Hinrichtung von Vierzehnjährigen eine — Dingsda stattfinden werde — wie hat er's nur gheißen, der Dokter — so a gspaßigs Wort —

Ein Regimentsarzt: Aha, eine ejaculatio seminis! *(Gelächter.)*

Der Major: Ja richtig, natürlich! Oh das war intressant. No überhaupt — damals!

Der Oberintendant: Vierzehnjährige hinrichten — derfen s' denn das? *(Gelächter.)*

Der Major: Ja mein lieber Oberintendant, wir ham ja schließlich Krieg, verstandewu? Da wird man schon keine Spomponadeln machen! Was? Bei die 92er hams Kerln weils eine Konserven 'gessen hab'n vom eisernen Vorrat, draußen vorm Drahtverhau anbinden lassen, damit s' von die Russen abgschossen wern —

Der Oberintendant: Noja, wann s' vom eisernen Vurrat —

Der Major: Meine Devise: Krieg — das is nicht nur gegen den Feind, da müssen die Eigenen schon auch was gspürn! Ujeh! Damals ham sie s' bei uns zum Hinrichten anstell'n lassen! No und a Butterweib, was die Buttern für'n Stab bracht hat, wie s' hat warten müssen — no hams ihr halt gsagt, sie soll sich dazu stell'n — no und da hat mas halt auch aufgehängt! *(Schallende Heiterkeit)* — Aber — bitte — da gibts nix zu lachen — irren is menschlich — so was kann ja vorkommen — bei untergeordnete Organe! Sie is halt auf die Maschikseiten zu stehn kommen. Noja. Aber schöne Zeiten waren 's doch! Wie der Weiskirchner zu uns bei die Edelknaben auf Besuch kommen is, also da hams ihm zu Ehren lebhafteren Kanonendonner anbefohlen — ja! Und mit dem 30,5 Mörser hams nach pflügenden Bauern schießen lassen — ja! Und —

DER OBERINTENDANT: Ja warumperl denn —?

DER MAJOR: No — ein Erzherzog war zu Besuch! — also du Oberauditor, wannst mich derschlagst, weiß ich nicht mehr, welcher — also damit er sich halt von der Treffsicherheit der Geschosse überzeugen tut. No er hat aber auch seine Bewunderung ausgesprochen! Also in der leutseligsten Weise — richtig, der Josef Ferdinand wars! — Aber du — weißt, ich hab dich immer fragen woll'n — du hast doch den Fall in Kragujevac ghabt mit die vierundvierzig. Hast da keine Unannehmlichkeiten — *(Die Musik spielt »Jetzt trink mr noch a Flascherl Wein, hollodrioh!« Die Offiziere singen: »Es muaß ja nicht das letzte sein, hollodrioh!« Der Husarenoberleutnant Lakkati wirft ein Sektglas an die Wand.)*

DER OBERAUDITOR: Aber! Das war a Sauferei. Es is wirklich unglaublich, wie die Leut saufen. Weißt, ich hätt auch dreihundert hinrichten lassen! Trunkenheitsexzesse können nicht geduldet werden! Ich habe den Leuten den ehrenvollen Tod durch Erschießen ausnahmsweise bewilligt!

EIN K-OFFIZIER *(mischt sich in die Konversation):* Die Bagasch is ja immer besoffen. Aber da verraten s' einem wenigstens die Gesinnung. Na so viel wie im vierzehner Jahr is nicht mehr zu tun. Also du Herr Oberauditor, da hab ich dir einmal einen Transport von die Achtundzwanziger aus Prag, ehschowissen, nach Serbien begleitet. Ich hab gleich einen Schpurius ghabt! No — hinter Marchegg gehts los. Die Leut sind renident und fangen an mit die Unteroffizier zu schimpfen, weil s' gegen die Serben gehn solln — diese Horde! Die sind aber auf die Maschikseiten zu liegen kommen! Pomali — da ham wir s' schön auswaggoniert,

25 packt und in einen bsondern Waggon einigschupft. Da is für 40 Platz — ham s' es eh noch kommod ghabt. Dann — so alle Stund ham mr dann auf offener Strecken schön ghalten. Nacher — also eine Unteroffizierspatrouille hat nacher jedesmal drei Mann schön außagholt und in den letzten Wagen einigschupft. Also — fahr' mr! Nach zwei Minuten — rrtsch obidraht! Hättst die Gsichter sehn solln von die nächsten drei — wann alstern wieder drei neuche einikommen sind. Immer drei — nachanand. Der letzte seprat. Die Beschtie! No bis am Westbahnhof in Budapest waren alle fünfundzwanzig schön erledigt. Der Waggon, wie s' ihn abkoppeln — der hat ausgschaut! Meine Herrn! Ein Ramatama! Förmlich durchgsiebt — also taarlos! — und 's Blut is nur so —

DER OBERAUDITOR: Hätt ma photographiern solln. Da hast dich verdient gemacht!

DER K-OFFIZIER: Ich habe nur meine Pflicht erfüllt. Der Oberst hat gsagt, schtatuirn mr ein Exempel. Das is nix gegen den Wild.

DER MAJOR: Ja der Wild!

DER K-OFFIZIER: Er geht halt am liebsten auf Ruthener. Gestern hat er mir seine Ansichtskarten gschickt — er zwischen vier Ghängte. Feschak das!

DER OBERAUDITOR: Ja der Wild!

DER K-OFFIZIER: No und der Wild is wieder nix gegen den Prasch! Das is einmal ein Frontoffizier, wie er sein soll. Was der schon eigenhändig —

DER PREUSSISCHE OBERST: — Wie hieß doch das Gericht? Sautanz? Köstliches Wort! Ich könnte mich halbdot lachen über eure ulkjen Bezeichnungen. Ach — ihr Östreicher —! Aber leider muß man auch sagen, es fehlt euch doch an der nötjen ernsten Lebensauffassung. Krieg is 'n Stahlbatt! Seit euer alter ritterlicher Kaiser dot ist, jeht die Sache man bisken etepetete. Nich mehr so stramm, nich mehr so stramm, Gott seis jeklagt. Na was schwatzt denn der rote Teufel dort?

GÉZA VON LAKKATI DE NÉMESFALVA ET KUTJAFELEGFALU-

Szég *(zu einer Gruppe):* — Tescheek — hob ich gleich bemerkt, wor Dreck am Huf. Sogt der Kerl, Huf wor rein, muß am Weg von Stall passiert sein! Nohát, nehm ich Säbel, — nehm ich Dreck von Huf — schmier ich Schwain in Maul. *(Heiterkeit. Bravo-Rufe.)* Igén, ise so ein ise — so ein Reservepintsch dobeigestonden — hot sich eingemischt — hob ich verflixtem Hund gesogt, kommt vor Kriegsgericht! Na ssärwus, konn sich frain! *(Bravo-Rufe.)*

Der Rittmeister: No und der Kerl, der Bursch? Hat der was gsagt?

Géza von Lakkati de Némesfalva et Kutjafelegfalu-szég: Obbär — hot nicht können — hot Dreck im Maul gehobt, bittä —! *(Schallende Heiterkeit. Starke Detonation.)*

Der Artilleriereferent: No no! a wengerl pomali — die beledern uns am End a no!

Der preussische Oberst: — Nee, da könn' Se nischt dawider sagen — euer galizischer Rückzuch war nich berühmt. Euer Erzherzog —

Der General: Tschuldigen — man hat nix machen können. Seine kaiserliche Hoheit hat das Menschenmöglichste getan — aber der geringe Kampfwert der Truppe — und dann — also das is mir zufällig bekannt — Exlenz Borewitsch hat das ausdrücklich anerkannt — also daß es Seiner kaiserlichen Hoheit durchaus nicht an Energie gemangelt hat — bitte, die Leut ham Selbstmord begangen! Kann man halt nix machen. Mit'n Maschingwehr allein oder Dezimiern also naturgemäß — wissen S', es war halt gar so ein schwächliches Korps. Manchmal is scho so mit die Eigenen. Die Leut warn nicht ausgschlafen und so.

Der preussische Oberst: Nanu?

Der General: Ja — bitte — Exlenz Borewitsch hat selber zugeben müssen, die vorgekommenen Erfrierungen Schlafender, hat er hinaufgschrieben, erzeugen Furcht vor dem Einschlafen.

Der preussische Oberst: Ach so. Na denn freilich trifft euern Erzherzog Josef keine Schuld. Na ejal. Seht mal nur jetzt zum Rechten. Ihr habt gut getan, die diesmalige Offensive der Jahreszeit anzupassen. Die Jahreszeit is nich ungünstich. Die Schlappe in Ihrem Frontabschnitt —

DER GENERAL: Na bei die andern wirds a net vül besser —

DER PREUSSISCHE OBERST: Wir wollen das beste hoffen. Es ist freilich fatal, daß der Feind auf diesem Teil der Front zur Offensive übergegangen zu sein scheint. Aber umso mehr Aussicht besteht, ihn zu umzingeln. Das haben wir im Westen schon an die dutzend Mal erprobt. Ich bin in diesem Punkte guter Dinge. Wir Deutsche konzentrieren alle unsre Gedanken auf den schließlichen Endsieg — und da kann ich nur sagen: Machen wir.

DER GENERAL: Aber ja, wer' mr scho machen. *(Lakkati wirft ein Sektglas an die Wand.)*

EIN OBERLEUTNANT: — Hörts — heut hab ich Schluß gmacht mit der Schreibmaschinflitschen — frech war's — na, der hab i's eingfadelt!

EIN LEUTNANT: No was hast gmacht mit ihr?

DER OBERLEUTNANT: Petschiert! Fertig! *(Gelächter)* — Na — bled seids —! Gehts ins Lausoleum!

DER RITTMEISTER: — Mei Lieber, da kannst sagen, was d' willst — die Honved stellen ihren Mann!

EIN DEUTSCHER HAUPTMANN: Ja, aber die Bayern beißen die Gurgel entzwei! Also das möcht ich dir wünschen, so einem —!

DER RITTMEISTER: Erlaub du mir —! *(Heiterkeit. Der Geschützlärm nimmt ab.)*

DER ARTILLERIEREFERENT: — Hörts mr auf — da hab ich schon ganz andere Mullatschaks mitgemacht, mei Lieber — in der siebenten und achten Isonzoschlacht!

DER RITTMEISTER: No was is das für a Mullatschak, wo die Madeln fad sein! *(Ruft)* Kapelle!

EIN OBERLEUTNANT: In Rußland hab ich euch mullattiert —!

EIN ZWEITER: Weißt, bei Rawaruska — wie noch der Fallota —

EIN PREUSSISCHER LEUTNANT: Nanu — der Musikfritze schläft ja!

Ein preussischer Hauptmann: Spielt mal »Auf dem Friedhof La Bassée«!

Der Major: Nein — herstellt — spielts »Mizzerl, Mizzerl, sei doch netter«!

Der preussische Hauptmann: Also — Mizzal! Ach, 's ist ja doll!

Der diensthabende Generalstabsoffizier: Das hams immer in der Gartenbau — der Varady und die Rollé —

Der Oberintendant: Ja die Gartenbau! Wie noch der Schenk war —! *(singt)* Wir brauchen — keine — Schwiegermamama — Schwiegermamama — Spülts »Ein Tampus vom Schampus«! *(Rufe: Ein Tampus vom Schampus! Bravo!)*

Der Rittmeister: Spielts »Nobel geht die Welt zugrund«!

Der Oberauditor: Spielts »Schön war der Tanz, aber spieln tan s' 'n net«! *(Rufe: Bravo! Die Musik spielt. Die Offiziere singen mit.)*

Der Oberintendant *(wiederholend):* — aber spüln tan s' 'n net!

Der Telephonoffizier stürzt kreidebleich herein und direkt auf den General los, sagt ihm etwas ins Ohr.

Der General: Was —?! Meutern tan s'?! Dezimiern die Bagasch überanand!! Solln s' a paar frische Regimenter einsetzen!! Antreiben, antreiben!! Geschwind!

Der preussische Oberst: Was is 'n los?

(Der Telephonoffizier flüstert dem General abermals etwas zu.)

Der General: Was?! Die Gasgranaten gehn auch nicht?! Sauwirtschaft überanand!!

Der preussische Oberst: Na hört mal, d a s sollte denn d o c h nich —! das könnte bei u n s denn d o c h —!

Der General: So ein — Pallawatsch! — So ein Pech! — Kann man halt nix machen —

Der preussische Oberst: Na vorbeijelungen! Bißk'n schlapp, die lieben Östreicher, bißk'n schlapp!

Der erste Kriegsberichterstatter: Sehn Sie sich den General an, also was hab ich gesagt —!?

DER ZWEITE KRIEGSBERICHTERSTATTER: Herr Major, können Sie mir vielleicht sagen, wie die Schlacht steht —?

DER MAJOR: Es hat eine feindliche Offensive eingesetzt.

DER ERSTE KRIEGSBERICHTERSTATTER: Ojwe.

DER MAJOR: Der Feind hat die eigenen Stellungen der ersten Linie etwas eingedrückt —

DER ZWEITE KRIEGSBERICHTERSTATTER: Die eigenen? wozu —?

DER MAJOR: Wir hoffen, daß es uns gelingen wird, diesen tückischen Plan zuschanden zu machen. Bitte aber meinen Namen nicht zu nennen.

DER ERSTE: Unsere artilleristische Überlegenheit —

DER ZWEITE: Alles, nur keinen Flankenangriff!

SCHWESTER PAULA: — Au! — frecher Mensch!

DER RITTMEISTER: No no — man wird doch noch angreifen dürfen oder nicht?

SCHWESTER LUDMILLA: Aufhörn! Immer der mit seine —

EIN HAUPTMANN: Schakerl, trau di net!

DER PREUSSISCHE HAUPTMANN: Ach ja, Schakal Schakal trau dich nich!

EIN OBERLEUTNANT: — Meinst 'n Madler oder 'n Madlé, der was in Schabatz beim Hausenblas war? Der Madler sag ich dir, is der größte Tachinierer in der ganzen Armee. Der Pimpf is wütend, weil ich eingegeben bin.

EIN ANDERER: Wo is er jetzt?

DER OBERLEUTNANT: No wo wird er sein, beim Kader! Wir plagen uns hier — Du, was macht dein Pupperl?

(Die Musik spielt einen Csardas. Lakkati und eine weibliche Hilfskraft tanzen. Lebhafte Bravo-Rufe.)

DER PREUSSISCHE OBERST: Ach einzich! Famos! 'n richtichgehender roter Teufel!

DER DEUTSCHE GENERALSTABSOFFIZIER: — Ach laßt mich man bloß mit euerm Gas zufrieden! Unser Gelbkreuz, unser Grünkreuz, unser Blaukreuz — wenn wir in Frankreich Bunte Woche hatten!

DER DIENSTHABENDE GENERALSTABSOFFIZIER: Bitte wir haben bei Tolmein a ganz a scheene Wirkung erzielt. Die sind nur so umgfalln, bitte —

DER OBERINTENDANT: Spülts »Braunes Isonzomädel!«

(Rufe: Braunes Isonzomädel! Bravo! Die Musik spielt.)

DIE OFFIZIERE *(singen mit):*

> Brau—nes Isonzomädel —
> Heiß glüht — dein Auge — mir zu,
> Brau—nes Isonzomädel —
> Die Schönste — von allen — bist du.
> Laß mich — noch einmal — dich küsseen,
> Schling dei—ne Arme — um mich,
> Süßestes braunes Isonzomädel,
> Ich lieb ja — alleine — nur dich.

DER PREUSSISCHE OBERST *(summend und nickend):* Ich lieb ja — alleine — nur dich. Einfach süß!

DER OBERINTENDANT *(singend):*

> Doch auch sie — scheute nicht das Kriegsgebraus —

Aber das is noch gar nix gegen die dritte Strophen, wie dann aufs Jahr der Pamperletsch kommt mit die Guckerln so schwarz wie Mama und mit ein' Lockenschäderl genau so wie einstens Papa. So a ganz a glanwunzigs Wuzerl.

DER PREUSSISCHE OBERST: Wuzal? Köstlich! Na wer war denn der Vater?

DER OBERINTENDANT: Ein gar ein schmucker Kaiserjägerleutenant! Ein Feschak! Auf die Art wie der Wowes. Der Wowes solls singen!

DER PREUSSISCHE OBERST: Na sagt mal — von wem ist doch dies wundervolle Lied?

DER OBERINTENDANT: Das is von Egon Schubert!

DER PREUSSISCHE OBERST: Ach natürlich — na das sollte man eigentlich wissen. Ja, euer Schubert! Ja, den habt ihr Wiener doch vor uns voraus, da is nischt zu wollen. Ach überhaupt — euer herrliches Wien! Ja ja! So 'n richtjer Wiener Fiagaa mit seiner Jummidroschke und mit seinem Heurigen im Prater — nee, da is nich dran zu tippen. Und die Wéana Waschermadal — ja — kennimus! Auch mal dajewesen. Da sangen se immerzu — *(er singt und pascht)* Weil ich 'n oller Dreher bin — oder so ähnlich. Da war noch Vater Strauß in Blüte mit seinen Schwammal — nee, wie hieß doch gleich das Ding — Schrammal! Der gute Johánn. Na da mag sich auch manches verändert haben. *(Der Geschützlärm immer schwächer.)*

DER DIENSTHABENDE GENERALSTABSOFFIZIER: — Bitte bei Tolmein —

DER DEUTSCHE GENERALSTABSOFFIZIER: Ach, das war einmal. Da haben wir doch an einem Tach weit mehr vergast als ihr in 'nem ganzen Jahr! Bei Ausräuchern von letzten Franzosennestern, weißen und farbigen Engländern und so. Jawoll — unsre deutsche Handgasbombe B! Da verspritzt sich die Giftmasse und erzeugt eiternde Wunden, mit 'ner Absonderung wie 'n richtichgehender Tripper. *(Heiterkeit.)* Nanu? das ist wissenschaftlich einwandfrei festjestellt! Der Mann ist erst am andern Tach kaputt.

DIE KAPELLE *(spielt und singt zugleich)*:

> Jessas na —
> Uns gehts guat —
> Ja, das liegt schon
> So im Bluat!
> *(Die Offiziere repetieren.)*

DER GENERAL *(lallend)*: Ja — das liegt schon —

(Der Geschützlärm ist verstummt.)

VERSCHIEDENE STIMMEN: Oha! Was is denn? Was is denn?

DIE KRIEGSBERICHTERSTATTER: Was heißt das —?

DER GENERAL *(mit brandrotem Kopf, springt auf, schlägt auf den Tisch)*: Kruzi!! Ich habe doch ausdrücklich —!! Das is wirklich nur bei uns möglich — Was — hab ich derer Bagasch eingeschärft?! *(brüllend)* Wenn eine Patrone fehlt, kannibalisch strafen! — Mit kräftigem Hurra ungestüm auf Gegner stürzen! — Ihm noch auf kurze Distanz eins unter die Nasen brennen, dann sofort mit dem Bajonett in die Rippen! — Ungetreue rücksichtslos niedermachen! —

Gewehr bleibt trotz Handgranate und MG stets bester Freund der Infanterie! — Offiziere müssen da hart sein und beste Kräfte herausfordern! — Und was haben s' gmacht — diese Frontschweine, diese Fronthunde, diese — diese — *(jammernd)* verderben einem alles — der Wottawa! — diese Schkribler! — Nicht durch den Feind, durch Hunger! — der Hunger — und da hams angesetzt — *(die Fäuste ballend)* da hams zersetzend — aufhängen! — Ich — war derjenige — ich habs immer vorausgesagt, das Unglück unserer Armee wird — selbst mein Korps mitreißen! — Dieser boden—lose Leichtsinn — unausrottbar — nix als fressen und Menscher — demora — *(er bricht zusammen.)*

DER DIENSTHABENDE GENERALSTABSOFFIZIER *(springt auf):* Dadran sind diese Tachinierer schuld — vorne — diese Frontschweine — diese —

DER ÖSTERREICHISCHE OBERST *(erwachend):* Was is denn gschehn?

DER OBERSTLEUTNANT: Nix! Gschossen hams in Ottakring!

DER GENERAL: Wo — waren die Maschingwehr zum Antreiben?! — Wo bleibt unsere artilleristische Überlegenheit?! — Schufte das!! — Nach einem vierjährigen beispiellosen Ringen — gegen eine — vorbildliche — Übermacht — beispielgebend — unsere glor — *(er fällt auf den Stuhl, wimmernd)* — also — da — kommen s' noch — am End — da — herein —

DER PREUSSISCHE OBERST: Nich doch, Exzellenz, Kopf hoch! Meine Herrn — wir dürfen und können den Mut nicht sinken lassen — jetzt vor dem Endsieg — können und dürfen wir erhobenen Hauptes — Seien Sie überzeugt, meine Herrn, daß es sich nur um den typischen Anfangsgewinn einer jeden feindlichen Offensive handelt — um Bluff und weiter nichts! Bange machen gilt nicht. Was uns noch immer bleibt, ist ein strategischer Rückzug — und ein strategischer Rückzug ist immer 'n Erfolg! *(Vereinzelte Hurra- und Hoch-Rufe.)* Und davon, daß der Feind unsre seit Jahren ins Auge gefaßten und seit Tagen eingeleiteten Bewegungen nicht hindern werde, bin ich vorwech überzeugt. Unsre Operationen nehmen einen planmäßigen Verlauf. Wir haben uns einfach vom Feinde losjelöst und denn ziehen wir ihn glatt hinter uns her! Immer feste druff! Die Stimmung der Truppen ist eine nicht zu überbietende. Meine Herrn, wir wanken nicht und wir weichen nicht! Je öfter wir dem Feind Gelegenheit zu Vorstößen geben, umso mehr Aussicht haben wir, ihn zu zermürben! Das ist die Taktik, die wir an der Somme erprobt haben. Das ist die Taktik, die uns auch am Piave gelingen wird. Nur jetzt nicht miesmachen! Gott ist mit uns! Wir schaffen es — und wenn die Welt voll Teufel wär! Der Feind wird — seien Sie des überzeugt, meine Herrn — der Feind wird an uns wie an einer ehernen Feuermauer —

Der Horizont ist eine Flammenwand. Panikartiger Lärm. Viele der Anwesenden liegen unter der Tafel. Viele eilen oder wanken dem Ausgang zu, etliche kehren mit entsetzten und verzerrten Gesichtern zurück.

RUFE: Was is denn gschehn? — Was — is —

DER GENERAL *(lallend):* Durch — san s' —! Spielts — weiter —

Alle Lichter sind erloschen. Draußen Tumult. Man hört das Platzen von Fliegerbomben. Dann tritt Stille ein. Die Anwesenden schlafen, liegen in Somnolenz oder starren völlig entgeistert auf die Wand, an der das Tableau »Die große Zeit« hängt und nun der Reihe nach die folgenden Erscheinungen aufsteigen.

Schmaler Bergpfad nach Mitrovica. Schneegestöber. Zwischen tausenden von Karren eine unübersehbare Menschenmasse, Greise und Frauen, Kinder, halbnackt, an der Hand der Mütter, deren manche auch einen Säugling im Arme tragen. Ein kleiner Junge, an der Seite einer Bäuerin aus dem Moravatal, streckt sein Händchen aus und sagt:

Tschitscha, daj mi hleba —

Die Szene wird von einem andern Bilde verdrängt. Durch die Landschaft rast der Balkanzug. Das Tempo verlangsamt sich.

Man sieht den Speisewagen, aus dessen Fenstern sich die bei-
den Kriegsberichterstatter beugen, sie scheinen ihren Ebenbil-
dern im Saal zuzutrinken. Einer ruft:

Es ist doch etwas Schönes um den Krieg —

Nun ist es wieder das andere Bild. Die erschöpften, fast schon
erfrorenen Flüchtlinge liegen auf den eisbedeckten Steinen.
Das Morgenlicht fällt auf eingefallene, blasse Gesichter, in
denen noch das Grauen der verbrachten Nacht steht. Ein Schrei:
ein Pferd stürzt in die Tiefe. Wieder ein Schrei, noch gellen-
der: sein Führer ist ihm nachgestürzt. Am Wegrand ein zu Tode
erschöpftes Pferd, dort ein Ochse mit heraushängenden Ein-
geweiden, ein Mensch mit zertrümmertem Schädel. Der Zug
setzt sich in Bewegung. Entkräftete müde Tiere bleiben zu-
rück. Unbeweglich stehen sie. Ihr todtrauriger Blick folgt dem
Zug. Mit totenblassem Antlitz, an einen Tannenbaum gelehnt,
sitzt eine Bäuerin — es ist jene aus dem Moravatal — in den
Armen einen leblosen kleinen Körper, zu dessen Häupten, mit
zitterndem Licht, eine kleine Wachskerze brennt.

(Die Erscheinung verschwindet.)

Eine Garnison. Es spielen sich in jähem Wechsel die folgenden
Szenen ab. Slowakische Bauern, aus der russischen Gefangen-
schaft heimgekehrt, zum Teil in Bauernkleidern, zum Teil in
russischen Uniformen, bitten um Urlaubsverlängerung wegen
des Rückstandes in der Erntearbeit. Der Kompagniekomman-
dant ordnet die sofortige Einteilung der Bittsteller in die
nächste Marschkompagnie an. Ein Raum wird sichtbar, in wel-
chem zwei junge Heimkehrer, 19 und 21 Jahre alt, schlafen.
Sie werden durch den Lärm des Auftritts geweckt, der sich nun
draußen abspielt. Der Feldwebel nimmt die Verteilung der
Monturen vor. Die Leute verweigern die Übernahme, verlan-
gen die Vorführung zum Bataillonsrapport. Der Feldwebel
schlägt einige von ihnen und empfängt einen Schlag ins Ge-
sicht. Die Kasernenmannschaft wird alarmiert, die Gewehre
werden geladen, die Meuternden mit dem Bajonett in den Ka-
sernenhof getrieben und umzingelt. Der Hauptmann erscheint,

alle leisten seinem Befehl, sich in Reih und Glied aufzustellen,
Folge. Jetzt befinden sich auch die zwei darunter. Er nimmt
den Bericht über den Vorfall entgegen. Niemand weiß, wer den
Schlag versetzt hat. Der Hauptmann greift jeden zehnten her-
aus, läßt sie ins Wachzimmer abführen. Dort werden sie ge-
schlagen, liegen mit Springeisen an den Füßen gefesselt, wer-
den dann in den Garnisonsarrest gebracht. Das Standrecht wird
verhängt. Es folgen die Verhöre. Sechs werden vor das Stand-
gericht gestellt. Der Arresthof im Grauen des nächsten Mor-
gens. Die Richter, der Bataillonskommandant, der Militär-
anwalt und zwei Geistliche erscheinen. Ein Tisch und ein Kru-
zifix werden gebracht. Der Gerichtshof gruppiert sich um den
Tisch, zu beiden Seiten die Geistlichen. Einer der sechs be-
kommt bei diesem Anblick einen Herzkrampf, er stürzt heu-
lend und schäumend zusammen, andere raufen sich die Haare,
toben, zerreißen ihre Kleider. Die Wachmannschaft sucht sie
mit der Versicherung zu besänftigen, daß nur zwei zum Tode
verurteilt würden. Ein Richter verliest die Anklageschrift. Der
Neunzehn- und der Einundzwanzigjährige werden zum Tode
durch Erschießen, die übrigen zu mehrjährigen Kerkerstrafen
verurteilt. Der Neunzehnjährige stürzt vor den Vorsitzenden
hin auf die Knie, bittet, von Schluchzen geschüttelt, um Gnade.
Er zeigt ein Medaillon mit dem Bilde seines alten Mütterchens.
Sie werde seinen Tod nicht überleben, man solle ihn ins Feld
schicken, er wolle beweisen, daß er ein braver Soldat ist, er
habe während des Krawalls geschlafen, er sei ganz unschuldig.
Der Richter läßt ihn abführen. Der andere Angeklagte steht
totenbleich, aber aufrecht da. Er spricht die Worte:

Gott weiß, daß ich unschuldig sterbe!

Er läßt sich abführen, während die übrigen um ihre Kame-
raden weinen. Die Richter begeben sich ins Kasino. Dort sagt
einer von ihnen:

Es is ja ganz klar, daß nur der eine Verheiratete der Schuldige sein kann. Aber kann man denn an' Vatern von sechs
Kindern erschießen? Da müsset ja das Ärar für die Hinterbliebenen zahlen! So hat er sechs Jahr, soviel wie er

Kinder hat, und den Angehörigen von Militärsträflingen kann der staatliche Unterhaltsbeitrag entzogen wern a no.

Ein zweiter sagt:

Drei andere waren auch verheiratet — also bleiben nur die zwei jungen Burschen zum Erschießen. Wern scho was angstellt haben. Tun sie's heut nicht, täten sie's morgen. Unschuldig hin, unschuldig her — ein Exempel muß schtatuiert wern.

Nachts im Arrest. Der Jüngere steht mit dem Rosenkranz betend hinter dem vergitterten Fenster. Die Militärgeistlichen erscheinen, um den Delinquenten die letzte Ölung zu erteilen. Der jüngere heult auf und äußert den Wunsch, noch einmal seine Mutter zu sehen. Es folgt ein gemeinsames Gebet. Er erbittet Papier und Bleistift, um seiner Mutter zu schreiben. Er schreibt. Es ist schon $^1/_4$9 Uhr. Er erhebt sich.

Mutter!

Er sinkt zusammen. Der andere:

Habe ich deshalb gekämpft, bin ich deshalb aus Rußland gekommen, daß man mich jetzt wie einen Schlachtochsen zum Metzger führt? — Man soll mich binden und tragen! — Bin ich dazu 21 Jahre alt geworden, um erschossen zu werden? — Macht es schnell!

Auf dem Weg zum Richtplatz. Er nimmt Abschied von der strahlenden Augustsonne. Er reißt ein grünes Baumblatt ab und küßt es inbrünstig. Der Jüngere weint unaufhörlich um seine Mutter. Auf dem Richtplatz. Alter Burghof. Der Einlaß erfolgt nur gegen Vorweis einer Legitimation. Man bemerkt unter den Anwesenden die Spitzen der Behörden, hohe Offiziere und sonstige Würdenträger mit ihren Damen. Die besten Gesellschaftskreise der Stadt sind vertreten. Die Richter, der Bataillonskommandant und die dienstfreie Bataillonsoffiziere nehmen in der Mitte des Karrees Aufstellung. Die Delinquenten werden vorgeführt. Das Urteil wird verlesen. Der ältere:

Wenn der Feldwebel so aussagen konnte, verdient er hier zu stehen, um erschossen zu werden.

Sie wollen nicht, daß ihnen die Augen verbunden werden.

Ich fürchte nicht mehr die Kugel.

Die Augen werden ihnen verbunden. Sie knien nieder.

»Feuer!«

Säbelschwenken. Zwei Leichen im Gras. Der Hauptmann kommandiert zum Gebet. Alle salutieren. Einer der Priester, mit Offizierskappe und goldener Distinktion am Arm, hält eine Rede, zeigt mit erhobener Rechten auf eine Standarte und blickt verklärt gen Himmel auf das Habsburgerwappen über dem Tor.

(Die Erscheinung verschwindet.)

Kragujevac. In zwei parallelen Reihen sind je 22 Gräber aufgeworfen. Davor knien 44 Heimkehrer älterer Jahrgänge, mit Tapferkeitsmedaillen aller Grade. Bosniaken schießen auf zwei Schritt Entfernung. Ihre Hände zittern. Die erste Partie wälzt sich am Boden. Keiner ist tot. Man setzt ihnen die Gewehrläufe an den Kopf. Offiziersmesse. Der Oberauditor erhebt das Glas und spricht, indem er seinem Ebenbild im Saal zutrinkt, die Worte:

Weißt, ich hätt auch dreihundert hinrichten lassen. Trunkenheitsexzesse können nicht geduldet werden. Ich habe den Leuten den ehrenvollen Tod durch Erschießen ausnahmsweise bewilligt.

(Die Erscheinung verschwindet.)

Der Hauptmann Prasch steht vor seiner Deckung, ganz mit Blut bestrichen, er hält über seinem Kopf einen Kopf, den er auf einen Stock gespießt hat. Er spricht:

Das ist mein erster italienischer Gefangener, mit meinem eigenen Säbel habe ichs getan. Meinen ersten russischen Gefangenen habe ich vorher martern lassen. Am liebsten gehe ich auf Tschechen. Ich bin ein gebürtiger Grazer. Wer mir in Serbien begegnet ist, den habe ich auf der Stelle niedergeknallt. Zwanzig Menschen, darunter Zivilisten und Gefangene, habe ich mit eigener Hand getötet, mindestens hundertfünfzig habe ich erschießen lassen. Jeden Soldaten, der sich beim Angriff verspätet oder während des Trommelfeuers versteckt hat, habe ich eigenhändig niedergeknallt. Ich habe meine Untergebenen immer ins Gesicht geschlagen, sei es mit dem Stock, sei es mit der Faust. Aber ich habe auch viel für sie getan. In Serbien habe ich ein serbisches Mädchen vergewaltigt, aber dann den Soldaten überlassen und am nächsten Tag das Mädchen und seine Mutter auf einem Brückengitter aufhängen lassen. Die Schnur riß und das Mädchen fiel noch lebend in das Wasser. Ich zog meinen Revolver und schoß auf das Mädchen so lange, bis es tot unter dem Wasser verschwand. Ich habe stets meine Pflicht erfüllt, bis zum letzten Hauch von Mann und Roß. Ich wurde ausgezeichnet und befördert. Ich war stets auf dem Posten. Der Krieg erfordert ein straffes Zusammenfassen aller Kräfte. Man darf den Mut nicht sinken lassen. Kopf hoch! *(Er hebt den Stock höher.)*

(Die Erscheinung verschwindet.)

Ein Ulanenoberleutnant läßt einen Popen an den Steigbügel eines Ulanen binden. Man zieht ihm den Mantel aus.

Sie werden Ihren Mantel kaum mehr brauchen.

Der Reiter entfernt sich in leichtem Trab.

(Die Erscheinung verschwindet.)

Winter in den Karpathen. Ein Mann an einen Baum gebunden. Er wird losgebunden und bricht ohnmächtig zusammen. Der Kompagnieführer tritt ihn mit dem Stiefelabsatz und weist auf ein Erdloch, zu dem ihn Soldaten tragen.

(Die Erscheinung verschwindet.)

Flucht. Es regnet. Der General der Tafelrunde sitzt im Automobil und gibt Auftrag, einem Verwundeten das Zeltblatt von der Tragbahre wegzunehmen und über seinen Wagen zu breiten. Er winkt seinem Ebenbild zu und fährt ab.

(Die Erscheinung verschwindet.)

An einem Rübenfeld in Böhmen. Zwei Kinder tragen einen Kindersarg zum Friedhof. Sie lassen den Sarg fallen. Sie schleppen die Leiche, die im Feld liegt, wieder zum Sarg und setzen dann ihren Weg fort.

(Die Erscheinung verschwindet.)

Neben einer Brotfabrik ein Haufen von Schutt, Schlacken und Betriebsabfällen. Halbverhungerte Kinder suchen nach Brotkrumen. Sie finden ein Schrapnell. Sie spielen damit. Es explodiert.

(Die Erscheinung verschwindet.)

Hängeallee in Neusandec. Kinder schaukeln und drehen die Leichname.

(Die Erscheinung verschwindet.)

Eine Frau, die Kartoffeln gekauft hat, wird von anderen Personen, die nichts mehr bekommen haben, erschlagen. Sie treten auf der Leiche herum.

(Die Erscheinung verschwindet.)

Auf einem Geleise steht ein Lastzug: die Wohnstatt eines schmutzigen Menschenhaufens; es sind Flüchtlinge, darunter schwangere Frauen, sterbende Greise, kranke Kinder.

(Die Erscheinung verschwindet.)

Vor einer Hütte in Wolhynien. Ein Bauer mit seinem Schäferhund. Ein Soldat kommt des Weges und verwundet den Hund durch einen Bajonettstich.

(Die Erscheinung verschwindet.)

Trinkgelage von Offizieren. Ein Leutnant erschießt eine Kellnerin.

(Die Erscheinung verschwindet.)

Gefechtspause an der Drina. Ein serbischer Bauer holt Wasser. Gegenüber steht und zielt ein Leutnant. Er schießt ihn ab.

(Die Erscheinung verschwindet.)

Karfreitag in einer Pariser Kirche. Ein Geschoß aus der 120 Kilometer-Kanone schlägt ein.

> *(Die Erscheinung verschwindet.)*

Ostersonntag. Russische Gefangene, die sich geweigert haben, Stellungsarbeiten im feindlichen Feuer auszuführen, verrichten ihr letztes Gebet.

> *(Die Erscheinung verschwindet.)*

Sterbende am Drahtverhau vor Przemysl.

> *(Die Erscheinung verschwindet.)*

Nahkampf und Ausputzen in einem Graben.

> *(Die Erscheinung verschwindet.)*

Ein Schulzimmer, in das eine Fliegerbombe fällt.

> *(Die Erscheinung verschwindet.)*

Ein Soldat wird aus einer Erdmasse emporgezogen. Sein Gesicht ist blutüberströmt. Er breitet die Arme aus. Seine Augen sind erloschen.

> *(Die Erscheinung verschwindet.)*

Ein Verbandplatz, auf den eine Fliegerbombe fällt.

> *(Die Erscheinung verschwindet.)*

Minenexplosion. Ein Soldat reckt seine blutigen Armstümpfe in die Richtung des Saales.

> *(Die Erscheinung verschwindet.)*

Doppelbild: Ein deutscher Offizier, der einen um sein Leben flehenden französischen Gefangenen niederschießt. Ein französischer Offizier, der einen um sein Leben flehenden deutschen Gefangenen niederschießt.

> *(Die Erscheinung verschwindet.)*

Somme-Wüste. Rauchschwaden wie Riesentrauerfahnen. Gebäude stürzen ein. Brunnen werden von Pionieren gesprengt und verschüttet. Evakuierung. Alte Leute werden aus ihren

Häusern gejagt. Vor Kälte zitternde Menschen auf dem Ver-
sammlungsplatze. Frauen fallen vor Offizieren auf die Knie.
Abtransport in die Zwangsarbeit.

(Die Erscheinung verschwindet.)

Einäscherung der Meierei Sorel bei Loison und Verbrennung
von 250 dort befindlichen Verwundeten.

(Die Erscheinung verschwindet.)

Versenkung eines Spitalschiffes.

(Die Erscheinung verschwindet.)

Longuyon mit Petroleum-Eimern in Brand gesetzt, Häuser
und die Kirche geplündert. Verwundete und kleine Kinder ver-
brennen.

(Die Erscheinung verschwindet.)

Flandern. In einer ausgeplünderten Hütte sitzt vor einem Kes-
sel eine Gasmaske. Auf ihrem Schoß eine kleinere Gasmaske.

(Die Erscheinung verschwindet.)

Es erscheint das Pferd, auf dessen Rücken die Form der Ge-
schützlast blutig eingezeichnet ist.

(Die Erscheinung verschwindet.)

Winter auf Asinara. Gefangene nehmen den an Cholera ver-
storbenen Kameraden die Kleider ab. Hungernde essen das
Fleisch von Verhungerten.

(Die Erscheinung verschwindet.)

Baracke in Sibirien. Ergraute Männer, ganz unterernährt, bar-
füßig, in zerfetzten Uniformen, kauern auf der Erde, starren
wie mit ausgehöhlten Augen ins Weite. Einige schlafen, einige
schreiben, einige exerzieren mit Schaufeln und machen Ge-
wehrgriffe.

(Die Erscheinung verschwindet.)

Tausende von Kreuzen in einem Schneefeld.

(Die Erscheinung verschwindet.)

Ein Schlachtfeld. Trichter und Kavernen. Spazierwege durch die noch stehenden Drahtverhaue. Luxusautomobile treffen ein. Die Touristen zerstreuen sich in Gruppen, photographieren sich gegenseitig in heroischen Stellungen, parodieren Feuersalven, lachen und stoßen Schreie aus. Einer hat einen Schädel gefunden, steckt ihn auf das Ende seines Spazierstockes und bringt ihn mit triumphierendem Gesicht. Ein Trauernder tritt dazwischen, nimmt den Fund an sich und begräbt den Schädel.

(Stöhnen der Schlafenden. Die Erscheinung verschwindet.)

Nun kommt ein Zug von Gasmasken, die vor den im Saale Anwesenden Front machen und sich der Tafel zu nähern scheinen.

DIE GASMASKEN:

> Gesegnete Mahlzeit, wir stecken den Rüssel
> aus purer Neugier in fremde Speise.
> Denn unsre leider war nicht geraten.
> Wir hatten heute nur auf der Schüssel,
> und zubereitet auf deutsche Weise,
> Dörrgemüse mit Grünkreuzgranaten.

> *(Die Erscheinung verschwindet.)*

Bei der vordersten Linie in den Karpathen. Es ist alles ruhig. In den Schützengräben stehende Leichname. Mann neben Mann, das Gewehr im Anschlag.

DIE ERFRORENEN SOLDATEN:

> Kalt war die Nacht.
> Wer hat diesen Tod erdacht!
> Oh die ihr schlieft in Betten —
> daß euch das Herz nicht bricht!
> Die kalten Sterne retten uns nicht.
> Und nichts wird euch erretten!

> *(Die Erscheinung verschwindet.)*

Ein alter serbischer Bauer schaufelt sein Grab.

DER ALTE SERBISCHE BAUER:

> Wir standen rings um unsere Truh.
> Soldaten schrieen auf uns zu.
> Wir hatten nichts mehr. Sie wollten was haben.
> Drum muß ich jetzt meine Grube graben.
> Wir waren arm, wir waren nackt.
> Uns selber haben sie angepackt.
> Sie stellten die Kinder mir an die Wand,
> sie haben sie mir vorausgesandt.
> Verbrannt ist mein Feld, verbrannt mein Hab.
> Nun grabe ich mir das eigene Grab.
> Schon rufen die Kinder — ich komme gleich!
> Herr, hilf mir in das Himmelreich!

(Die Erscheinung verschwindet.)

Der Kronprinz bei den Flammenwerfern der 5. Armee. Zur Begrüßung des Kronprinzen wird durch Flammen ein »W« gebildet.

DIE FLAMMEN:

> Wir sind die Flammen! Es waren verloren
> in unsrer Höllenqual
> viele, die Mütter in Schmerzen geboren.
> Wir sind ein Initial!
> Oh W der Zeit. Weh diesem blutigen Tropf!
> Er hatte nichts im Sinn,
> er führte was im Schilde.
> So mähte er die Menschheit hin.
> Geschaffen nach Teufels Ebenbilde,
> Hat er vorm Kopfe einen Totenkopf!

(Die Erscheinung verschwindet.)

Zwölfhundert Pferde tauchen aus dem Meer, kommen ans Land und setzen sich in Trab. Wasser strömt aus ihren Augen.

DIE ZWÖLFHUNDERT PFERDE:

> Wir sind da, wir sind da, wir sind da, wir sind da —
> wir sind da, die zwölfhundert Pferde!
> Die Dohna'schen Pferde sind da, Dohna, da —
> wir stiegen empor zu der Erde.
>
> Oh Dohna, wir suchen dich auf im Traum.
> Uns wollte der Platz nimmer taugen.
> Wir hatten kein Licht, zu viel Wasser hat Raum
> in zweimal zwölfhundert Augen.

Graf Dohna umgeben von zwölf Vertretern der Presse. Plötzlich stehen statt ihrer zwölf Pferde da. Sie dringen auf ihn ein und töten ihn.

> *(Die Erscheinung verschwindet.)*

Eine altertümliche Erfinderwerkstatt.

LIONARDO DA VINCI:

— — wie und warum ich nicht meine Art schreibe, unter dem Wasser zu bleiben, solang' ich bleiben kann; und dies veröffentliche ich nicht oder erkläre es wegen der bösen Natur der Menschen, welche Art sie zu Ermordungen auf dem Grund des Meeres anwenden würden, indem sie den Boden der Schiffe brächen und selbige mitsamt den Menschen versenkten, die drinnen sind — —

> *(Die Erscheinung verschwindet.)*

Ein süßer Ton erklingt. Meeresstille nach dem Untergang der Lusitania. Auf einem schwimmenden Brett zwei Kinderleichen.

DIE LUSITANIA-KINDER:

> Wir schaukeln auf der Welle —
> wir sind nun irgendwo —
> wie ist das Leben helle —
> wie sind die Kinder froh —
>
> *(Die Erscheinung verschwindet.)*

Zwei Kriegshunde, vor ein Maschinengewehr gespannt.

DIE KRIEGSHUNDE:

> Wir ziehen unrecht Gut. Und doch, wir ziehn.
> Denn wir sind treu bis in die Todesstund.
> Wie war es schön, als Gottes Sonne schien!
> Der Teufel rief, da folgte ihm der Hund.

(Die Erscheinung verschwindet.)

Ein toter Wald. Alles ist zerschossen, abgehauen und abgesägt. Hüllenloses Erdreich, aus dem sich nur ab und zu ein paar kranke Bäume erheben. Zu Hunderten liegen noch die gefällten, entästeten, zersägten Stämme mit halb schon verwitterter Rinde am Boden herum. Eine zerfallene Feldbahn führt quer hindurch.

DER TOTE WALD:

> Durch eure Macht, durch euer Mühn
> bin ich ergraut. Einst war ich grün.
> Seht meine jetzige Gestalt.
> Ich war ein Wald! Ich war ein Wald!
>
> Der Seele war in meinem Dom,
> ihr Christen hört, ihr ewges Rom!
> In meinem Schweigen war das Wort.
> Und euer Tun bedeutet Mord!
>
> Fluch euch, die das mir angetan!
> Nie wieder steig ich himmelan!
> Wie war ich grün. Wie bin ich alt.
> Ich war ein Wald! Ich war ein Wald!

(Die Erscheinung verschwindet.)

Ein Oberst läßt eine dalmatinische Frau mit ihrem zwölfjährigen blonden Knaben festnehmen. Während die Frau weggezerrt wird, gibt er den Auftrag, dem Knaben in den Kopf zu schießen. Er steht rauchend dabei, indes Soldaten auf den Händen des Kindes knien und die Exekution vollzogen wird.

DIE MUTTER:

>Daß nie, durch alle Tage, die ihr schändet,
> sich euer Blick von diesem Bilde wendet!
> Und seid am Ende ihr der Höllenfahrt,
> bleib' euch erst dieser Anblick aufgespart!
> Die Splitter dieser edlen Kinderstirn,
> sie bohren sich in euer Herz und Hirn!
> Lebt lang und ewiger Begleiter sei
> durch eure Nächte dieser Mutterschrei!

(Die Erscheinung verschwindet.)

Ins Fiebrige verzerrte Heurigenmusik setzt ein. Die Hinrich-
tung Battistis. Lachende Soldaten umstehen den Leichnam,
Neugierige recken die Hälse. Die Hände über dem Haupt des
Toten der fidele Scharfrichter.

DAS ÖSTERREICHISCHE ANTLITZ:

>Aus Tod wird Tanz,
> aus Haß wird Gspaß,
> aus Not wird Pflanz,
> was is denn das?
> Is alles stier,
> is's einerlei,
> denn mir san mir
> und a dabei.
> Ein guter Christ
> sagt: Kinder bet's,
> und Henker ist
> man nur aus Hetz.

(Die Erscheinung verschwindet.)

Die Klänge erheben sich während des folgenden Phantoms zu
furchtbarer Musik. Auf dem Monte-Gabriele. Zu einem hohen
Haufen geschichtet unbegrabene, halb verweste Leichen. Ein
Schwarm von Raben umkreist krächzend die Beute.

DIE RABEN:

Immer waren unsre Nahrung
die hier, die um Ehre starben.
Aber eure Herzenspaarung
macht, daß Raben nimmer darben.

Wir, die wir uns nie bewarben,
Nahrung haben wir erworben.
Ihr nicht, wir nicht dürfen darben,
euch und uns sind sie verdorben.

Ihr und wir vom Siege schnarren,
wenn die Opfer sich vermehren,
weil im Reiche rings die Narren
eurem, unsrem Ruf nicht wehren.

Waren Generale Raben,
schnarrts von Phrasen dort im Saale.
Draußen sind sie unbegraben,
da sind Raben Generale!

Dürft getrost die Schlacht verlieren,
wir und ihr in keinem Falle
müssen uns vor uns genieren,
Kriegsgewinner sind wir alle!

Ja wir sind noch sehr lebendig,
wir sind beide noch die Alten,
und wir freuen uns unbändig,
diese Kriegszeit durchzuhalten.

Während ihr zum Fraß vereinigt,
brauchen wir nicht zu entbehren.
Hunger hat uns nie gepeinigt,
seit wir folgen euren Heeren.

Hunger würd' uns nimmer munden,
und wir stürben an der Schande,
und wir sind euch sehr verbunden,
daß wir nicht im Hinterlande.

Dort ist wahre Not, die Greise
und die Kinder dort verderben,
weil hier auf die andre Weise
uns zum Trost die Männer sterben.

Eure Schlachtbank läßt nie darben
ihre angestellten Kunden.
Raben haben, seit sie starben,
immer Nahrung noch gefunden.

(Die Erscheinung verschwindet.)

*Die Musik, völlig abgedämpft, begleitet das nun einsetzende
Schauspiel, um allmählich zu verstummen. Ein unübersehbarer
Aufzug von bleichen Frauen marschiert vorüber, flankiert von
Soldaten mit aufgepflanztem Bajonett.*

DIE WEIBLICHEN HILFSKRÄFTE:

Wir, die Wehrmacht zu entzücken,
eingerückte Heereshuren,
kehren nunmehr euch den Rücken
als Brigade der Lemuren.

Opfernd heldischem Verlangen,
angesteckt von eurem Mute,
Rosen blühn uns auf den Wangen
und die Syphilis im Blute.

Blut und Tränen, Wein und Samen
flossen euch zum Bacchanale,
und was wir von euch bekamen
tragen heim wir zum Spitale.

So verabscheut sind wir heute,
denn uns schlottern die Gewänder,
und wir schleppen unsre Beute
in die fernen Hinterländer.

Doch wir wachsen durch die Zeiten!
Einstens rast ein Landsturm, brausend,
alle Menschheit zu bestreiten,
durch ein schauderndes Jahrtausend!

(Die Erscheinung verschwindet.)

Nun erfüllt ein phosphoreszierender Schein den Saal.

DER UNGEBORNE SOHN:

Wir, der Untat spätere Zeugen,
bitten euch, uns vorzubeugen.
Lasset nimmer uns entstehn!
Wären eurer Schmach Verräter.
Woll'n nicht solche Heldenväter.
Ruhmlos möchten wir vergehn!

Wehlust irdischen Getues!
Liebend hinterläßt die Lues
mir mein Vater, dieser Schuft.
Ruft uns nicht in diese Reiche!
Wir entstammen einer Leiche.
Ungesund ist hier die Luft.

(Der Schein erlischt.)

*Völlige Finsternis. Dann steigt am Horizont die Flammenwand
empor. Draußen Todesschreie.*

EPILOG

DIE LETZTE NACHT

Schlachtfeld. Trichter. Rauchwolken. Sternlose Nacht. Der Hori-
zont ist eine Flammenwand. Leichen. Sterbende. Männer und
Frauen mit Gasmasken tauchen auf.

Ein sterbender Soldat

schreiend

Hauptmann, hol her das Standgericht!
Ich sterb' für keinen Kaiser nicht!
Hauptmann, du bist des Kaisers Wicht!
Bin tot ich, salutier' ich nicht!

Wenn ich bei meinem Herren wohn',
ist unter mir des Kaisers Thron,
und hab' für sein Geheiß nur Hohn!
Wo ist mein Dorf? Dort spielt mein Sohn.

Wenn ich in meinem Herrn entschlief,
kommt an mein letzter Feldpostbrief.
Es rief, es rief, es rief, es rief!
Oh, wie ist meine Liebe tief!

Hauptmann, du bist nicht bei Verstand,
daß du mich hast hieher gesandt.
Im Feuer ist mein Herz verbrannt.
Ich sterbe für kein Vaterland!

Ihr zwingt mich nicht, ihr zwingt mich nicht!
Seht, wie der Tod die Fessel bricht!
So stellt den Tod vors Standgericht!
Ich sterb', doch für den Kaiser nicht!

Weibliche Gasmaske

nähert sich

Soviel ich seh', fiel hier ein Mann mit Gottes Willen.
Auch unsereins hat seine Pflicht hier zu erfüllen.

In dieser ernsten Zeit gibts keinen Zeitvertreib.
Das Kleid ist nicht der Mann, doch ist's auch nicht das Weib.
In Not und Tod und Kot gibt es die gleichen Rechte.
Wo kein Geschlecht, gereicht's zur Ehre dem Geschlechte.

MÄNNLICHE GASMASKE

stellt sich gegenüber

Nur daß dein Gesicht
sich an meines gewöhne!
Ich kenne dich nicht,
du Maske, du schöne!

Erfüllt von dem Grauen,
erfüllend die Pflicht,
sollen wir uns nicht schauen,
wir kennen uns nicht.

Uns gilt nur die Sache,
hier gilt es zu kämpfen,
es droht uns die Rache
mit giftigen Dämpfen.

Der Himmel spuckt Flammen,
verzischend im Blute.
So gehn wir zusammen
auf diese Redoute.

Fernes Trommelfeuer

WEIBLICHE GASMASKE

Gesicht und Geschlecht
verbietet die Pflicht.
Wir haben kein Recht
auf Geschlecht und Gesicht.

Das Leben verbracht
zwischen Leichen und Larven —
mir tönt diese Nacht
wie Hörner und Harfen!

Arm in Arm

Wir haben kein Recht
auf Geschlecht und Gesicht.
Gesicht und Geschlecht
verbietet die Pflicht.

Sie verschwinden.

Zwei Generale auf der Flucht, in einem Automobil

GENERAL

(Sprechgesang)

Da kann man nicht weiter,
die Erde hat Risse,
da gibts spanische Reiter
und sonst Hindernisse.

Die Schlacht hat nunmehr
eine Wendung genommen,
wir sind bis hieher
nach vorne gekommen.

In unsere Jahr'
da is nicht zu spaßen,
wir sind in Gefahr,
das Leben zu lassen.

Nicht wanken und weichen
die Mannschaften ziert.
Fahren S' über die Leichen,
sonst sind wir petschiert!

Was hat denn der eine,
der hat keinen Kopf,
dem fehlen die Beine,
und am Rock fehlt a Knopf!

Das is ein Skandal,
da werd' ich leicht schiech,
Sie toter Korpral,
adjustieren Sie sich!

Das is doch zuwider,
da krieg' ich ein' Pik,
ah, da legst di nieder —
hörn S', jetzt is doch Krieg!

Der hört nicht. Herstellt!
Sie, was machen S' denn dort
mir san doch im Feld!
Sie gehn zum Rapport!

Das is doch verboten,
die Wirtschaft hier vorn!
Fahren S' über die Toten,
sonst sind wir verlorn!

Sie fahren ab. Es tagt.

Zwei Kriegsberichterstatter im Automobil, sie steigen aus.
Breeches, Feldstecher, Kodak

Erster Kriegsberichterstatter

Ich finde es gut,
hier stehen zu bleiben.
Ich habe den Mut,
diese Schlacht zu beschreiben.

Zweiter Kriegsberichterstatter

Ja, hier wie mir scheint
kann noch etwas geschehn.
Der Punkt ist vom Feind
sehr gut eingesehn.

Hier liegen die Helden,
hier ist es bewegt,
und wenn wir es melden,
es Aufsehn erregt.

DER ZWEITE

Es imponiert ja doch allen,
authentisch mit Bildern,
ist einer gefallen,
die Stimmung zu schildern.

DER ERSTE

Wir sind gern informiert
von besonderen Seiten.
Was mich intressiert,
sind die Einzelheiten.

Er tritt an einen sterbenden Soldaten heran.

DER ZWEITE

Sie, machen S' zum End'
ein verklärtes Gesicht!
Ich brauch' den Moment,
wo das Aug Ihnen bricht.

DER ERSTE

Sie sind doch gescheit —
solang Sie am Leben,
ist hinreichend Zeit,
eine Schilderung zu geben.

Der zweite

Was haben Sie empfunden,
was haben Sie sich gedacht,
wir brauchen die letzten Stunden,
wie war denn die Schlacht?

Der erste

Schaun S', das wird goutiert,
auf Details ich schon spitz',
und Ihr Heldentod wird
eine schöne Notiz.

Der zweite

Dieses Detail schon allein
hat für das Blatt seinen Reiz,
und der Chef gibt mich ein
für das Eiserne Kreuz.

Der Sterbende

Geschwinde — geschwinde —
seht, wie ich — mich — winde —
verbinde, Herr Doktor —
verbinde, verbinde!

Seit so vielen Stunden —
mit so vielen Wunden —
sie bluten, sie bluten —
sie sind nicht verbunden.

Nur noch wenig Minuten —
laßt mich doch nicht verbluten —
verbindet geschwinde,
ihr müsset euch sputen.

So seht doch — wie mir schon —
der Atem — entschwindet —
geschwinde — Herr Doktor —
verbindet, verbindet!

DER ERSTE KRIEGSBERICHTERSTATTER

Der erzählt nichts — zu peinlich!
Der wird immer verstockter.
Er hält mich wahrscheinlich
für einen Dokter!

DER ZWEITE

Krieg ist Krieg — hör'n S', ich hust',
unsere Pflicht hier ist schwer,
über Ihre zerschossene Brust
sag' ich nur c'est la guerre.

DER ERSTE

Denn Wunden verbinden,
das hab' ich nicht studiert,
aber für Eindrücke finden
wer'n wir honoriert.

DER ZWEITE

Die Stimmung zu melden,
das ist unser Brot.
Einen schweigsamen Helden,
den schweigen wir tot.
Wenden sich zur Abfahrt.

DER STERBENDE

Mein Weib — ach — ich — bitt —
das ist — eine Qual —
so — nehmen S' mich mit —
bis zum — nächsten — Spital!

Der erste Kriegsberichterstatter

Das ist doch gediegen —
was der von mir will!
So bleiben Sie doch liegen
und halten Sie still!

Der zweite

Für einen Gemeinen
ist das eine Ehr'!
Ihr Bild wird erscheinen,
was wollen Sie mehr!

Der erste

Wenn ich Ihnen garantier',
es erscheint ein Bericht!
Ich war v o r dem Tod hier,
so schaun S' m i r ins Gesicht!

Der zweite

Er sagt nichts darauf.
Ich glaub', es wird gehn.
So nehm' ich ihn auf —
man wird doch da sehn.

Er photographiert.

Der erste

So sein S' doch nicht fad,
es soll stimmungsvoll sein.
Uns fehlt der Kurat,
Sie sind leider allein.

Der zweite

Das wär' ein Effekt,
dem Abonnenten zu zeigen,
den Priester direkt
über den Helden sich neigen!

Der erste

Wir sind doch intim,
er tät's mir zu Liebe,
weil ja schließlich auch ihm
eine Reklam dabei bliebe.

Der zweite

Wo man ihn ja einmal braucht,
ist er natürlich beim Teufel.
Das ist trostlos ... Es raucht!
Nur ein Blindgänger, kein Zweifel!

Der erste

Geh' mr! Hier is stier,
hier is doch nix los.
Gehn wir ins Pressequartier
vor dem Gegenstoß.

Der zweite

Der würde mich nicht
im geringsten tuschieren,
ich kann bloß bei dem Licht
nicht photographieren.

Der erste

Sie, hier wie mir scheint
kann noch was geschehn,
der Punkt ist vom Feind
zu gut eingesehn!

Es lohnt nicht zu bleiben.
Bin ich ein Held?
Also was soll man schreiben?
Ein Erlebnis im Feld!

Sie fahren ab.

Ein Feldwebel jagt mit dem Revolver einen Zug vor sich her

FELDWEBEL

Marsch! Ich wer' euch lehrn hier herumtachiniern!
Fürs Vaterland stirbts, oder ich laß euch krepiern!
Was glaubts denn, i wer's euch schon einigeignen!
Jetzt schießts auf den Feind, oder ich schieß auf die Eignen!

Sie verschwinden.

EIN ERBLINDETER

tastet sich kriechend vorwärts

So, Mutter, Dank! So fühl' ich deine Hand.
Oh, sie befreit von Nacht und Vaterland!
Ich atme Wald und heimatliches Glück.
Wie führst du mich in deinen Schoß zurück.

Nun ist der Donner dieser Nacht verrollt.
Ich weiß es nicht, was sie von mir gewollt.
O Mutter, wie dein guter Morgen thaut!
Schon bin ich da, wo Gottes Auge blaut.

Er stirbt.

DIE KRIEGSBERICHTERSTATTERIN

erscheint

Hier ist er, das Suchen hat sich gelohnt,
hier find' ich den einfachen Mann an der Front!

EIN VERWUNDETER

tastet sich kriechend vorwärts

Fluch, Kaiser, dir! Ich spüre deine Hand,
an ihr ist Gift und Nacht und Vaterland!
Sie riecht nach Pest und allem Untergang.
Dein Blick ist Galgen und dein Bart der Strang!
Dein Lachen Lüge und dein Hochmut Haß,
dein Zorn ist deiner Kleinheit Übermaß,
der alle Grenze, alles Maß verrückt,
um groß zu sein, wenn er die Welt zerstückt.
Vom Rhein erschüttert ward sie bis zum Ganges
durch einen Heldenspieler zweiten Ranges!
Der alten Welt warst du doch kein Erhalter,
gabst du ihr Plunder aus dem Mittelalter.
Verödet wurde ihre Phantasie
von einem ritterlichen Weltkommis!
Nahmst ihr das Blut aus ihren besten Adern
mit deinen Meer- und Luft- und Wortgeschwadern.
Nie würde sie aus Dreck und Feuer geboren!
Mit deinem Gott hast du die Schlacht verloren!
Die offenbarte Welt, so aufgemacht,
von deinem Wahn um ihren Sinn gebracht,
so zugemacht, ist sie nur Fertigware,
mit der der Teufel zu der Hölle fahre!
Von Gottes Zorn und nicht von seinen Gnaden,
regierst du sie zu Rauch und Schwefelschwaden.
Rüstzeug des Herrn! Wir werden ihn erst preisen,
wirft er dich endlich zu dem alten Eisen!
Komm her und sieh, wie sich ein Stern gebiert,
wenn man die Zeit mit Munition regiert!
Laß deinen Kanzler, deine Diplomaten
durch dieses Meer von Blut und Tränen waten!
Fluch, Kaiser, dir und Fluch auch deiner Brut,
hinreichend Blut, ertränk sie in der Flut!
Ich sterbe, einer deutschen Mutter Sohn.
Doch zeug' ich gegen dich vor Gottes Thron!

Er stirbt.

Ein Totenkopfhusar mit Gefolge erscheint.

DER TOTENKOPFHUSAR

Schnedderereng, schnedderedeng!
Die Luft hier ist mein Leibparfeng.
Wir sind die Totenkopfhusaren,
in unsrem Handwerk wohlerfahren.
Wir haben eine schlanke Tallie,
ich lasse stürmen die Kanallie.
Hält man von außen uns für Puppen,
vom Auge fall'n dem Feind die Schuppen.
Denn nimmermehr läßt an die Wimpern
ein Totenkopfhusar sich klimpern!
Jetzt sollen mal die Jungens ran
und jeder zeigen, was er kann,
sie sollen, denn wer wagt gewinnt,
jetzt zeigen, was sie imstande sind.
Seit damals, seit dem Tag der Marne,
ich täglich vor Erschlaffung warne.
Wir müssen warten vor Werdeng.
Schnedderedeng, schnedderereng!

Schnedderedeng, schnedderereng!
Mein Mieder wurde mir zu eng.
Mein Vater ist ein zahmer Panther;
in dem Punkt bin ich viel gewandter.
Ich bin ein junger Jaguar,
das Vaterland ist in Gefahr.
Mein Bart ist britisch zugestutzt;
zu wenig Mörser sind verputzt.
In Frankreich lebt es sich nicht leicht;
es ist bei weitem nicht erreicht!
Solang man jung, solang man jung,
braucht man noch mehr Betätigung.
Doch eh ich opfere die Garde,
soll ins Quartier mein Lieblingsbarde.

Schlag zwölf ist Sturm, glock fünf ist Vesper,
den einzigen Reim drauf weiß mein Presber.
Denn Kunst ist heiter, Dienst ist streng.
Schneddererereng, schnedderedeng!

Die Gruppe verschwindet.

Man hört einen Marsch. Nowotny von Eichensieg tritt auf.

NOWOTNY VON EICHENSIEG

Ja aus Flak und Dag
und aus Rag und aus Kag
bezieh jeden Tag ich das Menschenpack.

Auch das Hinterland
an die Front wird gesandt.
Wer sich nicht ermannt, der gspürt meine Hand.

Dem gemeinen Mann
tu ich an, was ich kann.
Gott weiß es allein, was liegt daran.

Wer hier tachiniert,
wird zurückinstradiert
und wird aufgehängt oder eingespirrt.

Wer verdächtig wär
oder gar Deserteur,
den schick ich zurück auf das Feld der Ehr.

Wer an Bauchschuß hat
und er steht mir nicht grad,
der stirbt mir zur Straf als a Frontsoldat.

Denn hier ist mein Reich
und mir ist alles gleich
und bevor einer stirbt, is er schon eine Leich.

Und hier ist man gesund,
sagt der Stabsarzt und
der Mensch is im Grund nur a A-Befund.

Ja da gibts keine Wahl,
hier entscheidet die Zahl,
überall is a Menschenmaterial.

Ab.

Der Doktor-Ing. Abendrot aus Berlin erscheint.

DOKTOR-ING. ABENDROT

Um endlich den endlichen Endsieg zu kriegen,
und dann also endlich unendlich zu siegen,
greift ungebrochne strategische Kraft
in die letzten Reserven der Wissenschaft.
Was half uns die Kunst unsrer Bombenwerfer?
Und das Gas, noch so scharf, macht das feindliche schärfer.
Oft wurde das Anbot von unseren Gasen
in unsre Linien zurückgeblasen.
Bei immer wieder vergebnem Beginnen
muß Wissenschaft endlich auf Abhilfe sinnen.
Da Not bekanntlich das Eisen zerschlagen,
das man einst für Gold uns hat angetragen,
so warfen wir es zum Eisen, zum alten,
um mit unserm Ingenium durchzuhalten.
Als Ritter vom Geist greifen wir noch zum Schwert,
wenn sich längst schon der Flammenwerfer bewährt,
und sind entschlossen, mit Dünsten und Dämpfen
und Minen bis aufs Messer zu kämpfen.
Den Wortschmuck beziehen wir gern für die Tat
aus der Zeit, wo es die noch gegeben nicht hat,
und sind selbst heut in Turnieren befangen,
wo wir längst schon die chlorreichsten Siege errangen.
Mit allen Schikanen der chemischen Kraft
kämpft der Deutsche im Geiste der Ritterschaft.
Nun gilt es in diesen romantischen Tagen
ein Letztes noch in die Schanze zu schlagen.
Der vielen Wunder aus deutschen Mären
wir bringen das radikalste zu Ehren,

und zu widerlegen die Mär von den Hunnen,
griffen wir tief in den deutschen Märchenbrunnen.
Der Erzähler bin ich, denn ich bin der Erfinder;
bestimmt ist's für ungehorsame Kinder,
die immer noch glauben, wir sei'n die Barbaren,
wiewohl wir elektrotechnisch verfahren.
Das praktische Märchen, das poetische Mittel,
es trägt nach meinem Namen den Titel:
ich stelle mich vor, bin Herr Abendrot
aus Berlin und leuchte zu frühem Tod.
Es war einmal, so will ich beginnen
mir meine Hörerschaft zu gewinnen,
es war einmal eine Lungenpest,
so böse, daß kaum sich's beschreiben läßt.
Doch hat sie die Wissenschaft längst begraben,
und wo man sie brauchte, war sie nicht zu haben.
So hilft ihr die Wissenschaft wieder empor,
denn sie hat für strategische Wünsche ein Ohr.
Sie verhalf schon zu allen den Surrogaten,
die uns das Leben ersetzen, den Kaffee, den Braten.
So ersetz'n wa einfach, m. w., auch den Tod
durch das praktische Mittel Abendrot.
Mit unseren ausgesuchtesten Gasen
jagten wir aus dem Feld nur die falschen Hasen.
Doch fortan, kein Hase bleibt auf dem Platz,
dank unserem Lungenpestersatz!
Die Welt in Spital oder Friedhof zu wandeln,
mußten wir oft zu geräuschvoll handeln.
Nun hoffen wir die Position uns zu stärken,
denn der Feind wird jetzt sterben, ohne selbst es zu merken.
Ein Druck auf den Knopf wird fürder genügen,
über zehntausend feindliche Lungen zu siegen.
Man lebt auf Sandalen und nicht mehr auf Sohlen,
doch der Tod wird sein Opfer geräuschloser holen.
Man hat mich berufen, meine Kunst zu erproben.
So soll nun das Werk seinen Meister loben!

Die Miesmacher wollten den Endsieg uns rauben,
nun werden sie doch an ein Wunder glauben!
Wir woll'n mit dem Tod uns neuorientieren
und unsere letzte Schankze probieren.
Und, wuppdich, ehe der Feind es gedacht,
ist die Sache im Westen auch schon gemacht,
und vor unsern Linien liegen die Leichen,
damit wir den Platz an der Sonne erreichen.
Schon glänzt wie von Abendrot eine Krone.
Ich bin im Weltkrieg die große Kanone!
Mit Tirpitz und Zeppel nehm' ich es auf.
Mit Gott nimmt das neuste Verhängnis den Lauf!
Er drückt auf einen Knopf. Drei Brigaden sinken lautlos um.
Die Kinder, die Kinder, sie hör'n es nicht gern.
So bewährt sich das wahre Rüstzeug des Herrn!
Keine Wacht am Rheine liefert so fest
und so treu wie die Nibelungenpest.
Die Not ließ erkennen das letzte Gebot.
Mein Name ist Siegfried Abendrot.

Er verschwindet.

*Es wird dunkel. Es erscheinen Hyänen, die Menschengesichter
tragen. Als Sprecher die Hyänen F r e s s a c k und N a s c h k a t z.
Sie kauern vor den Leichen und sprechen, rechts und links, in
ihr Ohr.*

FRESSACK

Wenn Sie vielleicht was bedarfen, wenn Sie vielleicht was
bedarfen,
wir sind da, wir tragen Gesichter als Larven.
Doch erschrecken Sie nicht vor Bärten und Mähnen:
wir sind keine Menschen, wir sind nur Hyänen!
Nur daß Ihr Opfer umsonst nicht wäre,
sind wir hier am Platz, auf dem Felde der Ehre.
Bedarfen Sie nichts, nehmen wir Ihnen was ab,
was solln Sie mit Schmuck und Barschaft ins Grab!

NASCHKATZ

Ihr seid nebbich froh, daß alles erledigt.
Für eure Verluste haben wir uns entschädigt.
Auf unseren Rat gingt ihr frisch in das Feld,
gabt ihr euer Blut, nahmen wir euer Geld.
Damit wir gewinnen, mußtet ihr wagen,
jetzt gilt's noch ein Scherflein beizutragen.
Wenn ihr auch besiegt seid, wir werden doch siegen.
Das Blut ist gesunken, das Fleisch ist gestiegen.

FRESSACK

Ihr könnt euch in dem Punkt auf uns verlassen:
bald wird euch des Kaisers Rock nicht mehr passen.
Mit euren Granaten und Bomben und Minen
fahrt weiter so fort und laßt uns verdienen.
Das ist ein Vergnügen, herum hier zu lungern,
ihr braucht nicht zu frieren, ihr braucht nicht zu hungern!
Wir wissen es doch, unser Ehrenwort, heuer
sind Kohle und Fett noch dreimal so teuer!

NASCHKATZ

Wir sagen es ins Ohr euch, ihr solltet uns danken:
dadurch, daß ihr hier liegt, gehts besser den Banken.
Durch die Bank konnten sie das Kapital sich vermehren,
die Fusion mit der Schlachtbank kann man ihnen nicht
                                                    wehren.
Ihr könnt noch von Glück sagen, so ruhig zu liegen,
wenn zugleich mit den Kugeln die Tausender fliegen.
Doch ihr seid entschädigt: ein jeder ein Held!
Ihr schwimmt ja in Blut, und wir nur in Geld.

FRESSACK

Ihr werdet doch fortleben in den Annalen!
Umsonst ist der Tod, doch dafür muß man zahlen.
Wir haben den Krieg ja nicht angefangen.
Wir haben ihn nur gewünscht, aber ihr seid gegangen!

Von unsern Verdiensten wird niemand singen,
euch müssen doch schon die Ohren klingen!
Von euch werden euere Enkel noch sagen.
So solln sich die unsern über uns nicht beklagen.

NASCHKATZ

Meine Kinder wärn auf ein Haar an die Front gekommen.
Zum Glück aber hat man sie nicht genommen.
Der eine is für Hintertürln zu ehrlich,
er is im Geschäft einfach unentbehrlich.
Der andere is zu stolz, so war ich für ihn oben,
a conto dessen is er heute enthoben.
Aufs Jahr lass ich meinen Jüngsten entheben.
Ihr wart auch einmal jung — da soll man erleben!

FRESSACK

Mein Bub hat ka Protektion, doch er hat sichs gerichtet,
der andere hat Talent, er hat über Siege gedichtet.
In demselben Moment, wie ihn das Vaterland rief,
macht der Jung ein Gedicht und kommt ins Archiv.
Er will aber hinaus — statt dort is ihm lieber
er geht, und wird gleich Dramaturg bei Ben Tiber.
Bittsie drin muß er schreiben, was sich draußen ereignet!
Der Jüngste is nebbich ungeeignet.

NASCHKATZ

Ihr könnt nicht genug die Mezzie euch preisen,
ihr starbt doch für Wolle, wir leben für Eisen.
Und wir müssen gestern und heute und morgen
uns noch für Leder und Seife und Tafelöl sorgen.
Freihändig offeriert man und erlebt noch die Schand,
ein Dutzend Waggons bleibt einem in der Hand!
Jetzt gehts noch, doch im Frieden — da sag ich von Glück,
wenn, Gott geb, entsteht eine Waffenfabrik.

FRESSACK

Gott verhüte das Unglück, wer redt heut von Frieden,
wir haben uns zur Not mit der Kriegsnot beschieden.
Wir liefern und leisten, und geben auch was her —
dann wärn wir geliefert, und das wär ein Malheur.
Was heißt Waffenfabrik, ich bin zufrieden mit Skoda,
die Wirkung wie treffend beschreibt Roda Roda.
Wenn ihr schon genug habt, so laßt nackt euch begraben,
meine Frau will einen neuen Pelzmantel haben.

NASCHKATZ

Ihr könnt es uns glauben, das Leben ist sauer,
ihr Toten, ihr solltet für uns tragen Trauer.
Wenn sich einmal herausstellt, man hat umsonst sich
                                              geplagt,
das Friedensrisiko — Ihnen gesagt!
Wie wenig bleibt einem, denn für meinen Sohn
kauf ich jetzt ein Gut, und mein Freund wird Baron.
Einem jeden das Seine. Dem Helden das Grab.
Wir sind die Hyänen. Uns bleibt nur der Schab!

CHOR DER HYÄNEN

So sei's! So sei's!
Doch nur leis! Nur leis!
Die Schlacht war heiß
und durch eueren Schweiß
und durch unseren Fleiß
ist gestiegen der Preis.
Gott weiß, Gott weiß.
Noch drei Waggon Reis
und noch drei Waggon Mais
stehn auf dem Geleis.
Steh auf, geh leis!
Wir schließen den Kreis.
So sei's! So sei's!

Tango der Hyänen um die Leichen. Die Flammenwand im
Hintergrund ist inzwischen verschwunden. Ein schwefelgelber
Schein bedeckt den Horizont. Es erscheint die riesenhafte Sil-
houette des H e r r n d e r H y ä n e n. In diesem Augenblick stehn
die Hyänen still und bilden Gruppen.

DER HERR DER HYÄNEN

Schwarzer, graumelierter, wolliger, ganz kurzer Backen- und
Kinnbart, der das Gesicht wie ein Fell umgibt und mit eben-
solcher Haarhaube verwachsen scheint; energisch gebogene
Nase; große gewölbte Augen mit vielem Weiß und kleiner
stechender Pupille. Die Gestalt ist gedrungen und hat etwas
Tapirartiges. Jackettanzug und Piquéweste. Der rechte Fuß in
ausschreitender Haltung. Die linke Hand, zur Faust geballt,
ruht an der Hosentasche, die rechte weist mit gestrecktem Zeige-
finger, auf dem ein Brillant funkelt, auf die Hyänen.

Habt acht! Und steht mir grade!
Ich komme zur Parade,
und es gefällt mir gut.
Ihr habt die Schlacht gewonnen!
Nun ist die Zeit begonnen!
Nun zeiget euren Mut!

Müßt nicht mit leisen Tritten
den Tod um Beute bitten.
Weh dem, der jetzt noch schleicht!
Nein, sollt mit freiem Fuße
ihn treten, Gott zum Gruße!
Denn jetzt ist es erreicht!

Und der es einst vollbrachte,
an seinem Kreuz verschmachte,
wert, daß man ihn vergißt.
Ich tret' an seine Stelle,
die Hölle ist die Helle!
Ich bin der Antichrist.

Dank steigt von allen Dächern,
daß jener zwischen Schächern
nun auch sein Spiel vollbracht.
Sein bißchen Blut, verronnen
ist's kläglich an den Tonnen
der unverbrauchten Macht!

Die Liebe ist gelindert!
Sie hat es nicht verhindert,
was nun zum Glück geschah.
So hört, ihr wahrhaft Frommen,
das Heil ist doch gekommen,
der Antichrist ist nah!

Die nie besiegte Rache
half der gerechten Sache,
ich war ihr gutes Schwert!
Sie zogen blank vom Leder
dank meiner guten Feder.
Die Macht nur ist der Wert!

Aus diesem großen Ringen
mit vielen Silberlingen
gehn siegreich wir hervor.
So schließen sich zum Ringe
die altgedachten Dinge.
Das Kreuz den Krieg verlor!

Und die gekreuzigt hatten,
wir treten aus dem Schatten
mit gutem Judaslohn!
Mich schickt ein andrer Vater!
Von seinem Schmerztheater
tritt ab der Menschensohn.

Er weicht dem guten Bösen.
Er wollt' die Welt erlösen;

sie ist von ihm erlöst.
Damit sie ohne Reue,
was sie erlöst hat, freue
und für den Himmel tröst'!

Der Haß mußt' sich empören.
Um nimmer aufzuhören,
war Liebe nicht gemacht.
Dank dieser Weltverheerung
gilt eine ewige Währung,
zu der der Teufel lacht!

Geht auch die Welt auf Krücken,
der Fortschritt mußte glücken,
ging aufs Geschäft er aus.
Was Gott nicht will, gelingt doch,
der Teufel selber hinkt doch
und macht sich nichts daraus.

Mit invalider Ferse
geht dennoch er zur Börse
und treibt den Preis hinauf.
Dort ist's gottlob nicht heilig,
der Teufel hat's nicht eilig
und läßt der Welt den Lauf.

Ich bin sein erster Faktor,
ich bin des Worts Redaktor,
das an dem Ende steht.
Ich kann die Seelen packen
und trete auf den Nacken
von aller Majestät!

Ich züchtige die Geister.
Drum zollet eurem Meister
den schuldigen Tribut.
Nach diesen großen Taten

auf größern Inseraten
die neue Macht beruht.

Das Leben abzutasten
mit unbeirrtem Hasten,
seid, Brüder, mir bereit.
Versteht der Zukunft Zeichen,
tastet noch ab die Leichen,
in Ziffern spricht die Zeit!

Laßt keine Werte liegen,
die dann die andern kriegen,
macht eure Sache ganz!
Tragt ein in die Annalen
die intressantern Zahlen
und macht mir Blutbilanz!

Der alte Pakt zerreiße!
So wahr ich Moriz heiße,
der Wurf ist uns geglückt!
Weil jener andre Hirte
sich ganz gewaltig irrte!
Ich heiße Benedikt!

Ich bin gottlob verwandt nicht,
die andere Welt sie ahnt nicht,
daß ich ein andrer Papst.
Denn alle an mich glauben,
die wuchern und die rauben
und die im Krieg gegrapst.

Die Frechen und die Feigen
vor meinem Thron sich neigen,
denn nun erst gilt das Geld.
Daß nie der Zauber weiche
von diesem meinem Reiche!
Es ist von dieser Welt!

Ging' es nicht über Leichen,
die dicken, schweren Reichen
das Reich erreichten nie.
Steht auch die Welt in Flammen,
wir finden uns zusammen
durch schwärzliche Magie!

Durch die geheime Finte
zum Treubund rief die Tinte
die Technik und den Tod.
Mögt nie den Dank vergessen
den Blut- und Druckerpressen.
Ihr habt es schwarz auf rot!

Ich traf mit Druckerschwärze
den Erzfeind in das Herze!
Und weil es ihm geschah,
sollt ihr den Nächsten hassen,
um Judaslohn verlassen —
der Antichrist ist da!

Walzer der Hyänen um die Leichen.

DIE HYÄNEN

So sei's! So sei's!
Wir treten mit Mut.
Wir treten nicht leis.
Wir trinken das Blut!

Wir treten mit Mut.
Wir trinken es heiß.
Wir treiben das Blut.
Wir treiben den Preis!

Vergossen, vergessen,
genossen, gegessen,
wir prassen und pressen,
wir treiben den Preis!

So sei's! So sei's!
Wir treiben es mit Mut.
Die Schlacht war heiß.
Wir pressen das Blut!

Nicht sinke der Mut.
Wir bleiben im Kreis.
Wir treiben das Blut.
Nicht sinke der Preis!

Vergossen, vergessen,
genossen, gegessen,
wir fressen und pressen,
wir treiben den Preis!

Wir treten und treiben
und trinken das Blut.
Wir pressen es gut!

Wir treten und treiben
und trinken es heiß.
Wir treiben den Preis!

Schlaft gut, schlaft gut!
Wir treten nicht leis.
Eia popeia!
So sei's! So sei's!

Die Hyänen lagern sich über die Leichen.

Drei gelegentliche Mitarbeiter erscheinen.

DER ERSTE GELEGENTLICHE MITARBEITER

Der Frühschein schon über der Finsternis liegt.
Der Walzer hat über den Tango gesiegt.

DER ZWEITE GELEGENTLICHE MITARBEITER

Wie sich endlich der Frohsinn der Trübsal gesellt!
Es sind die Vertreter der Handelswelt.

Der dritte gelegentliche Mitarbeiter

Das Leben erholt sich von mühvollen Taten.
's gibt Industriekapitäne und Bankmagnaten.

Der erste

Ich muß nicht mehr in der Einsamkeit wandern.
Ich habe sie schon bemerkt unter andern.

Der zweite

Mir scheint selbst, das Ziel ist gar nicht mehr weit.
Ich hatte bereits die Gelegenheit.

Der dritte

Man hat auch genug von dem Treiben der Truppen.
Es bilden sich wieder die anderen Gruppen.

Der erste

Das wird, mein' ich, jetzt ein ganz anderer Fall.
Ich wittere Morgenluft und Concordiaball!

Der zweite

Er übertrifft ganz gewiß seine Vorgänger weit.
Frau Fanto trägt ein Ecru-Creme-Crepe-Souplekleid.

Der dritte

Die Estrade wird kaum ihre Zugkraft verlieren.
Das Publikum seh' ich bereits sich massieren.

Der erste

Daß sie, gottbehüt, nicht zusammenbräche!
Jetzt ziehn sie sich alle schon in die Gespräche.

Der zweite

Jetzt kommen auch die, die sich immer begeben.
Was sich sonst noch begibt, soll man nicht erleben.

Der dritte

Der Salvator hat einen elastischen Schritt.
Drei kaiserliche Räte erscheinen zu dritt.

Der erste

Zwei Konsuln erscheinen, weil man sie vermißte
sonst in der sonst schon vollzähligen Liste.

Der zweite

Man verliert keine Zeit, die Verlustliste lesend.
Zum Glück ist, was Namen hat, heute anwesend.

Der dritte

Denn hier geschieht, was längst geschah;
die da sind da zu sein, sind da!

Der erste

Es wimmelt von Sternen und auch Koryphän,
nein, was sich da tut, man wird doch da sehn!

Der zweite

Der Generalstab ist verhindert, aber der Höfer ist
                                    erschienen.
Noch liegt der Ernst auf den sämtlichen Mienen.

Der dritte

In der welthistorischen Faschingsnacht
weiß man doch, wofür man die Opfer gebracht.

Der erste

Gern möcht' ich noch wissen, was der Feind sich da dächte.
Denn, ei, der Humor tritt schon in seine Rechte.

Der zweite

Sieh, alles ist da, die Niedern und Obern.
Die Jugend will sich das Tanzrecht erobern.

Der dritte

Ich fürchte, zu Ende geht dieses Fest.
Sie sehn doch, der Teufel tanzt mit der Pest!

Sie entfliehn.

Nun ist der ganze Horizont von Rauchschwaden bedeckt. Ein
scharlachfleckiger Mond tritt aus den Wolken, die in schwarz-
gelben und farbigen Fetzen hängen. Im Feld ein chaotisches
Durcheinander aller Truppenkörper. Drei Panzerautomobile
erscheinen. Menschen und Tiere in wilder Flucht.
Stimmengewirr.

Erste Stimme

Mir klappern die Knochen, mir klappern die Knochen!
Der Angriff ist in unserem Feuer gebrochen.

Zweite

Die Affäre wird uns noch übel bekommen!
Wir haben die Stellung mit kühnem Handstreich genommen.

Dritte

Das halt' wenn er Lust hat der Teufel aus!
Wir warfen den Gegner aus dem Graben hinaus.

Vierte

Da hat uns der Herrgott was Schönes beschert!
Zwei der Unsrigen sind nicht zurückgekehrt.

Erste

Ich fürchte, verlustreich ist diese Schlacht!
Wir haben Gefangene eingebracht.

Zweite

Der Feind fürcht' ich uns von der Flanke bedroht!
Ein Säugling und zwei Zivilisten sind tot.

Etliche Volltreffer haben wir heute erzielt!
Fünf Kinder haben auf dem Spielplatz gespielt.

VIERTE

Wir sind hin, ob Fußtruppe oder reitend!
Der militärische Schade ist unbedeutend.

ERSTE

Die drüben so mörderisch Kirchweih feiern,
kein Zweifel, es sind die braven Bayern!

ZWEITE

Das wird ja mit jedem Augenblick ärger!
Es sind wohl die wackeren Württemberger.

DRITTE

Die jetzt ihre Todesverachtung bewiesen,
das sind die Thüringer, Pfälzer und Friesen.

VIERTE

Das Ergebnis der Handlung wird es euch lehren,
daß sich die heißblütigen Honveds bewähren.

ERSTE

Ihnen die Angriffslust zu bewahren,
treiben wir vorwärts die tapfern Bulgaren.

ZWEITE

Die dort so schlappe sich schieben und schleppen,
das sind die verbündeten Kismetknöppen.

DRITTE

Na warts, jetzt gibts ordentlich Hieb mit der Peitschen!
Jetzt kommen die Deitschen! Ja, das sind halt die Deitschen!

VIERTE

Es regnet in Strömen, das Terrain wird schon weicher.
Das sind die gemütlichen Österreicher.

DIESE

Da sind wir in einer schönen Soß!
Das ist der lange erwartete Gegenstoß!

JENE

Wer nicht deutsch mit dem Feind spricht, ist ein Hundsfott!
                                                                'n Halunke!
Ihr seid in der Sauce, wir sind in der Tunke!

VERSCHIEDENE

Was geht denn nur vor, sind wir denn vereint?
Schießt der Feind auf den Freund oder der Freund auf den
                                                                Feind?

ANDERE

Was soll uns denn diese Verbrüderung nützen?
Die schießen ja mit unsern eignen Geschützen!

ALLE

Das ist wohl die schwerste von allen unsern Krisen!
Der Angriff ist mühelos abgewiesen.

DIE EINE

Wir sind aus'm Wasser! Das Himmelsgewölb
verfärbt sich, auf einmal is alles schwarzgelb!

DIE ANDERE

Ach, 's ist doch zum Schießen, ik lache mir tot,
der Himmel vaschtehste ist nur schwarzweißrot!

DIE EINE

Ja Schmarrn, da schau her, das siehst du doch selber,
über euch is er schwarz, über uns is er gelber.

Der Himmel allein weiß, wofür wir hier starben.
Er führt selbstvaständlich nur unsere Farben!

BEIDE

Jedenfalls will er freundlich den Fortgang begleiten,
schön ist es, Schulter an Schulter zu streiten.

DIE EINE

Und am End wird sich uns die Geschichte schon lohnen —

DIE ANDERE

dank unsern vortrefflichen Kruppkanonen.
Wir verlassen uns ganz auf unsere Stärke —

DIE EINE

durch Gottes und unsere Skoda-Werke.

BEIDE

Doch fürchten wir beide noch aufzusitzen,
denn wir haben ja die neuesten Feldhaubitzen!

Blitze

ALLE STIMMEN

durcheinander

Ja, die da sind schneidig!
Die hier haben Flammen!
Die dort sind uns neidig,
wir hau'n alles zusammen!

Feurige Schlangen am Himmel, rote und grüne Lichter

Was ist denn los? Was ist denn los?

Der lange erwartete Gegenstoß!

Wir sind die Sieger! Wir sind die Sieger!
Kopf hoch, das sind ja die eigenen Flieger!

Ja, Flieger, die mit ganz andern Gewichten
euch den militärischen Stützpunkt vernichten!

Das ist gar ein prächtiger Zeitvertreib,
die töten das Kind dann im Mutterleib!

Feurige Sterne, Kreuze und Schwerter am Himmel

Seht, welche Pracht,
mit den schönsten Orden
lohnt diese Nacht
unser braves Morden.

Leuchtende Kugeln, Feuergarben

Die Untertanen
Ereignisse merken
mit Flaggen und Fahnen
und Feuerwerken.

Drei Kometen erscheinen

Drei feurige Reiter auf feurigen Rossen!
Daß die euch am Ende nicht schlechter gefielen!

STIMMEN VON UNTEN

Bei uns kommen sie wie aus der Kanone geschossen,
sie kommen auf Panzerautomobilen!

STIMMEN VON OBEN

Nicht unwürdig wären sie eures Danks!
Sind Maschinen von einem andern Gusse!

STIMMEN VON UNTEN

Wir kennen den Schwindel, wir hab'n unsre Tanks,
die apokalyptischen Autobusse!

Zwei Ordonnanzen kommen

ERSTE ORDONNANZ

Laßt Hosianna erschallen, laßt Hosianna erschallen:
Bomben sind auf den Ölberg gefallen!

ZWEITE ORDONNANZ

Das gläubige Ohr kein Zweifel belästigt:
Der Ölberg war längst militärisch befestigt!

ERSTE

Lob sei von euch dem Kühnen gesungen,
und preiset mir auch den Weisen laut:
dem endlich der große Wurf gelungen,
und jenen, der rechtzeitig vorgebaut.

ZWEITE

Jenen und diesen, die's endlich vollbrachten,
laßt sie auf Lorbeern, auf Dornen nicht ruhn.
Denn wenn sie sich auch etwas anderes dachten,
ach, sie wußten doch, was sie tun.

BEIDE

Wenn statt der Kanone das Kreuz getroffen,
bei verfehltem Ziel ist die Absicht löblich.
Nicht splitterrichtend, wollen wir hoffen:
Der militärische Schade ist unerheblich.

Ein großes blutiges Kreuz erscheint

STIMMEN VON OBEN

Nun tretet zurück, der Anblick gebeut's!
Habt Achtung vor unserem roten Kreuz!

STIMMEN VON UNTEN

Wer macht uns das nach, uns macht man nichts vor,
wir achten kein Amen, wir scheuen kein Omen!
Solang unser Kaiser den Kopf nicht verlor,
schreckt uns kein Astronom mit seinen Phantomen!

Blutregen setzt ein

STIMMEN VON OBEN

Geht zurück, wenn ihr könnt, und seid auf der Hut!
Bei euch ist's zu trocken, von oben fließt Blut!

STIMMEN VON UNTEN

Unser neuester Trick, das muß man nur wissen,
das hat unser Kriegsrat längst beschlossen.
Wir haben doch den Feind in der Luft zerrissen,
so kommt eben das Blut von oben geflossen.
Die Einheit der Fronten ist hergestellt —

STIMMEN VON OBEN

wenn eine mit der andern zusammenfällt!

STIMMEN VON UNTEN

Wir sind stärker denn je, wenn das Wetter nur will,
so hat uns der Generalstab berichtet.

STIMMEN VON OBEN

Doch das Wetter pariert einem andern Drill!
Der Himmel ist schwarz, eure Reihn sind gelichtet!

Aschenregen setzt ein

STIMMEN VON UNTEN

Das ist ja ein Segen, das ist ja ein Segen,
das ist unser künstlicher Aschenregen!

Steinregen setzt ein

Mit Steinen schmeißen? Ein altes Verfahren!
Da sind unsre Handgranaten schon neuer.
Der Anwurf prallt an uns ab, die seit Jahren
sind abgehärtet im Trommelfeuer!

STIMMEN VON OBEN

Wir sind drin noch nicht so sehr fortgeschritten,
doch werden wir es mit der Zeit schon noch lernen.
Denn unter uns, den besseren Sternen,
gibt es zwar Vaganten, doch unter uns Banditen!

STIMMEN VON UNTEN

Jeder Stern kann von Glück sagen, scheint er über Berlin.
Eure Offensive ist der typische Anfangsgewinn!

Funkenregen setzt ein

Eine Stimme von unten

Ich komm' nicht ins Reine
mit der Erscheinung.
Davon hab' ich meine
besondere Meinung.

Zweite Stimme von unten

Was soll dieses Schwirren?
Was soll das Gefunkel?
Es scheint — davor irren
wir alle im Dunkel.

Völlige Finsternis

Die Kino-Operateure

Das gibts nicht, was heißt das, das ist doch kein Licht!
Da wird ja doch keine Nummer daraus,
zwischen dem Sketch »Willi geniert sich nicht«
und dem Detektiv-Schlager »Mir kommt keiner aus!«
Das gibts nicht, wir haben doch einen Vertrag,
wir brauchen einen Treffer und keine Nieten!
Der Isonzofilm läßt sich zwar nicht überbieten,
doch woll'n wir mehr Licht für den »Jüngsten Tag«!

Eine Stimme von oben

Zu eurem unendlichen Schädelspalten
haben wir bis zum Endsieg durchgehalten.
Nun aber wißt, in der vorigen Wochen
hat der Mars die Beziehungen abgebrochen.
W i r h a b e n a l l e s r e i f l i c h e r w o g e n
und sind in die Defensive gezogen.
Wir sind denn entschlossen, euern Planeten
mit sämtlichen Fronten auszujäten

und mit allen vermessenen Erdengewürmen,
die sich erfrechten, die Sphären zu stürmen,
und wie immer sie sich gewendet haben,
das Bild der Schöpfung geschändet haben,
die Tiere gequält und die Menschen versklavt,
die Schande geehrt und die Würde bestraft,
die Schlechten gemästet, die Guten geschlachtet,
die eigene Ehre am tiefsten verachtet,
sich als Hülle irdischer Güter benutzt,
ihre Sprache durch ihr Sprechen beschmutzt,
und Seele und Sinne, Gedanke und Wort
und ihr Jenseits nur aufgemacht für den Export,
und Tod und Teufel und Gott und die Welt
und die Kunst in den Dienst des Kaufmanns gestellt,
den Lebenszweck hinter dem Mittel versteckt,
mit dem Leib ihre Fertigware gedeckt
als Knechte ihrer Notwendigkeiten,
die ihr Dasein mit ihrem Dasein bestreiten,
sich selber für das Produkt verkauft
und mit dem andern um den Rohstoff gerauft,
und ihren Handel mit Haß nicht geendet,
mit Geld und Gift sich die Augen geblendet,
in ihrem ruchlos verblendeten Nichts
sich unwert erwiesen des ewigen Lichts
und unter den Strahlen der Sterne und Sonnen
sich Schlachten geliefert und Schanden gewonnen,
im Frevel geeint, von Süden bis Norden
den Geist nur verwendet, um Leiber zu morden
und einverständlich von Osten bis Westen
die Luft mit Rache und Rauch zu verpesten,
die beten konnten, um besser zu töten
und nicht vor Scham, nur von Blut zu erröten,
ihren Gott gelästert und ihrer Natur
zertreten die letzte lebendige Spur,
das Blaue vom Himmel heruntergelogen,
mit Landesfarben die Landschaft betrogen,
Eisen gefressen, jedoch zumeist

mit siegreichen Lügen sich abgespeist,
auf die Not des Nebenmenschen gepocht,
am Brand des Nachbarn die Suppe gekocht,
von fremdem Hunger die Nahrung genommen,
und sich dabei selber nicht satt bekommen,
das Haupt des andern mit glühenden Kohlen
beladen, um sich etwas Wärme zu holen
und diese Empfindung frech zu besteuern
und die Butter am eigenen Kopf zu verteuern,
erpreßt und geplündert, gelogen wie gedruckt
und als Kost nur den eigenen Wahn verschluckt,
Invaliden auf allen Siegeswerkeln,
Agenten mit Lues und frischen Tuberkeln,
Händler und Helden und Menschenjäger,
Bombenwerfer, Bazillenträger,
Raubbauer am Schatze der Phantasie,
Bankrotteure der eigenen Ökonomie,
Buschräuber hinter dem Ideale,
Glücksritter in einem Jammertale,
gepanzert mit Bildung, gewandt und gelehrt,
überbewaffnet und unterernährt,
von Gnaden ihrer Maschine mächtig,
hochmütig und dennoch niederträchtig,
von sich überzeugte Untertanen,
erbaute Erbauer von Bagdadbahnen,
Hochstapler der Höhen und Schwindler der Tiefen,
Hyänen, die Leben und Tod beschliefen,
Flieger, die an dem Irdischen haften,
Sklaven der neusten Errungenschaften,
in Tort und Technik bestens erfahren,
elektrisch beleuchtete Barbaren,
die vor dem Tod noch den Einfall hatten,
ihn mit allem Komfort fix auszustatten,
so daß er bei jenen behaglich gelebt,
die auf der Flucht vom Ursprung das Kriegsziel erstrebt! —
Nicht abgeneigt einem Verständigungsfrieden,
hat das Weltall sich folgendermaßen entschieden:

Wir vom Mars sind gar nicht eroberungssüchtig.
Doch greift man was an, so greift man es tüchtig.
Zum Heil des Alls und all seiner Frommen
haben wir eure Methoden angenommen.
Sowohl um zu forschen wie um zu töten
war uns eure Wissenschaft vonnöten.
Durchs Fernrohr betrachtet war euer Stern uns nur Schnuppe:
wir besahn den martialischen Zwerg durch die Lupe!
Wir woll'n nur ein wenig das Wetter erheitern,
doch nimmer an euch unsre Grenzen erweitern.
Die Prüfung war schwer. Vernehmt das Ergebnis:
Wir planen mit euch ein besondres Erlebnis.
Fern sei es von uns, euch zu annektieren,
wir würden dadurch an Prestige verlieren.
Zu friedlicher Arbeit dem Kosmos zu nützen,
wollen wir nur die eigenen Grenzen schützen.
Entschlossen, auf euern Besitz zu verzichten,
wollen wir das Geschäft ganz anders verrichten.
Die Kriegskosten werdet ihr freilich bezahlen,
da der Schuldner getilgt wird aus den Annalen,
damit auf Ewigkeitsdauer die Sphären
sich über Störung der Harmonie nicht beschweren,
nicht greife in den verschlossenen Äther
die Hand der Denker und Attentäter,
und kein Schlachtendonner, kein Handelstauschen
je dringe zu unserm verschwiegenen Rauschen!
Habt lange genug im Weltall gesprochen.
Die Ewigkeit ist bereits angebrochen.
Lang' wartetet ihr und warteten wir,
wir harrten geduldig, ihr hofftet mit Gier.
Und damit doch auf eurer noch hoffenden Erde
nun endlich der endliche Endsieg mal werde,
und damit sich dagegen kein Widerspruch regt
haben wir sie erfolgreich mit Bomben belegt!

Meteorregen setzt ein

STIMME VON UNTEN

Mal 'ran ins Feld!
Noch einer mehr!
Und wenn die Welt —

Flammenlohe

STIMME VON UNTEN

Nur feste druff!
Auf Knall und Fall!
Es braust ein Ruf —

Weltendonner

STIMME VON UNTEN

Das ist uns neu!
Was soll das sein?
Fest steht und treu —

Untergang

STIMME VON UNTEN

Wir sind verbrannt!
Wer brach da ein?
Lieb Vaterland —

Ruhe

STIMME VON OBEN

Der Sturm gelang. Die Nacht war wild.
Zerstört ist Gottes Ebenbild!

Großes Schweigen.

DIE STIMME GOTTES

I c h   h a b e   e s   n i c h t   g e w o l l t.

ANHANG

Über die Entstehung seines gewichtigsten Werkes hat Karl Kraus schon bei dessen erstem Erscheinen, in der von ihm selbst so genannten Aktausgabe, mit wenigen Worten Bericht erstattet:

> Teile des Werkes, dessen Wesentliches in den Sommern 1915 bis 1917 entstanden ist, sind erst im Jahre 1919, in das auch die Arbeit am Ganzen und am Druck fällt, niedergeschrieben worden.

Ausführlicher gibt dann eine der ersten Buchausgabe vorangestellte Notiz Bescheid.

> Der erste Entwurf der meisten Szenen ist in den Sommern 1915 bis 1917, das Vorspiel Ende Juli 1915, der Epilog im Juli 1917 verfaßt worden. Viele Zusätze und Änderungen sind im Jahre 1919 entstanden, in das auch der Druck der Akt-Ausgabe fällt. (Der Epilog erschien im November 1918.) Die durchgehende Umarbeitung und Bereicherung jener vorläufigen Ausgabe und der Druck des Gesamtwerkes sind in den Jahren 1920 und 1921 vorgenommen worden. Das Erscheinen wurde durch die ungeheure, immer wieder unterbrochene Arbeit der Ergänzungen und Korrekturen wie auch durch die materiellen Hindernisse der Nachkriegszeit verzögert.

Was es mit diesen Angaben im einzelnen und des näheren auf sich hat, darüber läßt sich anhand öffentlicher und privater Zeugnisse, also vor allem der *Fackel* selbst und der Briefe an Sidonie Nádherný, ungefähr das Folgende sagen.

Karl Kraus hat die Hefte seiner Zeitschrift von Anbeginn mit einer Unterbrechung im Sommer eines jeden Jahres (seit Oktober 1904 außerdem »in zwangloser Folge«) erscheinen lassen. Eine so lange Pause jedoch, wie sie im Jahr 1914 nach dem Erscheinen des Juli-Heftes eintrat, hat es noch in keinem der fünfzehn Jahrgänge gegeben. Und als dann endlich am 5. Dezember des Jahres, vier Monate nach Kriegsbeginn, das nächste Heft erschien, da konnte man in dem einen Aufsatz, den es enthielt, der »Anrede« *In dieser großen Zeit,* die Kraus am 19. November gehalten hatte, das lange Schweigen nicht sowohl gebrochen als vielmehr begründet finden. Wiederum erst Monate später, am 23. Februar 1915, kam ein ebenso schmales Heft heraus – dessen Hauptstück, wiederum eine Anrede, Kraus' »strategischen Rückzug aus der Position der öffentlichen

Meinung« nur zu bekräftigen schien (F 405, 15).* Tatsächlich ließ sich Kraus dann bis zum Oktober 1915 überhaupt nicht mehr vernehmen. In diesem halben Jahr aber beginnt die Arbeit an den *Letzten Tagen der Menschheit.*

Eine andere Arbeit geht ihr unmittelbar voraus. Schon 1913 hat Kraus eine Reihe von Aufsätzen aus der *Fackel* der letzten Jahre zu einem Buch mit dem Titel *Untergang der Welt durch schwarze Magie* zusammenstellen wollen. Nun erst führt er das Vorhaben aus – und mit solcher Energie, daß innerhalb weniger Wochen, zwischen dem 5. und dem 22. Juli 1915, dieses Buch, das »das scheußliche Vorspiel dieser Zeit« enthalten soll (BSN 1, 171), druckfertig wird. Aber dabei hat es es auch schon sein Bewenden; und bis zur Veröffentlichung vergehen noch Jahre. Denn: Bereits eine Woche später ist Karl Kraus tage- und nächtelang mit einem ganz anderen Werk beschäftigt, von dem sich schon jetzt absehen läßt, daß die Ausarbeitung wenigstens so lange dauern wird wie der Weltkrieg, den es darstellen soll. Zunächst freilich geht es damit zügig voran. Schon am 29. Juli 1915 kann Kraus der Freundin Sidonie Nádherný mitteilen: »Der erste *Akt,* das Vorspiel zu dem Ganzen, ist fertig« (BSN 1, 179), und im August desselben Jahres, den Kraus als Gast der Baronin auf Schloß Janowitz verbringt, entsteht unter anderem bereits jener »Schluß eines Aktes« (III 46), der im nächsten Heft der *Fackel,* am 5. Oktober 1915, auch die Öffentlichkeit mit dem neuen Vorhaben bekannt machen wird: »Aus einer Tragödie ›Die letzten Tage der Menschheit‹. Ein Angsttraum« (F 406–412, 166). Mit dem Erscheinen dieses Heftes, des bislang umfangreichsten in der Geschichte der *Fackel,* und der Wiederaufnahme der ebenfalls monatelang unterbrochenen Vorlesungen, am 30. Oktober 1915, geht zugleich die lange Phase des wenn auch beredten Schweigens zu Ende.

Dasselbe Heft enthält unter der Überschrift »Nachts« auch einige andere Stücke, Gedichte und Aphorismen, die im Drama wiederkehren werden. Freilich ist der Zusammenhang in vielen Fällen noch

---

* Zitate aus der *Fackel* werden in der Form »F 351–353, 77« nachgewiesen. Über Jahr und Jahrgang des Erscheinens kann man sich anhand der Tabelle 2 in Friedrich Jenaczeks *Zeittafeln zur »Fackel«* (München 1965) unterrichten. Abgekürzt zitierte Literatur (»Schick 1965«, »Kerry«) findet sich mit vollständigen Titeln bei Sigurd Paul Scheichl (*Kommentierte Auswahlbibliographie zu Karl Kraus.* München 1975) sowie bei Jens Malte Fischer (*Karl Kraus.* Stuttgart 1974) aufgeführt. Die letzte Ziffer bezeichnet immer die Seitenzahl.

kaum zu erkennen; ihn stellt Kraus erst im nächsten Heft, anläßlich eines weiteren Gedichts, mit dem Hinweis her: »›Die Leidtragenden‹ steht in der Schlußszene des Vorspiels des kürzlich erwähnten Dramas ›Die letzten Tage der Menschheit. Ein Angsttraum‹ und ist ein Monolog des Nörglers beim Anblick der an einem Sarg sprechenden Parasiten Österreichs« (F 413–417, 111). Mit einer weiteren »Schlußszene« (II 33) eröffnet Kraus das *Fackel*-Heft vom Mai 1916 – wobei der bisher genannte Untertitel der Tragödie, »Ein Angsttraum«, nicht mehr erscheint (F 423–425, 1). Als Beilage ist demselben Heft eine Photographie vorangestellt, dieselbe, die später die Buchausgabe beschließen wird. Erst zwei Jahre später, im Mai 1918, nachdem das Werk in erster Fassung vollendet ist, weist Kraus die Leser der *Fackel* erneut auf das Drama (andeutungsweise auch auf dessen Abschluß) hin: mit dem Abdruck der Programme seiner Vorlesungen vom 9. und vom 16. Dezember 1917, in denen »Szenen aus: Die letzte Nacht, Epilog zu der Tragödie ›Die letzten Tage der Menschheit‹« zu Gehör gekommen sind (F 474–483, 90 f.). Im nächsten Heft, das im Oktober 1918, unmittelbar vor dem Abschluß des allgemeinen Waffenstillstands, erscheint, ist die »Hyänen-Szene« aus dem Epilog (vorgetragen außerdem am 27. März 1918 in Wien und am 8. Mai 1918 in Berlin) dann auch zu lesen (F 484–498, 116–125). Im November 1918 schließlich teilt Kraus in der *Fackel* noch das »Lied des Alldeutschen« (III 40) mit, das er gleichfalls schon während des Krieges (am 16. Dezember 1917 und am 27. März 1918) vorgetragen hat (F 499–500, 6–12).

Zugleich erscheint der Epilog als erstes »Sonderheft der Fackel« vollständig im Druck. Die Auslieferung erfolgt im Dezember 1918; im August 1919 ist das Heft vergriffen. Drei weitere Sonderhefte (mit durchgehender Paginierung) kommen im April, August und (vermutlich) September 1919 heraus: »Vorspiel und I. Akt«, »II. und III. Akt«, »IV. und V. Akt«.[1] Nachdrucke bringen die »Aktausgabe« bis ins 6. Tausend. Auf dem Umschlag des zuletzt erschienenen Heftes, der auch die eingangs angeführte Notiz zur Entstehung enthält, weist Kraus bereits auf die Vorläufigkeit der Ausgabe hin: »Einige der im Sonderheft: ›IV. und V. Akt‹ enthaltenen Szenen gehören in der Gesamtausgabe, die im Spätherbst erscheinen wird, den anderen Akten an.«[1a] Tatsächlich jedoch erscheint die »Buchausgabe« erst zweieinhalb Jahre später im Mai 1922 – da die »durchgehende Umarbeitung und Bereicherung jener vorläufigen Ausgabe«, unter Verwendung erst jetzt zugänglich gewordenen Materials und unter Berücksichtigung der sich schnell verändernden politischen Lage im neuen Österreich, sehr viel mehr Zeit in Anspruch genommen hat, als Kraus unmittelbar nach der Drucklegung der Sonderhefte dafür meinte aufwenden zu müssen. Selbst nach Fertigstellung der Buchausgabe, die gemäß einer Vorbemerkung in der Vorlesung vom 3. Oktober 1920 »in diesem Sommer« erfolgt sein soll, so daß das Werk sich nun »im Druck« befinde (F 552–553, 27), hat Kraus nach seiner Gewohnheit noch eine Fülle von Änderungen in die Fahnen- und Umbruchabzüge eingetragen.[2] Aufgehalten aber wurde der Abschluß dieser Arbeit auch durch eine Anzahl weiterer Geschäfte. Zwischen April 1919 und März 1922 erscheinen in 17 Heften 87 Nummern der *Fackel* mit zusammen fast 1500 Seiten, und in derselben Zeit hält Kraus in sechs verschiedenen Städten insgesamt 86 Vorlesungen aus eigenen und fremden Schriften ab – wobei erstmals auch Goethes *Clavigo* und der letzte Akt des *Faust* auf dem Programm stehen. (Beides freilich nicht ohne geheime Beziehung auf das Hauptgeschäft.) Und als um die Jahreswende 1920/1921 im Kurt Wolff Verlag Franz Werfels »Magische Trilogie« *Spiegelmensch* erscheint, mit einer pamphletistischen Einlage, die Kraus mit Recht auf sich bezieht und derentwegen er die eigene Verlagsverbindung mit Kurt Wolff, dem Inhaber auch des »Verlags der Schriften von Karl Kraus«, im März 1921 für beendet erklärt, mag er sich die Gelegenheit nicht entgehen lassen, am Beispiel Werfels zugleich den Geist und Ungeist seiner Schule, der »falschen« Expressionisten, satirisch zu überführen. Die »Magische Operette« *Literatur* entsteht innerhalb weniger Wochen Anfang 1921, wird am 6. März erstmals vorgetragen, und erscheint bereits Anfang April im »Verlag ›Die Fackel‹« auch im Druck. Nach alledem kann Kraus dann endlich im April 1922, unterstützt von Sidonie Nádherný, die letzte Hand an das Weltkriegsdrama legen. Zum Schluß haben noch die »Personenverzeichnisse« erhebliche Arbeit gemacht: »Daran sieht man erst den *ganzen Untergang*. Sie waren ungeheuer schwierig und interessant, von hundert Gesichtspunkten immer wieder bestimmt« (BSN 1, 542).

Die Buchausgabe des Dramas sollte im »Verlag der Schriften von Karl Kraus (Kurt Wolff)« erscheinen, der sie im November 1920 und im Januar 1921 in der *Fackel* als »im Druck« befindlich anzeigt. Da die Herstellung ohnehin in Wien, bei Jahoda & Siegel, dem Drucker auch der Zeitschrift, vonstatten ging, war es Kraus ein leichtes, das Buch nach der Trennung von Kurt Wolff in den eigenen »Verlag

›Die Fackel‹« zu übernehmen. Die erste Auflage, erschienen am 26. Mai 1922, betrug 5000 Exemplare und mußte bereits im Dezember durch eine zweite in gleicher Höhe ersetzt werden. Am 18. September desselben Jahres kam endlich auch das seit 1913 geplante und seit 1916 in fast jedem Heft der *Fackel* angekündigte Buch *Untergang der Welt durch schwarze Magie* heraus – dessen Kraus sich noch in den letzten Wochen der Arbeit an dem Drama, im März und April 1922, wieder angenommen hatte und das nun als ein anderes »Vorspiel« zugleich mit der Tragödie in die Hände der Leser kam. Mit dem Schlußstück des Aufsatzbandes, der Zitatmontage »Ein Tag aus der Zeit, die die große geworden war« vom Februar 1915, ist die Verbindung zwischen den beiden Werken auf das deutlichste bezeichnet.

Die Buchausgabe von 1922 blieb bis Anfang 1925 lieferbar. Eine dritte (und zu Kraus' Lebzeiten letzte) Auflage, in Höhe von nunmehr 7000 Exemplaren, erschien 1926 und wurde in der *Fackel* mit den Worten angezeigt (F 743–750, 64):

Am 25. Oktober ist die neue Auflage der »Letzten Tage der Menschheit« (17. bis 23. Tausend, einschließlich der Aktausgabe) im Verlag ›Die Fackel‹ Wien – Leipzig erschienen. Diese Neuauflage unterscheidet sich von den früheren durch ein neu eingerichtetes Personenverzeichnis, das, die Seiten XI bis XXXVI umfassend, die Personen und die Örtlichkeit jeder einzelnen Szene anführt wie auch die Seite des Werkes, auf der sie beginnt, so daß ein rasches Auffinden ermöglicht ist. Die Anlegung dieses Personenverzeichnisses stammt von Georg Jahoda.

Georg Jahoda, unter dessen »persönlichster Aufsicht und Mitwirkung« die *Fackel* ein Vierteljahrhundert lang gedruckt worden ist, ist wenige Wochen nach Erscheinen der neuen Auflage am 24. November 1926 gestorben. Kraus hat ihm die Grabrede gehalten und diese im selben Heft veröffentlicht. – Bis zum Erscheinen des letzten Hefts der *Fackel* im Februar 1936 blieb das Drama dann in der Auflage von 1926 lieferbar; die restlichen Exemplare sollen nach dem Anschluß Österreichs 1938 eingestampft worden sein. Eine vom Verlag Th. Knaur Nachf. Berlin im Jahre 1928 geplante Ausgabe, die in 100000 Exemplaren in dessen »Standardbibliothek« erscheinen und ein für reichsdeutsche Leser bestimmtes Glossar (von Sigismund von Radecki) enthalten sollte, ist nicht zustandegekommen. Wie sich einem Schriftsatz von Kraus' Anwalt Oskar Samek entnehmen läßt, gab der Verlag das im Mai 1929 auch öffentlich angekündigte Vorhaben (vgl. F 811–819, 61) aus politischen Rücksichten wieder auf.

Im Verlauf der Vorbereitungen zur Berliner Aufführung der *Letzten Nacht*, an denen Kraus sich lebhaft beteiligt hat, scheint er Ende 1929 erstmals auf den Gedanken gekommen zu sein, »das Theater der Dichtung in ein Ensembletheater zu verwandeln« (F 827–833, 77) – also diejenigen Bühnenwerke, fremde wie eigene, die er bisher allein mit seiner Stimme (allenfalls noch unter Klavierbegleitung) zu Gehör gebracht hat, nun durch Schauspieler zugleich hörbar und sichtbar werden zu lassen. In diesem Zusammenhang wohl hat Kraus um die Jahreswende das einem Marstheater zugedachte Drama mit eigener Hand den Maßen einer irdischen Bühne anzupassen versucht. Die dann im Frühjahr 1930 mehrfach vorgetragene »Bühnenfassung« opfert die »Funktion des Nörglers [...] fast zur Gänze« (F 834–837, 20) und läßt außerdem das Vorspiel und den Epilog beiseite. Von den verbleibenden Szenen wird nur ein rundes Drittel, unter vielfacher Kürzung auch im Einzelfall, übernommen. Außerdem finden allerlei Umstellungen der Reihenfolge statt.[3] Über den Sinn dieser Bearbeitung hat Kraus sich auf den Programmzetteln der Wiener Vorlesungen mit aller Deutlichkeit ausgesprochen: »Der Entschluß bekundet, ungeachtet aller Hindernisse der theatralischen Ausführung, den Willen des Autors, den Krieg gegen den Krieg und gegen die Mächte, die ihn ermöglicht, herbeigeführt und erklärt haben, fortzusetzen« (ebenda). Die Bühnenfassung ist seinerzeit ungedruckt geblieben. Erst neuerdings (1992) kann man sie in Eckart Frühs vortrefflicher Ausgabe lesen.

*

In seine Vorlesungen hat Kraus schon während des Weltkriegs einzelne Stücke des Dramas aufgenommen: die Schlußszenen des II. und des III. Aktes; zwei Versreden des Nörglers (aus II 10 und II 18) und die »Prophetie 1915« (aus I 29); das »Lied des Alldeutschen« (aus III 40); die Hyänen-Szene und andere Teile aus dem Epilog. Unmittelbar nach Kriegsende, noch 1918, steht *Die letzte Nacht* in Wien und Prag gleich viermal auf dem Programm. Erstmals am 1. Mai 1925 trägt Kraus sie »für die Arbeiterschaft Wiens« im Neuen Saal der Hofburg »mit vollständiger Musik nach Angabe des Vortragenden« vor. Zwischen 1919 und 1929 findet Jahr für Jahr mindestens eine Vorlesung aus dem Drama statt, und 1930 schließlich bringt Kraus seine »Bühnenfassung« des Werkes nicht weniger als viermal, in verschiedenen Städten, an jeweils zwei aufeinanderfolgenden Abenden zu Gehör. (Ein vollständiges Verzeichnis aller Vorlesungen, nach Szenen geordnet, enthält die »Szenenkonkordanz« in der Ausgabe von Krolop und Simon. Danach hat Kraus besonders oft, wenigstens fünfzehnmal, die Szenen II 16, III 20, III 23, III 28, III 43, IV 10, IV 38, V 5, V 27, V 54 und V 55 vorgelesen.) Acht der zwanzig Vorlesungen, die Kraus zwischen 1920 und 1928 (vorzugsweise am Maifeiertag und zum Feiertag der Republik) vor Arbeitern gehalten hat, bringen Szenen aus den *Letzten Tagen der Menschheit* zu Gehör. Eigens hervorzuheben sind schließlich die Vorträge der Szenen »Wilhelm und die Generale« (IV 37) und »Kerr am Schreibtisch« (III 20). Die Vorträge der ersten haben Anfang 1920 in München noch vereinzelte, in Innsbruck dann vereinbarte Störungen hervorgerufen, mit dem von den Kräften der Reaktion angestrebten Erfolg, daß eine weitere Innsbrucker Vorlesung vom Magistrat der Stadt »aus sicherheitspolizeilichen Gründen« verboten wurde (vgl. F 531–543, 179). Die zweite Szene hat Kraus zwischen 1925 und 1929 hauptsächlich darum mehrfach vorgetragen, weil er in diesen Jahren literarisch und juristisch mit der Diskreditierung des vormaligen Kriegsdichters, der sich nun als »Friedmensch« feiern ließ, beschäftigt war (vgl. besonders F 787–794). Nach 1930 hat Kraus mit Ausnahme des Gedichts *Die Raben* aus V 55 (dessen Vortrag auch auf einer Schallplatte erschienen ist) nichts mehr aus dem Weltkriegsdrama vorgelesen.

*

Eine Aufführung des Werkes hat Kraus zunächst für gänzlich ausgeschlossen gehalten. Der Direktion des Deutschen Landestheaters in Prag, die es auf die Bühne bringen wollte, ließ er am 17. November 1921 durch den Verlag der *Fackel* mitteilen:

> Der Autor hat selbst für den Fall, dass das szenische Problem lösbar wäre, nie an eine Aufführung gedacht, durch die ein Zurücktreten des geistigen Inhalts vor der stofflichen Sensation wohl unvermeidlich wäre, und darum weder einer Totalaufführung, wie sie in Berlin versucht werden sollte, zugestimmt noch sich auf andere Anerbietungen hin zur Herstellung einer Bühnenfassung

Samstag, 3. Februar 1923, 10 Uhr nachts
Generalprobe
DIE LETZTE NACHT
Epilog zu der Tragödie ›Die letzten Tage der Menschheit‹
von
Karl Kraus
(Entstanden im Jahre 1917)

Sterbender Soldat
Männliche Gasmaske
Weibliche Gasmaske
General
Erster Kriegsberichterstatter
Zweiter Kriegsberichterstatter
Der Sterbende
Ein Feldwebel
Ein Erblindeter
Die Kriegsberichterstatterin
Ein Verwundeter
Der Totenkopfhusar
Nowotny von Eichensieg
Doktor-Ing. Abendrot
Fressack ⎱ Hyänen
Naschkatz ⎰
Chor der Hyänen
Der Herr der Hyänen
Drei gelegentliche Mitarbeiter
Stimmen von unten
Stimmen von oben
Zwei Ordonnanzen
Die Kino-Operateure
Eine Stimme von oben
Die Stimme Gottes

Mitwirkende: Die Damen Eis, Fröbel, Lach und Lvovsky.
Die Herren Aicher, Altringen, Erhardt, Ernst, Forest, Friedrich, Götz, Hadank, Haller, Homolka, Jensen, Jordan, Jungmichel, Kammauf, Kersten, Kutschera, Lovric, Machold, Mauth, Mild, Milo, Ozory, Rudolph, Schenk, Schmöle, Schrecker, Spiess, Teubler, Ulmer, Walsassen
Regie: Karl Forest, Richard Wiener
(Unter ständiger Mitwirkung des Autors)
Bühnenbild: Alfred Kunz   Musikalische Leitung: Marcel Lorber

Der volle Ertrag der morgigen Erstaufführung, in der der Autor die ›Stimme von oben‹ spricht, wird den Kriegsinvaliden und den Kriegsblinden gewidmet.

entschliessen können. Er glaubt überhaupt nicht, dass sich in der ganzen Szenenfolge, die sich doch nur des dramatischen Scheins als eines Mittels bedient, viele Scenen finden werden, die, selbst mit den besten Schauspielern, auf der Bühne auch nur annähernd das dramatische Leben behalten würden, das sie vor dem verständigen Leser oder dem Hörer einer Vorlesung unschwer gewinnen. Eine Ausnahme könnte hier etwa die letzte grosse Szene des V. Aktes (das Liebesmahl beim Zusammenbruch) und der Epilog »Die letzte Nacht« bilden, wenn hier die gewaltigen technischen Schwierigkeiten zu überwinden wären. [Nach dem Brief-Entwurf in der Wiener Stadt- und Landesbibliothek.]

Tatsächlich haben zu Kraus' Lebzeiten Aufführungen nur des Epilogs stattgefunden. Die Uraufführung ist am 4. Februar 1923 an der »Neuen Wiener Bühne« erfolgt.

Kraus selber hatte den Epilog am 15. November 1922 vor den Schauspielern zum Vortrag gebracht und sprach dann in den letzten sieben der insgesamt zwölf Wiener Vorstellungen außer der »Stimme von oben« auch den »Herrn der Hyänen«. Vier dieser Vorstellungen fanden als Veranstaltungen der sozialdemokratischen »Kunststelle« vor Arbeitern statt. Es folgten zwei Gastspiele in Brünn. Drei weitere Vorstellungen, die im Prager »Neuen Deutschen Theater« stattfinden sollten, wurden von dessen Direktor auf Druck der national-liberalen »Deutschen Zeitung Bohemia« wegen »unüberwindlicher politischer Widerstände« abgesagt (F 613–621, 99). Trotz ähnlicher Widerstände kam 1924 am »Neuen Stadttheater« in Teplitz-Schönau eine zweite Inszenierung des Epilogs zustande. Zwei Vorstellungen wurden am 27. Juli 1924, »am zehnten Jahrestage der Weltkriegserklärung«, vor sozialistischen Arbeitern gegeben, eine Wiederaufführung als Matinee am 8. März 1925 ebenfalls vor Arbeitern in Prag (F 657–667, 74 und F 686–690, 47). Zwar keine Aufführung, wohl aber eine Lesung der *Letzten Nacht*, durch den Hamburger Schauspieler Max Montor, ist im Herbst 1923 vor Arbeitern im New Yorker »Labor Temple« erfolgt (F 679–685, 57 und 63 f.)[4]. Die erste und einzige reichsdeutsche Aufführung, in der Nacht vom 15. auf den 16. Januar 1930, war eine Veranstaltung der »Versuchsbühne« des Berliner »Theaters am Schiffbauerdamm«:

Die letzte Nacht

Theater am Schiffbauerdamm
Veranstaltung der Versuchsbühne
Leitung: Heinrich Fischer
Mittwoch, den 15. Januar 1930, nachts 12 Uhr
Regie: Leo Reuss   Musik: Hanns Eisler
Bühnenbild: Nina Tokumbet   Techn. Leitung: Hanns Sachs

Sterbender Soldat	Hans Hinrich
Weibliche Gasmaske	Margarete Melzer
Männliche Gasmaske	Albert Hoerrmann
General	Ernst Stahl-Nachbaur
Erster Kriegsberichterstatter	Paul Morgan
Zweiter Kriegsberichterstatter	Manfred Fürst
Der Sterbende	Ernst Ginsberg
Feldwebel	Franz Weilhammer
Ein Erblindeter	Erich Ponto
Die Kriegsberichterstatterin	Anna Höllering
Ein Verwundeter	Hans Schweikart
Der Totenkopfhusar	Theo Lingen
Nowotny von Eichensieg	Ernst Pröckl
Dr. ing. Abendrot	Hans Heinrich v. Twardowski
Fressack	Erich Dunskus
Naschkatz	Josef Karma
Herr der Hyänen	Wolfgang Heinz
Hyänen	Bernd M. Bausch-Caracciola Gerda Fischer André Kiemelmann Hermann Rabens Lux Rodenberg Hansheinz Winkler Ilse Winter Hedwig Zell
Drei gelegentliche Mitarbeiter	Paul Morgan Manfred Fürst Karlheinz Carell
Zwei Ordonnanzen	Josef Schaper Friedrich Gnass
Stimmen von oben	Leo Reuss
Stimmen von unten	Erwin Kleist, Hans Anklam, Hans Eick und andere
Kinooperateur	Hans Schweikart
Eine Stimme von oben	Agnes Straub
Die Stimme Gottes	Hans Hinrich

*

Die spätere Bühnengeschichte des Dramas beginnt – nach einer Veranstaltung österreichischer Emigranten in New York am 2. Mai 1942, deren zweiter Teil eine szenische Auswahl aus den *Letzten Tagen der Menschheit* bot, und einer Aufführung des *Epilogs* (mit V 55) durch das Wiener »Volkstheater« am 17. 6. 1945 – mit den Leseaufführungen Leopold Lindtbergs in Zürich 1945 und Berthold Viertels in New York 1947. Ebenfalls 1947 war das Werk, eingerichtet von Stephan Hermlin, auch im Frankfurter Funkhaus und über den Hessischen Rundfunk zu hören. Eine weitere Leseaufführung wurde 1957 in einer Matinee des »Deutschen Theaters« Berlin (DDR) veranstaltet; ein Mitschnitt ist 1976 als Schallplatte erschienen. Die erste szenische Aufführung fand bei den Wiener Festwochen 1964 wiederum unter der Regie von Lindtberg statt. Die dabei verwendete Bühnenfassung von Heinrich Fischer und Leopold Lindtberg, im selben Jahr als Theatermanuskript veröffentlicht, lag auch der ersten Aufführung in der Bundesrepublik Deutschland, 1964 in Hannover unter Günther Fleckenstein, zugrunde. Von den Aufführungen des Jahres 1974, zu Kraus' hundertstem Geburtstag, hat vor allem Hans Hollmanns Basler Inszenierung von sich reden gemacht. In veränderter Fassung hat Hollmann das Werk dann für die Wiener Festwochen 1980 erneut inszeniert. Eine erste englische Aufführung, durch die Glasgower »Citizens' Company« unter der Regie von Robert David MacDonald, fand 1983 im Rahmen des Edinburgh Festival statt; die erste niederländische, unter der Regie von Johnny Kniper, im März 1988 in Amsterdam; die erste französische, anhand der Bühnenfassung von 1930, im Herbst 1988 durch das Lyoner Theater »Travaux 12« (Enzo Cormann und Philippe Delaigne); die erste italienische, unter der Regie von Luca Ronconi, Ende 1990 in Turin. Zu erwähnen sind ferner die Rezitationen durch Helmut Qualtinger, die auch als Schallplatten erschienen sind (1962, 1964, 1972), und eine Aufführung durch das Figurentheater der »Langenaltheimer Gruppe« von Gerhard Weiss (München 1983).

1 Die Handschrift der Aktausgabe befindet sich seit 1976 in der Handschriftensammlung der Österreichischen Nationalbibliothek (Codex Ser. n. 19.268–19.273). Man vergleiche dazu Susanna Goldbergs Aufsatz in *Kraus-Heft* 22/23.

1 a Ein mit der »Aktausgabe« weithin identischer Abzug des Ganzen (jedoch ohne den Epilog) hat sich im Kraus-Archiv erhalten (Ja 163.819). Die Drucklegung dieser »Buchausgabe«, für die eine »große Auflage!« vorge-

sehen war, ist nach Paul Schicks Vermutung im Jahr 1919 aus Mangel an Papier nicht zustandegekommen.

2 Materialien befinden sich in der Wiener Stadt- und Landesbibliothek.

3 Die Bühnenfassung befindet sich in der Wiener Stadt- und Landesbibliothek (Konvolut Ia 163.825). Man vergleiche dazu Eckart Frühs Ausgabe sowie seinen Aufsatz in *Kraus-Heft* 13 und in diesem Band S. 810–813.

4 Der Vollständigkeit wegen sind die Aufführungspläne der Berliner »Tribüne« (1919; Haueis 1968, 123), der sozialdemokratischen »Kunststelle« in Wien (1927/1928; F 795–799, 38 f.) und Erwin Piscators (vor 1931; F 847–851, 75) zu erwähnen. Eine »unberechtigte Aufführung von Szenen« aus dem Drama hat 1930 in Augsburg stattgefunden (F 847–851, 63).

Aus der »vorläufigen Ausgabe«, der von Kraus so genannten Aktausgabe von 1918/1919, ist nur eine Szene nicht in die Buchausgabe
von 1922 übernommen worden. Es handelt sich um die Szene IV 20
der Aktausgabe, die folgendermaßen lautet.

20. Szene
Der Abonnent und der Patriot im Gespräch.

DER PATRIOT: Ein bezeichnendes Licht auf die englischen Verhältnisse werfen Briefe, die bei englischen Gefangenen gefunden
wurden.

DER ABONNENT: In allen Briefen kehrt der Jammer über die Le-
bensmittelmisere wieder. In einem Briefe heißt es: Um Kartoffeln
müssen wir geradezu kämpfen. Wir sind halb verhungert.

DER PATRIOT: Um Kartoffeln müssen wir kämpfen? Wie meinen
Sie das – wir sind halb verhungert?

DER ABONNENT: Nicht wir, in England.

DER PATRIOT: Sie haben sich undeutlich ausgedrückt, Sie haben
gesagt, wir sind halb verhungert.

DER ABONNENT: Da kann gar kein Mißverständnis sein, wenn es
heißt halb verhungert, wir sind doch nicht halb verhungert?

DER PATRIOT: Wie meinen Sie das – nicht halb?

DER ABONNENT: Wir sind ganz gewiß nicht halb verhungert. Die
Engländer hingegen, die müssen selbst zugeben – Einer der größten Kenner von England, Sidney Webb, hat gesagt, schreibt er –

DER PATRIOT: Wer schreibt, Sidney Webb?

DER ABONNENT: Er! Nicht Sidney Webb. Sidney Webb hat nur gesagt.

DER PATRIOT: No was hat er gesagt?

DER ABONNENT: Sidney Webb hat gesagt, wir werden dafür sorgen müssen, daß wir der Hungersnot und der Revolution entgehen.

DER PATRIOT: Wie meinen Sie das – wir?

DER ABONNENT: Nicht wir – sie!

DER PATRIOT: Sie haben sich undeutlich ausgedrückt.

DER ABONNENT: Nicht ich – er!

DER PATRIOT: Sidney Webb?

DER ABONNENT (sich ängstlich umsehend): Ja, Sidney Webb –
oder – Sie wissen doch, er hat die Gewohnheit, er sagt, daß einer

gesagt hat über sie und man glaubt, er sagt über uns.

DER PATRIOT: Das is sein Reiz!

DER ABONNENT: Selbstredend, man erschrickt ein bißl, aber dann kann sich auch der einfache Laie hineinfinden.

DER PATRIOT: Er is eine Individualität, aber warten Sie – ich hab nicht gern, wenn man abschweift, wovon sind wir ausgegangen?

DER ABONNENT: Von den englischen Gefangenen. Also sie schreiben, nichts ist zu bekommen. Die Lage ist ernst, die Ernährung entsetzlich.

DER PATRIOT: Das fühlt man. Eine Arbeiterfrau aus Reading schreibt am 1. März: Ihr bekommt jetzt keinen Urlaub, weil ihr die hiesigen Zustände nicht sehen sollet. Es wird uns Frauen überlassen bleiben, diesen Krieg zu beenden. Die Lebensmittelfrage muß schließlich das Ende herbeiführen.

DER ABONNENT: Sehr richtig, und solche Nachrichten aus der Heimat wirken auf die Soldaten an der Front ungünstig ein, wie ein aus dem Felde datierter Brief vom 15. März beweist, in dem der Absender im Schützengraben schreibt: Die Engländer werden es nicht mehr lange aushalten können, da die Lebensmittel so schrecklich knapp sind.

DER PATRIOT: Das is authentisch, das is vom Wolff-Büro. Seit 1. März is in England Hungersnot, fertig.

DER ABONNENT: Am 25. Februar, ja, da is es noch halbwegs gegangen. Da hab ich irgendwo gelesen, schreibt einer, der zurückgekommen is, daß alles ohne Marken zu haben war und uneingeschränkt und zu ganz mäßigen Preisen. Da waren die Preise für Kleidung, Wäsche und Schuhe eigentlich noch Friedenspreise. Ein hochfeiner Kammgarnanzug 90 Kronen. Ein Paar tadellose Schuhe 30 Kronen.

DER PATRIOT: Hab ich gelesen. 1 Kilo Reis 1 Krone, 1 Kilo Schweinefleisch 6 Kronen, 1 Kilo Kartoffeln 20 Heller, 1 Kilo Zucker 1 Krone 10, 1 Liter Milch 80 Heller, 1 Kilo Mehl, weiß, 60 Heller, 3 Stück Toiletteseife 60 Heller, 1 Kilo gute Butter 6 Kronen.

DER ABONNENT: Das steht etwas in e Skandalblatt.

DER PATRIOT: Ein besonders bezeichnendes Licht fällt hier auf den Preis für angeblich gute Butter. Man denke: für ein Kilo sage und schreibe 6 Kronen! Während es bei uns ehedem höchstens 5 gekostet hat und auch jetzt ein Deka höchstens 95 Heller kostet.

DER ABONNENT: No und zu was brauchen sie Toiletteseife? Sie tändeln mit dem Krieg.

DER PATRIOT: No und wer weiß, ob es wahr is. Der Bericht is doch nicht von Wolff, da kann man nicht vorsichtig genug ein.

DER ABONNENT: Dann aber wäre, selbst wenn man dem Gewährsmann den subjektiven guten Glauben einräumen wollte, der Einwand naheliegend, daß er eben in Erwartung der Heimkehr nach Österreich unwillkürlich schon von unseren Ernährungsverhältnissen auf die englischen Ernährungsverhältnisse geschlossen hat.

DER PATRIOT: Da erscheint einem alles in besserem Licht.

DER ABONNENT: Mir scheint stark, er hat verwechselt.

DER PATRIOT: Charakteristisch is ja doch schon, daß alles in Kronen angegeben is.

DER ABONNENT: No und wer sagt, daß bei uns 1 Kilo Butter nicht auch 6 Kronen kosten möcht?

DER PATRIOT: Natürlich, wenn man sie kriegen möcht, würde sich vielleicht herausstellen, daß sie noch billiger is.

DER ABONNENT: Natürlich, das is der Grund. Weil bei uns nix zu kriegen is, reden die Leut von Teuerung, und dann sagen sie auf einmal, es is Lebensmittelknappheit. Anstatt froh zu sein –

DER PATRIOT: – daß hier Hungersnot in England herrscht.

(Verwandlung.)

*

Anders als die Buchausgabe, die mit je einer Photographie beginnt und schließt, stellt die Aktausgabe jedem der sieben Teile des Dramas eine Abbildung voran. Das Eingangsbild der Buchausgabe eröffnet hier den V. Akt. Die übrigen Abbildungen der Aktausgabe werden im folgenden reproduziert.

Österreich   Presse

Bildbeilage zum Vorspiel

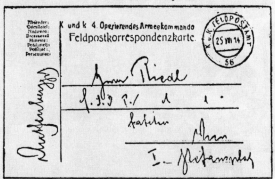

Eine Feldpostkarte des Armeekommandanten Ritter v. Auffenberg.

An den Wiener Cafetier Ludwig Riedl.

K und k 4. Operierendes Armeekommando
Feldpostkorrespondenzkarte.

K. u. k. FELDPOSTAMT
25 VIII 14
56

Absender:
Charakter:
Nadname:
Dienstand:
Postzahl(ei):
Position:
Personalien:

Herr Riedl
f. d. 3 ?./ 1 1
Cafetier
Wien
I. Stefansplatz

Der Besitzer des „Café de l'Europe" auf dem Stefansplatz, Herr Ludwig Riedl, erhielt vor einigen Tagen eine Feldpostkarte, deren Absender kein Geringerer ist, als der siegreiche Heerführer General der Infanterie Ritter v. Auffenberg. Auf dieser vom 25. August, also kurz vor der großen Schlacht bei Zamosc, datierten Karte, deren Faksimile wir hier bringen, schreibt der General:

„Zur Stunde, wo ich meist in Ihren Räumen saß, freundliche Grüße aus fernem Feldlager.

Auffenberg."

Zur Stunde, wo ich meist in Ihren Räumen saß, freundliche Grüße aus fernem Feldlager.

25/8.

Ritter v. Auffenberg war ständiger Gast im „Café de l'Europe". Herr Riedl war erfreut und gerührt darüber, daß eine so hervorragende Persönlichkeit mitten im Feldlager sich die Zeit genommen, eines schlichten Wiener Bürgers in so liebenswürdiger und herzlicher Weise zu gedenken. Er wird dieses interessante Autogramm als kostbares Andenken hoch in Ehren halten.

Bildbeilage zum I. Akt

Bildbeilage zum II. Akt

Bildbeilage zum III. Akt

Bildbeilage zum IV. Akt

Bildbeilage zum Epilog

Das Eingangsbild der Buchausgabe zeigt nach einer als Postkarte verbreiteten Photographie die Hinrichtung des wegen Hochverrats 1916 zum Tode verurteilten Trientiner Reichsratsabgeordneten Dr. Cesare Battisti durch den Scharfrichter Josef Lang. Vgl. auch III 9 sowie F 501–507, 53 (S 6, 231) und Lensing, »Photographischer Alpdruck«, 1988, 564–566.

Das Schlußbild der Buchausgabe geht auf eine Zusendung Kurt Tucholskys zurück und ist von Kraus bereits im Mai 1916 in der *Fackel* (F 423–425) reproduziert worden, als Beilage zu demselben Heft, das mit der Schlußszene des II. Aktes beginnt. Dort sind auch die Überschrift: »Erhöret mich!« und die Erläuterung wiedergegeben: »Auf dem Schlachtfeld bei Saarburg, an der Straße zwischen Saarburg und Bruderdorf, steht ein Kruzifix. Während des Kampfes wurde es von einer Granate getroffen, das Holzkreuz wurde zerschmettert, die Christusfigur aber blieb unversehrt.« Ein ähnliches Bild hat Kraus im August 1924, zum zehnten Jahrestag des Kriegsbeginns, gleichfalls als Beilage in der *Fackel* veröffentlicht (F 657–667).

*

Dem Abdruck des Liedes aus IV 48 der Aktausgabe (III 40 der Buchausgabe) hat Kraus beim Erstdruck in der *Fackel* (F 499–500, 6–12) die folgende Einleitung vorangestellt.

Lied des Alldeutschen
Barbarische Melodie

29. Oktober 1918

Nun, da die angestammte Verächtlichkeit Österreichs vor der von Gottes Gnaden fortgefristeten Hassenswürdigkeit Preußens um Beachtung ringt; da unser weiland Staat mit seinem letzten Seufzer bekundet hat, daß er seiner historischen Mission, zu spät Verrat zu üben, treu bleiben wolle; da ein Seelenbund, in dessen Namen die Welt zum Teufel gehen mußte, sich offiziell in jene Jauche aufgelöst hat, in der unser aller Leben schon erstickt war – kann das gerechte Ohr des unerbittlich Zurückhörenden das gräßliche Geräusch, den Lebens- und Todesinhalt dieser Jahre nicht vergessen, der in den folgenden Strophen mitgeteilt ist. Der Treubund mit diesem Partner war immer unmöglich, seine Lösung immer notwendig, zu Zeiten eine Ehrenpflicht; zu spät erfolgt, ist sie fast so unsittlich wie der Vertrag. Daß aber Österreich ein Opfer seiner tragischen Bestimmung ist, in ein schiefes Licht hinter dem Platz an der Sonne zu kommen, kann nicht vergessen machen, für welche Ideale es die ihm ungemäße heroische Montur durchgehalten hat. Dieses Lied, entstanden im Juli 1917, ist am 16. Dezember 1917 und am 27. März 1918 vorgetragen worden. Das erstemal: in der Stunde der Nachricht über den Waffenstillstand mit Rußland, des Auftakts zu Brest-Litowsk. »Trotz einer Extraausgabe« – so war der Vortrag eingeleitet – »bleibt das Kuplet, das ich im Sommer verfaßt habe, leider Gottes aktuell, denn nach meiner wenn auch unmaßgeblichen, so doch öfter bewährten Ansicht bedeuten nicht nur Siege eine Verlängerung des Kriegs, sondern sogar Waffenstillstände den Beginn des Kriegs. Das Kuplet erschöpft das Problem Deutschlands annähernd so sehr, wie Deutschland die Welt.* Das Unsägliche findet seinen Ausdruck in einer beispiellos barbarischen Melodie.« (Das musikalische Nachspiel stellt das Gelächter des Auslands dar.) Heute, da das Lied so tragisch verstummt ist, mag es die zurückhörenden Zeitgenossen in jeder Strophe, nur zum Glück der Nachwelt in den letzten nicht, an seine furchtbare Wahrheit erinnern.

----

* Es erklärt ganz wie jene Ansichtskarte den Krieg, den Deutschland der Welt erklärt hat.

Auf der in der Fußnote erwähnten Ansichtskarte, die Kraus im selben Heft der *Fackel* reproduziert hat, ist »Unser Kaiser in Harnisch!« zu sehen sowie das Kaiserwort zu lesen: »Wir Deutsche fürchten Gott und sonst absolut nichts und niemanden auf dieser Welt!« Man vergleiche die Abbildung in S 6, 170.

*

Seine Rezitationen von Szenen aus dem Drama hat Karl Kraus nicht selten mit einem »Vorwort« oder einer »Vorbemerkung« eröffnet. Im folgenden werden die wichtigsten Erklärungen aus dieser Reihe mitgeteilt.[1] Die Zählung der Vorlesungen nach dem Verzeichnis in *Kraus-Heft* 35/36.

[V158, ähnlich auch V156, Januar 1920; nach F 531–543, 35 f.:]

Zweck und Inhalt meiner Berliner und Münchner Vorlesungen

sollen vor Mißdeutung bewahrt sein. Zunächst sei gesagt, daß der Ertrag dieser Abende den hungernden Wiener Kindern zufällt. Dann aber, um der furchtbaren Verwechslung mit jenen Kostümhelden der Freiheit und Menschlichkeit vorzubeugen, die samt und sonders nur die gewendeten Schreiber der Glorie und Schurkerei von 1914 bis 1918 sind, sei nachdrücklich festgestellt, daß alles von mir in deutschen Vortragssälen Gesprochene während des Kriegs, vielfach schon 1914 und 1915 entstanden, teilweise auch veröffentlicht, in anderer Kunstform und in der gleichen Tonstärke eigentlich alles während des Kriegs gedruckt wie auch in Wien und Berlin zum Vortrag gebracht wurde.

[V178 und V179, Oktober 1920; nach F552−553, 27:]

Die Buchausgabe der »Letzten Tage der Menschheit«, vielfach verändert und vermehrt, habe ich in diesem Sommer vollendet, sie befindet sich im Druck und wird vor dem neuen Jahr erscheinen, wenn nicht inzwischen ihr Inhalt seine Fortsetzung in unser Leben findet, ihr Blut sich nicht auf die Gasse ergießt und sich nicht bis dahin Ereignisse zutragen, die abzuwenden oder herbeizuführen der Wahl jedes Menschen in Wien anheimgestellt ist. Gebe Gott, daß die Dummheit der Wiener Zeitungsleser nicht an die Ehrlosigkeit der Wiener Zeitungen heranreicht und der dumme Kerl von Wien, der nichts gelernt, aber alles vergessen hat, doch nicht in den meisten Wiener Häusern wohnt und uns dem Schicksal ausliefert, in unserem entkräfteten Zustand uns wieder die Gut- und Blutegel ansetzen zu lassen! Lieber in der Republik verhungern, als in einem Kaiserreich das gleiche tun! Denn ich bin zwar überzeugt, daß die Geistigkeit der Leser der Reichspost der Verlockung durch eine Restauration der Habsburger nicht so sehr wegen der Habsburger als wegen der Restauration erliegen würde. Aber es wird eine Täuschung sein!

[V215, auch wohl V216 und V218, Dezember 1920; nach F588−594, 66:]

Es bleibt leider immer angebracht, Szenen aus den »Letzten Tagen der Menschheit« ihr, die aus dem Weltkrieg nichts gelernt, aber alles von ihm vergessen hat, vorzulesen. Doch gerade in der Hauptstadt dieser Republik [der ČSR], deren Entstehen und Gedeihen jedem ehrlichen Hasser der alten Kriegswelt am Herzen lag, dürfte es nützlich sein. Damit die Verzerrung und Schändung des Antlitzes dieser Menschheit durch die militärische Glorie einer Öffentlichkeit zum Bewußtsein komme, die im Hochgefühl nationalen Gewinns zuweilen von keiner republikanischen, ja selbst von keiner sozialistischen Besinnung in der Lust zu hemmen schien, die Befreiung aus der alten Schmach des blutigen Fibelwahns in der neuen zu genießen.

[V 252, 11. November 1922; nach F 608–612, 49 f.:]

Zwischen »Weltgericht« (mit dem Horatio-Zitat als Schluß) und der 1. Szene des I. Aktes:

Als ich es vor einigen Jahren auch in Innsbruck zu tun versuchte (»… dies alles kann ich mit Wahrheit melden«) hat mir ein Tiroler vorgeworfen, daß ich rückschrittlich sei, weil ich mitten im Frieden noch immer vom Weltkrieg spreche und zwar mit einem Pathos, das doch wegen zehn Millionen Toter eigentlich nicht angebracht ist. Von diesem Vorhalt eingeschüchtert, ziehe ich mich gern noch weiter zurück, bis dorthin, wohin durch alles Pathos hindurch der Humor gelangt, um Österreich in den ersten Kriegstagen wiederzufinden und, wie ich sicher bin, nicht wiederzuerkennen. Ich meine auch, daß die Ringstraße sich heute schon ganz anders zu den fremden Nationen verhält als damals; aber da alle Tiroler, die es auf Erden gibt, bereits vergessen haben, was damals war und was seither gewesen ist, so muß man sie erinnern. Vom fünften Kriegsjahr zu sprechen, mag ja inaktuell sein, aber wie es im ersten zugegangen ist, das soll man allen, die es überleben durften und überstehen konnten, doch erzählen, und gerade jetzt, wo sie sich mit derselben Begeisterung, mit der sie sich damals in den Ruin gestürzt haben, in die Rettung stürzen.

*

Im Nachlaß (Stadt- und Landesbibliothek Wien: IN 177.272) hat sich eine vermutlich 1920 geschriebene, dann aber (wohl zugunsten von I 5 der Buchausgabe) wieder verworfene Szene erhalten. Sie ist 1990 (*Kraus-Heft* 56, 14 f.) erstmals veröffentlicht worden und soll darum auch hier nicht fehlen.

Der Nörgler und der Optimist im Gespräch.

DER OPTIMIST: Eben auf diesen beiden Punkten mußten wir bestehen. Daß Serbien bereit war, das Ultimatum in seinem sonstigen Inhalt anzunehmen, konnte uns nicht befriedigen. Die beiden Punkte: Untersuchung mit Hilfe österreichischer Organe auf serbischem Boden –

DER NÖRGLER: also Verwendung der Gendarmen in Belgrad statt in Sarajevo

DER OPTIMIST: – und Auflösung von Vereinen, jawohl, eben auf diesen Eingriff in die serbische Souveränität mußte es uns ankommen.

DER NÖRGLER: Und daß ein solches Ultimatum unannehmbar, also kein Ultimatum, sondern eine Kriegserklärung war, das wußten wir doch?

DER OPTIMIST: Das will ich nicht untersuchen. Wären die beiden Punkte mit angenommen worden, wäre der Weltkrieg nicht ausgebrochen.

DER NÖRGLER: Oder auch, wenn sie nicht verlangt worden wären.

DER OPTIMIST: Aber ich sage Ihnen ja, das war das wichtigste, das war die conditio sine qua non.

DER NÖRGLER: Das wissen Sie aber nicht aus dem Blau- oder Rotbuch – ich weiß nicht, welche Farbe das unsrige hat.

DER OPTIMIST: Warum? Natürlich muß das auch dort zu finden sein.

DER NÖRGLER: Da würde ich Ihnen empfehlen, die Stelle nachzulesen. Allerdings weiß ich doch nicht ganz genau, ob auch dort oder nur in den offiziellen Kommentaren über den Charakter dieser beiden Forderungen gesagt wird: »Und wegen dieser zwei Lappalien ist der Weltkrieg ausgebrochen!« Das sagt der, der die zwei Lappalien verlangt, auf ihnen bestanden hat, dem sie die conditio sine qua non waren. Ich weiß nicht, ob es eine jüdische Anekdote gibt, die so verläuft. Aber es müßte eine geben. Wenn nicht: Dieser Krieg verläuft wie eine jüdische Anekdote.

(Verwandlung.)

1 Man vergleiche zu einzelnen Szenen ferner F 521–530, 1 f. (IV 37), 531–543, 36 (IV 37), 544–545, 11 f. (I 1), 12–14 (II 18, III 9, III 40, IV 37), 546–550 (III 9), 25 (V 9, V 55), 554–556, 23 (IV 10), 588–594, 65 (III 20), 67 (V 25), 71 (V 46), 72 f. (III 20), 595–600, 64 (IV 31), 79 f. (V 45–47), 640–648, 108 (III 42, IV 37), 668–675, 60–63 (V 55), 686–690, 36 (V 54), 726–729, 74 (III 20), 781–786, 82 (V 55).

Außer allerlei Glossen, die Kraus später in Szenen umgewandelt, und allerlei Aphorismen, die er später in die Dialoge zwischen dem Nörgler und dem Optimisten eingefügt hat, sind die folgenden Teile des Dramas, bisweilen in abweichender Fassung, erstmals in der *Fackel* veröffentlicht worden.

1915	I 27 und I 28	»Zwei Stimmen«	F 406–412,
	(190 f.)	[Zitatmontage]	1 f.
	II 18 (285 f.)	»Beim Anblick einer Schwangeren«	94 f.
	II 10 (252 f.)	»Kriegsberichterstatter«	120
	II 29 (303)	»Grabschrift«	141
	III 46 (420 f.)	»Monolog des Nörglers«	166 f.
	I 29 (224 f.)	[Ohne Titel]	168
	Vorspiel 10 (65 f.)	»Die Leidtragenden«	F 413–417, 48
1916	[Schlußbild]	»Erhöret mich!«	F 423–425, Beilage
	II 33 (311–320)	»Schlußszene eines Aktes«	1–11
	V 28 (614 f.)	»Gebet«	F 443–444, 35 f.

[Unter dem Titel »Gebet während der Schlacht« in F 437–442, 127 f. konfisziert.]

1917	III 36 (385)	»Mit der Uhr in der Hand«	F 445–453, 150

[Prosafassung unter demselben Titel: F 437–442, 121.]

1918	Epilog [Hyänen-Szene] (746–755)	»Aus dem Epilog«	F 484–498, 116–125
	III 40 (392–397)	»Lied des Alldeutschen«	F 499–500, 6–12
1921	III 20 (362 f.)	»Monolog des Alfred Kerr«	F 561–567, 80 f.

[Bei Gelegenheit der ersten Lesung der Szene, die erst in der Buchausgabe erschienen ist.]

Die Mehrzahl der Gedichte des Dramas, einschließlich der Vers-Reden des Nörglers und einiger Teile des Epilogs, hat Kraus teils vor, teils nach Erscheinen der Akt- bzw. der Buchausgabe in die ersten sechs Bände seiner *Worte in Versen* übernommen.

1916	Vorspiel 10	»Die Leidtragenden«	Band I
	II 10	»Kriegsberichterstatter«	
	III 46	»Monolog des Nörglers«	
	II 29	»Grabschrift«	
	II 18	»Beim Anblick einer Schwangeren«	
1917	III 36	»Mit der Uhr in der Hand«	Band II
	V 28	»Gebet«	
1918	Epilog [Ein Erblindeter]	»Vision des Erblindeten«	Band III
	Epilog [Hyänen-Szene]	»Die letzte Nacht«	
1919	Epilog [Ein sterbender Soldat]	»Der sterbende Soldat«	Band IV
	III 40	»Lied des Alldeutschen«	
	Epilog [Ein Verwundeter]	»Der Zeuge«	
1920	IV 31	»Kaiserlied«	Band V
	Epilog [General]	»Der fliehende General«	
	IV 10	»Chor der Offiziere«	
	V 55	»Schluß der letzten Szene«	
	Epilog [Der Totenkopfhusar]	»Der Totenkopfhusar«	
	Epilog [Nowotny von Eichensieg]	»Nowotny von Eichensieg«	
	Epilog [Eine Stimme von oben]	»Stimme vom Mars«	
1922	Epilog [Drei gelegentliche Mitarbeiter]	»Die drei gelegentlichen Mitarbeiter«	Band VI

Die »Prophetie 1915«, der Schluß von I 29, erschienen erstmals 1915 (F 406–412, 168), beschließt in Kraus' letztem Aphorismenbuch *Nachts* (1919) das Kapitel »1915«.

*

Obwohl Karl Kraus Nachdrucke seiner Schriften sonst kaum je gestattet hat, sind einzelne Szenen der *Letzten Tage der Menschheit* in den zwanziger Jahren doch mit seiner Genehmigung in verschiedene Zeitschriften und Sammlungen, meist sozialistischer Richtung, übernommen worden. Man vergleiche bei Kerry NZ 11 und 30 sowie Eckart Frühs Hinweis in *Kraus-Heft* 6/7, 25.

Über die Unterschiede im Bestand und in der Ordnung der Szenen unterrichten die nachstehenden Konkordanzen. Einiges Nähere ist den entsprechenden Aufstellungen von Scheichl (*Kraus-Heft* 4) und Goldberg (*Kraus-Heft* 22/23) zu entnehmen. Man sieht sogleich: daß jeder der fünf Akte der Buchausgabe Szenen aus m e h - r e r e n (zwei oder drei) Akten der Aktausgabe zusammenfaßt und daß viele Szenen der Buchausgabe (insgesamt sind es 47) in der Aktausgabe noch f e h l e n. Umgekehrt hat Kraus nur eine Szene der Aktausgabe (dort IV 20) nicht in die Buchausgabe übernommen. Die Erweiterungen beruhen teils auf Materialien, die ihm erst nach Kriegsende bekanntgeworden sind, und tragen teils dem wachsenden Gewicht der christlich-sozialen Partei Rechnung.

Buchausgabe	*Aktausgabe*	*Buchausgabe*	*Aktausgabe*
Vorspiel 1 – 10	Vorspiel 1 – 10	23	II 9
		24	II 10
I. Akt		25	III 1
1	I 1	26	III 2
2 – 5	–	27	I 10
6	I 2	28	I 11
7	I 3	29	I 12
8	I 5	30	I 13
9	I 6		
10	I 4	II. Akt	
11	II 2	1	II 1
12	II 2	2	II 1
13	IV 2	3	IV 4
14	I 7	4	II 5
15	–	5	II 6
16	I 8	6	IV 17
17	I 9	7	IV 18
18	IV 6	8	IV 3
19	IV 16	9	IV 7
20	II 3	10	III 3
21	II 4	11	III 4
22	II 8	12	III 5

Buchausgabe	Aktausgabe	Buchausgabe	Aktausgabe
IV. Akt		38	–
1	IV 1 + V 3	39	–
2	IV 5	40	IV 51
3	V 8	41	IV 52
4	V 2	42	–
5	IV 21	43	–
6	IV 49	44	–
7	V 19	45	IV 53
8	IV 50		
9	–	V. Akt	
10	IV 8	1	V 1
11	–	2	–
12	–	3	V 4
13	–	4	V 11
14	–	5	V 5
15	–	6	–
16	V 15	7	IV 12
17	IV 34	8	V 28
18	IV 9	9	V 20
19	IV 10	10	V 29
20	IV 11	11	V 30
21	V 12	12	V 40
22	V 13	13	V 10
23	–	14	–
24	V 7	15	–
25	IV 13	16	V 24
26	IV 27	17	–
27	V 22	18	–
28	V 23	19	V 18
29	V 32	20	V 16
30	V 33	21	V 17
31	V 34	22	–
32	V 35	23	–
33	IV 35	24	V 50
34	–	25	V 51
35	V 39	26	V 41
36	V 21	27	V 45
37	V 27	28	V 43

Buchausgabe	Aktausgabe	Aktausgabe	Buchausgabe
29	V 44	Vorspiel 1 – 10	Vorspiel 1 – 10
30	IV 14		
31	V 46	I. Akt	
32	V 47	1	I 1
33	–	2	I 6
34	–	3	I 7
35	–	4	I 10
36	V 48	5	I 8
37	–	6	I 9
38	–	7	I 14
39	V 37	8	I 16
40	V 38	9	I 17
41	–	10	I 27
42	V 36	11	I 28
43	V 42	12	I 29
44	V 49	13	I 30
45			
46	–	II. Akt	
47	V 54	1	II 1 + 2
48	V 52	2	I 11 + 12
49	–	3	I 20
50	V 53	4	I 21
51	–	5	II 4
52	V 55	6	II 5
53	V 57	7	II 15 + 16
54	V 56	8	I 22
55	V 58	9	I 23
		10	I 24
Epilog	Epilog	11	II 17
		12	II 33
		III. Akt	
		1	I 25 + III 1
		2	I 26
		3	II 10
		4	II 11
		5	II 12
		6	II 13

Aktausgabe	Buchausgabe	Aktausgabe	Buchausgabe
7	II 18	20	–
8	II 19	21	IV 5
9	II 22	22	III 34
10	II 23	23	III 4
11	II 24	24	III 5
12	II 25	25	II 14
13	II 26	26	III 3
14	II 27	27	IV 26
15	III 22	28	III 15
16	II 28 + III 23	29	III 16
17	III 28	30	III 17
18	III 43	31	III 18
19	II 29	32	III 19
20	II 30	33	III 2
21	II 31	34	IV 17
22	III 45	35	IV 33
23	III 46	36	III 21
		37	III 29
		38	II 20
IV. Akt		39	II 21
1	IV 1	40	III 32
2	I 13	41	III 10
3	II 8	42	III 37
4	II 3	43	III 11
5	IV 2	44	III 13
6	I 18	45	III 12
7	II 9	46	III 38
8	IV 10	47	III 39
9	IV 18	48	III 40
10	IV 19	49	IV 6
11	IV 20	50	IV 8
12	V 7	51	IV 40
13	IV 25	52	IV 41
14	III 7 + V 30	53	IV 45
15	III 9		
16	I 19		
17	II 6		
18	II 7		
19	III 6		

Die Szenenfolge der Wiener Vorlesung vom 22. und 23. Februar 1930 ist in der *Fackel* mitgeteilt – zusammen mit der Notiz auf den dabei ausgegebenen Programmen, in der es heißt: »Der Text des Vortrags weicht – durch Beibehaltung oder Weglassung einiger wenigen Szenen – nur unwesentlich von dem der Bühnenfassung ab« (F 834–837, 20). Diese selbst ist mit einiger Sicherheit greifbar in einem (heute in der Wiener Stadt- und Landesbibliothek aufbewahrten) Konvolut von »Korrekturbögen der Buchausgabe von 1926, die vom Autor so ausgewählt und umgestellt worden sind, daß sich aus der Abfolge der Seiten eine neue Szenenfolge ergibt, und auf denen Kraus mit Feder (bei der ersten) und Bleistift (bei der zweiten Redaktion) Änderungen vorgenommen, gestrichen und ergänzt hat« (Eckart Früh in *Kraus-Heft* 13, 4–9; hier 6). Wahrscheinlich hat sich Kraus bei seinen Vorträgen dieses Konvoluts bedient. Es enthält alle Szenen, die den Programmzetteln zufolge in Wien vorgetragen werden sollten, wenngleich nicht durchweg in derselben Reihenfolge, und darüber hinaus nur zwei (V 14 und V 15), die sich weder auf diesen noch auf den übrigen Programmzetteln genannt finden. Die nach Ausweis der *Fackel* in Wien tatsächlich zum Vortrag gelangten Szenen sind mit einer Ausnahme (»Bei einem Kommando«, wohl III 33) ebenfalls alle in jenem Konvolut enthalten – und zwar (wiederum mit einer Ausnahme: V 22) auch in derselben Reihenfolge. Im folgenden gebe ich synoptisch (nach Früh) die Bühnenfassung des Konvoluts, unter Einklammerung der darin wieder gestrichenen Stücke, und (nach F 834–837, 16 f.) die Szenenfolge der Wiener Vorlesung vom 22./23. Februar 1930 wieder. Szenen, die Kraus unverändert gelassen hat, sind mit einem Sternchen (*) versehen.

Bühnenfassung	*Wiener Vorlesung*
(Vorwort)[1]	Vorbemerkung
I. Akt	I. Akt
1. I 1	Sirk-Ecke
2. I 24	Zimmer des Generalstabschefs
3. I 7	Hinterland
4. I 16	Standort des Hauptquartiers
5. I 11	Hinterland

---

1 Vgl. S. 9 f. von »Die unwahrscheinlichsten Taten« bis »entferne sich von dem Spiel.«

2 Dabei könnte es sich um die Szene III 33 oder die Szene V 13 handeln. Im Fall von III 33 hätte sich Kraus auch der Quelle dieser Szene, die sich in F 423–425, 19 wiedergegeben findet, bedienen können.

3 Vgl. S. 670 f. von »Von draußen« bis »wie ich sie sah.« und S. 680 f. von »Nicht daß du sterben« (mit »ihr« statt »du«) bis zum Schluß.

ABBILDUNGEN ZUR DOKUMENTATION

7. Szene
Im Vatikan

petit   Man hört die Stimme des betenden Benedikt.

_ _ _ _ _ _ _ _

(aus der Fackel
Herbst 1915
»Zwei Stimmen«
linke Kolumne)

8. Szene
In der Redaktion

petit   Man hört die Stimme des diktierenden Benedikt.

_ _ _ _ _ _ _ _

(Fackel, Herbst 1915
»Zwei Stimmen«
rechte Kolumne)

9. Szene
Nachts. Der Graben. Vor der Pestsäule …

....

_ _ _ _
_ _ _ _

(Herbst 1915 der Fackel
»Monolog des Nörglers«
in [?] »Nachts«
oder
aus Worte in Versen I)

Ein Genuß! – Ein Genuß! – Ein Genuß!

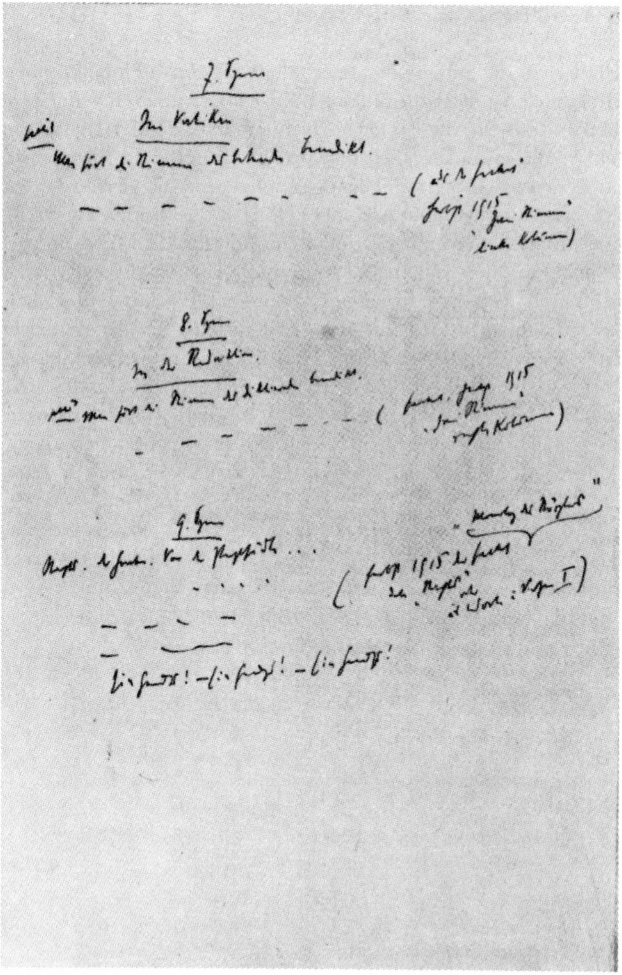

Abbildung 1

Eine Seite aus dem eigenhändigen Manuskript der Aktausgabe. In dieser bilden die hier unter Hinweis auf F 406–412 (1 f. bzw. 94 f.) fixierten Szenen I 7–9 die Szenen I 10–11 sowie III 23. Sie erscheinen in der Buchausgabe als I 27–28 sowie III 46.

[Hätte man die Stimme dieses Zeitalters in] einem Phonographen aufbewahrt, so hätte die äußere Wahrheit der inneren widersprochen und das Ohr diese und jene nicht wiedererkannt. So macht die Zeit das Wesen unkenntlich und würde dem größten Verbrechen, das je unter den Sternen begangen war, Amnestie gewähren. Ich habe das Wesen gerettet und mein Ohr hat den Tonfall der Ereignisse und Debatten entdeckt und meine Stimme hat, wo sie nur wiederholte, so citiert, daß der Grundton festgehalten bleibt. Ich habe nichts gethan als diese furchtbare Quantität [?] verkürzt, die sich in ihrer Maßlosigkeit sonst auf die Vergänglichkeit der Zeitung berufen könnte. All ihr Blut war doch nur Tinte, nun wird mit Blut geschrieben sein. Dieses ist der Weltkrieg. Dies ist mein Manifest. Ich habe alles reiflich erwogen. Ich habe die Tragödie, die in die Szenen der zerfallenden Menschheit zerfällt, auf mich genommen, damit sie der Geist höre, der sich der Opfer erbarmt, und hätte er selbst für alle Hinkunft der Verbindung mit einem Menschenohr entsagt. Er wird den Grundton dieser Zeit empfangen, das Echo meines blutigen Wahnsinns, durch den ich mitschuldig war an diesen Geräuschen der Menschheit. Er wird es als Erlösung gelten lassen.

(Man hört draußen, ganz von weitem her, den Ruf: – bee!)
(Verwandlung.)

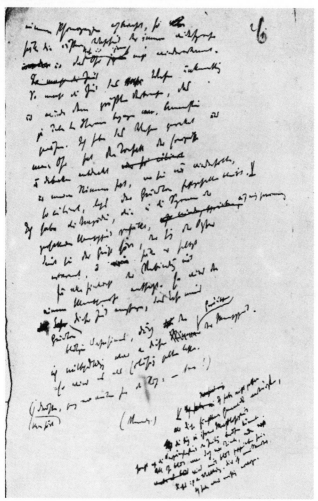

Abbildung 2

Eine Seite aus dem eigenhändigen Manuskript der Aktausgabe mit dem Schluß des letzten Monologs des Nörglers (Aktausgabe V 56, Buchausgabe V 54).

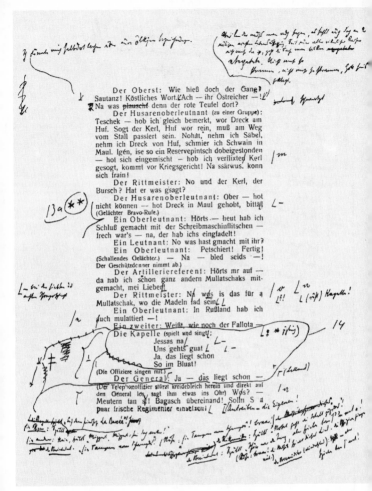

Abbildung 3

Korrekturabzug mit eigenhändigen Ergänzungen aus der Arbeit an der Aktausgabe. Es handelt sich um die Schlußszene des V. Akts; man vergleiche in der vorliegenden Ausgabe S. 702–704 und 708.

Die letzte Nacht

Epilog zu der Tragödie

Die letzten Tage der Menschheit

von

Karl Kraus

Geschrieben im Juli 1917 zu Thierfehd (Glarus)

November 1918

Verlag ‚Die Fackel', Wien

Abbildung 4
Titelblatt des unmittelbar nach Kriegsende erschienenen »Sonder-
hefts« der *Fackel* mit dem »Epilog«.

DIE LETZTEN TAGE DER MENSCHHEIT

TRAGÖDIE IN FÜNF AKTEN
MIT VORSPIEL UND EPILOG

VON

KARL KRAUS

17. BIS 23. TAUSEND
(EINSCHLIESSLICH DER AKTAUSGABE)

VERLAG ‚DIE FACKEL‘, WIEN—LEIPZIG

Abbildung 5
Titelblatt der Buchausgabe in der letzten Auflage von 1926.

1. Szene

Wien. Ringstraßen-Korso. Sirk-Ecke. Etliche Wochen später. Fahnen an den Häusern. Vorbeimarschierende Soldaten werden bejubelt. Allgemeine Erregung. Es bilden sich Gruppen.

Ein Zeitungsausrufer: Extraausgabee —!

Zweiter Zeitungsausrufer: Extraausgabee! Beidee Berichtee!

Ein Demonstrant (der sich von einer Gruppe den Prinz Eugen-Marsch singender Leute loslöst, ruft mit hochrotem Gesicht und schon ganz heiser unaufhörlich): Nieda mit Serbieen! Nieda! Hoch Habsburg! Hoch! Hoch Serbieen!

Ein Gebildeter (den Irrtum bemerkend, versetzt ihm einen Rippenstoß): Was fällt Ihnen denn ein —

Der Demonstrant (anfangs verdutzt, besinnt sich): Nieda mit Serbieen! Nieda! Hoch! Nieda mit Habsburg! Serbieen!

(Im Gedränge einer zweiten Gruppe, in die auch eine Prostituierte geraten ist, versucht ein »Pülcher«, der dicht hinter ihr geht, ihr die Handtasche zu entreißen.)

Der Pülcher (ruft dabei unaufhörlich): Hoch! Hoch!

Die Prostituierte: Loslassen! Sie unverschämter Mensch! Loslassen oder —

Der Pülcher (von seinem Vorhaben ablassend): Wos rufn S' denn net hoch? Sie wolln a Padriodin sein? A Hur san S', mirken S' Ihna das!

Die Prostituierte: A Taschelzieher san S'!

Der Pülcher: A so a Schlampen — jetzt is Krieg, mirken S' Ihna das! A Hur san S'!

Ein Passant: Burgfrieden, wenn ich bitten darf! Halten S' an Burgfrieden!

Abbildung 6
Eine Seite (29) aus der Buchausgabe von 1926.

DIE FACKEL

Nr. 406—412   5. OKTOBER 1915   XVII. JAHR

Zwei Stimmen

Vatikan
Benedikts Gebet

Redaktion
Benedikts Diktat

».... Im heiligen Namen Gottes, unseres himmlischen Vaters und Herrn, um des gesegneten Blutes Jesu willen, welches der Preis der menschlichen Erlösung gewesen, beschwören wir Euch, die Ihr von der göttlichen Vorsehung zur Regierung der kriegführenden Nationen bestellt seid, diesem fürchterlichen Morden, das nunmehr seit einem Jahre Europa entehrt, endlich ein Ziel zu setzen. Es ist Bruderblut, das zu Lande und zur See vergossen wird. Die schönsten Gegenden Europas, dieses Gartens der Welt, sind mit Leichen und Ruinen besät. .... Ihr tragt vor Gott und den Menschen die entsetzliche Verantwortung für Frieden und Krieg. Höret auf unsere Bitte, auf die väterliche Stimme des Vikars des ewigen und höchsten Richters, dem Ihr

».... Und die Fische, Hummern und Seespinnen der Adria haben lange keine so guten Zeiten gehabt wie jetzt. In der südlichen Adria speisten sie fast die ganze Bemannung des ‚Leon Gambetta‘. Die Bewohner der mittleren Adria fanden Lebensunterhalt an jenen Italienern, die wir von dem Fahrzeug ‚Turbine‘ nicht mehr retten konnten, und in der nördlichen Adria wird den Meeresbewohnern der Tisch immer reichlicher gedeckt. Dem Unterseeboot ‚Medusa‘ und den zwei Torpedobooten hat sich jetzt der Panzerkreuzer ‚Amalfi‘ zugesellt. Die Musterkollektion der maritimen Ausbeute, die sich bisher auf das

---

Abbildung 7

Eine Seite aus der *Fackel* mit dem Anfang der Zusammenstellung zweier Zitate, auf die Karl Kraus im Manuskript der Aktausgabe (Abb. 1) verweist.

Generalstabschef
Conrad von Hötzendorf.

CH. SCOLIK,
1914.

Abbildung 8
Die vermutliche Vorlage der Szene I 24. Fotopostkarte aus dem
Jahr 1914, nach einer Aufnahme wahrscheinlich aus dem Jahr 1912.
(Mit freundlicher Erlaubnis von Peter Campignier, Berlin.)

Phot. d'Ora.

Berchtold

Abbildung 9
Das III 41 erörterte Bild des Anfang 1915 zurückgetretenen k.u.k.
Außenministers Berchtold. Als Beilage zu Kraus' *Nachruf* veröf-
fentlicht in der *Fackel* vom Januar 1919 (F 501–507). Vgl. Lensing,
»Photographischer Alpdruck«, 1988, 566–568 und die Abbildung
(6) ebenda.

Ein deutsches Kriegsgedicht

»[Rumänenlied.] Im ‚Tag' dichtet »Gottlieb« folgendes Rumänenlied:

> In den klainsten Winkelescu
> Fiel ein Russen-Trinkgeldescu,
> Fraidig ibten wir Verratul —
> Politescu schnappen Drahtul.
>
> Alle Velker staunerul,
> San me große Gaunerul.
> Ungarn, Siebenbürginescu
> Mechten wir erwürginescu.
>
> Gebrüllescu voll Triumphul
> Mitten im Korruptul-Sumpful
> In der Hauptstadt Bukurescht,
> Wo sich kainer Fiße wäscht.
>
> Leider kriegen wir die Paitsche
> Vun Bulgaren und vun Daitsche;
> Zogen flink-flink in Dobrudschul,
> Feste Tutrakan ist futschul!
>
> Aigentlich sind wir, waiß Gottul,
> Dann heraingefallne Trottul,
> Haite noch auf stolzem Roßcu,
> Murgens eins auf dem Poposcu!«

Hinter dem Pseudonym verbirgt sich mit Recht Herr Alfred Kerr. In seiner Prosa zu sprechen: Solche Dinge werden einmal ... in Deutschland möglich gewesen sein, ecco. Interessant ist bei all dem, daß das Vorleben eines Feindes sich von seiner schwärzesten Seite, also von den ungewaschenen Füßen, in dem Moment zeigt, in dem dessen Entscheidung, aus der Neutralität herauszutreten, zu unseren Ungunsten fällt. Aber der Übelstand, daß in der Hauptstadt Bukurescht kainer sich die Fiße wäscht —

—, muß doch jahrzehntelang bekannt gewesen sein, und entweder darf auf die Bundesgenossenschaft eines solchen Volkes nicht der geringste Wert gelegt oder es muß auch in diesem Fall offen herausgesagt werden. Die Unterlassung des Füßewaschens vollzieht sich ja nicht so überraschend wie eine Kriegserklärung, sondern ist ein Zustand, zu dessen Beobachtung die Diplomaten jahrzehntelang Gelegenheit hatten. Aber die deutsche Literatur, die persönlich mit der Sitte längst vertraut ist, holt die unwiderbringlichsten Versäumnisse nach und riskiert ihrerseits nur den Verdacht ungewaschener Versfüße.

* * *

Abbildung 10

Eine Seite aus der *Fackel* vom November 1916 (F 437–442) mit dem ersten Zitat des später in die Buchausgabe (III 20) übernommenen Gedichts von Alfred Kerr. Die von der Zensurbehörde konfiszierte Stelle lautet »wie anders Sofia«; vgl. F 508–513, 56.

DER SIEGER

Nach einer photogr. Aufnahme

DER HERAUSGEBER DER NEUEN FREIEN PRESSE
20. JUNI 1911

Abbildung 11
Die Vorlage der Beschreibung des »Herrn der Hyänen« im Epilog (S. 750). »Illustration« (Photomontage) zur *Fackel* vom 8. Juli 1911 (F 326–328). Vgl. auch F 331–332, 1–5 (S 4, 38–42) und F 400–403, 46 f. (S 4, 72 f.).

Arbeiter - Bildungsverein Wien

VI., Gumpendorferstraße 62

■ ■ ■

Mit Unterstützung der Gemeinde Wien.

Sonntag, 14. März 1920

um 3 Uhr nachmittags im Militär-
kasino, I., Schwarzenbergplatz 1

Vorlesung

KARL KRAUS

aus „Die letzten Tage der Menschheit"

und andere eig. Dichtungen.

■ ■ ■

Kommt alle und hört die einzig-
artige Dichtung „Die letzten Tage
der Menschheit", — diese flam-
mende Anklage gegen die Verbrechen des Militarismus.

■ ■ ■

Das Reinerträgnis fließt dem Erholungs-
stättenfonds der „Kinderfreunde" zu.

Karten zu 1—6 Kronen im Arbeiter-
Bildungsverein, VI., Gumpendorferstraße 62.

Abbildung 12
Plakat des Arbeiter-Bildungsvereins Wien zu einer Vorlesung von
Karl Kraus. (Nach Bilke)

LITERATURVERZEICHNIS

Ausgaben

Die letzten Tage der Menschheit. Tragödie in fünf Akten mit Vorspiel und Epilog. Wien: ›Die Fackel‹ 1919. 639 + 48 S. Mit 7 Abb. 8°.
[»Aktausgabe«]
– – – Wien/Leipzig: Verlag ›Die Fackel‹ 1922. XXIV + 792 S. Mit 2 Abb. 8°. [»Buchausgabe«]
– – – Wien/Leipzig: Verlag ›Die Fackel‹ 1922. Zweite Auflage (6. bis 10. Tausend). XXIV + 792 S. Mit 2 Abb. 8°.
– – – Wien/Leipzig: Verlag ›Die Fackel‹ [1926]. 17. bis 23. Tausend (einschließlich der Aktausgabe). XXXVI + 792 S. Mit 2 Abb. 8°.

– – – [Hrsg. von Helene Kann.] Zürich: Pegasus Verlag 1945. 768 S. Mit 1 Abb.
– – – [Titelauflage derselben Ausgabe.] München: Willi Weismann Verlag 1952.
– – – Hrsg. von Heinrich Fischer. München: Kösel-Verlag 1957. 772 S. Mit 2 Abb. (= Fünfter Band der Werke von Karl Kraus.)
– – – Bühnenfassung für einen Abend von Heinrich Fischer und Leopold Lindtberg. Berlin-Dahlem: Gustav Kiepenheuer Bühnenvertriebs GmbH 1964. 180 S.
– – – Hrsg. von Kurt Krolop in Zusammenarbeit mit einem Lektorenkollektiv unter Leitung von Dietrich Simon. Berlin: Verlag Volk und Welt 1978. 640 + 391 S. Mit 2 + 13 Abb. (= Ausgewählte Werke Band 5,1 [Drama] und 5,2 [Kommentar].)
– – – Bühnenfassung des Autors. Hrsg. von Eckart Früh. Frankfurt a. M.: Suhrkamp 1992. 285 S. (= Bibliothek Suhrkamp Band 1091.)
– – – Bühnenfassung des Autors. Hrsg. von Eckart Früh. Mit Zeichnungen von Georg Eisler und einem Essay von Eric Hobsbawm. Frankfurt a. M./Wien: Büchergilde Gutenberg 1994. 408 S.

*

Karl Kraus: Briefe an Sidonie Nádherný von Borutin. 1913–1936. Hrsg. von Heinrich Fischer† und Michael Lazarus†. Redaktion: Walter Methlagl und Friedrich Pfäfflin. 2 Bände. Vollständige, neu durchgesehene Ausgabe. München: Deutscher Taschenbuch Verlag 1977 (= dtv 6072). [Zitiert: BSN.]

Übersetzungen

(Tschechisch/Slowakisch)
Poslední dnové lidstva. Übers.: Jan Münzer. Prag 1933.
Posledné dni ľudstva. Übers.: Ján Strasser und Peter Zajac. Bratislava 1987.

(Italienisch)
Apocalisse [Die letzte Nacht]. Übers.: Laura Pandolfi. In: Vito Pandolfi (Hrsg.): Il teatro espressionista tedesco. Bologna 1956.
Gli ultimi giorni dell' umanità. Übers.: Ernesto Braun und Mario Carpitella. Mailand 1980.

(Japanisch)
[Die letzten Tage der Menschheit.] Übers.: Osamu Ikeuchi. Tokyo 1971.

(Englisch)*
The Last Days of Mankind. [Auszüge.] Übers.: Alexander Gode und Sue Ellen Wright. New York 1974.
In These Great Times. A Karl Kraus Reader. [Darin: Auszüge.] Übers.: Joseph Fabry und Max Knight. Montreal 1976; Manchester 1984.

(Ungarisch)
Az emberiség végnapjai. Tragédia öt felvonásban, elöjátékkal és epilógussal. Übers.: Dezsö Tandori. Budapest 1977.

(Französisch)
Les derniers jours de l'humanité. [Bühnenfassung 1930.] Übers.: Jean-Louis Besson und Heinz Schwarzinger. Rouen 1986.

(Niederländisch)
De laatste dagen van de mensheid. Bearbeitung: Maarten Vonder. Übers.: Maarten Vonder und Paul van Westing. Amsterdam 1988.

* Eine erste englische Übersetzung war bereits 1925 für die sozialistische Buchreihe »People's Classics«, die Upton Sinclair damals plante, vorgesehen. Kraus zog seine anfängliche Zustimmung wieder zurück, als er erfuhr, daß in derselben Reihe auch Werke einiger deutscher und österreichischer »Zeitgenossen, die zwar revolutionär aber talentlos sind«, erscheinen sollten. Vgl. Lensing 1984.

(Spanisch)
Los últimos días de la humanidad. Übers.: Adan Kovacsics. Barcelona 1991.

Abhandlungen

Helmut Arntzen: Der Schwierige und der Nörgler. Sprachphysiognomien und Sprachreflexion in Hofmannsthals Nachkriegslustspiel und Karl Kraus' Weltkriegstragödie. In: Wolfram Groddeck und Ulrich Stadler (Hrsg.): Physiognomie und Pathognomie. [Festschrift für Karl Pestalozzi.] Berlin/New York 1994. 344–359.

Hermann Böhm (Hrsg.): Karl Kraus: Ein juristischer Schriftsatz (1930). In: Kraus-Heft 69 (1994). 1.–9.

Elgin Bohnenkamp: Kommentare zur Musik in den »Letzten Tagen der Menschheit«. In: Kraus-Heft 46 (1988). 1–8.

Roberto Calasso: La guerra perpetua. In: Karl Kraus: Gli ultimi giorni dell' umanità. Mailand 1980. Band 2, 755–779.

Paolo Chiarini: Le due apocalissi di Karl Kraus. Dalla grande guerra al Nazismo. In.: Ders.: Romanticismo e realismo nella letteratura tedesca. Padua 1961. 175–191.

Donald G. Daviau: Language and Morality in Karl Kraus's ›Die Letzten Tage der Menschheit‹. In: Modern Language Quarterly 22 (1961). 46–54.

Walter Dietze: »Die letzten Tage der Menschheit« von Karl Kraus – Dramaturgische Besonderheiten eines Antikriegs-Schauspiels. In: Ders.: Erbe und Gegenwart. Aufsätze zur vergleichenden Literaturgeschichte. Berlin/Weimar 1972. 220–246, 519–525.

Frank Field: The Last Days of Mankind. Karl Kraus and His Vienna. London 1967.

Jens Malte Fischer: Das technoromantische Abenteuer. Der Erste Weltkrieg im Widerschein der ›Fackel‹. In: Klaus Vondung (Hrsg.): Kriegserlebnis. Der Erste Weltkrieg in der literarischen Gestaltung und symbolischen Deutung der Nationen. Göttingen 1980. 275–285.

Eckart Früh: Das volkstümliche Wort bei Karl Kraus. Ein interpretativer und lexikalischer Beitrag zum Verständnis des Dramas »Die letzten Tage der Menschheit«. Phil. Diss. (masch.) Wien 1973.

Eckart Früh: Die Bühnenfassung der »Letzten Tage der Menschheit«. In: Kraus-Heft 13 (1980). 4–9.

Eckart Früh: Die »Arbeiter-Zeitung« als Quelle der »Letzten Tage der Menschheit«. In: Sigurd Paul Scheichl, Edward Timms (Hrsg.): Karl Kraus in neuer Sicht. München 1986. 209–234.

Albert Fuchs: Geistige Strömungen in Österreich. 1867–1918. Wien 1949. (Darin: 251–275.)

Susanna Goldberg: Die Handschrift der Akt-Ausgabe. Eine Szenenkonkordanz. In: Kraus-Heft 22/23 (1982). 13–28.

Kari Grimstad: Masks of the Prophet. The Theatrical World of Karl Kraus. Toronto/Buffalo/London 1982.

Hans Heinz Hahnl: Karl Kraus und das Theater. Phil. Diss. (masch.) Wien 1947.

Gertrud Haslsteiner: Die Bühnengeschichte der »Letzten Tage der Menschheit«. In: Kraus-Heft 54 (1990). 1–10.

Wilhelm Hindemith: Die Tragödie des Nörglers. Studien zu Karl Kraus' moderner Tragödie: »Die letzten Tage der Menschheit«. Frankfurt a. M./Bern/New York 1985. (= Europäische Hochschulschriften Reihe I Band 842.)

Jutta Jacobi: Journalisten im literarischen Text. Studien zum Werk von Karl Kraus, Egon Erwin Kisch und Franz Werfel. Frankfurt a. M. 1989.

Horst Jarka: Zum Kraus-Echo in der Satire der Linken. In: Joseph Strelka (Hrsg.): Karl Kraus. Diener der Sprache. Meister des Ethos. Tübingen 1990. (= Edition Orpheus 1.) 183–200.

Hanuš Karlach: Zu Problemen einer Neuübersetzung des Dramas »Die letzten Tage der Menschheit« von Karl Kraus. In: brücken. Germanistisches Jahrbuch DDR-ČSSR 1985/86. 46–49.

Werner Kraft: Die letzten Tage der Menschheit. In: Ders.: Karl Kraus. Beiträge zum Verständnis seines Werkes. Salzburg 1956. 137–145.

Kurt Krolop: Genesis und Geltung eines Warnstücks. In: Ders.: Sprachsatire als Zeitsatire bei Karl Kraus. Neun Studien. Berlin 1987, [2]1992. 65–155 und 315–321.

Kurt Krolop: Reflexionen der Fackel. Neue Studien über Karl Kraus. Wien 1994.

Leo A. Lensing: »Kinodramatisch«: Cinema in Karl Kraus' ›Die Fackel‹ und ›Die letzten Tage der Menschheit‹. In: German Quarterly 55 (1982). 480–498.

Leo A. Lensing: Karl Kraus as »Volksklassiker«? Upton Sinclair and the Translation of ›Die letzten Tage der Menschheit‹. In: Deutsche Vierteljahresschrift für Literaturwissenschaft und Geistesgeschichte 58 (1984). 156–168.

Leo A. Lensing: Quellenstudien zur Bilderwelt der »Letzten Tage der Menschheit«. In: Kraus-Heft 48 (1988). 4–14.

Leo A. Lensing: »Photographischer Alpdruck« oder politische Fotomontage? Karl Kraus, Kurt Tucholsky und die satirischen Möglichkeiten der Fotografie. In: Zeitschrift für deutsche Philologie 107 (1988). 556–571 (und 12 Seiten Abbildungen).

Leo A. Lensing: Eine »Erzählung« Mechtilde Lichnowskys als »Erscheinung« in den »Letzten Tagen der Menschheit«. In: Kraus-Heft 60 (1991). 5–7.

Jaromír Loužil und Zdeněk Šolle: Die tschechische Übersetzung der »Letzten Tage der Menschheit«. In: Kraus-Heft 12 (1979). 5–8.

Franz H. Mautner: Karl Kraus: ›Die letzten Tage der Menschheit‹. In: Benno von Wiese (Hrsg.): Das deutsche Drama vom Barock bis zur Gegenwart. Düsseldorf 1958. Band 2, 357–382 und 456f.

Gerhard Melzer: Der Nörgler und die Anderen. Zur Anlage der Tragödie »Die letzten Tage der Menschheit« von Karl Kraus. Phil. Diss. Berlin 1973.

Walter Muschg: Karl Kraus: Die letzten Tage der Menschheit. In: Ders.: Von Trakl zu Brecht. München 1961. 174–197.

Jean-Marie Paul: Kraus' »Die letzten Tage der Menschheit« und Brochs »Massenwahntheorie«. Die Masse und die Geschichte. In: Gilbert Krebs und Gerald Stieg (Hrsg.): Karl Kraus et son temps. Asnières 1989. 217–230.

Alfred Pfabigan: Karl Kraus und der Sozialismus. Eine politische Biographie. Wien 1976. (Darin: 170–191.)

Helmut Pfotenhauer: Sprachsatire als Ursprung und Crux dramatischer Formen. Überlegungen zu Karl Kraus. In: Jahrbuch der Deutschen Schillergesellschaft 27 (1983). 326–344.

Marek Przybecki: »Die letzten Tage der Menschheit« – Operette in fünf Akten mit Vorspiel und Epilog. In: Stefan H. Kaszyński und Sigurd Paul Scheichl (Hrsg.): Karl Kraus – Ästhetik und Kritik. München 1989. 179–190.

Karl Riha: Veränderungen des Dramas in der Satire: Arno Holz, »Die Blechschmiede«, Karl Kraus, »Die letzten Tage der Menschheit« – ein Vergleich. In: Hans Peter Bayerdörfer u.a. (Hrsg.): Literatur und Theater im Wilhelminischen Zeitalter. [Festschrift für Hans Schwerte.] Tübingen 1978. 107–120.

Karl Riha: Den Krieg photographieren. In: Klaus Vondung (Hrsg.): Kriegserlebnis. Der Erste Weltkrieg in der literarischen Gestaltung und symbolischen Deutung der Nationen. Göttingen 1980. 146–161.

Rainer Rother (Hrsg.): Die letzten Tage der Menschheit. Bilder des Ersten Weltkrieges. [Katalog.] Berlin 1994.

Norbert Ruske: Szenische Realität und historische Wirklichkeit. Eine Untersuchung zu Karl Kraus: »Die letzten Tage der Menschheit«. Frankfurt a. M. 1981. (= Literatur und Kommunikation Band 6).

Sigurd Paul Scheichl: Karl Kraus und die Politik (1892–1919). Phil. Diss. (masch.) Innsbruck 1971.

Sigurd Paul Scheichl: Szenenkonkordanz zu den »Letzten Tagen der Menschheit«. In: Kraus-Heft 4 (1977). 7–12.

Sigurd Paul Scheichl: Die Schalek. Quelques remarques sur le thème de la femme dans »Les derniers jours de l'humanité«. In: Austriaca (Rouen) Heft 22 (1986). 73–81.

René Stempfer: Les idées et la langue de Karl Kraus dans »Les derniers jours de l'humanité«. Phil. Diss. (masch.) Lille 1963.

Gerald Stieg: Die letzten Tage der Menschheit – Eine negative Operette? In: Klaus Amann und Hubert Lengauer (Hrsg.): Österreich und der Große Krieg. Wien 1989. 180–185.

Philipp Thomsen: Weltkrieg als tragische Satire: Karl Kraus und ›Die letzten Tage der Menschheit‹. In: Bernd Hüppauf (Hrsg.): Ansichten vom Krieg. Königstein/Ts. 1984. 205–220.

Edward Timms: Hofmannsthal, Kraus and the ›Theatrum mundi‹. In: W. E. Yuill u. a. (Hrsg.): Hugo von Hofmannsthal (1874–1929). Commemorative Essays. London 1981. 123–132.

Edward Timms: Karl Kraus, Apocalyptic Satirist. Culture and Catastrophe in Habsburg Vienna. New Haven/London 1986. (Part Five: The Last Days of Mankind.)

Traum und Wirklichkeit. Wien 1870–1930. Katalog der 93. Sonderausstellung des Historischen Museums der Stadt Wien. Wien 1985. [Darin: Der Ausbruch des Ersten Weltkriegs und »Die letzten Tage der Menschheit«.] 583–626.

Silvio Vietta: Wahnsystem und Geschichtskatastrophe: Karl Kraus' »Die letzten Tage der Menschheit«. In: Ders.: Neuzeitliche Rationalität und moderne literarische Sprachkritik. München 1981. 158–211.

Christian Wagenknecht: »Rasend komisch eigentlich«. In: Kraus-Heft 56 (1990). 14 f.

Dokumentationen und Kommentare zu einer Reihe von Szenen sind enthalten in den Kraus-Heften 4 (1977), 6/7 (1978), 22/23 (1982), 28 (1983), 54 (1990) und 71/72 (1994).

Das nachfolgende Register soll einen Kommentar, wie er zum genauen Verständnis des Werkes allerdings erforderlich wäre, nicht ersetzen. Ein solcher müßte nicht bloß einschließen, was in den überaus verdienstlichen Ausgaben von Krolop/Simon (1978) und Braun/Carpitella (1980) an Sacherklärungen und Worterläuterungen schon geboten ist; er müßte diesen Bestand noch um Hunderte von Angaben erweitern, wenn das Drama zumal in seiner sprachlichen Vielstimmigkeit erschlossen werden soll. Angesichts dessen beschränkt sich das Register dieser Ausgabe von vornherein auf die Verzeichnung der auftretenden Figuren – soweit sie namentlich bezeichnet sind oder wie der »Nörgler« wiederholt begegnen. Ausgeschlossen bleiben bloße Vor- und Kose- oder Spitznamen (»Elsbeth«, »Fritzi-Spritzi«). ›Authentische‹ Namen, die auf außerhalb des Werks existierende Träger verweisen, sowie entsprechende ›Kennzeichnungen‹ von Figuren, die sich historisch identifizieren lassen, sind mit Sternchen bezeichnet und mit den nötigsten Angaben erläutert. Seinen Hauptzweck aber hätte das vorliegende Register dann erfüllt, wenn es dem Leser zum Auffinden und Nachschlagen solcher Szenen dienen könnte, an deren Figuren er sich erinnert.

wurde Oberbefehlshaber
der Front in Tirol.

Gerl, Oberleutnant IV 12

Gloirefaisant, General V 15

* *Glücksmann* Vorspiel 10,
   V 52
   Heinrich G. (1864–1946),
   österr. Dramatiker und Journalist.

Gog & Magog V 50
   Bibl. Namen des Fürsten und
   seines Volkes, die vor dem
   Weltgericht das heilige Volk
   angreifen (Hes 38, Off 20,
   7–9).

* *Goldmann, Paul* IV 25
   (1865–1935), Berliner Korre-
   spondent der *Neuen Freien
   Presse.*

Gollerstepper V 25

Grüßer, Anton, Restaurateur
   II 17

Gutwillig V 25

Gutzke, Frieda IV 35

*Habetswallner, [einer der]
   Knaben* I 9

* *v. Hahnke* IV 37
   Wilhelm v. H. (1833–1912), dt.
   Generaloberst, später Feldmarschall, Chef des Militär-
   kabinetts.

Halberstam, Reporter I 14

Hamster V 25

* *Haubitzer, der Maler* I 21
   Carl Leopold Hollitzer (1874–
   1942), österr. Maler.

* *Haymerle* IV 21
   Franz Freiherr von H. (1874–
   1917), 1909–12 Legationsrat
   der österr.-ungar. Botschaft
   in Belgrad, dann in Bukarest.

ab 1914 Botschaftsrat in Berlin.

*Hein, [einer der] freisinnigen
   Gemeinderäte* Vorspiel 10

* *Heller, Hugo, der Buchhändler* Vorspiel 10, V 52
   (1870–1923), Wiener Buchhändler, Herausgeber der
   *Wiener Buch- und Kunst-
   schau.*

* *Helmhake, Füsilier* IV 38

Helwig, Leutnant III 44

* *Henkel, Professor* IV 8
   Max H. (1870–1941), dt.
   Gynäkologe.

* *Herzberg-Fränkel* Vorspiel 10
   Sigmund H. (1857–1913), Historiker, Journalist, Gerichts-
   und Hofadvokat, Professor in
   Wien und Czernowitz.

* *Hiller, Kompagnieführer*
   IV 38, 39
   Wurde nach dem Krieg wegen
   Mißhandlung von Untergebe-
   nen zu sieben Wochen
   Festungshaft verurteilt.

* *Hindenburg* IV 25
   Paul von Beneckendorf und
   von H. (1847–1934), nach der
   Schlacht von Tannenberg im
   August 1914 als dt. National-
   held gefeiert, 1914–1916
   Generalfeldmarschall,
   1916–1918 Chef der dt.
   Obersten Heeresleitung,
   stand stark unter dem Einfluß des überlegenen Ludendorff (s. d.).

* *Hirsch* II 15
   Julius Ferdinand (1874–?),

Wiener Lokalreporter und Redakteur der *Neuen Freien Presse.*

Hirsch V 25

* *Hofmannsthal, Hugo v.* I 19 (1874–1929), österr. Schriftsteller. 1914/15 tätig im Kriegsfürsorgeamt des Kriegsministeriums.

Homolatsch, Cherusker III 11

Hromatka, Winfried, Cherusker i. a. B. III 11

Iwaschko V 55

Kaiman V 25

* *Kaiserjägertod, der* IV 11, 12 Ludwig von Fabini, Feldmarschalleutnant, Kommandeur der 8. (Kaiserjäger-)Infanteriedivision. Der Übername ist verbürgt. Vgl. auch IV 13.

* *Karl Franz Josef, die Stimme des Erzherzogs* II 8 (1887–1922), Neffe des in Sarajewo ermordeten Thronfolgers Franz Ferdinand, ab November 1916 Kaiser Karl I.

Kasmader, Cherusker III 11 Zum Namen vgl. F 501–507, 80.

Katzenellenbogen IV 35

* *Kernstock* III 32 Ottokar K. (1848–1928), österr. Lyriker, Pfarrer auf der Festenburg in der Steiermark, schrieb während des Krieges patriotische Gedichte.

* *Kerr, Alfred* III 20 (1867–1948), dt. Schriftsteller und einflußreicher Berliner Theaterkritiker. Mitarbeiter des *Berliner Tageblatts* (Mosse); veröffentlichte Kriegsgedichte unter dem Sammelpseudonym »Gottlieb« im *Tag* (Scherl).

Kladde IV 27

Kleinecke-Berlin IV 20

Körmendy, Fräulein Vorspiel 1, I 1, IV 1, 33, V 43

Kondor V 25

Kohn V 27

* *Korngold, der alte* IV 33 Julius Leopold K. (1860–1945), Musikkritiker bei der Neuen Freien Presse; sein Sohn Erich Wolfgang (1897–1957) wurde als Wunderkind bekannt, später als Komponist von Bühnen- und Filmmusik.

Kotzlik, [einer der] Knaben I 9, V 23

Koudjela V 55

v. Krickwitz IV 37

* *Kronprinz, der deutsche* III 42 Wilhelm (1882–1951), ältester Sohn Wilhelms II., Heerführer im I. Weltkrieg.

Krotoschiner II IV 35

Kunze, Doktor II 8

Kurzbauer, Romuald V 55

Lakkati de Némesfalva et Kutjafelegfaluszég, Géza von V 55

Zum Namen vgl. F 521–530, 161 f.

* *Landesberger, Präsident, von der Anglobank*
  Vorspiel 10, V 52
  Julius L. (1858–1912), österr. Mathematik- und Wirtschaftsprofessor.

Leguan V 25

Lenzer v. Lenzbruck IV 1

Leopold Franz Rudolf Ernest Vinzenz Innozenz Maria, Graf I 5, V 4

Liebal, Familie: Vater, Mutter und Knabe II 21

* *Lionardo da Vinci* V 55
  (1452–1519), ital. Maler, Bildhauer, Mathematiker und Mechaniker, entwarf und konstruierte auch Kriegsgeräte.

* *Lippay, Conte* Vorspiel 10
  Berthold Dominik Conte L. (1864–1920), österr. Portrait- und Genremaler, Bildnisse von Franz Joseph I. und Papst Pius X.

* *Lippe, der Prinz zu* IV 8
  Leopold Prinz zu L. (1871–1918), regierte ab 1908.

* *Ljubinkovits, Slobodan, der Knabe* 1908–1915 V 55

Löw V 25

Löwenstamm, Fräulein
  Vorspiel 1, I 1, IV 1, 33, V 43

* *Ludendorff* IV 25
  Erich L. (1865–1937), Generalstabschef der dt. 8. Armee an der Seite Hindenburgs, 1916 wechselte er zusammen mit ihm als Generalquartiermeister in die Oberste Heeresleitung.

Lüdecke, Landwehrmann V 6

Lustig V 25

Maderer von Mullatschak, der Oberstleutnant des Generalstabs V 47

Magog s. *Gog*

Mammut V 25

Margosches IV 4

v. Martius IV 37

Maschke, Hauptschriftleiter V 7

de Massacré, Hauptmann V 15

Mastodon V 25

* *Max, Erzherzog* V 39
  Maximilian Eugen Ludwig (1895–1952), Erzherzog; Bruder Karls I.; Major der Ulanen und Korvettenkapitän.

Merores, [einer der] Knaben I 9, V 23

Metzler, Major V 14

Meurtrier, Oberst V 15

* *Minister des Innern, der*
  Vorspiel 2, (I 10)
  Karl Freiherr Heinold von Udynski (1862–1943), Innenminister 1911–1915.

* *Ministerpräsident, der*
  Vorspiel 2, I 10
  Karl Reichsgraf von Stürgkh (1859–1916), Ministerpräsident 1911–1916, fiel einem politischen Attentat zum Opfer.

Moldauer, Bernhard, ein alter Schieber V 25

EDITORISCHE NOTIZ

Das Satzbild von Heinrich Fischers Ausgabe, die als *Fünfter Band der Werke von Karl Kraus* erstmals 1957 erschienen ist, konnte mit wenigen Abänderungen übernommen werden. Fischer hat die letzte zu Kraus' Lebzeiten erschienene Ausgabe des Werkes (1926) zugrunde gelegt und auch die in der *Fackel* angezeigten Druckversehen korrigiert. Nach einem erneuten Vergleich mit der Originalausgabe waren nur wenige Fehler meist orthographischer oder interpunktioneller Art (wie S. 98 Z. 1 »ist« statt »is« und S. 320 Z. 1 »Augen« statt »Augen!«) zu berichtigen. Die typographischen Veränderungen, die beim Neusatz vorgenommen worden sind, lassen sich beim Vergleich mit dem beigefügten Faksimile (Abb. 6) leicht erkennen. Darüber hinaus sind noch die folgenden Besonderheiten der Originalausgabe zu vermerken: (1) Das Vorwort und das Personenverzeichnis sind mit römischen Ziffern paginiert. (2) Im Personenverzeichnis erfolgen die Seitenverweise in der Form (»Seite 3)«, werden aus satztechnischen Gründen einige Abkürzungen (wie »u.« statt »und«) vorgenommen und erscheinen einige Reihen (wie zu III 31) in fortlaufendem Satz. (3) Von den Zwischentiteln steht nur »DIE LETZTE NACHT« in Versalien. (4) Die Beschreibung der ersten »Erscheinung« am Schluß von V 55 (S. 710 f.) ist – anders als schon die der zweiten – nicht in Absätze aufgeteilt. (5) Die beiden Abbildungen erscheinen außerhalb der Paginierung auf eingeklebten Blättern stärkeren Papiers.

*

Wenn die ersten beiden Bände der neuen Ausgabe pünktlich zum 50. Todestag von Karl Kraus erscheinen können, dann nicht zuletzt darum, weil dem Herausgeber vielfache Hilfe gewährt worden ist. Er bedankt sich für allerlei Auskünfte bei Eckart Früh, Leo A. Lensing, Friedrich Pfäfflin, Sigurd Paul Scheichl und Sophie Schick und für mancherlei Unterstützung zumal bei der Anfertigung der Konkordanzen und Register bei Stefan Brüdermann, Beatrix Kastner, Ewald Kiel und Burkhard Moennighoff. Mit Rat und Tat haben ihm Ulrich Joost und Eva Kiepe-Willms geholfen.

Göttingen, 1. April 1986   Christian Wagenknecht

Für die 7. Auflage sind (wie schon für die 5. und 6.) in Text und Anhang allerlei Berichtigungen und Ergänzungen vorgenommen worden.

Göttingen, 1. April 1995   Christian Wagenknecht

INHALT

DIE LETZTEN TAGE DER MENSCHHEIT

ANHANG